CW00329706

Relazioni Degli Stati Europei Lette Al Senato Dagli Ambasciatori Veneti Nel Secolo Decimosettimo: Ser. 1, Spagna ...

Anonymous

RELAZIONI

DEGLI STATI EUROPEI

LETTE AL SENATO

DAGLI

AMBASCIATORI VENETI

NEL SECOLO DECIMOSETTIMO

RACCOLTE ED ANNOTATE

DA NICOLÒ BAROZZI E GUGLIELMO BERCHET.

SERIE I. — SPAGNA
VOLUME II
ULTIMO DELLA SERIE PRIMA.

VENEZIA,

DALLA PREM. TIP. DI PIETRO NARATOVICH, EDIT.

1860.

RELAZIONE DI SPAGNA

DI

RANCESCO CORNER

AMBASCIATORE

A FILIPPO IV

DALL'ANNO 1631 AL 1634.

(Tratta dall' Archivio del Museo Correr B. 3. 3).

BREVI NOTIZIE

INTORNO A

FRANCESCO CORNER.

Della illustre famiglia romana dei Cornelii, e della linea di Caterina regina di Cipro, Francesco ebbe per padre il doge Giovanni Cornaro, per moglie una figlia del doge Antonio Priuli, e per fratello il cardinale Federico che fu patriarca di Venezia. Così cospicue aderenze, aggiunte alla virtù, alla modestia, allo affetto di patria ed a' servigi resi alla repubblica, portarono Francesco nel 17 di maggio 1656 alla massima delle dignità, poichè fu eletto doge con unanimità di voti, dopo essere stato ambasciatore al duca di Savoja ed al re di Spagna, capitano di Brescia, consigliere e riformatore dello Studio di Padova.

Nell' anno 1629, trovandosi ambasciatore ordinario alla corte di Savoja, fu da quel duca licenziato per sospetto d'intelligenza coi Francesi. Nella serie delle Relazioni degli Stati d'Italia, pubblicheremo a suo luogo alcuni dispacci del Corner che pongono in luce questo importante episodio e della sua vita e delle condizioni della sua patria. Mentre egli veniva licenziato dal duca di Savoja, Alvise Mocenigo ambasciatore ordinario presso il re di Spagna, con lettera 21 giugno 1629, chiedeva un successore, che il Senato deliberava il 30 giugno di accordargli in riguardo, così dice la Parte, del tempo che egli era alla corte cattolica, degl'incomodi da lui sofferti, e per debito sollievo alla sua salute; e nel giorno 5 di luglio successivo veniva eletto Francesco Corner, al quale pochi dì dopo fu data la solita Commissione, che qui pretermettiamo d'inserire, essendo identica a quella rilasciata a Francesco Soranzo e che leggesi nel volume I della presente serie a pagina 31.

Il Corner non partì per la nuova sua ambasceria che nel marzo 1631, imperciocchè ritornato di Piemonte in Venezia, qui si trattenne durante la fiera pestilenza del 1630, la quale poi lo obbligò ad un lungo e tedioso viaggio a traverso tediosissime contumacie per giungere in Madrid, dove fu presentato al re da Alvise Mocenigo l'11 ottobre 1631. E non furono questi i soli accidenti del suo travagliato viaggio, ma depredata da tre galere di Algeri la nave che portava da Genova ogni sua cosa, perdette considerevole capitale (1). Si fermò alla corte di S. M. Cattolica quasi quattro anni. Ne lesse al ritorno, in Senato, la relazione il 5 giugno 1635; ottenne la dignità di cavaliere; e fu poi inviato capitano a Brescia.

In questa nuova sua carica, si distinse il Corner per le provvidenze date a scemare i danni di una grave carestia che colpì la provincia affidatagli, e per le sedate discordie cittadine, e lasciò in Brescia fama e desiderio di se. Sebastiano Torresini, veneto dottore in medicina, nella Orazione in funere del doge Corner, recitata in lingua latina (2), ricorda particolarmente i meriti di lui nella capitanìa di Brescia; ed un Andrea Falli membro dell'Accademia degli Erranti, nella occasione della partenza del capitano da quella città, lesse e pubblicò una diceria caratterizzata dall'accademico Gagliardi *lode con facondia d'oro*, piena di esagerati elogi del Corner, esposti con modi del seicento, e alla quale fanno seguito varie poesie che trattano ampiamente delle qualità distinte del capitano che « Son fregi al COR che NATO al mondo è RARO (3).

Dopo il capitanato di Brescia, Francesco Corner fu consigliere nel 1647, e riformatore dello Studio di Padova nel 1653. Eletto principe di Venezia il 17 di maggio 1656, fu sorpreso, otto giorni dopo la elezione, da febbre e da dolori intestinali, e morì il giorno 8 del susseguente mese di giugno, dopo soli 22 giorni di dogado, così che appena cessarono le pubbliche dimostrazioni di gioia per la sua elezione, cominciarono quelle del pubblico dolore della patria, che non potè ritrarre dal doge quei vantaggi che si attendeva da un così distinto suo figlio. Venne sepolto nella chiesa di

(1) Dispaccio 23 agosto 1631 da Saragozza.

(2) Orazione in funere recitata dal dottor in medicina Sebastiano Torresini veneto. Venezia Cera 1656.

(3) Questo curioso opuscolo conservasi nel Museo Correr. Misc. n. 5009; ed il citato verso è dell'*Oscuro*.

s. Nicolò dei Tolentini, ricca di monumenti della sua famiglia, e sulla bara il cardinal Federico poneva la seguente iscrizione:

FRANCISCO CORNELIO, JOANNIS DUCIS FILIO, CENTESIMO VENETIARUM DUCI, INTEGERRIMO PRINCIPI, DE REPUBLICA OPTIME MERITO, PATRIAE PATRI. QUI POST BRIXIAE PRAEFECTURAM, ALIISQUE HONORIBUS DECORATUS, PLENO ELECTORUM CONSENSU LICET RENUENS, REGALI DIADEMATE DECORATUS EFFULSIT. HIS PRAECIPITI VIVORUM ABREPTUS FATO, POST NOVEM SOLUM MODO SUPER DECEM DIES SUI PRINCIPATUS SUPERNAS ADVOLAVIT AD SEDES, UT CITIUS IMMORTALI LAUREA DONARETUR. ANNO DOMINI MDCLVI AETATIS SUAE LXXI.

Di Francesco Corner doge conservasi nel medagliere del museo Correr la seguente medaglia coniata in bronzo:

Da un lato busto del doge a sinistra, e nel giro la epigrafe FRANCISCVS . CORNELII . DVX . VENETIARVM.

Dall' altro lo stemma sormontato dal corno ducale, e fiancheggiato da rami di frutta e fiori, e nel giro CREATVS . DIE . XVI . MAII . MDCLVI.

Non v' ha dubbio che questa rarissima medaglia fu coniata nella circostanza della sua incoronazione. Esistono inoltre undici monete di questo doge, che pure regnò soli 22 giorni.

La linea del doge, abitava in Venezia nella parrocchia di s. Paolo, e si estinse nel 1799 in Giovanni Cornaro, gran commendatore della religione gerosolimitana, uomo di severi costumi, rigido censore della società, e franco declamatore contro i pregiudizi del secolo e la corruzione dei suoi contemporanei.

Serenissimo Principe (1)!

La relazione a Vostra Serenità ed a questo Eccell. Senato, al ritorno dell'ambascerie e de' carichi che sono stati commessi, è con precetto delle leggi, per ordine di buon governo, incaricata. A me tocca riferire della ambasceria di Spagna, per la quale fui dispacciato l'anno 1631 gli ultimi del mese di marzo. Nei miei continuati riverentissimi dispacci (2) ho procurato di complire a quello, che portavano le occorrenze degli avvisi, ed alle Commissioni di Vostra Serenità. Resta ora di unire in espresso racconto le condizioni della corte, quelle del governo, e delle corrispondenze, che senza dilatarmi alla superfluità de' particolari con fine di schivare tediosa lunghezza, saranno in questo discorso riferite. È per il vero nella frequenza delle relazioni che vengono portate a questo Eccell. Senato, è difficile di lasciare la replica di alcune cose, dette da' precessori; ma a me toccherà di rappresentare a Vostra Serenità ed a VV. EE. la corte di Spagna, il governo e le espressioni dei ministri in alcuna parte alterate, onde riuscirà diversa in molte parti la prospettiva, che fa la scena di quella monarchia, poichè sebbene sono nel governo di questo re, li perso-

(1) Era doge Francesco Erizzo.

(2) I dispacci di Francesco Corner si conservano in tre grossi volumi nell'Archivio generale di Venezia. Il primo dispaccio porta la data 15 aprile 1631 da Canonica primo luogo dello Stato di Milano; l'ultimo è del 1.° marzo 1635 da Genova.

naggi della maggior autorità, li medesimi pare però che parlino diversamente.

Il re di Spagna esercita governo di monarchia e di successione, alla quale sono capaci anco le femmine, essendosi con quelle uniti la maggior parte dei regni che ora possiede. L'età del re D. Filippo IV è di 31 anno, giovane di grata presenza, di conveniente salute, ma nell'apparenza piuttosto delicato. Gli riesce tuttavia bene l'esercizio della caccia, nella quale ha massimo diletto, e talvolta per il tempo più burrascoso non riguarda punto di star fuori a questo trattenimento. Sarebbe S. M. inclinata a muoversi piuttosto che all'ozio, ma pare che sia già in uso di uscire poco di Madrid, e che il conte duca favorito così autorevole, come si dirà a suo luogo, non essendo inclinato a starvi lontano od a muoversi molto, causa che il re fa il medesimo, onde più per l'assuefazione nella quale è già entrato l'uso, che per sua natura, stà S. M. ritirata e vive più nell'ozio che nelle occupazioni di governo.

Con gran misura però e ripartimento tiene S. M. distribuite l'ore del giorno, e varia molto poco un dì dall'altro, onde quelli della sua camera che servono riferiscono esservi gran differenza dal modo di suo padre, il quale era molto più lungo e flemmatico, e non si aggiustava così nell'ore, come da questo re viene puntualmente sostenuto.

L'ordinario suo è di levarsi 4 ore avanti il mezzogiorno, desinare sempre a mezzodì, cenare 8 ore dopo, e le altre ore parte trovarsi coi segretarii a dispacciare e sottoscrivere li dispacci, e parte trattenersi colla regina, e anco alcune ore impiega nel leggere reiteratamente in un suo studio, trattenendosi coi libri di istorie italiane in particolare, delle quali vien detto che da certo tempo in qua è curioso.

Il naturale suo è di complessione piuttosto collerica ed ardente, riesce però, per lo più, affabile e di minor sussiego e misura, che non aveva suo padre, assai pio, inclinato al bene e sostenimento della religione cattolica, e, se governasse si crede camminerebbe puntualmente con molta giustizia ed equità. È di presente di costumi più moderati nel senso di quello che seguiva gli anni passati, che per il fervore della gioventù viveva un poco libero; non dimostra nel fare mercedi molta generosità, anzi viene tenuto per molto misurato in quello tocca allo splendore, il che è stato osservato in particolare nel giuoco, in che talvolta si trattiene portandosi in esso con molta moderazione. È puntualmente frequente nella Cappella alla stessa ora sempre, ed assai meglio applicato al culto della religione degli anni addietro, onde crede la corte che negli anni, nei quali si avanza, non sarà molto dissimile dalla pietà di suo padre e dei suoi maggiori.

È maritato colla serenissima regina Isabella di Bourbon sorella del re di Francia, la quale nella bellezza ed anco nelle condizioni dell' animo è sommamente riguardevole. Il suo tratto è più ridotto al vivere di Spagna che altrimenti, stà molto raccolta e grave, è però anco piacevole assai, ed unisce la gravità colla grazia e con un trattare molto gentile, ha l' amore ed il rispetto di tutta la corte, è sommamente religiosa e di sentimento molto pio: onde va del pari l' estimazione, nella quale si parla di lei, come della già regina Margherita madre del re; non godeva molta salute, e nel tempo che io sono stato a quella corte passava il suo vivere assai melanconica e più fra li rimedii dei medici che nelle ricreazioni, si pigliava molta pena di non avere più che un figliuolo, e ansiosamente desiderava aver nuova prole. Così nell' ultima gravidanza si rallegrò assai, e si sperava che abbia a godere miglior salute. Gli anni addietro ha passato con molta modestia sulle pratiche che teneva il re, e dell' amore di S. M. verso di lei si mostrava molto gelosa, colle medesime sue dame d' onore aveva S. M. avuto corrispondenza, e delle libertà che con donne anco ordinarie si pigliava stava afflittissima, però nelli 4 anni che sono stato a Madrid non si è parlato che continuassero alla regina li soggetti di queste passioni, sapendosi che S. M, se n'era ritirato, onde erano cessati assai questi disgusti.

Due figliuoli tiene al presente il re, un maschio e una femmina, il primo d' anni 6 e la figliuola nata già 4 mesi. È stato già il principe giurato dai sudditi come primogenito con solenne pubblica cerimonia, come rappresentai a Vostra Serenità quando seguì, nei miei riverentissimi dispacci (1). Sarà differente di nome dall'età passate, essendosi nominato non Filippo, ma Baldassar Carlo avendosi voluto prendere il nome di uno delli tre re Magi. È cresciuto molto bene nel tempo che sono stato a quella corte e ridotto in buona salute; resta ancora governato dalla contessa d'Olivares sua aja, alla quale però vi è opinione che egli non abbia molto affetto. Vorrebbe la contessa trattenerlo anco oltre li 7 anni, nel qual tempo è solito levarlo dalle donne e deputargli corte particolare, onde si crede che resterà colla contessa più del solito. È veramente di tratto assai spiritoso, ha preso il sussiego e la misura, e nelle udienze che riceve dagli ambasciatori apprende molto bene dalla contessa che lo assiste, il modo del ricevimento; dimostra essere d'indole assai pacifica e religiosa, è allevato con l'assistenza di un fraticello di s. Francesco laico devotissimo, tenuto per santo, ed ha introdotto la contessa di farlo digiunare il giorno della sua nascita, e di far che chieda per elemosina il vitto di quel giorno. Non si può nella tenera età stabilir concetto delle sue inclinazioni, però fin ora è stato governato ed assistito continuamente dalla contessa, e sperera il conte di nutrirlo conforme il suo interesse e soddisfazioni. Si vede spesso nelle cappelle alla finestra dove suol stare la regina e viene veramente allevato con grandi avvertenze di devozione. Tiene già appartamento particolare in palazzo ed un maggiordomo che quando vuol uscire va seco, e vien riferito che sia molto vivo e di buon ingegno.

Il favorito al quale il re ha appoggiato tutti gli affari della sua corona, e che autorevolmente esercita il maneggio di tutte le cose, è don Gasparo di Guzman conte d'Olivares ed anco duca di s. Lucar. Fu gentiluomo della Camera di S. M. mentre era principe; nei primi anni che il re prese il possesso degli Stati aveva prima molta parte nel governo don Baldassare de Zuni-

(1) Seguì domenica il giuramento del principe, mercoledì si fece una maschera di notte, e molti di questi signori vi furono con torcie accese, e si fecero fuochi e luminarie. *Dispaccio* 13 *marzo* 1634.

ga; venne poi questo a morire, ed il conte predetto ha preso tutta la sostanza del favore e dell' autorità esercitandola non come ministro al quale il re abbia ripartita la fatica ed il negozio, ma come direttore assoluto di tutti gli affari, e con libera disposizione di tutti gl' interessi della corona dei regni, della casa di S. M. e anco di sopraintendenza al vivere ed ai costumi del medesimo re.

È il conte d' età circa di 45 anni, corpulento assai, non gode molta salute, però sta sempre nel negozio e nelle applicazioni del governo, nutrendo l' anima nell' autorità e nel potere che esercita, come di proprio alimento, pel naturale altiero ed ardentissimo di dominare che tiene.

Possiede il favore del re con poca gelosia di perderlo, mentre tiene lontane da S. M. tutte le persone le quali potesse dubitare non fossero a lui confidenti, sta in lui di dare le cariche di palazzo a chi più gli piace, procura che sieno persone più di ordinario talento che di valore, onde non veda il re chi lo potesse servire; d' intendimento molto capace, nei consigli ripone chi vuole, ed è così bene assistito che sa quello che dice il re e quello che pensa, e degli affetti di S. M. ha così piena notizia che non s' ha sentito mai egli avere la minima gelosia di perdere il favore.

Il duca di Medina Las Flores che era suo genero, già maritato in una sua figliuola unica, soggetto di gentili maniere, però di non molta intelligenza nè inclinato ai negozii, nè più ai piaceri, assiste presso il re continuamente, ed è molto vile mezzo al conte per conservare la sua privanza, mentre serve e per osservare li sentimenti del re e per scoprire le relazioni che fossero portate a S. M. da altri, onde sapendo con questo mezzo il conte e le intenzioni del re e quello che gli fosse riferito, provvede al mantenimento della sua autorità con i mezzi che porta l'occorrenza, potendo temere ognuno che facesse alcun malo ufficio di essere facilmente scoperto, e coll'autorità del conte di perdersi piuttosto che di pregiudicargli.

È verissimo che è molto abborrito così dai grandi del regno come dal popolo, e si può dire da ogni ordine di persone però non vi è chi creda di poterlo battere nè levare dal posto che tiene.

Non è il conte apparentato colle case principali della corte come era il duca di Lerma; pare però che nè la sua nascita nè le sue aderenze meritino tanta carica; riesce egli nel trattare molto austero e severo, dà più disgusto che favore, onde sono libere e dichiaratissime le mormorazioni contro di lui, ne parlano li medesimi predicatori nei pulpiti, ed apertamente ognuno esclama e si meraviglia che si sostenti, e desidera che decada dall' autorità che conserva, e nelle tante dichiarazioni di chi parla contro di lui, si crede anco che il re lo sappia, ma non mostra S. M. di riflettervi, anzi si chiama sempre più ben servito da lui, lo avvisa di quello che gli fosse detto contro di esso e dimostra di volerlo in ogni modo sostentare (1). La integrità del conte pare che ognuno la confessi, la sua applicazione ed il suo zelo di giovare ed accrescere la grandezza della corona non viene negata dagli stessi nemici suoi; quello che lo rende molesto ed odioso è la severità con la quale tratta, la singolarità colla quale vuole il governo in se solo, e quello che più forse lo rende poco grato è l' osservazione del maneggio e degli infausti successi accaduti a quella corona in tempo del suo governo, dandosi in tutto la colpa a lui e stimandosi che non abbia la vera intelligenza che bisognerebbe ad un posto tale. Si conosce che egli è impetuoso, amico di novità, e che ha preteso di poter avanzare troppo la grandezza del re più di quello a che abbino aspirato gli altri ministri; non lo tengono per maturo quanto che basti, e si dubitano di poco buoni successi alla

(1) Molti questi giorni mi hanno conferito che avendo trattato con detto signor conte duca, lo hanno trovato in grande agitazione più del solito, e pare che vada sempre più crescendo nell' ardore di sua natura, onde sia di somma pena a chi tratta seco. Viene osservato che egli si porta a questo dalle passioni che le travagliano nella condizione degli affari correnti, sapendosi che per le occasioni moleste di questa monarchia sempre viene ripreso chi la governa, e chi ha tanta parte nel maneggio, onde sempre più si trova turbato e commosso. Il re però lo tiene nel solito posto, e pare che nè anco ascolti, o legga ciò che gli vien scritto, che non rimetta invece di leggere ogni cosa al medesimo conte duca. *Dispaccio 27 ottobre* 1633.

corona nella sua amministrazione; e veramente egli non tratta con naturale di spagnuolo, se non nell'ambizione di dominare; ma li mezzi che esercita, sono più scoperti di quello gli altri ministri tenevano, perchè parla assai e scopre molti dei suoi affetti e passioni. È vero che non si intende che si appropri profitto alcuno, è difficilissimo nell' acconsentire mercedi e donativi, ha accresciuto molto le entrate, e piuttosto disimpegnata che impegnata maggiormente la corona, poichè li molti debiti che aveva fatto l' imperatore Carlo V e continuati fino al re Filippo III con molto incomodo, ora con consegnazioni di entrate ai creditori restano più libere le rendite presenti, e pretendono che come li passati spendevano le entrate degli anni avvenire, così il presente non spenda se non le correnti: ed essendo verissimo che i Genovesi in particolare che fanno li partiti col re delle maggiori somme, non promettono di pagare le lettere se non conforme che riscuotono, convien essere vero che gli assegnamenti sieno di entrate correnti, non di quelle avvenire.

Vive il conte nell' autorevole stato della sua privanza assai melanconico. Bene spesso afferma di richieder licenza dal re per andarsene a casa sua in Andalusia, ma forse la dimanda quando sa che il re non gliela vuol concedere.

L' essere senza figliuoli la affligge, e della morte di quella figliuola unica che era maritata con Medina Las Flores se ne continua tuttavia a risentire.

Un suo nipote figliuolo di sorella che sarà erede della sua facoltà non gli è intieramente grato, e si crede che farà deliberazioni nella sua ultima volontà con che leverà a questo nipote quel più che gli possa. Conviene che sia ricco assai perchè ha pochissima spesa, non vive con pompa alcuna ed ha grandissima entrata avendo oltre tanti ufficii e carichi che gli danno molta rendita anco ogni anno che viene la flotta 100,000 scudi dal re, e si fa conto che rilevi la sua rendita a 300 mille scudi l' anno. Professa di vivere con molta pietà e religione, ogni giorno continuamente si confessa e si comunica, fa dire alquante messe e complisce alle apparenze nei costumi con professione di uomo molto divoto e pio. Ha introdotto di farsi mettere nelle sue stanze in un cataletto come un defunto, facendosi recitare il deprofundis con luci accese; ed in quello che tocca all'esteriore parla del mondo come un cappuccino e delle grandezze di questa vita come gran dispregiatore di essa.

Non essendo inclinato, come ho predetto, ad uscire di Madrid, ha sollecitato ed a forza di spesa nella quale egli ha anche contribuito con danaro e colla sua autorevole applicazione, si è fabbricato vicino al convento dei padri di S. Gerolamo di Madrid, una qualità di palazzo che con gli ornamenti e delizie che se gli aggiungono sarà cosa curiosa, e viene ad essere meglio compartita di quello che in principio si credeva che riuscisse. Il principio di questa fabbrica è stato soggetto di riso e di burla della corte. Il sito serviva per un numero di galline che teneva la moglie contessa, le quali sebbene erano belle e curiose nella qualità, tuttavia rendeva derisione e meraviglia come il conte duca, tanto occupato nei gravi negozii ed in tempo così importante, pigliasse gusto di quelle galline; si chiamava però universalmente il gallinaro del conte dove adesso ha fatto il palazzo, e molte pasquinate se ne sentivano che fino in Francia il cardinale di Richelieu ne motteggiò col secretario del re che stava a Parigi, ora a poco a poco cominciò a fabbricare e a disponere appartamento per il re e per la sua corte, ed è già finito, addobbato di ricchissime tappezzerie e gentilezze, ed ognuno che si vuol rendere grato al conte manda alcuna curiosità per quella casa. Vi ha fatto piazze dove si sono vedute feste de' tori, correre il re all' anello ed alla quintana, ed in somma vi ha portato il ricetto dei trattenimenti, desideroso che il re stimi quel sito e si accrediti come un palazzo intitolato dal re il Buon ritiro, non per un gallinaro. Ha però resa tanto molesta ai sudditi quella spesa che difficilmente la possono veder volentieri, essendosi fatta coll'aumento dei prezzi a tutte le cose, e con accrescere la carestia che pur troppo sarebbe in altro paese insopportabile. Il conte tuttavia vi fa sempre continuare a spendere, e sebbene ognuno esclama, non vi si fa punto di riflesso. Così la monarchia di Spagna nella vita di questo re, e nell'autorità di questo favorito, non ha tutto il credito che hanno avuto li re suoi predecessori.

Quello che tocca alla relazione dello stato, forze, consiglio, riputazione, che tiene quella corona, rappresenterò in ristretto dilatandomi solo nei particolari che questi ultimi anni rendessero intorno ciò qualche differenza dai passati.

Lo stato del re è come si sa grande assai, e se fosse unito e con miglior governo sarebbe si può dire molto superiore ad ogni maggior altro potentato. Nel regno solo di Spagna si comprendono stati che hanno anticamente avuto diversi re e la maggior parte di essi erano tenuti per poderosi, che poi caderono in tre corone principali, cioè in quella di Castiglia, in quella d'Aragona, e in quella di Portogallo e finalmente nel padre di Carlo V si unì quella di Castiglia e di Aragona, ed a Filippo II è venuta quella di Portogallo, sicchè non sono stati acquisti solo di città, ma delle corone, dei regni e di mondi nuovi.

La corona di Portogallo ha portato ai re di Spagna il dominio delle Indie orientali, che girano tanto paese, che danno tanta ricchezza e che portano il comando di questi re tanto lontano; la corona di Castiglia, quella delle Indie occidentali che hanno 5000 leghe di lunghezza e 2000 di larghezza, e la grandezza di una lega è più di 3 miglia.

Da questo è uscito tanto oro e tanto argento, e continua tuttavia a sortire. La corona di Aragona abbraccia fuori di Spagna li regni di Napoli e di Sicilia, così floridi e così ricchi che hanno formato col solo loro possesso potenze grandi e che hanno avuto tanto posto nella cristianità.

La Fiandra è patrimonio dei presenti re, non della corona di Spagna, e la maggior parte delle provincie è del re sebbene gli olandesi di sette sole che ne possedono tengono si può dire il meglio; la Spagna dà molto più entrata che spesa, la Fiandra la consuma, chè vi spende il re grand'oro, ed usano dire gli spagnuoli, che sia cauterio delle forze della corona, affermandosi che si siano spesi dopo le presenti guerre con gli olandesi più di duecento milioni d'oro.

Il possesso dell'imperio, a casa d'Austria ha poi consegnato il dominio di molti feudi imperiali, e dalla continuazione di avere imperatori così congiunti confidano e possono sostenere gli spagnuoli di aver quell' avvantaggio che loro rendono li soccorsi che possono ricever dall' imperatore di assistenza di milizie alemanne: le quali pur troppo a costo d'Italia, hanno ricercato gli spagnuoli ed adoperato in questi ultimi anni.

Di molti regni e provincie come ho predetto è però costituito lo stato del re di Spagna, nella descrizione del quale sono andato ristretto, essendo cose note a questo Eccell. Senato ed altre volte riferite.

Le forze sue sono dilatate e può quella corona poner il braccio sopra stati di tutte quattro le parti del mondo, ed il duca d' Alcalà quando fu ambasciatore pel re destinato all' obbedienza del presente pontefice, in una orazione disse: che nei stati del re di Spagna il sole non tramonta mai, perchè quando a questo emisfero si volta comparisce all' altro, tenendo in ambidue molto dilatato il dominio, e li re di Persia scrivevano con questa iscrizione al re di Spagna che ha il sole sempre per cappello.

Nella grandezza degli stati che tiene assuefatti agl'interessi ed alle molteplici contribuzioni, non riconoscono quei ministri poter per lungo corso d' anni mancare le provvisioni del denaro, e credono che somme ben rilevanti di molti milioni di oro potrebbe il re esigere per fare un gran sforzo, il quale alcuno aveva concetto doversi fare; e veramente la Spagna sebbene non è popolata a misura del sito ed in molte parti povera, tuttavia è tanto grande di paese, tanto in molte parti fertile nei terreni particolarmente in Castiglia ed Andalusia, così sofferente e desiderosa della conservazione della gloria del suo re, che quando sente stringer il bisogno, si lascia persuadere alli maggiori aggravi senza rumore (1). Desiderano la grandezza del loro

(1) In un luogo presso Granata, mentre si cercava il donativo per il re, come indifferentemente in ogni luogo si cerca, si sono scoperti cartelli con invito a sollevazione, che dicevano sollevata tutta la Spagna, e che Dio lo comanda; ma dal resto si vede che sollevazioni non possono aver appoggio. *Dispaccio* 8 *maggio* 1632.

signore, lo tengono per il primo monarca del mondo, si nutriscono così del vasto concetto della loro nazione, che si levano facilmente l'alimento del corpo per nudrire quello della fama, e per sostenere la loro pretesa grandezza, e che le nazioni estere non li sopravanzino; così s'impoveriscono e si lasciano pigliar tutto e continueranno, a mio credere, nelle importanti gravi presenti congiunture a contribuire, onde il danaro effettivamente si esige, e se fosse poi ben amministrato solleverebbe di avvantaggio e minori sarieno gli aggravi dei sudditi, ma sono veramente in possesso quei ministri di goder gran provecchi e di arricchirsi nei maneggi, e se il conte duca non si applicasse con concetti di molta integrità e zelo nella sopraintendenza di questo grave affare, sarebbe anco d' avvantaggio. Le maggiori provvisioni del danaro in tante occorrenze di quel dominio, escono veramente di Spagna, e di tutta la Spagna sono poi maggiori li soccorsi di Castiglia; è vero che le entrate ordinarie sono impegnate dai re predecessori, e le godono in particolare i genovesi per assegnamenti di danari pagati per servizio delli passati re, però sono introdotte anche gravezze nuove, e che rendono molta somma d'oro, ed il stato è così grande che nutrisce la confidenza che non possa così facilmente mancare il danaro.

L' entrata tutta che gode la corona di Spagna è alla somma di 18 milioni dei quali sette circa sono già impegnati. Resta da disponere per la somma di undici milioni, obbligati però a diverse spese come riferirò distintamente; e compreso l'accrescimento delle nuove contribuzioni del regno della mezza annata ed altre gravezze che tutte non si riscuotono, le spese ordinarie sono un anno per l'altro alla somma di 7,240,000 ducati, cioè due milioni all' anno costa d' ordinario la Fiandra, le frontiere dei presidii di Spagna e piazze di Africa; assegnamenti a gente di guerra stipendiati per servizio del re un milione e ottocentomille ducati; l' armata dell' oceano centomille ducati; le galere 420,000 ducati, li Consigli costano 160 mille ducati l' anno; la spesa delle due cancellerie di Valladolid e Granata 40 mille ducati; elemosine a cavalieri caduti in povertà e soldati pretendenti 350 mille; le cavallerezze di S. M. 100,000; le spese secrete dei consigli e spie 200,000; donativo alla regina 12,000 ducati all'anno; ambasciatori di S. M. in Roma, Alemagna, Francia e Venezia costano 100,000 ducati l'anno essendo la provvisione di 25 mille ducati per uno. Per mantenere la cappella vi è assegnamento di 10,000 ducati, colle guardie del re che sono 300 soldati ordinarii, cioè 100 spagnuoli, 100 tedeschi e 100 fiamminghi ed in altri ufficiali, cariche, famiglia e gente trattenuta del suo servigio importa un milione e 700,000 ducati, che rilevano la somma predetta di sette milioni duecento e quaranta mille ducati, onde avanzerebbero quattro milioni; ma non si può dire che avanzi alcuna cosa perchè vi sono lo spese straordinarie di provvisioni in Alemagna ed in Italia, ed il corrente aumento di rimesse a quelle di Fiandra onde sempre manca il danaro, non si soddisfano le sopradette ordinarie occorrenze se ben hanno li suoi assegnamenti, e continuamente si tratta di nuove imposizioni e di trovare con che supplire alli molti debiti che ogni giorno si accrescono (1).

Le entrate che si sono accresciute in questi ultimi anni consistono nell'aumento del prezzo del sale, mentre da d. 9 in circa che pagava una misura di un mezzo staro, questa fu accresciuta a più di d. 50 la detta misura, e sebbene sopra il vitto si diminuì il prezzo di alcune altre cose, tuttavia rilevava maggiormente la detta imposizione, che quello che si regolò in altro conto. Questi anni addietro poi è stato diminuito il detto prezzo e posto a ragioni di d. 18 la stessa misura, che è ancora

(1) Il conto anticipato delle spese per l'anno 1634 fu spedito dall'ambasciatore Corner col dispaccio 9 luglio 1633, e noi qui lo riportiamo:

Provision dell' anno venturo 1634, principio de novembre 1633.

Per Fiandra	ducati	3.000,000: —
Per Allemagna	»	940,000: —
Per li presidii delle frontiere. .	»	960,000: —
Per l' armata dell' Oceano . .	»	300,000: —
Per gli ambasciatori	»	100,000: —
Per la casa reale.	»	400,000: —
	ducati	5,700,000: —

la metà più dell'ordinario, con utile che vien detto sarà tuttavia più di mezzo milion d'oro (1). La gravezza chiamata la mezza annata rende al re più di un milione, ed è tutto danaro sicuro e che non ha difficoltà nell' esazione. Questa consiste nel pagamento al re della metà del valore nella mercede, che fa S. M. a qualsisia persona e carico, onde se uno supplica aumento di soldo ovvero elezione di carico di utilità, non se li dà il dispaccio della elezione, se non appare che abbia pagato la mezza annata; e provvedendo il re per la ampiezza dei suoi stati a tante cariche, essendo supplicato per tante mercedi, ne cava la somma che ho predetto, e ne caverà d' avvantaggio usandosi sommo rigore, e pretendendo non dispensarsi neanco i fratelli del re, quando loro ricevono dispaccio di cosa che ricerchi la mezza annata.

Fra li negozii che furono incaricati li ambasciatori ultimamente inviati a Roma, era per intercedere dal papa di poterla riscuotere anco nelle entrate ecclesiastiche, che il re dispensa, consistendo in tanti Vescovati ricchissimi, Abbadie ed altri Beneficj, rileverebbe gran somma d' oro, perchè si farebbe pagare d' un vescovato che vale 40 in 50 mille scudi l' anno, della qual entrata ve ne sono molti, la stessa metà al re, e così d' ogni altro Beneficio rileverebbe al certo la somma di più di un altro milion d' oro un anno per l' altro. Le altre rendite ordinarie che non sono impegnate consistono prima nella Cruzada concessa da' pontefici passati e confermata dai presenti, che rende al re, con due altre gravezze chiamata una del Sussidio e l'altra l' Escusado, circa due milioni all' anno.

Cava S. M. dall' Indie un anno per l' altro un milione e mezzo di sua parte (2), e quando le flotte arrivano ogni anno, anco sarebbe mezzo milione d' avvantaggio.

(1) Si è trattato di mettere nuova gabella sopra il vino di quattro soldi in ragion di codesta moneta, per ogni misura che si chiama *sombra*, che non sarà più di due caraffe incirca. Sarebbe stata gravezza di molta rendita e molestia, ma non si è ancora pubblicata. *Dispaccio* 15 *novembre* 1631.

(2) Per curiosità e dato statistico riportiamo la seguente:

Relatione della portata della flotta del Perù e Nuova Spagna, condotta dal generale don Antonio d' Ochenda questo mese di luglio 1633.

Il maggior frutto delle entrate è la contribuzione dei regni di Castiglia, che hanno accordato di pagare per sei anni 24 milioni, che sono 4 milioni l'anno, ed essi li cavano poi dall'accrescimento al prezzo di tutte le cose necessarie al vitto in particolare; e facilmente si richiederanno alli medesimi regni nuovi simili esborsi.

Dagli altri regni di Spagna non cava il re entrata annuale di somma considerabile, solo qualche donativo, e quella che cava di Portogallo è la maggior parte impegnata.

Dal regno di Napoli si cava più di un milione di entrata e d'ordinario viene speso nello stato di Milano, e così qualche somma di Sicilia. Bene spesso poi alle case di negozio così dei spagnuoli come italiani e di altre nazioni si richiedono somme di rilievo di tre o quattro mille scudi per uno, e non si lascia si può dire mezzo intentato per cavar danari, ricevendo il conte ed abbracciando le proposte di ognuno che gli porta qualche raccordo sopra questo affare in che principalmente sta continuamente avvertito. Diverse volte si è detto che si risolverebbe S. M. di pigliare anco una buona parte degli argenti delle chiese, che sono in Ispagna, e che farebbe poi assegnamenti per soddisfazione di quello importassero, il che provvederebbe al re di molti milioni essendo le chiese ricchissime di lampade ed altri apparati d'argenteria, ma sarebbe con quei gravi inconvenienti ben noti, spogliando le case di Dio per ispendere nelle passioni e negli affetti di dominare, e levando invece di accrescere gli ornamenti per intercedere li buoni successi coll'aumento del culto e dell'ossequio a Dio che è il direttore di tutte

Da terraferma.		
Per Sua Maestà in oro ed argento	ducati	1,676,170
Cento e sette marche e 90 grani di perle . .	»	16,100
Per particolari	»	1,743,818
Da Nuova Spagna		
Per Sua Maestà	»	921,075
Per particolari	»	1,348,563
In frutti di terra	»	1,417,137
	Totale	7,122,863

Dispaccio 7 agosto 1633.

le cose. Si può però credere che con quei pretesti che sapranno descrivere, capiteranno gli spagnuoli forse un giorno a questo partito senza tante considerazioni. Si pensa anco se il re si risolve di salir in campagna e di cominciare ad assistere agli eserciti ed alle armate, il che nella crescente età del principe molto si discorreva, possa seguire di capitar agli estremi di pronto soccorso, dai grandi, titolati e cavalieri di buone somme cadauno, credendosi poter avere da alcuni grandi fino 100,000 scudi per uno, e da ogni altro che abbi buona entrata almeno 10,000 o 12,000 scudi, e così alcuni si figurano di poter cavare 15 o 20 milioni per una volta di questa maniera, e con questi far uno sforzo come dicono per far poi una buona pace e concedere il riposo a' suoi regni.

Questo concetto che ha del fastoso assai e difficile a mio credere da metter in pratica, è veramente nel concetto di qualche ministro, però sono così estenuati gli avanzi della maggior parte dei signori titolati, che pochi avranno il danaro pronto, e sarebbe un capitare alle ultime violenze e disfar la maggior parte delle cose e delle facoltà. Resta solo credere che una ampiezza così grande dei stati ed una assuefazione di sudditi di spendere per il suo re, non lascierà mancare il danaro per la guerra, e che possono assai sperare che i francesi prima si stanchino di loro.

Si è introdotto di ricercar donativi, rappresentando universalmente ad ogni ordine di persone li bisogni della corona; le occorrenze di provvedere alla sua difesa, inserendovi gli interessi della religione cattolica per sostegno della quale pricipalmente si afferma di far la guerra, e si è riscosso per questa via qualche somma di danaro obbligandosi a pagar chi mille scudi e chi cento e chi meno, conforme alla maggiore o minore disposizione della persona verso gl' interessi della corona.

In questo essere si trova la corona di Spagna, quanto alla forza del danaro, principal elemento nella composizione di questo misto del corpo politico.

Quanto alle genti della Spagna, si trova per esperienza che non molto numero può estrarre il re, essendo dopo l'espulsione dei mori il paese assai diminuito di abitanti, e così le ville che le città sono poco abitate nella maggior parte delli regni.

Di Portogallo non cava il re estrazione di gente, bisognandogli per la difesa di quelle marine e per le armate che vanno alle Indie ed altri presidj in Africa e nel Brasile, che gode S. M. come dipendenti da quella corona.

Il regno di Galizia è poco abitato; sono la maggior parte gente povera, non di disposizione per servire da soldati, ben piuttosto per qualche utile nel traffico che porta il sito del paese e sostiene la sua povertà.

Il regno di Castiglia, la nuova e la vecchia, e l'Andalusia che è membro principale della detta corona, sono quelli che provvedono la maggior quantità dei soldati, ma molti vanno alle Indie occidentali per eccitamento dell' utile che quel ricco paese comunica a chi vi pratica, ed anco per il bisogno delle armate numerose che vanno e che vengono alle flotte. Il più che potrà cavare il re dalla Castiglia ed Andalusia ogni anno sarà di quattro in cinque mille uomini che con violenza e con loro abborrimento sono imbarcati e si chiamano *bisogni* per essere gente senza disciplina, povera, scalza, ma che poi rivestita ed instruita a Napoli o altrove, quelli che vengono a sopravvivere riescono poi buoni soldati. Della Biscaglia non cava gente che in qualche poco numero, bisognando in quei presidj alle frontiere di Francia, ed essendo anche la maggior parte marinari che servono al re nelle armate marittime.

Del regno d'Aragona può fare il re qualche levata, dando il carico ai signori principali di aderenze in quel regno, come ha fatto questi anni addietro, però non si è veduto esser facile cavarne molta quantità, essendo il regno assai disabitato, così anco dirò lo stesso di quello di Valenza e Murcia. Di Catalogna vi sarebbe da fare il maggior sforzo, ma i Catalani non vogliono che con difficoltà servire fuori di Spagna, il re non se ne fida, e quando si aggiustino meglio le confidenze, che sarà sempre difficile, hanno da guardare quelle frontiere assai aperte verso la Francia. È veramente questo contado di Catalogna fertile assai, pieno di gente bellicosa, di traffico e di danaro, che si crede abbia in particolare Barcellona molta somma d' oro (1).

Dipendente da questo paese vi è il contado di Rossiglione, il quale non gode li privilegi che godono le altre città di Catalogna (2), ed adesso il re vi fa piazza d'armi alle frontiere della Francia; nè anco di questo contado caverà S. M. corpo di gente, tenendosi per più proprio che assistano a quelle frontiere, ed essendo la maggior parte li popoli più di negozio che di disposizione a servire da soldati. Di Majorica e di Minorica, isole dipendenti dalla Spagna, si può cavare qualche compagnia di soldatesca, come d' ordinario segue, e riescono buoni soldati. Così per la condizione del paese, sulla osservazione fatta da me, nel corso di quattro anni che ho servito V. S. in Ispagna, trovo che si è ben procurato di cavar genti con ogni applicazione, ma che per cavarne 6 mille fanti, per far uscire di essa, bisogna si fidi e si provi molta difficoltà, il che dipende anco dall'abborimento, che hanno gli spagnuoli di travagliare, pretendendo ognuno assai di se medesimo e non credendo trovar mai miglior terra della loro dove vivono piuttosto poveramente ma senza affaticarsi, non avendo applicazioni ad industria alcuna, ma solo vivere nel lusso e nel cibo della loro presunzione, ed il nome di soldato è infaustissimo per essi, dicendo di essere mal trattati e perdersi la vita senza speranza di mercede. Così quelli che al presente sono arruolati servono scontenti, e fanno conoscere che è molto difficile distrarre dalla Spagna numero d' infanteria assai considerabile.

Nei presidj del regno tiene il re assai buon corpo di gente, e saranno circa dieci mila uomini compresi anco quelli che tiene S. M. in Africa.

(1) La Catalogna si vanta di queste parole di Carlo V: « Io tengo più al ti- » tolo di conte di Barcellona, che a quello di imperatore dei romani. » Capmany *Memorias*. Ma da Carlo V l' attività e la vita della Catalogna andò diminuendo. La sua unione alla Castiglia, e la preponderanza che ottenne sul mediterraneo la potenza marittima dei turchi furono cause principali della sua decadenza.

(2) I privilegi dei catalani erano: di stabilire essi le proprie imposte, di governarsi colle proprie leggi, di aver magistrati nativi del paese, e di determinare in tempo di guerra il contingente delle truppe da fornirsi agli eserciti del re.

Si è cominciato ad introdurre a cavare di questi come soldati vecchi, e riponere altre milizie, e si continuerà a valersi delli medesimi. Tiene anco il re circa 3000 cavalli descritti che sono come d'ordinanze, ma finora non ha usato mandarli fuori di Spagna, ben se ne serve alle frontiere nel contado di Rossiglione.

Del regno di Napoli si fa fondamento di cavar sempre buon nervo di gente, essendo il paese popolato: ma ogni robustezza s'indebolisce alle continuate fatiche, ogni colosso si abbatte alle molte percosse. Sono già tanti anni che si chiama da Napoli gente e danaro. Il regno ha contribuito gran somme d'oro e grandi eserciti, conviensi credere che si comincia a spremere per continuare a cavarne nuovi liquori: tuttavia sarà forse di più riuscibile, aver il re pronto soccorso da Napoli che di Spagna, e di già V. S. e le EE. VV. ne sentono gli apparecchi.

Di Sicilia non soleva il re cavar genti; e dello aver introdotto a farvi uscire li terzi che hanno servito questi anni passati nello stato di Milano, si aggravavano assai in quel regno; però essendo l'antemurale degli stati del re contro il turco, e bisognando per difesa dell'isola non si potrà avere numero considerabile di milizie da quella parte.

Di Sardegna non si fa molto conto, nè per la qualità nè per la quantità di gente, di aver soldati; tuttavia in questi bisogni vi caverà bene il re due o tre mille uomini facilmente. Questo è quello che può cavarsi quanto alla gente dai stati del re; dirò solo che della Fiandra e dello stato di Milano non si può servire S. M. al presente se non di qualche reggimento per valersene nei medesimi luoghi. La Fiandra provvede assai all'esercito per quella parte, e lo stato di Milano non ha molto che contribuire di gente dopo le afflizioni passate (1).

Nelle indie non tiene il re qualità di gente, quanto ai medesimi indiani, da adoperare nei suoi eserciti. Sono gente vile da travagliare nelle mine e non da altro, anzi si va estinguendo quella qualità di persone e li spagnuoli li tengono come per

(1) La guerra per la successione di Mantova e la pestilenza.

bestie. Le forze di mare consistono in galere ed in navi di alto bordo; le galere che tiene S. M. sono ripartite nella squadra di Napoli, di Sicilia, di Spagna e di Genova, in numero di 42 in tutte, da poter navigare insieme.

Quelle di Spagna sono la maggior parte di ciurme dei condannati, loro generale è il marchese di Villafranca figliuolo del fu don Pietro di Toledo, li capitani sono eletti dal re e pagati con stipendio, che se gli assegnano e vi stanno anche oltre le ciurme e marinari circa ottanta soldati per cadauna.

Vanno creditori di molte paghe e si sostentano al presente colla sola razione del biscotto e minestra, restando veramente poverissime le dette galere; sono dieci ma non tutte insieme sarieno bastanti a navigare.

Quelle di Napoli, solevano essere 24 adesso saranno appena 14 da poter navigare assieme; hanno più schiavi che quelle di Spagna, e sono pagate al modo medesimo. Generale di queste è don Melchiore di Borgia.

Quelle di Sicilia sono otto e in buon stato, loro generale è il marchese del Viso.

Quelle di Genova sono governate da particolari genovesi, che si sono obbligati a servire il re, chi con due o tre galere, ricevendo un tanto per sostenerle ed adesso non saranno più che 10. Queste servono a portare il danaro del re e de' particolari, li passeggieri e mercanzie da Barcellona a Genova, ed a Cartagena, suo generale è don Carlo Doria duca di Tarsi, e hanno concetto di buone galere.

L'armata di vascelli tondi consiste di due corpi particolari, che si tengono d'ordinario nell'oceano, l'uno si unisce nel porto di Cadice e di San Lucar per le Indie occidentali, e l'altro a Lisbona per le Indie orientali e stati della corona di Portogallo. Soleva essere per lo passato assai più numerosa di navi, però al presente se volesse il re unire li due corpi predetti non si crede avrebbe 60 navi spagnuole per giuntare, e si è introdotto servirsi di forestiere; in particolare ha preso carico in servizio del re di mantenere navi un raguseo detto il Martelossi, e i genovesi ancora altre squadre.

. . . . Il maggior impiego che adopera il re di armata è per portare le flotte da S. Lucar alle Indie di occidente, le quali doveriano partire ogni anno, e sogliono essere fra navi di mercanzia e da guerra per loro scorta, ripartite in due flotte, circa 40 navi. Generale di queste navi è adesso nell'oceano il marchese di Vellada eletto in luogo di don Federico di Toledo, è soggetto che non si sà che esperienza abbia e non si ha concetto di sua molta riuscita. Non ha usato il re di far passare queste armate nel mediterraneo per non levare le difese nella Spagna, e bisognando per le navigazioni delle predette flotte, può però essere che di qualche parte si valerà il re anco in questi mari, se si vorrà far qualche diversione sopra la Francia con forze marittime.

Le navi che sono a Lisbona sono per la navigazione alle Indie d'oriente, e queste sono della maggior grandezza essendo la navigazione lunghissima, ma non ne vanno più che due o tre all'anno.

Tiene poi il re un numero di vascelli in Fiandra nel porto di Dunkerque che sono per la difesa di quelli mari contro gli olandesi, ed alcuna volta si dà bisogno di farli venire in Spagna o per imbarcare in essi danaro o fanteria per Fiandra o per valersene anco per altre occorrenze. Si fabbricano questi e gli altri in Biscaglia e li marinari sono pure spagnuoli. Si vorrebbe unire armata per soccorrere la provincia del Bresile, dubitandosi che gli olandesi facciano gran progressi in quelle parti, e si vorrebbe anco tentare la ricuperazione di Fernambuco, però sono cose che di gran tempo sono nella intenzione, ma non si vede la facilità di eseguirle, mancando quelle provvisioni che sarieno necessarie per tale impresa, mentre le maggiori applicazioni sono più contro l'avvantaggio che va prendendo la corona di Francia in Italia ed in Alemagne, che ai progressi degli olandesi.

Mi resta discorrere alcuna cosa della condizione de' capi che tiene al presente il re di Spagna per valersi nei comandi dei suoi eserciti ed armate, che è uno dei principali punti che rendono la forza del principe di più o meno stima, e che portano alle occorrenze le diversità dei successi.

È debolissima la qualità dei capi che tiene il re, così nei consigli, come dirò a suo luogo, come anche nel comando dell' armi.

Teneva per talenti d' ingegno e per generosa applicazione il duca di Feria alcun concetto, e almeno si sperava che potesse coll'accrescere d'esperienza riuscire buon capitano, ma la morte ha troncato il disegno.

È anco mancato don Gonzalez de Cordova del quale si teneva almeno concetto, che sapesse del mestiero. Adesso restano per li migliori il duca di Lerma, il marchese d'Aitona ed il marchese di Leganés; ed il primo ha veramente spirito grande, gran genio a travagliare nella guerra e se fosse così favorito dal conte duca (che con questa casa non tiene buona corrispondenza) sarebbe adoperato nelle prime cariche e coll' accrescer l' esperienza servirebbe bene il re.

Il marchese d' Aitona come uomo d' ingegno e di talenti molto grati si è avanzato di nome, e sebbene ha più esperienza e maneggio dei negozi che dell'armi, tuttavia ha compiito all'uno e all' altro con buon servizio di S. M. con soddisfazione delle Fiandre, e con concetto che possa in ogni cosa a che sarà impiegato, servire bene.

Il marchese di Leganes veramente non pareva tenere con che fabbricarsi concetto nè per la memoria dei successi, in che avesse acquistato credito, nè per suoi talenti, tuttavia come dai buoni successi si avvantaggiano le opinioni degli uomini, in particolare nella guerra, potrà egli migliorare.

Questi è dei favoriti del conte ed assai fortunato, il bene che farà non gli renderà odio nè emulazione, del male sarà scusato, onde può essere che si sia per fare molto caso di lui, ma veramente li suoi talenti sono assai ordinarj. Per capi principali oltre li nominati non saprei aggiungere che vi sia persona sopra chi discorrere, dirò solo alcuna cosa del presidente marchese don Filippo Spinola. È questo cavaliere che nella scuola di Fiandra e nell' assistere presso suo padre ha appreso per il vero buona intelligenza della professione militare; è però uomo freddo assai, creduto troppo circospetto nella guerra, e non ha nè averà estimazione per portarsi a cariche principali.

Don Carlo Columa castellano di Milano è soldato vecchio, tuttavia non gli daranno generale maneggio e non ha fatto imprese di fama.

Il conte Giovanni Serbelloni se fosse spagnuolo avrebbe molto posto e concetto, ma non si darà mai all'italiano dai spagnuoli credito eguale a quello che fra loro medesimi si piglierebbe.

Quanto ai capi subordinati alli maggiori non vi è neanco soggetto di molto nome, e ognuno ricusa più che può il servire, procurando di stare a Madrid ovvero a' suoi stati, mentre non sieno le cariche di molto profitto, e non gode il re gran prontezza nei suoi vassalli di portarsi alli impieghi di tante occorrenze, che tiene in particolare per servire nei suoi eserciti e nelle sue armate, professando però che se uscisse il re in persona procederebbero diversamente.

Il Consiglio di Spagna è ripartito conforme li regni ed il negozio che loro tocca. V'è il Consiglio di stato, di guerra, dell'amministrazione del danaro, di camera e degli ordini, che è per la disposizione delle commende dei cavalieri, Consiglio di Aragona, delle Indie, di Portogallo, di Fiandra, d'Italia, dell'Inquisizione e della Cruzada.

Quello di stato abbraccia tutti gli affari più secreti, consiglia il fare la guerra e la pace, e tutto ciò che è il principale interesse della politica di quella corona.

Quello di camera distribuisce le mercedi, le prelature e le dignità presso il re.

Quello degli ordini governa le entrate e dispone degli abiti dei tre ordini principali, che sono s. Giacomo, Calatrava e Alcantara; e quello di Castiglia riceve tutto il negozio così civile che politico de' stati dipendenti dalla corona di Castiglia come anco quello d'Indie, di Portogallo, di Italia, di Fiandra, governa il negozio di quelle parti.

Quello dell'Inquisizione assiste a tenere la Spagna purgata dalli semi del giudaismo in particolare, ed eresie che ancora non sono bene estinte, e facilmente senza li rigori della giustizia anderiano risorgendo e pullulando.

Quello della Cruzada governa le entrate della medesima; e così sono ripartiti i moltiplici affari della monarchia, così dilatata di dominio e che ha tanti sudditi e tanto stato.

È però verissimo, che non sono interamente conservati li detti Consigli coll'autorità, che solevano, perchè neanco tutti li negozii che loro toccherebbero di maturare e che li fossero rimessi, li capitino: mentre il conte duca ha introdotto di deputare maggior parte delle cose a Giunte particolari che sono come collegi, ed elegge poi in essi quei soggetti per il più dei quali egli tiene soddisfazione, onde facilmente viene dato il parere a gusto del medesimo signor conte; ed essendo informati delle sue massime non lasciano molti di consigliare conforme ad esse. Così li Consigli restano diminuiti della maggior parte di quello che loro tocca, e se ne aggravano, ma poco serve, mentre chi ha l'autorità dispone gli affari di questa maniera.

Le espedizioni dei negozii hanno l'ordine che riferirò a V. S. e alle EE. VV. Sono presentati li memoriali al re di quello porta la occorrenza, subito sono rimessi al conte, ed il conte li fa rimettere o al Consiglio dove vanno, ovvero a qualche giunta particolare, come ho predetto, nella quale l'Eccellenza sua fa la nomina dei soggetti che le pare. Questi si uniscono per trattare del detto negozio che loro è stato rimesso e ne trattano assieme. Il loro segretario nota quello che sia la opinione per la maggior parte e poi ballottano a voti segreti, e se non sono uniti, ognuno espone il suo parere in scrittura. Questo viene portato al conte duca ed egli delibera quello che gli pare, facendosi il dispaccio da'segretarii deputati, e viene portato al re per la sottoscrizione; nè S. M. altera immaginabil cosa, nè si è osservato che succeda per ordinario essere di diverso parere da quello del conte; lo stesso segue così nei memoriali che si presentano a S. M. come in ogni altra sorta di dispaccio che porti ogni qualità di negozio.

Le lettere che vengono al re e che sono dispacciate da S. M. per il più vanno nel Consiglio e ivi si maturano le risposte, però se vi è cosa che il conte voglia tenere in stretta segretezza dispaccia ancora da sè senza comunicazione del Consiglio e colla sola notizia del re e sua, valendosi dei suoi particolari segretarii. Al Consiglio di stato può stare S. M. presente senza essere veduto, ed ivi talvolta come anco in pubblico assiste nel medesimo Consiglio in qualche occorrenza.

Del detto Consiglio di stato, che è quello che tiene la comunicazione degli affari in particolare della pace e della guerra, riferirò li nomi di alcuni dei consiglieri, ed il concetto delle loro inclinazioni, come degli altri Consigli non mi estenderò a tanti particolari per non allungarmi d' avvantaggio superfluamente. Solevano in detto consiglio essere li primi signori di valore e di esperienza che avesse il re, e molti per la loro parte sostenevano con sentimento vigorosamente dichiarite le loro opinioni, ma al presente non si vede che alcuno abbia l'animo di opporsi al conte duca, nè di sostener parere contro di lui. Non vi è numero prefisso in detti consiglieri, e molti si trovano fuori di corte. Parlerò però di quelli che ho conosciuto, e dei quali potrò meglio riferire la loro condizione.

Nell' anno 1631 che cominciai il mio riverentissimo servizio in quell'ambasceria si trovava in corte il cardinale Zappata, il confessore del re, il duca d'Alva, il marchese di Leganes, il conte di Ognate, il conte della Puebla, il marchese di Seivel, il conte di Castrillo e don Gonzales di Cordova. Vi è poi capitato anco il duca di Alcalà, il marchese di Mirabel, il duca d'Albunkerque ed il marchese S. Croce, ed è stato eletto il duca di Villermosa, onde di questi dirò in ristretto la condizione.

Il cardinale Zappata è vecchissimo, avrà circa 90 anni. Va alcuna volta al Consiglio più per curiosità che per sostener la funzione della carica, non pensa che a vivere ed a divertirsi per aver meno che può le noje della vecchiaja, e veramente si conserva graziosissimo, e non si travaglia nel portar opinioni particolari. Parla però nei suoi discorsi alcuna volta liberamente, e poca soddisfazione mostra del presente governo, onde non essendo confidente del conte duca, non gode neanco posto di autorità. Era solito dirmi che il governo di Spagna è tanto mal governato che questo è il maggior benefizio che abbino quelli che per loro interesse non devono godere dell'avanzamento di quella corona, e che soleva dirgli Paolo V che sarebbero gli spagnuoli troppo potenti se si governassero bene. Il re tratta questo cardinale con molta soavità e gode delle piacevolezze, nelle quali alcuna volta anzi d' ordinario quando va a vedere S. M. è solito trattenersi più che in altro.

Io posso affermare a V. S. di aver trovato questo ministro di buona volontà rispetto alla Serenissima Repubblica, parla di essa con concetto di molta stima e quando nel Consiglio di stato vi è negozio o istanza degli ambasciatori di V. Ser. è favorevole assai ed è solito di offerirsi e di prevenire con cortese esibizione della sua opera a quello che occorre di ricercarlo. Ma questo periodo si chiude coll' avviso che sopraggiunge della sua morte.

Il duca d' Alva è pure dei consiglieri di stato e maggiordomo maggiore del re, fu fatto ritirare già pochi mesi d'ordine di S. M. ad Alva città di suo feudo; dirò tuttavia in ristretto anco la condizione di questo che veniva da molti creduto possa rimettersi e ritornare alla corte. È il duca di età di circa 64 anni, delizioso assai, poco applicato ai negozii, e sebbene viene tenuto per nascita e per carichi avuti il primo soggetto e dei più stimati fra i principali signori, tuttavia non essendo dipendente dal conte non gode posto di autorità negli affari, ben incontra molto rispetto ed amore nel regno, che l' onora con molta stima e si osserva che è molto grato ad ognuno. Veramente è piacevolissimo, generoso e vive da principe di buon posto. Io l'ho trovato verso la Serenissima Repubblica di buona disposizione per la memoria che tiene del comodo particolare avuto nelle galere di V. Ser. quando ritornò dall' accompagnamento della regina d' Ungheria, ne parlava sempre con molta espressione di aggradimento commendando sempre pienamente il valore dell' illustre signor duca da Pesaro, del quale mostrava aver riconosciuto li talenti non ordinarj ed averne concepito la stima ben dovuta al merito di quell' ill. signore.

Il confessore del re entra parimenti nel Consiglio di stato;

è della religione di s. Domenico, la qual religione ha questo privilegio di dare il confessore di S. M. Per ordinario hanno avuto posto colli re predecessori di autorità grande, però non comportando il conte più che un solo nel governo presente, si può ben dire che il confessore sia uno dei primi raggi che deriva dal lume del conte duca, che vuole essere solo nel potere e nell'autorità principale, e il direttore, come ho detto, di tutte le cose. Questo confessore è di quelli che il conte adopera più degli altri, ma è vecchio ed assiste più colla presenza che colla applicazione, pigliandosi poca autorità, egli si riporta, e si può dire che non ha altra opinione che quella del conte. Così gode molti comodi, passa gli anni della sua vecchiezza coll'utile delle principali cariche, sebbene egli non è quello che le esercita, e il cardinale Zappata gli disse gentilmente quando fu eletto inquisitore generale in luogo suo, che non pensasse già di esser altro che inquisitor di nome, perchè nè egli era stato, nè sua signoria illustrissima lo sarebbe, parlando il cardinale che nè egli poteva dire di se medesimo aver fatta la funzione di inquisitore, nè sua signoria illustrissima lo farebbe. Della disposizione di questo inquisitore verso la Serenissima Repubblica mi pare di poter avere osservato che sia buona, però ricevendo tutte le impressioni dal privato maggiore, saranno gli effetti più o meno buoni, conforme le massime nelle quali governerà il conte.

Il marchese di Leganes, che è don Diego, del quale ho parlato anche come capo di guerra, dirò che è nel numero dei ministri ai quali il duca fa godere lume e posto principale nel governo di quella corona, che nel resto poco luceva al mio tempo nell'opinione degli uomini. Il buon successo della battaglia di Nordlingue (1), nella quale si trovò presso l'infante cardinale (2), gli avrà reso qualche maggior credito del passato, come ho predetto, però per conservarsi bene nei suoi vantaggi, non procurerà di aver altro credito che quello gli dà il conservarsi

(1) 1634.
(2) Fratello di Filippo IV.

grato e confidente al conte, prestandogli rispetto ed ogni sorta di ossequio; nè anco di questo mi prometto di poter affermare a V. Ser. concetti propri, e che sia bene o mal disposto verso la Serenissima Repubblica nelle sue massime, perchè credo, che non sia di mala intenzione del suo animo, ma poca altra opinione avrà che quella che vorrà il conte. È vero che più liberamente degli altri trattava meco, e nelle visite e nel titolo di eccellenza con che sempre mi ha trattato, e con concetti di molto onore mostrava di stimare molto la Serenissima Repubblica, e di aver le istruzioni di S. M. di procurare le sue soddisfazioni in quello che mi occorreva di trattare alla corte.

Il conte di Ognate prima del suo passare in Alemagna ho pur conosciuto, è di età vecchio, ma con concetti assai arditi e nel trattare assai grave; è egli tenuto di pareri torbidi e che cammina nelle sue massime a fini assai elati, e più facilmente seguiranno le rotture che gli accomodamenti dove egli avrà autorevole impiego. Il conte duca fa molto conto di lui, perchè lo trova forse dei suoi sensi, è ministro che intende assai, che ha molta esperienza e che procede con molta astuzia; assiste continuamente al negozio e si osserva aver sempre le opinioni più generose, confidando assai nel potere del re di Spagna, ed ha opinione che si possa sostenere in maniera che col tempo si indeboliscano tutte le resistenze che vengono fatte ai suoi progressi. Io non dirò che si siano osservate in questo le sue particolari disposizioni ben affette alla Serenissima Repubblica. Viveva egli con grande avversione gli anni addietro, al presente può essere che si sia regolato nella massima presa dal conte di cercare le confidenze con V. Ser. per li suoi fini; ma se questo ministro capiterà in Italia al governo di Milano, come veramente si era andato disegnando in Ispagna che segua subito, che quando avesse forze e corpo d'armata poderosa avrebbe massime assai elate, saria inclinato assai più a maltrattare li principi in Italia, che a persuader gli aggiustamenti.

Il conte della Puebla è di quei consiglieri che non avendo veduto se non la Spagna tiene anch'egli gran concetto del potere del re, e si può credere che più persuada la guerra che la pace. È ministro elato assai, ed altre volte era tutto del partito del conte, ora pare diminuito il favore, non assiste molto ai consigli, vive amico assai dei piaceri, e pensa più a conservarsi con comodo e con ricrearsi, che agl'interessi della corona. È però ministro che parla anco talvolta assai liberamente, e pare che non tema di dichiararsi con diverso sentimento del conte, onde se avesse più esperienza e talenti gli potrebbe fare qualche contrappunto; ma poco rileva il suo voto, e se insisterà con disgusto del conte a opinioni particolari, più facilmente precipiterà, di quello potesse sperare di migliorare la fortuna. Delle sue disposizioni verso V. Ser. dirò che sono come di spagnuolo che non è uscito di Spagna, e piuttosto dubiterei di sentimenti arditi, di quello che sperassi disposizioni di conservare in particolare la pace d'Italia. Tratta però gli ambasciatori di V. S. col titolo di eccellenza, e parlerà diversamente conforme il tempo e la occasione.

Il marchese di Selves vecchissimo, è uomo di esperienza avendo avuto carichi principali e servito il re nelle maggiori occorrenze. Nella sua età cadente lascia bene spesso di assistere al Consiglio, e si trattiene colla moglie giovanetta e di bell'aspetto. È questo vecchio ancora di sentimenti più inclinati a maneggiar l'armi che alla pace, e vi è opinione che quando si trova nel Consiglio dica il suo parere assai liberamente. Mi ha sempre parlato della Serenissima Repubblica con molta stima, e mi è parso aver potuto credere che professi buona disposizione.

Il conte di Castrillo è di quelli che impiega assai il conte, soggetto di valore per aver versato nelle lettere e negli studj, ma con poca esperienza degli affari di stato, non avendo veduto neanche egli che la Spagna; parla intieramente conforme li sensi del conte, e se questi saranno buoni, sarà anch'egli delli medesimi, se diversi diversamente parlerà ed opererà; onde non mi pare poter riferire di questo ministro massime proprie, ma che conforme li tempi avrà quelle del conte medesimo.

Don Gonzales de Cordova che è quello che fu governatore di Milano e cominciò la guerra in Monferrato, colle conseguenze moleste e deplorabili bensì a questa provincia ma anco poco buone per li spagnuoli, era ministro di pensieri molto ritirati, non pareva che avesse ad avere più molta parte nel governo, ed avendo io sentito l'avviso che ha finito gli anni suoi, non mi resta che discorrere di lui.

Mi resterebbe a parlare del duca di Alcalà, del marchese di Mirabel, del duca d'Albunkerque, del marchese di S. Croce e del duca di Villermosa; e per non allungar superfluamente, e per essere stati questi ministri alcuni poco in corte ed altri poco tempo nel carico, mentre ho servito V. Ser. in quell'ambasceria, dirò ristretto del duca d'Alcalà, che è di mature intenzioni, piuttosto amico della pace, e di V. Ser. mostra essere bene affetto; del marchese di Mirabel, che è ministro accorto assai e che penserà accrescer la sua fortuna navigando nelle opinioni conforme li tempi ed il gusto del conte, e che con espressioni di molto ossequio parlava della Serenissima Repubblica; del marchese di S. Croce, che è soggetto creduto di buone intenzioni, ma di poco valore, ed avrà nei suoi sentimenti poca proprietà di parere; del duca di Villermosa, che è di quelli che parlano colla bocca del conte, uomo che non è stato fuori di Spagna, che ha talenti assai ordinarj, e che non credo abbia nè anche egli nè concetti nè affetti propri.

Così si comprende dalle forze indebolite nel danaro e nel consiglio, dalla strettezza di cavar soldati, e dalli successi poco onorevoli, che la riputazione della monarchia di Spagna ha diminuito le sue radici; ed ognuno che la conosce non può lasciare di accennare alla universale presunzione delli spagnuoli, che s'ingannano bene spesso da lor medesimi, nel professarsi molto maggiori di quello che sono.

Li cattivi successi delle armi in Fiandra per il corso degli anni addietro, con perdita di piazze principali acquistate da, per quello dicono loro, pretesi pochi ribelli della corona, li gran progressi che fece il re di Svezia contro l'imperatore in Alemagna, l'esito della guerra intrapresa dai ministri spagnuoli nel Monferrato, la parte principale che hanno i francesi nell'arbitraggio degli affari di Italia, la alienazione molto maggiore del passato di principi italiani dal partito di Spagna, l'estimazione che hanno acquistato i francesi in questa provincia, sono li punti principali che hanno sbattuta la riputazione di Spagna, e che hanno forse diminuito le radici alli progressi dei suoi fini. Così l'esperienza rende comprovate le asserzioni in particolare dei ministri di V. Ser. a quella corte, che nel torbido non sempre si peschi con guadagno, e che chi ha più che perdere più debba considerare quello che arrischia.

Io non credo veramente che il conte duca fastosissimo e ardentissimo nel desiderio della grandezza del suo re e della sua magione, abbia rilasciato nel suo animo interamente la speranza di far risorgere la riputazione della corona dalle correnti afflizioni. Credo bene che il tempo presente lo persuada a mostrarsi affatto alieno da altri concetti, che della conservazione, e che vada navigando come fanno li vascelli sulle volte quando il vento loro è contrario (1). Alle provvisioni del danaro stà però attentissimo, non tanto per provvedere le occorrenze necessarie dei pagamenti, ma con disegni di averne anco d'avvantaggio nel corrente bisogno. Le gravezze ed esazioni straordinarie si fanno però ordinarie; coll'oro si trovano li soldati e con questo si crede che l'Alemagna provvederà, se la Spagna ed il regno di Napoli non li potrà unire, in bastante numero. Si spera sopra le alterazioni che più facilmente possono diminuir la potenza e la grandezza di Francia che della corona di Spagna, sopra il mancamento di prole del cristianissimo, e la pretesa sua poca salute, sopra le mutazioni che farebbe la morte del cardinale, sopra li sudditi francesi che si stracchino delle lunghezze della guerra e degli aggravi ai quali non erano avvezzi, e con queste confidenze non si rimettono gli spagnuoli ad abbracciare la pace ad ogni partito.

(1) L'ambasciatore Corner scriveva in cifra ai 16 di aprile 1632: « Pare che possa essere entrato in S. M. il riflesso delle disavventure del suo impero, e che possa entrare qualche senso delle esclamazioni dei popoli al governo del conte duca, parendo che ha sempre questo ministro mantenuto il torbido, ed infelici sono stati li successi, e cavando sempre danari ha afflitto le sostanze di questi regni: non vi è però mutazione alcuna nel re, ben è vero che il conte è melanconico assai. »

Si ajutano col procurare di separare gli amici della Francia (1), con diligenze di rendersi benevoli a quei principi che altre volte aveano per diffidentissimi, con accrescere le voci di sue armate e di sue disegnate invasioni ed apparecchio d' armi da tutte le parti per istancare chi avesse voglia della pace, portarlo al favore delle sue intenzioni, e dar da pensare a chi potendo essere da molte parti attaccato, dubitasse dei successi e non potesse in ogni luogo provvedere.

Se poi gli spagnuoli sieno in istato di romper loro colla Francia, di cominciare la guerra e far credere dichiarata la rottura delle due corone, non mi è parso di poterlo credere, o almeno, fino a che sono stato in Ispagna, di conoscere che vi fosse tale risoluzione.

Temono troppo degli stati di Italia; in particolare dubi-

(1) Questa politica si rileva, rispetto alla Repubblica di Venezia, dal dispaccio 16 ottobre 1633 che riportiamo tradotto dalla cifra:

. . . . « Quest'ufficio non ha dubbio alcuno che mi è stato reso, per cavarmi qualche parola con che si potesse pubblicare esser V. S. e le EE. VV. di differente sentimento da quelli della Francia: oggetto col quale osservo che si procede per diminuire le confidenze di V. S. con quella corona, procurando che i francesi lo credano, e a poco a poco nascano delle gelosie. Io non ho mai veduto che qua abbino parlato con maggior soddisfazione della Serenissima Repubblica, perchè credono che nell' animo generoso di VV. EE. sieno diminuite le massime della pubblica libertà. Conosco che l' oggetto è d' indebolire le corrispondenze colla Francia, e non hanno interessi in tutta la monarchia che loro diano fastidio maggiore che di veder li francesi introdotti negli affari d' Italia, e la Serenissima Repubblica che vi ha tanta parte, unita per la conservazione della pace, con quella corona. Non ho però voluto nella risposta al detto ministro parlare della accennatami lega difensiva colla Francia per gl' interessi d' Italia, nè di altro, credendo che non sia bene di chiarire una cosa più che l' altra in questo proposito, poichè l'affermargli di approvare detta lega pare cosa molto odiosa qua per quello che fin ora ho osservato, ed il dire di ricusarla è dichiarazione che può avere delle conseguenze contrarie al ben pubblico. Il portare avanti ed osservare gli andamenti e la piega che pigliano gli affari d' Italia sarà il più sicuro partito, perchè se non pigliano gli spagnuoli alcun vantaggio, doveranno ben mirare ad intorbidare la pace d' Italia, e senza maggiori gelosie e nuovi motivi non fare che cada l'occasione di nuovi impegni; la Serenissima Repubblica è già dichiarita sempre interessata col giusto, con la pace e colla pubblica libertà; seguendo quei mezzi che più possono ottener questi intenti saranno sempre giustificate le sue azioni, favorite dal signor Iddio, e riempito il suo nome di gloria e di universali benedizioni della cristianita. »

tano della diversione che farieno subito li francesi in questa provincia, e cominciarvi loro la guerra.

Ora credo bene che l' ingresso che hanno fatto l' armi di Francia nella Valtellina, toccherà al vivo le passioni ardentissime del conte duca sopra gli affari di questa provincia, e sopra gli interessi rilevanti della corona, per li soccorsi di Allemagna, che ha bisogno di questo passo, per quello che forse avesse pensato poter adoperare di truppe della Germania a difesa delli stati di Italia, se però potrà unire esercito poderoso nello stato di Milano, dubito che lo farà, scusando la risoluzione ed esagerando venirne l'occasione dalle mosse delli francesi (1).

Coll'armi poderose nello stato di Milano sperano stancar li principi d' Italia nell' obbligo della spesa, e dare motivo ad introdurre qualche trattato di pace come è seguito gli anni addietro. Così dubito bene adesso, che ritornerà questa provincia il teatro delle tragedie, se li francesi continuano a dare gelosie alli spagnuoli in questa provincia (2). Le massime di questa Serenissima Repubblica sono incamminate a prudentissimi avvertimenti di una stabile neutralità, la quale rende ognuna delle corone più obbligate alla estimazione della medesima Repubblica, la medesima più disobbligata dalle grandi spese e più libera a prendere conforme al tempo le più proprie risoluzioni, non restando mai diffidente di uno di questi partiti che da quello che

(1) Vedi *Mémoires du duc de Rohan.*

(2) . . . « Ha detto il Consiglio di stato, che raccorda scrivere al duca di Feria, che metta il sforzo possibile per la resistenza ai francesi, dichiarando che non è intenzione del re che tengano posto in Italia, che dovendosi credere che sia solo deliberazione del re di Francia di voler venire in Italia, vien consigliato che il re scriva ai principi di quella provincia, a cadauno considerando la poca pace che si goderà volendo i francesi mantenersi in Italia, e persuadendo l' unione con questa corona. Vien detto che si scriva al pontefice in miglior maniera, e più espressamente ricercando le sue dichiarazioni efficaci; e che si differiscano le maggiori risoluzioni fino a qualche risposta. Di più, che si faccia passare verso Italia anco le galere di Spagna, e che si metta qualche presidio e qualche guardia al regno di Catalogna. È gran cosa che solo in Italia pare che si vogliano fare li duelli di queste corone. » *Dispaccio* 19 *dicembre* 1831 *N.* 42 *in cifra.*

restasse superiore potesse temere gli effetti della vittoriosa potenza. Li francesi si sono molto interessati nell'arbitraggio di Italia, hanno aperte più porte per comparirvi colle loro forze, può essere che non conservino tutto quel rispetto verso chi non si dichiarasse del loro partito, essendo la Francia nazione che crede da se poter fare tutto.

Gli spagnuoli hanno la massima, che la prudenza di questo Eccellentissimo Senato conosce di non aver altra disposizione che quella delli loro disegni, che sono certi di dominare e di infiacchire col tempo gli ostacoli, che ai loro disordinati affetti possono far resistenza; onde conviene far fondamento sopra forze proprie sopra un'applicazione di aver le fortezze ben provvedute, li sudditi bene affetti, per conservare bisognando colle proprie difese la gloria della pubblica libertà, la quale con la prepotenza di una di queste corone in questa provincia, patirà sempre senza forze proprie nella sua grandezza, mentre si fosse per aver bisogno delle assistenze dell' una o dell' altra.

Il tener però un corpo di gente scelta, stimando più la qualità che la quantità, far fondamento nella nazione italiana ed in quelli stati che sono più sicuri per fede dovuta al principe, non nelle straniere, nutrire buona intelligenza coi principi di questa provincia, e cavar profitto dal merito che deve aver la Repubblica colli medesimi per l'avvantaggio che con tante sue spese ha reso alla loro libertà, sarà il proprio delle prudentissime avvertenze di questo Eccellentissimo Senato.

Le corrispondenze che tiene il re di Spagna con i principi, sono alcune per massime continuate sempre le medesime, ed alcune si variano conforme li tempi. Prima allo imperio di oriente che è dei turchi, sono di rottura aperta, e sebbene poco si battono le loro armate, tuttavia per la difesa che pretendono gli spagnuoli far sempre alla religione cattolica, sostengono forse per solo riguardo politico di aver guerra coi turchi e cogl'infedeli; da che cavano li soccorsi che per più di tre milioni esigono con concessione dei pontefici come ho predetto, e procurano esser creduti soli sostenitori della cattolica religione. Così hanno ben la guerra aperta col turco, però passano gli anni con effetti piuttosto di tregua, e niun vantaggio rendono alla religione le armate del re di Spagna contro i turchi.

Coll'imperatore poi sono altrettanto uniti li re di Spagna, essendo così congiunti di parentela; e nella persona di Carlo V bisavo di questo re, era unito l'imperio colla corona di Spagna, che rinunciò poi al fratello, ed il regno al figliuolo; così continuano strettissime le corrispondenze accresciute da reciproci benefizi che riceve lo imperatore della corona di Spagna colle assistenze del danaro che copiosamente somministrano quei re per sostentare gli eserciti di Cesare; e gli spagnuoli godono il vantaggio, che per l'autorità in Alemagna, rende loro la parentela coll'imperatore e le speranze di soccorso di gente nei loro bisogni. Così in questo, sostentato più dall'oro di Spagna che dei suoi stati, riluce assai l'autorità del re di Spagna e dei suoi ministri, e la direzione degli affari in corte cesarea è più nel maneggio degli spagnuoli che dei ministri imperiali, e si può dire che il conte di Olivares governi anco nella corte di Vienna come in Madrid; questo è un grande avvantaggio dei spagnuoli, mentre se ben spendono e contribuiscono grosse somme d'oro per interesse dell'impero, tuttavia con il medesimo comprano grande ed importante aderenza, possedono tanti feudi imperiali, e per la loro conservazione d'Italia, quando non restino preclusi li passi, possono ricevere così poderosi soccorsi.

Veramente mi è accaduto di assai ben penetrare, come ho rappresentato anche nei miei recentissimi dispacci (1), che gli spagnuoli hanno aspirato ed aspirano continuamente a ottenere le investiture dei feudi imperiali vacanti in Italia in particolare, e ne tengono li loro ministri in corte cesarea commissioni espresse. Così, per parlare dei correnti successi, hanno acquistato quello di Correggio ed aspiravano a quello di Mantova e del Monferrato; onde in ogni stato, dipendente dall'autorità imperiale, nel quale finisce la linea dei padroni, se le congiunture lo permettessero cercherieno bene gli spagnuoli di essere pagati dei loro soccorsi all'imperatore con quegli acquisti. Conviensi però assicurare che il re di Spagna farà sempre ogni cosa

(1) In quelli dal novembre 1634 al gennaio 1635.

per l'imperatore, e l'imperatore per li stati del re, e che fortifica la grandezza dei spagnuoli avere un re di casa d'Austria tanto congiunto con Cesare e di tanta autorità in Alemagna.

Con altri principi di Germania non hanno li spagnuoli intiera confidenza. Colli cattolici si va procurando, in particolare con Baviera, e si fa ogni cosa per tenerla lontana da pratiche con francesi. Gli anni passati erano molte le diffidenze degli spagnuoli con quel principe, tuttavia avendo voluto unirsi strettamente coll' imperatore e ricusato li partiti di neutralità, alla quale procurarono li francesi di persuaderlo, è anco al presente assai bene con loro, ma non mancano nè mancheranno delle gelosie, sebbene veramente ha mostrata molta costanza e alienazione da pratiche pregiudiciali contro di Cesare.

Gli arcivescovi di Magonza e di Colonia tengono pure lo stesso rispetto di confidenza di presente colli spagnuoli e con gli altri principi della Lega cattolica, e solo l'arcivescovo di Treviri si trovava separato per la protezione ricevuta dai francesi; non sostengono interessi particolari in pregiudizio dell' imperatore, e mostrano vedere mal volentieri il partito francese in Alemagna.

Li principi protestanti in Germania, li più autorevoli cioè Sassonia e Brandemburgo, sono al presente, come è ben noto a questo Eccellentissimo Senato, di partito contrario all' imperatore, e per conseguenza alli spagnuoli; però non si lascia dalle corti di Spagna di cercare al possibile la riconcillazione con casa d'Austria e di Sassonia onde si terranno sempre vive le pratiche per riconciliarle, dimostrando anche in questo gli spagnuoli come in altre cose, che non cercano l'avvantaggio della religione cattolica, ma solo quello di stato, e che nei loro affari è sempre più la religione il pretesto, che il proprio oggetto.

Col re di Polonia fanno ogni cosa gli spagnuoli per aver stretta corrispondenza. Della particolare disposizione del presente re non si ha però esperienza di parziale inclinazione; è vero che non la proveranno contraria, essendo congiunto in parentela dell' imperatore e del re, ed interessato per la difesa della religione cattolica; però non si crede che sia nè anco diffidente del partito dei protestanti, e non si comprende che l'Imperatore sia per avere soccorsi da lui, nè quella autorità di stretta corrispondenza che desideravano li spagnuoli di ottenere.

Del re di Danimarca non si ha la diffidenza che si aveva gli anni passati, anzi si promettono che inclini più a Cesare che al partito di Francia.

Con il palatino del Reno che fu spogliato dei stati, ma poi ne ha ricuperata la maggior parte dai svedesi (1), sono gli spagnuoli in quella alienazione di corrispondenza che hanno portato li successi passati, ed essendo in particolare ora nella protezione di Francia viene ad essere nel numero dei nemici aperti di casa d' Austria.

Cogli olandesi tengono li spagnuoli la guerra aperta, che si sa che da molti anni fu questo tenuto per il maggior interesse della corona, là si spedivano le armate, ivi tutte le rimesse e si maneggiava gagliardamente la guerra, ma al presente si desidererebbe ben più di far le tregue con loro che di continuare la rottura.

Gli avvantaggi dei francesi, le loro introduzioni di autorità in Italia, sono quelle che più si stimano al presente di quello che tutta la Fiandra. È vero che è anco grande la passione di vederli fatti così poderosi, e non si possono li spagnuoli accomodare, nel mezzo di tanti altri interessi della corona, di far la pace, come persuadevano gli olandesi; e si prevede che se finiscono la guerra con acquisto di altre piazze per terra si faranno un giorno padroni delle Indie; e si persuadono che colla forza che tengono in mare quei signori, debbano un giorno dar delle gelosie a quei medesimi che hanno al presente seco la corrispondenza.

Con il re d'Inghilterra gli spagnuoli tengono ogni insinua-

(1) Gli spagnuoli condotti dal marchese Spinola si resero padroni del Palatinato del Reno nel 1621. Gustavo Adolfo dopo la battaglia di Lipsia risolse di liberare il nord della Germania ed il Palatinato dalla presenza degli imperiali e degli Spagnuoli. Questi ultimi, in seguito alla sanguinosa presa di Oppenheim ed a quella di Magonza, furono costretti a ripararsi nel Lussemburgo.

zione per renderlo del loro partito, hanno desiderato molto la pace seco, sperano assai nell' alienazione che pare abbia quel governo e nazione colla Francia, sanno le gelosie che dimostrano della grandezza dei francesi, hanno notizia che nè anco cogli olandesi abbia l'Inghilterra buona corrispondenza, e che certo non approvano l'autorità dei francesi in Alemagna; onde sopra questi fondamenti battono assai per ottener le dichiarazioni dell' Inghilterra e una parziale confidenza contro la Francia, anzi pubblicano bene spesso di averla ottenuta per loro avvantaggio.

Ai principali ministri inglesi sono contribuite pensioni, e non si perde di vista la applicazione continua per avanzare questa amicizia alle maggiori soddisfazioni. Si vede però, che gli inglesi hanno interessi da una parte e l'altra per star neutrali. Le grandezze della Francia sono sospette all' Inghilterra, e per questo non riguardano con mal animo il partito di Spagna, e per l' altra parte il sostenimento dei protestanti in Germania per l'uniformità di religione, è dagl'inglesi desiderato; ma pare che nelle congiunture presenti nelle quali li francesi vanno accrescendo di stato e di autorità inclinino gl'inglesi alla unione con il Cattolico accresciuta dal beneficio grande che ricevono dal traffico con li regni di Spagna; tuttavia non si comprende che vogliano interessarsi apertamente intraprendendo gli interessi e gl'incomodi della guerra.

Con il re di Francia sono così note a V. Serenità ed alle EE. VV. le correnti discordie che passano, e che mostrano a qual segno sieno le diffidenze, che sopra questo universale poco mi tocca discorrere; dirò solo che quanto più la Francia al presente si avanza nel bilanciere, ed anzi nell' avvantaggio di reputazione e di credito sopra li spagnuoli, tanto più cresce l' emulazione e la passione fra li due favoriti, in particolare; ma non si lascia per questo di considerare maturamente le conseguenze della rottura fra queste due corone, non concedendo che le passioni predominino in così grave interesse di stato.

Vorrebbero gli spagnuoli il predominio sopra i principi che professano la cattolica religione, aspirando nelle combustioni interne della Francia a porsi in avvantaggio sopra gli altri, e poi levare anco alla Francia il posto ed il potere di contrapporseli. Vedono la scena cambiata, e che il francese ha la maggior parte nell' opera, non possono colla forza batterlo, e del rimanente dalla guerra aperta fra le corone dubitano di far più perdite che acquisti.

Tengono per lo stato di Fiandra, che per terra ha la più pronta comunicazione per via di Francia, delli corrieri e degli ordini che portano li dispacci; sperano sempre dal tempo il beneficio di qualche alterazione in Francia come ho predetto, e così non si portano a precipizio per saziare le passioni e li disgusti, ma temporeggiano e stanno sulla difesa, procurando in particolare d'indebolire le amicizie dei francesi e dar delle gelosie sopra di loro; per l'altra parte li francesi coll'arte scherniscono l'arte, non hanno fatto fino a questa ora la guerra aperta, ma sotto il nome di assistenza ai loro amici e confederati, sostengono di non aver guerra col re di Spagna, e si regolano conforme gli andamenti dei spagnuoli: ma pare che la maschera si vada tanto scoprendo, che o si farà la pace, o si farà la guerra senza maschera; la pace pare difficile a fare nelle tante contradditorie pretensioni delle parti, la guerra pare più verisimile che vogliano fare li francesi che li spagnuoli, li quali hanno più che perdere nella guerra che li francesi (1).

A questo termine sono le diffidenze di queste corone, le quali però se non avranno gran differenza dei successi quando si maneggino le armi, non è già tanto lontano da discorrere che potesse anco seguire un aggiustamento fra loro, con riservarsi arbitraggio unito sopra gli affari della cristianità, e di Italia particolarmente, e il trattato di Monçon che fecero li francesi con il re di Spagna l'anno 1626 (2), dà ben sufficiente

(1) La guerra fu dichiarata dai Francesi a Ferdinando II ed al re di Spagna nel 1635.

(2) Il trattato di Monçon pose fine alle ostilità scoppiate tra la Spagna e la Francia in seguito agli atti di pubblico brigandaggio reciprocamente commessi. Nell' anno 1625 il cardinale di Richelieu fece catturare alcuni bastimenti genovesi che venendo di Spagna, sorpresi da burrasca, aveano cercato rifugio nei porti

riscontro ad altri che si potrieno addurre, che mostrano non essere fuori delle considerazioni di quelli ministri tali condizioni di massime, e che il conte in particolare vi tiene l'animo applicato ed il desiderio. Questo sarebbe il maggior veleno per la libertà di questa provincia, e se ben credo difficile composizione, tuttavia non conviene lasciare di temerlo e di tenervi preparato l'antidoto, quando succedesse di vedere questa infausta unione di tali pianeti, ed a mio credere il maggior contraveleno sarà il nutrire le confidenze con principi italiani, facilitarle quanto si può, mentre dal loro canto dovrebbe essere parimenti una gran gratitudine verso la Serenissima Repubblica, la quale per tanto corso d'anni sostiene con tanta spesa la libertà di questa provincia.

Colli cantoni svizzeri cattolici tiene la corona di Spagna rinnovazione di particolare lega, seguita l'anno passato. Si è molto considerato il beneficio, che può ricever la casa d'Austria da quei paesi, e per la parte loro la corrispondenza di molti comodi dal stato di Milano.

Colli cantoni evangelici per la diversità di religione, e per le unioni che tengono col partito protestante in Alemagna, non vi è corrispondenza al presente; tuttavia non osservandosi che sia nel corpo elvetico che desiderio della pace, e diminuita quella generosità che anticamente solevano professare, pare che nè anco della loro unione, o diffidenza pensino molto li spagnuoli. Confidano poca unione fra li cantoni cattolici ed evangelici, e fomenteranno sempre volentieri le discordie per indebolire la potenza di quel partito.

Colli principi di Italia, come alle parti più vicine al cuore di quella monarchia, mirano quelli che la governano con particolare applicazione, che se fosse con misura e con affetti più moderati sarebbe ben meglio impiegata e forse con maggiore

della Provenza. Tosto che Filippo IV seppe questa misura ordinò la confisca di tutt'i beni dei francesi che dimoravano in Ispagna, e immediatamente dopo Luigi XIII interdisse ai suoi sudditi qualunque commercio colla Spagna, e dichiarò confiscati a benefizio del tesoro i beni degli spagnuoli che si trovavano in Francia. *Sismondi, Histoire des Français*, t. XXII.

profitto de' loro interessi; però stabiliscano pure V. Serenità e tutte le EE. VV. questa massima che il governo di Spagna ambiziosissimo aspira a rendersi sovrano universale, se non adesso nel possesso libero degli stati, almeno con l'avvantaggio d'autorità, alla quale poi col tempo conseguiterebbe anco il dominio assoluto.

Nella disposizione di questi appassionati ed ambiziosi disegni, il conte duca aveva posto il pensiero più alle cose d'Italia che altrove, e si sono spagnuoli andati figurando o per il loro potere in questa provincia, dove hanno il più buono ed il meglio, ovvero per le dipendenze che vi hanno acquistato con insinuazioni, con contribuzioni e colle molte mercedi che nella loro grandezza possono fare, d'averne poco contrasto, per unire un giorno li stati dell' imperio collo stato di Milano, e rendere lo stato di Milano che colla divisione del mare è solo separato dalla Spagna, unito alla medesima col mezzo delle armate marittime, nel che pare che li francesi non abbino contrasto pronto, onde si potesse come per casa loro passare di Madrid a Vienna ed a Praga sopra un continuato cammino di stati.

Vedevano di aver guadagnato i genovesi, che per gran tempo hanno venduto al prezzo di un gran guadagno la loro libertà; hanno poi applicato il pensiero alla Valtellina, e si avevano fatto il passo sicuro da Milano in Alemagna, e di molti principi di Italia confidavano supponendo di essi come di feudatarii.

Erano già in possesso di avere li pontefici per l' autorità che tengon nella corte nell'eleggerli, e per li molti mezzi che veramente hanno di obbligarseli coll' aggradire li loro nepoti, oltre gli interessi degli utili della Dataria che loro rende la Spagna.

Così si vede che nel pontificato di Paolo V hanno avuto tanto avvantaggio ed in quello di Gregorio XV, e si può dire che da molto tempo in qua non sia stato pontefice loro contrario, il che tanto più li fa dolere la diffidenza che professano ritrovare con il presente pontificato, del quale acremente sono state continue e gagliarde le indoglienze, sostenendosi di aver sicura notizia che in tutte le negoziazioni passate abbino sempre d'ordine del pontefice li suoi nunzi e ministri favorito e apertamente avvantaggiato le condizioni più favorevoli ai francesi per introdurre la loro autorità in Italia (1). Quello che di presente possa seguire nell'apertura di qualche maggior soddisfazione fra il papa e gli spagnuoli, dovrà comprendersi dopo questo ritorno di Borgia, nel che non è dubbio che saranno venuti in Spagna con speranze di migliorare assai col pontefice, dopo averlo compiaciuto di quello che tanto ricercava; ma in ogni caso avranno stimato vantaggio in queste congiunture diminuire la confidenza che avessero li francesi e levar l'osservazione di un aperto motivo di disgusto, usando al presente di cercare tutti gli amici, dissimulando negli altri affetti per tirar avanti ed avere più facile a Roma la speranza di grazie e di favori, in tempo massime che pare vicina la rottura delle corone.

Veramente è cosa assai più facile che li pontefici siano confidenti delli re di Spagna che d'altro partito, rispetto al grande utile che riceve la Dataria di Roma dalli beneficii che si spediscono in Spagna, per le preminenze e giurisdizioni grandissime che tiene il nunzio del papa alla corte del re cattolico, e per le speranze di mercedi e favori che possono ricevere li parenti dei pontefici dalla corona di Spagna, che è in possesso di così abbondante dispensa di grazie e di una disposizione di entrate così per il secolare come per l'ecclesiastico, maggiore di ogni altro potentato della cristianità; oltrechè professando il re di Spagna essere tanto interessato negli affari della religione cattolica, pure per questo rispetto massime con quei pontefici che pigliano il suo partito e si governano con grande avvertenza per sostenere reciproche soddisfazioni, fa gran caso di aver il papa bene affetto. È ben vero che tutto poi termina nell'oggetto di un autorevole maneggio nella corte di Roma, e che renderanno delle soddisfazioni particolari per aver essi quelle del dominio e del potere nell'interesse di stato. Si

(1) Osservo che vanno qua sempre più difficultandosi le corrispondenze in tutto col pontefice. *Dispaccio 8 marzo 1653.*

comprende però che il papa si avvantaggia per ottenere più soddisfazioni di quelle che corrisponde, e che saranno più quelle forse che daranno gli spagnuoli al papa che il papa a loro.

Degli altri principi di Italia pareva ai spagnuoli che fossero come ho predetto o feudatarj o dipendenti, così il gran duca di Toscana, li duchi di Mantova passati, li duchi di Parma, d'Urbino e di Modena, mentre anco gli anni addietro si era guadagnato il duca di Savoja, e si lusingavano di poter aver le loro volontà forse come quelle dei loro sudditi, stimando allora forse meno uno di questi principi che li medesimi loro titolati di Spagna.

Restava solo la Repubblica Serenissima di Venezia stimata per li suoi costantissimi sensi alla libertà di questa provincia, ma molesta a chi vedeva la resistenza che rende a' loro vasti disegni; si credeva però che sola non bastasse a sostenersi contro di loro, e delle assistenze della Francia agl'interessi d'Italia non credevano forse veder gli effetti che sono seguiti. Così resta deluso nei suoi propositi di presente il conte duca che più degli altri ministri ha forse nudrito questa ansiosa voglia di dominare, dichiarita, per quello da parte sicura ho inteso, fino allo ingresso del suo favore presso del re, al quale disse che sperava farlo monarca del mondo; li francesi accomodarono le risse civili del regno, il duca di Savoja ha convenuto riconoscere il potere della Francia e patire la pena delle sue cabale, li principi d'Italia hanno trovato congiuntura ed opportunità di andarsi sottraendo dalla servitù che li sovrastava, il pontefice riconosce che più i spagnuoli hanno bisogno di lui che egli di loro.

Mantova vive sotto la protezione di Francia e di Vostra Serenità, e Parma gode quella di Francia e quella di Vostra Serenità, Modena non dà gusto ai Spagnuoli, parla ed opera assai liberamente, onde ne vivono ingelositi. Urbino ha finito il dominio ed il pontefice possessore di quei stati è della condizione discorsa. I genovesi si vanno ritirando dalle obbligazioni e dagli impegni, parlano di libertà e dicono volerla. La Valtellina è ricuperata dai grigioni; onde l'Italia che veniva insidiata per restare oppressa dagli spagnuoli, riconosce bene quanto di travaglio e di afflizione le porta l'ambizione di Spagna, ma si può rallegrare che sostiene ancora il miglior tesoro che è quello della propria libertà.

È verissimo che insorgono nuove burrasche, che questi interessi sono più che mai fluttuanti, e che senza una pace generale non si vede il porto di una vera tranquillità; è anco vero che li spagnuoli si dichiareranno non poter lasciare le cose così, e che li francesi si trovano assai avanzati per introdursi in grande autorità in Italia; così fanno bisogno le unioni di chi abbia li interessi i più conformi, e si devono desiderare in ogni altro principe italiano li fini che tiene la Repubblica, ed un'avvertenza di essere in tempi molto burrascosi, e che la nave di questa libertà ha bisogno di un avvertito maneggio.

Mi servirà questo discorso per non mi allungare d'avvantaggio in supplimento ad un racconto distinto delle corrispondenze che passano fra li spagnuoli e li principi d'Italia nominati; mentre essendo queste nello stato che Vostra Serenità e cadauno delle EE. VV. comprendono da' correnti avvisi, e da quello che posso aver rappresentato nei miei riverentissimi dispacci, stimo poter aver soddisfatto con quello che in questo ultimo capitolo resta espresso.

Dirò solo che con Vostra Serenità hanno di presente li spagnuoli acconsentito, credendo così sia loro interesse, di mostrare le più affettuose e riverenti disposizioni di quello sia seguito molti anni addietro; e che per questo dissi nel principio di questa mia relazione, che riesce cambiata la scena di Spagna, e sebbene compariscano li medesimi personaggi, parlano però voci diversamente, che bisogna credere o che sieno disingannati, ovvero che pensano tornare loro conto parlar così. Io, quanto a me, ho creduto che restino così dichiarite le loro intenzioni, che abbia poco bisogno di meraviglia l'udirsi questa novità, nè di molta investigazione per penetrarne il motivo. Ho creduto che non sia disservizio di Vostra Serenità e delle EE. VV. per una parte di sentire questo metodo di negoziazione dal loro canto, mentre si può dire che si ritrattano di tante calunnie, di tante esagerazioni che non solo in voce ma nelle stesse asserzioni impresse disseminavano contro le rette intenzioni della Serenissima Repubblica gli anni passati, e riconoscono di presente gli errori dei loro ministri che non hanno corrisposto al servizio del re, insidiando alla Repubblica; e che quello che al presente si sente in tanti riscontri con bocche conformi di laude e commendazione della medesima, dovrà servire almeno di giustificazione in ogni caso che con il loro diverso maneggio facessero diversificare le occasioni di diversamente trattarli da Vostra Serenità e dalle EE. VV.

Si vede anco procedersi con ossequio e con maniere tanto diverse alla loro pretensione che non è senza avvantaggio della pubblica dignità, onde per questi ragionevoli riguardi ho stimato vantaggioso al pubblico servizio fino ad un certo segno favorire una simile conveniente corrispondenza, la quale non ho interrotta, nè aggrandita, sempre considerando le circostanze di così grave affare come ho anco rappresentato nei miei dispacci.

Se io avessi creduto che queste inclinazioni fossero sincere e che si pensasse ad una continuata ordinaria confidente corrispondenza del re di Spagna con Vostra Serenità, solo con fine della pace d'Italia non cogli oggetti che ho rappresentati, avrei pensato di molto ingannarmi, però mai ho pigliato questa credenza, ho sempre sostenuto che li spagnuoli si accomodano al tempo, che quando hanno bisogno supplicano e quando loro cessa il vantaggio si scordano, e se poi prevalgono si fanno sentire diversamente, e ben dubiterei che se sortissero bene di questa festa, se si facessero potenti di forze in Italia, cambiassero presto di linguaggio e di procedere. È però chiamata la prudenza di Vostra Serenità a stimare la grande potenza di Spagna, ma nè anco lasciarsi vincere da queste sirene, e nelle umiliazioni e blandizie con che trattano, considerar sempre li fini e li misteri di questa nazione, star lontani quanto si possa dalle strette unioni che ricercano, se le cose non pigliano altra faccia, ed a sostenersi con loro in riputazione, mentre si vede che dal loro canto corre il bisogno. Se poi li tempi porteranno differentemente, cadrà allora il tempo della opportuna consultazione, chè ben potrebbe essere, che la presunzione dei francesi, la stima che hanno delle loro forze, la considerazione della pubblica prudenza che più pericolo può render alla pubblica libertà il possesso dello stato di Milano ne' francesi che ne' spagnuoli, mentre una potenza unita da Parigi a Milano con uno stato così florido e bellicoso, rileva molto più di potere, che la grandezza della corona di Spagna ripartita e indebolita dalla separazione dei suoi stati, onde non è dubbio alcuno che se i francesi attaccano lo stato di Milano e se ne rendono padroni, saranno maggiori le gelosie, le spese ed i pericoli di Italia che gli anni passati; sicchè in tal vicina mutazione si richiederebbe forse alla Repubblica qualche avvertenza particolare ad una tanta grandezza della Francia; ma ancora non mi pare che abbino li spagnuoli a godere questi vantaggi. Non conviene al servizio di Vostra Serenità e delle EE. VV. dar diffidenza alla Francia, e bene continueremo nelle prudenti espressioni, che fa questo Eccellentissimo Senato per rendersi più in stima presso li spagnuoli li quali se crederanno che la Serenissima Repubblica sia in poca confidenza della Francia, che facilmente sia per accondiscendere alle loro istanze, confideriano ben molto nei loro fini, e si troverieno di aversi levato la più gagliarda resistenza che tenessero nelli loro disegni.

L' impresa della Valtellina non deve dispiacere a questo Eccellentissimo Senato, ma non devesi neanco mostrare che piace per non si impegnare in spese e travagli e negli incerti successi della guerra fra due corone che un giorno poi si possono unire con quelle conseguenze che sono da considerarsi. Se segue solo la ricuperazione della valle a Grisoni, l'effetto è buono mentre giova alla comunicazione dei passi e dei soccorsi collo stato di Vostra Serenità; ma se produce novità maggiori sono pericolose le conseguenze, perchè sebbene nel torbido si può pescare e i francesi faranno forse delle offerte assai, però il corpo estenuato da tanti passati interessi non avrebbe bisogno di nuove agitazioni, e se la grandezza dei spagnuoli ci è sospetta, quella della Francia riuscirebbe tanto maggiore, come ho predetto, onde non credo che lo stato degli affari presenti persuada a desiderare tanto corso di novità.

Il conservarsi però neutrali quanto si possa è stato sin' ora il più securo partito, ed il pensare di restar provveduti di forze proprie per non essere sforzati, sarà propria deliberazione; non lasciando di tener corpo di gente pronta per poter operare da principe che sempre sostiene la libertà di questa provincia; e quando convenga o paja necessaria alcuna dichiarazione, che spero, si potrà anco schivare, il tempo dovrà consigliare qual sarà la maggiore, e sarà se non bene, riguardare anco li sentimenti degli altri principi italiani, in particolare del papa e di Fiorenza, coi quali alcuna lega a difesa credo che sarebbe espediente assai opportuno e da desiderarsi (1).

Se gli imperiali o i spagnuoli faranno le istanze di passaggio per lo stato di Vostra Serenità e delle EE. VV. il concederlo sarebbe veramente nello stato dei presenti affari una aperta offesa ai francesi, ed una introduzione pericolosa, perchè non si potrebbe sperare che solamente pigliassero il transito, ma vorrieno assicurarsi le spalle per avere li viveri dal Tirolo e facilmente si fermarieno in qualche posto, ed ancorchè promettessero diversamente, sarebbe difficile il fidarsene. La ragione non vorrebbe che il partito austriaco pigliasse colla Repubblica termini violenti, però per la ristrettezza dei passaggi che hanno si può anco dubitare di qualche simile istanza, è bene a tutto provvedere e conservare nello stato corrente delle cose le confidenze alla Francia, le quali a mio giudizio sarebbe molto pericoloso di alterare; e non guasteranno il filo della neutralità se saranno corrisposte e senza impegni di obbligazioni continuate, e senza disegno di progredire nelle novità, ma piuttosto di allontanarle quanto si possa. Se bisognasse poi uscire di questa tanto desiderabile neutralità, bisognerebbe risolversi di farlo con vigore, ed operando giustificatamente procurare di guada-

(1) Con lettera del 25 marzo 1633 il Senato incaricava l'ambasciatore Corner di « penetrare li sensi del governo di Spagna, intorno alli motivi fatti a Roma di una lega dei principi italiani per la pace d'Italia. » *Archiv. gen. Senato Corti.*

dagnar li vantaggi della riputazione, la quale può risparmiare l'oro, difendere lo stato, e questa sola autentica la vera libertà. Se non prevalerà molto una delle corone nei correnti affari, si può anche sperare qualche concludente maneggio di pace, ed in particolare se può la Repubblica conservarsi neutrale penseranno a mio credere i francesi e più i spagnuoli a tenere la guerra in Italia, dalla qual deve Vostra Serenità e questo Eccellentissimo Senato procurar di stare più lontano che sia possibile, ma quando poi bisognasse sarebbe bene a mio credere farla con risoluzione e non con sovorchio timore.

L'ambasciatore di Sua Maestà cattolica che qua risiede è nei suoi ufficii molto ardente, parla forse con insinuazioni molto affettate; parmi che il tempo conceda qualche risposta, che piuttosto tronchi il filo alle sue moleste domande e che possa credere essere conosciuto il suo assai più aperto artificio. Non devo lasciar di riferire a Vostra Serenità ed alle EE. VV. lo stato debolissimo del negozio di questa piazza con quei regni che altre volte è stato florido, ed al presente è in molta diminuzione, mentre in poche cose è restato il traffico e non consiste che in due o tre navi inglesi all'anno per il più, che vi caricano lane per Venezia essendo pochi li capitali che di qua sono inviati. Veramente gli aggravii che tengono i negozianti in Spagna sono grandissimi, e non credo che si diminuisca questa corrispondenza per altro, che per il poco utile che si riceva dai mercanti in essa; tuttavia, se con l'informazione delli eccellentissimi savii, si può facilitare il commercio e rimettere in qualche miglior stato il detto traffico di ponente, lo raccordo riverentissimamente per quei avvantaggi, che sempre porta il negozio, ed in particolare a questa piazza, della quale deve essere il latte ed il primo nutrimento, e la maggiore applicazione di questo governo.

Ho avuto incontro di amorevolissime corrispondenze nudrite per il solo fine del servizio di Vostra Serenità colli ministri dei principi che sono stati a quella corte in mio tempo, e prima colli due nunzi del pontefice che furono il cardinale Monti che è ora arcivescovo di Milano, e poi monsignor Lorenzo

Campegi bolognese; col signor di Batrù ambasciatore del re di Francia, è stata anco la più confidente e più cospicua che abbia tenuta, e parimenti ha corrisposto meco il suo segretario dopo la partenza dell' ambasciatore a pienissimi ufficii, sicchè mi è riuscito imprimere molto bene l' affetto che conserva Vostra Serenità alla Maestà cristianissima, e non hanno punto avuto occasione di pigliare alcuna gelosia nella diffidenza che procuravano seminare li spagnuoli fra la Serenità Vostra e la Francia.

Coll'ambasciator di Cesare, venuto a Madrid con ambiziosissima pretensione di titoli colli medesimi ministri del re, e con intenzione risoluta di trattar con differenza coll' ambasciatore di Vostra Serenità, mi è anco accaduto di vederlo subito rimosso da fare questo tentativo, avendomi egli medesimo mandato a dire che si sarebbe tutto aggiustato, e pigliato tempo ad esprimersi di poter trattare colla egualità che io pretendevo, finchè fu ragionevolmente giudicato che avesse scritto alla corte dell' imperatore per riceverne l' ordine onde avrei sempre creduto, che coll' eccellentissimo Giustiniano mio successore si sarebbe ben presto introdotta la corrispondenza, essendo io stato col detto ambasciatore cesareo dopo che giunse solo un mese in circa, nel qual tempo ho passato con segni di cortesia molto ufficiosi.

Per il re d' Inghilterra non vi è stato nel mio tempo ambasciatore, e con chi esercitava la carica di segretario ho avuta continua corrispondenza.

Cogli altri ambasciatori dei principi, ognuno ha mostrato desiderio di trattare e di frequentare la casa di Vostra Serenità in quella corte, ma in effetto vivono tuttavia le pretensioni improprie e contro il dovere; per il granduca di Firenze trovai prima per ambasciatore il marchese Baglioni riverentissimo certo ed affettuoso a Vostra Serenità avendo vissuto in Venezia molti anni. Questo desiderava nudrire la confidenza, però li ordini del granduca erano molto risoluti nel trattare con differenze di titolo. Venne poi il cavaliere de'Medici che vi è al presente e colle stesse istruzioni; lo stesso pretende Savoja e Genova e viene ad essere esclusa la pratica con questi ministri.

Cogli altri dei principi d'Italia, cioè coll'ambasciatore di Lucca e con chi tratta gli affari del duca di Parma e di Modena, che non hanno titolo di ambasciatori, ho passato amorevole corrispondenza, e mi sono riusciti frequenti nelle visite, ed affettuosi di comprovare la stima che fanno li loro padroni di Vostra Serenità.

Ho avuto per precessore in quella ambasceria l'illustrissimo e reverendissimo signor Alvise Mocenigo, che è ora arcivescovo di Candia, il quale sostentava quella carica con molto valore, esercitando le parti del suo squisito talento con sommo vantaggio del pubblico servizio.

Per successore ho lasciato l'eccellentissimo signor Zuanne Giustiniano, del quale parimenti Vostra Serenità e le EE. VV. riceveranno con il suo valorosissimo impiego gli effetti della sua applicatissima opera, avendo cominciata la carica con splendore e con saggio di molto ingegno e di intelligenza.

Per segretario ho avuto messer Girolamo Grattarol, che ora gode anco l'onore ricevuto di segretario di questo Eccellentissimo Senato. Si è portato con mia pienissima soddisfazione, ha talenti di gran bontà, diligenza e condizioni onoratissime. Aveva già servito a quella corte l'eccellentissimo Leonardo Moro di gloriosa memoria e veniva stimato e tenuto in degnissima opinione. Ha provato anch'egli parte del danno colla perdita che si fece delle robe che v'erano nelle galere depredate. Ha avuto anche la disgrazia che li furono derubati in Madrid li danari che aveva, come allora fu avvisato a Vostra Serenità, sicchè di quell'impiego ha avuti incomodi rilevanti ed interesse di molto aggravio alla sua casa; supplicherà questa sera Vostra Serenità e le EE. VV. di una grazia, ed io lo raccomando affettuosissimamente per il buon effetto di questa sua umilissma istanza a Vostra Serenità ed alle EE. VV.

Di me poi e delle cose mie molto potrei dire a questo eccellentissimo Senato, ma mentre è verissimo che a Dio ed alla patria tutto si deve, non voglio pretendere merito da qual si sia successo ancorchè disastroso e senza esempio. Ho servito si può dire per 8 anni continui a Vostra Serenità nelle ambascerie di Savoja e di Spagna, perchè sebbene partito di Piemonte potei venire alla patria, poche settimane mi sono fermato e quelle ancora negli orrori della peste, che mi causò appresso, postomi in cammino per corte cattolica, lunghe, dispendiose e travagliosissime contumacie. In Savoja ho avuto occasione per tutto il tempo di eccessive spese, mentre a proprio costo ho convenuto bene spesso incontrare, con estraordinario rilevante, la soddisfazione di quel signor duca e di madama, e aggiustarmi del resto col pubblico decoro in frequenti gravissime occorrenze. Per la depredazione della galera di Genova ricca di ben ottocento mille scudi di capitale, occorse l'infausto successo della perdita di tutto il mio avere, dall'invasione dei barbari seguita in tempo che dieci galere di Spagna guardavano quelle coste, onde nessuna ragione persuadeva che la temerità di quelle genti si azzardasse tant' oltre. Soprafatto da così strano accidente, pensino le EE. VV. in quale agitazione si trovasse l'animo mio lontano dalla patria, privo in un punto di quanto di bello e di buono era stato unito dai miei maggiori, eppure necessitato a capitare in una corte tanto ragguardevole. La generosità del signor procuratore mio padre, che Dio abbia in gloria, che mai ha stimato proprio alcun suo capitale ma tutto sempre riputato della patria ed impiegatolo insieme per la medesima prontamente in ogni occasione, niente stimando l'interesse di una ben numerosa fraterna, ha sovvenuto immediate con grosse rimesse al mio bisogno ed abilitatomi di nuovo al servizio di Vostra Serenità.

Ho travagliato per quattro anni in quella corte con indefessa applicazione di spirito nel servizio della patria, ridotto per gravissime infermità a stato di morte, ho sostenuto sempre come conveniva la pubblica dignità e contribuendo a misura delle occasioni gli ufficii proprii. Ho potuto imprimere diversamente delle sinistre opinioni che si avevano gli anni passati di Vostra Serenità e delle EE. VV.; ho fatto nei discorsi riconoscere senza ragione qualche passato andamento dei ministri di Sua Maestà contro gl'interessi della patria, e posso dire di aver lasciato il nome della Serenissima Repubblica a quella corte riverito, stimato, ed il suo ambasciatore ben ricevuto con avvantaggio nei titoli da' principali ministri, che prima non solevano dargli l'eccellenza, ed avvantaggiata insieme la casa di visite e di ufficii non ordinarii nè più usati; onde posso affermare a VV. EE. che nelle occorrenze che mi sono passate per mano, non ho provato se non molto riverenti le espressioni di quei ministri tuttochè principali ed autorevoli.

Prima del mio partire ho ricevuto per ordine di S. M. una collana d'oro, essa è presentata ai piedi di Vostra Serenità, e piacendole coll' Eccellentissimo Senato farmene grazia, come umilissimo supplico Vostra Serenità e le EE. VV., potrò consolarmi nel vedere che il mio lungo affettuosissimo impiego non sia riuscito discaro a questa da me sempre riveritissima patria.

RELAZIONE DI SPAGNA

DI

GIOVANNI GIUSTINIAN

AMBASCIATORE

A FILIPPO IV

DALL'ANNO 1634 AL 1638.

(Dall'originale esistente nel veneto Archivio generale).

CENNO BIOGRAFICO

INTORNO

A GIOVANNI GIUSTINIAN.

Poche notizie invero ci venne dato di poter raccogliere intorno alla vita di questo ambasciatore, e le abbiamo tratte dal *Campidoglio veneto* prezioso lavoro inedito del Cappellari, e dalla celebre opera del conte Pompeo Litta, il quale allor che scrisse sulla famiglia Giustinian ebbe il destro di riunire tutt' i dati possibili. Nè dall' esame che abbiamo praticato sui dispacci di Giovanni Giustinian da questa e dalle altre sue legazioni, rilevammo notizia alcuna biografica di lui, oltre le seguenti, che meriti di essere riportata. Egli nacque in Venezia il 20 novembre del 1600 da Giulio Giustinian, uno del Consiglio dei Dieci, e da Elisabetta figlia di Girolamo Contarini. Percorse varie cariche in patria, fu cavaliere e senatore fra i più riputati per senno ed intelligenza. Nei tempi difficili in cui Richelieu era l'arbitro della Francia e l'Olivares della Spagna fu con Parte 25 aprile 1633 eletto ambasciatore alla Maestà cattolica in luogo di Francesco Corner. Giunse a Madrid nel novembre 1834; vi si fermò 44 mesi; e mentre si trovava a quella corte fu con Parte 29 novembre 1636 eletto ambasciatore in Inghilterra per dove partì, un anno e mezzo dopo, senza ritornare a Venezia. Quindi è che la relazione della ambasciata di Spagna, che qui pubblichiamo, fu spedita da Madrid il 1.° maggio 1638, e venne poi letta in Senato il 27 agosto dello stesso anno, come è indicato dal Segretario alle voci sopra la relazione originale che si conserva nel veneto archivio generale. Il Giustinian si fermò a Londra fino al 1641, indi passò ambasciatore alla corte imperiale e da ultimo alla pontificia. Morì vecchissimo il 16 novembre 1692. Disposatosi nel 1632 a Vittoria di Lodovico Trissino di Vicenza, e nel 1635 a Lugrezia Dolfin di Daniele, di quest'ultima lasciò cinque figli.

SERENISSIMO PRINCIPE (1).

Ridotta negli ultimi periodi l'imperfezione degl'impieghi miei a questa corte, dove sebbene nel corso di quarantaquattro mesi, che ho fiaccamente servito all'Eccellenze Vostre, non ho lasciato con la frequenza delle mie lettere riverentissimamente di riferire tutto ciò ho giudicato valere a' pubblici interessi (2); obbligato nondimeno alla continuazione in quella d'Inghilterra, supplicherò Vostra Serenità donarmi licenza di rappresentarle alcuni particolari, caduti sotto la mia osservazione nel governo di questa vasta monarchia, che cinge imperio il più grande di qual si sia potentato di cristianità: nell'Asia amplissimo distendendo il dominio, nell'Africa quello di molte città e riviere, nell'America altrettanto considerabile la potenza, quanto di là ogni anno trae tanti tesori. Nell'Europa, oltre li dieci regni di Spagna, possiede le isole Canarie, Maiorica, Minorica, Sardegna, nella Francia la contea di Borgogna, in Fiandra nove provincie, ed in Italia quello ch'è ben noto a cadauna dell'Eccellenze Vostre. Questi regni, se ben grandi e ricchi, cospicua a proporzione ne riesce la loro potenza, indebolita dalla distanza fra l'uno e l'altro, che porta, per mantenergli e difendergli,

(1) Era doge Francesco Erizzo.

(2) I dispacci di Giovanni Giustinian si conservano legati in tre grossi volumi nel veneto Archivio generale. *Senato III. Secreta.* Il primo dispaccio porta la data di Milano 22 settembre 1634, l'ultimo quella di Madrid 17 aprile 1638. In questo giorno, fu presentato al re, dal conte di Brancaville gentiluomo di settimana, Alvise Contarini successore del Giustinian, che a questa udienza solenne lo accompagnava insieme a tutt'i gentiluomini della sua casa e dagli ufficiali addetti alle altre ambascerie.

l' obbligo al sostenimento di grosse armate e di potentissimi eserciti. Li quali, spopolata la Spagna, per tante spedizioni di genti seguite, e che tuttavia seguono, con l'espulsione de' mori, che levò il capitale di 800 mille anime in durissime difficoltà fa incontrare nello levare nuove milizie di questa nazione; necessario è perciò ricorrere alla Germania ed altrove, e con la forza dell' oro supplire al bisogno.

Nè l'entrate reali anco in tempo della maggior quiete, atte essendo a supplire a queste ricorrenze, s'è convenuto ricorrere alle imposizioni e ad altri estraordinarj mezzi, aggravando i popoli sempre più pressati dalle vessazioni delle presenti guerre rese incalcolabili. Nè più potendo tollerar i pesi, condotti all' ultime disperazioni, si sono lasciati trasportare a pericolose sollevazioni contro il servizio del proprio principe. Quelle dell' anno caduto in Portogallo, che diedero giusto motivo di grandi apprensioni, e ad eserciti per abbatterle (1); le licenze de' Biscaiti contro li ministri regi; le renitenze d' Aragonesi di non pagare le nuove gabelle; e quelle di Catalani, a non conceder al re il quinto preteso delle loro rendite, porge certo ammaestramento, quanto peni la corona nel cavare le contribuzioni necessarie, tanto più larghe, quanto che poco ordine anzi niuno praticandosi nella materia del denaro, il consumo è incredibile; tredici milioni l'anno dopo la rottura con la Francia impiegati avendo Sua Maestà nelle sole occorrenze di guerra. Somme, che spese con economia maggiore potevano rendere notabili vantaggi al servizio del re. Ma non dimandandosi conto a quelli

(1) Quantunque non si trovi una serie di atti che attestino la corte di Francia aver preparate queste rivoluzioni, esiste però una istruzione in data 15 agosto 1638 del cardinale di Richelieu a Saint Pe suo agente segreto in Portogallo. L'articolo III di questa istruzione portava: doversi Saint Pe informare se i Portoghesi erano disposti a ribellarsi apertamente, supposto che i Francesi prendessero a mezzo di una armata navale tutti i forti situati tra l' imboccatura del Tago ed il forte di Belem. L'art. IV portava che se il cancelliere, o quelli ai quali veniva fatta questa proposizione, chiedessero più grande soccorso, il cardinale loro offriva cinquanta vascelli, 12 mille uomini di fanteria e mille di cavalleria: la Francia non aspirando che alla gloria di soccorrerli senza alcun interesse. Flassan *Histoire de la diplomatie*, f. III p. 62.

che maneggiano il denaro, non castigandosi chi lo dilapida, tutto cammina al disordine, raddoppiato ben spesso con il mancamento degli apprestamenti necessarj all'armate, che le rende infruttuose. E con i tardi soccorsi alla Fiandra hanno gli Olandesi conseguiti i migliori profitti. Nelle Indie occidentali si sono impadroniti della provincia di Fernambuco, sito il più bello e più imponente, che gli facilita ed abbrevia la navigazione delle Indie orientali. Nella costa dell'Africa avanzato a segno il commercio ne traggono un milione all'anno, portando ne' loro paesi oro, cuoj ed avorio. Da Fernambuco in otto soli giorni si conducono gli Olandesi nelle coste tutte delle Indie occidentali, dove introdotti nel traffico del tabacco di cui fertilissima è quella provincia, di zuccari, valerà loro quel paese due milioni d'oro l'anno. Negozio, che nel tempo delle tregue con Olanda, era solito profittare a' Portoghesi per ben quattro milioni ogn'anno, ed ora pochi zuccari, legno brasil e tabacco comparendo a Lisbona, restano quasi estinti i primi comodi. Hanno gli Olandesi così forti e profonde gettate le radici in quella provincia, che quelli che più sanno, non giudicano valevole la potenza del re cattolico a disloggiarli; con giusto timore proseguiscono sempre più negli acquisti, due soli luochi rimanendo loro ad espugnare per constituirsi nell'intiero dominio della costa del Brasil, ch'è 200 leghe di paese, la Baia di tutti i santi, ed il Rio di Janeiro, porto quello principale ma non in sito forte, e questo niente fortificato. Si pensò a farlo, ma la lunghezza, con che in tutto si procede, non ha lasciato maturarne fin ora gli effetti. Terminata dagli Olandesi l'impresa del Brasil, non è per riuscir loro difficile quella del Perù, dalla parte che cade verso il Brasil, e sarebbe colpa, atta a crollare l'arbore di questa monarchia, che da quel regno ricava il meglio delle sue ricchezze, quivi ritrovandosi le miniere. All'eminenza di così gravi e pericolosi mali procura Sua Maestà di porgere rimedio con la perfezione d'un'armata, che da molti anni si travaglia in Lisbona, nè per anco si sa quando sia per sortire, e se numerosa a proporzione del bisogno, obbliga li più savii ad infausti pronostici.

Oltre li presidii ordinarii, Eccellentissimi Signori, l'armate marittime di Spagna, Napoli, Sicilia e Dunkerque, ha ora Sua Maestà un potente esercito in Italia, numerose truppe nella Fiandra, un corpo di genti a Perpignano, che oggidì si preme nell' ingrossarle.

Alle frontiere di Mantova unisconsi pure milizie, che destinate si credono alla sola difesa di quei siti, con l' esperienza imparato avendo questi ministri, quanto infruttuosi i dispendii e dannose le diligenze sono, di portar l' armi da queste parti nella Francia.

Per accrescere le suddette forze di mare con vascelli tondi, non cessano l'applicazioni; in Biscaglia e in Napoli si travaglia per conseguirne l' intento. Il duca di Ferrandina ch'è capitano di credito, comanderà anche l' anno presente a quest' armi, dubbiose le risoluzioni per anco, di spingerle tutte o parte nel Mediterraneo, gelosi riflessi occupando l' animo de' ministri l' armata francese, che s' ammassa in Brettagna, giusto sospetto implicando disegni sopra le cose di Spagna, le quali vaglia dir il vero, potrebbero esser meglio provvedute. Oltre il mancamento de'soldati v' è quello d'armi e munizioni, negligentissimi in ciò gli Spagnuoli. Non hanno arsenale, nè provvisioni che al tempo del bisogno. E posso affermare a Vostre Eccellenze, che se gli Olandesi, benchè eccitati dall'ordinario difetto dell'avarizia, che travaglia questa nazione, non portassero li provvedimenti per l'armate cattoliche, non saprebbero gli Spagnoli dove ricorrere per farlo; come grandemente patirebbero li popoli di Spagna, se da quelli non fosse loro condotta gran quantità di grani, di modo che si può con franchezza dire che li nemici stessi della corona le somministra il modo alla difesa, e l' alimento a' vassalli.

Con la designazione a ciascheduna provincia dei propri Consigli, supplisce il re cattolico al governo di sua monarchia, e un altro particolare regge quello dell' entrate reali, rimettendo il politico ad uno di guerra e di stato. In questo con l' assistenza di tre segretarii si maneggia il signor conte duca che come il più vecchio, è anco il primo a dire i suoi pareri, dei quali è tenacissimo. Il cardinal Borgia, il duca di Villermosa, di Ferrandina e di Parsis, il marchese di Santa Croce, di Leganes, Mirabel, il conte di Monterei, Ognate, di Castriglio, ed il confessore di Sua Maestà sono dello stesso Consiglio. Tutti, eccetto il signor conte duca, di cui Vostre Eccellenze intenderanno, non sono soggetti di eminente qualità. Il cardinal Borgia ed il conte di Ognate li più stimati, ma li meno ascoltati. Questo con la libertà de' suoi elati sentimenti non soddisfa al privato, a cui non piace sieno contradette le sue opinioni, nè che sieno appresso il re per propri rispetti persone d'elevata condizione. Procura sotto decorosi pretesti allontanarlo dalla corte, come seguì di Castel Rodrigo e di Monterei, il primo per esser amato dal re, e l'altro, se ben cognato, per il suo ardire non bene veduto.

Borgia, non d'intima confidenza col signor conte duca per particolari interessi, non gode tutto il credito.

Le consulte tutte di stato, di provisioni ed altro, prima che capitino al re sono consignate al signor conte duca, il quale esaminandole fra suoi più confidenti ministri, che sono Villermosa, Santa Croce ed il confessore, uomini di mediocre sapere, ed ora il Melo, che priva (1) assai con l'Eccellenza Sua, scrive poi a parte della consulta ciò più quadra al di lui compiacimento; e tutto portato a Sua Maestà pone di sua mano quello per appunto gli raccorda il privato; onde si può dire a questo rimanere l'autorità intera delle deliberazioni, e al re il sottoscriverle solamente. Tale nuovo modo distrugge affatto l'autorità de' Consigli, che godono la sola apparenza del nome, e fa che ogni cosa dipenda dalla dispotica mano del signor conte duca, che gira a suo piacere gli affari tutti della corona.

È signore di grande, presto ingegno, d'intelligenza, indefesso nelle fatiche, sollecito nel servizio del re, pronto e grato nelle audienze. Abborrisce i più severi esempj di giustizia. Non è all'incontro nemico de' consigli nuovi, gli ascolta volentieri, ed è facile a condursi all'esperienza. Con la vivacità dello spirito, ha ben spesso accompagnato il moto della collera. Sa insi-

(1) È confidente.

nuarsi e cuoprire quando vuole i proprj affetti. Vive senza ostentazione, è integro come quelli che lo assistono. Gran vantaggio ha chi seco negozia in tempo di bisogno. È attento senza alcun riguardo a raccoglier denaro, tutto per supplire alli dispendi della guerra, nella quale consuma anche i proprj capitali, per naturalezza inclinato più a quella, che alla pace. Constante nelle avversità, e nei felici successi innalza il volo a speranze sempre maggiori. Avido di accrescere glorie al suo nome, suono che più s'accorda alla sua orecchia, e facilita al ministro, che seco tratta, di cavare con tale insinuazione le deliberazioni che pretende. Se nelle congiunture gravi d'oggidì occupi l'animo suo i concetti di quiete o di guerra, crederei quelli del riposo. Consiglio però somministrato da necessità, e dall'esperienze de' danni portati dalla guerra, che ben conosce non aver avvantaggiato di stato, nè di riputazione la corona; sempre più anco prevedendo difficile cavar dai popoli i mezzi per continuarla. A tale difficoltà nondimeno, come la ricchezza de' regni (se ben con gran mormorazione) troverà i proprii ripari, con la nuova introduzione specialmente di sospender li quartieri de iuri, impegnati a particolari, che rilevano la somma di sette milioni l'anno; così non sarà eguale l'unir genti ed esperimentati capi, di che il bisogno al più alto grado si trova. Le gelosie tuttavolta, che i Francesi non siano inclinati a deponere l'armi con gl'incontri che ben duri si preveggono a stabilire la pace, la quale se non obbligato dalle più infelici pendenze, non è per acconsentire accordi, che con decoro della corona, fa che drizzi l'applicazione più al maneggiar le armi, che a rimetterle nel fodero. Unica conservando la speranza di stancar la Francia, ed il tempo sia per produrre delle novità con la morte del re, o mutazione de' ministri su quel regno, dove non lasciano gli Spagnuoli di tenere vive le pratiche col conte di Soissons ed altri, e da ciò migliorati rimanghino gli affari di questa monarchia, fra li pesi che più l'aggravano, quelli essendo della guerra con quella corona.

Se li signori stati d'Olanda si disporranno ad abbracciare separatamente l'accordo, per levare al cristianissimo il vigore di quella colleganza, farà senza dubbio il signor conte duca condiscender il re a partiti ben utili con quelle provincie. L'intoppo più grande per la conclusione è giudicato quello della restituzione del Brasile.

L'emulazione e la competenza che ha il signor conte duca col cardinal di Richelieu non patisce accrescimento, tanto più molesta, quanto la fortuna ben spesso applaudendo alli disegni di quello, non di lui, lo tiene in perpetuo crucio. Li primi disgusti che amareggiarono le corrispondenze fra questi due gran ministri, furono quelli, che avendo promesso il cardinale nel tempo che si trovavano le armi cristianissime sotto la Rocella, di non interessarsi nella protezione del duca di Mantova, quando il cattolico favorisse le giuste intenzioni della Francia per l'oppressione degli Ugonotti; conseguitone l'intento, gli effetti ne abbino poi tradito le osservanze, e fabbricate importanti macchine a contrapposizione de' vasti altissimi fini de'Spagnuoli, credendosi dalli più pratici, non capaci più di riconciliazione gli animi delli due privati.

Non è il signor conte duca nell'affetto dell'universale, come all'incontro è grandemente tenuto. Li ministri tutti della corona niuna cosa più studiano, che il segno perfetto delle di lui soddisfazioni, un'intiera cieca obbedienza affettando, con l'esperienza che l'uso diverso ha precipitato molti. Il posto più alto della privanza e d'arbitrio gode l'Eccellenza Sua appresso il re, che mai discorda dai di lui sentimenti: circostanza tuttavolta, che non ha potuto rimarcare sopra l'animo del serenissimo signor cardinal infante, che tentò d'abbattere questa grande autorità. Lo procurò in tempo, che si trovava in corte, e dopo ancora con lettere espresse al re, tutte le colpe attribuendo e li sinistri nella Fiandra alli mali consigli di questo ministro, voci che hanno prodotto dell'amarezze con l'altezza sua. Palesi ora al re questi disgusti, non sono atte le querele dell'infante a far breccia, nè accreditate tampoco, sostenendosi il conte in pienissima autorità appresso la Maestà Sua. Che è principe di bell'aspetto, placido, benigno con tutti. Ostenta gran pietà, e religione, e pare nutrisca concetti alla quiete più, che al rumore dell' armi, se ben non lascia di desiderare le glorie della guerra.

Il principe terminerà ben presto li nove anni: la nobiltà dell' indole pareggia quella della grandezza de' nascimenti. Dà mostra di vivaci spiriti, e promette riuscita tutta reale. Non se gli è formato casa per anco. È servito dalla famiglia della regina con particolare assistenza della contessa d' Olivares, che veramente è dama di grandissimi talenti. Con grande contento ricevette Sua Altezza le lettere di Vostre Eccellenze presentategli dall'Eccellentissimo Contarini mio successore (1), le prime dicendogli, gli siano state inviate da principi.

La regina, ch' è principessa di gran bontà, ora è gravida, è amata dal re, non tiene però autorità alcuna, nè ardisce parlargli di negozio, e se ben della casa di Francia, si è assuefatta intieramente alle maniere spagnuole.

Le corrispondenze, Serenissimo Principe, che ora trattiene questa corona con principi dirò (lasciando da parte la Francia e gli Olandesi coi quali si trova in aperta guerra) che: con il presente pontefice, assuefatto alla dipendenza, continuano le risoluzioni e le diligenze per li provvedimenti di pensioni, in che non poche difficoltà s' incontrano.

Coll' imperatore l' interesse strettissimo del sangue, con la convenienza de' stati, obbliga ad una intiera corrispondenza, Il presente tuttavia non volendo vivere sotto l' arbitrio de'Spagnoli, come praticò il padre, non se ne chiamano intieramente soddisfatti. Come il signor conte duca, de' concetti di quello di Praumenitorf non conserva interamente tutto il compiacimento, se ben non sarà infeconda la sua vigna di ripieghi per condurre anche quel privato, dove troverà conferire il servizio del padrone.

Con l' Inghilterra ottima sarebbe la corrispondenza, desiderata reciprocamente, se la diversità della religione, l' occorrenze del palatinato non la mantenesse fra i dubbj e le diffidenze, propenso assai quel principe verso casa d' Austria, con

(1) Il 19 Aprile 1638.

cui brama sommamente di apparentarsi. Gli Spagnuoli all' incontro, valenti maestri nella conoscenza di tale disposizione di non impliuarsi nei travagli della guerra, ma di conservarsi la quiete, non lasciano con le aperture di negozio e di matrimonio di seco temporeggiare ed insinuarsi, non senza frutto coi propri mezzi appresso li ministri di quella corona per farsegli parziali. Sono ora in piedi pratiche di restituire il palatinato inferiore, nè si credono tuttavia troveranno prove migliori per gli effetti delle passate.

Quale sia l'affetto verso li principi italiani, cioè Fiorenza, Genova, Savoia, Mantova, Parma e Modena, dirò. Che del primo si chiama grandemente contenta Sua Maestà per quello ha in queste ultime pressanti vertenze contribuito li migliori testimonii di rispetto e di parzialità negl' interessi della corona. Se il gran duca all'incontro rimanga interamente soddisfatto, non avendo potuto conseguire fin ora quello che ha desiderato, vi è chi lo dubita.

De'Genovesi si dissimula le procedure, molto piccando, abbino ardito di scuoter il giogo della solita praticata dipendenza da questa monarchia. Se si cambieranno le congiunture non sono vuoti i concetti, sia il re per dimostrare li passati discontenti. Dall' altro canto nondimeno è interessata tanto la corona coi Genovesi, che soli mantengono vive l'entrate reali, e con l'arbitrio che hanno nelle piazze tutte di negozio, accomodano Sua Maestà di quello s' è conosciuto, fa ragionevolmente credere, che se non con grande cautela, sia il re per accrescer loro le male soddisfazioni, ed a porger loro motivo a precipitose e dannose deliberazioni.

Con Savoia e Mantova, sebbene con quella casa ha la guerra sospese le corrispondenze, il duca defunto tuttavia, e ora la vedova duchessa facendo rappresentare l'azioni sue per conseguenza di necessità, e di divota trovarsi al nome del cattolico, la credenza di tali concetti raddolcisce l' amarezze negli animi di questi ministri.

Li quali di Mantova una piena soddisfazione professano, e con l' apparato di varie promesse di disobbligarla da'Francesi, e forse da altri principi, tentano condurla a'proprj disegni, che Dio non segua con accrescimento di perturbazioni sempre maggiori a cotesta provincia. Dove se l' infanta Margherita sia per spuntare la permissione di condursi, il tempo doverà mostrarne il più accertato.

Il duca di Parma non è in questa diffidenza, ma non si scorda l'ardire dei passati anni con gelosie: sia più verso la Francia che a questa casa inclinato.

Di cui Modena si è fatto il più dipendente, e sarà ben presto in corte a solennizzare li sacrificii di quella servitù, che il dolce suono delle speranze del generalato del mare, o altri impieghi gliela fa trovar decorosa.

De' Grisoni le cose rimangono nei termini scritti, nè mi accade accrescer tedio con nuove relazioni (1).

La confidenza di Vostra Serenità che ho lasciato per ultimo, ed ho procurato coltivare a misura delle pubbliche prudenti intenzioni, affermerò trovarsi la migliore, praticata da

(1) « Venuti gli ambasciatori Grisoni a nostra visitazione, hanno pregato l'uno e l'altro di noi degli opportuni ufficii a sostentamento dei loro interessi, avendo mostrata poca soddisfazione delli negoziati di qua, dicendo che speravano essere sbrigati in quattro settimane e sono oramai cinque mesi che si ritrovano a questa corte, senza vederne la conclusione, che senza l'ajuto della Serenissima Repubblica non potranno mantenere la Valtellina: ben valerebbero da loro stessi a mettere in dovere quei popoli, quando non fossero aiutati da altri. Noi sobriamente rispondemmo a questi tocchi e senza niente impegnarci, dimostrando la buona volontà sempre conservata dalla Ser. V. verso li suoi Signori. Ci confermò uno di loro di aver espedito il figlio per aver poteri da' suoi superiori, pretendendosi quà di assicurare le cose della religione in Valtellina, dove non si vuole che vi sii altro che la cattolica. E sospettano gli ambasciatori che non possa dimorarvi alcun protestante volendosi che tutti li governatori ed ufficiali sieno cattolici, che promette il re, aggiustato questo punto, far condiscender li Valtellini alle loro soddisfazioni, e debba stabilirsi il trattato fatto in Alessandria in questo particolare. Mostrano di più li detti ambasciatori gran gelosia della forma e parole incerte nelle proposte che qui lor vengono fatte, parendo loro dubbiose ed equivoche. Lor viene data intenzione che sarà ratificato pure il trattato di Inspruch, affermando essi che gli Spagnuoli non si contentano del passo per la sola difensiva, negato avendo quello per la offensiva, che lor viene richiesto quasi per grazia di averlo, per andare a soccorrere gli amici. » *Dispaccio in cifra 16 aprile 1638 di Giovanni Giustinian e di Alvise Contarini ambasciatori.*

molti anni con questa corona. Che dichiara riconoscere dalle sode disinteressate procedure ed ottimi fini di Vostre Eccellenze, co' quali professa necessaria la buona corrispondenza, e di desiderare la durata. Delle passate acerbità tutte addossando le colpe a' ministri d'elati e torbidi concetti, li quali desideravano le calamità pubbliche per accrescer gloria al nome, e comodi maggiori alle loro fortune. Tali voci sono ora studiosamente espresse da tutti li ministri, che dall' interposizione autorevole di Vostra Serenità per la pace ostentano il godimento maggiore, pubblicano per la più affettuosa, sincera ed efficace; e che i ministri cattolici praticarono in queste trattazioni tutta la confidenza con quelli di Vostre Eccellenze, che hanno eccitato a bocca piena di persuader loro la continuazione, e di non stancarsi sino all' intento, sicure, che oltre il merito, e gloria, che riportarono appresso la cristianità tutta, d' obbligare in gran maniera questa casa, e di contribuirgli il più segnalato vantaggio. A che con le assicuranze dell' ottima volontà dello Eccellentissimo Senato, e suoi desiderii constanti per il pubblico bene, non ho lasciato di confermare le più certe prove dell' osservanza, che affettuosa professano l' Eccellenze Vostre a questa corona.

Alle negoziazioni che mi sono accadute nei presenti movimenti gravi del mondo, mi s' è aggiunto quella nel servizio particolare di Vostre Eccellenze, della restituzione delli capitali della nave san Giacomo, dei quali al mio arrivo trovai seguito il decreto della negativa. Io nondimeno intrapresi con buone ragioni la rivocazione, e ho conseguito decreto e ordine regio per la rilassazione, che dilungata e difficoltata dal duca di Tarsi interessato nella preda, mi obbligò a nuovi ufficii, che impetrorno risoluto regio comandamento, che se dentro il termine di giorni otto dopo la presentazione non fa il duca seguire la restituzione, sequestrato rimanga l' equivalente dei capitali, che di ragione sua stanno nella Cruzada, denari che sono prontissimi. Anzi il signor conte duca nell' ultima conferenza di mia espedizione, disse, cadutone discorso, all'Eccellentissimo Contarini ed a me: che se non sia pronto Tarsi al comandamento di Sua Maestà, farà che sieno immediatamente arrestati li suddetti capitali e consignati agli interessati. Il procurarne gli effetti, Eccellentissimi Signori, che saranno facilissimi, crederò consiglio fruttuoso, per togliere anco con tale esempio eccitamenti in avvenire ai capi di mare di depredare le mercanzie de' vassalli di Vostra Serenità.

In altro più importante, difficile e geloso affare invecchiato dal corso di molti anni, hanno, Serenissimo Principe, versato le mie zelanti applicazioni: che fu l'insinuare con decoro e destrità di rimettere le pratiche con pari trattamento fra austriaci e veneti ambasciatori. Convenienza, che fu ben combattuta dall'avversione d'appassionati ministri, ma non hanno tuttavolta potuto abbatterne il dovere: anzi de' passati errori convennero pubblica farne la penitenza il giovane conte d'Ognate in Inghilterra, ed il vecchio qui, con cui mi sono veduto, è stato in questa casa, riverita anco dall'ambasciatore di Cesare il quale ha bene complito coll'Eccellentissimo Contarini, la corona ducale della Repubblica Veneziana (1). Li ministri tutti di Vostre Eccellenze

(1) « Lettera del sig. conte duca, scritta al marchese di Castagneda ambasciatore in Alemagna, tradotta dallo spagnuolo in italiano:

« S. M., Dio la guardi, seguitando il dictamento del signor re don Filippo II suo avo, s'è stato stringendo con la Repubblica di Venezia come con principe le massime del quale sono incamminate alla maggior quiete. Et uno dei mezzi che ha interposto per tenercela grata è stato quello del trattamento eguale degli ambasciatori di S. M. con quelli di quella Repubblica, come V. S. lo ha inteso dalli suoi reali ordini; e considerando che la inseparabile unione degli interessi di sua casa con quelli di S. M. cesarea ricerca corrispondenza reciproca in tutto; incarica V. S. a far ufficio con l'imperatore, affinchè li suoi ambasciatori seguitino il medesimo stile, et invii ordini a quello che assiste a questa corte di comunicarsi con quello della Repubblica. Et io accompagno il dispaccio di S. M. supplicando V. S. che procuri il compimento di quello crederà, perchè così si accreschino li motivi della strettezza che si pretende, et io lo riceverò per mercede e favore da S. M. cesarea. Dio guardi V. S. come desidero. Di Madrid 17 settembre 1637.

P. S. di mano del sig. conte duca.

Supplico V. S. mi favorisca con incamminare quanto prima questo ordine, perchè si concluda presto che tanto ci importa a tutti, e se può inviar l'ordine in mia mano sarà il favor duplicato, senza avvisarmi. »

DON GASPARE DE GUSMAN.

Nel dispaccio 18 settembre 1637.

ne hanno goduti li vantaggi intieramente, e qui li stessi grandi hanno trattato il suddetto Eccellentissimo Contarini e me con il titolo di Eccellenza; circostanze non meno utili, che dovute alla grandezza di codesto Eccellentissimo Senato, a cui con la più sommessa parte dell' animo mi umilio. Supplicando cadauna delle Signorie Vostre Eccellentissime col moto della loro benignità singolare, di compatire le passate prove del mio scarso intendimento, e credere, che dove ha ceduto questo, hanno soprabbondato le parti del zelo ben ardente e sincero del pubblico servizio, nel quale fortunatissimo chiamerò quel giorno, che se dopo consumate le sostanze impoverite dai dispendii di questa lunga penosa ambasceria, m' accaderà di perder anco la vita.

In testimonio di gradimento, mi ha Sua Maestà inviato il solito regalo d'una collana d'oro, che eccede tuttavia alquanto dal praticato con li precessori. Come pure con nuovo esempio s'è compiaciuta di fare dono al segretario Bon, che nelle fatiche di questa pesantissima legazione non ha lasciato dietro diligenze per rendersi degno della grazia di Vostre Eccellenze, che da questo virtuoso soggetto possono confidare in ogni altro più importante ministerio il frutto migliore. A'piedi di Vostra Serenità e di cadauna delle Eccellenze Vostre presento il suddetto regalo, e la divozione delle umilissime preci mie: la pubblica benignità supplicando donarmene il godimento, e valerà a conseguenza dell' approvazione del passato servizio. Che come non è stato, quale hanno richiesto le congiunture gravi, così ho avuto per compagno un continuato zelo, e efficace volontà di ben servire alla patria; il decoro della quale ho con larga profusione delle fortune di questa casa (che per gran pezza ne porterà vive le cicatrici) procurato di sostenere nel più alto punto. Pratica non meno dovuta alle leggi di questa carica che sarà da me continuata in quella d' Inghilterra, dove piaccia a Dio di abilitarmi alle soddisfazioni delle Signorie Vostre Eccellentissime. Grazie.

[illegible]

RELAZIONE DI SPAGNA

DI

ALVISE CONTARINI

AMBASCIATORE

A FILIPPO IV

DALL'ANNO 1638 AL 1641.

(Tratta dall'archivio del sig. Rawdon Brown).

Brevi notizie intorno alla vita di questo ambasciatore leggonsi nel vol. II, della serie delle *Relazioni di Francia* a pagina 297.

La presente relazione fu presentata al Senato il 10 dicembre 1641.

Serenissimo Principe (1).

Nello spazio di dieci anni continui, che ho tenuto l'onore di servire alla Serenità Vostra in tre importanti Legazioni di Olanda, Francia e Spagna (2), parerebbe debito mio, giunto a' piedi suoi, dar distinto conto in questa mia relazione di tutte tre queste corti; ma perchè dopo la partenza che feci d'Olanda e di Francia sono arrivati qui tre prestantissimi senatori, che hanno con la loro virtù supplito appieno al bisogno ed alla curiosità delle Eccellenze Vostre, non essendosi anco da me lasciato, nel partir da Parigi per Madrid, di toccare in una *lettera* (3) alcuni rilevanti particolari della corte medesima di Francia, mi restringerò a questa sola ultima di Spagna, per non apportar soverchio tedio nelle sue gravi occupazioni a questo Eccellentissimo Senato.

Amplissima e molto estesa è stata non ha dubbio fin ad ora la monarchia di Spagna, come dalla descrizione sua chiaramente si vede, nè in ciò devo io affaticarmi, perchè oltre l'esser cosa da altri riferita, ognuna delle Eccellenze Vostre per sè stesse ottimamente lo sa e lo comprende; ma di presente con la ribellione interna da due principalissimi regni e provincie: Portogallo e Catalogna, con dubbio di peggiori conseguenze continuando la guerra, resta molto debilitata ed infiacchita, concorrendo alcuno in credere che sia in aperta declinazione. A questo non solo contribuisce la distanza e separazione degli stati che possiede, ma la negligenza e lo sprezzo bene spes-

(1) Era doge Francesco Erizzo.

(2) Fu eletto ambasciatore in Spagna il 16 giugno 1637.

(3) Questa lettera, in forma di relazione, è pubblicata nel volume II delle Relazioni di Francia, pagina 301, della presente Raccolta.

so, che fanno li ministri delle altrui forze, non stimando il pericolo se non quando lo vedono vicino, ed allorchè difficile od impossibile riesce il rimedio. La potenza dunque di questa corona se fosse tutta unita, saria di grandissima rilevanza, e degna d' esser molto più stimata; divisa come si ritrova con li abusi e disordini interni che andrò considerando, viene ad esser meno ragguardevole: nella forma di un gran corpo, che travagliato vicino al cuore, non può difendere li suoi spiriti vitali alle più esterne parti. Tratterò pertanto in questa mia breve relazione delle forze, governo e disordini, che sono in questa monarchia, della causa ed origine della sollevazione di due principalissime provincie Catalogna e Portogallo. Descriverò la natura del principe e privato che la regge; e finalmente saranno da me toccate le corrispondenze ed amicizie che tiene con altri principi, e quale possa esser l'animo verso la Serenità Vostra, la quale con la sua singolare prudenza caverà dalli miei avvisi e debolezze ciò che potrà conferire al pubblico servizio.

Le forze ordinariamente di tutti li stati e regni consistono in gente ed in denari. Quanto alle genti, benchè posseda quella monarchia tanti stati e provincie, essendo la maggior parte di essi poco popolati, specialmente la Spagna, tiene manco di quello ch'è necessario ed ha bisogno, onde conviene valersi dell' esterne, cioè di quelle d' Alemagna e d'altri paesi. Fu anticamente la Spagna molto abitata, perchè si legge nell'istorie che li Romani ebbero gran fatica in soggiogarla, non solo per la qualità di siti e molte montagne, che vi sono, ma per il valore e moltitudine dei popoli, li quali non poterono esser vinti e superati che con molti assedii e battaglie; più tempo avendo consumato in domarli, che non fece Cesare tutta la Francia; ma le lunghe guerre con li Mori, e l' ultima espulsione di essi ai giorni nostri, ha causato la gran mancanza che si vede; oltre l' essersi del continuo, dopo che tanto si è dilatato il dominio, inviate genti in Fiandra, Italia e Germania, delle quali molto poche sono ritornate e ritornano alle case loro. Per la penuria di queste, nella Spagna medesima non si può dir quanta violenza s' usi da'ministri nel far soldati, perchè li poveri uomini vengono condotti con li ferri alle mani ed alli piedi, come se fossero delinquenti condannati alla galera, sono cavati per forza dalle proprie case e posti in prigione. Vanno li stessi regii ministri nelle città, e bene spesso li primi che incontrano atti alla milizia li prendono e costringono ad esser soldati con grandissime esclamazioni e gridi delle povere famiglie, che restano abbandonate e distrutte. Questo inconveniente riesce così grande, che spopolata la Spagna, principalmente la Castiglia, riceverà tal detrimento in avvenire che la potrebbe rendere sottoposta ad esser occupata, da chi con valide forze l'assalisse; perchè perduta una giornata ed un esercito, difficilmente potria rimetterne un altro, non trovandosi, fuorchè nelle frontiere, fortezze di considerazione, onde agevole saria correrla tutta e soggiogarla. Vi si aggiunge che il re e li particolari vanno con grandissimo danno perdendo le rendite ed il commercio, mancando li uomini che coltivino la campagna, e che attendano alli necessarii traffichi, con li quali si rende ricco e dovizioso uno stato, così nel pubblico, come nel particolare. Il disordine si fa tanto maggiore, quanto che con queste guerre così lunghe e continuate, non vi si ha quasi alcun riguardo, ed a Sua Maestà viene nascosto quanto più si può questo difetto, che è notorio a tutti, anzi col libro impresso dal marchese Malvezzi (1) si ha procurato sostenere il contrario. Vero è che dal regno di Portogallo, se non si fosse ribellato, e dalla Catalogna, quando si rendesse obbediente, potrebbe il re cavar molta soldatesca per esser quei paesi assai abitati, ma oltre le difficoltà di ricuperare quel regno, come mostrerò più a basso, li Portoghesi, benchè per la maggior parte poveri e miserabili, vogliono viver piuttosto in povertà e miseria nella loro patria che uscir fuori a militare particolarmente in Castiglia; e li Catalani godono di stare nel principato senza curarsi di maggiore utilità.

L'India occidentale, cioè la parte che possiede Sua Maestà, va pure anche essa spopolandosi, per il mal trattamento dei mi-

(1) *Historia de los principales successos acontecidos a la monarquia de España, en tiempo de Felipe quarto el grande.* Por el marques Virgilio Malvezzi.

nistri, non osservandosi le antiche regole prescritte in quelle parti, tutto che di Spagna vadano continuamente armate e vascelli con abitanti della medesima Spagna per trattenervisi. Ogni giorno mancano li Indiani specialmente nel cavar le mine dell'argento e dell'oro, morendo quasi tutti dopo che hanno fatto questo esercizio, per il cattivo aere che respirano nelle concavità della terra dove sono le miniere.

Le provincie dei Paesi Bassi, soggette al cattolico, benchè sieno più abitate in proporzione di qualsivoglia altro paese che possede la Maestà Sua, con tutto ciò il lungo maneggio dell'armi ha fatto perire molta nobiltà. Queste guerre così violente con Francia consumano in gran numero le più copiose milizie, sì chè vengono ancor queste, rispetto a quelle che solevano esser, molto indebolite, il simile accadendo della Borgogna, che più di tutte resta affatto distrutta e rovinata.

Quanto all'Italia: regno di Napoli cioè, Sicilia, Sardegna e stato di Milano, VV. EE. vedono e sanno dalle lettere de' suoi ministri con quanta difficoltà si governano, di modo che si può concludere che in questa parte delle genti, la monarchia di Spagna sia molto difettiva, e che se non applicheranno l'animo li ministri a ristorarla, sempre più riceveranno delli pregiudizi con sua notabile decadenza e rovina; potendosi con verità dire che la grandezza d'un principe non consiste in possedere vaste e numerose campagne, ma nella moltitudine dei popoli e sudditi: e per questo con gran ragione fu detto da un valoroso ed esperto capitano, che più amava di conservar un proprio cittadino, che d'uccider cento nemici. Non dico perciò che non abbia e possa esser capace totalmente la Spagna di formar eserciti, perchè procedendosi con la violenza che si usa, non è dubbio che possedendo il re cattolico tanti stati, li potrà con lunghezza di tempo metter insieme, ma sempre con maggior difficoltà, e riescirà milizia non buona e forse inutile, perchè gente forzata non fece mai buon effetto.

Di denari, benchè stia meglio la Maestà Sua che di genti, venendo tanti soccorsi dall'Indie con le flotte; però, sia per la mala amministrazione, sia per li eccessivi dispendii che si fanno, si vede ben spesso languire questa monarchia, come nell'altre cose, non ostante che il conte duca sia in ciò applicatissimo, e che se li deve questa lode d'esser ministro disinteressato, in tal grado, che niun suo nemico ha potuto in tale materia incolparlo, ed egli usa ogni accuratezza, perchè gli altri non defraudino il re. Ha però trovato la corona tanto impegnata sotto Filippo III padre della presente Maestà, che non li è restato altro modo di far la guerra che ha intrapreso, che poner nuove gravissime imposizioni, le quali in altre parti che in Castiglia sarieno insopportabili, nè queste pur bastano, impegnandosi e vendendosi quello che si può senza alcun riguardo. Il popolo molto si lamenta di quella sua fabbrica del Retiro, che costa milioni, nella quale non si cessa, con tutte le strettezze che si provano, di lavorare. Il re ancora, tuttochè per sua natura ristretto e tenace, non lascia di far le spese superflue, con dorare ed abbellire sale nel suo palazzo, comprare pitture ed altro, cose tutte che danno occasione di mormorare: che essendo li sudditi tanto afflitti ed esausti, ed ogni poca somma in tale tempo riuscendo grande, nondimeno si voglia consumarla in cose vane, mancando di supplire al necessario. Gode però il conte d'ostentare in simil modo la grandezza della corona, e pubblica che li milioni in giorni saranno trovati, nonchè le migliaja di ducati. La verità è che pochi ve ne sono di eguali nell'erario, contro la opinione della maggior parte che ha creduto ne fosse una gran quantità, e li pochi in moneta di rame, più che in quella d'argento. Si è venuti in chiaro di questo perchè l'anno passato si diede di mano a tutti li estremi per averne, con gran pregiudizio del re in avvenire, avendosi sigillato e sigillandosi la stessa moneta di rame, facendo che quello che valeva uno ne vaglia due. Questo sebben supplisce alle necessità presenti ed accresce la quantità del denaro a Sua Maestà, volendosi che ascenda l'utile a milioni, contuttociò da qui in seguito converrà notabilmente perdere, perchè bisognando commutar la stessa moneta di rame in quella d'argento, non spendendosi la prima fuori di Castiglia, sarà necessità a comprare la medesima moneta d'argento a prezzo duplicato di quello che si faceva, oltrechè continuandosi in questo modo, li mercanti lascieranno di mandar robe in Spagna e cesserà il traffico ed in conseguenza le stesse rendite regie, non potendo li forestieri trovar guadagno nè vendere le loro merci per ricever con tanto disavvantaggio la moneta di rame. Lascio altri inconvenienti che produrrà questa deliberazione, come cose che non sono necessarie alla notizia di VV. EE.; ciò apertamente fa conoscer che vi è scarsezza grande di denaro nell'erario, perchè se vi fosse stata abbondanza di contante, niuna ragione permetterebbe che usassero delli mezzi dei quali si sono serviti. Da questo non si deve con tutto ciò argomentare, che non possa o debba continuare la Maestà Sua, occorrendo, la guerra, perchè tiene oltre le flotte che vengono dalle Indie molti altri mezzi per aver denari, non solo coll' imporre nuove gravezze che sempre s' inventano, ma con la vendita degli ufficii e delle cariche, con sospender per qualche tempo li salarii alli ministri, ed in somma con tutte le altre maniere che sa adoperare un principe, quando così vuole, o la necessità lo costringe; potendosi con ragione affermare che chi ha un amplissimo Stato non gli manca poi denari, particolarmente una tanto vasta e grande monarchia ben patirà delli incomodi, delle difficoltà, correrà pericolo di nuove sollevazioni e ribellioni, perchè il popolo non può voler bene a chi non li fa altro che male, con tutto ciò il timore e la forza sono gran freni e questi vengono ad esser appunto li istromenti de' quali oggidì si serve la Spagna. Il conte ha avuto a dire in questo proposito, che se durerà la guerra non bisogna che alcuno pensi a tener propri capitali perchè tutto deve essere dal re, ed un altro ministro ha scritto che non solo le facoltà e la vita è debitore il suddito di spender per il proprio principe, ma quasi la stessa anima; li ecclesiastici non restano esenti di contribuzioni, dimandandosegli donativi, ritenendosi così ben a loro, come agli altri la metà della rendita delli giuri, sicchè senza domandar altra licenza al pontefice sanno bene quelli ministri estorquere, con varii pretesti e con nuove invenzioni, il buono ed il meglio che tengono. Sedici milioni di ducati in moneta di rame per assignazioni fattisi a partitanti, mi viene attestato essersi cavati l'anno passato compresa l'India e la flotta in Spagna, senza quello che hanno contribuito li regni di Napoli, Sicilia e d'altri; somma grandissima e che pare incredibile, vedendosi il mancamento di denaro che hanno patito li eserciti in tutte le parti.

Deve poi sapere la Serenità Vostra che il re fa grandissima profusione in salariati, potendosi veramente dire che Sua Maestà opra tutto in Ispagna a forza di contante, benchè non basti, non volendo li Spagnuoli servire, se non sono caricati di mercedi e di ajuti, e ad esempio loro così pretendono quelli delle altre nazioni che sono impiegati in quel regno, e per minima cosa che operino, subito vengono fuori con queste domande. Il conte duca ha procurato di rimediar in parte a questo disordine con decretare che tutte le mercedi si faccino con ufficii e commende, che può dar in vita Sua Maestà, senza toccar il regio erario; dovendosi con verità affermare che non vi è principe in Europa che possa più beneficare li suoi sudditi, che il re di Spagna, per la gran quantità in particolare di commende che dà; ma ciò non è sufficiente, perchè li stipendii sono grossissimi, e gli ajuti troppo frequenti, oltrechè per le presenti necessità il re piglia per sè quasi la mezza parte delle rendite dalle stesse commende. Sono poi talmente rapaci li ministri inferiori, che convertono in uso proprio gran quantità del denaro del re, arricchendosi e facendo grandi le loro case con notabile danno di Sua Maestà, sicchè non è meraviglia se si vedono tali mancamenti.

Le flotte anco dell' Indie vengono meno frequentemente di quello solevano, e con minor quantità d'argento che per il passato, non perchè non vi sieno le miniere meno abbondanti di prima, ma perchè mancano le genti, come ho detto di sopra, che travaglino nelle cavità della terra, per cui si rende più malagevole e più costoso il cavare il medesimo argento. Li particolari similmente, vedendo il pericolo dei corsari olandesi, e che alcuna volta Sua Maesta si trattiene ogni loro profitto per valersene a suo piacere, non vogliono arrischiare ricchi capitali; pare che ora abbino scoperto e trovato una nuova navigazione di un fiume verso Lima nel Brasile, nelle rive del quale dicono esservi abbondanza particolarmente d'oro, almeno così è venuta la relazione. Queste medesime flotte sono talmente insidiate, che conviene a Sua Maestà fare una grande spesa per scortarle ed accompagnarle con vascelli e navi armate, quello che non era solito; e si può creder che se li stessi Olandesi uniti con li Portoghesi continueranno in tali disegni, difficulteranno quella navigazione in modo, che senza armate poderose non potrà la Maestà Sua aver l'argento da quelle parti. Questo saria uno delli maggiori incomodi che potesse aver quella monarchia, e riescirebbe come tagliarle il braccio destro, e renderla con il tempo inabile a sostenersi: perchè non solo l'argento che viene per Sua Maestà dall' Indie gran forza e calore accresce alla sua potenza, ma quello che si porta per li particolari ancora, li quali privi di questo soccorso, sarebbero impotenti quasi affatto di contribuire, ora massime che la Spagna è deserta e poco coltivata. Li Francesi medesimamente continuando la guerra possono molto disturbarla ed impedirla, col venir a scorrere il mare verso Cadice ed il capo di S. Vincenzo, dove quasi necessariamente passa la medesima flotta. Concludendo dunque questa parte delli denari, dico riverentemente esservene mancanza nel pubblico e nel particolare, ma che ad un gran principe come il re di Spagna non cesseranno mai nuove invenzioni per trovarne, quando massime compiasi la navigazione dell'Indie, che è il vero alimento e sostegno di quella monarchia.

Siccome resta difettiva la Spagna di genti e soldati, così ora per mala sua fortuna è priva di capi da guerra di gran nome, tanto da terra quanto da mare, non ritrovandosene, se ben si considera, a gran lunga alcuno che governi oggi le armi da compararsi con li avuti da Carlo V, Filippo II e Filippo III specialmente spagnuoli. Il solo marchese di Leganes, qua in Italia, è conosciuto dall' universale in Spagna. La causa prima procede perchè li gran signori non si dilettano più d'andar alla guerra vedendosi tanti giovani a quella corte, che nè anco con l'occasione che hanno in sua casa si sono curati di uscire. La seconda è perchè sotto Filippo II e Filippo III hanno goduto quelli regni una lunga e tranquilla pace, onde come suole avvenire in simili casi, vi sono gli uomini, dati alle delizie ed al lusso, con quelli mezzi effeminati gli animi li hanno resi codardi e molli, vi si aggiunge che vedendo loro che il premio delle fatiche più procede dal favore del privato che dalla virtù, sendo l' onore il vero sprone che punge ed eccita le anime generose alle gloriose intraprese, non vuole alcuno arrischiare la propria vita senza frutto; se vi è però qualche capo di valore, bisogna che confessino che è Italiano, sebbene fuori del conte duca che ne fa stima, odiando per natura li altri Spagnuoli la nostra nazione, non vogliano ammetter per vero questo punto.

In mare, per la rotta che diedero gli Olandesi all'armata di Spagna (1), e per quella che fu abbruciata da' Francesi a Fontarabia (2), restano infiacchite le forze di Sua Maestà, non avendo più generali di conto, e scarsezza provando di vascelli e di marinari; e sebbene ha sentito la Serenità Vostra l'unione di quella che ha soccorso Tarragona, credo però che si è fatto l' ultimo sforzo con aversi sfornito di galere e vascelli l' Italia, la Fiandra e tutte le coste si può dire di Spagna, essendosi anco prevalso di galeoni venuti dall' Indie, cosa insolita e di gran pregiudizio, non potendo loro ritornar a debito tempo a far quella navigazione. Non sarà così facile il rimettersi, e dato che con danari si possa provveder in Inghilterra e Danimarca di vascelli, marineria che basti non avrà la Spagna per armarli, con ragione non fidandosi li ministri di metter tutti forestieri, specialmente di diverse religioni come l' Inglese e Danese. Morti poi sono li generali di valore, come Oquedo ed alcun

(1) La gloriosa vittoria che Trump riportò alle Dune sulla flotta spagnuola nel 1639.

(2) Nell' anno 1638 l' esercito francese, comandato dal principe di Condé, penetrò nella Spagna, e mise l'assedio a Fontarabia; una flotta spagnuola intraprese di vettovagliare la piazza assediata, ma fu distrutta da Sourdis, arcivescovo di Bordeaux, che comandava la flotta francese. Il vincitore scriveva a Richelieu che diciassette vascelli da guerra erano stati consumati dalle fiamme con tutt'i marinai, e con tre mila uomini di truppe da sbarco. Vedi Sismondi, *Histoire des Français*, t. XXIII, pag. 344.

altro, sì che si trova la monarchia in questo assai sconcertata, e pure il bisogno saria che ora più che mai vi si provvedesse: li Francesi, Portoghesi, ed Olandesi essendo tanto poderosi nell'Oceano e Mediterraneo, sebbene quanto a Francia hanno saputo prevalersi delle proprie forze. Le galere anco sono molto sfornite di ciurma, e questo volerle far travagliare d'inverno le consuma e le perde. Non saria così scarsa la Spagna di vascelli e navi, se vi si avesse il debito riguardo, prima perchè molte se ne possono fabbricare in Biscaglia ed altre parti dove si trovano boschi di legname assai opportuni alla costruzione d'essi, ed in effetto in quelli paesi se ne fabbrica sempre qualche quantità, nondimeno è poco, rispetto a tante armate, che necessariamente conviene tener il re cattolico. Proviene il maggior difetto che non possono li suoi sudditi applicarsi ad aver proprie navi, perchè subito Sua Maestà o per esterni bisogni di guerra, o per altra urgente necessità le prende per sè senza pagarle, ovvero li dà così poco che non torna loro conto di ponersi a questo rischio. Così tutte le navi di traffico sono per lo più inglesi, amburghesi e fiamminghe, le quali essendo forestiere, non può tanto a suo beneplacito servirsene.

Di munizioni da guerra e d'altre cose simili spettanti alla milizia, pure è scarsissima la Spagna, non vi essendo alcun arsenale o luogo proprio, dove si riponghino: con la continuazione della guerra se ne vanno introducendo, le armi in particolare fabbricandosi in Biscaglia, ma con gran lunghezza e difficoltà.

Il governo, come sa la Serenità Vostra, è collocato e distribuito nelli Consigli con buon ordine, quando questi al presente non fossero necessitati a dipender dal privato, poichè essendo le materie trattate e consultate separatamente in Consigli diversi da persone perite e pratiche di qualsivoglia provincia sottoposta alla corona, devono ben anche sapere quanto importi al re la loro opinione; ma sottoposti come sono ad un privato, non possono per lo più soddisfare alla loro coscienza, ma veder di subodorare le intenzioni di chi governa, e secondo quelle, più tosto adulando che consigliando, esporre il loro parere; così il conte fa creder al re che tutto si deliberi per opinione d'altri, e che egli concorra con il solo suo voto nelle risoluzioni, mentre questa non è che una semplice apparenza ed una maschera, con la quale egli copre li propri difetti, e mentre altri è incolpato di sinistri accidenti, a lui solo viene attribuita la gloria de' buoni successi; e guai a quello che si oppone alle sue opinioni, perchè non solo non prevalerà mai col proprio parere appresso Sua Maestà, ma sarà con il tempo rovinato e scacciato. Tali sono le arti e gl'incantesimi che usano li privati con li poveri principi, i quali per lo più o perdono sè stessi, o il principe proprio ed il regno, quando non si governano con moderazione.

La giustizia, fondamento e base d'ogni buono e regolato governo, fermezza e beltà degli edificii pubblici, è stata per lungo tempo sotto li precessori di questa Maestà inviolabilmente conservata, specialmente sotto la felice memoria di Filippo II che fu piuttosto severo che altrimenti. Ora è notabilmente rilassata e corrotta, perchè pubblicamente si dice che li Alcaldi, che sono quelli che giudicano le cause criminali, e sentono e liberano ciascheduno sebbene ha commesso gravissimi delitti con denari; per questo in Madrid si sentono omicidii molto frequenti, portando ognuno quasi liberamente le pistole, arma tanto detestata da tutte le leggi, ma pare che il Signor Iddio abbia fatto grazia a quella nazione di non conservar tanto radicati li odii e li rancori come succede in Italia, dal che nasce questo bene che tra grandi e tra nobili si vedono rare inimicizie, oppure, se vi sono, coll'autorità del re si levano e cessano.

Giunto a questo segno, ed avendo mostrato quali sieno le forze, potenza e governo della Spagna, con le contrarietà che ora patisce, son certo che le Signorie Vostre Ecc. stanno con molta curiosità di sapere qualche particolare maggiore delle provincie di Catalogna e Portogallo oggidì ribellate, onde per soddisfar all'obbligo mio, ed a quello promisi da principio, mi estenderò forse in cosa che non sarà discara di sapere, parlando prima della Catalogna che anco prima si ribellò. Hanno goduto li regni di Spagna per lo spazio di molti anni una serena e lieta pace, tuttochè li Catalani e i Portoghesi sieno stati sempre poco amici per natura delli Castigliani, ed abbino odiato nell'interno ed odiino tuttavia il loro governo. Al presente li Catalani con questo fomite di mala disposizione hanno fatto palese il loro animo, concitati dalli danni commessi dalle regie soldatesche in quella provincia; è però necessario che sappi la Serenità Vostra che tal disordine e manifesta ribellione tiene la sua origine da più alto principio, perchè si legge nell'istorie di Spagna che sempre li re d'Aragona e poi quelli di Castiglia, hanno avuto in abborrimento quelli *fueros* o libertà condizionata di Catalogna; come che a'principi grandi niuna cosa riesce più molesta, che veder a sè stessi ristretto il comando, e non poter assolutamente disponer delli stati e sudditi suoi. Vi si aggiunge che il re presente, e il conte duca quando furono li anni passati a Barcellona, riceverono grandissimi disgusti da quelli popoli, e nel modo del trattamento, e per paròle avute con quelli giurati, onde il conte da quel tempo in qua sempre ha conservato una pessima disposizione verso quella nazione parlando di lei molto malamente. Venuti poi li Francesi sotto Salses li dispiaceri si sono accresciuti per non aver accorso li Catalani con quella prontezza e con il numero che avevano promesso alla difesa ed alla ricuperazione di quella piazza (1). Di qua sono nate molte contestazioni e minaccie di levarli li privilegi, e finalmente col-

(1) I Catalani aveano difeso il Rossiglione contro le armi francesi e si vantavano di non aver risparmiato nè sangue nè oro in servizio della Spagna. Però impadronitisi i Francesi di Salses, il conte di Santa-Coloma vicerè invano si sforzò di riprendere questa fortezza, perchè i Catalani stanchi per la lunga guerra non mostrarono più lo stesso ardore. Invano il re al 14 decembre 1639 promise di dare la nobiltà a chiunque di Barcellona prendesse le armi, e i diritti di cittadinanza a quelli della campagna che combattessero per almeno trenta giorni sotto le mura della piazza assediata. Nessuno si presentò, e il vicerè già pensava di levare l'assedio, quando ricevette dal conte duca e dal re ordini severissimi per obbligare a viva forza i Catalani a prendere le armi, e sostenere tutti uomini e donne le fatiche della guerra. Essi emigrarono invece nei boschi e per le montagne, chiamarono questo esilio volontario *andar en trabajo*, e quivi si divisero in quadriglie e sotto a capi che acquistarono una qualche celebrità fecero la guerra di bande a difesa della libertà della loro patria.

l'uccisione de'soldati castigliani e del proprio vice-re (1) hanno dato in una manifesta ribellione, sottoponendosi al re di Francia che hanno chiamato per loro signore (2). Essi nondimeno si difendono, asserendo esser stati a questo necessitati per aversi voluto dal re cattolico violar li privilegi, che essi ubbidiscono, con la condizione che se li guardino le loro immunità, le quali quando non vengano rispettate, essi possono darsi a chi più loro piace. Che essendo Sua Maestà stata la prima a violarle, ed avendo mandato un esercito per distruggere e soggiogare il loro paese, hanno potuto e dovuto venire a simile risoluzione. Ma giacchè tanto conviene nominar questa provincia di Catalogna essendo al presente il teatro della guerra di Spagna, non sarà forse fuori di proposito che io faccia una breve descrizione del sito, qualità e forze sue, acciò VV. EE. con la somma loro prudenza vedano quanto sia importante quella guerra, e se possa o debba con facilità estinguersi un fuoco acceso, voglio dir la verità, con poca prudenza da chi governa.

È la Catalogna posta negli ultimi termini della Spagna che riguardano all' Oriente; confina per lungo tratto con la Francia, essendo divisa dalla Linguadoca e da parte della Guienna, con li monti Pirenei. È bagnata da un canto dal mar Mediterraneo, dove tiene molti porti e città, fra quali è principalissima Barcellona. È di forma triangolare, con cinque corone di monti e alcuni boschi che la rendono perciò assai forte e difficile ad esser espugnata. Ha gli uomini per natura bellicosi e risoluti, che niente stimano la vita per soddisfare a'propri desideri, e quando fossero ben disciplinati riescirieno molto utili all'occorrenza alli interessi della Francia, essendo stati nei tempi antichi ottimi soldati, con i quali li conti di Barcellona, e poi suc-

(1) La tristissima fine di don Dalmazio de Queralt conte di Santa Coloma e vicerè di Catalogna, è elegantemente e minutamente descritta nell' opera di Melo: *Guerra de Çataluña*, lib. I, cap. 79.

(2) Per istigazione di Richelieu, i Catalani si eressero in repubblica, e si misero sotto la protezione della Francia. Luigi XIII promise di soccorrerli ogni qual volta il re di Castiglia avesse tentato di rimetterli sotto il giogo, e spogliarli dei loro privilegi.

cessivamente li re d'Aragona hanno fatte molte imprese e dilatato il loro dominio; ma di presente non avendo per lungo tempo servito fuori in guerra alla corona, nè essendo stati esercitati nell' ordine militare, non sono così riusciti atti alla resistenza ed alla difesa come alcuno supponeva. È abbondante assai, come ho sopra detto, questa provincia di genti, in comparazione delle altre provincie di Spagna, e pubblicano li Catalani di poter metter insieme molte migliaia di uomini armati, ed esser anco abili di sostenerli per qualche tempo, ma l'esperienza ha fatto conoscer che non hanno mai avuto più di 10 in 12 mille uomini. Tiene la medesima provincia quasi il necessario per il vivere, fuori che il frumento, che vi è portato dalla Linguadoca e da altre provincie della Francia; e per conto delle forze sue quando fossero ben regolate ed ordinate, potria resister lungamente alla guerra che vi fa il re di Spagna, avendo altre volte costretto li re d'Aragona a governarsi a modo suo, riuscendo difficile l'espugnazione per li siti aspri e passi stretti fra quelli monti, dove con poca gente si può resister a molta e distrugger li eserciti intieri con l' arte e con l' industria. Tengono per ciò alcuni che possa esser questa un' altra guerra di Olanda, quando il re di Francia vada almeno somministrando mediocri aiuti. Ora sono stati fortificati da'Francesi e Catalani alcuni luoghi e città, in particolar Lerida al confine del regno d'Aragona, la qual s'asserisce da molti che è fatta una fortezza reale, atta a consumarvi sotto un esercito. Hanno anco li medesimi Francesi fabbricato un gran forte, che domina la città di Barcellona, il qual serve di cittadella facile ad esser soccorsa per la via di mare, chiamato Mont-Jouy, sì che se anco li Castigliani con questo soccorso dato a Tarragona potranno invigorirsi e per passar avanti verso Barcellona, troveranno grandi difficoltà, non provate per innanzi quando furono l'anno passato per acquistarla. Nè per mio reverente sentimento faranno progresso di conseguenza se non è che li Catalani, come sono per natura li popoli mutabili ed incostanti, si saziino delli Francesi e del governo loro: parendo che questa nazione non sappi lungamente tener fermo il piede nelli nuovi acquisti, ma sia per negligenza, o perchè comanda con troppa alterezza ed avarizia, disgusta le nazioni che le sono rese obbedienti, la Catalogna sopra tutte le altre sendo tumultuosa e facile a rivoltarsi.

Per altro trovandosi la Francia tanto contigua e vicina, e potendo d'ora in ora, si può dire, sia per terra, sia per mare, inviar aiuti considerabili, non so come questa guerra di Catalogna, con le diversioni tanto potenti in ogni parte che ha il re cattolico, possi facilmente terminare, se non è che la Francia abbandoni totalmente questo suo gravissimo interesse, o si trovi qualche temperamento in una trattazione di pace; ma perchè ho di sopra detto alla Serenità Vostra, che la continuazione della guerra in Ispagna, potrebbe apportar nuove alterazioni, continuando questa parte della sollevazione di Catalogna, è necessario che le consideri quello che può avvenire da quella banda, innanzi che passi a raccontar le novità di Portogallo, perchè sebbene ho toccato molte cose nelle mie lettere, specialmente in quelle che scrissi per viaggio in Saragozza (1), sarà ben fatto che Vostre Eccellenze intendano un poco più distintamente il tutto.

Li regni d'Aragona, Valenza e Navarra godono in Spagna quasi somiglianti privilegi che la Catalogna, e perciò si rallegrano che li Catalani non sieno vinti e superati, dubitando che la loro oppressione sia la vigilia della loro. Gli Aragonesi sopra gli altri se ne sono molto ingelositi, e tengono per fermo che il conte duca li odii mortalmente, onde altrettanto sdegno hanno concepito contro di lui, nè si può abbastanza esprimere li concetti pungentissimi che proferiscono contro la sua persona. Questo loro sospetto non è forse vano, perchè è certissimo che il conte ha avuto per massima di render egualmente soggetti alle contribuzioni ed alle gravezze tutti li regni di Spagna, come di presente si ritrova la Castiglia, dicendo che il corpo della monarchia essendo offeso devono le parti soffrire propor-

(1) Tutt' i dispacci originali di Alvise Contarini si conservano nel veneto Archivio generale dei Frari, *Senato* III *Secreta*.

zionatamente li aggravii, e non che la sola Castiglia supplisca al bisogno dell'altre provincie della medesima Spagna. Se ne ha veduto qualche principio, perchè quando il marchese de los Velles, destinato generale dell'esercito contro Catalogna, entrò in Saragozza, fece metter l'artiglieria sopra certo forte vicino alla città girandola verso di essa, il che accrebbe notabilmeute il disgusto e la gelosia degli Aragonesi. Questi dunque mossi da tali sospetti hanno promosso segrete corrispondenze con la Catalogna, Valenza e Navarra. Si sono armati con titolo di propria difesa, ma con forma tale, che non dipendono dal re, ma dal solo regno. Sua Maestà vorria che queste genti unite con le sue entrassero in Catalogna, essi non acconsentono; pretende di formar esercito che entri da quelli confini nella Catalogna, loro mal volentieri vi aderiscono; ed in somma si vanno accendendo gli animi talmente da una parte e dall'altra, che mi disse soggetto grande molto pratico delli negozii di quel regno in Saragozza, che teneva per fermo di veder ben presto la rivoluzione del medesimo regno d'Aragona. Può però essere che questo soccorso dato a Tarragona abbia mitigato, e sia per mitigare li animi pronti alle novità, come succede ordinariamente fra la moltitudine che riguarda li eventi delle cose, e si regola più con la varietà delli accidenti, che con la ragione. La contea di Rossiglione, e Perpignano medesimo, chiave della Spagna, è in molto pericolo, se non viene per via di mare prontamente soccorsa, perchè tenendo da una parte la Francia e dall'altra la Catalogna nemica, resta come del tutto assediata, si che con poche genti possono li Francesi farne l'acquisto; cosa che se succederà, verrà talmente ad esser congiunta la Francia con la stessa Catalogna, che malagevole non solo sarà a ricuperarla, ma d'impedire ancora, che li Francesi non penetrino nelle viscere di quelli regni, per la strada molto aperta che avranno di passar in quelle parti.

Fino a qui parmi aver abbastanza detto per quello che spetta alla Catalogna e paesi vicini. Vengo al presente alla ribellione del regno di Portogallo, novità molto curiosa ne' tempi nostri, e forse non più sentita con tali circostanze nelli passati.

Ma prima di proceder a questo siami lecito di toccar alcuna cosa dello stato e potenza di questo regno. Fra le più celebri provincie e regni della Spagna tiene questo gran fama e nome, testimonio ne sia, che tra quelli che conservano titolo più durabile sino a' giorni presenti sono quelli tre che compresero la stessa Spagna divisa da alcuni in Castiglia, Aragona e Portogallo, chiamato con altro nome Lusitania. Dividesi questa corona in quattro parti principali o provincie, non annoverando il regno dell' Algarve che oggi anco appartiene ed è soggetto al distretto di Portogallo. Lascio da parte le isole adiacenti della costa d'Africa e dell'Indie che sono tributarie a questa medesima corona, delle quali ragionerò più abbasso. Tiene tutto questo regno 18 città, fra le quali è Lisbona porto di mare ed emporio de' più celebri d'Europa. La nobiltà è delle più cospicue che si trovi: tiene molti titoli di conti, marchesi e duchi, persone per il più di grande entrate, e signori di grandi vassalli. Da sè riesce la gente vana, gloriosa, altiera, bellicosa, ed emula di ogni altra nazione, inimica sopra tutto naturalmente de' Castigliani, e però avida del guadagno, è facile ad esser corrotta. Oggi si ritrova il medesimo regno con molte armi difensive ed offensive fabbricate nel suo dominio, e portatevi da paesi esteri. Ha 4 gran vascelli costrutti per la navigazione delle Indie, che portano 60 pezzi d'artiglieria per uno, galee ed altre navi, che fanno conto ascendano in tutto a 40, delle quali a mio tempo erano armate 16. Gran numero di genti descritte per portar l'armi e che stanno con desiderio di cimentarsi con li Castigliani. Fortezze all'uso moderno, fuori che alcuni castelli vicino a Lisbona, non ha cosa di considerazione, ma ne ha molte che si possono con tempo migliorare, e rendere molto valide alla resistenza, e nelle quali s'era dato principio dal nuovo re a travagliare.

Avendo narrato alla Serenità Vostra le cause e li motivi della ribellione di Catalogna, è necessario che seguendo l'istesso ordine eseguisca il medesimo di quella di Portogallo. Furono quelli popoli tanto amatori sempre dei loro principi e tanto reciprocamente corrisposti per ordinario da loro, che più li governavano come padri li figli, che come re li vassalli, parlando e trattando famigliarmente con essi; con questa armonia e consonanza dell'una e dell'altra parte, cessavano le doglianze pubbliche, rimediandosi con la presenza quello che non si può fare con la lontananza. Perderono al tempo di Filippo II, come è noto, l'imperio, e quasi subito provarono li disfavori di principe straniero, lamentandosi gravemente, poco avanti dell' ultima sollevazione, dell' estraordinarie gravissime imposizioni, della rottura dei loro privilegi, e finalmente d' esser passati da sudditi a schiavi. Asseriscono d'aver molte volte avvertito il cattolico di quanto avveniva, manifestando la verità con capitoli firmati e sottoscritti, infelici sempre nelle orecchie d'un re, quando le serra l'adulazione e l'inganno (1). Sopra tutto si disgustarono sommamente con la missione a quel governo dell' infanta Margherita, che trattò male da principio la nobiltà, ed ultimamente per l' autorità dispotica e quasi assoluta che aveva il secretario nominato Vasconcello restato morto, e tagliato a pezzi nella sollevazione del medesimo regno. Non lasciavano anche a Madrid quei ministri di far degli errori, perchè l' anno 1638 furono chiamati li prelati e grandi signori del Portogallo, e quando prometteva Sua Maestà mercedi e favori, li tenne molti mesi alla corte senza comunicar l' intento pel quale erano stati chiamati. Alfine in un giorno ed in un'ora li posero come se fossero stati rei alli piedi delli ministri castigliani, esaminandoli di colpe altrui, ed il conte duca infamò tutta la nobiltà di quel regno come autrice della sollevazione che l' anno precedente del 1637 seguì. Questa azione offese egualmente tutti li Portoghesi, e perchè si parlò liberamente alla corte di voler che fosse il regno di Portogallo trattato nella medesima maniera che Castiglia, nè fosse più governato dalli stessi Portoghesi; vien tenuto per fermo che si cominciò fin d'allora a trattar severamente fra quei signori di rimediar a tanti mali che loro so-

(1) Vedi la risoluzione presa dall'Assemblea degli Stati del Portogallo il 23 marzo 1641. Manoscritto francese nella Biblioteca imperiale a Parigi. Collezione Dupuy n. 868.

vrastano, non sentendosi altro in bocca del conte duca e delli suoi confidenti se non che li Portoghesi erano traditori. Per questi sospetti chiamò Sua Maestà con lettere molto affettuose tutta la nobiltà, perchè l'accompagnasse nella giornata che pubblicò di fare con grandi eserciti contro il principato di Catalogna, la quale per la maggior parte si tenne alle case sue, nè volse ubbidire, ma quello che ha fatto stupire ognuno, si levarono per ordine di Sua Maestà quasi tutti li presidii de' soldati castigliani dalle fortezze di Portogallo, per impiegarli nell'esercito contro Catalogna, tanto era il desiderio del conte duca d'opprimerla e di soggettarla, non avvedendosi che lasciava sfornito un regno molto discontento, e che altra occasione non desiderava che questa di liberarsi dal giogo della servitù. Tiene finalmente la pazienza degli uomini li suoi termini, e se si offende si converte in furore, cambiandosi la dissimulazione nell'impeto, e la obbedienza in disperazione. Confidò anche il conte duca più del dovere nel duca di Braganza, che pure per le sue vecchie pretensioni a quella corona, e per esser stato ammonito da altri di non lasciarlo così vicino a Portogallo, se ben chiamato alla corte si lasciò persuadere che la sua presenza non potesse essere dannosa, anzi perchè il duca gli dimandò denari per far levate per conto di Sua Maestà, glieli mandò, e voleva farlo capitano generale del regno; in che il duca procedè con molta astuzia ed ingegno dando ad intendere che egli teneva le parti di Sua Maestà, e fece tanto che insinuò al conte, che particolarmente fossero astretti di venir alla corte alcuni de' nobili, che a lui erano contrarii e nemici. Veduto da'Portoghesi il tempo propizio di effettuare quello che bramavano, pochi di loro, e non più di 60, tutti però gentiluominj, andarono a ritrovar il duca di Braganza che dimorava nelli suoi stati, e l'invitarono a prender la corona. Egli con modesta renitenza procurò d'escusarsene, ma forse con artificio, credendosi da ognuno che di lunga mano sapeva questo negozio; ben è vero che tutti stimano che li Portoghesi determinati a questo, più presto l'effettuassero stante le premure del cattolico in voler che tutta la nobiltà l'obbedisse con il venir a servirlo nella giornata pubblicata di Catalogna; ciò fu in tanto grado che il conte fece rigorosamente scrivere che sarebbero reputati traditori se non venivano a servire Sua Maestà, anzi si è saputo dopo nelle scritture ritrovate al secretario Vasconcello che teneva ordine di assicurarsi d'alcuni principali, accusati d'inobbedienza. Fu cosa meravigliosa, e non più letta per avventura, nè udita nell'istorie, che dopo accettata la medesima corona di Portogallo dal duca di Braganza in poco più di dieci giorni senza esercito, senz' armi e con la morte di un solo, si sia sollevato tutto un regno, e passato dalle mani e obbedienza del cattolico a quelle dell' istesso duca di Braganza, senza pure che vi abbia mancato un palmo di terra: tanto può nell'animo di un popolo adirato ed offeso il desiderio della vendetta e della novità; dal che cavar devono i principi savii di non inasprir mai i loro sudditi, nè portarli all' ultima disperazione, perchè se non trovano chi amministri giustizia, se la fanno da loro medesimi con total danno e rovina di chi governa.

Ora, Eccellentissimi Signori, che sono in questa materia della sollevazione di Portogallo, tanto importante e tanto rimarcabile agli occhi di tutta la cristianità, prima che descriva la natura e qualità del re cattolico non dovrà parer strano che dica quella del duca di Braganza, al presente nuovo re di Portogallo, e che insieme riverentemente consideri, se egli possa esser valevole con le forze proprie e con quelle degli amici a sostenersi, perchè di Sua Maestà cattolica, Vostra Serenità ha sentito le relazioni d'altri, e sarebbe un pervertir l'ordine delle cose, non continuar il filo della materia di che si tratta. È questo principe di Portogallo d'anni 37, tiene tre figliuoli, due maschi ed una femmina, la quale come sanno le Eccellenze Vostre è capace di ereditare la corona, succedendo in Spagna in mancanza delli maschi le istesse femmine. Il principe che è il maggiore avrà adesso dagli 11 ai 12 anni. Ha il re di Portogallo gran robustezza di corpo, ed è molto abile alle fatiche. Tiene la stessa famigliarità e modo di trattare e conversare come li antichi re di quel paese. Ha fama di valoroso, di amatore della giustizia e d'esser liberale. Nelle cose politiche non è stimato per fino, perchè non le ha praticate, mantiene assai buoni consiglieri e delle prime teste di quel regno.

La moglie che è sorella del duca di Medina Sidonia, uno delli primi signori della Spagna, è apparentata con li primi e più grandi di Castiglia; è donna di gran spirito e di gran animo, volendosi che ella sia stata uno dei principali stromenti per far risolvere il marito ad accettare la corona. Dicono li Portoghesi che per li tanti titoli e ragioni che tiene il duca di Braganza li è stata più restituita, che data. Le sue pretensioni vengono da Caterina che fu moglie di Giovanni duca di Braganza suo padre, sorella di Maria che fu maritata in Alessandro Farnese duca di Parma, ambedue figlie di Edoardo principe di Portogallo, il quale è certissimo che se fosse sopravvissuto ad Arrigo cardinale succedeva immediatamente alla corona. Egli dunque pretende di rappresentare la madre, la quale sebbene era inferiore di età alla maritata col Farnese, portano li Portoghesi per lui, che vi sia una legge nel regno, che quando viene il caso resti estinta la linea reale, succeda prima ed erediti la corona il parente che è nello stato, avanti del forestiero, e che perciò essendo morta Maria Farnese prima d'esser capace di aver la corona, non possano li duchi di Parma suoi successori, come forestieri preceder alli regnicoli (1). Tutte però queste cose vagliono più a destare li belli ingegni a scriver per una parte e per l'altra che a convalidar grandemente le ragioni de' pretendenti, poco osservandosi fra principi le regole ordinarie della giustizia, ma procedendosi quando si può con la forza, che per ciò fu detto da un ministro a Filippo secondo, quando egli si mosse ad occupar il Portogallo, che la maggior ragione che teneva sopra d'esso, era l'esercito che aveva in piedi. Castiga alcuna volta il Signore Iddio li principi che camminano per queste vie, e li fa perdere in breve spazio di tempo quello che con molta fatica e con molto oro hanno usurpato. Se

(1) Vedi la Genealogia dei re di Portogallo, colla serie dei pretendenti, spedita al Senato veneto da Alvise Contarini con dispaccio 26 ottobre 1640 di Madrid, e pubblicata in fine della presente Relazione.

poi possa il duca di Braganza nuovo re di Portogallo sostenersi, questa è cosa di difficile speculazione, dipendendo dalli successi della guerra, che come sanno le Eccellenze Vostre sono tanto incerti e dubbiosi; ma se è lecito agli uomini parlare delle cose future veramente stimo che il re cattolico avrà grande difficoltà a ricuperarlo. Prima il popolo con li ecclesiastici si dimostra unitissimo e risolutissimo a mantener la deliberazione fatta, per l'odio implacabile contro li Castigliani; secondariamente si è dato troppo tempo alli Portoghesi di provvedersi e munirsi, essendo già passato un anno che seguì la rivolta di quel regno; che se da principio Sua Maestà cattolica si moveva verso quelli confini, è certissimo che la metà del medesimo regno saria ora in suo potere per il grande rispetto che da molti li veniva portato, e per esser allora l'istesso regno affatto sprovveduto delle cose necessarie alla difesa. Li aiuti ancora che di Francia e di Olanda ha ricevuti sono di considerazione con quelli che può attendere, tenendo principalmente bisogno di capi da guerra ed ingegneri de' quali si sa certamente ne sono capitati. Dall'altro canto il re di Spagna per le molteplici diversioni che ha in Fiandra, Italia, Germania e nella Spagna medesima dalla parte di Catalogna, non può attender validamente a tante cose. Saria necessario che egli avesse un buon nervo di milizia veterana per aggredire quello stato, come fece Filippo II, che raccolse con tempo e con prevenzione li migliori soldati e capitani che ebbe in Europa, sotto un gran capitano come fu il duca d'Alba, ma di presente tutta la milizia vecchia in Ispagna è dalla parte di Catalogna, nè il conte di Monterey, destinato al mio tempo generale a quei confini, ha mai veduto, nè sa cosa è guerra. Vero è che vien stimato uomo di giudizio, e come scrissi andava disseminando zizzanie e sollevazioni in Portogallo, e per tal causa hanno le Eccellenze Vostre sentito li rumori seguiti in Lisbona. Questo cred'io che sia il maggior pericolo del duca di Braganza come sarà sempre di tutti quelli che avranno brighe e confini con la Spagna, essendo questa nazione maestra delle insidie e delle doppiezze, e se bene si considera, più con queste arti che con la forza ha dilatato il suo dominio. Il pericolo si fa tanto maggiore in Portogallo, quanto che quelli popoli e la nobiltà in particolare, è molto interessata e dedita al denaro, ed è certo che Filippo II lo guadagnò buona parte con questo mezzo, e scacciò don Antonio da quella provincia. Unite al regno di Portogallo v'anno le Isole e luoghi dell'India orientale; il Brasile nelle occidentali; le Terceire ed alcuna fortezza d'Africa. Se è vero che tutta la parte del Brasile che possedeva il re cattolico sia per il re nuovo di Portogallo, di che non era venuta ancora al mio partire la confirmazione, e che li Olandesi si sieno concertati ed uniti con li Portoghesi a danno de' Castigliani, con dividere fra di loro li acquisti che faranno nell' Indie, questo sarà un grandissimo negozio, ed un pericoloso affare per il re cattolico: perchè facilmente passeranno li stessi Olandesi e Portoghesi verso il Perù ed il Messico, non tenendo Sua Maestà fortezze nè presidii di considerazione in quella parte, onde agevole sarà il penetrar avanti e sconcertar tutta la monarchia. Si può anco stimare che le isole delle Indie orientali faranno il medesimo assoggettandosi al re di Portogallo per esser queste governate da Portoghesi, se ben per mio reverente senso non può servir il tempo che sia venuto l' avviso in Spagna, volendo e ricercando 8 mesi di navigazione l'andata e altrettanti il ritorno d' un vascello da quelli paesi. Quanto alle Terceire e fortezze d'Africa, le isole medesime Terceire, benchè per il sito considerabile sieno di qualche stima, per le flotte che fanno capo ed arrivano a quelle spiagge per provvedersi delli loro bisogni, non aggiungono gran forza ad uno che le posseda, ma ben piuttosto travaglio e spesa per le guarnigioni che devono esser mantenute. Tutte le medesime isole fuori che una, che si chiama Tercera, s' erano rivoltate per il re di Portogallo. L'importanza sta che si renda la Tercera medesima nella quale vi è una buona fortezza perchè sostentandosi questa per il cattolico facilmente con una armata si recuperarieno le altre isole. Delle fortezze d' Africa appartenenti al Portogallo, due sole s' erano rese a Braganza, la principale nominata Tangeri è stata ferma in fede per il re di Spagna, essendosi ritirati li Mori che l'assediavano. Vogliono alcuni che se questo medesimo nuovo re di Portogallo potrà tirar a se ed unire alla sua corona quello che appartiene a lei tanto nell' Indie occidentali, quanto nelle orientali, possa bravamente difendersi e sostenersi contro ogni sforzo di Sua Maestà Cattolica, ma che se all' incontro gli mancheranno questi stati e paesi, malagevole riuscirà la difesa, perchè il denaro e le rendite tutte del pubblico e delli particolari consistono per il più in queste due navigazioni dell' Indie, le quali troncate ed impedite, resterebbe il regno pieno di povertà e di miseria. Con tutto ciò si è veduto anticamente, prima che li re di Portogallo possedessero quelli paesi, che non solamente ardivano d' opponersi a quelli di Castiglia, ma che di subi, molte volte sono entrati in Castiglia medesima e vi hanno fatti notabilissimi danni; è però anche vero che la gente portoghese di quel tempo si trovava più disciplinata ed agguerrita di ciò che sia al presente, tanti anni avendo goduto lunga ed interna pace.

Siccome ho considerato alla Serenità Vostra li pregiudizii che possono arrivare alla Spagna con la continuazione della guerra in Catalogna, così sono ora per dirle quelli che possono accadere dalla parte di Portogallo, per mio umilissimo senso non meno considerabili ed importanti. Confinante alla parte medesima di Portogallo verso la tramontana è la Galicia, regno che sebbene povero, è nondimeno rimarchevole per il sito suo, e perchè li abitanti tengono gran conformità e parentela con li Portoghesi. Sono ancora essi assai discontenti del presente governo, aggravandosi delle continue molestie che lor vengono date dai ministri, e che forze marittime deliberate e concesse a difesa delle proprie spiagge sieno mandate di qua e di là, secondo l' appetito e l' interesse di chi comanda, restando esposto il proprio paese all' incursione dei corsari, e di altri nemici della corona; per questo il nuovo re aspira a far qualche progresso in quelle parti, riuscendo anche considerabilissimo che molti dei signori grandi che possedono stati confinanti al Portogallo desiderano che si conservi quella ribellione, e per esser disgustati, e perchè in simil modo il re cattolico fa più conto di loro. La provincia dell'Andalusia confinante con una parte dell' istesso regno di Portogallo, è pur medesimamente malcontenta per le straordinarie violenze che si usano dai regii ministri in Siviglia, nel cavar gente e denaro, e sono passate le doglianze a tal segno che riuscivano quasi in proteste di sollevarsi: hanno perciò convenuto li medesimi ministri andare con la mano un poco dolce per vedere di non mettere tante legne al fuoco e correr pericolo che tutta la Spagna in un subito si sollevasse, ragionandosi a Madrid medesimo con tanta libertà da ogni condizione di persone, che veramente faceva stupire chi conosceva la qualità di quella corte, non solita a sopportare senza punizione simili discorsi; tuttavolta è fissa in palliare e nascondere li proprii difetti e mali successi, sempre esaltando e magnificando la sua potenza. Il duca di Medina Sidonia cognato del nuovo re di Portogallo, essendo, come ho sopra espresso, fratello della regina, sospettandosi di lui, fu a mio tempo chiamato alla corte, ma egli seppe con le scuse ed offerte talmente governarsi, che essendo gran signore, potente in stati e parentele non si osò con lui per allora usar la violenza, anzi gli fu dato comando di genti per ricuperare l' Algarve. Ora poi ch'è stato fatto venir a Madrid ed assignatigli giudici, come scrive l'Eccellentissimo Sagredo (1), la potrebbe passar male: li semplici sospetti ne' principi grandi essendo solito ad esser castigati, come se fossero grandissime offese, dove massime si tratta di materie di stato, che sono tanto gelose, ne' quali la sospicione diventa certezza.

Bastantemente parmi aver raccontato alla Serenità Vostra quello che occorre spettante alla Catalogna ed al Portogallo, in che ho stimato bene un poco dilatarmi, perchè sono cose degne di gran riflesso, potendo assicurar le Eccellenze Vostre che più premono alli ministri del re Cattolico ed a Sua Maestà medesima che tutte le altre guerre d'Italia, di Fiandra e di Germania, e che se potessero abbandonare senza discapiti questi interessi lo farieno volentieri per attendere agl' interni, ma non vi sanno trovare la via, parendo loro gran cosa che la Spagna

(1) Successore del Contarini.

ch'era solita dar la legge agli altri, e che si figuravano e speravano fosse un giorno per esser padrona del mondo, si veda oggidì a così stretti termini che li propri sudditi sieno quelli che le apportino maggior danno e molestia degli altri (1).

Fornito di ragionare delle forze, governo, disordini e ribellioni che sono nella monarchia di Spagna, devo ora descrivere le persone reali e del privato, acciò dalla natura e qualità loro Vostra Serenità argomenti il rimanente.

Filippo IV, re cattolico che oggi governa, è assai di bell'aspetto, grave, puntuale, atto a tutti gli esercizii di cavaliero, maneggiando principalmente benissimo il cavallo, d'età d'anni 36 ed in somma nelle apparenze esteriori mostra di essere un ottimo principe, affermando anche alcuni che l'hanno famigliarmente conversato, che sia di buon giudizio e di più che ordinaria capacità. Ma il vedere che si lascia dominare totalmente da un privato, che per tante scosse e pericoli manifesti, vicini della sua monarchia e seguiti nella Spagna medesima, si può dire alla sua faccia, non abbia mai lasciato risolvere di partirsi da Madrid, e d'operare con la sua propria persona quello che si conviene ad un gran principe, fa stupire ognuno, nè altro giudizio si è saputo formarne se non, o che egli sia affatto lontano dalle fatiche e travagli onde per sollevarsi voglia lasciare il peso del governo al conte duca, ovvero che vi sia qualche ostacolo segreto che non si può penetrare il quale impedisca la sua libertà nell'operare.

(1) La penisola iberica avrebbe trovato un immenso avvantaggio nel mantenersi costituita ad unità, perchè separato il Portogallo dalla Spagna, questa rimaneva esposta ad ogni aggressione nemica: di fatti per il Portogallo e l'Algarve un esercito francese poteva penetrare facilmente nella Castiglia, senza grandi ostacoli da superare, come ne avrebbe trovati dalla parte di Navarra e Guipuscoa per le montagne, e da quella dei Paesi Bassi e del Milanese per le piazze forti. Laonde Filippo II dichiarava nel suo testamento: *Quiero y es mi voluntad que los dichos reynos de la corona de Portugal ayan siempre de andar y anden juntos y unidos con los reynes de la corona de Castilla, sin que jamas se pueden dividir ni apartar los unos de los otros por ninguna cosa che sea, por ser esto lo que mas conviene par la seguridad, augmento y buen govierno de los unos y de los otres, y para poder mejor ensanchar nuestra santa Fe Catholica y accudir a la defensa de la Iglesia.* Vedi Weiss *L'Espagne* tom. I, p. 377.

Quello che si sia la verità è che il re non fa nè più nè meno di quello vuol il conte, il quale ha guadagnato tanto predominio sopra di lui che li ordina fino li vestiti a suo modo e li fa tagliare alla sua presenza. Mostra Sua Maestà di essere curioso e di desiderare di sapere le novità del mondo, ma se alcuno dei cortigiani dice cosa che non aggradisca al conte viene immediate allontanato e rovinato, riuscendo appunto rimarcabile che anche quelli che hanno riferto al re quel più ch'egli desiderava di sapere, e che molto importava al suo governo, per esser particolari che non gustava al conte che sapesse, sono stati poco dopo mortificati e castigati: e io potrei addurre alla Serenità Vostra molti esempi; ma per attendere alla brevità, li lascio. Basta che per questo capo il re viene ad esser poco accetto alli suoi sudditi, come d'ordinario avviene a chi si lascia governare dalli privati, parendomi molto a proposito il detto di un re di Portogallo, che non merita nome di principe chi lascia governare li suoi stati d'altra mano che dalla sua.

Non gode Sua Maestà così perfetta salute, quanto comporterebbe la sua età, di quando in quando, l'estate in particolare, essendo sottoposto alle febbri terzane e ad una grave malinconia che a mio tempo la travagliò lungamente. Mangia d'ordinario molto, come fanno tutti li principi di Casa d'Austria, ed è assai decaduto da quel buon colore e presenza che teneva nei suoi più giovanili anni.

La regina è principessa d'amabilissimi costumi, d'ingegno e di capacità, ma per essere sorella del re di Francia non tiene autorità alcuna, e se bene in apparenza il re l'onora e mostra di farne stima, con tutto ciò intrinsecamente non l'ama punto; molte delle grazie che dimanda non potendo conseguire se ne è astenuta Sua Maestà di dire qualche concetto alla sua presenza e d'altri, lo che dichiara la poca soddisfazione che tiene di lei. La contessa d'Olivarez comanda nel palazzo e nell'appartamento della regina tenendo titolo di cameriera maggiore, come patrona, ed in questo è necessario che la stessa regina vi si accomodi, con quel disgusto che Vostre Eccellenze si possono immaginare, perchè non ha libertà di parlare con chi che sia senza saputa della medesima contessa. Tiene per essere francese la regina molto affetto alla sua nazione, risentendo, benchè procuri di simularlo, qual si voglia mal incontro che le succede. Riesce però in questo prudentissima, chè non si è mai scoperto non solo che tenga corrispondenza, ma che nè anco abbi tentato d'averla contraria agli interessi di suo marito, anzi spende sempre concetti di pace, di amicizia e di buona intelligenza che vorrebbe passasse fra le corone, parlando di matrimonj e di dar l'infantina sua figliuola al delfino di Francia. Si dubita da'medici, che per certa indisposizione sopraggiuntale non partorisca più figliuoli, con gran risentimento del re che bramerebbe veder maggiormente confirmata la sua posterità, non avendo che due figliuoli, un maschio ed una femina.

La morte dell'infante cardinale giovane di 32 anni mi leva l'occasione di descrivere le qualità sue, sebben oltre quelle sapute dalle Eccellenze Vostre dalla relazione d'altri, poco potrei aggiungerle, non avendolo io veduto per esser stato sempre in Fiandra; e devo ben considerarle, che questa perdita sarà non picciola per li Spagnuoli, e forse origine di gravi conseguenze nel Paese Basso, essendo certissimo ch'egli era molto amato da quelli popoli, e che con la sua presenza si sono divertiti molti disgusti, e forse anco delle sollevazioni, godendo loro molto di vedere la faccia del proprio principe al quale portavano grandissimo ossequio e riverenza, oltre che con scriver egli frequentemente a Sua Maestà il bisogno di quelli paesi, e passando fra li fratelli grandissimo amore, li ministri in Madrid, ed il conte duca in particolare per contentar Sua Maestà erano astretti a provveder a molte cose di denaro in particolare che andava l'infante cardinale, sollecitando: cosa che per avventura non accaderà quando passino quelli negozi per mano d'altri; ma siccome riuscirà sensibilissimo questo colpo al re medesimo, così è da credere che il conte, piuttosto ne goderà che altrimenti, reputando l'istesso cardinale suo nemico, che per ciò non mancava di discreditarlo quanto poteva appo la Maestà Sua, mostrando che tutti li sinistri accidenti che arrivavano in Fiandra succedevano più per colpa sua che per mancamento di ordini che se li dettavano da Madrid, in maniera che non lasciava di far contrappunto a tutte le operazioni di lui.

Il principe Baldassar Carlo, che così si chiama il figlio unico di Sua Maestà, e che sarà erede di tutta la monarchia, è di età di 13 anni, mostra bella indole, riesce di grazioso aspetto, e vogliono che sia molto capace nelli studj, intendendo molte lingue e parlandole ancora; ma potrebbe aver migliore educazione, che è il fondamento e la base del tutto, massime nei principi che hanno a governare li regni; stà sempre fra le dame di palazzo, non conversa coi cavalieri della sua età, ed è tanto ristretto ed obbediente alla contessa d'Olivarez, che ne ha il governo, che non può far un passo senza sua licenza. Nella età ch'egli si ritrova, tutti li principi precessori di Spagna solevano tener famiglia e corte a parte, ma il conte duca, geloso della privanza e dell'affetto tenerissimo che gli porta il re suo padre, va portando avanti dubitando che alcuno non dica al principe cose, che poi riferte da lui a Sua Maestà possano discreditarlo, anzi per avanzarsi nella grazia appresso del principe va ogni sera a visitarlo nelle sue stanze, usando tutta la diligenza per cattivarselo e renderselo benevolo.

Dell'infantina figlia della Maestà Sua, benchè mancando il il principe possa e debba succedere nel regno di Spagna, non saprei che dire alla Serenità Vostra, essendo di tanto tenera età, ed avendo solo 3 anni; anche di lei non si può formare alcun giudizio, massime che il re ha avuto poca fortuna nell'allevare figliuole molte essendone morte avanti di questa.

La persona del conte d'Olivarez, che gira e muove tutta questa gran macchina, si può con verità dire, a suo beneplacito, per la somma autorità conferitagli dalla Maestà Sua, tuttochè vogli mostrar di non averla, è uomo molto capace ed astuto, non veramente stimato, molto prudente ed avveduto, come li effetti ed operazioni sue lo dimostrano. È ministro disinteressato, assiduo alle fatiche, attendendo alle consulte ed alle provisioni giorno e notte; ostenta quanto può di essere tenuto religioso e pio, amator della giustizia e dell'onesto, riesce non di meno alle volte collerico ed impetuoso fuori di misura, tenace nelle sue opinioni e consigli, non ammettendo facilmente quelle degli altri, più volte non volendoli nè anco ascoltare. Affetta di mostrarsi povero e bisognoso, non ricco e potente, per fuggire l'invidia. Con li ambasciatori tratta variamente secondo gli dà il capriccio, per il più facilmente con dolcezza, ma alle volte si esprime con troppa libertà e calore; sicchè, se non si osserva di parlare con gran riguardo e prudenza, non mira di dire quello che non converiria strapazzando li principi e li medesimi ministri. Può aver 56 anni in circa, è robusto di complessione benchè ripieno e tardo al moto, si governa esattamente nel vivere, ed è soggetto che sebben per li accidenti contrarj si risente e mostra mestizia, con tutto ciò presto prende cuore e si rinvigorisce pensando a nuove macchine e disegni.

Ama le novità, ed è facile ad abbracciarle, è ansioso molto di gloria e d'estender se potesse lo imperio. Nemico atrocissimo dei Francesi, ed in somma atto a sconvolger il mondo: come pur troppo l'ha fatto intraprendendo la guerra di Mantova, contro il parere di quasi tutti li ministri di Spagna, origine d'infiniti mali alla cristianità e delle presenti gravi turbolenze che si veggono in Europa.

Mostra di essersene pentito e cerca di giustificarsene, ma si sa che disse nel Consiglio che pigliava sopra di lui l'esito di questa guerra. Quali massime oggidì abbi il medesimo conte, se dirette alla pace o alla guerra, benchè sia sempre difficile penetrare l'interno degli uomini, tuttavia debbo riverentemente dire alla Serenità Vostra, che sì come al principio che arrivai a quella corte lo ritrovai tutto fastoso ed altiero, e quasi non voleva, se li parlasse di pace con li Francesi, pretendendo si umiliassero, avendomi detto il concetto che scrissi alle Eccellenze Vostre: che aveano loro ben saputo mandare uno araldo al signor cardinale a denunciargli la guerra, ma che non trovavano la via di spedire un ambasciatore al re per dimandare la pace, e che anco dopo molto più si fosse innalzato per li prosperi successi in Italia, così di presente reputo certamente, come di sopra ho riverentemente accennato, che gli premono tanto le cose di Spagna, che se sapesse il modo di poter aggiustare le brighe che tiene la corona in altre parti lo farebbe al sicuro; ma sempre che li Francesi vogliano comprender nella tregua generale e nella pace la Catalogna e Portogallo, che li riesce cosa durissima ed insopportabile: la ragione è in pronto, perchè con una tregua di dieci anni e più chiaramente con una pace quando si voglia dai medesimi Francesi che stiano queste due provincie nel stato che ora si ritrovano, veniria sicuramente il re cattolico a perderle, dove che ora con la guerra spera se non in tutto in parte ricuperare, onde se l'esperimento non li fa conoscere in contrario sarà impossibile rimuoverlo da questa opinione: troppo fermo il conte nei suoi concetti, e la nazione spagnuola non solita a cedere se non per estrema necessità; e benchè non sia del tutto ignaro delli pericoli che soprastano alla Spagna, continuando la guerra, egli è di tal natura che non fa quel caso di simili cose, che doveria, ma bene spesso si dà ad intendere che tutto debba riuscir bene come d'ordinario avviene a tutti gli uomini che facilmente si persuadono quello che ardentemente desiderano.

La pace generale ha poi quelli contrari, che sa la Serenità Vostra, e si può veramente chiamare un caos ed una confusione, li soli interessi di Germania ricercando molto tempo per essere terminati e conclusi non che tutti quelli di cristianità.

Chiudendo dunque il mio discorso della intenzione del conte, stimo che in questo stato d'affari di quella monarchia desideri la quiete più per necessità che per volontà, avendo egli avuto a dire a'suoi confidenti che non può stare senza far guerra.

Descritte le naturali condizioni ed interni affetti del re e del conte d'Olivarez, mi resta di rappresentare le corrispondenze ed amicizie che tiene questa corona con li principi esteri e vicini, potendosi veramente dire che uno stato ed un regno si debba non solo considerare per le forze e potenza propria, ma non meno ancora per quelle degli amici che gli accrescono autorità e credito fra le nazioni. Procura il re cattolico, principiando dalli principi confinanti alli regni di Spagna per divertire a se medesimo le molestie che potriano dar gravissime in questi tempi li Mori, se conoscessero la congiuntura, di tirare a se il re di Marocco dandoli alcuni ajuti perchè continui la guerra contro il Marabito e fomentando le discordie che passano fra di loro. Questo Marabito si sa essere nimicissimo delli Castigliani e che se potesse e non fosse occupato di presente moveria la guerra ed entreria con grandissimo pericolo nelli stessi regni di Spagna a devastarli e rovinarli. Conosce ognuno dei ministri che guardi Iddio questo arrivasse produrria l'ultimo eccidio a quella nazione, mentre quasi non è bastantemente divertita in tante parti a far guerra, nella medesima Spagna a' Francesi e Portoghesi, per questo si va coltivando quanto si può questa amicizia coll'istesso re di Marocco, nutrendo le divisioni fra li medesimi Mori, per guadagnare il benefizio del tempo che tanto importa in tutte le materie di stato.

Con il Turco si professa sempre d'aver guerra nè di voler mai pace con quell'imperio, con tutto ciò ardirei affermare alla Serenità Vostra che nello stato delle cose presenti se si potessero a quella corte assicurare di una tregua e che occultamente si concludesse, non ne sarebbero lontani. Troppo si vedono imbarazzati con tante guerre dappertutto, troppo lor preme di vedere o con l'arme o con la pace acquetate le cose nelli regni di Spagna. Sanno benissimo che il regno di Sicilia è sprovvisto di tutto per la difesa, e che trattenendosi le galere d'Italia in Ispagna, non sono quasi bastanti a guardarle da' corsari non che da una armata del gran signore. In somma non è fuori di proposito dubitare che vi sia qualche trattazione in piedi perchè la ragione ed il grandissimo loro interesse lo persuade.

Nelle Indie Orientali ed Occidentali tiene Sua Maestà amici e nimici. Tralascio di parlar di quelli che sono nelle Orientali perchè bisogna vedere a chi resteranno sottoposti quelli paesi se alli Castigliani o alli Portoghesi, perchè se si daranno a questi è superfluo il ragionare dovendosi poner nel numero dei diffidenti, o confidenti del re di Portogallo. Nelle Occidentali ha il re di Spagna confinanti al Messico alcuni ribelli, che mai si sono potuti soggiogare, però li lascia star così, e nel resto quelli Indiani che sono fra terra, odiano piuttosto che altrimenti li Spagnuoli, essendo quasi tutt' idolatri, e se ne stanno ritirati alle montagne non conversando con loro.

Venendo alli principi cristiani, dirò che con il Papa, come è ben noto alla Serenità Vostra, è passato sino ad ora grandissima diffidenza. Il conte d'Olivarez lo tiene per aperto suo nemico. Se ne dichiara assai liberamente con tutti, ed è certissimo che se non fossero state le violenti guerre che ha avuto e che tiene tuttavia sopra le braccia, avrebbe procurato di sfogar la sua passione con tentar di fare un Concilio e deponerlo se mai avesse potuto coll'elezione di altro soggetto più ben affetto della sua nazione; ma conviene che dissimuli e che governandosi conforme alle congiunture cerchi, se non può averlo amico, di non rendersela del tutto contrario; e per me credo, che se potesse guadagnarlo per lui lo farebbe volontieri, avendo bisogno di tutti, non che dell'autorità e potestà pontificia tanto considerabile nei presenti tempi. La verità è, che sebbene il Pontefice ha parlato assai male dei Spagnuoli e se ne è dimostrato nei discorsi molto avverso, con tutto ciò ha condisceso a quelle cose, che mai niuno delli suoi predecessori ha voluto concedere a quella corona, permettendoli di ponere le decime del clero nelle Indie; materia che è sempre stata contestata ed alla quale non hanno voluto aderire li più inclinati ed affetti Pontefici a quella nazione. Ma la sinistra opinione che hanno dal principio formato di lui, credendolo di animo francese, e desiderandosi con gran fervore che scomunicasse il re di Francia per essere collegato con eretici e come promotore della guerra, che ajutasse l'imperatore con validi soccorsi di gente e di denaro, ha nutrito le avversità e portate le cose quasi alla rottura, molti strazi ed ingiurie essendo state fatte alli ministri di Sua Santità in Madrid ed in Portogallo, come la Santità Vostra ne è stata a suo tempo avvisata.

Coll'imperatore, essendo uscito di casa d'Austria e ritrovandosi tanto congiunti di sangue, si procura di far apparire in tutte le cose una ottima intelligenza, ed in effetto per le passate debolezze di quel principe e della Germania, si è veduto che li Spagnuoli tengono una grande autorità in quella corte benchè il conte duca nel suo interno poco resti soddisfatto del conte di Traumestorf, privato del medesimo imperatore, perchè lo vorrebbe vedere più attaccato e dipendente agl'interessi della Spagna di quello ch'egli si mostra. Desidereria che tutto si facesse secondo i suoi cenni nell'imperio e di poter disponere di quelle forze a suo beneplacito, massime per mortificare li Francesi e far potenti diversioni in quel regno, che a tale effetto si lasciasse di operare molte cose in Alemagna e si attendesse a questo come ad unico e principale oggetto. Molte volte il conte è andato accennando meco simili concetti, nè ha potuto nascondere a tutto la sua passione. Stimano a quella corte che li Alemanni non sieno molto politici ed operino freddamente nelle cose di stato e della guerra; che per loro negligenza si sieno perdute molte belle occasioni ed inutilmente consumati li eserciti. Dell'imperatore anco si dolgono, che non si sia mosso con la propria persona andando alla guerra, che il danaro che si manda di Spagna venghi dissipato senza frutto, che li aiuti che davano da Fiandra al sig. cardinale infante sieno stati molto lenti e deboli: ed insomma vorrieno disponer a lor modo della persona e delle armi di Cesare. In queste materie so di certo che sono passati gravi disgusti, ma finalmente l'interesse ed il bisogno che una parte ha dell'altra, fa che si serri gli occhi a molte cose: l'ultimo presidio e confidenza delli affari propri di casa d'Austria consistendo nelle forze della medesima Germania, che suppongono possano e debbano un giorno, aggiunte alle altre che tiene, bilanciare tutte quelle della cristianità e far volgere la fortuna a loro favore, come sin qui l'hanno provata contraria ed avversa.

Del re di Francia non devo parlare, perchè già si sa che sono li Spagnuoli in guerra aperta con lui, ben posso affirmare questo di sicuro, che già mai credevano quelli ministri che potesse tanto continuare la guerra come ha fatto, stupiscono come trovi tanto denaro, non avendo come dicono le Indie come loro, ed in somma si sono pentiti di averlo provocato. Fanno gran caso del cardinale di Richelieu, riputandolo un gran ministro, e sebben l'odiano mortalmente e gli tendono delle insidie, con tutto ciò vorrieno vedere di placarlo, conoscendo le scosse e le rovine che li ha macchinato e che li va tuttavia macchinando. Non cessano però ancora loro di rendere il contracambio, nutrendo con danari tutti li dissidii e dispareri in quel regno, a niuna cosa applicando maggiormente l'animo il conte che a questa, lasciando piuttosto ciò per sfogar il proprio appetito, sia perchè veda questo essere il suo bene di provvedere alli bisogni proprii della corona, che per attendere a simili disegni.

Con il re d'Inghilterra si sono grandemente applicati gli Spagnuoli per guadagnarlo in aperta dichiarazione contro la Francia, onde si sono vedute ambascerie espresse estraordinarie a quella corte molto solenni, accortemente insinuando il matrimonio di una delle figlie di quella maestà con il principe di Spagna. L'ambasciatore d'Inghilterra in adrid e più di tutti Cotinton ministro di stato hanno nutrito questa confidenza più forse di quello che era in effetto. Non si può però dubitare che il re d'Inghilterra medesimo non v'inclinasse più volte, essendosi l'ambasciatore suo lasciato intender alla corte che se fosse stato a lui solo già l'affare si troveria concluso, scusandosi ancora che non per propria disposizione di Sua Maestà, ma per la violenza dei parlamentarii sia stato astretto a ricevere e trattare come ambasciatore il ministro di Portogallo. Ora si vanno perdendo queste speranze, nè sin qui hanno fatto molto capitale delle risoluzioni che potesse fare l'Inghilterra sia per una parte o per l'altra, credendola fra se stessa così divisa e disunita: non lascieranno con tutte le arti almeno di vietar che non si muova contro li propri interessi, dandosi sempre intenzione che si procuri la restituzione del Palatinato, ma che il difetto proviene da Baviera, e l'imperatore non può disgustarlo; ma io credo che se non per gran necessità, non restituiranno mai il Basso Palatinato, avendomi detto il conte che era tanto del re di Spagna come Vagliadolid.

Il re di Polonia per la stretta parentela che ha con casa d'Austria, e per l'utilità che possono cavare dalla buona amicizia e corrispondenza di quel regno, particolarmente con levatà di gente e soldatesca, vorrebbero vederlo più unito ai suoi interessi di quello che per sua propria disposizione si ritrova; ma quella Maestà avendo mandato un suo ambasciatore a Madrid specialmente per riscuotere alcuni assegnamenti che tiene nel regno di Napoli, ha ricevuto poca soddisfazione, con gran difficoltà avendo potuto ottener qualche esborso; e nel resto sono passati colli ambasciatori delli disgusti nell'esercizio della sua carica, cose tutte sentite con amarezza dal medesimo re di Polonia. Non hanno in fine molti fatto caso di lui, vedendo che per se stesso non tiene forze nè l'autorità bastante per farli aver grandi aiuti, specialmente per li bisogni di Germania; con tutto ciò sempre instano per l'effetto, e può essere che, come scrive il residente Vico da Napoli, ne abbino conseguito, sebben l'ambasciatore a me disse che il suo re non voleva uscir dalla neutralità, e che li Polacchi non essendo stati pagati, anzi malissimo trattati dalli ministri dell'imperatore, non si trovava più di loro chi volesse andare a quel servizio.

Con la missione che fece il re di Danimarca del suo ambasciatore straordinario a Madrid giunto con pompa e grande comitiva, insinuò vivissime speranze che dovesse unirsi coll'imperatore e dichiararsi contro li Svedesi. Questo concetto andò egli nutrendo nell'animo del conte duca, tanto che se gli fece confidentissimo, e ne riportò grossissimi donativi, ma non si sono veduti li effetti di questa promessa unione, anzi dopo partito il detto ambasciatore vi fu chi disse che aveva molto ben burlato il medesimo conte. Ha però lasciato in Madrid un residente, cosa non più praticata dai re di Danimarca, il quale per il più agita le cose spettanti al commercio.

Tra li principi d'Italia, Firenze, Modena tengono gran luogo di confidenza, ma più il secondo che il primo. Non resta del tutto contento il conte del granduca, perchè vorria avesse dato ajuto di gente e danaro al governatore di Milano, benchè non sia invaso quello stato e non lo comportino li obblighi della capitolazione di Siena. Brameria di più che avesse date le sue galere, massime per li bisogni di Spagna. Di Modena resta soddisfattissimo e tiene ogni confidenza con lui, lo tiene come creatura e parto suo; non ostante queste strettezze presenti di danaro ha voluto se li diino i suoi stipendii come generalissimo dell'Oceano, contro il gusto di molti altri ministri inferiori che stimano gettato il danaro, mentre nè in Spagna, nè in Italia serve il duca personalmente la corona. I Genovesi sono in pessima considerazione, odiati al maggior segno, e per me tengo che niuna cosa desidereria il conte che dargli qualche grave mortificazione, avendomi detto soggetto suo confidentissimo, che se non il re certo, il principe suo successore si vendicherà un giorno di loro; nè si scordarono mai delle ingiurie che pretendono sieno state fatte a loro, ma le congiunture presenti causano che tutto si dissimuli e porti avanti, cercando piuttosto di riconciliarli e renderseli benevoli. Parma pure viene riputata francese, nemica della corona, nè possono soffrire che si sii unita colla Francia a danno loro; sempre però che si tratti di separare alcuno dall'unione del cristianissimo, per debole che sia, vien ben veduto e si mostra nelle apparenze di convertir l'odio in amore; termine di fina politica non guardar alli puntigli e alle cose di poco momento, mentre si tratta di uno scopo notabile che si voglia conseguire: nelle avversità dovendo l'uomo procurare di moderare ed umiliare il suo cuore accomodandolo al tempo con farlo piegare al rigore della fortuna, attendendo che ella si raddolcisca. Con li principi di Savoja, tuttochè sieno sotto la protezione di Spagna e si procuri di conservarli a quel partito, il principe Tommaso in particolare viene internamente stimato diffidente, standosi sempre con gelosia che cambi di risoluzione, mettendosi dal canto dei Genovesi; per questo il conte con grandissima sagacità trattiene la principessa di Carignano sua moglie, e li figliuoli in quelli regni, sempre nutrendola di speranze di doverla mandare in Italia, ma con varj pretesti e scuse va portando avanti; e per me credo che non la lascierà mai uscire di Spagna per aver questo pegno in mano, anzi pare che desidereriano per assicurarsi totalmente del medesimo principe Tommaso che andasse a Madrid facendo alle volte correre artificiose voci che egli inclini di portarvisi. Per quante doglianze faccia per avere la moglie e li figliuoli appresso di se, che se li dii il governo delle piazze acquistate con il suo mezzo in Piemonte, niente mai si conclude a quella corte, con il pretesto che egli non abbia forze per conservarle, e difenderle dai Francesi. Vero è che gli Spagnuoli desiderano la pace da per tutto, per attendere alle cose interne del regno che più lor premono; ma è anco verissimo che quando sono in possesso di un paese si rendono difficilissimi alla restituzione, prolungandola sempre quanto possono, desiderando di goder l' acquistato con la speranza che anco il rimanente debba ritornare in pristino. Un accidente di rivoluzione in Francia o la morte del cardinale Richelieu potendo far mutar faccia alle cose di cristianità, dubbioso però si rende che il Signor Iddio non apra migliori strade all' accomodamento, vogliono ritenere, se potranno per se, la parte di Piemonte che possedono, benchè pubblichino in contrario mirabilmente servendoli per antemurale allo stato di Milano e a difenderlo dall' impeto e furia dei Francesi. Gode la principessa di Mantova, per tutti gl' incontri che ho potuto avere, non mediocre confidenza appo il signor duca. Ha lui medesimo avuto a dire che non si vuole che il presidio di Vostra Serenità stii in Mantova, come nè anco in Casale i Francesi, onde ogni opportunità che avessero di cacciarlo di là, per me temo che la abbraccierebbero. Li trattiene però la debolezza delle loro forze in Italia ed il non volersi in un medesimo tempo attaccar tante brighe, onde la debita vigilanza e custodia a quelle piazze sarà sempre propria, avendo le EE. VV. speso tanto danaro per conservarle, oltre che riusciria gran discredito il perderle per mancamento di provvisioni.

Nella presente congiuntura di cose tiene la Serenità Vostra gran vantaggio appo quella corte, e sebbene per me riverentemente credo che la Repubblica non sii punto amata dai Spagnuoli, come certamente niun altro principe italiano fuori che Modena, con tutto ciò vogliono far apparire il contrario, e di tener gran confidenza in lei. Devo però umilmente dire che sempre faranno molto bene le EE. VV. a star vigilanti, custodendo e guardando bene le loro piazze di Lombardia, massime quando gli Spagnuoli sono armati, avendo io osservato in tre anni e più che sono stato in quella corte, che come credono di poter fare un bel colpo non lo risparmiano ad alcuno, e basta talvolta che un governatore di Milano scriva esservi gran facilità d'impadronirsi di una piazza per far risolvere l'impresa senza molta considerazione di quello possa accadere in avvenire, proprio di quella nazione essendo il lasciarsi trasportare a quello gli può riuscire di gloria e di utilità. Nel principio che io vi arrivai, e dopo ancora erano molto fastosi per li progressi che faceva il marchese di Leganes in Piemonte, da me molto avanti riverentemente avvisati che s'andavano disegnando cose tutte difficilissime da essere penetrate, e che mi è riuscito col favore del Signor Iddio, usando gran cautela e diligenza, di venirne in chiaro. Veramente erano divenuti talmente gonfi ed elati, che quasi più non se li poteva parlare, onde mi bisognò camminar con una gran desterità, se ben non mi bastò per non rompere, parendo a loro di poter disponer della Serenità Vostra e dell'Italia tutta a beneplacito. Il Signor Dio ha fermato il corso a questi vasti disegni, essendosi alterati grandemente li affari da quello che erano specialmente in Ispagna con tante rivoluzioni come ho narrato alle EE. VV.; e perciò spero che l'Eccellentissimo mio successore goderà una felicissima ambasceria per il bisogno che hanno che Vostra Serenità non si muova e non si dichiari pei Francesi.

Fu meco nell'ambasceria di Francia, e dopo anche mi volse accompagnare in quella di Spagna, il sig. Andrea Valier dell'illustr. sig. Giulio, gentiluomo dotato di talento e di virtuose condizioni, le quali ha pienamente fatto conoscere alle EE. VV., essendo quasi si può dire stato a tutte le corti dei principi d'Europa. Io sono restato contentissimo delle sue nobili maniere e costumi, sperando che un giorno riceveranno fruttuoso servizio impiegandolo come veramente merita la sua molta virtù.

Mi ha servito nell'ambascerie di Francia e di Spagna per secretario il fedelissimo Giulio Cesare Alberti, dalla sufficienza del quale ho riportato vantaggi al servizio della Serenità Vostra. Prima di lui in Olanda mi servì suo fratello Francesco che fu chiamato dal padre molto vecchio per attendere alle cose di sua casa. Io sono restato soddisfatto dell'uno e dell'altro, onde prego la Serenità Vostra di aver raccomandata questa casa benemerita, essendo per dire il vero una gran spesa a tutti mantenersi alle corti come si deve, eccedente alle fortune di ognuno massime con il poco emolumento che dà la Repubblica. Mi ha pur servito per coadjutore in Francia il fedelissimo Gabriel Lazzari, che per la sua modestia e sufficienza merita la grazia della Serenità Vostra.

Di me, Serenissimo Principe, non posso dir altro in tanti anni continui che l'ho debolmente servita, se non che non ho certo risparmiato fatica o applicazione alcuna per rendermi in qualche maniera utile al suo servizio, e crederò non aver in tutto demeritato la sua grazia, mentre con benignissime attestazioni con sue lettere e con li singolari onori conferitimi da codesto Eccell. Senato ha voluto rendermi certo della soddisfazione che ha preso del mio umilissimo impiego. Quali patimenti e spese in tutto questo corso di tempo io abbi sofferto non posso abbastanza esprimerlo alle EE. VV. La mia casa è certamente per risentirsene per molti anni e sono ancora aperte le piaghe, perchè veramente in tempi tali che tutte le EE. VV. sanno quanto siano diminuite le rendite dei particolari, e che sono accresciute per le alterazioni degli usi, e per le guerre tutte le spese alle corti, riesce impossibile, senza notabile disconcio delle cose proprie, il sostenersi con decoro, avendo massime riguardo alle fortune nostre private, che non sono comparabili con quelle d'altri signori; con tutto ciò di buon cuore mi sono sottoposto al pubblico beneplacito passando dalla corte di Francia a quella di Spagna, quando io speravo che le EE. VV. compatendo li disagi sofferti fossero per lasciarmi ripatriare, come sommamente desideravo; ben vedendo che non compliva meno al servizio pubblico siccome riverentemente accennai nelle mie lettere, che in tempi di guerra aperta fra le corone io passassi dalla corte di Francia a quella di Spagna nazioni tanto diffidenti e contrarie. Mi ha bisognato dover per questo capo patir delle mortificazioni, non senza gran pericolo della mia vita, che per riguardi simili vien tenuto per fermo abbi perduta monsig. nunzio Campeggi. Molte cose ho convenuto dissimulare e far vista di non vedere, per non pregiudicare al servizio della Serenità Vostra, che sopratutto mi è stato grandemente a cuore. Finalmente il Signor Iddio m' ha fatto grazia, voglio creder in riguardo alle congiunture, che usando la desterità non si sieno chiamati mal soddisfatti quelli ministri, anzi abbino proferite parole di laude da me non meritate. M'ha il re quando ero a Saragozza inviato dietro per corriero espresso una collana d'oro con la sua medaglia, che presento ai piedi della Serenità Vostra acciò ne sia fatto il suo beneplacito. Che se piacerà alle EE. VV. di lasciarmela, riceverò questa per maggior testimoni della pubblica munificenza, dovendo sempre restare impressi nel mio cuore i caratteri delle mie eterne obbligazioni, e dell' ossequio ed obbedienza che fin all' ultimo spirito conserverò alla mia patria. Grazie.

(Segue la Genealogia ec.)

[illegible]

[illegible]

[illegible]

[illegible]	[illegible]	[illegible]	[illegible]	[illegible]	[illegible]
[illegible]	[illegible]	[illegible]	[illegible]	[illegible]	[illegible]

[illegible]

RELAZIONE DI SPAGNA

DI

GIROLAMO GIUSTINIAN

AMBASCIATORE

A FILIPPO IV

DALL'ANNO 1643 AL 1649.

(Dall'originale esistente nel veneto Archivio generale).

AVVERTIMENTO.

Ad Alvise Contarini di Nicolò, venne eletto l'11 aprile 1641 per successore nella legazione veneta in Spagna Nicolò Sagredo, che fu poi doge. Di questo ambasciatore non abbiamo potuto rinvenire la Relazione, e ci mancano eziandio dati positivi che ci assicurino se l'abbia o no presentata. I suoi dispacci si conservano nel veneto Archivio generale dei Frari, e ci saremmo studiati di cavarne un compendio per supplire in qualche modo alla mancanza della Relazione, se tal breve lacuna non fosse esuberantemente coperta dalle stupende scritture del suo predecessore e del successore, non comportando la natura della presente raccolta la sostituzione, come abbiamo detto altre volte, se non quando è reclamata dal legame storico, nel caso di grandi lacune, non dipendenti da interruzioni diplomatiche. Non ommettiamo però d'inserire in nota alla presente Relazione del Giustinian, alcuni dispacci eziandio di Nicolò Sagredo, per illustrazione storica e schiarimento della medesima, e per dare un saggio dello stile e delle vedute politiche di questo insigne uomo di Stato, le cui virtù cittadine portarono al soglio ducale della Repubblica Veneziana.

Girolamo Giustinian di Pietro fu eletto ambasciatore ordinario appresso il re cattolico, precisamente due anni dopo del Sagredo l'11 aprile 1643; presentò al Senato la sua Relazione l'8 febbraio 1649 e la lesse tre giorni dòpo.

Intorno a questo ambasciatore veggasi il cenno biografico posto innanzi alla sua Relazione di Francia nel vol. II, serie II della presente raccolta, alla pagina 365.

SERENISSIMO PRINCIPE (1).

Espongo riverentemente a' piedi di Vostra Serenità la scolorita effigie dei regni di Spagna, altre volte riconosciuta dalle Eccellenze Vostre più al vivo nelle Relazioni degli eccellentissimi miei predecessori, al presente però da me ritrovata con quelle osservazioni che si ponno supporre nell' alterata constituzione del suo stato, effetto dell'instabile vicissitudine delle cose umane, colpa positiva di chi l' ha governata, e in fine predominio di fatalità; al tribunal del cielo ne rimetto il giudizio, e al giudizio dell' Eccellenze Vostre sottometto questa relazione diretta all' instituto a cui m' obbliga il carico della sostenuta ambasciata di Spagna.

Sarà la presente mia relazione distinta in due capi, che sono la persona del re di Spagna e il suo governo.

Filippo IV oggi regnante è il quinto re di Spagna della linea austriaca, nato da Filippo III e da Margherita arciduchessa d'Austria, della casa di Gratz, e zia carnale del re di Francia e del duca d' Angiò suo fratello, come nati di donna Anna d' Austria sorella del re di Spagna e ora madre di quel di Francia.

È cognato dell' imperatore perchè ebbe accasata con Sua Maestà cesarea l' infanta donna Maria sua seconda sorella, defunta imperatrice, con che viene ad esser Filippo IV zio carnale della propria moglie.

(1) Era doge Francesco da Molino eletto il 20 gennaio 1646.

Tutti gli altri rami della casa d'Austria s'estendono in parentela col re di Spagna per parte della madre in prossimo o più remoto grado; nel qual si comprendono anco i re di Polonia, gli arciduchi d'Austria d'Inspruch ed il duca di Baviera per il sangue che vien mischiato con casa d'Austria. Anco il granduca di Toscana tocca di questa parentela, nella qual vien compreso il duca di Parma come figlio di donna Margherita vedova del defunto Edoardo Farnese: con che chiudo la linea della parentela di questo re.

Nacque Filippo IV l'anno 1605 negli otto di aprile, in venerdì santo, auspicio di passione; compli anni 43 in quest'anno 1648. Il temperamento è flemmatico e melancolico. La natura aggiustata, il corpo gracile e proporzionato, faccia proclive al lungo, amabile e grave. Delineamenti austriaci, bianchi con pelo biondo e con un labbro all'austriaca e che soprafà l'altro. Comincia esser soggetto alla calvizie, che però non detrae alla venustà. Gode complessione così bilanciata nella proporzione, che non lo fa patir frequente indigestione, anzi goder di pasto abbondante.

Aggiusta gl'intervalli del tempo al ristoro del cibo, tenendo vincolati ad ore prefisse così il desinare come la cena, usando sempre gl'istessi cibi, con perpetua esclusion del pesce, se non sia in qualche vigilia di Nostro Signore, osservata dal re per ereditario instituto di sua casa. Rinunzia per costume all'uso del vino, valendosi dell'acqua di cannella.

L'ore del sonno son posposte ordinariamente alla cena di due ore, e quelle del levarsi quattr'ore anticipate al mezzogiorno. È dedito alla caccia con abilità, destrezza e pazienza, accomodandosi più all'occasion di questa, che a quella del governo. Veste con garbo e con attillatura, ma senza sfoggio, pretermessosi l'uso degli abiti regii, seguendo il costume dei suoi predecessori; riservato l'ordine del Tosone, che in funzion di cappelle o udienze solenni a ambasciatori regii, se lo adatta dalle spalle al petto. È puntuale più che in ogni altra cosa nel ripartimento dell'ore, con che dà regola e comodo a chi lo serve.

Crebbe il re sin a sedici anni sotto la cura del già cardinale duca di Lerma. Da questo sin alla morte del re suo padre, ebbe l'assistenza di don Baldasar di Zuniga; morto il quale, don Gasparo di Guzman, chiamato il conte duca, s' introdusse nella privanza, con introdur nel re orror al governo, cambiando con il gusto de' divertimenti, anzi soffocando, quel dell'imperio.

Godè nel tempo del conte duca le dolcezze della gioventù più che le notizie del suo governo, onde rimasto senza esperienza, non sa far prove di sè medesimo.

Non risolve il re cosa alcuna nè di governo, nè di politica. La caduta del conte duca procurata da chi pensava trovar nelle di lui ruine la prospera fortuna (1), lo lasciò investito nelle

(1) Intorno alla caduta del conte duca, avvenuta mentre era ambasciatore veneto a Madrid Nicolò Sagredo, è a vedersi il rarissimo ed interessante opuscolo: *Nicandro o Antidoto contra las calumnias que la ignorancia y embidia ha esparcido par defluir y manchar las heroyeas y immortales acciones del conde duque de Olivares, despues de su retiro;* il quale si conserva nel veneto Archivio generale, *Senato III Secreta n.* 77, e fu spedito di Madrid da Nicolò Sagredo col seguente dispaccio che traduciamo dalla cifra:

Serenissimo Principe!

Fu presentata la settimana passata al re una lunga scrittura stampata in difesa del conte duca, il contenuto e la pubblicazione della quale ha dato giusta causa di grandissima meraviglia a chi l'ha veduta, poichè come ognuno comprende esser scritta col consiglio, saputa e consenso del conte duca, così la corte tutta dice esser stata distesa da un tal Umena sacerdote, creatura e dipendente di lui; ed essersi impressa dalla pubblica stamperia di Madrid, che vuol dir impossibile che sia seguita senza consenso superiore. Ora il contenuto di essa è una difesa delle azioni del conte duca, ma fatta in tal maniera che viene ad offender ogni altro, perchè si accusano d' imprudenza il fondator di questa monarchia Ferdinando il cattolico, e Filippo II. Si parla con poco rispetto dei precessori di S. M. e col medesimo si nominano principi amici di questa corona; si sprezzano le forze della monarchia, chiamandola *corpo fantastico;* si discredita la forma del governo di essa, predicendole per difetto del medesimo il precipizio; ma quel che più importa si scuoprono quelli artificii che la prudenza dei principi tiene sempre piuttosto sepolti ed occulti, e si pubblicano scritti tanto pregiudiziali al re, che non si vede qual maggior danno avessero potuto procurargli i suoi più crudeli nemici: poichè si dice in essa con qual prudenza il conte ha procurato la distruzione di questi grandi

sole apparenze del governo, ritenendo i ministri per sè la sostanza, imbevendo il re d' una falsa massima, che sia meglio errar per voto dei consiglieri, che colpir per propria disposizione. Onde s' è assunta Sua Maestà per propria la fatica del sottoscriver le deliberazioni, decreti e dispacci, confermandoli alle consulte, ed ha troncato a sè stesso ogni arbitrio.

Questa norma prescritta alle norme de' suoi ministri, de-

. . . .

per conseguire la sicurtà del re; che il conte ha governato ed operato con intenzione di levare i privilegi ai vassalli del re, e ridurre tutti ad una immediata ed assoluta soggezione, senza della quale il re non è re, ma vassallo dei suoi vassalli; ed il detto conte ha partecipato onori e posti anco ai soggetti non vassalli del re, non per altro fine che di ridur tutti in servitù. Tralascio che si nominano in essa con ingiurie ed offese particolari signori ed altri; ma insomma a giudizio universale è la più scandalosa carta che si sia veduta giammai; e dopo che se ne sono sentite le comuni querele si è procurato con ogni studio di sopprimere le copie ed impedirne la divulgazione; anzi li ministri dicono che il re farà ricercare l' autore di essa per severamente punirlo. Io la trasmetto qui occlusa a Vostra Serenità . . . .

Di Madrid li 20 *maggio* 1643.

Nicolò Sagredo ambasc.

Serenissimo Principe.

Somministreria abbondantemente materia a lunghi discorsi il voler rappresentare quello che è passato sopra la scandalosa scrittura impressa in difesa del conte duca che inviai a Vostra Serenità col dispaccio precedente. Io mi restringerò ai punti principali e più essenziali per la notizia ancora delle cose che possono succedere. Il re vedendo la commozione generale procurò prima di far raccogliere tutte le copie di essa proibendone rigorosissimamente la pubblicazione; ma tali ordini essendo in oggi rimessi al tardo, si pensò a farla proibire dalla Inquisizione sotto le più severe escomunicazioni: li fondamenti di farlo erano molti e suggeriti dalla imprudenza della scrittura: come gli esempi sacri e della vita di Cristo tanto male applicati, il chiamarsi il pontefice vicario di san Pietro, la scandalosa asserzione delle spese fatte per l' elezione dei pontefici, l' introdotta vanità delle rivelazioni dei Santi, e simili; ma particolarmente un senso occulto come una quinta essenza che si cava dalla lettura di tutto il discorso, ed è il vedersi che le intenzioni non solo, ma il metodo del conte duca era totalmente diretto all' introdurre una forma tirannica di governo. Il re è passato avanti ed ha proibito in presenza di molti al principe il leggere la predetta scrittura ed ha pregato la regina di fare il medesimo . . .

Tale è lo stato del presente negozio sin ora.

Di Madrid ai 27 *maggio* 1643.

Nicolò Sagredo ambasc.

grada il concetto della natural capacità del re, per sè medesima sufficiente ad ogni negozio. Sta tenace in questa servitù per esser inclinato al timor della propria coscienza, onde con sottoscriver all' opinion d' altri, crede esimersi dai rimproveri. Al timor delle proprie deliberazioni tiene annessa la secretezza. Professa costanza d' animo nell' avversità. Non dà dominio di sè facilmente alla collera, non se ne è veduta per qual si sia caso dimostrazione alcuna.

L' indole che prevale in Sua Maestà, e che rilleva sopra ogni altro de' suoi attributi, è la pietà, essendo puntuale ne' suoi esercizii ed attentissimo alle cerimonie così sacre come profane. Ha familiare soavità con i suoi familiari, e la ostenta quasi anco eccedentemente coi ministri stranieri nell' audienze.

Non affronta risoluzioni gagliarde. Abborrisce l' esecuzion di sangue di modo che ha dato passo all' impunità. Piega più alla compassione, che alla liberalità, che non è in lui la maggior virtù, aggiungendosi vanagloria nel dare udienze, e nel far grazie.

D' alcun tempo in qua s' estende nelle risposte cogli ambasciatori fuor dal prescritto di quelle forme, che soleva usar prima generalmente, ma non esce dai termini generali, se non sia in ragion di qualche interrogatorio, e pur anco di raro.

È stanco della guerra ed ha inclinazion alla pace, ma non la mostra per non impegnarsi nella direzione che tien raccomandata a' suoi ministri. Sente la dissipazione de' tesori, le perdite de' stati, l' annichilazion degli eserciti e la distruzione delle armate navali, l' afflizioni de' suoi vassalli, la ribellione de' suoi sudditi, ed insomma le miserie di tutti i suoi regni.

Non si muove però ad azione alcuna, perchè il re è passivo in ogni azione di re, e finalmente per ridurre l' effigie del re di Spagna in ristretto, e la relazione a quanto manco fogli sia possibile, dirò a Vostra Serenità, che l' esser del re di Spagna è più formalità che sostanza, ed è il re un idolo degli antichi che riceve l' adorazioni, ma li suoi ministri dan le risposte.

Due gran perdite ha fatto nella sua casa, l' una pianta dopo seguita, l'altra innanzi seguisse. La prima fu della regina sua moglie; li cui talenti degni d'imperio, tenuti da lei occulti industriosamente per timore del conte duca, il re riconobbe solo pochi anni innanzi la di lei morte, onde l'accompagnò con vero sentimento, conoscendo di perdere assai in questa perdita. La seconda fu la morte del principe, nella quale considerò il re prima che seguisse le conseguenze, rimanendo senza altri maschi (1). Onde di propria bocca confessò l'acerbità d'animo, ma dopo seguita procurò d'ostentar un cuor forte e coprir ogni segno di tenerezza, non solo dispacciando di sua mano lettere al marchese di Leganes ch'era al campo, animandolo e consolandolo, ma consulte e decreti, li quali in mano de'secretari bagnati erano di lacrime più che d'inchiostro, studiando in quest'occasione guadagnar fama d'intrepidezza, coll'opprimer gli affetti della natura, e quasi inoltrandosi sin al biasimo d'insensibilità; e tanto più in quanto che agl'incentivi della stessa natura non è stato solito il re tener certa briglia, essendo fama, benchè non sicura o piuttosto segreta, che il re sia padre di ventitrè figliuoli sin ad ora tra maschi e femmine, fuor di matrimonio, quasi nessun di loro avuti con persone di nobil sangue. A tutti somministra alimenti come privati, al solo don Giovanni d'Austria, così persuaso dal conte duca, ha consentito il riconoscimento di figliuolo naturale.

L'amor del popolo verso il re par soffocato dall'oppressione delle soverchie contribuzioni (2), di modo ch'ogni mutazion

(1) Vedi i dispacci 12 ottobre 1644 e 20 ottobre 1646 nel veneto Archivio.

(2) ..... Avant'jeri fu pubblicata la regolazione di questa moneta di viglione, abbassata alcuna per le cinque seste, altra per le tre quarte parti; cioè li reali di stampa vecchia si sono ridotti cento a valer 16 1/3 e cento degli altri si sono abbassati a 25. Il sentimento di questi popoli è stato quale Vostra Serenità può figurarsi di chi perda in una mattina tanta parte del suo; si è intesa alcuna parola libera, altri hanno gettato il danaro per le strade; ma comunemente ognuno è rimasto confusissimo, non intendendosi come potrà continuare il commercio nella Castiglia, se, come ella è senza argento, resterà anco senza rame, nè come si pagheranno li diritti al re che importano annualmente più di quello sia il valore di tutta la moneta che resta in Ispagna ....
Dispaccio di Nicolò Sagredo 7 settembre 1642 da Madrid.

di dominio gli sarebbe cara, essendosi chiarito il volgo che dopo la caduta del conte duca, il re non assume in sè più disposizion del governo di quel che faceva innanzi (1), onde tien l'occhio ne' suoi danni presenti, e la speranza nella mutazione delle cose future.

Al re sin dalle fasce furon fulminati pronostici di mali successi. Dalla regina sua madre fu pianto in età di tre anni, tenendolo al seno, senza saperne alcuna cagione.

Si osserva che in molti palazzi dove s'è collocato il ritratto di Sua Maestà, così in un salone in Madrid, come in Segovia, Cordova ed in qualch'altra parte, nella serie di ritratti dei re di Spagna suoi predecessori, in nessun luogo è rimasto sito per metter il ritratto del successore, onde Sua Maestà chiude la linea; osservandosi in Castiglia che nei tempi passati non vi son stati più di cinque re di padre in figlio di qual si sia linea, onde è stato necessario a traversarla, e il re Filippo IV vien ad esser appunto il quinto re; e v'è chi non lascia di rimarcar che tutti i re di Castiglia, terzi del nome, sono stati disgraziati in figli successori alla corona, e che i re di Castiglia quarti nel nome sono stati poco felici, osservazione avvalorata dai mali successi, che dopo l'assunzione di questo re nel real trono si son seminati quasi in ogni parte del suo dominio, non ci essendo angolo che non sia stato tocco da qualche genere d'infortunio. Chè sebben vien attribuito il più delle volte al caso, non lasciano d'esser gli effetti strani forieri di quelle miserie che predestina il cielo, ed in questa parte si riporta la mia relazione al dettame dell'occhio stesso nella scena del mondo che corre al presente.

Della prole di Sua Maestà riducendosi a quest'ora alla sola signora infanta Maria Teresa, morti essendo tutti gli altri figli, e la signora infanta essendo molto fanciulla in età d'anni

(1) L'ambasciatore Sagredo fino dal 21 maggio 1643 prevedeva che il re non avrebbe mantenuta la risoluzione presa di non voler più appoggiare il governo della monarchia a privati. « Principia don Luigi di Haros a dar udienze in sua casa; onde si vede che a poco a poco si dichiarerà la sua privanza, benchè sia risoluta S. M. a non voler più privati come è seguito col conte duca . . . . »

dieci solamente forniti il settembre passato, mi rapporto a parlarne quando toccherò il punto del suo matrimonio divisato al presente con il re di Ungheria primogenito dell'imperatore, essendo questo punto di rilevantissime conseguenze, perchè riducendosi in una testa sola l' unione di due gran case e d'una vastissima eredità, merita esame di profonda ponderazione.

Ommetto di parlar de' defunti principi don Carlo e don Ferdinando il cardinale, fratelli che furono di Sua Maestà, perchè avendoseli la morte portati via nel fior dei loro anni, non sarà d' alcun frutto parlar di chi vive nell' altro secolo.

Resta delle cose attinenti alla persona reale un punto solo, e quest' è delle private sue facoltà o peculio secreto, del quale liberamente dispone la Maestà Sua, che si chiama in Spagna il borsiglio. Consiste in un assegnamento di duemila scudi d'oro, che son mille doppie incirca per ogni mese. Questi il re riparte ne' suoi minuti piaceri ed in soddisfar le proprie inclinazioni, donando e regalando, sebben questo lo fa di raro, perchè ha la mano ristretta a qualunque liberalità.

Sin qui ho delineata, con le dimensioni ch' ho potuto, la persona reale; darò una scorsa breve della sua casa.

La casa del re di Spagna tiene la forma antica accostumatasi dai re di Castiglia. Ha incorporati alcuni offizii e servizii all' uso della casa di Borgogna. La casa del re, come re di Castiglia, è constituita sotto quattro capi, e sono: maggiordomo maggiore, cameriere maggiore, ed in difetto di questo somigliér di corpo, cavallerizzo maggiore, e cappellan maggiore.

Il carico di maggiordomo maggiore è il più sublime della casa reale; al presente è vacante, essendo ultimamente stato posseduto dal defunto almirante di Castiglia, e d'ordinario suol esser questo posto occupato da soggetti del più cospicuo sangue di Spagna. Sotto il maggiordomo maggiore stanno gli altri maggiordomi, de' quali non ci è numero prefisso, ed al presente non passan di dieci; il più antico de' quali fa quasi ufficio di maggiordomo maggiore nella di lui vacanza in ciò che spetta alla direzione delle cose domestiche in palazzo, ma non già nelle prerogative del posto, sebben siano tutt' i maggiordomi soggetti ben nati e di titolo, come chiamano in Spagna.

Di questi maggiordomi si forma un consiglio dell'economia della casa reale, chiamato Borreo, al quale presiede il maggiordomo maggiore o il più antico degli altri. Si dispacciano memoriali e si distribuiscono gli officii di palazzo.

Sotto la giurisdizione del maggiordomo maggiore vi sono gentiluomini della bocca, i quali hanno la disposizione della tavola del re, e suppliscono l'uffizio di coppiero. Vi sono i gentiluomini della casa che accompagnano le vivande, e corteggiano il re alle cappelle. Altri vi sono di seconda classe che si chiamano Aurois, uffizio derivato dai duchi di Borgogna.

Il maestro della camera del re è quello che paga le razioni e dà incontro alle spese.

Il creffiero è come un cancellier domestico. Vi sono poi il dispensiere maggiore, il forier maggiore, altri forieri, uscieri di camera, uscieri di saletta, portieri di camera, portieri della casa e portieri di cadena, che servono all'ingresso del palazzo. Il guardagioia, l'aiutante del guardagioia, l'apesentador di palazzo, uffizio destinato dalla giunta d'aposentadori, la foriería, il tappezzier maggiore, il somiglier di cassa, li medici della famiglia, l'orologiero, il guardagentier della tavola, il fruttiero e suoi aiutanti, il cerero (e in cere spende il re tra la cappella e la casa circa quarantamila ducati l'anno) il sopraintendente delle fabbriche, ed il conduttor degli ambasciatori.

Vi sono tre capitani delle tre guardie, uffizii di molta stima. La prima guardia è degli arcieri composta di Fiamminghi e Borgognoni ed è guardia del corpo: suol esser di cento persone; suo capitano è il duca di Arschat; ed è da osservare che in occasione di cavalcata il capitano della guardia del corpo, che d'ordinario suol esser di nazion fiammingo e grande di Spagna, pretende andar appresso la persona del re immediatamente quando il re va a cavallo. Or nell'ultima cavalcata che si fece per la ricuperazione di Napoli, si mise nella fila degli ambasciatori, dopo gli ambasciatori e dopo il cavallerizzo maggiore senza l'assenso dei medesimi ambasciatori e con mormorazione dell'universale.

La seconda guardia è alemanna, il cui capitano è assente e non ha pretensioni.

La terza è spagnuola, suo capitano è don Pietro d'Aragon di casa di Cardona, cognato di don Luigi d'Haros. Questo don Pietro è absente per aver cooperato ai divertimenti del morto principe di Spagna in materia di donne, da'quali divertimenti contrasse il principe l'infermità che gli diede la morte.

Il somigfier di corpo è uffizio molto immediato alla persona reale, perchè si trova nella camera del re quando vuole. A lui tocca aprir la cortina del letto del re quando si sveglia e dargli la camicia.

Entrò in quest'uffizio in tempo mio il duca di Medina Las Torres, che lo possiede in proprietà sin dal tempo ch'ebbe per moglie la figliuola del conte duca. Fu sempre investito dal re, e nel suo ingresso in palazzo fu da molti creduto ch'avesse dato colpo a don Luigi d'Haros. Si scuopre però dall'andar il medesimo duca con molta riserva, che non ha passo franco così nel cuor del re come nella camera, e che essendo il re più assoluto che non era nel tempo del conte duca, non vuol soggettarsi ad un genio qual è quel di Medina nell'esterior molto altiero. Può esser però, che un giorno il duca di Medina dia colpo a don Luigi, come al presente non lascia di dargli qualche gelosia. Il duca di Medina è consigliere di Stato, e delle sue qualità parlerò estesamente nella sfera di quei consiglieri, come di soggetto ch'aspira alla privanza.

I gentiluomini della camera devono conoscer per capo il somiglier di corpo, però molti grandi della prima classe non vogliono sottomettersi, come fanno per obbligo gli aiutanti di camera, scudieri a piedi, guardaroba, secretarii di camera, se ben questi dipendono dal favorito, e importa ad un ministro pubblico averli per amici perchè dispacciano ogni giorno col re e passan per lor mano i memoriali.

De' secretarii di camera, che sono al presente, l'uno è Lezama, ch'è la man dritta di don Luigi d'Haros, soggetto capace, discreto, diligente, attento e ben visto dal re, il miglior secretario ch'abbia quella corte; con il quale non è male il ben intendersi qualunque ministro.

L'altro secretario di camera è don Tommaso Le Vagna vecchio di palazzo, perchè fu aiutante di camera del re padre di questo. È uomo di sincerità ed amorevole. Serve di presente all'introduzion degli ambasciatori con puntualità. È ben averlo grato perchè il re gli parla con familiarità, ma non è uomo che penetri negli arcani, onde è più atto a facilitare la via del negozio, che al negozio stesso.

Nella camera del re si comprendono i medici del re, della camera, speziale ed altri offizii, che hanno i suoi stipendii, se ben non li godono per strettezze dei tempi.

L'offizio di cavallerizzo maggiore ch'è maggior d'ogni altro in palazzo, fuori di quello di maggiordomo, è in persona di don Luigi d'Haros. Le sue preminenze sono: metter il re a cavallo ed aiutarlo a smontare; a quest'effetto in occasione di cavalcata sale a cavallo innanzi degli ambasciatori sopra il medesimo cavallo che sale il re; ed è da sapere che il medesimo cavallerizzo maggiore, quando il re esce in pubblica cavalcata, pretende di star immediatamente attaccato al re, precedendo gli ambasciatori. In mio tempo però il marchese dal Carpio ch'era cavallerizzo, in una cavalcata dopo esser uscito di palazzo dietro ai cavalli degli ambasciatori nel largo della piazza s'avanzò nell'istessa fila degli ambasciatori, e procurò di mantenervisi, quando la capacità della strada lo acconsentiva e non lo obbligava a rimanere addietro, cosa che ha dato che susurrar come novità; io n'ho fatto querele e sono pervenute all'orecchio del re, però non essendo stato secondato nè dal nunzio, nè da altri ambasciatori, che non voglion disgustar quelli da cui cava vantaggi, la cosa è rimasta così indecisa.

Però sarà bene che il ministro di Vostra Serenità procuri in somiglianti occasioni non schivar l'incontro per non pregiudicarsi, ma lasciar intendersi unitamente co' suoi colleghi, chè saran ammesse le sue ragioni quando siano corroborate dall'unione e dal velo del ben comune.

La provisione del cavallerizzo maggiore è di sei mila scudi l'anno con molti regali. Ha sotto di sè il primo cavallerizzo e molti aiutanti, la casa de' paggi, il soprastante della stalla, computista, palafreniero maggiore, araldi d'armi e guardarnese offizii; che nomino affine che Vostra Serenità sappi che il palazzo del re di Spagna è una voragine così grande, che quando si pagassero puntualmente tutt' i salarii degli offizii così ad uomini come a donne, non basterebbe assolutamente quel che il re cava ogn' anno dall' Indie, perchè la sola livrea del re quando la dà nuova, se ben non è nè d'oro, nè di ricamo, per il numero grande della gente che veste, importa cento trentamila ducati: però in quattro anni ch' io son stato in Spagna (vero è che mi son trovato in tempo di due lutti) non ho veduto spiegar livrea del re che sia nuova.

Rimane il quarto carico principal di palazzo, che è il cappellan maggiore. Questa dignità tocca all' arcivescovo di san Giacomo di Compostella, ed è al presente il cardinal Spinola: in sua assenza l' esercita don Alfonso Perez di Guzman patriarca dell'Indie, fratello del morto duca di Medina Sidonia, zio del duca di Vente e della regina di Portogallo. Esercita l'offizio di elemosiniere maggiore. La sua giurisdizione è sopra tutti gli esercizii spirituali del palazzo e della cappella. È offizio degnissimo, perchè ha sotto di sè i cappellani del re, che son persone di sangue e dignità, sin al numero di quaranta, e sogliono gran parte d'essi riuscir vescovi dentro e fuori di Spagna.

Non voglio lasciar di toccare una sola parola del montero maggiore, che è capo delle caccie, sopraintendente dei cani e reti. Quest' è il marchese d'Elice, figlio di don Luigi d'Haros. Il cacciator maggiore sopraintende a tutti gli uccelli di caccia, e quest' è il contestabile di Castiglia. V' è un esercito di persone impiegato nell'une e nell'altre caccie. Vi è il mulattiero maggiore, e si chiama in spagnuolo azemilero maggiore, e questo è il marchese Della Fuente, di presente ambasciatore del re appresso Vostra Serenità.

Vi sono cronisti o istoriografi, e sono due per Castiglia,

uno per l'Indie, uno nel regno d'Aragona, e questi dipendono dal re immediatamente.

Circa la persona del re versano di continuo i gentiluomini della camera. Quest' offizio molti anni fa non era in molta considerazione; ora che s'è veduto che l'esser gentiluomo della camera suole aprir passo nella confidenza del re, e che serve di scala al posto del favore, come s'è veduto in don Luigi d'Haros, e prima di lui anco nel conte duca, molti de' signori principali di questa corte lo ambiscono; e d'alcuni anni in qua s'è dato per mercede, come s'è praticato nella persona del duca dell'infantado, al quale il re in retribuzione del soccorso di Lerida, dove operò come generale della cavalleria, diede la chiave di gentiluomo della sua camera, come pur procurò don Luigi al conte di Castriglio suo zio, ch' aspira al favore.

Di questo stile d'introdur al fianco del re, con titolo di gentiluomini della camera, soggetti capaci della confidenza del re e di talento per far passata ad autorità molto insigne, per stati e per sangue, non è molto lodato don Luigi, perchè da questi semi gli può una volta germogliar la rovina, come al conte duca suo zio s'è originata la disgrazia dall'esser don Luigi d'Haros come gentiluomo di camera sempre al fianco del re; sì che può don Luigi temere (introducendo nella camera del re soggetti di polso) d'esperimentar contra sè medesimo quel colpo, ch'ha esercitato contra di suo zio. Di questi gentiluomini della camera, alcuni sono consiglieri del Consiglio di Stato, come Castel Rodrigo, Medina Las Torres e il conte di Castriglio, onde questi possedon le materie di Stato unitamente alle chiavi della confidenza.

Suole il re nell'ore più oziose discorrer familiarmente con alcuno dei detti gentiluomini della camera, in particolare con don Fernando Borgia conte di Lamiares, ma non entran in materia di stato se non superficialmente e piuttosto a modo di conversazione, che per forma di pigliar parere. Tengon li predetti gentiluomini ripartite le loro guardie a due per volta: l'uno con guardia intiera, l'altro mezza guardia.

Assistono quei di guardia al vestir del re, pigliando i vestiti dagli aiutanti di camera. Lo stesso fanno al mangiare, andando a levar la vivanda per accompagnarla, e il gentiluomo di guardia la pone in tavola un sol piatto per volta, quali solevan esser prima dodici piatti, ed ora son ristretti al numero di otto, e quasi sempre le medesime vivande, conformandosi però alla stagione, e nel condirle all'uso di palazzo.

Beve il re una sol volta in un gran bicchier acqua di cannella, non vino, ma fredda tanto estate quanto inverno, ed il gentiluomo di camera suol servir alla coppa.

Sotto i gentiluomini della camera vi sono gli aiutanti di camera, persone ben nate, e che alle volte sogliono passar all'offizio di secretario di camera. Quest' aiutanti di camera dormon vicino al re quando son di guardia. I gentiluomini del re dopo la cena si ritirano alle loro case; il contrassegno di gentiluomini della camera è una chiave dorata, che portano in cintura alla mano dritta; e quello d'aiutanti di camera, una chiave negra. Altri vi sono che si chiamano gentiluomini della camera, che portan una chiave chiamata capona, la qual serve d' aprir solamente alcune stanze, ma non le camere del re medesimo. Son gentiluomini della camera d' onore, ma senza esercizio; e questo sia detto in quanto al palazzo ch' è la prima sfera di quella corte in materia toccante la persona del re.

Vi è ora di parlar dei figli particolarmente legittimi; è noto a tutto il mondo che il re Filippo IV, del qual parlo e regna di presente, non ha che una figlia legittima, nata della regina Isabella, defunta quattro anni sono. Quest' infanta, chiamata Maria Teresa, è in età, come ho detto, di dieci anni forniti a settembre passato; è di bellezze assai esquisite, se ben di complessione gracile, delicata, e che dà da temere per rassomigliarsi al fratello defunto. La statura del corpo non avvantaggia gli anni, anzi la mostra di minor età, è vivacissima, e di genio piuttosto francese che spagnuolo, di modo che il padre ha convenuto molte volte correggerla, ed ella si reprime d' alcun tempo in qua, perchè vivente la regina sua madre, la signora infanta vedendo nell'appartamento della regina il ritratto del re di Francia presente sempre lo salutava, e diceva, che voleva il suo primo cugino per sposo. Molti credono che queste fossero insinuazioni delle dame che la governavano, forse desiderose di mutar paese.

Sin a quest'ora non l'ha il re suo padre fatta giurar per successore della corona, se ben ella è erede, nè pensa di farlo, perchè spera con la nuova sposa successione virile. Già sta destinata la signora infanta per consorte al re d'Ungheria figlio dell'imperatore, a tal effetto deve il medesimo re d'Ungheria unirsi in Castiglia per imbeversi dei costumi della nazione e per esser pronto a tutti gli accidenti.

La mira di questo matrimonio dell'infanta con il re d'Ungaria, è riunir in una le due case d'Austria cioè di Germania e Spagna, macchina che sarà difficile da maneggiarsi, e che propala il disegno di quei vasti concetti di dominio, che nè reiterate disgrazie, nè l'instabilità di accidenti, nè la ribellione de' proprii sudditi ha potuto sradicare nel superbo cuor dei Spagnuoli. Onde questo punto ch'è d'altissime conseguenze ha da tener sempre svegliata l'attenzione di tutti i principi, in particolar di quelli, nel cui bilancio di buona politica, col giusto equilibrio, s'è sempre procurato tener contrappesate le grandi potenze.

Con la venuta in Spagna del re d'Ungheria, pretendono gli Spagnuoli, in caso di morte della signora infanta, ed in mancanza di altra regia prole, escluder il re di Francia dai diritti legittimi, che tiene all'eredità della corona di Spagna, per esser figlio della figliuola maggiore di Filippo III, che in caso di mancanza de' figli di Filippo IV suo fratello, benchè femmina, viene ad esser erede del fratello stesso: perchè in Spagna non s'escludon le femmine, onde per ogni caso voglion che il re d'Ungheria, come figlio dell'altra sorella erede, già morta, si trovi in possesso di questi regni, e con la possessione venghi a migliorar le condizioni del suo diritto.

Il re ama svisceratamente questa sua figlia unica: non passa giorno che non la vegga tre volte. La mattina, il dopo pranzo ed al cader del sole, e quasi sempre un'ora per volta, godendo di vederla danzare.

Nelle occasioni di passeggi va il re solo con la signora infanta, della quale è aia e governatrice la contessa di Meteline sorella del duca di Cardona, padre del presente, e zio di don Luigi d'Aros, dama di virtù, prudenza e pietà, destinata cameriera maggiore della nuova regina.

Il resto della casa è la medesima che fu della regina ed i medesimi offizii. Maggiordomo maggiore è il duca di Macheda, cavallerizzo maggiore il conte d'Altamira; vi son altri maggiordomi, dame d' onore e con altri offizii in tal numero che è cosa incredibile: perchè comprese le donne che servono alle dame d'onore, si fa conto che nel palazzo del re vi siano al presente trecento e trenta femmine per servizio d'una sola fanciulla ch'è la signora infanta, e queste tutte godono razioni, se ben mal pagate, ma cavano al loro maritare dalle mani del re quasi tutta la dote, e in ogni tempo molte e ricche grazie, perchè il re non è alieno dal compiacer le dame, ed alcune di loro non gli sogliono esser ingrate.

De' figliuoli naturali di Sua Maestà non v'è sino a quest'ora dichiarato se non don Giovanni d'Austria. L'anno 1629 adì 7 aprile nacque don Giovanni di madre vulgare, che al presente vive religiosa. Qualche tempo nella fanciullezza fu sotto la cura di Medina Las Torres, in età di dodici anni fu riconosciuto dal re per figliuolo naturale, con intenzion di mandarlo in Fiandra, ma non conseguì effetto, per essersi mostrate quelle provincie aliene dal governo d' un bastardo. Fu dopo destinato al carico del generalissimo del mare, com'è al presente, e allora il re gli pose casa con offizii e disposizione simile a quella d' un principe di Spagna, essendo destinate al suo servizio persone di nobil sangue. È egli in stato ecclesiastico professo con i tre voti, è gran prior di Castiglia e di Leone ed arcidiacono di Toledo.

Avrà circa centomila scudi d'entrata annua, compreso lo stipendio di generale, quasi tutti di beneficii e pensioni ecclesiastiche. È di buon aspetto e ben proporzionato di corpo, e d'indole inclinata alla virtù, capace d'ogni disciplina e desideroso di gloria. Le parti morali di don Giovanni sono tutte lodevoli, perchè tutte sono proclivi più alla virtù che al vizio. Il re lo ama teneramente, ed egli riverisce con ogni ossequio e fedel obbedienza il re suo padre. Non ha mancato chi, con l'occasione della rivolta di Napoli, e del di lui approdar con l'armata reale a quel regno (1), non abbi procurato di metterlo in diffidenza e renderlo sospetto, onde andarono gli ordini di Spagna, che a suo tempo scriesi; col depor poi egli volontariamente il governo di Napoli nel conte d'Ognate, ha espurgata non solo ogni suspezione, ma conseguito anco approvazione, benchè nel successo di rimetter le cose di Napoli nella pristina quiete, essendosi il conte d'Ognate usurpata con scritture in stampa più parte in quel fatto di quel che gli toccava, emulando la gloria di don Giovanni d'Austria, in corte di Spagna ha incontrato biasimo.

Del talento e consiglio di don Giovanni d'Austria pare che il re faccia qualche stima, parte per concetto proprio, parte per adulazion de' ministri; è credibile che da qui innanzi sarà sempre impiegato, se non sia ch' urti nei scogli che d'ordinario sogliono produr le corti fra' ministri. Con ciò termino il primo punto di questa relazione attinente la persona del re, sua prole e palazzo.

Il governo della corona di Spagna, ch' è il secondo punto di questa relazione, quanto alla formalità è quel medesimo che Vostra Serenità ha udito riferir in questo eccellentissimo Senato più volte da' miei predecessori. Quanto alla sostanza riceve più o meno alterazione, secondo l'autorità e predominio di chi possiede il posto del primo favore, perchè nel tempo del conte duca, i Consigli non ritenevano che le sole apparenze, ed egli l'assoluta disposizione.

Nel tempo presente, che la grazia del re vien posseduta con circospezione, senza pubblica dichiarazione, li Consigli

(1) Il 4 ottobre 1647 la flotta spagnuola gettò l'ancora nel porto di Napoli. Si annunciò ai Napoletani che don Giovanni d'Austria che la comandava, loro apportava la conferma dei privilegi di Carlo V, ma in effetto esso tentò d'impadronirsi della città con un colpo di mano, il quale non essendogli riuscito e per la rivoluzione di tutto il reame fu costretto a partirsene.

godono più libera la facoltà del lor voto, e son più efficaci le risoluzioni; mentre il re, che pretende essersi alegate le braccia dal favorito, se le lascia legare dalle Consulte, le quali Consulte se ben non hanno forza assoluta in promuover qual si sia materia, hanno però gran poter nella negativa; onde l'aver una Consulta contro in un negozio, è cosa bastante per precipitarlo, e l'averla in favore non basta per conseguirlo, perchè il re non ardisce, se non sia in caso molto speciale, rigettar le Consulte, e quest'è una corrente che suol portar i negozii spesso a traverso, intervenendovi la passione di molti ministri, sotto coperta di zelo del ben comune, la cui ipocrisia più che in altro luogo del mondo, nella corte di Spagna vien tollerata. Se occorrerà toccar questo punto, lo toccherò trattando del Consiglio di stato, dove le materie patiscono diverse fluttuazioni.

Quindici sono i consiglieri in Spagna, cioè di Stato, di Guerra, di Castiglia, d'Aragon, dell'Inquisizione, d'Italia, di Portogallo, di Fiandra, dell'Indie, di Camera dell'Indie, Administrazione della Camera di Castiglia, d'Ordini, d'Azienda, di Contodaria maggiore e della Cruzada. Parlerò in primo luogo del Consiglio real di Castiglia.

Questo è il Supremo Consiglio di giustizia. Si compone d'un presidente e sedici auditori, persone legali, le quali hanno voto; v'intervengono un fiscale, sette relatori, che son membri del medesimo Consiglio, un depositario che chiamano recettore, il quale riceve le pene di questo Consiglio, e tutte le altre cancellerie di Castiglia, un recettore per le spese di giustizia cioè distribuzion di condanne, un sollecitator fiscale, un auditor ed un procurator dei poveri, sei scrivani, cioè notari, che chiamano di camera i quali estendono gli atti delle cause così civili come criminali, a cui sono addetti altri cento scrivani che soglion esser spediti fuori di corte a varie commissioni ed informazioni di cause nominati dal presidente; e così gli uni come gli altri scrivani son offizii vendibili.

Si riduce questo Consiglio ogni giorno, che non sia festivo, sopra materie di cause superiori ai giudici o inferiori. Si suol ripartir in cinque o sei sale per meglio diriger le materie. L'offizio di questo Consiglio è invigilar all'osservanza delle leggi e delle prammatiche del regno, ed in mirar alla polizia del governo, raccordando le cose necessarie a Sua Maestà, e giudicar dei feudi dei signori di Spagna.

A questo Consiglio vengono in appellazione le cause della sala degli alcadi di corte, che son giudici di prima instituzione in civil e criminale. Le cause delle cancellerie di Valladolid, Granada, Siviglia, Galizia, non già di Navarra, nè delle Canarie, perchè non vogliono aver dipendenza da questo Consiglio.

Giudica il Consiglio real con le leggi di Castiglia e con le municipali dei luoghi, in difetto delle quali ricorre alle leggi comuni. La giurisdizione di questo Consiglio s'estende sopra tutt' i tribunali di Castiglia e fuori, che son compresi in Castiglia, in particolar sopra il tribunale degli alcadi, che non ponno eseguir sentenza capitale senza darne parte al medesimo Consiglio.

Per via di mano regia può rimediar agli aggravii dei regni di Castiglia, giudicar i governatori dei luoghi ed i ministri di tutt' i tribunali. Per ragione di regalia conosce anco di cause di giurisdizione e le tratta con mano suprema.

In questo luogo è degna un' osservazione che può giovar per esempio ad altri principi, cioè, che questo Consiglio real di Castiglia giudica e conosce, sotto titolo che chiamano della forza, cause non solo tra secolari ed ecclesiastici, ma tra ecclesiastici ed ecclesiastici ancora.

Questo è un genere d'appellazione introdotto sino al tempo di Filippo II, alla quale ricorrono come alla protezione del principe naturale tutti quelli che si chiamano offesi dal giudice ecclesiastico, in particolar dal tribunal del nunzio, dal quale pretendono sia fatta violenza. I pontefici sempre gridano contro questo ricorso, ma si pratica tuttavia e tiene effetto, e tanto passa innanzi il tribunale della forza, che fa che l' ecclesiastico assolva per ottanta giorni dalle scomuniche, fin che si veda il negozio della pretesa violenza; comminando al giudice ecclesiastico la pena di privazione della temporalità ed entrate, che il giudice ecclesiastico gode ne' regni di Spagna, se non dà compimento alle provvisioni, che dal medesimo Consiglio si notificano all'ecclesiastico.

Tutti gli ecclesiastici così secolari come regolari ricorrono a questo tribunale della forza, eccetto che la chiesa di Toledo ed i padri gesuiti, che non se ne sono valsi sin ora; e molti ricorrono per guadagnar tempo o per imbrogliare ancorchè conoscano d'aver il torto.

Anco le bolle del papa provvisionali de' beneficii ecclesiastici vanno molte volte sotto la censura di questo tribunal della forza, e si sospendono, o son ritenute sotto colore d'informar meglio Sua Santità, però rare volte si deducono a Sua Santità, e si risolvono le provisioni opportune.

Questo Consiglio ogni venerdì dopo pranzo per un suo auditore fa relazione al re dei casi più importanti della settimana, portandosi tutto il Consiglio unito alla presenza di Sua Maestà, ch'egli ascolta sotto baldacchino, e dopo la consulta suol il presidente parlar al re in privato.

Quando il re è in campagna si supplisce con relazioni in iscritto. Il presidente con il Consiglio le feste solenni visita le carceri; ed ogni sabbato due consiglieri fanno l'istesso, con autorità di rivocar e permutar qual si sia sentenza dei giudici di prima istanza, ed in questa funzione rappresentan l'autorità del re, però sono irrevocabili le loro sentenze.

In alcuni casi suol il re dimandar il parer di questo Consiglio, anco in alcuna materia di stato, però di raro, e solo quando concerna il regime di buon governo.

Le grazie e la giustizia distributiva appartengono al Consiglio di camera, che è membro di questo Consiglio. L'offizio di presidente di Castiglia è la più alta dignità della corona di Castiglia dopo il re. Non è durante la vita, come son gli uffizii di consiglieri, ma ad arbitrio del re. Può proceder contro le persone de' grandi, però con un ordine sottoscritto di mano del re. Nel resto in materie di governo e contro chi si sia, che non sia grande, può proceder dispoticamente; gode gran preminenze.

Il titolo con cui tratta è illustrissimo, che in Spagna è

molto riguardevole. Questa carica altre volte è stata in persone di cardinali grandi di Spagna, ed alle volte in persona di bassa qualità. Comanda il presidente, come un membro del suo Consiglio, alla sala del crimen, ove risiedono sette alcadi di corte, e da dove dipendono tutti gli ufficiali di giustizia, ed in questa sala suol proceder un auditor del Consiglio reale. Comanda anco al tribunale di provincia, ch'è il centro degli sbirri.

Nella stessa forma ch' ho rappresentato di questo Consiglio, sono anco composte le cancellerie di Valladolid, Granada, le audienze di Siviglia e Galizia, e gli uffizii di queste cancellerie son provveduti dal Consiglio di camera, che è membro del Consiglio reale. In Galizia presidente di quell'audienze è il vicerè, che suol esser persona insigne e risiede nella Corogna.

Con occasione di che tratto del Consiglio supremo di Castiglia, dirò una sola parola delle corti. Le corti si formano di alcuni procuratori eletti dai luoghi che rappresentano il regno di Castiglia, i quali sono diciotto (1).

Queste corti quando si radunano sogliono conceder imposizioni o levate di genti straordinarie.

Si soglion convocar per giurar e riconoscer il re, o il principe successore, e sempre si convocano quando il re le chiama. Soglion deliberare per la pluralità dei voti, e questi d'ordinario suol il re guadagnarsi con promesse o di danaro o di grazie.

A due riduzioni di corti m'è occorso a trovarmi, l'una in Navarra quando il principe morto fu giurato, ed in quell'occasione oltre la cerimonia pubblica, nella quale gli stati di quel regno baciarono la mano al principe, il re ricercò un aumento di milizie pagate dal regno, e non puotè conseguirlo. L'altra occasione fu nel regno d'Aragona quando medesimamente giurarono il principe, e durò la riduzion di quei stati poco meno di un anno: fu astretto il re ceder a molti punti, come a quello dell'inquisizione, dove risiedeva il maggior polso della sua au-

(1) Vedi *l'Histoire des Cortès d'Espagne* par M. Sempere.

torità in quel regno, nel qual è limitatissima la potenza regia, e succedono fastidiosi accidenti sin all' interno del medesimo palazzo regio, come diedi a suo tempo minuto ragguaglio a quest' eccellentissimo Senato.

La forma delle corti è quasi in tutti i regni la medesima, diversificata solamente la individualità delle circostanze e delle persone che v' intervengono, intervenendo in alcuni stati il braccio ecclesiastico, in altri no. Da questi stati, caso che venisse a mancar la successione regia, potrebbero suscitarsi gran moti, convulsioni e divisioni dell' un stato all' altro.

Quanto al governo inferiore delle città, questo si forma d' un corregidore e alcuni alcadi, che radunati chiaman agiuntamento, e forman il magistrato della città con facoltà civile e criminale, e con disposizione del buon regime. Queste cariche di regidori soglion vendersi per ordinario.

Il Consiglio di camera, ch' è il secondo qui in ordine, deve stimarsi il primo nel merito delle sue facoltà, perchè questo Consiglio è più re del medesimo re, essendo l'erario di tutte le grazie, perchè non solo le consulta al re e le dispaccia, ma contraddice e si oppone a quelle grazie, che il re medesimo fa spontaneamente. Questo Consiglio si può chiamar la dataria di Spagna, dataria di jus patronati, molto maggiore che quella del papa; e come il re di Spagna ha maggior campo di beneficar con dignità ecclesiastiche, che il papa medesimo, così questo Consiglio, per il qual passano tutte le provvisioni, è il maggior archivio di grazie, che sia quasi in tutta la cristianità, perchè consulta un' infinità di benefizii, mentre tutti i dispacci di grazie di benefizii ecclesiastici di Castiglia, dell' Indie, d' Aragona, che comprende i regni di Valenza e Sicilia d' Italia e di Fiandra passan per questo Consiglio.

Suole il confessor di Sua Maestà, per scarico della coscienza reale, aver alle volte qualche mano in queste consulte dei benefizii ecclesiastici, però non ha voto formale, ed in mio tempo di proprio motivo il re non ha dato che sole tre chiese, e se ben le può dar tutte, non lo fa quasi mai, anzi il Consiglio disapprova alle volte le nomine che fa il medesimo re, di modo che rimangon pendenti; non succedeva però così nei tempi del conte duca, che non voleva Consiglio, che quel della sua testa.

D'uffizii secolari che dispaccia questo Consiglio si numerano più di sessantamila, con infinite mercedi, onde è il vero distributor delle grazie.

Tutti gl'indulti e perdoni di qualsivoglia genere di delitto si dispacciano in questo Consiglio; tutt'i titoli, tutt'i grandati e tutte le cariche così della corona come della casa del re, però le maggiori; tutta l'amministrazion di giustizia, tutti i governi militari, presidenze di Consigli, e, in una parola, tutte le grazie che può far il re d'ogni genere, han da passar per questo Consiglio.

Risiede in esso un presidente, ch'è il medesimo presidente di Castiglia, e quattro consiglieri del Consiglio reale, un relatore e tre secretarii, uno de' quali per le provisioni secolari e l'altro per l'ecclesiastiche, i quali ascolten le liti attinenti al jus patronato regio. Il terzo è un secretario, che sopraintende alle liti che nascono dalle provisioni già fatte.

Gli uffizii di consiglieri di questo Consiglio di camera son perpetui, e non escono dal detto Consiglio se non con posti maggiori, come di vescovo o presidente di altro Consiglio. Non si soglion ammetter se non naturali della corona di Castiglia, e così anche nelle giudicature, se ben sogliono alle volte valersi dei collegi, che sono nell'università di Salamanca e Valladolid, di dove si cavano uomini insigni.

Il Consiglio d'Aragona, del qual tratto al presente, in terzo luogo, comprende sotto di sè tutto quello che tocca ai regni d'Aragona, Valenza, Catalogna, Sardegna, Maiorica, Minorica, non solo in ciò che concerne l'amministrazion di giustizia, ma anco quelle di stato, di guerra e di governo, però in un modo ristretto, perchè i vicerè che governano quelle provincie scrivono e consultano al re sopra le materie. Le consulte passan per questo Consiglio, e quando son materie di stato o di guerra si trasmettono al Consiglio di stato.

Questo Consiglio d'Aragona ha tanto maggior autorità

quanto quella del re ne' suddetti regni che è molto minor di quella ch'ha nella corona di Castiglia, perchè son tali i privilegi e i statuti, con i quali Aragona e Valenza giurano al re e il re giurano l'osservanza loro, che si possono chiamar piuttosto repubbliche con un capo regio, che il re assoluto patrone di questi regni; onde passan d'ordinario scandali e disgusti notabili fra il re e quei popoli, il re procurando la diminuzion dei loro privilegi, ed il popolo insistendo constantemente per la loro osservanza.

V'è un magistrato nel regno d'Aragona, che si chiama *Justiza* d'Aragona, al quale tocca esser giudice fra il re ed il popolo in queste materie giurisdizionali. In tempo di Filippo II fece gran rumore questo magistrato, e Filippo II procurò di contrappesarlo con estender l'autorità dell'inquisizione per operar sotto questa cappa in contrapposto del tribunal del *Justiza*; però l'anno 1640 nelle corti che ho citate di sopra, tenute in Saragozza, fu astretto il re presente a moderar l'autorità dell'inquisizione, così nelle materie civili e criminali, come nel numero dei inquisitori e familiari dell'inquisizione, ch'era esorbitante, e soprafaceva nell'insolenza. Onde gli Aragonesi han guadagnato un gran punto per la loro libertà e privilegi, e il re l'ha ceduto per necessità, con mira di cavar qualche aiuto da quel regno per spazio di quattro anni come fece; e così in luogo di restar controminata com'era ne' tempi passati con la forza dell'inquisizione l'autorità del regno, quest'è risorta con la necessità de' tempi e con ristringere l'inquisizione.

Propone questo Consiglio per via di consulta, come fa quel di camera di Castiglia, tutte le provisioni ecclesiastiche dei nominati regni, e tutti i principali uffizii secolari, fuori che i vicerè, che questi li consulta il Consiglio di Stato. Provede sei arcivescovati, ventiuno vescovato, trentanove abbadie ed un numero infinito di beneficii ecclesiastici.

V'è un ordine militare in Aragona, chiamato di San Giorgio, del quale è gran maestro il re, ma annesso al re v'è un reggente del Consiglio del regno d'Aragona.

È da notare, che nella città di Saragozza vi son tre giurati che hanno governo principale delle cose civili, ed uno di loro che si chiama il capo, va in ogni solennità pubblica al fianco del re.

Ha guadagnato in queste ultime corti il regno d'Aragona, con l'assistenze che ha offerte al re gran vantaggi nella direzione del proprio governo, in particolare nella redintegrazione d'alcune cariche, come quella di vice-cancelliere del regno, ch'è come presidente del Consiglio d'Aragona, che il conte duca per timor dell'autorità del detto offizio aveva abolito. A molti altri offizii ancora, non solo in Aragona, ma in altri regni subordinati a questa corona, s'è aperta in queste corti la porta alli naturali, e vi furono dei rumori, come ho detto di sopra.

Una delle principali cariche del regno d'Aragona è quella del tesoriere, soggetto d'ordinario di cappa e spada. È offizio di grand'autorità; al presente è in testa del duca di Medina Las Torres e passa in eredità. Darà sempre gran gelosie il regno d'Aragona ai re di Castiglia, in particolare durante le guerre nella Catalogna; perchè li Aragonesi di lor natura sono mal inclinati verso li Castigliani, e di mala voglia comportano di aver un re comune con Castigliani, sovvenendosi che nei tempi passati i re d'Aragona prevalevano a quei di Castiglia; onde amerebbero meglio aver un re proprio, avendo massime avanti gli occhi l'esempio di Portogallo e la rivoluzione dei Catalani, i quali Catalani sono chiamati dagli Aragonesi carissimi fratelli, ed io medesimo l'ho udito nell'occasione di giurar il morto principe; e vaglia il vero son gli Aragonesi e i Catalani d'un genio uniforme, rivoltosi, aspri, e nemici dei Castigliani.

Si forma il Consiglio d'Aragona, per chiuder questo articolo, da un vice-cancelliere, ch'è come un presidente, ma ha voto in tutte le materie, dal tesoriero che ho accennato di sopra, da un conservator del patrimonio reale, sei auditori, che chiamano reggenti, due per Aragona, due per Valenza e due per Catalogna. V'è un protonotario apostolico, dal qual si conservano i sigilli e conserva tutti i dispacci di questo Consiglio. Vi sono quattro secretarii, destinati distintamente alle materie di quei regni, che sono incorporati nel regno d'Aragona, il qual regno d'Aragona, secondo le constituzioni delle cose presenti, quando venisse a succeder nella casa reale qualche mutazione, o per mancanza di linea mascolina, o per altro accidente, darà che dir al mondo, ed è un gran freno alla corona di Spagna; e questo è un de' più notabili punti delle mie osservazioni.

Segue il Consiglio d'inquisizione. Questo è il più assoluto Consiglio della corona di Spagna, perchè, sotto cappa di religione, s'ascondono le più recondite massime del governo spagnuolo. È un tribunale il più necessario che tenga la Spagna perchè resti soffocato quel seme de' Mori e Giudei, ch'è la vera origine di molti mali e la dissoluzion d'ogni vita, che nel genio spagnuolo è connaturale resti frenata dal terror d'un supremo giudizio.

Questo tribunale dell' inquisizione fu fondato sin nel tempo del re cattolico don Fernando, con privilegi amplissimi di somma autorità e inappellabili sentenze, senza ammission di ricorsi a Roma, e ciò per espurgar dall' infezion de' Mori e Giudei li regni di Spagna.

Il capo di questo Consiglio è sempre un soggetto eminente, con titolo d'inquisitor generale nominato dal re al papa. Si compone d'altri otto consiglieri ecclesiastici, che nomina lo stesso inquisitor generale al re. V'intervengono due auditori del Consiglio reale per occasion di materie politiche. Da questo Consiglio ed inquisitor generale dipendono tutte le altre inquisizioni delle provincie di Spagna, fuori del Portogallo che ha avuto sempre inquisitor a parte, e Catalogna che l'ha cacciato via. Napoli e Fiandra non han inquisizione. Milano sì, ma indipendente da Roma. Sicilia, come dipendente d'Aragona, dipende dall' inquisizion generale di Spagna, e così anco le Indie.

L'inquisitor generale non consulta le sue deliberazioni col re, come indipendente dall' autorità regia; solo in alcuni casi o gravi, o conseguenti il politico, per termine di riverenza, suol comunicar col re; ed in caso che si tratta di cattura di persone che siano della casa reale, il re dà l' ordine della cattura.

Questo Consiglio è dispensatore e amministratore dei beni che si confiscano ai rei del suo tribunale, e in tempo dei due ultimi inquisitori, il re ha avuto quattrocento mille ducati, di ragion di confiscazione, dal detto tribunale.

Gran crollo all'autorità del tribunal dell'inquisizione ha dato papa Innocenzio, con delegar la causa del protonotario, giudicato e condannato dall'inquisizione, a tre vescovi in Spagna come in appellazione; e perchè di questa materia ho scritto a Vostra Serenità a suo tempo, quando occorreva, non tengo in presente in che estendermi di vantaggio (1). Bensì devo estendermi alquanto nella ponderazione del Consiglio d'Italia, per esser questo Consiglio amministratore di tutti quei stati, che il re di Spagna possiede in Italia, i quali o per terra o per mare confinano col dominio dell'Eccellenze Vostre.

È dunque il Consiglio d'Italia formato da un presidente, e in sua assenza dal tesorier d'Aragona, uffizio ereditario, che il duca di Medina Las Torres possede al presente, ed è di gran rendita, da sei reggenti tre Italiani e tre Spagnuoli, cioè due per Napoli, due per Sicilia e due per Milano, e da un conservator del patrimonio reale, al qual va unito l'uffizio di fiscale, ed è quasi sempre un soggetto spagnuolo.

Abbraccia questo Consiglio i tre punti essenziali d'ogni governo, cioè regime politico, amministrazion di giustizia e distribuzion delle grazie. Nel politico consulta al re le materie dei stati d'Italia, e sebben Sua Maestà prima di risolver riceve anco il parer del Consiglio di stato, nondimeno quando quello d'Italia corrobora il proprio parere o con leggi comuni, ovver colle municipali dei stati di Sua Maestà in Italia, tiene gran forza e suol prevalere.

Questo Consiglio fa gran contrappunto al Consiglio di stato nelle materie d'Italia, per l'esperienza che hanno li consiglieri di quel Consiglio delle cose d'Italia, ond'è necessario che li ministri di Vostra Serenità in corte di Spagna facciano

(1) I dispacci relativi si conservano fra gli altri nell'Archivio Veneto generale: *Senato III, Secreta*, 78.

stima dei consiglieri del Consiglio d' Italia, che è direttore delle materie di questa provincia, ed in particolar del presidente di quel Consiglio, che al presente è il conte di Monterei, soggetto di gran capacità ed esperienza, che per esser del detto Consiglio di stato, si può dir ch'ha due mani nel governo; con la destrezza e sagacità del suo ingegno gira il Consiglio d' Italia a modo suo, onde con questo ministro, principalmente in Spagna, è necessario avvertire che suol esser egli nelle materie bilanciato da due contrapesi: interesse e passione. Non lascia però, come il più antico del Consiglio di stato, d' aver non solo gran credito in ogni consulta, ma quasi il predominio di tutti i voti, mentre don Luigi ricorre a Monterei come all' oracolo che parla per bocca dell' esperienza.

Non mi dilaterò nella formalità di governo con che si reggono li stati del re di Spagna in Italia, essendo i medesimi stati sotto l' occhio dell' Eccellenze Vostre, nè devo metter studio in persuader all' Eccellenze Vostre l' autorità assoluta che tengon i vice-re e il governator di Milano, avendosi viste tali prove nell' inesecuzione non solo, ma opposizione pertinace ai decreti regi nell' occasione delle assistenze di Sua Maestà cattolica destinate all' Eccellenze Vostre. Solo dirò, che dai medesimi vice-re s'inviano in Spagna le nominazioni dei soggetti che devono impiegarsi e occupar i posti del governo così civile come militare, tanto secolari come ecclesiastici. Il re però sceglie da' nominati quello a chi più aderisce il Consiglio d' Italia; ed è da notare che nell' elezione dei vice-re, nella quale il Consiglio di stato suol aver parte, il Consiglio d' Italia replica tre e quattro volte, e suol spuntarla, intervenendo massime l'autorità del conte Monterei, il quale è stato il primo del 1629, che coll' appoggio del conte duca suo cognato, introdusse in Napoli la disobbedienza agli ordini regii, che passa in esempio sin al giorno d' oggi (testimonio ne sia il duca d'Arcos), ed in Spagna vuole che tutte le cose camminino a modo suo.

Non ripeterò a Vostre Eccellenze tutti li disordini che nascono dalla renitenza dei vice-re all' obbedienza degli ordini regii, ma dirò questo solo, che inutilmente i ministri di Vostra

Serenità disperdono i loro sudori in corte di Spagna per ottenere ordini di Sua Maestà ai vice-re, perchè i vice-re vogliono reggersi col proprio arbitrio e metton da parte gli ordini regii, ed a me è occorso fare a Sua Maestà vive rimostranze di tal disordine nell'occasione della disobbedienza del duca d'Arcos (1); e fu astretta Sua Maestà rispondermi, che ben riconosceva il pregiudizio che dalle disubbidienze a' suoi ordini ne risultava al proprio servizio, però ch' era fatta così comune quest' insolenza nel disubbidire, che non a un duca d' Arcos solamente, ma a cento de' suoi ministri avrebbe convenuto far levar in un giorno la testa, per rimediar a questo disordine delle disubbidienze. Che le congiunture de' tempi non l' acconsentivano e persuadevano una dissimulata connivenza, acciò il rimedio non fosse peggiore del male.

Onde non m' estenderò d' avvantaggio sopra la temerità esecrabile dei vice-re, che servirà di lume ai ministri dell' Eccellenze Vostre in corte cattolica, aggiungendo questo sol riflesso, che in Spagna deferiscono molto all' arbitrio dei vice-re e ministri di Sua Maestà in Italia, come quelli ch' essendo sopra il fatto, posson dar miglior regola agli emergenti. Dirò

(1) Il duca d'Arcos, vicerè di Napoli, non mandò, come gli era stato ordinato dal re, le navi in aiuto alla Repubblica contro il Turco. L'ambasciatore Giustiniani se ne lagnò alla corte, ma non potè ottenere che parole, e la seguente lettera per don Giovanni:

Don Juan de Austria mio hijo governador goneral de todas mis armas maritimas. El duque de Arcos tiene orden mia para socorer ala Republica de Venecia contra el Turco, con algunas fuerças maritimas y señaladamente con la escuadra de navios del generat Geronimo de Mastbrandi, por lo que deseo ayudar en todo lo posible causa tan justa, y complacer a la Republica, y porque con vuestro passage a Italia os tocara el cumplimento de aquella orden, os encargo che pidiendo copia della al duque que os la darà, la cumplaïs puntualmente como en ella se contiene, de que Yo holgarè mucho por las causas referidas, y lo que deseo que la Republica conozca en todo lo posible mi afecto, y lo que puede esperar si las cosas universales tomaren tal estado, que sin los viesgos que hoi sobrestan haya lugar de darle aquellos socorsos que en otros tiempos ha recevedo de mi corona. De Madrid a 20 de agosto de 1647.

Yo el rey

Pedro Coloma.

due sole parole della giustizia di questo Consiglio e distribuzion delle grazie.

Ha la giustizia le sue direzioni sotto le leggi dei medesimi stati d'Italia, non variatasi l'antica disposizione osservata da're di Napoli e Sicilia e duchi di Milano, se non nel solo tribunal dell'inquisizione aggiunto dalla casa d'Austria al regno di Sicilia. Le materie di giustizia si espediscono solo in grado d'appellazione nel Consiglio d'Italia in materie feudali e senza consulta, ma in casi gravi con partecipazione del re.

La giustizia distributiva abbraccia le provisioni che sono amplissime così nel secolare come nel spirituale, perchè provvede tutte le cariche del regno di Napoli, cominciando da quella dei vice-re come tutte l'altre subordinate agli uffizii inferiori; però li provvede il medesimo vice-re, ed è infinito il numero degli uffizii nel regno e provincie di Napoli.

Quanto alla spirituale provvede nel solo regno di Napoli sei arcivescovati e sedici vescovati a presentazione del re, una infinità d'abbadie e beneficii ecclesiastici, che son di patronato regio.

In Sicilia provvede medesimamente tutti gli uffizii di quel regno, che son quasi innumerabili. Nell'ecclesiastico tre arcivescovati e sette vescovati, una moltitudine d'abbadie e di beneficii, ch'ascendono a duecento trentaquattromille e seicento ducati di rendita; ed è da osservare che il re tiene in Sicilia un giudice che conosce le cause d'appellazione de' tribunali ecclesiastici di quel regno, con gravissimo risentimento di Roma, ch'è occasion di disgusti tra la corte di Roma e i ministri regii.

Nel stato di Milano la provision militare prevale alla togata, disponendo il re di generalati di cavalleria, dell'artiglieria ed altri simili per occasion della guerra, assorbendo lo stato di Milano non solo quanto soleva il re ritraer gli anni addietro dal regno di Napoli, ma anco qualche parte del denaro di Spagna e di Sicilia. Al presente tutto il danaro per il sostenimento di Milano lo somministra la Spagna.

Nel spirituale poco provvede nel stato di Milano, perchè oltre il vescovato di Vigevano, gli altri vescovati provvede il papa a sua volontà; e questo è quanto alla giustizia distributiva.

La grazia ch' amministra il Consiglio d'Italia consiste in indulti e perdon de' delitti, ed in altre materie toccanti alla suprema potestà del principe; con che chiudo il discorso attinente al Consiglio d'Italia, e venirò al Consiglio di stato, la cognizione del quale importa più d'ogni altro al servizio dell'Eccellenze Vostre, e me ne sbrigherò con la più succinta notizia.

Il Consiglio di stato ha assoluta autorità quasi in ogni materia, ma in particolare nelle politiche. Suo ufficio è trattar delle convenienze del servizio del re, risponder agli ambasciatori, corrispondere con i principi forastieri, esaminar le loro azioni, provveder e studiar alla conservazione ed aumento dei stati del re, bilanciar le conseguenze di pace o di guerra, ed in fine diriger il più essenziale di quella monarchia; e perchè la forza di questo Consiglio non ha altro limite che le forze della monarchia, nè altra legge che l'arbitrio de' consiglieri, e questi son quelli che han da trattar con li ministri dell'Eccellenze Vostre, però mi sarà condonato il dar un semplice tocco della inclinazion e talento di cadauno de' consiglieri del Consiglio di stato, ed il modo di negoziar con loro.

Presidente del Consiglio di stato è il re medesimo. Consiglieri sono: il conte di Monterei, il marchese di Castel Rodrigo, il duca di Medina Las Torres, il marchese di Mirabello, il conte di Castriglio, il duca di Fernandina, il marchese di Valpariso, il marchese di Vellada, fra Giovanni Martinez domenicano confessore di Sua Maestà, ed il cardinal Sandoval arcivescovo di Toledo.

Questi tutti, alla mia partenza di Spagna, eran alla corte. Assenti erano il marchese di Leganes, il marchese Spinola, don Francesco di Melo, il cardinal Spinola, il cardinal Trivulzio, il vescovo di Cuenca, il duca di Tunesi e don Melchior Borgia.

Il conte di Monterei è ministro che possiede il primo grado nella direzione degli affari di stato, ed il credito maggiore nelle cose d'Italia. È necessario per negoziar bene tenersi ben affetto questo ministro, perchè a questo s'appoggia come a soggetto di grande esperienza don Luigi d'Haros. È intrinsecamente superbo, però con chi tratta seco modestamente mostra gentilezza. È pronto e risoluto nel dispaccio, vigilante ed attento al negozio; si lascia allettar, per non dir vincer dall' interesse. Amico dei regali, servo del proprio comando, violento nelle passioni, in particolar di vendetta, non molto eloquente, ma di grande perspicacità.

Con questo ministro è necessario aver l'occhio alla seconda intenzione che suol aver quasi in ogni negozio, tenendo egli per massima di stato del tempo presente, ingannar e non esser ingannato. È in età avanzata; la moglie ha poter seco ed è buon mezzo alla sua amicizia, intervien quasi in ogni giunta il suo parere, nelle cose d' Italia è quasi assoluto.

Il marchese di Castel Rodrigo è il più sodo ministro che abbia il re di Spagna, è in opinion di molto cristiano e disinteressato, tratta assai con chiarezza e sincerità, però con prudenza e circospezione, in ogni cosa si mostra moderato e senza ostentazione. È molto offizioso con gli ambasciatori; il re lo vede di molto buon occhio, e ne fa gran stima, perchè parla con libertà. È figliuolo di don Cristoval di Mora, che fu favorito del re Filippo II, e intrinsecamente aspira al favore, se ben lo dissimula, per non dar gelosia a don Luigi Haros: sta però unito col duca di Medina Las Torres e l' ha tirato in corte. È padre del conte di Lumeares, ambasciatore cattolico all' imperatore; è ministro molto adoperato, se ben in età e con alcuna indisposizione. Sarà sempre utile che il ministro dell'Eccellenze Vostre faccia capitale di questo soggetto, perchè il suo voto nel Consiglio di stato e in ogni giunta è di molta considerazione.

Il duca di Medina Las Torres, che in tempo del conte duca, era per così dir secondo favorito, ritiene tuttavia di quell'aria; è sempre al fianco del re, come somiglier di corpo; non è di profonda intelligenza, ma d'esquisita eloquenza, admette le ragioni apparenti, si lascia gonfiar facilmente, ed usa molt' arte con chi tratta seco. Non sta bene con don Luigi d'Haros, e seco tratta con ogni termine di rispetto. Ha interesse in Italia a Sabioneda, per il qual interesse sempre mostrerà esteriormente d'esser inclinato al servizio dell' Eccellenze Vostre, ma non è da fidarsene, ed è necessaria molta avvertenza.

Il marchese di Mirabel è poco meno che decrepito, poche volte interviene nel Consiglio di stato; è buon cavaliere; presidente nel Consiglio degli ordini; fu ajo del defunto principe; sarà facile e bene non averlo contrario, mentr' egli si paga di ragione e desidera compiacer agli ambasciatori, essendo anche egli stato ambasciatore.

Il conte di Castriglio è d' un' aspra natura, tenace nella sua opinione, con poca notizia delle cose esterne e con minor disposizione a dar gusto ad ognuno. È zio di don Luigi e suo emulo ancora. Ha procurato in molte occasioni balzarlo di sella; è nemico di Monterei; discorre con non molta facilità; inclina alla giustizia; avido di maneggio; è patron assoluto del Consiglio dell' Indie, essendo presidente di quel Consiglio, che è uno de' principali tesori del re di Spagna, onde vien corteggiato da molti ed è in molto credito.

Del duca di Fernandina, benchè abbi avuto comandi cospicui d' armate navali, al presente non si fa molto caso, per la sordidezza de' suoi costumi, che male s' accorda con la nobiltà dei natali, essendo della nobilissima casa di Toledo, figliuolo del fu don Pietro di Toledo; è ministro interessatissimo, poco importa però al guadagnarlo, perchè non ha molta parte nel governo, onde basterà al ministro dell' Eccellenze Vostre il conoscerlo.

Il marchese di Valpariso è ministro quasi decrepito; il suo parere è di poca importanza; è innamorato della propria moglie ch' è giovane; dilettasi de' giardini, si mostra capace della ragione, però non la sostenta nel Consiglio. Tratta con molta sincerità; parla volentieri delle cose passate; è alieno dal dar disgusto a' principi forastieri; però non è ministro molto adoperato.

Il marchese di Vellada è quel medesimo che fu governator di Milano, soggetto di molta capacità e buona intenzione, netto d' ogni interesse; sfugge l'occupazione, onde, se non son materie di guerra, non s'ingerisce in altre volontieri; è franco nel modo di trattare; conosce l'adulazione e l'abborrisce; tien buona fama più ch'autorità; è ministro da farne qualche stima, in particolare per le cose d'Italia.

Fra Giovanni Martinez confessor del re ha grand'entratura con Sua Maestà, frate domenicano di cupi pensieri e di poche nozioni in materie politiche; mostra di conoscere quanto conviene la pace tra principi cristiani nelle congiunture presenti, però non fa forza in persuaderla al re.

Si mostra zelante nelle cose spirituali, ma nelle temporali indifferente; bisogna trattar seco con molta avvertenza, perchè è poco amico di don Luigi d'Haros; parla intrinsecamente col re, ma pochi si fidano del suo procedere, nè è facile il modo di guadagnarlo.

Il cardinal Sandoval, benchè arcivescovo di Toledo, è di poco talento e petto, però soggetto di gran pietà; si lascia governar da' suoi ministri; è mal soddisfatto della corte e non ha mano nel Consiglio di stato.

De' consiglieri assenti poco posso portar all'Eccellenze Vostre; tra questi il marchese di Leganes, il più accreditato, è come opulento in odio alla corte. Ha l'animo applicato più alle cose domestiche, che alle pubbliche; pratico nelle materie di stato, interviene nelle giunte di guerra, quando è alla corte; ambizioso si pasce d'applauso; ha fama di gran capitano, però è conosciuto in Italia; è uomo che ha esperienza; con facilità se gl'imprimono le materie, ed è ben lasciarlo bene impresso, perchè il suo voto è ammesso nel Consiglio distato con estimazione.

Don Francesco di Melo, come portoghese, è intrinsecamente vano e superbo, però occulta quanto più può la superbia e si mostra cortese; è uomo da partiti; dà ragione alla buona ragione, amico di sentirla discorrere e la difende anco nel Consiglio. Si compiace della propria eloquenza, accarezza gli ambasciatori: non l'ho trattato molto, perchè è ministro nuovo e fu impiegato nella vice-reggenza d'Aragona; è però bene averlo per amico, perchè è soggetto di desterità.

I cardinali Spinola e Trivulzio sono per lo più lontani dalla corte, come anco il vescovo di Cuenca.

Il marchese Spinola, il duca di Tarsi e don Melchior Borgia son fuori di Spagna, onde non ho che riferire delle lor qualità.

Prima di chiuder questo articolo del Consiglio di stato, dirò due parole della persona di don Luigi d'Haros, il qual, se ben non è positivamente del Consiglio di stato, però come favorito di Sua Maestà, è l'anima dell'arbitro del re, il primo mobile del negozio: perchè risolve tutte le consulte ed è in una parola il padron degli affari.

È don Luigi d'Haros d'una natura esteriormente piacevolissima, pieno di dimostrazioni di cortesia con chi seco tratta, inclinato alla pace, alla quale professa d'incamminar tutt'i mezzi possibili, ambizioso di gloria, emulo dell'azioni e degli applausi del già duca di Lerma, che lasciò memoria di sè grata al popolo per la sua vita, per le sue maniere e constante manutenzion della pace; onde molto procura don Luigi conformarsi allo stile del duca di Lerma. Studia altrettanto d'allontanarsi e far il contrapposto alle tiranniche ed odiose maniere del conte duca, benchè suo zio. Fu sempre sin dagli anni più teneri molto ben visto e amato dal re, partecipe dei secreti piaceri della Maestà Sua, e d'alcuni d'essi mezzano; non fu possibil mai al conte duca, ancorchè v'applicasse ogn'arte, di allontanarlo dal fianco del re, anzi vogliono alcuni che uno dei principali instrumenti della caduta del conte duca fosse don Luigi; ma perchè di questa materia della caduta del conte duca, benchè molto curiosa, ne avrà discorso nella sua relazione di Spagna l'eccellentissimo cavaliere Sagredo mio predecessore (1), non mi diffonderò in essa, tanto più che non è successa nel tempo della mia ambasciata; onde ritornando alla persona di don

(1) Lamentiamo di non averla potuta rinvenire. Una esatta relazione della caduta del conte duca, fu pubblicata in italiano dal padre Camillo Guidi, *Evica* 1644, e tradotta in francese da A. Palilien nel 1650. La storia del suo ministero stesa dal conte della Rocca, fu pubblicata in francese con giunte ed osservazioni a Colonia nel 1673. La vita poi dell'Olivares fu scritta da Giovanni d'Ischia nel 1673. Da queste opere furono tratte le posteriori biografie di questo disgraziato ministro, che tenne in mano le sorti della Spagna per 22 anni, e condusse la monarchia al precipizio.

Luigi d'Haros, dico ch' è intrinsecamente ambizioso, se ben lo dissimula, paziente nell' audienze, capace di ragione, mostra rettitudine d' intenzione, però poco efficace nel negozio, procura che ognuno parta dalle sue audienze soddisfatto, spende liberamente buone parole, non è però da fidarsene, perchè non conclude, e quando incontra in opposizione d' altri ministri facilmente retrocede e scansa le contese. Ha più buona volontà e lume naturale che esperienza, non essendo uscito da' confini di Spagna, onde appresso l' universale non è in concetto di gran maneggio, nè tenuto soggetto di gran testa. È libero d' ogni interesse, quest' è vero, ammette però qualche regalo di gentilezza, e stima far favor in ammetterlo; desidera di veder la corona di Spagna in tranquillità, perchè è circondato al presente dalle molestie e querele che d' ogni parte gli battono l' orecchio de' gravi sconcerti della corona. Vorrebbe col beneficio della pace dar qualche rassettamento migliore alla constituzione delle cose di Spagna, ed espurgarla da quei mali umori, che per odio contro la sua persona ed il suo posto procurano il disservizio di Sua Maestà.

Bilanciate però le parti di don Luigi, si può affermar asseveratamente che le buone prevalgono, e che quando vi s'aggiunga maggior esperienza, sarà don Luigi d'Haros uno de' primi soggetti ch'abbia il re di Spagna, considerato in sè stesso, e separatamente dal posto di favore, il quale, come pur in ogni altro favorito, gli concede nelle voci dell' universale l' aggregato d' ogni virtù.

Importa singolarmente ad ogni ministro il procurar la grazia di don Luigi d'Haros, perchè è la chiave del cuor del re, e l' arbitro di tutte le consulte, chè il re glie le comunica, ed egli le ammette o esclude come vuole.

Il modo di negoziare con don Luigi è con maniera dolce, perchè il suo intendimento opera a misura del suo naturale che è soave, onde bisogna aggiustarsi alla sua inclinazione, usando la ragione, però senza forza, e le repliche con acutezza, però con modestia. Vale con questo ministro la ragione e la destrità. Soffre alle volte che se gli parli con qualche forza, però è necessaria la soavità, in particolare nelle proposte di primo aspetto difficili, perchè le ascolta con tolleranza, e molte volte quando si sente premer intrinsecamente si discompone, se ben lo dissimula con sagacità. Torno a dire che si lascia vincere dalla ragione, e si mostra piuttosto persuaso che risoluto. Di qualunque maniera conviene a' ministri guadagnarsi l' animo di questo favorito, ed i mezzi son due: il primo è mostrarsi persuaso delle sue buone intenzioni, perchè di queste fa ostentazione nei negozii facili, e nei difficili se ne fa scudo; il secondo mezzo, che suol esser il primo con ogni ministro, è l'adulazion cauta, dalla quale quand' è usata con arte si lascia captivare; il vero modo però d' adularlo, è parlar bene di lui a Sua Maestà, perchè il re subito glie lo riferisce, come più d' una volta me ne son avvisto, e don Luigi se ne compiace.

È necessario, trattando con questo soggetto, avvertire di astenersi in presenza del re di riconoscerlo per favorito, perchè Sua Maestà non ha voluto mai chiamarlo per tale, se ben in effetto possede tutti i gradi del favore, e sta radicato nel cuor e nel genio di Sua Maestà, essendovi tal differenza da lui al fu conte duca, che questo era temuto da Sua Maestà e don Luigi amato. Conferì ultimamente la Maestà Sua in don Luigi d'Haros la carica di cavallerizzo maggiore, che suol sempre essere collocata nel favorito, come fu nel duca di Lerma e nel conte duca, dopo il quale l' ha posseduta Carpio padre di don Luigi, e don Luigi mostrò nel riceverla molta renitenza, per non spiegar insegna di favorito.

Nella moltiplicità delle audienze, disponendole ad ore segnalate e con pubblicità, nel pigliar memoriali, nel tener consulte in casa sua, si fa don Luigi riconoscer per favorito; e nel trattar con ministri de' principi vuol che si vegga, ch' egli è quello che dispone le cose.

La di lui casa è assai ricca, possedendo più di cento ventimila ducati di rendita; la più liquida che sia in Spagna, perchè è quasi tutta intorno di Siviglia, e l' ha ereditata intieramente dal fu conte duca, come figlio della di lui sorella maggiore; e ora ha in piedi una lite per detta eredità con Leganes e Medina Las Torres, che guadagnata, come è ragione, importerà più d' un milion d' oro.

È grande economo, però si tratta splendidamente ed è benefico con la sua famiglia.

Ebbe per moglie donna Caterina di casa di Cardona. Questa gli ha lasciata una feconda prole dell' uno e l' altro sesso; ogni gran casa però desidera il suo parentado.

Non ha figliuoli di levatura di spirito, nè gli preme innalzarli, per non suscitarsi maggior invidia. Non tiene maggior emulo che il conte di Castriglio suo zio, fratello del fu suo padre. Medina Las Torres non ardisce di fargli contrapposto, se ben potrebbe un giorno dargli del travaglio: onde si può supporre, che abbi a goder don Luigi con stabilità il posto del favore che al presente possiede, in particolare se segue la pace tra' principi cristiani.

L' età di don Luigi d' Haros oltrepassa di poco i quaranta anni; mostra di far stima grande di Vostra Serenità, e non essere alieno dal servizio dell' Eccellenze Vostre, onde è ben tenerselo grato.

Ho convenuto estendermi alquanto nella persona di don Luigi d' Haros, perchè come principiò il suo favore quasi nel principio della mia ambasciata, l' Eccellenze Vostre dai signori miei predecessori non ebbero intiera notizia di questo soggetto.

Mi resta per ultimo capo del Consiglio di stato toccar un punto, che deve nel merito esser il primo, cioè riferir a Vostra Serenità qual sia il secretario di stato con cui si tratta, perchè è la porta di tutti i negozii.

Il secretario del Consiglio di stato, deputato alle cose d' Italia, è don Pedro Coloma, soggetto assai aspro, collerico in estremo, poco paziente d' ascoltar la ragione, pertinace nelle sue opinioni. Il modo di trattar con questo secretario, è procurar di digerirgli quanto più sia possibile la materia, e dargliela per iscritto; è lunghissimo nell' espedizioni, dedito al proprio comodo, d' una pessima costituzion di salute, poco attento al negozio; si lascia girar da chi gli parla con risolutezza; è uomo dabbene, non si rilascia a interesse; non dà molta soddisfazione a chi tratta seco, ma bisogna passar per sue mani necessariamente: onde lo reputo uno de' maggiori scogli, che abbia la corte di Spagna per i ministri de' principi.

Due altri secretarii concorrono al Consiglio di stato: l'uno è don Fernando Ruez de Contreras. Questo maneggia tutte le materie di guerra ed altri affari della corona, in particolare le grazie che fa il re, e ogni altro genere di dispaccio.

Ha l'orecchio di don Luigi d'Haros a tutte l'ore, è d'azione assai efficace e speditivo, non è amico di far amicizie, presume di sè stesso, vuol esser riconosciuto padron delle materie, s' intromette in ogni negozio, travaglia assai e approfitta assai, si compiace del seguito e delle apparenze.

Il mezzo di guadagnarlo è di mostrar stima del suo talento, dargli ad intendere che lui fa tutto; ambisce la grazia di don Luigi d'Haros, e per tutto ciò che si potesse offrire, non è male star ben con questo ministro, perchè fa del male a chi non vuol bene.

Don Geronimo Della Torre è il terzo secretario di stato, che per essere deputato agli affari del settentrione non ho avuto occasione di trattarlo, tanto più che un anno solo innanzi la mia partenza da Spagna, fu dichiarato secretario di stato: è in concetto d'uomo dabbene e di sincerità, diligente, manieroso e discreto. Possiede le materie d'Italia e la lingua perfettamente, per esser stato in Napoli molto tempo: onde sarebbe più adequata in lui la deputazione delle cose d'Italia, che nel secretario don Pedro Coloma.

Con che chiudo questo essenzialissimo punto del Consiglio e ministri di stato del re di Spagna. Con brevità passerò a dar un tocco degli altri Consigli, come parte essenziale del governo, non distendendomi, perchè poco importano al servizio dell'Eccellenze Vostre.

Il Consiglio di guerra, dopo quello di stato, in ordine al potere ed al merito, è stimato il primo. Ha sotto di sè tutti i soldati e tutti i generali. Ha giurisdizion assoluta sopra di loro circa l'assolverli e condannarli. Consulta al re i soggetti, dispaccia li gradi e grazie alle milizie. Questo Consiglio è di poca stima, se ben ha il re per suo presidente, perchè il Consiglio di stato è suo superiore e abbraccia tutte le materie, onde ha poco che fare, e in questo Consiglio intervengono quei soggetti per consiglieri, che il re non vuol impiegar in altri Consigli.

Il Consiglio d'ordini medesimamente tiene la sua giurisdizione ed esercizio sopra i beni degli ordini, che son tre in Castiglia, cioè S. Giacomo, Alcantara e Calatrava. Gran mastro di quegli ordini è Sua Maestà, per non dar capo ai nobili. Esamina questo Consiglio la qualità dei cavalieri quando piglian abito, fa osservar le lor regole e giudica i lor costumi; suo presidente è il marchese di Mirabello.

Il Consiglio che chiaman d'azienda è importantissimo, perchè è il tesoriero del re di Spagna. Lo provvede di danaro, maneggia le rendite, arbitrii, composizioni e partiti cogli uomini di negozio, che chiaman assentisti. Tiene questo Consiglio un presidente particolare, che è di gran stima, perchè dispone quasi assolutamente di tutto il fondo de' danari del re; in questo Consiglio intervengono alcuni auditori ed un contador maggiore; e sta incorporato in questo Consiglio altro che chiaman di contadoria; e perchè quando tratterò delle forze del re, toccherò allora il punto del danaro, rimetto il trattar questa materia a suo luogo proprio.

Il Consiglio della cruzada tratta dell'amministrazion della bolla della cruzada, la quale da papa Calisto III l'anno 1457 fu concessa al re di Spagna Enrico IV per muover guerra contro de' Mori nell'Andalusia. Giulio II nell'anno 1509 l'ampliò molto largamente, e s'è andata confirmando di mano in mano dagli altri pontefici sin al giorno d'oggi.

La rendita che cava il re da questa bolla, come dirò in appresso, è la più liquida e pronta che possieda. Questo Consiglio ha un presidente, che si chiama commissario della cruzada, due consiglieri del Consiglio reale, un di quel d'Aragona, un di quello dell'Indie, uno di quel di Fiandra, ognuno per quella parte che spetta ai predetti paesi ne' quali tutti si distribuisce la bolla della cruzada.

Il Consiglio delle Indie è l'erario del re di Spagna: nel 1491 furono scoperte, e nel 1542 Carlo V formò questo Consiglio a'20 di novembre in Barcellona. Filippo II nel 1581 vi constituì un presidente, otto consiglieri e un fiscale. Non m' estenderò in descrivere quel che possiede il re di Spagna in America, per esser stata fatta più volte a questo Eccellentissimo Senato distinta relazione. Parlerò solamente della forma di questo Consiglio, come materia toccante al governo, e dirò che la giurisdizione del Consiglio delle Indie è suprema in tutte le cause, che dipendon da quelle parti, in particolare dell' Indie occidentali.

Amministra questo Consiglio le rendite reali che provengono dall' Indie, e ciò più con utilità de' privati, che con ben pubblico della corona. A questo Consiglio s' aspetta l' espedizion dell' armate che vanno e vengono, se ben alcun anno in qua è sovvertito ogni ordine, perchè le due flotte che partivano l' una da San Giovanni, l' altra da San Lucar in settembre verso le Indie, non hanno più la mossa prefissa, e li galeoni che chiamano della Plata, destinati solo al viaggio dell' Indie, sono incorporati nell' armata navale del re di Spagna, onde tutto cammina con sovversione.

Riservo al luogo proprio dir quanto il re cava di presente dall' Indie; solo dirò in passando, che per i defraudi del contrabbando, il re, battute le spese, rimane con poco (1).

Tutte le provvisioni così della giustizia, come del governo di quelle parti consulta a Sua Maestà questo Consiglio; vice-re, capitani generali, e ogni altro uffizio passa per provvisione di questo Consiglio.

Han trascurato gli Spagnuoli notabilmente l'applicazione alle cose dell' Indie, che sono state la vera miniera delle ricchezze di quella corona; in particolare dopo gli acquisti degli Olandesi nelle Orientali, e l' essersi smembrate quelle di Portogallo, le cose dell' Indie sono in molto mal stato.

Solevan dividersi in tre provincie, con le sue audienze, che vuol dir tribunali e capi di governo. Il principal tribunale è il Messico nella Nuova Spagna, e Lima nel Perù. Nel Messico si fa conto

(1) Moncada diceva a Filippo III: Le Indie sono per gli stranieri e a V. M. non rimane che il titolo di possessore. *Restauration politique de l'Espagne,* citato dal Sempere.

che vi siano più di ottomila famiglie di Spagnuoli nativi, che sono passati ad abitar nell' Indie per l' avidità del guadagno, con detrimento notabile della popolazione di Spagna, e non passa anno, che non passino all' Indie molti Spagnuoli.

Li vice-re si saziano d' oro e ritornan ricchissimi. Il conte di Chinchion, che ritornò dal Perù non molti anni sono, portò più d' un milione per suo conto.

Ogni governo nell' Indie è di molto provecchio, perchè governan dispoticamente e dan conto al Consiglio dell' Indie di quel che lor pare. Le cose però dell'Indie sono in grandissima declinazione, e se gli Spagnuoli non consideran meglio la loro importanza, sarà un traffico de' particolari, ed il re non avrà che il solo titolo del dominio; e sa Dio se anco questo, perchè minaccian molte ribellioni, le quali quando seguano, per l' immensa distanza, non avran rimedio.

Ad ogni consigliero del Consiglio dell' Indie, rende la piazza di consigliero più di cinquemila ducati l' anno; al presidente, ch'è il conte Castriglio, tutto quello che vuole. Solo il re è povero nell' abbondanza di tante ricchezze, soffocato dal mal governo. Questo Consiglio dell' Indie ha un altro Consiglio di camera a imitazion del Consiglio reale, dove si distribuiscono gli uffizii, col predominio assoluto del presidente.

Il Consiglio di Portogallo, che pur risiede in Madrid alla corte del re di Spagna, è un Consiglio fallito, senz' autorità, ma di solo nome, per la ribellione di quel regno; della qual ribellione, perchè han gli eccellentissimi miei predecessori (1) fatta esatta

(1) Ecco il primo dispaccio sulla rivoluzione del Portogallo mandato da Nicolò Sagredo, mentre era in viaggio per Madrid, il 6 febbraio 1642 da Genova:

» Serenissimo Principe! È capitato oggi in questo porto un vascello partito già 24 giorni da Lisbona, e che ha toccato a' 26 caduto Barcellona. Dal patrono che è genovese e da' passeggieri veduti da me, e con confronti di lettere da Lisbona ho avuto li seguenti particolari: Esser ora il regno tutto di Portogallo quieto nella ubbidienza al re don Giovanni IV, nella quale è concorsa prontamente ogni condizione di persone così nobili, come plebei ed ecclesiastici. Essere tutte le fortezze, che pur erano presidiate dai Castigliani, in brevissimi giorni fatte obbedienti al medesimo, e non rimaner nel regno palmo di terra che nol riconosca per signore. Allo stesso acclaman sempre li popoli che correndo e

relazione a questo Eccellentissimo Senato, non m' estenderò in altro che in dir solamente non v' esser apparenza veruna che il re ricuperi Portogallo, quando non segua in quel regno qualche divisione, perchè godono Portoghesi d' aver un re naturale, che li governi con le loro leggi e con la forma antica de' loro tribunali. Tanto più quanto avendo giurato Portoghesi per lo principe il primogenito del duca di Braganza, e non tenendo il re cattolico successione de' maschi, pare che la corona di Portogallo abbia a rimaner smembrata da quella di Castiglia perpetuamente, il che renderà la potenza di Spagna intrinsecamente scarnata, ed in minor opinione appresso il mondo.

Resta il solo Consiglio di Fiandra, il quale non ha maggior giurisdizione che di proponer al re la distribuzione d' alcuni offizii, nel rimanente quello ch' assiste al governo di Fiandra con occasione delle guerre ai confini di Fiandra, opera come vuole, e sopratutto vuol arricchirsi.

Con che ho soddisfatto al punto dei Consigli, parte tanto essenziale nella forma d' ogni governo. Restano alcune Giunte, che

giubilando circondano il palazzo continuamente per la soverchia allegrezza. La duchessa di Arezo essere stata tra li primi che ha mandato il figliuolo a riverire il nuovo re. Nella universale sollevazione del regno, esser tenuto per cosa miracolosa, come certo sarà unica in tutte le istorie che non sia morto che un solo uomo che fu il segretario della infanta. Aver il medesimo re destinato tre ambasciatori al pontefice, al re di Francia ed agli Olandesi; tutti soggetti qualificatissimi e l'ambasciatore di Roma essere cognato di Castel Rodrigo. Allestirsi tutti con sollecitudine, ma con maggiore il destinato per l'Olanda, premendo al re il procacciare e stabilire le tregue e la pace cogli Stati delle Indie e del Brasile, per poter di qua levar le milizie portoghesi e valersene a propria difesa. Nelle isole Tercere, nelle Indie orientali ed in tutti gli Stati e luoghi che appartengono alla corona di Portogallo, ed incontro alle flotte che si aspettano, aver espedito vicendevolmente il re di Spagna che ora chiamano re di Castiglia, per procurar che non cospirino nella ribellione, e riconoscano il loro legittimo e naturale signore. In Lisbona erano capitate tre navi castigliane, che dalla Corogna venivano per riunirsi all' armata del Brasile e sono state fermate e ridotte in potestà dal nuovo re. Due gesuiti in abito mentito non pur che da soldato sono stati mandati in Italia, con incarico di passar celeremente a Roma per avvisar delle occorrenze di Portogallo non solo, ma forse con alcun ordine che non si penetra, e sono sbarcati oggi con il vascello istesso, il quale ha portato due altri soggetti che devono passar con le medesime commissioni in Francia e han avute titolo di ambasciatori.

vuol dir unione de' ministri per la buona disposizione del governo; le quali Giunte furono introdotte dal conte duca, e si continuano tuttavia, perchè il favorito le forma di quei ministri che gli paiono più confidenti, e dispone delle dette Giunte a suo modo.

La prima Giunta si chiama dell' armate, in questa si dispongono gli apprestamenti dell' armate navali, si ordina il numero di galere e galeoni, si formano l' espedizioni delle flotte per la navigazione dell' Oceano e del Mediterraneo, per le difese delle coste dei regni di Spagna, di Napoli, Sicilia e di Fiandra.

La seconda Giunta è della mezz' annata, in questa Giunta si tratta e riscuote il pagamento d'una mezz'annata di tutte le mercedi, carichi, dignità e titoli, che il re conferisce tanto ai vassalli come a' stranieri tanto ecclesiastici come secolari, e ciò ad esempio di Roma, che si fa pagar l'annate di tutte le vacanze dei beneficii.

Riscuote questa mezz'annata (1) con tanto vigore ch' anco il principe di Spagna figlio del re, quando viveva, pagava la mezz' annata di tutte le grazie e mercedi che il re conferiva nella di lui persona. Anco li donativi son compresi sotto la mezz' annata, e qualunque altro genere di grazie senza distinzione.

In questa Giunta v'è un tesoriere, un secretario, nove consiglieri e molt' altri offiziali, quali si assorbono una gran parte del danaro che proviene da questa imposizione della mezz' annata.

La terza Giunta si chiama della carta sigillata, che vuol dir fogli di carta improntati con l' arma del re, e si paga più o meno secondo la qualità della materia che vi deve esser sopra descritta, e non si può nè in contratti, nè in qualunque altra o istanza o supplicazione usar altra carta che improntata col sigillo regio, altrimenti tutto riesce invalido e senza effetto.

Da quest' invenzione ne cava il re ogn' anno poco meno che un milione (2), e v'ha costituita una Giunta con i suoi consiglieri ed offiziali, perchè sopraintenda a quest'esazione.

(1) La imposta, conosciuta sotto il nome di *media anata* fu stabilita nell' anno 1631.

(2) L' imposta del *papel sellado* fu introdotta nel 1637, e produsse somme considerevoli, tuttavia fu aumentata della metà poco tempo dopo. Ustariz, *Theorie et pratique du Commerce et de la Marine*. Paris, 1753, part. I, p. 66.

Un' altra Giunta v' è, che si chiama de' donativi, e questa è per facilitar l' esazione de' donativi che dimanda il re, alcuni dei quali son volontarii, ed altri violenti, che si chiamano ripartimenti.

La Giunta de' millioni tratta delle cose ch' appartengono a un tributo straordinario, concesso dal regno di Castiglia per tempo limitato a Sua Maestà. Si chiama de' milioni, perchè sin in tempo di Filippo II, quando spinse l' armata navale in Inghilterra, li regni di Castiglia offrirono alla Maestà Sua tre milioni nel spazio di sei anni; dopo s' è andato continuando nel tempo di Filippo III, ed in tempo di Filippo IV si prosegnisce, se ben con grandissima difficoltà, l' esazione (1).

In questa Giunta oltre i ministri di Sua Maestà v' intervengono deputati o procuratori delle città o luoghi del regno che han voto nelle corti, o, come soglion dire, nella riduzione de' stati.

La Giunta del sale tratta tutto quello ch' appartiene a questa regalia della corona, ch' è di molta importanza, non solo per il consumo che se ne fa nei regni di Spagna, ma per l' estrazioni che se ne cavano per le parti del settentrione, ed in particolare per il regno di Danimarca e per Genova ancora; dove s' è trattato (e sia questo punto sotto riflesso dell' Eccellenze Vostre) d' aprir e spianar il passo della Bocchetta in maniera che potessero i carri passar con il sale nel stato di Milano; e s' è calcolata la spesa circa duecento mila ducati, cosa che quando si praticasse, riuscirebbe in detrimento gravissimo dell' Eccellenze Vostre, per l' esito che trova il sale di questa Repubblica nel stato di Milano e Lombardia.

Questa delle saline è una delle più considerabili e liquide entrate ch' abbia il re di Spagna, perchè sono abbondanti in quei regni.

Niente meno abbondante e ricca è la rendita delle miniere di ogni metallo in Spagna, le quali sono in numero di undicimila, e sopra l' amministrazion di queste miniere v' è una Giunta, che si chiama delle miniere, la quale tien registrato il sito e qualità di

(1) Vedi l' articolo *España* nel *Diccionario di Miñano.*

qualunque miniera; ed è da osservare, che se la Spagna fosse abbondante di gente per cavar l'oro ed argento da queste miniere, e avesse legna bastanti per le fornaci che sono necessarie, avrebbe le maggiori ricchezze del mondo nel seno: però cavandosi l'oro e argento dall'Indie con maggior comodo e minor spesa, si lasciano in gran parte abbandonate e sepolte le miniere di Spagna.

V'è la Giunta che si chiama degli arbitri: l'offizio di questa Giunta è pensar ai mezzi di cavar danaro, esaminar i partiti che vengono proposti, accettarli o escluderli conforme appariscono più o meno a proposito.

Segue la Giunta dell'almosciarifasgo, la qual ha sopraintendenza alla condotta di robe forastiere nei regni di Spagna per la via del mare, quest'è un offizio di grande importanza, ed ha per assistente un del Consiglio real di Castiglia.

V'è la Giunta dei presidii, la cui incombenza è d'esigere quei tributi che son destinati per pagar i presidii delle piazze; e tocca a questa Giunta attender alle provvisioni e munizioni dei detti presidii.

E perchè la Spagna per le conquiste d'America ed espedizion di milizie fuor di quei regni rimane spopolatissima, s'è instituita una Giunta, che si chiama della popolazione, per trattar del rimedio d'un sì grave danno. A questa Giunta appartiene conceder ai forastieri la cittadinanza.

Ed essendo inveterato costume della villa di Madrid, che la metà delle case di quei abitanti siano del re, cioè per servizio dei suoi ministri, si è formata una Giunta chiamata degli apposentadori, a' quali s'aspetta l'assegnare queste case, e terminar le differenze che potessero insorger in materia d'assegnar le case ai ministri.

Ed essendo la medesima villa di Madrid soggetta alla soprabbondanza di molte immondizie, v'è una Giunta, che chiamano della polizia, che s'applica alla nettezza di quella villa.

La Giunta di competenze è quella che decide le cause, nelle quali concorrono due Consigli per competenza di giurisdizione, e la risoluzione di questa Giunta non ha appellazione.

La Giunta di opere e boschi reali è come un Consiglio economico della casa del re, perchè esercita giurisdizione in atti di giustizia civile e criminale, di grazia, di danaro sopra le case, palazzi, caccie, pescagioni, campagne e boschi reali; ed in ordine a ciò fa leggi ed ordini con tal autorità, che può derogar alle leggi del regno.

Consulta offizii, benefizii, gratificazioni, aiuti di costa ed assegnamenti in tutto ciò che s' aspetti ai palazzi, caccie e boschi del re, onde si può chiamar questa Giunta la sopraintendente delle delizie regie.

Comprendesi sotto la giurisdizione di questa Giunta la famosa fabbrica dell' Escuriale, della quale l'Eccellenze Vostre hanno avuto, molti anni sono, bastante descrizione.

Con le numerazioni di queste Giunte, m' attrovo giunto al termine del primo punto della seconda parte della mia relazione, ch' è quello del governo che si pratica nella corte di Spagna.

Dell'intelligenze secrete che tiene il re di Spagna fuor de'suoi regni, come cosa attinente al governo, epilogherò in una sola parola, affermando, che al tempo presente queste intelligenze sono più in opinione che in effetto; perchè i Spagnuoli non sono più così ben avvisati come erano, e mancando il danaro per una parte, e crescendo per l' altra ne' ministri, per man de' quali solevan passar queste intelligenze, l' ingordigia, per accumular ricchezze, appropriano a sè medesimi quegli assegnamenti ch'eran destinati ad uso così necessario, e che rese ammirabile la prudenza spagnuola ne' tempi passati, mentre una delle lor prime massime era penetrar ed indagar i fatti d'altri, ma al presente invilüppati nelle proprie angustie, chiudono gli occhi ad ogni esterno lume.

Quanto alle mercedi e grazie, parte integrante d' ogni buon governo, ben sa la Serenità Vostra non v' esser principe al mondo che dispensi maggior grazie, così ecclesiastiche come temporali, perchè provvede una dozzina e mezza di vice-re, quarantasei generalati tra mar e terra, e quantità innumerabile di offizii.

Nel spirituale più di cinquanta commende; alcune ch'arrivano a ventimille ducati di rendita, e nessuna meno di cinquecento, le quali commende non s' assegnano solo a' secolari, ma anco alle femmine, e ne dà alcune in dote alle donne del suo palazzo quando si maritano.

Dispone Sua Maestà di sette arcivescovati, che ognuno passa cinquantamila ducati di rendita.

Presentando la Maestà Sua, come ho accennato di sopra, tutte le chiese così di Spagna come dell'Indie, come in Italia, di Napoli e Sicilia, e non ostante in sì gran tesoro, il re è più liberal di promesse che di grazie, perchè non v'è principe in Alemagna o Italia che non abbi promesse di pensioni o commende del re di Spagna.

I principi di Polonia, cioè Casimiro, ora re, ed il fratello arcivescovo di Cracovia, hanno pensioni dal re di Spagna, se ben non l'esigono; il principe di Menburg nella stessa maniera; gli arciduchi d'Inspruch, i quali l'esigono; i principi di Toscana n'esigono una sol porzione. Centoventimila ducati son assegnati in Roma per anno a' cardinali e prelati di quella corte, ma pochi ne godono l'effetto.

Modena e Monaco son alienati dalla corona di Spagna, per non essere a loro pagate le pensioni. Al duca di Parma si fecero ultimamente nuove assegnazioni, il tempo ce ne chiarirà della sussistenza; e questo è quanto posso riferir a Vostra Serenità in tal materia.

Ora rimane a trattar quanto più brevemente sia possibile delle forze del re di Spagna, le quali consistono in gente, danari ed armate navali.

Non ha dubbio, Eccellentissimi Signori, che la Spagna al presente tiene poco maggiore delle sue forze nel mare, avendo gli anni addietro posto insieme quel numero di galeoni che è ben noto all'Eccellenze Vostre, perchè passarono in quest'acque d'Italia, e se fosse stata ubbidita e servita la Maestà Sua, ne sarebbero riusciti effetti rileventissimi; ma tutto corre al passo della negligenza.

Con il comodo dei porti di Biscaglia può il re gettar in acqua ogn'anno un galeon o due; molti apprestamenti navali fa venir dal Baltico; però con la perdita di Portogallo e di Catalogna si son snervate notabilmente le forze marittime di quella monarchia. Anco le flotte dell' Indie son scarsissime, non partono più ai tempi debiti, e i vascelli destinati all'Indie, che chiamano galeoni della Plata, che solevano esser in numero di dodici, sei di questi son con l'armata reale nel mediterraneo, e gli altri in Cadice molto mal in ordine.

Si è introdotto da un anno in qua, dopo la pace cogli Olandesi, valersi del noleggio d'alcuni dei loro vascelli. Le fregate pur di Dunkerquen son ridotte a pochissimo numero, e servon anco esse di presente con l'armata reale nell'acque del mediterraneo.

Di queste forze marittime non dirò d'avvantaggio se non che gli Spagnuoli riconoscono la lor importanza, perchè tengono uniti i loro stati, e v'applican ogni spirito, mentre spendon ogni anno per l'espedizion dell' armata navale più di un milion e ducentomila ducati.

Di galere sta la Spagna molto mal provvista, perchè in Spagna medesima non ne son al presente più che sette che siano ben armate. Fan capitale di quelle del duca di Tarsi, che saran quattro o sei. Napoli non ha d'ordinario ch' otto o dieci galere al più: due Sicilia ed una Sardegna, onde vede la Serenità Vostra in che povertà di galere sia ridotta la Spagna. D'arsenali non parlo, perchè non vi è cosa di considerazione.

Il secondo nerbo delle forze d'un principe, son le milizie, e queste se le consideriamo ne' regni di Spagna per la deficienza della popolazione son molto scarse, perchè la Spagna in sè stessa è deserta, e le genti son alienissime dell' uso della guerra.

Con tutto il sforzo maggiore quest' ultimi quattro anni, come ho più volte rappresentato ne' miei dispacci, non ha potuto il re mettere insieme alla frontiera di Catalogna che seimila fanti e tremila cavalli effettivi.

Vero è che le guarnigioni di Lerida, Tarragona, e molti altri posti gelosi ne assorbono più di ottomila, di modo che poste insieme le genti di guarnigione verso Catalogna, con quelle che il re spinge in campagna cavate da Castiglia e d'Aragona, posson ascender a quattordicimille fanti e più di quattromille cavalli.

Il regno d'Aragona s'ha obbligato, dopo le corti tenute in Saragozza, a servir contro Catalogna con duemila fanti pagati a sue spese. Il regno di Valenza, dopo la desolazione della peste, appena può contribuir mille uomini pagati. Navarra non ha voluto oltrepassar seicento pur a sue spese. Granada, Murcia e l'Andulasia contribuiscono piuttosto grani per sostentar gli eserciti che milizie.

Questa guerra di Catalogna è il maggior contrappeso ch'abbi la potenza spagnuola, non meno perchè porta l'armi nemiche nel cuor della Spagna, che per esser d'un intollerabil dispendio, mentre la sola condotta delle munizioni da guerra e da bocca dal regno d'Aragona verso Catalogna costa al re cattolico ottocentomila ducati l'anno, ed oltre centomila ducati al mese che paga il re, senza li presidii, al capitan general per la sussistenza delle truppe in campagna. È forza d'inviar ben spesso d'estraordinario duecento o trecentomila ducati per Catalogna. Questa guerra di Catalogna è un veleno che rode le viscere agli Spagnuoli, e se i Francesi s'applicassero con lo sforzo maggior a quella parte, ridurrebbero le cose di Spagna in gran contingenza, e con un fatto d'armi felice, in cimento di total ruina.

Però Dio non vuole che i Francesi, nè i Spagnuoli siano padroni del mondo, perciò gli uni travaglia con la miseria e son gli Spagnuoli, e gli altri con la felicità come Francesi, felice chi potesse conservarsi tra due così gran torrenti in asciutto.

Non sono di poca considerazione le forze che il re di Spagna impiega contro Portogallo, ma sono sempre di poco effetto, come mal guidate. Son genti collettizie dell'Estremadura e qualche parte dell'Andulasia, provincie confinanti.

Sogliono queste forze constituir un corpo di sei o ottomila, con qualche numero di millecinquecento o duemila cavalli. Non è di tanto costo al re di Spagna questa milizia contro Portogallo, come quella di Catalogna, perchè vive di rapine, e s'estendono con scorrerie dentro il paese. Di Castiglia pur e dalle parti vicine all'Oceano suol cavar il re due o tremila fanti, che s'espediscono fuori di Spagna, o in Italia, o in Fiandra; e quest'è quel più, che lasciando sguernita la difesa di Spagna, posson Spagnuoli cavar di lor regni. Onde vede Vostra Serenità, che la Spagna non ha d'esser temuta per la Spagna, perchè è inviluppata dentro di sè medesima; ma è più considerabile per il poter che tiene di fuori, se ben per le cose d'Italia, cogli ultimi accidenti di Napoli, s'è ridotto a gran diminuzione di vigor delle forze, perchè così Napoli come Milano sono stati quest' anni addietro in procinto evidentissimo di rimaner smembrati dalla Spagna.

Napoli in particolar fu deplorato in Spagna per perduto, e Milano tenuto per semivivo, e Sicilia soggetta alla discrezione ed arbitrio di fazionarii, onde con la redintegrazione di Napoli, s'è redintegrata la possessione degli altri due così potenti stati.

Solo la Fiandra par che sii quella che spieghi la potenza del re di Spagna, mentre contrastando lontana dal centro del dominio, spiega i prepotenti sforzi che il re di Francia confinante e vicino ha fatto conoscer al mondo non esser ancora Spagnuoli destituiti d'ogni calor vitale, mentre dopo la pace cogli Olandesi, valendosi d' un gran numero di milizie, ch' eran nelle piazze frontiere con Olanda, han posti insieme in Fiandra tra fanteria e cavalleria, sotto il comando dell' arciduca, questi due anni scorsi vicino a trentamila combattenti, compresi però quelli del duca di Lorena, che costano alla Spagna gran danaro.

Al sostentamento di queste forze in Fiandra son destinati centosessantamila scudi d' argento il mese, e ogni campagna se vi spedisce di straordinario quasi un mezzo milione. Dalle provincie medesime di Fiandra cavan gli Spagnuoli grossissime contribuzioni per la sussistenza di quelle truppe.

Anco nell' Indie passa benchè piccola porzione di gente, con occasion della flotta, quasi ogn' anno, di modo che considerata la distrazione delle forze del re di Spagna, e bilanciate così parte a parte, non son molto considerabili, se fossero ridotte in una sola massa e in un corpo solo, farebbero senza dubbio mostra molto maggiore del potere di quella corona, che per mio riverente senso nè al presente, nè per qualch' anno in avvenire deve far nell' animo d'alcun principe, benchè inferior di stato, impression di timore, nè ammirazion di grandezza.

Ho rappresentati alla Serenità Vostra due instromenti della potenza del re di Spagna, che son forze di mare e di terra; ora vengo al danero, che è l' anima del potere dei principi.

Quest' è di due sorti, cioè quello che consiste nelle rendite annuali, e quello che si riserva nel tesoro per sussidio degli urgenti bisogni.

Quanto a questa parte del danaro raccolto nel regio tesoro, non ha il re di Spagna, ch' io sappi, valor di somma d' oro considerabile, scarnatosi da Sua Maestà sin alla più viva radice nella corrente guerra col re di Francia, e in particolar nei primi sforzi per domar Catalani e Portoghesi, quel poco deposito di danaro ch' era riservato nella cassa, che chiaman del tesoro; onde per quanto concerne alla notizia di questa parte, conchiudo con una sol parola: che il re di Spagna non ha danaro considerabile in riserva, ma nella cassa reale del tesoro entra ed esce il danaro giornalmente secondo l' occorrenze.

È ben vero che avendo il re quattro case di Genovesi le più ricche di Spagna obbligate a fornir di danaro la Maestà Sua e sostener il peso delle di lui urgenze, si può dir, che i tesori di queste quattro case siano del re, perchè ad ogni momento che bisognano al re (oltre i partiti grandi di milioni che si stabiliscono ogn' anno per Spagna, Italia, Fiandra ed armate navali, che rileveranno la somma di più di otto milioni) questi quattro mercanti forniscono al re straordinariamente cento e duecentomila ducati sempre quando gli occorre.

Le quattro case preaccennate sono Centurioni, Spinola, Invrea e Pallavicino, che chiamano fattori del re, perchè fanno tutti i negozii della corona, e provvedono il re di quelle somme che gli occorre particolarmente per i suoi stati fuori di Spagna.

A queste quattro case, secondo i partiti che si stabiliscono, va facendo Sua Maestà assegnazioni sul tratto annuale delle rendite regie, le quali rendite eran obbligate sin all' anno 1654, ma l' anno 1647 Sua Maestà sospese tutte l' assegnazioni fatte gli anni avanti ai partitanti che seco avevano contrattato, lasciando intatte queste quattro case, e la sospensione di quest' assegnazione importò a Sua Maestà quattordici milioni; e se ben questa risoluzione riuscì in aggravio notabilissimo de' particolari, e con lesion manifesta della fede regia, fu nondimeno giudicata partito di necessità, perchè Sua Maestà non aveva modo di trovar danari onde si può dire che Sua Maestà abbi alienato due volte le medesime rendite regie.

Difficile sarà Eccellentissimi, Signori, rappresentar all'Eccellenze Vostre il vero ed effettivo valor delle rendite annuali del re cattolico. Prima perchè essendo la maggior parte di esse sin in tempo di Filippo III, padre di questo re, state alienate, alcune per lungo spazio di tempo, ed altre per breve, essendosi confuse le antiche colle presenti rendite, per l'assegnazione fatta a' partitanti, non se ne può cavar vera ed essenzial notizia.

Dirò solo a Vostra Serenità, che dall' Indie, che è una rendita liquida che il re riceve due volte l' anno con la flotta e co' galeoni del tesoro, tra tutte due queste flotte, che voglion chiamarle, non cava più di un milione e seicentomila pezze da otto, che qui soglion chiamar reali, onde l'un anno per l' altro, a largo compito, si può dir che il re ne cavi la somma di due milioni.

Questi però son quasi in tutto assorti dalle spese del far convogliar le flotte, guarnir di gente i vascelli, mantener i presidii nell' Indie, pagar i ministri, cavar le miniere, comprar l' argento vivo ed altre simili necessarie esigenze; onde si può affermar, che battute le spese, sia insensibile il provento dell' Indie a Sua Maestà cattolica; eppur fan tanto rumore nell' orecchio del mondo, e fanno che il re cattolico s' intitoli monarca di due mondi.

Nasce questo inconveniente si grande dalle fraudi di chi negozia nell' Indie, che ben intendendosi con i patroni de' galeoni, portan l' oro ed argento fuor di registro; onde se gli Spagnuoli non vi metton compenso, come protestano di voler fare, per l'eccessivo disordine che si riconosce, l' Indie non produrranno ricchezze al re di Spagna, ma solamente a' particolari.

Ogni anno però sulla venuta di queste flotte e galeoni, che chiaman del tesoro, il re cava d' imprestido quasi due milioni, assegnando il pagamento alla venuta di detti galeoni, con corrisponder quattordici per cento d' interesse a' particolari, e questo debito ogn' anno si salda ed ogni anno si rinnova.

La seconda rendita effettiva e netta, che non è per anco assegnata a' ministri, è quella della bolla della crociata. Questa vale al re un milione e trecentomila ducati l' anno; il tratto di questa rendita suol esser ordinariamente assegnato per la guerra di Fiandra, e parte ancora per il stato di Milano, essendo per il più in mano dei mercanti, che si corrispondono in Fiandra.

Dal sussidio di tutte le provincie di Spagna ed anco fuori, non cava il re che un milion incirca. Dalle due Castiglie la nuova e la vecchia, con altre diverse specie di contribuzioni, circa un mezzo milione; però comprese tutte l'imposizioni ordinarie e straordinarie più di tre milioni per anno, nelle quali imposizioni son comprese tutte le alcavale, che soglion dir dazii, ed incabezamiento, che vuol dir testadegò, che pagano i mercanti ogn' uno tanto per testa a proporzion delle merci o altre qualità di provvisioni, che fanno entrar in Castiglia, come sarebbe zucchero, spezierie, pesce salato, delle quali si sono i mercanti tra di loro ripartiti, l' aggravio del dazio va tanto per testa. Il pevere solo soleva pagare al re sessantamila ducati, il sublimato ed argento vivo quarantaduemila ducati, la grana trentaseimila ducati, la neve e il ghiaccio quarantacinquemila ducati.

Dal regno di Portogallo il re non cava niente, nè dalla Catalogna.

Dalle saline di Spagna soleva cavar li re quattrocento e trentamila ducati, dalle miniere novantamila, dalle carte del giuoco quarantamila, dal dazio de' castrati trecentoventimila ducati. Dalla mezz' annata, perchè questa va consumata quasi tutta in ministri, non viene il re in duecentomila ducati netti. Dal papel sigillado non v' è provento certo, secondo il più o meno che si consuma, è in fama di un milione. Molte provincie quest'anni addietro lo han ricusato ed abbruciate le case dove stava riposto.

Dai maestrasghi di Sant' Jago, Calatrava ed Alcantara, non cava il re quasi niente, perchè sono quasi tutti alienati. Da Aragona cava poco, se non dai porti che chiamano secchi, che sono li passi delle mercanzie di terra, dai quali cava centosessantamila ducati (1). Dal stato di Milano niente, tutto consumando la guerra. Da Napoli questi due anni addietro non ha cavato, ma

(1) V. *Recopilacion de 1640 tom. III titulo XXXI. De lo diezmos de los puertos secos, entre Castilla Aragon Portugal y Navarra.*

il solito era cavare tre milioni. Di Sicilia tutto quello che cava il re si contribuisce in Milano.

Affermo però di nuovo a Vostra Serenità, che non si può aver esatte notizie delle rendite del re cattolico, perchè son parte vendute, parte obbligate, e molte da sè stesse inesigibili.

L'imposizioni straordinarie, come son molteplici in ogni genere ed esorbitantissime, rese ormai intollerabili a' sudditi, son quelle che formano il fondo più essenziale delle rendite di Sua Maestà, e perchè queste abbracciano ogni sorte di rendita e tutte l'imposizioni del regno, alterate notabilmente, non si può cavar dai registri nota distinta; e i medesimi ministri spagnuoli confessano non saperne distintamente il loro ammontare, onde per non tediar Vostra Serenità con calcoli incerti dirò, che viene giudicata la rendita del re di Spagna negli anni precedenti un anno per l'altro ascender a quindici o sedici milioni d'oro.

Così che chiudo il presente punto, che tratta delle forze di Sua Maestà, consistendo in armate, genti e danaro.

Resta, Serenissimo Principe, che per sigillo di questa relazione tocchi con somma brevità la disposizione della corona di Spagna verso questa Repubblica, e quale n'è la corrispondenza con principi italiani e con principi fuori d'Italia.

Quanto alle cose della Repubblica dirò, che al presente così il re come i suoi ministri mostrano buona volontà verso gl'interessi dell'Eccellenze Vostre, però abbiasi per massima irrefragabile, che gli Spagnuoli possono ben mostrarsi amici della Repubblica, ma non lo saran mai del suo incremento; che il mostrar al presente buona volontà, è piuttosto industria che affetto, per staccar la Repubblica dal partito francese e tirarla dal canto loro, onde la propension che mostrano, proviene più dall'odio che hanno gli Spagnuoli a' Francesi, che da amor sincero verso la Repubblica; e sebben gli Spagnuoli han sempre quel supposto, che i Veneziani siano di lor natura inclinati più tosto al genio de' Francesi, che dei Spagnuoli, questo però non fa mal effetto, perchè quella nazione fa stima di quel che non tiene, e procura di guadagnarselo, onde più opera in lor il pizzicor della gelosia, che il merito di chi li favorisce.

Epilogo questo capo, con dir a piena bocca, che l'Eccellenze Vostre in queste congiunture non hanno nè da sperar gran bene dai Spagnuoli, nè d'aver timor di gran male.

Col papa non passa il re di Spagna intiera confidenza, perchè presumendo gli Spagnuoli che Innocenzio X deve alla casa d'Austria il pontificato, in molte occasioni, come fu quella dell' ultima promozione, lo tassano d'ingrato, e mi sovviene d'esser uscito di bocca a un ministro grande in quell' occasion della promozione concetto tale, che bisognava comprar i papi fatti, piuttosto che farli, col danaro di Spagna.

Affermano gli Spagnuoli, che i Francesi con le minaccie di propalar le forme della creazione di questo papa, l' abbiano intimorito sin da principio, e se l'abbino, per così dir, soggettato; onde se ben il pontefice nell' occorrenze delle rivoluzioni di Napoli ha cooperato assai ai vantaggi del re di Spagna, gli Spagnuoli nondimeno non glie n'hanno avuto gran grazie, e l'han attribuito più tosto al non voler il papa vicini i Francesi, che al voler egli ben a' Spagnuoli.

Infine, quando la Spagna non abbi un pontefice tutto suo, e ch' adori la sua superbia, non starà bene intieramente con Roma.

Con l' imperatore ha il re di Spagna più gradi di parentela che d'amicizia, e in ordine alla prima mostran gli Spagnuoli voler camminar uniti coll' imperatore, se ben poi, quanto alla seconda, parmi riconoscer gran tepidezza, per non dir diffidenza, nè è da maravigliarsene, perchè ne' principi la ragion di stato e la convenienza prevale ad ogni vincolo di sangue.

Della persona dell'imperatore, parlan gli Spagnuoli con poco buon concetto, tenendolo per principe da poco, che si lascia in tutto regger da Traumesdorf; e di Traumesdorf tengono in Spagna molto mala opinione, cioè che egli abbia avversione alla casa di Spagna ed alla nazion spagnuola: la qual avversione sostentano in Spagna esser comune a tutti gli Alemanni; onde quando gli Spagnuoli sentono che l'imperatore aderisce ai principi d' imperio, e che acconsente alle lor istanze, come seguì in quest' ultimo trattato di pace, chiaman l' imperatore incapace e floscio, perchè non ponno soffrire che altro predomini nella casa d'Austria che il loro scettro ed il loro interesse, e loro dispiace veder che l'imperatore cammini al passo del tempo, non delle loro massime.

La parentela rinnovata al presente, col pigliar il re di Spagna la figlia dell' imperatore, e far sperar l'infanta al re d'Ungheria, è stata bensì con fine di riunir le due case, per quelle conseguenze che son già note, ma ancor con oggetto di comprar, con le speranze della successione, quell' arbitrio nelle cose dell' imperatore, che solevan molt' anni fa comprar con l'oro: onde sappia Vostra Serenità, che tra l' imperatore ed il re di Spagna, sino che vivrà Traumesdorf, passerà sempre una dissimulata diffidenza.

Con il re di Francia, l' ostilità ben sanguinolente e una ormai invecchiata guerra, mi dispensano d' aggravar l' Eccellenze Vostre con soverchio tedio sopra questo punto, bastando dir, che sia incarnato nelle più interne vene de' Spagnuoli l' odio contro i Francesi a segno, che si rendono quasi irreconciliabili i genii delle due nazioni, onde quand' anche si stabilisca la pace, non si stabilirà la sincerità della corrispondenza.

Tutte le declamazioni de' Spagnuoli son volte contro il cardinal Mazzarini, preteso per nascita suddito, come figliuol d' un siciliano, e per educazion degli anni suoi teneri alla corte di Spagna, rinfacciato con titolo di ribelle e ingrato.

Della regina sorella del re cattolico parlano con concetti di poca circospezione, posponendo ogni altro riguardo all' odio di veder il Mazzarini nel predominio della sua volontà: ciocchè posso discorrer sopra questo capo è, che gli Spagnuoli non mai chiariti delle lor industrie, impiegate nel seminar fra' principi di Francia interne discordie, sempre vi tengono fissa la mira, e col mezzo di governatori de' Paesi Bassi, sempre viva la pratica e la speranza.

Al presente però tutta la lor confidenza viene riposta nei torbidi del parlamento di Francia, sperando non poter così tosto ridursi in calma, e dover questo turbine scoppiar un giorno contro la persona di Mazzarini e gettarlo per terra.

Ho scritto a Vostra Serenità, in più man di dispacci, quanto mi andava suggerendo la trattazion dei maneggi di pace, onde non replico lo scritto secreto (1), nè formo altro vaticinio in questo particolare, se non che senza straordinarii accidenti o dall'una o dall'altra parte, le due corone difficilmente conveniran d'accordo.

Con il re d'Inghilterra tien la Spagna al presente poco negozio e poco compatimento alle disgrazie di quella real casa tuttochè congiunta in parentela: anzi dirò francamente, le disgrazie del re d'Inghilterra servono al re di Spagna di consolazion d'animo nella comparazion delle proprie.

Han procurato i ministri inglesi, che han avuto residenza alla corte di Spagna, rassodar qualche unione tra quelle due corone, ma non gli è riuscito, mentre gli Spagnuoli delle cose lontane fan poco caso, e dopo la distruzion dell'armata d'Ochenda loro generale alle dunne d'Inghilterra, han conservato sempre poco buon animo verso quel re, e veduta abbattuta volentieri la sua autorità.

Col re di Polonia non ha la corona di Spagna altro negozio che l'esazione d'alcuni crediti antichi, che il re di Polonia tiene nel regno di Napoli, a tale effetto però, piucchè per altro motivo, tien il re di Polonia ministro in Spagna, il qual ministro opera più o meno secondo la sua desterità e congiuntura.

Il re Vladislao defunto, dopo il matrimonio con la francese, e l'ordine di San Spirito ricevuto da quella maestà, era caduto in gran diffidenza de' ministri spagnuoli. Del presente re Casimiro non parlo, per esser successo, dopo la mia partenza di Spagna, la sua elezione.

Col re di Danimarca non ha la corona di Spagna altro interesse che quello de' sali, che di Spagna vengon spediti verso Danimarca. Anco sopra questo interesse verton molte difficoltà.

Mantengono gli Spagnuoli, col mezzo d'agenti, la corrispondenza per cavar da quella parte del settentrione qualche provvisione o de' vascelli, o d'altre munizioni da guerra e da bocca, secondo i lor bisogni.

De' principi d'Italia dirò gli effetti che mostra la Spagna.

(1) I dispacci si conservano nel veneto Archivio generale *Senato III Secreta.*

Con Savoia tutta alienazione, qualche trattato però col principe Tommaso è sempre in piedi; con Fiorenza tutto sospetto e tutto artefizio, rimanendo il granduca di Fiorenza disgustato, per essersi levate l'assegnazioni ai suoi monti, coll'ultimo decreto che fece il re, ed i principi suoi fratelli per non poter esiger le lor pensioni, onde se potessero quei di Toscana far qualche bel colpo sopra Porto Ercole, ovvero Orbitello, non ne perderebbero la congiontura.

Con Parma tutta confidenza, per aver egli favorito il felice successo di Cremona, e gli Spagnuoli concesso quanto richiedeva nell' ultimo trattato.

Con Modena tutto sdegno e tutto minaccie, le quali non so se si saranno così facilmente placate dalla sommission di quel duca, che preconizzato ingratissimo da' Spagnuoli, era negli ultimi giorni che partì da Madrid l'oggetto delle loro implacabili vendette.

Con Mantova occultan gli Spagnuoli la gelosia per il presidio che vi tien la Repubblica, e sebben con la principessa, madre del duca, non s'intendono male, non dimeno in questo particolar del duca di Mantova, come in quello della Mirandola, si rapportano intieramente a quanto di mano in mano van ragguagliando i ministri del re qui in Italia.

Co' Genovesi l'avversion de' Spagnuoli è posso dir quasi al sommo, per le parzialità di quella repubblica a favor di Francia. Usan però gli Spagnuoli gran dissimulazione, per non accrescer i proprii pregiudizii, ma la disposizione dell' animo nella corte di Spagna è molto esasperata contro i Genovesi. Con che termino questa seconda parte della mia relazione, che contiene il governo, le forze del re di Spagna.

Della mia persona, Serenissimo Principe, mi resta che aggiunger poco, dirò solamente, aver io servito Vostra Serenità e l'Eccellenze Vostre con tutta l'estension del mio potere lo spazio di quasi dodici anni in tre ambascerie Olanda, Francia e Spagna.

Aver in quella d'Olanda travagliato per occasion de' moti de' Turchi in tempo di sultan Amurath, fratello del morto imperatore ottomano, sdegnato contro la Repubblica per il successo delle barbaresche fondate alla Valona, onde ebbi diverse commissioni di Vostra Serenità per provvision de' vascelli e munizion da guerra, sebben non ebbero effetto, essendosi acquetato brevemente il bollore dello sdegno ottomano, e riconvalidata la pace con la Repubblica.

Il frutto de' miei sudori in quell' ambasciata fu dar l' ultima mano all' aggiustamento dei passaporti per l' union del congresso di pace generale con soddisfazion degli interessati.

In quest' ambasciata d' Olanda, Serenissimo Principe, per ordine espresso dell' Eccellenze Vostre, ho convenuto star due anni intieri oltre il mio obbligo.

In Francia ha toccato a me il peso gravissimo della rottura, che seguì della guerra nel Polesine (1), avendo avuto principio alcuni mesi dopo il mio ingresso a quell'ambasciata, e terminò pochi mesi prima della mia partenza per Spagna: nel corso della qual guerra non mi diede poco che travagliar appresso il re Luigi XIII, padre del presente, ed il cardinal Richelieu e lo stabilimento della lega di Vostra Serenità con Fiorenza e Modena, essendo altamente impressi il re e ministri che fosse fatta a favor de' Spagnuoli.

L'espedizione del cardinal Bicchi, che trattò la pace con Vostra Serenità, fu da me coadiuvata e procurato il vigor delle sue commissioni col papa, onde ebbi questa felicità di veder terminata una guerra in Italia tanto travagliosa.

Prima che chiuder il periodo di quell' ambasciata e portar meco in Spagna gli allori della pace, procurando anco quella di cristianità, col far espedir a Münster, come seguì, li signori plenipotenziarii di quella corona.

Due campagne dispendiosissime ho sostenuto in Francia in tempo del morto re, la prima con l' occasion dell' armi del conte di Sosons, quando seguì la famosa battaglia di Sedan, nella quale quel valoroso principe del sangue real restò morto, onde mi convenne quell' istessa campagna, accompagnando il re, passar due volte nella provincia di Sciampagna, e ripassar due volte nella Piccardia, per l'occasion della piazza d'Erres, e dopo per l' acqui-

(1) Vedi Nani, lib. XII.

sto di Bepaume, onde ventisei giorni dopo la mia prima audienza in Parigi, che fu a' dieci di maggio, convenni portarmi in campagna con tutta la mia famiglia, dimorandovi sin al fin d' ottobre, con intollerabile incomodo.

A'cinque di febbraro prossimo susseguente, nel più crudo rigor del verno partii da Parigi, seguendo Sua Maestà sino a Perpignano, e fossimo di ritorno a Parigi al fine d' agosto del medesimo anno, onde provai gli estremi rigori d' ambidue le stagioni in una sol campagna, passando dal centro della Francia sino alla radice dei Pirenei, che è il confine della Spagna.

S' immagini la Serenità Vostra la profusion dell' oro in quei sette mesi, e quattrocento leghe di cammino. Persi una buona parte de' miei cavalli, ch' era di gran prezzo. A me toccò pure nella medesima ambasciata assister al funerale del re Luigi XIII di gloriosa memoria, funerale per me funestissimo, non meno per la spesa del corrotto, fatta a mie spese, che per la buona e cortese volontà, che mostrava quel re verso la mia persona.

Tocco Eccellentissimi Signori questa sol parola del funeral del re, perchè in quest' occasione guadagnai come ministro dell' Eccellenze Vostre un punto di gran rimarco, cioè la precedenza degli ambasciatori, a tutto il corpo del parlamento, che nell' occasion della morte del re di Francia pretendevano sovrano, e ricever i primi onori; onde ancorchè avessi in contrario l'uso ed il cerimonial della Francia, per mancanza del nunzio, toccando a me esser il primo degli ambasciatori allora residenti a quella corte, sostenni per tre ore continue nella chiesa di San Denis con vigor e costanza le ragion del mio principe ed il mio posto, guadagnando una decisione tanto cospicua a favor della ragione e giustizia de' principi, e che passerà all' avvenire in esempio, cioè che gli ambasciatori nei funerali dei re godano i primi onori, non il parlamento.

Altra prerogativa pur essenziale mi successe spuntar a favor dell' Eccellenze Vostre nella corte di Francia, cioè la missione d' un principe alla prima audienza degli eccellentissimi signori ambasciatori straordinarii espediti in Francia in mio tempo per i soliti complimenti con questo re.

Tutte l' altre corone Eccellentissimi Signori godono questa prerogativa d' aver un principe alla prima audienza de' loro ambasciatori; sola la Repubblica era defraudata. Non m' estenderò d' avvantaggio sopra questo punto, rimettendomi a quanto allora e dopo fu scritto.

Alla corte di Spagna mi son fermato quattro anni intieri, veduti eleggermi due successori, con tanto ritardo quanto ognuno sa.

Il mio ingresso in Spagna è stato assai difficile, perchè il re cattolico non voleva admettermi, non per altro, che per venir di Francia, con supposto che portassi inclinazione a' Francesi, e fu spedito un secretario di stato detto Pietro d'Aroz a far offizio per la mia esclusione coll' eccellentissimo Sagredo mio predecessore, quando era già in Spagna.

Volse Dio benedetto farmi grazia, che la prima audienza che ebbi da Sua Maestà, distruggessi questa mala impressione non solo, ma m' insinuassi nell' animo del re di maniera, che finita l' audienza, mostrò Sua Maestà aver molto gusto dell' assistenza mia alla real sua persona, e m' ha continuato una volontà così ben inclinata, che ha giovato singolarmente all' approvazione comune, e m' ha fatto apertura cogli altri ministri, essendo la buona grazia del principe il primo grado alla facilità del negozio.

Non devo tacer a Vostra Serenità, che questa buona fortuna d' esser a prima vista aggradito dal re, ebbe subito il suo contrappeso nella disavventura che occorse della morte della regina, seguita i primi giorni della mia ambasciata, onde in un abisso di spese mi sopraggiunsero queste lacrime e l' aggravio del lutto ch' ho fatto a mie sole spese, con quel sconcerto che dalla congiuntura ognuno può persuadersi.

De' miei negoziati in Spagna non motiverò cosa alcuna, per esser fresche nella memoria dell' Eccellenze Vostre, rimettendomi a' miei dispacci. Devo dir solamente, che quasi senza esempio, a me ha toccato far due campagne in Spagna e come in Francia passai al confin di Spagna, così in Spagna passai a quel di Francia, cioè nella Navarra, accompagnando il re, come mi fu commesso.

Quali siano stati e quanto intollerabili i dispendii di queste due campagne, e di quattro anni intieri di mio soggiorno alla corte di Spagna, supplico Vostre Eccellenze permettermi ch' io le rimetta al lor benigno giudizio, accennando queste due cose sole, l'una che nel solo cambio delle monete, quando era in campagna, da Castiglia a Aragona ho risentito di danno trentatre per cento; l' altra, che non ostante che i ministri del pontefice, dell' imperatore e del re di Polonia, ch' erano i miei colleghi alla corte di Spagna, godessero emolumenti da' loro principi senza comparazione e proporzione maggiore al tenue assegnamento del ministro della Repubblica: perchè il nunzio in Spagna cava da quella nunziatura trentaseimila ducati l'anno; il marchese di Grana ambasciatore dell' imperatore ha ventiseimila scudi di provvisione all'anno: quel di Polonia dodicimila; io nondimeno col svenar le sostanze della mia casa, ho sostenuto pari ed in tutti i gradi eguale il lustro ed il posto; verità ch' esclude l' iperbole e la jattanza, mentre lo comprova l' occhio di tutta quella corte.

Duolmi nel cuore Serenissimo Principe, che peso così intollerabile abbi afflitto le facoltà e le forze della mia casa, mentre io tutto dovendo alla mia patria, mi scordavo i riguardi del mio proprio sangue, volendo a costo del miglior capitale della mia casa sostener pienamente il carattere dell' Eccellenze Vostre; l'angustie delle congiunture, le difficoltà inseparabili delle pubbliche e private esazioni, ognuno le suppone, ed io devo tacerlo.

Ringrazio Dio benedetto, che i voti del mio buon zelo ed i sforzi del mio potere abbiano incontrato ne' sentimenti della pubblica benigna riconoscenza, e negli effetti di quelle cospicue grazie, de' quali ne godo al presente in questa veste preziosissima la investitura; ne rendo perciò pienissime grazie, e ne conserverò perpetua riconoscenza.

Come dunque per parte dell' Eccellenze Vostre veggo nell' urna della pubblica benignità raccolte le stille de' miei sudori, così per quella del re cattolico godo non mal gradita, benchè in travagliose arene, la carriera del mio servizio, essendosi compiaciuta la Maestà Sua attestarmelo singolarmente con un regalo degno, d' alcuni vasi d' oro, che porto con l' ossequio maggiore a piedi di cotesto real sovrano trono, supplicando la Serenità Vostra e l' Eccellenze Vostre, coll' umiltà tutta della mia più profonda riverenza, si compiacciano confirmarmelo e rilasciarmelo, permettendo ch' io lo possa godere, come effetto della pubblica grazia, frutto de' miei travagli, memoria delle mie fatiche, premio di quei sudori ch' io ho dedicati, e perpetuamente consacro al sacrario della mia benignissima patria.

Per sigillo della presente mia relazione, devo portar a Vostra Serenità pieni attestati della fede, puntualità e diligenza con che il mio secretario M. Francesco Bianchi ha servito l'Eccellenze Vostre nella secretaria dell' ambasciata di Spagna con mia intiera soddisfazione, onde come s' è meritato il concetto d' abilità e sufficienza a sostener da sè solo l' incombenze pubbliche fra gl' intervalli d' una ed altra ambasciata; così avendo a tal effetto convenuto eriger nuova casa, ed adempir le parti del decoro e del lustro, si rende degno dei più abbondanti suffragii della pubblica benigna grazia.

RELAZIONE DI SPAGNA

DI

PIETRO BASADONNA

AMBASCIATORE

A FILIPPO IV

DALL'ANNO 1649 AL 1653.

(*Tratta dall'Archivio del Museo Correr. Cod. B. n. 7*).

BREVI NOTIZIE

INTORNO A

PIETRO BASADONNA.

» Passati questi giorni caniculari, m' incamminerò a Dio piacendo ai
» piedi di Vostra Serenità, per respirare una volta da sì lunghi travagli,
» conforme la benigna permissione e pubblico grazioso compatimento. »
Così Girolamo Giustiniani scriveva da Madrid il 18 luglio 1648 al Senato, che gli aveva conceduto di ritornare dall'ambasceria, prima dello arrivo alla corte di S. M. Cattolica del suo successore, incaricando di dirigere nel frattempo gli affari della legazione il segretario Francesco Bianchi.

Pietro, figlio di Luigi ed illustre ornamento della famiglia patrizia Basadonna, la quale, Antonio Moti annovererebbe fra quelle che riconoscono la origine dall' antica nobiltà romana, fu nella età di 30 anni nominato con parte 17 maggio 1647 successore a Girolamo Giustiniani nell' ambasciata di Spagna, avendo date prove distinte del suo sapere nelle cariche sostenute in età giovanile. Egli partì da Venezia a' 27 di settembre del seguente anno 1648, ed ai 27 del successivo mese di ottobre spedì da Genova il primo dispaccio, nel quale informò del viaggio fino allora percorso fra le dimostrazioni di onore ricevute a Brescia in Pavia, Voghera, Tortona ed a Genova dove andarono a visitarlo il console Macone e l' ambasciatore di Spagna. Dopo sedici giorni di navigazione giunse a Malaga il 10 novembre e vi si fermò per tre settimane, non arrivando a Madrid che il 4 decembre, dopo 68 giorni dalla sua partenza da Venezia. Nel primo dispaccio spedito da Madrid il 9 decembre 1648 scrisse al Senato: « Svantaggiosa riesce a
» me la comparazione dell'eccellentissimo sig. cav. Giustinian, a cui necessario sarebbe che avessi avuto da essere molti anni scolare, prima che

» successore; la stima e la memoria di lui saranno certamente eterne in » Madrid, ed io studierò di avere S. E. in esempio, come mi onoro di a- » verla in venerazione e rispetto. Qui ho ritrovato il segretario Bianchi, » in posto e concetto ben corrispondente alla opinione che le EE. VV. » hanno avuto della abilità sua, avendo sostenuto con molta virtù l'impie- » go, e con laudabilissima decenza lo splendore di questa casa, onde per » puro impulso di buona coscienza mi trovo obbligato a tale sincerissi- » ma espressione. »

Ed al 2 di gennaio 1649 scrisse: « Jeri mi fu concessa da S. M. la » prima udienza. In essa ho espresso quanto potei stimare di servigio e di » soddisfazione della Serenità Vostra, avendo procurato ancora che le cir- » costanze dell'accompagnamento e dello splendore avessero proporzione » con la rappresentanza che sono fatto degno di sostenere. Ha la M. S. » aggraditi gli uffici con dimostrazione di molta stima, verso il nome del- » la Serenissima Repubblica, e di benignità infinita con il suo ministro, » onde consolato rimango nell'avere in questo principio incontrato fortuna » di ben servire la Serenità Vostra in tutte le parti. Domani vedrò l'in- » fanta, poi don Luigi d'Haros, poi di mano in mano tutti quelli l'amici- » zia dei quali conferir possa al vantaggio del pubblico servigio ed alla » reputazione di questa casa delle EE. VV. Si trattiene la corte in feste » ed allegrezze frequenti, ingannando con queste il senso delle proprie dis- » grazie, sebbene l'universale vi concorre con fiacche dimostranze, poco » godendosi per ordinario dei sollievi dell'animo, quando vengono accom- » pagnati con quelli della borsa. »

Cinquanta mesi si trattenne alla corte di Filippo IV, dal quale venne creato cavaliere, e regalato della solita collana d'oro. Il viaggio di ritorno ebbe travagliato assai, dovendo schivare i luoghi colpiti dalla pestilenza, occupati dalle truppe belligeranti o infestati da quelle bande di ladri che allora percorrevano il settentrione della Spagna e tanta parte d'Europa. Lasciò anzi a Madrid la collana ch'ebbe in dono dal re; ma se potè schivare la peste e le milizie, non fu così dei ladroni, che assalitolo a 10 leghe da Baiona gli tolsero quanto teneva, ma poi gli restituirono ogni cosa verso il cambio di 400 scudi, come scrisse da Bordeaux il 3 nov. 1652 *cedendo essi alle ponderazioni che loro feci*. Lesse in Pregadi a' 26 di maggio 1653 la relazione della sua ambasciata, che qui pubblichiamo.

Nel triennio 1657-60 Pietro Basadonna fu consigliere, e nel 1661 fu spedito ambasciatore a Roma, dove ritrovandosi, venne creato il 19 gennaio 1664 procuratore di s. Marco de ultra. Ritornò a Roma tre anni dopo, fra gli oratori di obbedienza mandati al papa Clemente IX; poi fu riformatore dello Studio di Padova, quindi senatore sopra la Zecca; finalmente, ritrovandosi per la terza volta ambasciatore a Roma, fu da Clemente X eletto nel 1673 cardinale di s. chiesa. Esercitò con lode di somma prudenza le prime cariche ecclesiastiche, e morì a Roma di 66 anni, nel 1683.

Serenissimo Principe (1).

Correva l'anno 1647, quando la benignità dell'Eccellentissimo Senato si degnò di preferire l'ardenza del zelo di me Pietro Basadonna cavaliere alla infinità delle imperfezioni che mi circondano, comandandomi di servire all'ambasciata ordinaria di Spagna, alla quale ebbi animo di sottomettermi sperando che le mie debolezze dovessero essere meno pregiudiziali, riguardo a quelle che tenevano oppresso il monarca a cui dovevo assistere. Allora la già stabilita sollevazione di Napoli, quella di Sicilia che si andava formando, la vigorosa invasione dei Francesi e Modenesi nello stato di Milano con la perdita delle principali fortezze in Toscana, erano manifesti preludiî della caduta del dominio spagnuolo in Italia; la disfatta dell'esercito in Fiandra, le piazze occupate per una parte dai Francesi, per l'altra dagli Olandesi avevano reso tanto fiacco il partito in quelle provincie, che poco mancava ad annichilarlo totalmente.

La Spagna scossa da' colpi del Portogallo e della Catalogna, che come poli di questa macchina minacciavano volerla precipitare, oltre la corruzione già invalsa nell'Andalusia per l'infedeltà del duca Medina Sidonia, e i mali semi che andava spargendo in Castiglia la stolida vanità del duca d'Icar, le Indie d'oriente col Brasil stati sufficienti per formar quattro regni persi tutti col Portogallo, quelle d'occidente incomodate dalle forze d'Olanda, le

(1) Era doge Francesco da Molin, eletto il 20 gennaio 1646.

rendite reali impegnate, il credito estinto, gli amici o dichiarati per il contrario partito o neutrali o vacillanti, e il governo abbandonato all'inesperienza d'un favorito nuovo, erano congerie d'accidenti che riducevano la monarchia spagnuola alla condizione di quel gran colosso, che essendo stato per tanti anni oggetto dello stupor del mondo, crollò col terremuoto di brevi momenti, onde concorreva ognuno a raccoglierne i fragmenti per arricchir i primarii gabinetti. Con gli avanzi di quella universal meraviglia, ma a somiglianza dell'orologio, che passa dall'infimo segno della prima ora alla sublime dell'ultima senza ch'apparisca la causa meravigliosa del suo moto, così è miracolosamente risorto il re di Spagna: 500 Spagnuoli che stavano per morir di fame ricuperarono Napoli, che nella sua metropoli includeva tante anime (1); il

(1) Lettera di don Giovanni d'Austria a S. M. cattolica, scritta in Napoli agli 8 aprile 1648, tradotta dallo spagnuolo, e spedita al Senato da Pietro Basadonna ambasciatore a Madrid.

Signore.

Riconoscendo le poche forze che teneva V. M. in questo regno per soggettar il popolo, procurai sempre avvivar le discordie che passavano tra quelli che reggevano questi tumulti, e subito che mi incaricai del governo, con offerte e negoziazioni andai disponendo gli animi alla riduzione della città, o almeno per tener propizia la gente civile e rendermi più facile l'impresa della invasion che tentava; e ciò si avrebbe eseguito se non si fosse pubblicato il secreto che necessariamente fu maneggiato tra molti. Con tutto ciò andai sempre nutrendo le pratiche e rinvigorendo gli animi bene affetti, ed essendo arrivato don Alonso di Monroy con li 450 Spagnuoli che V. M. fu servita inviare, ancorchè fosse certo il soccorso, obbligò la necessità avventurar qualche cosa per non perdere il tutto; perchè considerando che non tenevamo provision di frumento se non per otto giorni, e che conforme gli avvisi di ogni parte potevamo attender per momenti l'armata di Francia che con ogni fretta si metteva all'ordine di giorno e di notte, o alcuni vascelli e galere con le quali si serrava la comunicazione con il mare, portando viveri e sbarcando gente a terra, non solo era impossibile che noi altri rompessimo i porti della città, ma i nostri si potevan dare per perduti ed in conseguenza la parte del regno che ci restava. « *Il dispaccio prosegue narrando l'impresa alla quale assistette in persona don Giovanni, e conchiude*: Dio mi guardi V. M. come lo ha di bisogno e lo lasci compir gli anni felici dei quali necessita la sua monarchia, ed a me conceda di poter dare a V. M. molte nuove come questa, le cui occasioni solleciterò come devo. »

L'impresa di Napoli è più esattamente e particolarmente raccontata dal

cardinal Triulzio (1) con la sola benedizione, si può dire, sedò i tumulti di Sicilia; l'Essovisto nel Milanese si dissipò quando ognuno lo credeva padrone di Cremona. Il conte d'Ognate, la prima volta che nella vita sua uscì con armata in campagna, fece l'acquisto di Portolongone e di Piombino con le forze di un regno, che l'anno innanzi era perso. Si concluse la pace d'Olanda quel giorno, che per il fomento che ricevevano gli Stati dall'ascendente dei Francesi e per l'indiscretezza de' ministri spagnuoli, che la negoziavano, si stimava con ragione più lontana che mai. Si è ricuperata Barcellona e in conseguenza quasi tutto il principato di Catalogna con una forma di guerra e con un capitano atto piuttosto a far rider il mondo, che a vincer il nemico. Gli acquisti memorabili dell'anno presente in Italia sono sortiti, quando per non poter sostener l'esercito nel Milanese non vi essendo speranza di ricevere soccorso da Spagna, uscì Caracena a solo oggetto d'alloggiar nel Piemonte (2); ma quel che rende stupore, e sarà incredibile all'età venture, è la presente commozione del regno di Francia, il qual ha voluto volgere l'armi vincitrici contro il proprio petto, e cambiar la guerra gloriosa in una strage infame de' medesimi Francesi; e tanto fu lontano da'Spagnuoli il contribuir l'opera loro alli principii di questi meravigliosi successi, che convennero i principi mal contenti spedir replicati ministri a Madrid per dar credito alla pratica, invitando con preghiere e promesse il re al trionfo della lor nazione; per esser forse decretato dalla divina provvidenza che non durino lungamente gli stati felici, e che le prosperità abbino prefisso il loro confine.

Così, Serenissimo Principe, il raggio della fortuna spagnuola ha giunti i numeri della circonferenza che si veggono le ruote misteriose del suo movimento, e senza meritar altra lode di buon governo, che la solita darsi a chi vince ne' giuochi, ove non ha parte il giudizio, facile essendo conoscer la verità dell'assunto,

veneto segretario Andrea Rosso, che ivi risiedeva. Vedi la *Storia arcana ed aneddotica d'Italia* di Fabio Mutinelli, Venezia, 1858, tip. Naratovich, vol. III.

(1) Gian Giacomo Teodoro Trivulzio vicerè.

(2) Caracena tentò il colpo su Casale, ed alleatosi il duca di Mantova Carlo II, penetrò nella piazza il 22 ottobre 1652.

volgendo la memoria a' preaccennati successi, e considerando più addietro il modo con che ha fatto massa di tanti regni la monarchia di Spagna, alla quale con gli stati è pervenuto il concetto di prudente, come acquisto che conseguita di ordinario le altre felicità; il che oltre l' obbligo di una sincera relazione ho voluto riferire non per rinnovar all' EE. VV. l' opinione della potenza spagnuola, ma a fine di supplicarle a stimarla anche più sommamente fortunata, come apparirà tanto più chiaro nel breve racconto che farò delle forze, denaro, consiglio; lasciando l' antica storia e la disposizione ch' ebbero per l' addietro le materie predette, come cose comuni già a tanti libri, e superfluo e noioso essendo a ognuno il saper l'ora che corse, o il mirar per tutto il giro dell'antecedente.

Le armate marittime, che devono aver la precedenza a tutte le altre forze come quelle che rendono più potenti gli stati facendoli confinanti e tremendi ad ogni benchè lontano potentato, consistono in 24 galere, comprese quelle de' Genovesi stipendiati dalla corona e 30 vascelli di guerra in circa: ommettendo li 10 applicati al viaggio delle Indie, che mai hanno servito in altro esercito prima dell' anno presente, che la necessità obbligò mandarne 4 a scorrere i mari di Catalogna, fa essere impiegato tutto il resto dell' armata grossa a guardar l' ingresso della Garonna in soccorso del principe di Condè. Io vidi la maggior parte delle galere del re quando andai in Ispagna, e tutti i vascelli nel passaggio che feci poi 4 mesi sono per Bordeaux, onde come testimonio di vista posso asserire, che forse sopra il mare non c' è oggi armata più infelice di quella; e continuando il bisogno di trattener l'estate ventura i legni grossi nella Garonna udiranno l'Eccellenze Vostre, che più della metà si saranno affondati; e sebbene la corona per la bolla della crociata e per le antiche costituzioni de' regni dovrebbe aver sopra 120 galere e 60 navi armate, gli assegnamenti parte sono impiegati e parte convertiti in altro uso: onde non solo riesce impossibile accrescere il numero, ma scarsi rimangono i mezzi a sostenere il presente.

Degli eserciti terrestri il più potente è quello che comanda l' arciduca Leopoldo di Fiandra, perchè, oltre l' esser composto cogli ausiliarii del signor duca di Lorena, sono tutti terzi vecchi esercitati in paese, ove per lunghissimi anni hanno avuta vessazione continua d'Olandesi e Francesi, onde viene con ragione stimato il luminario della milizia spagnuola, ancorchè le prove campali degli ultimi anni, per la cavalleria in particolare, sieno riuscite tanto infelici, che il suo numero solo ha servito a render più cospicui i trionfi dell'inimico. Il secondo luogo, tanto per le forze quanto per la disciplina, si deve a quello dello stato di Milano che consta al giorno d'oggi di 4000 fanti e 2400 cavalli tutti veterani, comandati dal marchese di Caracena, il quale e per fortuna e per merito si stima comunemente l'unico spagnuolo capace di guidar un'armata. L'accrescimento di questo corpo sarà sempre facile venendo denari di Spagna per mantenerlo, mentre la vicinanza de' Svizzeri e d'Alemagna somministrerà largo numero di soldati, quando non sia ristretto quello del contante; ma il Milanese che col proprio sangue ha alimentata per tanti anni la guerra, non rimane con vigore per sostener maggior peso; onde osservando le rimesse della corte che non ponno star occulte, si sapranno sempre 6 mesi anticipatamente tutti i pensieri che avranno gli Spagnuoli d'ingrossarsi da questa parte; e sebbene sufficiente denaro potrebbe con comodo e secretezza venir da Napoli, vogliono poi li vicerè mandarlo a Madrid per guadagnarsi applauso: condotta de' ministri essendo cambiar l'essenziale del servizio nella vanità dell'apparenze, mentre a prova conoscono che l'aura dell'universale è il solo vento che conduce a buon porto il loro interesse.

Entra terzo nell'ordine l'esercito di Catalogna che in questi ultimi anni mai ha ecceduto fanti 2000 e 1400 cavalli effettivi ora governati dal marchese di Mortara, della di cui abilità è corsa sempre fama tanto infelice, che si stima sollevato al posto di generale dalla pura inclinazione del re che ha voluto redintegrare la casa del marchese di quell'onore del quale la spogliò qualche concupiscenza della sua gioventù con la pratica della sorella, e sebbene ha ricuperato Barcellona, i savii che distinguono la direzione dell'esito, stimano l'acquisto, ma non mutano concetto del capitano. Ha procurato S. M. con ogni dispendio e industria l'andamento di quell'esercito e effettivamente la campagna passata vi mandò più di 20 mille uomini, ma come che avesse voluto empir un vaso senza fondo, tanti uscivano quanti entravano, colpa della mala economia con che si fa la guerra in Spagna, diversa totalmente dalla pratica di ogni altro paese; d'onde proviene, che sebbene si son spesi in Catalogna durante l'assedio di Barcellona due milioni di scudi, quegli infelici hanno avuta mezza miserabil paga in 14 mesi, il che basti per esprimer l' eccesso di un' inaudita rapacità. Così ha fatto Mortara, così faranno tutti gli altri generali che hanno militato in quel clima, e così faranno eternamente, perchè il rimedio potrebbe venir solo dal Consiglio di guerra, che è composto di quei medici che profittano nella diuturnità del male. Oltre gli eserciti predetti mantiene il re mille cavalli alle frontiere di Portogallo, una parte nella Galizia sotto il vicerè e l' altra nell'Estremadura comandata da don Francesco Tuttomilla, dipendenti tutti due dal marchese di Leganes, che sebbene risiede in corte, ritiene pure il generalato dell'armi, non pensandosi ad altra provvigione a quella parte, sinchè si risolva di stringer i Portoghesi con guerra offensiva; nè d' avvantaggio conosco necessario alla notizia dell' EE. VV. sopra il capo delle armi.

Come necessarissima sarebbe a me una singolar virtù per distinguer la quantità e le condizioni delle regie entrate, mentre dovendo rappresentar il più ricco re della terra per il più povero di quanti se ne conoscono, mi pongo a così stravagante impresa, che mi pare impossibile ritrovar in altri quel credito alla relazione che ho avuta fatica di acconsentir alla pratica. Per comprender il mistero conviene assolutamente scordarsi il comune concetto della prudenza spagnuola, e persuadersi che non vi sia nazione al mondo più di lei ignara del buon governo, nè più inclinata alla distruzione, onde formato il certo principio della pessima economia de' particolari, credibile si renda il concetto della pubblica.

Tre sono le specie per le quali perviene il denaro al re di Spagna, le imposizioni cioè, le Indie ed i prestiti.

Il vero computo delle contribuzioni de' popoli o per esser rotto o per esser ristretta la diligenza mai si è liquidato chiaramente. Filippo II fu il primo che le introdusse mentre dopo aver profuso tutto l'erario nelle guerre civili di Francia fece 100 milioni di debito, per l'interesse de' quali fu necessario imporre gabelle a tutte le cose commestibili e mercanzie acciò si potessero esigere 13 milioni annualmente, ricevendo tal aggravio i regni di Spagna dal più prudente monarca che li abbia governati (1); nè valse la pace continua di Filippo II a minorar in minima parte la somma, onde le avversità del presente re hanno obbligato per 23 anni continui quotidianamente accrescere l'afflizione dei sudditi a misura delle necessità che sono sopravvenute, non imponendosi mai un peso per la guerra coll' inimico, ma per combattere contro il debito della corona, assegnando tutto all' usure senza estinguere il capitale, in modo che di quanto pagano i vassalli rimangono liberi al re 600,000 ducati della crociata, applicati per parte del sostento dell' armata di Fiandra, e 60,000 della carta sigillata che niuno ha ardito di ricevere in consegna per l' incertezza della continuazione; pel resto, che saranno 20 milioni almeno, è tutto assegnato; e non sapendosi più ove fondar nuovi aggravii, il bisogno obbliga a moltiplicar il male in sè stesso, e ritener per il re la metà delle consegnazioni predette, le quali sebbene dovrebbero essere 10 milioni, ad ogni modo per la frode delle esazioni e per la miseria de' Stati non arrivano ad uno e mezzo, che con gli antecedenti della crociata e sigillo della carta ascendono a 2 milioni e 200 mille ducati.

Le Indie che fanno tanto rumore al mondo sono al presente meravigliose solo per la lontananza, e non rendono a S. M. computato un anno per l'altro due milioni e mezzo; onde per compire all' immensità delle occorrenze, ove manca la rendita, bisogna supplire con la cabala e ricorrere alli prestiti, i quali, come si vede ogni giorno tra privati, si negoziano da principio con le condizioni ordinarie della piazza, poi con la continuazione nascendo il discredito degenerano in stocchi, e con questi si mantiene il re 8 mesi dell' anno. Il pronostico della durazione sarebbe assunto troppo

(1) All' avvenimento al trono di Filippo II il debito pubblico della Spagna era di 35 milioni di ducati; alla sua morte ascendeva a 100 milioni. Vedi la Relazione di Tiepolo nella raccolta dell'Albèri, e le opere di Mignet, Ranke, Weiss, Davila ecc.

alto per mio intendimento, potendo in continuazione dell' istoria aggiunger solo che gli Spagnuoli medesimi non sanno ove abbia à cadere, e un ministro certo il più pratico del loro interno stato, mi disse un giorno portato dal discorso, che poi se ne pentì: non esservi speranza di vedersi mai 10 milioni uniti se non si prende risoluzione di usurpare una volta la flotta alli particolari prima che tocchi le rive di Spagna. Formeranno da ciò l' EE. VV. il più proprio giudizio dispensando la mia imperizia, tanto più che trattandosi di denaro vengo a parlare di cosa a me poco meno che ignota, e passerò alla narrazione del governo politico e dei soggetti che vi presiedono, e che mi conosco tenuto da particolar incombenza, per esservi seguita notabile alterazione nel tempo del mio umilissimo servizio.

Filippo IV che corre in perfetta salute l'anno 48 dell'età sua e il 32 di regno, è di quell'immensa bontà che mi assicuro sarà sempre stata rappresentata all' EE. VV. da tutti i ministri che l' hanno servite appo di lui, onde a me non tocca che ad attestar la continuazione, aggiungendo alle lodi delle sue virtù, anche quella d' una perfetta continenza acquistata in questi ultimi anni o per la sopravvenienza dell'età, o per applicarsi tanto più a stabilir la sua casa con prole maschia della quale è tuttavia mancante; ma perchè il privilegio della perfezione non viene acconsentito alla umanità, anche questo monarca, in cui concorrono tutte le parti che si possono desiderare in un uomo, manca totalmente di risoluzione, principalissimo requisito de're: di modo che nell'orologio del suo governo fa l' unico ufficio del raggio che indica l' ore, ma viene egli medesimo girato dalle ruote de'ministri non avendo per sè stesso movimento alcuno.

Gli pose Iddio la corona in capo che non era uscito ancora dell' anno sedicesimo, quando ignaro della gran funzione nella qual entrava, abbandonò più tosto le redini al senso che prese quelle del dominio, lasciandosi portare dagli eccitamenti della natura, per non aver cognizione di seguir quelli della convenienza; onde fattosi il conte duca mezzano de' piaceri del re, divenuto primo nell' amministrazione del regno, dominando per il corso di 22 anni la monarchia ed il monarca ugualmente, in fine de' quali o per li suoi peccati, o per altre cagioni, cadè dalla grazia; ma non per questo risorse l'autorità del re, mentre avvezzo alla servitù, come uccello uscito casualmente di gabbia, volò subito a ritrovarne un'altra per racchiudersi, e la fortuna fece ricco di tanta preda don Luigi d'Haros, il quale con la stessa potestà del conte duca, sebbene con più cauta modestia, custodisce al presente il volontario prigione; e prima di venir al necessario racconto delle parti di don Luigi devo riferire la forma nuova che egli ha data al governo, essendo io il primo ministro di Vostra Serenità, che abbia avuta occasione di osservarlo.

Il Consiglio di stato, che nel tempo dei re passati era il solo consultore delle materie politiche, fu scemato di autorità nel tempo di Filippo III che la concesse troppo ampla al duca di Lerma, e cadè in total servitù sotto il conte duca, che stimando di levar alla sua potenza quanto permetteva al Consiglio, incantò con altri benefizii le lingue de' consiglieri, i quali credendo più cauto seguitare la fortuna presente utile e sicura, che l'antica incerta e pericolosa, si contentavano del vocabolo di detto ministro di stato, divenendo in effetto satelliti dell'ambizione del conte duca. Ma don Luigi che non si conobbe uguale a tanta impresa nella debolezza de' suoi principii, in tempo che l'infausta memoria del precessore faceva abborrire il nome di favorito, risolse di praticar la massima rigorosa di dividere per dominare; e persuase il re a stabilir un Consiglio introdotto da Filippo II in tempo dell'altre guerre civili di Francia con titolo di Giunta di esecuzioni, cavandolo dal corpo del medesimo Consiglio di stato, e scelse il conte di Monterey e Pignoranda con i marchesi di Leganes e Vellada per conferir seco tutte le materie gravi, lasciando agli altri poco più del trattenimento di ridursi tre volte la settimana. Per il principio di quest'impresa, per il sentimento degli esclusi e per lo scandalo di veder ridotto il governo della monarchia nella stanza del favorito, ebbe le sue mormorazioni; ma finalmente, come succede per il più, riuscì fortunato l'ordine, ed è già passata in esempio quella novità, che dagli esempii stessi era contrastata dalla predestinazione delli predetti soggetti; tre cose procurò particolarmente don Luigi: che fossero cioè inimici degli altri consiglieri di stato acciò si mantenessero veramente divisi tra loro: che il re li stimasse, ma non gli amasse perchè fosse accreditato il Consiglio e non gelosa l'autorità: e che non riuscissero difficili a soggettarsi al voler suo per non divider quella potenza che voleva intiera in sè stesso, come gli è perfettamente sortito in tutte le parti; onde essendo già noto all'EE. VV. che da queste cinque teste viene governata la Spagna, necessario riesce per il loro servizio che sappieno ancora il peso puntuale d'ognuna di esse, cominciando da don Luigi per la preminenza che tiene fra le altre.

Nacque egli l'anno 1603 dal marchese del Caspio della casa di Haros, che nell'Andalusia non veniva collocata tra quelle del primo ordine, e dalla sorella maggiore del conte duca il quale per assicurar i principii del suo favore cinse sino i respiri del re con persone dipendenti da lui, e fondò tra gli altri la maggior confidenza nel nipote don Luigi, stimando che per la sua congiunzione del sangue e per la qualità del talento non molto sublime, dovesse esser più interessato di tutti nella permanenza di sua fortuna, e meno capace a turbarla, onde lo stabilì nel servigio, gli dispose l'animo di S. M. e incautamente gli lasciò far progressi tali nella grazia che s'avvide del pericolo quando non potè rimediarlo; mentre la simpatia de' costumi, la fede osservata più al padrone che al zio, l'abilità del marchese padre di dispor meglio degli altri i piaceri che allora predominavano la corte, resero tanto grato don Luigi che diventò l'unico oggetto dell'amor del re. Caduto il conte duca per la congerie d'accidenti molto ben nota, fu il più vicino a occupar il posto, e l'occupò con effetto, ancorchè si dissimulassero le apparenze per rispetto del principe già grande e per la vergogna di rimettersi palesemente in servizio. Ma morto il principe ed acquistato col tempo il dominio sopra il rossore, incominciava a manifestarsi il favorito mirabilmente giocando ad ingannar l'invidia e l'ambizione degli emuli, il poco concetto che correva dell'abilità di don Luigi stimato inutile, capace di servire il re nelle intrinsichezze della camera non nella reggenza dello stato, onde fu poi di meraviglia il vederlo sollevato al posto di primo ministro, come stupì Moisè quando vide la verga che considerava per un semplice segno convertita in serpente, è che simbolo della prudenza. Io sempre lo ritrovai in qualità efficace di favorito, ancorchè nel corso di quattro anni e mezzo ebbi osservato qualche alterazione nel trattamento esterno, aumentando con la diuturnità del possesso la cognizione del gran posto che sostiene.

Quelli che diligentemente osservano l'inclinazione del suo genio lo confessano modesto, cortese, paziente, ben intenzionato, desideroso della quiete pubblica, sviscerato nel servizio della corona, amico di mantener ad ognuno le preminenze del posto che sostiene quando non ripugnino a quelle del suo, disinteressato e mirabilmente studioso in procurare che tutti partano soddisfatti della sua presenza; parti veramente che spiccano in grado singolare nella persona di don Luigi, sebbene dall'altro canto vengano attribuiti ad effetto del timido naturale, che in lui manifesto si scorge, ed alla ristretta fortuna, nella quale hanno versato gli anni migliori della sua età; poi l'accusano d'animo basso, amaro e vendicativo, l'incolpano d'irresoluzioni, detestano la poca osservanza della parola, e stimano che l'egual affabilità del suo tratto sia parto espresso di simulazione; onde proviene che la sua fortuna ha pochi parziali, mentre le creature e quelli che vengono più facilmente adoperati da lui lo considerano per un terreno sterile, che stanca la mano dell'agricoltore e rende poco frutto.

Per quello riguarda l'interesse di Vostra Serenità, senza far giudizio da qual causa egli si sia mosso, l'ho goduto sempre favorevole in tutte le occorrenze del mio ministero, ha mostrato stima della Serenissima Repubblica, ha onorato il rappresentante, ha trattato con sincerità, ha protetto le istanze, e sebbene ho convenuto combattere con la sua inescusabile tardità e con le male impressioni causate molte volte dal poco gradimento che sospetta nelle EE. VV., ad ogni modo devo dar grazie a Dio, che ogni negozio l'ho terminato felicemente, e parmi di poter con fondamento promettere a Vostra Serenità che appresso don Luigi, siccome niuna cosa sarà facile, così pochissime abbino a riuscir impossibili.

Il conte di Pignoranda entrò in possesso di rappresentar più d'ogni altro il lato del primo ministro, mentre al solo ritorno in Spagna, considerandolo come creatura ed informato sopra tutti delle materie di stato per la lunga direzione che si ebbe in Münster, stimò di potersi appoggiare a lui con maggior frutto e cautela che a qualunque altro; sebbene nel progresso o per non aver trovato don Luigi quanto suppose, o per essersi stancato il conte di servire a chi scarsamente premia la confidenza, s'osserva intepidito assai. Tengono in generale Pignoranda per uomo di fede, puntuale, integro, e nella presente sterilità de' soggetti anche mediocremente capace; come per il contrario la professione delle leggi per lungo tempo esercitata da lui, lo rende facile alle contese, cavilloso, pertinace, satirico e nelle materie politiche più atto a svegliar le opinioni che a risolverle, d' onde proviene che nel Congresso di pace consumasse molti anni senza frutto, e con poca soddisfazione di quelli che trattarono seco. Quale fosse la disposizione sua al ritorno da Münster verso i ministri, e interessi di Vostra Serenità, lo fecero noto le mie lettere (1); poi fu tale la forza della giustizia, che niuno più di lui ha favorito il mio particolare, ma nelle pubbliche occorrenze mai ho potuto valermi degli officii suoi.

Col conte di Monterey poca molestia devo portare alle EE. VV. mentre gli ultimi avvisi riferiscono che sia passato a purgar i peccati suoi di superbia, incontinenza, mala fede e rapacità, che oscurarono in vita le parti singolari di quel chiaro intelletto, che lo resero sempre necessario alla monarchia quantunque pernicioso ad ognuno e contumace del re per mille colpe.

Il marchese di Leganes, cognito in queste parti per il governo dello stato di Milano, essendo una delle prodigiose fatture del conte duca la fortuna sua, patì grave burrasca del naufragio di quella del benefattore, e l' accolsero così sfortunati gli eventi delle armi comandate da lui in Catalogna, che meritò la disapprovazione del mondo e la disgrazia del re per molto tempo; ma ritornato finalmente alla corte, in meno di un anno cogli ossequi e le adulazioni, arti famigliari del marchese, ha guadagnato molto più che in cinquantadue anni continui di milizie; e quello che pare

(1) Vedi dispacci nel veneto Archivio generale. *Senato III*, Secreta n. 80 e seguenti.

più stravagante venuto dalla guerra con poco nome di soldato, stando in case s'acquistò quello di maestro della professione, onde lo prega il re a ricevere il viceregnato di Napoli, ed egli se ne mostra poco inclinato; conoscendo a prova esser la grazia de' principi un fuoco che riscalda solamente i vicini sebbene stanno a sedere, e lascia morir di freddo i lontani per molto che s'affatichino nel loro servizio.

Della disposizione di Leganes verso gl' interessi di Vostra Serenità variamente se ne potrebbe parlare, perchè sebbene parzialissimo si dichiara sempre in quanto concerne le convenienze pubbliche e la stima particolare de' ministri, ad ogni modo avendo avuto opinione che gli officii e diligenze della Repubblica gli levassero la gloria dell' impresa di Casale, quando la tentò, obbliga la predetta ad osservarlo bene in tutte le occasioni.

Il quarto della giunta è il marchese di Vellada, chiamato da don Luigi che non potendo entrare facesse troppo rumore alla porta, essendo uomo dabbene, vecchio, memore dell'antica libertà de' ministri, facile a parlare e accreditato alla corte, come sogliono riuscir ordinariamente quelli che mormorano del governo e si lamentano delle offese da esso ricevute, ora che viene ammesso, si contenta del potere e v' interviene di rado, impedito spesso dalla gotta, e trattenuto dalla conversazione, e da quella delle mense in particolare, nelle quali anche ha le occupazioni maggiori, applicandovi sempre lo studio più esatto.

Oltre i quattro predetti si deve a Vostra Serenità una breve notizia di quegli altri sette consiglieri di stato, per il titolo che tengono, ancorchè siano stelle tanto oblique che poco considerabile si rende la loro influenza.

Il cardinal Sandoval, arcivescovo di Toledo, tutto dedito alle funzioni pastorali e alla professione d' un zelo quasi indiscreto e perciò poco grato a palazzo, mai interviene nel Consiglio.

Lo stesso fa il confessore del re, religioso di S. Domenico, poco parziale di don Luigi, ma che si mantiene nel posto per non avere abilità nè al bene nè al male.

Il conte di Castriglio, fratello del padre di don Luigi, ma principalissimo nimico suo, è il ministro più esperto che abbia il re nelle materie economiche, ancorchè la persuasione del nipote, il rigor del naturale e la mala fama della moglie lo rendano più abborrito che considerato.

Il duca di Medina Las Torres, conosciuto in Italia avendo posseduto un settennio il viceregnato di Napoli, uomo che gode più opinione di facondia che di prudenza e di buoni costumi, sostenta ora il decoro del posto con l'abituata superbia, caduto nel resto in abbietta fortuna, per aver consumato il giudizio e la facoltà nella rilassata scandalosa pratica delle donne.

Il marchese di Valparaiso, famoso solo perchè governando l'armi nella Biscaglia fu il primo a romper la guerra da quella parte con Francesi, d'onde s'originarono le ultime miserie che ha sofferto la Spagna; nel resto avendo spesi la maggior parte degli anni suoi con poco grido nelle armi, ora con pari successo impiega l'età decrepita nel Consiglio.

Don Melchior di Borgia, dopo aver passato il meglio dell'età sua nella professione militare, ebbe in premio il Consiglio di stato, ove spiccano debilmente le parti dell'ingegno, come dall'altra parte si rende esemplare in quelle della bontà.

Il marchese Spinola genovese, erede del titolo del padre, ma non della fama, viene ad ogni modo singolarmente stimato a palazzo, vantaggio quasi comune a quelli che sono guidati sopra lo stile mendicato in una lettera, e non per il vero peso dell'abilità. Procurò don Luigi nel principio del ministero di aver il marchese in appoggio della propria inesperienza, ma lo ricusò egli apertamente, o per stimar troppo difficile la burrasca che correva allora la monarchia, e non voler parte della cura dell'impero languente, o per conoscersi una figura da comparir meglio in lontananza; ora sebbene ridotto in così misera salute, che si considera in lui la vita per il minor male, dicono che a primavera abbia promesso di condursi in Spagna, il che succedendo meriterà la pubblica osservazione, mentre non è probabile sia chiamato ad altro, che per conferir seco alcun punto importante d'Italia ove hanno per tanti anni i consigli suoi sostenuta la principal direzione.

Questi, Serenissimo Principe, sono i consiglieri del re sinceramente delineati; ma non stimerei aver conseguito il tutto che pretendo se non scoprissi anco all' eccellentissimo Senato la qualità dei loro presenti consigli, distinguendoli intorno le massime che tengono della pace, della guerra, successione della corona, e intelligenza con principi, che sono i punti più essenziali e maggiormente necessarii a sapersi.

Il genio passato del re, il desiderio che tiene don Luigi di sottrarre la fortuna sua dalle contingenze della guerra, la ristrettezza de' mezzi e la comune afflizione del popolo, sono le lingue che gridano continuamente pace; ma i peccati del cristianesimo che non lasciano passar le voci all' orecchie di quell' onnipotenza che le potrebbe esaudire, fanno sempre insorgere nuovi ostacoli che l' impediscono, principalissimo essendo dal canto de' Spagnuoli il timore, per dir il vero fondato in molta esperienza, che il cardinal Mazzarino voglia ingannar amici e nemici con apparenza di trattati, alieno sempre pe' suoi privati fini dalla conclusione, l' impegno nel quale sono entrati col principe di Condè che li condurrà Dio sa dove, e la perfida invidia de' ministri che sperano poter perdere più facilmente don Luigi tra le burrasche che nella calma; onde se considerabilmente non muta lo stato delle cose, vi è gran soggetto per creder la diuturnità della guerra, circa la quale è fama costante, che miri il governo a levarsi d' Italia l' ostacolo de' Francesi e ridurre in quiete la provincia per assistere al principe di Condè quanto basti ad occupar intieramente l' inimico e impegnar tutti gli sforzi nella ricupera della restante Catalogna e del Portogallo; ma non potendo coll' aggiustamento di Savoia assicurarsi le spalle da questa parte, abbino ad insister col vigore possibile nel Piemonte, e temporeggiar in Catalogna con quel numero di genti, allora s' attroveranno finchè venga tempo d' applicare alla consecuzione del fine predetto; avendo gli Spagnuoli un aforismo politico, ereditato da Filippo II, di non tentare mai altrove cose grandi se non stabiliscono prima quelle d' Italia, ove conoscono esservi molto che perdere e molti desiderosi che perdano.

Il punto della successione della corona, la rilevanza del quale supera certo quella d' ogni altro, è la cosa a cui meno si pensa in Spagna, succedendo forse come nella considerazione della morte, alla quale non applica l'uomo come dovrebbe, per la ripugnanza che vi ha la natura e per l'orrore che sbigottisce la mente, esaminando pur la materia con diligenza come ricerca la sua grande importanza. Due casi conviene proporsi, la morte del re senza successione maschia, ovvero con successione ma incapace di dominare per la minorità, mentre pare al giorno d'oggi che l'uno o l'altro di questi scogli non si possa evitare, e tutti due sono ugualmente bastanti, se non a naufragare, ad impedir almeno il corso felicissimo della monarchia; se lascia erede maschio di pochi anni (accidenti mai più occorsi dopo l'unione de' regni), si prepari il mondo di veder le cose molto più confuse di quello che capir possa nell'umana immaginazione: per intelligenza di che è necessario sapere che i regni sottoposti alla corona tengono un Consiglio particolare di soggetti nazionali, o misti per il meno di nazionali e Spagnuoli che risiedono tutti in Madrid, ove non ostante la presenza del re si rodono tutto il giorno con pretensione di precedenza, ed in sostentar d'esser totalmente indipendenti l'uno dall'altro, più inimici e più irreconciliabili essendo per esempio quei di Consiglio con quei d'Aragona, che i Francesi e gli Spagnuoli senza paragone, e non solo contendono reciprocamente la superiorità, ma quello che importa al caso presente, intende ognuno di essi, coll'esempio di quando i regni non erano uniti, che tra gli altri privilegii se gli aspetti il governo della corona nella minorità de' suoi re, onde la divisione resta già naturalmente formata di Consigli e Capi, le azioni dei loro dipendenti sono eguali, e l'occasione di scoprirsi sarà quando una reggenza ordinata per testamento crederà assumere il dominio. L'anno 49, nel qual fu angustiato il re da grave infermità, mi ritrovai presente a molti discorsi. L'imminenza del caso rendeva ognuno inconsiderato, la confusione faceva tutti famigliari e non schivavano dir a me quanto supponevano dover esser pubblico il giorno dopo.

Così la congettura mi ha fatto scoprir il secreto, e non è disservizio di VV. EE. l'averlo saputo.

Se il regno poi mancando di successione maschia dovesse capitar nell'infante Maria Teresa maggior d'età, che corre al presente l'anno 15.°, lascio d'esaminare se tutti gli stati possano giuridicamente pretendere, e il disordine che di ciò provenir potrebbe, supplicando solo Vostra Serenità, per interesse di vicinanza, a star attenta alle mutazioni che seguir potrebbero nello stato di Milano, come feudo imperiale; e mi restringo a considerare chi possa esser il marito, e quale il tempo del matrimonio che non stimo facile avvenga in vita del re: perchè ricercando differenti considerazioni, l'elezione d'un monarca, che quella d'un semplice sposo, non si può determinare senza attendere prima quello abbia ad essere di prole maschia del re, e difficoltoso essendo che il re per sè stesso o a suggestione de' ministri si dichiari inabile alla procreazione, il negozio differirà quantunque per altri fini vadano allettando diversi principi con le speranze di così ricca sorte, segua o innanzi o dopo non molto importa alla quiete d'un regno, mentre in tutti i casi il padrone sarebbe forestiero; e se fu poco il valor di Carlo V per reggersi tra Spagnuoli, in caso simile qual speranza si potrebbe avere in un secolo che l'educazione de' principi è corrotta con quella de' privati, e che la Spagna si è resa altera col possesso di così lungo dominio? Ma per indovinar lo sposo dell' infante, quando sopra la di lei testa cadesse il diadema reale, non credo si debba andar cercando fuori della casa d'Austria, verisimile essendo che uscendo la corona dalla linea, si procuri di mantenerla almeno nel sangue per render minore il pericolo della mutazione.

In due ordini poi distinguere si devono i principi austriaci, cioè in sovrani ed in cadetti. I sovrani sono il re d'Ungheria e l'arciduca Carlo Ferdinando d'Inspruch, incapaci l'un e l'altro, per mio umilissimo senso, questo per esser maritato già, e quello perchè non vorranno gli Spagnuoli eleggersi un re tanto sensibilmente offeso da loro, come seguì nel rimandarlo in Germania quando per accompagnar la sorella s'era condotto sino a Milano, e tutti due poi per esser signori d'altri stati, ed in conseguenza attorniati da' proprii ministri; laddove gli Spagnuoli vorranno un principe totalmente nudo, per tagliargli il vestito con la misura delle massime e servizio loro. Restano dunque i cadetti che sono l'arciduca Leopoldo generale delle armi spagnuole in Fiandra, i secondogeniti dell' imperatore e l' arciduca Sigismondo d' Inspruch. Se l' occasione fosse prossima avrebbe Leopoldo maggior giuoco degli altri per l' età provetta e per la cognizione che tengono in Spagna de' suoi santi costumi, non meno che della natura flessibile e capace a facilmente rimuovere qualunque impressione. Ma se nella dilazione levassero gli anni a Leopoldo il poter esser marito, gli toglierebbero anche le speranze del regno e le faciliterebbero l'uno e l'altro ne' figliuoli dell'imperatore, i quali come più stretti di sangue e decorati della maestà dell' impero che già tanti anni illustra la loro discendenza, avranno sempre gran vantaggio sopra la casa d' Inspruch che gode ma più remote le preminenze suddette.

Oltre i rami preaccennati dell' arbore austriaco si deve considerare un altro rampollo, che sebben nato dalla terra trae nondimeno l' origine dalle stesse radici, e quando potesse innestarsi coll' infante sarebbe fruttifero quanto ogn' altro.

Questo è don Giovanni d' Austria che figlio del presente re e d' una pubblica commediante (1), non dispera di poter comparir anch' esso in scena a rappresentar la parte sua. Gli esempi di molti bastardi che hanno tenuto la corona di Castiglia, l' affetto del padre, il desiderio di aver un re nato in Spagna e come si dice di convessi mustacchi, e sopra tutto la gelosia de' ministri verso le mutazioni che in lor danno seguir potrebbero con un forestiero, favoriscono sommamente don Giovanni. In mio tempo molte consulte di teologi e di politici si sono tenute nella presente materia, e io vidi alcune scritture formate d'ordine di don Luigi, che forse è il principal protettore di don Giovanni; ma ognuno si perde quando arriva a considerare che il congiunger due fratelli in matrimonio sarebbe uno strano esempio nella chiesa di Dio, ancorchè per le convenienze del regno venga comunemente stimato per il partito meno nocivo, e incontrando in un pontefice poco scrupoloso e inclinato alla corona non si lascierebbe di far il tentativo; il che è quanto al giorno d' oggi descriver si può circa la

(1) Di nome Calderona. Vedi la vita di don Giovanni d'Austria, scritta da Gregorio Leti. Colonia, 1686.

successione; restando solo che l'EE. VV. si degnino d'intendere come stiano gli Spagnuoli cogli altri principi, i quali a maggior chiarezza si distinguono in confederati, inimici e neutrali.

Tra' confederati si deve il primo luogo al principe di Condè con tutta la massa degli scontenti di Francia, mentre da essi riconoscer deve la Spagna il prodigioso risorgimento della fortuna sua. Circa il principio de' progressi de' trattati con S. A. ebbi per certe congetture occasione di penetrar tanto addentro e di avvisarne con particolari così precisi la Serenità Vostra, che forse poco più o poco prima si poteva sapere (1).

Ora le cose camminano tuttavia, e come una volta si contentava la Spagna di stabilir una diversione per ridur l'inimico a far la pace, e coll'abbandono de'ribelli e del partito dei sollevati, non voleva altro che mettere in libertà e sicurezza i principi; così al presente intorno all'intenzione degli uni e degli altri non posso dir altro, se non che gli appetiti degli uomini non si soddisfano mai col conseguito, ma lasciandosi corrompere dalla facilità, estendono l'ambizione ed il desiderio oltre i confini dello stabilito non solo, ma dell'onesto ancora. Lo stesso succeder potrebbe nel caso presente se non arrivassero le parti a conoscere la diversità dei fini che corre fra loro, e si sciogliesse per questa via l'amicizia, chiaro essendo che aspira Condè a levarsi di condizione privata confessando i principali seguaci del partito che la sua testa non potrà fermarsi mai, che o con la corona o col ceppo; laddove le massime de' Spagnuoli sono di mantenerlo sempre ribelle onde non termini la guerra civile, e misurano le assistenze loro conforme agli eventi: non succedendo mai che mandino soccorso a Condè se non quando è vicino a perdersi, nè che glielo continuino dopo averlo levato dal pericolo.

Sono uniti gli Spagnuoli col duca di Lorena, dacchè il re di Francia gli levò lo stato, e con l'appoggio loro ha potuto tanti anni mantenersi in considerazione. Ma l'esperienza dimostra che Sua Altezza sia unicamente confederato coll'interesse proprio, e si servi dell'uno e dell'altro partito per profittarsi con

(1) Vedi i dispacci poco innanzi citati.

tutti due; onde si può dire ch'egli solo abbia ritrovato il secreto di trovar buon argento dal mercurio, mentre l'instabilità del suo ingegno ingelosendo tutti l'arricchisce con somme inestimabili di denari; essendosi per questo mezzo avanzato a termine che esule de'suoi stati è fatto arbitro di quelli degli altri, e in molte occasioni avrebbe potuto stabilirsi in possesso non solo del proprio, ma rendersi glorioso coll'obbligar le corone alla pace, se l'avarizia non gli avesse guasti gli spiriti del principe rendendolo soverchiamente soggetto a quelli di mercante.

Credeva anche la Spagna d'essersi strettamente legata col parlamento d'Inghilterra per aver anticipato ogni altro a riconoscer la sovranità dell'usurpato dominio; anzi parlando con l'alterezza famigliare dell'azione, pretendono aver decretata nel mondo la libertà di quella nascente repubblica; ma o sia per il senso ch'ebbero gl'Inglesi nella morte del ministro mandato in Spagna, o perchè convenga loro tenersi bene con tutti, rimangono gli Spagnuoli con poca autorità e con limitata confidenza ancora.

Potrebbesi pure tra i confederati annoverar ancora il duca di Mantova, che l'anno passato con l'aiuto delle armi cattoliche ricuperò Casale, se poi non si volesse attribuir il successo a convenienza della corona, piuttosto che a riguardo del medesimo duca. Alla mia partenza di corte niente altro si sapeva se non generalmente che Caracena negoziava con Mantova; stimandosi anzi in universale di riuscita molto difficile quanto si trattasse con S. A. per il genio francese, e per la poca sincerità scoperta in lui nelle pratiche antecedenti; quello poi che si sia stabilito nel tempo ch'io travagliavo nel viaggio, resta a me totalmente incognito; onde terminerò questo passo con supplicar umilmente l'EE. VV. a degnarsi di credere che il loro ambasciatore in Spagna può con poco fondamento avvisare l'emergenze di questa provincia, ove i ministri usurpano tutta la facoltà di risolvere e diriger gli affari, partecipando solamente i successi quando sono felici, o se al contrario occultandoli o mascherandoli; alterano la sostanza e lasciano saper quel solo che conferisce al loro interesse: indubitabile essendo, che se giudicano gli uomini sopra il processo delle proprie lettere, tutti risultano calorosi, tutti prudenti da che manifestamente si raccoglie la somma necessità di aver sempre come al presente e ne' passati tempi ancora, un gran residente a Milano, che è la vera fucina, ove si lavorano tutti i disegni de' Spagnuoli in Italia. Ivi importa alle EE. VV. mantener buona corrispondenza per la sicura e quieta vicinanza, che sta totalmente in mano del governatore. Di là sapranno a tempo gl' ingrossamenti degli eserciti, le disposizioni delle campagne, le pratiche con i principi d' Italia, e tutte quelle cose che prudentemente penetrate e fedelmente scritte sono essenzialissime al ben pubblico; come per il contrario succedendo il caso che d' ogni fatto fosse fatto mistero per ostentar diligenza e impegno, o restassero occulte o mal intese le materie gravi, non so come aggiustate potessero nascere le deliberazioni, nè come rimaner quieto l' animo delle EE. VV.

Nel numero dei nemici prima cade in considerazione la Francia, come quella che abborrisce e viene ugualmente abborrita dalla Spagna. I costumi di una nazione sono contrarii a quelli dell'altra, gli uomini agli uomini, il clima al clima, e pare che il cielo e la natura siano concorsi a formar la loro antipatia per renderle irreconciliabilmente divise, acciò un veleno fosse rimedio all'altro, e nell' inimicizie di così potenti regni ritrovassero i principi minori o quiete o rifugio; e sebbene la Spagna per l'estesa rimanenza del dominio, e per le fonti inesauste dell' oro si sproporziona infinitamente dall' emula nazione, vuole ad ogni modo la Providenza divina mediante l' unione de' stati e la bravura delle genti uguagliar le parti, mandando alla cristianità la lana della misericordia conforme alla neve della necessità.

In tale stato adunque si mantengono quei regni per superior decreto, e se questo non muta, sarà incapace sempre l'opera umana d' introdur concordia fra loro, che sia stabile e sincera; mentre qualsivoglia pace, che fosse accordata coll' esempio di tutte le altre, sarà un orpello alle voci de' poveri popoli che ingannerà l' udito, anzi un empiastro che istupirà il senso ne' dolori per restituirlo poi con doppia afflizione al paziente. In questo universal incontro reciproco degli uomini francesi e spagnuoli, solo si mantiene affettuoso quello del re con la sorella, e sebbene alcuna volta anche in mio tempo fu proposto di tentarla, e s' offersero certi soggetti d'introdur seco qualche pratica di somma rilevanza, non ha voluto mai aderirvi S. M. rispondendo con insolita risoluzione, che ama la fede della regina verso i suoi figliuoli sopra qualsivoglia convenienza della sua corona.

L' inimicizia con la Savoia riesce pur difficile di aggiustamento, dipendendo l' autorità della duchessa a preservazione dei stati dalla buona corrispondenza con la Francia, laddove l' interesse de' Spagnuoli sarebbe il chiuder quella porta all' inimico onde nè a titolo di confederazione nè di neutralità entrar potesse ad incomodarli in Italia. Per questo sono molti anni che inutilmente travaglia il governatore di Milano in persuader quelle Altezze a mutar partito, incomparabile essendo la soddisfazione dell' uno con la sicurezza dell' altro; e se la necessità non stringe il negozio, sarà sempre insufficiente mezzano per concluder la pratica.

Chiamano in corte il re di Portogallo col nome di vassallo ribelle, ove il tempo, la potenza e gli esempii lo costituiscono in qualità di principe sovrano; con questo durando i re cattolici, l' odio e l' abborrimento saranno perpetui, e quanto prima si possa coglieranno contro di lui gl'impeti più vigorosi della guerra, la facilità della quale ancorchè argomentarsi possa dalla proporzione delle forze, dall' inesperienza del duca di Braganza e dall' esser privo d' amici che possano vigorosamente sostentarlo, ad ogni modo stanno per la sua difesa in considerazione tre punti: primo, l' ostinazione con che contrasteranno i Portoghesi per non sottomettersi al dominio de' Castigliani; secondo, la convenienza de' popoli in aver dentro di Spagna uno stato, ove possano ricorrere nelle loro necessità; e terzo, che o tutti o almeno la maggior parte de' ministri cattolici sono strettamente congiunti di sangue con Braganza; e sebbene l' onore, la fedeltà e l' adulazione gli obbligano a parlar di lui con sprezzo e nausea, può essere tuttavia che godano internamente a considerarsi parenti di un re, e nelle presenti contingenze della successione maschia del proprio padrone se potessero con voti secreti destinar un marito all'infanta non so se il principe di Portogallo avrebbe pochi favori.

Lo stato a che s'è ridotta la Catalogna coi successi dell' anno presente la mette in considerazione di provincia soggetta piuttosto che di principato inimico. Rimangono poi alcune piazze e tutto il contado di Rossiglione fuori dell' obbedienza del re; e mutando faccia le cose di Francia s'avvederebbero forse i Castigliani di aver trionfato quasi di tutto il paese senza far acquisto d'un sol cuore di quella nazione.

Il Turco per la potenza e per l'antichità dell' inimicizia con Spagna doveva esser collocato nel primo luogo di questa classe; ma desideroso io sempre di vederlo nell' ultimo, mi son riservato a trattarne in fine di tutti gli altri. Odioso fu sempre il nome turchesco appo gli Spagnuoli da che tollerarono il crudel peso della sua tirannide per 800 anni continui dentro la propria casa, e dopo che piacque a Dio di liberarla sotto il fortunato dominio di Ferdinando e d'Isabella, chiamati perciò antonomasticamente i cattolici. L'effetto dimostra che non sia passata immaginabil corrispondenza tra le due nazioni, ancorchè molte volte l' interesse l' abbia persuasa, e moltissime la gelosia de' principi gli ha indotti a sospettarla. Solo nel tempo che io servivo all' ambasciata capitò in Madrid Mehemet Agà, a far nascer per la Serenità Vostra il più difficile negozio, quando teneva in quella corte il più debole ministro.

Qualunque fosse il fine de' Turchi in quell' improvvisa spedizione, apprese da principio la vanità spagnuola che il granturco intimorito della loro potenza, mandasse a supplicar pace ed a costituire arbitro il re degli affari del mondo; ma in poco tempo la proposizione stolida dell' Agà, e le considerazioni che si fecero, posero in dubbio il negozio, ancorchè per sostenerlo si continuasse a farne mistero, e si risolvesse la missione del prete Allegretti la condizione del di cui talento servì di sufficiente indizio, che la pratica fosse totalmente caduta in derisione. Ciò non ostante il mondo che saper voleva quel secreto che non vi era, si diede a discorrere, sospettare e inventar mille chimere, succedendo alle genti agitate dalla gelosia, come a quelli che fanno viaggi sopra vascelli ai quali pare che le cose circostanti vadano girando, e pure il tutto sta quieto e loro soli si muovono. In questa pubblica confusione de' pareri toccò all' innocenza mia d'esser incolpata di due errori, l'uno di soverchia credulità e l'altro di aver assentito alla sospensione dell'armi. Quanto al primo, basterà dire che vidi tutto il negozio in fonte, che scrissi sinceramente il vero, e che per servizio della patria rinunziai al sicuro vantaggio che provenir mi poteva dal mettere in campo (conforme all' uso) pericoli e difficoltà per far maliziosamente apparire di averle superate con la fatica e con l'ingegno, e stimai grandissimo beneficio il non introdurre diffidenza tra la Serenità Vostra ed un principe che era stato certo in quell' occasione con tal buona volontà, che quasi politicamente non si poteva sperare; e circa il secondo, le mie lettere saranno eterno testimonio che mai ho parlato di sospensione d'armi, se non una volta che, rispondendo a certe proposizioni di don Luigi, dissi chiaramente, che non conveniva alla Serenità Vostra star in tregua col Turco, in comprovazione di che si vide manifestamente che don Allegretti a Costantinopoli non fece immaginabil menzione di tal progetto; onde la prudenza dell'Eccellentissimo Senato dal fatto dell'evento restò a sufficienza persuasa del modo proprio con che avevo servito; ma nelle piazze e tra le conventicole non mancarono delle buone intenzioni che diedero corpo all' ombre senza mirar il pregiudizio che inferirono alla patria, facendo credere che fosse senso del governo ciò ch' era morso d'un' avvelenata passione, a somiglianza di colui, che per uccider una mosca non curò di rompere il prezioso specchio sopra del quale era posta.

Tra' principi neutrali metterò primo in ordine il pontefice per la dignità, e ultimo questo Serenissimo Dominio acciò che più fresco rimanga nella memoria quello che più importa.

L' osservanza della corona cattolica verso la Santa Sede per convenienza e per istinto è stata ogni tempo esemplare, ma la corrispondenza con i soggetti che successivamente l'hanno occupata, si è andata cambiando conforme la disposizione degli uomini e la qualità degli interessi.

Nel principio del pontificato di Innocenzo, sperando gli Spagnuoli che conservasse l' inclinazione dimostrata nel tempo che esercitò la nunziatura in Spagna, e fosse per riconoscer la sua assunzione totalmente dalla parte che vi ebbe la nazione loro, stimarono di aver un papa fatto a modo loro, ma nel progresso si lamentarono apertamente dello stretto negoziare ch'incontrarono in quanto loro occorre alla corte romana, conoscendo la durezza, l'irresoluzione e spesse volte anche l'ingratitudine del pontefice, senza qualunque rispetto, come pure non lasciando d'attribuire ad effetto di natura quello che il mondo considera per parto evidente di parzialità; mentre dicono che non applicò Innocenzio ad approfittarsi della rivoluzione di Napoli per mancanza di spirito, e non prende risoluzione sopra le chiese di Catalogna e di Portogallo per quella stessa negligenza con che ne lascia vacanti infinite negli stati d'altri principi non solo, ma nelli medesimi soggetti al dominio ecclesiastico. Io per me posso affermare che nel corso della mia assistenza a quella corte non ho udito parlare dal re nè dai ministri con più aperto livore di principe alcuno che contro Innocenzio, e continuando il progresso delle felicità della corona, non potrà egli certo sostenere in competenza dei Spagnuoli il registro nel quale ha avvezzata la voce, quando essi erano fatti rauchi dalla flussione delle loro sciagure.

Coll'impero si è allargata la confidenza quando cominciarono gli Spagnuoli a stringere la corsa, e si troncò poco meno che totalmente con la pace stipulata a loro esclusione. La sola persona di Cesare per gli stimoli del sangue e per interesse del matrimonio d'alcuno de' figliuoli con l'infanta mantiene la solita amorosa corrispondenza col re, e questo la concambia con pari bontà; ma le nazioni sono incontrarissime fra di loro. Gli Alemanni, nauseati dall'imperiosa autorità che hanno esercitata gli Spagnuoli in casa loro quando avevano bisogno di sollevarli, convertono la pazienza in disprezzo; e gli Spagnuoli, offesi, li accusano d'ingratitudine che si siano sottratti dalla dipendenza loro, e s'odiano reciprocamente a concorrenza.

Dopo poi che la Spagna tiene poco che fare in Germania, ha diminuite ancora le pratiche con la Polonia, riducendole a soli ufficii di complimenti secondo le occasioni.

Con la Svezia non vi è stata comunicazione sinchè durò la guerra di Germania, per la parte che vi ebbero gli Spagnuoli con l'armi ausiliarie; dopo la pace poi mandò la regina un gentiluomo a Madrid per stabilire la libertà del traffico tra le due nazioni, come seguì; sebbene s'avvidero poi in Spagna d'aver controperato al loro interesse, conoscendo che a' Svezzesi non è necessario per altro la facoltà di transitare i mari del re, che per proseguire sicuramente la corrispondenza col Portogallo, onde cessando la convenienza, o cesserà l'amicizia o sarà intorbidata sempre dalle diffidenze.

Dell'Olanda la capitolazione della pace del 48 (1) dice quanto basta, e la prudenza comprende qual amicizia si possa supporre tra il popolo che volentieri s'ha occupata la libertà, ed il principe che per forza ha convenuto ceder gli stati e la sovranità, trattando per compagni coloro cui era nato signore. Mantiene il re per suo ambasciatore appo le provincie unite Antonio Brun, uomo di gran parti, capace di disponer bene il servizio del suo padrone, e accurato di servirsi con profitto delle occasioni che s'offeriscono; ma all'incontro in Spagna non vi è stato ambasciatore d'Olanda forse per non esser abbastanza deciso il trattamento, o per le diligenze che deve impiegar il Brun acciò non capiti sottocchio del re un testimonio così acerbo delle proprie sventure.

Con principi minori d'Italia studia in universale la Spagna di tenersi bene, conoscendo a prova il danno e l'utile che provenir gli può dalle disposizioni loro buone o cattive; e sebbene ognuno riesce per sè poco considerabile, li guarda poi tutti assieme, come un corpo, i membri del quale hanno consenso l'uno con l'altro, onde facilmente s'induce a rispettarli.

In particolare poi blandisce il gran duca, dissimulando la neutralità; temporeggia con Modena sebbene è tanto recente la memoria dell'offese; accarezza Parma, scordando le cose antiche e mostrando particolare stima delle nuove; e con Genova, verso cui l'odio non può esser maggiore per la petulanza (dicono in Spagna) di quella nazione che impoverisce irrimediabilmente gli stati del re; ad ogni modo vanno innanzi con argomento

(1) Vedi la raccolta di Mejern *Acta pacis Westphalicae publica*. Gottinga, 1734.

manifesto della tolleranza ch' usar vogliono per non romper con principi di questa provincia.

Per quello che tocca alla Serenissima Repubblica il concerto della prudenza, l'opinione dell'autorità con principi, e la stima delle forze sono certo appresso gli Spagnuoli nel grado più sublime, considerando e venerando il governo dell' EE. VV. come esemplare il più perfetto che in pratica conceder si possa; avendo la presente guerra col Turco confermate così altamente nell' animo le cose predette, che in tutti gli accidenti propongono l' Eccellentissimo Senato per imitazione, e mi hanno detto più volte che la Repubblica non potrà perder giammai tanto con gli Ottomani, quanto avrà guadagnato di riputazione appo il mondo. Così sarebbe desiderabile il poter loro disimprimere, che le massime dell' EE. VV. non sono tanto rigorose come suppongono contro di loro; memori dell' inclinazione alla Francia, e dell' avversione alla nazione spagnuola, parlano sempre come di cose che non si possono revocar in dubbio; a segno che un giorno il marchese di Castel Rodrigo, ministro vecchio di perfetta sincerità, dolendosi meco di certa gelosia, mi disse, che in Venezia abborriscono ora gli Spagnuoli per consuetudine e per l' opinione che correva nei tempi antichi, senza discernere che al presente sono cattivi solo per sè medesimi; onde, Serenissimo Principe, con dolore e con umiltà convengo umilmente ripeter quello che le molte volte ho ardito di scrivere, del pregiudizio infinito che riceve l'interesse pubblico dagl'incauti discorsi della piazza, persuadendomi veramente, che se tutte le lingue che si adoprano a pubblica diffidenza si convertissero in spade, non potrebbero certo inferir il danno che apportano colla vana ed odiosa soddisfazione, partecipando il sospetto della natura de' medicamenti che corretti guariscono e non corretti ammazzano; così quello cadendo a proposito è parte necessaria della prudenza del Principe e serve a divertir gran mali, ma usato indiscretamente da'privati, scuopre il secreto, e copre ogni cosa di confusione; poi essendo infermità incapace di rimedio conviene raccomandarla a Dio e applicarsi a correggerla con la modestia e generosità dei ministri che sono le vere lingue del principe; onde consigliando rispetto e inclinazione a Vostra Serenità ella possa anche guidar in porto il pubblico servizio, tanto più che gli Spagnuoli possono esser difficili in ogni altra cosa, ma nella parte di lasciarsi guadagnare non vi è nazione più facile della loro nel mondo, quando si sappi entrarvi per la buona porta; non ostante però tutto il riferito, li ho ritrovati sempre ragionevolmente propensi al nome di Vostra Serenità.

Lascio il negozio del Turco per esser stato di tal natura che trattando ingenuamente si deve confessare che poco bene e poco male poteva succedere, nè che gli Spagnuoli medesimi avevano occasione di far altro che di prolungar le gelosie, il che veramente non fecero (1); ma nel proposito de' soccorsi riguardo alla congettura non potevano contribuir d'avvantaggio, mentre hanno sborsate somme considerabili di denaro, quando ne tenevano una total mancanza per le proprie necessità, ed ebbero in questo per ultimo eccitamento il ben pubblico ed il fine di obbligare l'EE. VV. con la mira di maggiormente impegnarle nella continuazione

(1) Riguardo all'arrivo in corte dell'ambasciatore turco, di cui è fatto pur cenno poco innanzi a p. 219, riportiamo i seguenti dispacci di Pietro Basadonna.

Dispaccio 1. settembre 1649. L'ambasciatore turco pare sia venuto per assicurarsi che la potenza spagnuola non si unisca alla veneziana affine di facilitarsi l'usurpazione del regno di Candia, scoprendosi chiaramente che manda a supplicare pace al re di Spagna, perchè senza questa non può sperare l'acquisto di Candia; ma il negozio è restato sepolto tra quelli soli che l'udirono, onde io chiesi subito udienza al re e a don Luigi, meravigliando che mi fosse tolta la confidenza, ma l'uno e l'altro mi diedero parole assicuranti bensì ma evasive, senza comunicarmi la scrittura lasciata dal Turco.

Dispaccio 22 settembre. Mi diede don Luigi la scrittura, ma non son persuaso contenga l'intero soggetto trattato.

Dispaccio 6 ottobre. Ho potuto sapere da fonte sicura che il Turco sia venuto offerendo di lasciar liberi i luoghi sacri alla visita dei cristiani, toglier l'uso di far schiavi, proibire li corsari, e perfino abbia proposto il matrimonio di don Giovanni con una figlia del sultano con dote i regni di Tunisi e Algeri, e finalmente di mandare una grossa flotta e un esercito di sudditi cristiani sotto comando di Spagnuoli nell'Adriatico, per d'accordo col governatore di Milano tentare l'impresa di Venezia. Pare però, che il re sia risoluto di non cedere alcun punto che sia pregiudiziale a' principi cristiani.

Dispaccio 16 novembre. Oggi martedì 16 partì col Turco l'Allegretti spedito a Costantinopoli, per combinare, aggiustando le differenze, pace colla Repubblica, a preservazione del regno di Candia.

della guerra, avendo cominciato a dar aiuti, quando sapevano già e pubblicamente si discorreva in Madrid che l'Eccellentissimo Senato era risoluto per sè medesimo di non cedere il regno, oltre che sarebbe stata tolta opinione di darsi ad intendere che quattordici mille scudi al mese mal pagati dovessero alterare le risoluzioni dell'EE. VV., e quello che fece più rumore nel mondo e maggiormente palesò la sincerità con che si trattava, fu il permettere le bandiere del re alli vascelli che col predetto denaro si dovevano noleggiare, onde si manifestava che i trattati antecedenti con la Porta erano totalmente caduti e s'impegnava la corona a far l'impossibile per mantenere ed accrescere quella squadra che avesse spiegate una volta le sue insegne; tuttavia non essendosi abbracciata l'offerta, vi saranno state le sue ragioni, e il conte di Castiglia che fu contro alle mie istanze, mi disse ultimamente che a non essersi valsi della libertà concessa delle bandiere si erano considerate le convenienze del re. E con questo terminata rimane la relazione che io dovevo all'Eccellentissimo Senato dello stato presente della corona di Spagna, ove ho avuto la gloria di servir lo spazio continuo di 50 mesi, nel qual tempo mi ha assistito sempre il sig. Francesco Bianchi nella carica di segretario, dopo averla esercitata tre anni ancora appo l'eccellentissimo cavalier Giustiniani mio precessore, onde si era trattenuto in corte sopra un settennio in congetture tali che con l'assistenza al travaglio e con l'allegra pazienza che lo tollerava, mi ha fatto stupir più volte, sigillando poi il lungo corso delle fatiche con la prudente condotta del danaro consegnatomi dal re, avendo in questa straordinaria occasione, come in tutte le altre dell'officio suo, dati segni così manifesti di sufficienza e bontà, che confesso inferiore al merito ed al sentimento del mio cuore quanto potessi dire in sua commendazione.

In quanto a me, Serenissimo Principe, superfluo riconosco ogni tedio che portassi all'Eccellentissimo Senato, mentre il bene, se ve ne fosse, lo tacerei per modestia, ed il male per interesse.

Il giorno stesso della mia partenza mi onorò il re conforme al solito d'una collana d'oro, la quale non volendo arrischiare nel pericoloso viaggio a cui mi commettevo, volsi lasciarla a Madrid, acciò fosse mandata con buona occasione, come partecipai puntualmente all' Eccellentissimo Senato con mie lettere da Bordeaux.

Supplicherò la benigna grazia di Vostra Serenità e di cadauna delle EE. VV. a degnarsi di farmene il solito dono, perchè avendo fortuna di capitar salva, possa io decorare la mia casa con questo trofeo della pubblica munificenza.

RELAZIONE DI SPAGNA

DI

GIACOMO QUIRINI

AMBASCIATORE

A FILIPPO IV

DALL'ANNO 1653 AL 1656.

(*Tratta dall'Archivio del conte Donà dalle Rose codice XVI, e confrontata colla copia esistente nell'Archivio del conte Sagredo*).

BREVI NOTIZIE

INTORNO

ALLE AMBASCERIE SOSTENUTE IN SPAGNA

DA

GIACOMO QUIRINI CAV.

Serenissimo Principe!

In fine di quattro mesi di faticoso viaggio, giunse l' eccellentissimo signor Quirini il sabato passato alla corte, avendo colla efficacia del suo zelo verso il servizio delle Eccellenze Vostre sofferti e superati gli incomodi così generosamente, che ha portato a me la consolazione di vederlo con ottima salute ed in istato di intraprendere il ministerio, con il vigore e grandezza d' animo che ricercano li pubblici interessi, e che con il fondamento di tante esperienze si può attendere dalla ammirabile vita sua. Applicasi egli al presente, senza ammettere il riposo che sarebbe necessario alla disposizione dell' ingresso, e sebbene, dovendosi trattenere Sua Maestà al Buon Retiro fino alla metà del venturo, non potrà ricevere così brevemente la carica. Ad ogni modo tutto questo tempo sarà necessario a perfezionare sì degni e generosi pensieri di Sua Eccellenza, che con il splendore e decoro supererà certo ogni altro, e imiterà se stesso solamente e la magnificenza solita della sua casa, lasciando a me la gloria di aver avuto così degno successore.

Da Madrid il 19 giugno 1652.

Pietro Basadonna »

Giacomo Quirini figliuolo di Francesco, fu eletto il 21 giugno 1651 ambasciatore ordinario alla corte di Spagna in sostituzione di Pietro Basadonna; ma non partì da Venezia che nell'anno seguente e giunse a Madrid a' primi di giugno 1652. La cerimonia della presentazione al re non potè aver luogo che il 12 agosto successivo, perchè il re, come è accennato nel dispaccio che abbiamo sopra riportato, si fermò fino alla metà di luglio al Buon Retiro, e per essere stato il Querini assalito da un forte accesso di gotta che lo obbligò a letto per vari giorni, e per molti altri di convalescenza, non gli permise, come egli stesso scriveva al senato, « di metter piedi in staffa per la funzione della cavalcata per la solenne audienza » la quale, egli descrisse col seguente dispaccio 21 agosto 1652.

« Ebbi udienza il 12 lunedì. Il maggiordomo di settimana conte della Puebla venne a levarmi in questa casa delle Eccellenze Vostre colla cavalcata, accompagnato da otto gentiluomini della bocca del re, e fui favorito soprammodo dagli ambasciatori residenti, oltre al restante di quelli che portano affetto al nome di Vostra Serenità, eccettuato però Fiorenza. In questa guisa arrivato a palazzo fui presentato dall' ambasciatore Basadonna al re, che trovammo circondato da molti grandi, e che ci fece coprire. Poi presentai le lettere credenziali al re, rallegrandomi molto della buona salute in che lo ritrovavo, e procurando di attestargli la continuata vera affettuosa osservanza della Serenissima Repubblica verso questa cattolica corona. Il re ascoltò con grande attenzione, replicando colle solite forme di molto aggradire l'ufficio e di vedermi volentieri e onorarmi come ministro delle Eccellenze Vostre, facendo sempre per la Repubblica tutto quello che avrebbe potuto ».

Il giorno appresso presentò la lettera credenziale 17 febbrajo 1657 alla regina, la quale lo accolse assai benignamente, e gli spedì poi la seguente risposta perchè la facesse pervenire al Serenissimo Principe.

Doña Maria Anna por la gracia de Dios reyna de la España de las dos Sicilias é Jerusalem.

Illmo Dux de Venecia mi muy charo y muy amado amigo. Vuestra carta de 17 de febrero por lo que de vuestra parte me dixó Jacome Quirini vuestro embaxador ordinário al Rey mi señor, son demostraciones de vuestra debucion a esta corona y al gusto con que yo las recivo y estimacion que hago dellas, de todo quedo muy agradecida y deseosa de muchas ocasiones en que reconozcar quanto lo deven a la buena voluntad con que me hallaran las que se offrecieren de Vuestra satisfacion; como mas particularmente lo hecho al embaxador a quien me remito. Y sea Ill.mo Dux de Venecia, mi muy charo y muy amado amigo, nuestro Señor en Vuestra continua guarda. De Madrid, 27 de agosto de 1652

Yo la reyna

De Carranza.

Alla corte di Sua Maestà cattolica ebbe per compagno il conte Martino Widmann del fu Paolo e nipote del cardinale, e per secretario Giacomo Corniani. Vi si trattenne poco più di tre anni, ebbe per successore Domenico Zane, e lesse la relazione di questa sua ordinaria ambasceria, il 4 luglio 1656 in Pregadi.

Terminata finalmente la guerra tra la Francia e la Spagna e stabilita la pace che prese il nome dei Pirenei, deliberò il senato di spedire ambasciatori straordinari al re di Francia ed a quello di Spagna, per congratularsi del sospirato avvenimento, ed affinchè quelli prendessero qualche generoso concerto per sollevar la repubblica che con merito e costanza atteso aveva per tanto tempo la pace fra quelle corone. Con parte 21 luglio 1659 fu per tale officio spedito in Ispagna di nuovo Giacomo Quirini. Anche questo secondo viaggio fu pel Querini faticoso e travagliato e lo narra egli stesso nel dispaccio da Madrid 19 novembre 1659 ove dice: « che conteso il passaggio da abbondanza di nevi sopra ai Pirenei, ho convenuto a forza di uomini far aprire il cammino, e in 58 giorni finalmente sono giunto a Madrid dove ritrovo questa corte piena di giubilo, avendo Sua Maestà accordato si facciano fuochi di gioja per la pace stabilita e conchiuso matrimonio ».

La vigilia di Natale si recò con isfarzoso accompagnamento di duecento cavalli alla reggia, ed introdotto solennemente al re gli espose lo incarico della sua ambasceria, nelle forme commessegli, e nei modi da esso descritti nel dispaccio 24 novembre 1659, num. 91, che pretermettiamo di qui inserire, riassumendo la relazione che spedì al senato il 14 maggio 1661 e lesse il 2 settembre, il complesso ed i particolari di ogni suo operato e l'esito di questa sua straordinaria ambasciata, la quale durò un anno e cinque mesi, e fu condotta con singolare virtù e magnificenza dal Quirini, che « si acquistò l'affetto della maestà del re, dal quale fu nominato cavaliere, e della corte, oltre a quello del signor don Luigi, che avendo in tante udienze ed in tanti negozi di questa straordinaria e della passata ordinaria ambasciata avute occasioni di conoscere e di sperimentare le sue singolarissime virtù, non manca di farne la dovuta stima e di discorrerne sempre con concetti alti e pieni di svisceratezza. La Eccellenza Sua ha meritato pure tutti li maggiori applausi per il splendore e per la generosità con cui ha fatto spiccare in ogni capo la grandezza ed il singolar nome della Serenissima Repubblica (1) ».

Ritornato a Venezia fu il Querini eletto nel 1662 provveditore alle mercanzie, e nel successivo anno fu spedito oratore alla corte di Roma. Il Nani indica nella sua storia (2) che all'avvenimento al trono di Carlo II fu con Luigi Mocenigo di nuovo spedito ambasciatore straordinario a Madrid, ma di questa terza sua ambasceria non trovammo nè la relazione nè alcun cenno nel registro del secretario alle Voci. Bensì sappiamo che nel 1670 fu eletto Bailo a Costantinopoli, dove compì il triennio con lode di somma prudenza.

Fu del Consiglio dei Dieci, Savio del Consiglio, e ballottato procuratore di san Marco, fu uno dei quattro che ebbero maggior numero di voti.

(1) Dispaccio 18 maggio 1661 del segretario Pietro Giavarina.
(2) Vol. II, pag. 277.

Serenissimo Principe (1)!

Dalle nazioni straniere restò più volte perturbata l'Italia, e per il corso di tanti anni continui provò varie leggi e varii costumi, convenendo unirsi li potentati maggiori di questa nobile ed insigne provincia con l'estere corone, giacchè il dominio libero ed antico da molti di loro più non si conosceva. Con tali fondate avvertenze venne l'autorità sublime di quest' augustissima patria, tanto superiore nella sua origine quanto regolata e perfetta nella sua esecuzione, a comandare precisamente agli ambasciatori residenti nelle corti, che rappresentassero nell'Eccellentissimo Senato per via di relazione li più reconditi arcani delle città e de' regni. Io Giacomo Querini cav. che ebbi l'onore di servire con somma venerazione e di osservare con tutto rispetto le commissioni della Serenità Vostra nell'ambasciata di Spagna, così potrei dire, che se l'obbedienza prendesse figura, sicuramente il mio cuore potrebbe levarla per impresa, e se altrimenti io parlo di quello che so e che ragionevolmente bisogna che sia, dovrò esser tenuto per ministro incapace, disubbidiente degli ordini e fallace interprete delle volontà e de' fini della mia Repubblica.

La Spagna dunque, che ne' suoi primi natali si vide serva alli prodigiosi diluvii delle nazioni egizie, e che per il tempo di 700 infelicissimi anni obbedì all'imperio ed al sangue di popoli diversi, mentre per altrettanti e più secoli s' umiliò alla forza ed

(1) La sede ducale era vacante, allorchè Giacomo Quirini lesse in Pregadi la presente relazione al 4 luglio 1656. Francesco Cornaro eletto doge il 17 maggio 1656, moriva il giorno 8 di giugno, e Bertuccio Valier suo successore non fu eletto che il 15 luglio.

al potere della barbarie de' Mori, restò finalmente dalli re cattolici scatenata dalla servitù in cui viveva: mutando l'enormità dell'Alcorano nella purità del Vangelo, disautorizzando li sacrilegi delle moschee colla venerazione delle chiese, ed allontanando la superstizione di vili ed indiscrete cerimonie nella santità e pompa degli ecclesiastici riti; furono da Ferdinando re di Aragona e da Isabella regina di Castiglia col vincolo di matrimonio unite quelle dilatate provincie, e imperciocchè fossero di nazion differenti, di lingue varie, d' inclinazioni opposte e di climi contrarii, fu bisogno di gran capacità per conservarle, e molta destrezza per unirle; perchè da Ferdinando si levò la scala alla gloria, e principiò il nome di monarchia spagnuola, camminando del pari coll'avidità del dominare l' arte del sapere, s' introdusse con la prudenza ne' regni, e con la buona fortuna dilatò i termini del vasto impero, guadagnando li nuovi mondi, e adornando con le migliori gibie delle Indie occidentali quella corona, che nello spazio di 60 anni, non con alleanze ed unioni, ma con armi, pretesti ed invasioni, aveva accresciuta con li regni di Granata, Navarra e Napoli.

L' acquisto dunque di quest' ultimo regno, con il restante degli aggregati stati d' Italia, darà sempre giusto motivo di scrutinare ed intendere li fini de' signori spagnuoli, li quali assolutamente hanno per oggetto gettar li fondamenti principali dell'ascendenza loro in questa provincia, ancorchè conoscano di dover far correre sempre le vene dell' oro, e sostentar gl' interessi più con la dissimulazione che con la forza; dicendo aver il cielo e le genti contrarie, e che sebbene l' armi di Spagna entrarono in Italia, non entrò l' amore di Spagna nel cuor degli Italiani; sicchè sopra questa massima ferma, e non da loro mai abbandonata: che fanno più stima d' un palmo di terreno in Italia, che d' un gran paese altrove, e che sempre vittoriosi si riputeranno, quando n' acquisteranno qualche cosa, benchè con le perdite di Fiandra dovessero pagarne raddoppiata l' usura. Sopra tal solida e ben studiata cognizione stabilirò con altre poche osservazioni il mio discorso, sperando che la Serenità Vostra mi disobbligherà da quelle noiose repliche, e da altre fastidiosissime descrizioni per delineare la Spagna; perchè ognuna delle EE. VV. in particolare, e tutte insieme in generale le hanno più volte sentite a dire; dove io lasciando questo cammino, che per più volte in lungo giro per le parti del mondo mi condurrebbe, e nel quale si ricercherebbe tempo più comodo e uditori meno occupati, convengo per soddisfazione e per servizio della Serenità Vostra e delle Signorie Vostre Eccellentissime accomodar questa relazione in tal forma, che la brevità non tronchi le cose importanti, e che l'importanza della materia escluda il tedio e la molestia, in che per avventura le grandi occupazioni di questo Eccellentissimo Senato ne potrebbero condurre.

Propongo dunque, Eccellentissimi Signori, e so che l'ordine della presente narrazione il richiede, questo discorso in quattro membri principali dividere.

Il primo è, e sarà il governo di Spagna, nel quale la persona e casa reale necessariamente vi s'includono, il potere del favorito, e l'autorità del Consiglio di stato diminuita.

Il secondo è, e sarà il maneggio e l'entrate della corona, nelle quali le flotte si connumerano, li disordini dell'Indie si manifestano, e gli aggravii dei popoli in universale si mostrano.

Il terzo è, e sarà delle forze, nelle quali le armate di terra e di mare si rappresentano, la penuria de' sudditi, con il difetto dei capi e proprii officiali da guerra che mancano.

Il quarto ed ultimo è, e sarà degl'interessi de' principi, nei quali le più intrinseche corrispondenze si penetrano, e li più vivi arcani della monarchia si discorrono.

Ripigliando adunque il primo punto, dirò con libertà, per poter con libertà scrivere, che il governo di Spagna, stabilito nella provincia di Castiglia la nuova, senza riguardo di far testa in una nazione più che nell'altre, che pure questa massima non resta ancor definita nelle scuola de' monarchi, tiene piantata la corte nella città di Madrid, lontan da tutti li casi avversi ed impenetrabile agli accidenti ancora, stantechè l'ambiziosa fedeltà de' Castigliani e la penuria incredibile del proprio paese, può assicurare il re nel godimento d'una dolcissima quiete; essendo gli abitanti assai comodi per le molte mercedi che vi si dispensano, e sofferente il popolo ma non clamatrice la plebe minuta, in cui non regna spirito, nè impulso per il concerto d' una fastidiosa ed impensata sollevazione.

In questo morale riposo resta ben organizzato il corpo politico, formandosi una soavissima armonia nel concorso di reciproca consonanza tra dodici Consigli, i quali con li stessi nomi dei regni delle Spagne si distinguono, ed a questi s' aspettano li giudizii civili, criminali, consulte di pace e di guerra, provvigion di denaro ed altre materie nelle cui parti vengono a fermare li maggiori segreti e misteri della monarchia; ma siccome tutte le provincie e stati si governano per leggi e la Spagna per mano dei suoi propri re, così queste assemblee restano subordinate alla libera ma discreta volontà del principe, il quale non trapassa in alcun segno della ragione; sicchè all' offizio della mia incombenza s' appartiene discorrere qualche particolare della Maestà Sua.

Nacque il re l'anno 1605 li 8 aprile giorno di venerdì santo, e ancorchè molti hanno voluto fare la figura o giudizio del suo nascimento, conoscendo tutti, essere il re sottoposto a varii importantissimi accidenti, con tutto ciò egli non mostra esser consapevole di tali curiose diligenze, non mettendo pensiero alla superstizione, per non rendersi timido e nella licenza precipitoso, mentre non vuole accrescere il timore o dilatar la speranza, con notabile danno della sua modestissima pietà. Altra osservazione si registra, perocchè tutti li nomi delli re quarti di Spagna furono funesti ed infelici, ma siccome queste speculazioni solo arrivano alla suprema sapienza del Signor Dio, così si contano 36 anni di regno, e per la buona salute in che si ritrova, si può assicurarne altrettanti di vita, essendo la sua regola nel vivere temperata, rimossa da certe inclinazioni, ed ommesse molte delle licenze giovanili, dalle quali s' allontana e ne cammina assai riservato. Solo negli esercizii della caccia trapassa il gusto, e ne sopporta con ammirazione la fatica. Tuttavolta si è parlato, e non si lascia al presente di discorrere, che professi qualche affetto particolare ad una dama grande, che io pur riprovando il concetto di nominarla con fine d' onore, ben posso palesarla alla Serenità Vostra senza nota d'incauto, ed è la sorella del duca d'Albunquerque, maritata nel duca di Veragna, cavaliere discendente da Cristoforo Colombo, il quale con la sua miracolosa virtù tentò e superò la navigazione delle Indie, mettendone in testa de're di Spagna il comando ed il potere di sì gran monarchia; perchè le inclinazioni interessate de' principi verso il macchiar l'onore a' lor sudditi, patiscono in questo genere lo stesso infortunio dell'oro, ch'è pur cospicuo metallo, il quale donato in moneta è una grande mercede, come all'incontro vibrato in palla o saetta è miserabile morte, ancorchè non perda del suo prezioso valore. Aggiungerò, che per le spese e borsiglio particolare vi si ricercano 600 mila reali all'anno, de' quali se ne dispensano in aiuto di costa, in fabbriche ed in elemosine, ancor che queste siano distribuite a misura e con moderazione. A questo passo bisogna con sincerità dire, che il re non è delli più liberali principi de' nostri tempi, essendo questa un' infermità nel sangue, che se non si cava non si cura, tenendo per massima che quello si dà a uno si leva a molti; così nel zelo, nella pietà e nel rispetto alla religione, in esempio d' altri re, in ammirazione di tutti, dona li più abbondanti segni di cospicua benignità, riconoscendo aver ricevuto lo scettro dalla suprema bontà, che lo fece prima uomo che re; dove nelle funzioni tutte e nella disposizione delle occorrenze ogni uno ricorre da lui per ricevere li comandamenti a segno tale, che in luogo di chiamarlo Filippo il grande, io lo pubblicherei volentieri il re cerimonioso.

Per sottrarmi dunque da questo fastidioso impegno, discorrendo d' un principe vivo, mentre di parola in parola mi vado dilatando, convengo pure con mio grave sentimento abbandonare le cospicue qualità che l' adornano, stantechè la grande bontà di questo monarca avrebbe bisogno di nuova fama per decantare le sue glorie ed encomii, perchè gli antichi applausi certamente non bastano, e li più sublimi pensieri mi sembrano troppo bassi per il parlare dei meriti suoi. Terminerò dunque col dire, che per l'affabilità, modestia ed obbligazione del governo, tre persone possono far gran breccia nel suo dolcissimo cuore, e sono: il confessore don Giovanni Martinez domenicano, che serve per mezzano tra Dio e lui: il presidente di Castiglia don Diego Ariago, a cui per carica incombe di ritrovarsi ogni venerdì solo a solo con la Maestà Sua: e don Luigi d' Haros, che per genio conforme gode intieramente la grazia del suo signore, e la cui lingua ed autorità, è la lingua e autorità propria del padrone; ma perchè so che alcuna dell'EE. VV. a tali v' aggiungerebbe la maestà della regina ad esempio della morta Isabella di Borbone, dirò che ritrovandosi questa in età di 25 anni, studia guadagnarsi l'affetto del marito lontana affatto da simili applicazioni, anzi continuando nella sua bontà naturale e nel costume sincero d'Alemagna, si rende a quelle dame che l'assistono per regina ritrosa e ritirata, e molto più con le signore di corte, che non vanno a servirla in palazzo per la rigorosa cortesia che con essa loro va di continuo praticando, nonostante le più corte visite. Per li parenti si spendono 400 mila reali all'anno, che per l'aggravio di tante persone assistenti e per tant' altre che indiscretamente si provecchiano hanno ridotto il mal governo, a segno che le dame più ricche sdegnano le vivande che loro si portano, provvedendosi del vitto alle proprie case, non tenendo altra volontà d'alimentarsi, che con la grazia del re, nelli cui legami di riverenza vi sono per lo più accomodati quelli della speranza. Tutto lo scritto sin qui serve per semplice e pura curiosità; ma quello che più importa alla Serenità Vostra è il sapere in che stato o disposizione siano le cose della posterità. Io posso dire a VV. EE. con franchezza, che sino al giorno che ripigliai le mosse per il ritorno alla patria lasciai in forse, o per lo meno dimenticata la speranza di nuova successione, dubitandosi pur troppo che in Filippo si perda la casa dei re, seccandosi quel trionfale alloro ond'ella prendeva li scettri e le corone; sicchè facendosi mal pronostico di quelle piante, che irrigate con tutt'avvertenza e puntualità dal benigno agricoltore, non corrispondono alli desiderati tempi li frutti bramati, non bastando che appariscano acerbi ed immaturi, perchè quella volta è un segno bastante per conoscere il difetto o l'insterilità della pianta. Così la regina, non superati per anco li cimenti e le fatiche del primo parto, si è resa così facile all'infelicità di due aborti ultimi, che vi bisognarono molti rimedii per redintegrarla dalle cadute speranze. Anco per altra parte ho risaputo da' medici, che quello che potrebbe avanzare la regina con l'arte, lo perde visibilmente il re con ogn'anno terminato della sua età, essendo cosa naturale nell' uomo, che mentre acquista fortezza per una parte dall' altra la perde sicuramente. Questo, Eccellentissimi Signori, è il discorso dei medici; ma non mi par stravagante d'inserire ancora quello de' dottori, ed è, che in quelli regni di Spagna non ha durato mai la successione da padre a figlio in linea dritta oltre la quinta generazione, ed un solo esempio n' è di Navarra, che passò alla sesta; sicchè in Filippo IV ora regnante viene a chiudersi la quinta nella mascolina, con quel pericolo, che li politici de' nostri giorni chiamano termine reale, e vero svenimento della monarchia spagnuola.

Con tutto ciò si ritrova l' infanta Maria Teresa in età d' anni 18, bella e leggiadra al possibile, la quale mantiene il brio e lo spirito del sangue francese, e con questo accompagna la disposizione ed attitudine tutta della disinvoltura spagnuola, dove in sì nobile qualità l' adorano li popoli, ossequiano i grandi, e tenerissimamente l' ama il re suo padre, al quale obbedisce senza distinzione in caso che non si volesse registrar a conto la fissa inclinazione, che professa al nome di re di Francia, e l'interessata disposizione per il principe di Portogallo, per li cui soggetti sospira ed ammira l' accasamento; ma stante l'occorrenze presenti è impossibile l'applicarsi; come altri quattro principi sono abili e proposti dalla ragione sul tappeto, e destinati alla fortuna di questo gran matrimonio, che certamente non sarà successo il più insigne nella cristianità.

Il primo per affinità e dipendenza sarebbe il re d' Ungheria figlio di Cesare; ma per li successi passati, e per le memorie dell' imperator Carlo V recalcitrano li Spagnuoli; oltre che con gli Alemanni al presente sono più parenti che amici, avendo questi imparato di comandare, e regolarsi senza le massime, o passioni che chiamano loro, de' signori spagnuoli.

Il secondo in ordine s' osserva il signor arciduca Leopoldo fratello pure di Cesare, al quale, per mio umilissimo senso, non contrasta altro che la età di 48 anni, la poca salute, accompagnata anco senza niuna prova della sua abilità.

Il terzo è l'arciduca Sigismondo d'Inspruch, dalla qual casa si sono sempre cavati rami per innestargli cogli Austriaci: dove da questi due soggetti arciducali non si potrebbe ingelosire il mondo non rilevandosi per immaginazione la somma delle cose.

Il quarto ed ultimo è il duca di Savoia, che con l'esempio di Filippo II, e con la Catterina maritata in Carlo Emanuele s'anima alla pretensione; ma gli Spagnuoli per dubbio d'armare una guerra eterna in Italia, e ricevere per contradote l'impegno di tanti disturbi, non è credibile che inclinino a ravvivare un cadavere, che tale per appunto si può chiamare lo stato del duca di Savoia.

In età di cinque anni vi resta la signora infanta Margherita, che tutto il suo ben essere rimette nelle speranze avvenire, mentre i secoli della fortuna non sono più lunghi che un istante.

Con tale discorso potrei bastantemente chiudere gl' interessi della casa reale; ma in sentinella lascio il signor don Giovanni d'Austria, figlio bastardo del re, in età di 26 anni; e sebbene di quest' ordine e di questa sfera ne dimostrerei al numero di sei, tuttavolta per essere l'altezza sua dichiarata e pubblicata nel cospetto del mondo, potrei scrivere che dagli uomini di gran senno e da altri ancora, che sanno mutar le spine in fiori e che conoscono i svanimenti della monarchia e la varia disposizione dei cieli, ponderasi molto d'averlo in Fiandra con la spada alla mano, generale di provincie armigere ripiene de' malcontenti, con le porte aperte alle pratiche e corrispondenze della Francia, e con li Francesi acquartierati nelle stesse provincie, e dicono che è ben veduto dall'esercito, inclinato agli Italiani, ed alla civiltà di questo paese nodrito, allevato e dichiarato soldato di ardito valore, che sostenta il posto di prudente, e corre la fortuna e il nome dell'altro don Giovanni d'Austria, ch'ebbe il modo d'immortalarsi nel giorno della vittoria di Lepanto assistito dall'armi e dai trionfi della Serenissima Repubblica.

Ma quando si parla de' principi, bisogna necessariamente attaccarvi i loro favoriti; perchè osservazione veridica si mantiene in quei regni, che tutti li re della Spagna ebbero favorito fuori che Filippo II il quale diceva, che li principi non si dovevano lasciar misurare, e volse con l'intiera sua disposizione governare la propria corona. Filippo IV ora regnante dedito tutto a venerare i consigli di don Luigi d'Haros, che quasi primo mobile gira, e si tira dietro il moto di tutte le regie risoluzioni, continua di preoccupar tutt'i posti acciocchè niuno s'avanzi nella grazia, incapace di soffrir un uomo che dentro della privanza gli potesse far ombra. Per questa avarizia politica non avanza li figliuoli in onore e in cariche considerandole forse per ligature deboli e fiacche; ma all'incontro studia puntellarsi con forti ricchezze, verificandosi quell'antica sentenza che l'interesse principia nel sublime concavo lunare, e raggirando penetra alle basse abitazioni degli umili pastori. L'universale non l'ama, nè lui ama persona, essendo concetto già noto, che non benefica, nè castiga, a guisa di quegli idoli, che tengono nelle mani un fascio di fulmini e di grazie, che per la loro insensibilità nè si vibrano, nè si donano. Tuttavolta queste sono le massime e li riguardi, con li quali si stima obbligato di reggersi, e di mantenere sicuro il suo posto d'autorità, a' piedi della quale soggiacciono tutti gli accidenti e la fortuna stessa.

Quanto all'uso naturale, è cavaliere di buone parti, di rassegnata volontà, d'osservabile modestia e di ottima intenzione. Io per essere ministro dell'EE. VV. ho incontrato in tutto quello di bene, che in tanti miei dispacci ho rappresentato con vera sincerità alla Serenità Vostra; è tutto applicato al negozio nel quale attende, spende ad ogni momento riputazione e candore, professando una certa verità; ma la tardanza de' negozii e la dilatazione delle grazie lo fanno sempre differente apparire, ancorchè niuno è uscito mai dall'udienza, com'era entrato, perchè con piacevolezza destreggia e sopporta la passione eccedente dei pretendenti; alcuna volta ancora quando non intende li misteri, tace le parole, e poco esce dalle misure ordinarie della sua ammirabile compositura, che per essere cupo, richiede anco le cose che meriterebbero il segreto: essendo queste cifre del cuore dei ministri spagnuoli, dove li più decantano, che le opere sono senza gli effetti; maniere cortesi, ma senza amore, ed espressioni benigne, ma vane e inconcludenti.

Gli altri consiglieri di stato mantengono il solo nome, condannando quello che si fa, e sempre lodando quello che si lascia di fare; non vi essendo cosa più sgraziata in Spagna (disse Medina Las Torres) che essere del Consiglio di stato, parlando tanto alto, che la legge del rispetto e dell'obbedienza non gli permette, sebbene per il fulmine delle male lingue non vi è oro che resista, nè grandezza di merito che si sottragga. Solo il conte di Pignoranda ha la mano in molti negozii, ed entra assai nello spirito del signor don Luigi, dove gli avvelena molte massime, che di suo genio non le nodrirebbe; conoscendosi uomo di petto e di lingua, ornato di sottil avvertimento; e per dirlo infine è conscio di qualche debolezza dell'altrui sapere, mischiando naturalmente assai d'alterazione nei discorsi, dove la bugia negl'interessi importanti, se non è virtù, non è vizio, disse lui.

Sopra quest'unico e ben scandagliato fondamento potrebbe la somma prudenza dell'EE. VV. fare bastante giudizio dell'ordine politico della monarchia, non bisognando sormontare molto alto, ma pigliarla sopra il piede degli affari presenti che sono il maneggio delle entrate e spese delli principi, come fu l'oggetto della mia seconda proposizione, essendo questa la più avvertita guida d'un avvertito ministro; cosicchè dovrò alla Serenità Vostra rappresentare, che il re ha tanta entrata quanta ne può esigere, ma non quanta che vorrebbe: perchè le sagome antiche delli 14 milioni, che cava delle Castiglie ora restano scomposte e sregolate, perchè quelli erano effetti della pace, e li presenti sono miserabili casi della guerra; e ancorchè nel corso della mia ambasciata siano stati per un terzo più accresciuti li dazii, novità tanto pregiudiziale e somigliante a quella medicina che scacciasse la salute per restar sano; così pubblicati forzosi li donativi, violentati gli uomini di negozio, mancato di fede alli partitanti, andati deficienti alli pagamenti, interrotto l'ordine alle assegnazioni, levato a forza l'argento de'particolari venuto dall'Indie, carico di debiti, alienato il suo patrimonio, impegnato l'altro della corona fino all'anno 1660, e molto certamente fino del 1670 dove con facilità si dà a vedere che li rigori poderosi sono sempre imprudenti. È come uno credesse liberarsi dall'incendio con poner fuoco a fuoco, che l'abbrugi. Con tutto questo aggregato delle sostanze della monarchia e parte anche di quella degli altri, manca il modo alla propria difesa e quasi alla sicura conservazione, perchè ogni cosa langue alla penuria del dinaro; e dove la piaga in altri tempi faceva solo dolori, ora col maneggiarla aspramente non solo mette timore, ma spavento, accresciuta anche dall'adulterata fede, e confirmata infine per l'abbandono di quella fissa massima, che dicevano gli Spagnuoli, che il loro re era mercante, che negoziava con la fede, con la quale non gli poteva mancar dinaro in alcun tempo; ma ora con il contante effettivo non trovano lettere per rimetterlo in Fiandra ed in Italia, non vi essendo persona che voglia ingerirsi negli affari della corona, al contrario di quella capricciosa impresa che il duca di Lerma favorito di Filippo III aveva levato con il motto: *fede e flotte*, ma il mal governo distrugge le più belle pietre dell'edifizio, e con il tempo si gettano a terra le più ricche fabbriche e solidi fondamenti de' re e de' regni: e perchè infine le cose grandi non avrebbero termine, se da loro stesse alcuna volta non cadessero, e se dalle istesse magnificenze non divenissero i sepolcri de' propri cadaveri. Pertanto tutto il denaro che si esige dagli stati d'Italia, resta obbligato alle stesse occorrenze d'Italia, e tutto il contante entra nella cassa militare del regno di Napoli, e s'impiega parte nello stesso regno e l'altra porzione nel ducato di Milano, come si fa di qualche 30 mila scudi all'anno che si cavano dal regno di Sicilia. Il denaro poi di Spagna resta tenuto alle seguenti obbligazioni: sostentar la guerra viva nel principato di Catalogna; mantenere e difendere le gelosie al confine di Portogallo; soccombere alle intollerabili spese delle provincie di Fiandra; contribuire un milione di scudi nel mantenimento del palazzo; e per fine saziare tanti ministri della corona li quali divorano senza discrezione, dalli cui strapazzi s'è ricavata una deduzione molto vera e del tutto pratica, che la Spagna non ha altro che due nemici: l'uno tutto il mondo in generale, l'altro gli stessi propri ministri in particolare, che senza carità la lacerano e la rendono misero avanzo ed infelice spettacolo di compassione. A tutti questi aggravii benissimo noti dovrebbe riparare l'opulenza dell'Indie, e la navigazione delle flotte, ma tutte queste cose, come sono sottoposte alle ordinarie leggi della natura, finiscono così con le altre; ma come troppo felice sarebbe il giardino e beato il giardiniere, se ciò che l' uno lascia piantare e l' altro che pianta appigliassero; mentre dei fiori, degli arbori, parte ne cadono da sè, parte si disperdono dal freddo, parte ne spicca il vento, e qualche volta distacca la mano, o si seccano alla pianta; così nell' America mancando gli uomini del proprio paese, non travagliano abbastanza nelle miniere, non restano in quelle parti condotti li negri per la difficoltà del commercio nei regni del Congo e di Angora imbrogliati dai porti e dalle fortezze dei Portoghesi; sicchè li poveri minieri sono tenuti di pagare il quinto netto al re, aggravati da spese indicibili, e dal riconoscimento alli comandanti, restano al presente la più miserabile generazione della terra, vivendo pure fra l'oro e l'argento di tutto il mondo. Altri inconvenienti maggiori si potrebbero rappresentare alle EE. VV., ma come che le azioni degli uomini non tengono per approvazione altra cosa che gli successi buoni o cattivi, che da quelle derivano, così mi ristringerò a dire, che li mercanti dubitando che si trattenga a loro il dinaro, come di presente può succedere, lo caricano la maggior parte di contrabbando corrompendo con sette otto per cento li generali delle flotte; dove resta al re l'aggravio delle milizie, e lo acconcio de' galeoni; so che l' anno 1654 pagò in ragion di 62 per cento, e spese 800 mila reali che fu la sostanza e la rendita di quell' anno, calcolandosi che quando le cose vanno bene, si cava dal Perù un anno per l'altro un milione e mezzo di reali, e dalla nuova Spagna collo stesso computo un altro mezzo milione. Ma li Spagnuoli che non conoscono economia che nel cavar dinaro, e poi senza misura spenderlo o gettarlo, perchè finalmente tutti li principi ricorrono là, e tutti ne ricavano qualche porzione, ancorchè conoscano più degli altri il bisogno, ma per il naturale loro altero, e per il godimento di vedere le nazioni a portare li voti alla grandezza del loro monarca, fa che si contentino di tale superflua e mal impiegata uscita: permettendo così il cielo l'impegno di queste straordinarie vanità mediante le quali una gran parte dell'Europa gode sopra l' oro della Spagna, e il restante suda e travaglia sotto il peso delle armi.

Mancando dunque il denaro, e scarseggiando il contante alla monarchia, restano languenti le forze per le considerazioni delle quali entrerò nella terza proposizione e farò chiaramente vedere alla Serenità Vostra, che mai più la corona di Spagna si è ritrovata così debole e mal armata come al giorno d'oggi. Tralascierò dunque a parte quelle cognizioni antiche, se pure antichi si possono chiamare i fondamenti d'un secolo per stabilire un principe grande nelle forze da mare, mentre Pio IV nel 1561 concesse a Filippo II il sussidio sopra li frutti delle metropolitane cattedrali, monasteri ed altri per 420 mila scudi, per mantenersi 60 galere da chiamarsi l'armata del clero di Spagna, obbligatosi il re d'aggiungerne altre 40, che formassero un corpo di 100 galere per servirsene contro gl'infedeli. Nel regno di Napoli v'è pure l'assegnamento, e là pure per armarne 36, e nel regno di Sicilia 24 e 12 nel regno di Sardegna che in tutta summa sarebbero 172 galere, oltre quelle che si armano in Genova di sua ragione e che si possono dimandare alle squadre di Malta e Firenza loro dipendenti. Ora posso riferire alla Serenità Vostra con verità, che tutta l'armata sottile del monarca cattolico si estende in sei mal armate galere della squadra di Spagna, sette del regno di Napoli, quattro di Sicilia, due di Sardegna, e sei della casa Doria mantenute in Genova, che in tutte sono venti, avendole io in maggior parte vedute in malissimo ordine.

L'armata grossa consiste in venti vascelli, e questi si potrebbero accrescere in numero maggiore, ma si risentirebbe il viaggio dell'Indie, dalle cui flotte ne ricaverebbe i migliori, come successe l'anno passato per le occorrenze degli Inglesi e come succede al presente, che per esserne alcuni lontani ed altri perduti, resta il rimanente de' vascelli nel porto di Cadice immobile alle funzioni, a segno tale che il re di Spagna non avrà quest'anno armata per navigare e difendere le cose del suo impero. Vive però la ragione di stato mal informata del fine, perchè il maggior difetto consiste nella general distruzione del paese e della gente, non ritrovandosi nel corpo di quei vastissimi regni più di tre milioni d'anime, uno in Portogallo e gli altri divisi nelle Castiglie; e pure non si forma squadrone in Fiandra, in Castiglia ed in Italia, che non sia piantato col piede de' Spagnuoli. Non si guardano piazze in Africa ed in Europa, se non siano assicurate dalla fedeltà della nazione; non si permettono licenze alla navigazione dell'Indie, al soggiorno dell'America e dell'Asia, se non sono Castigliani; dove in questa ampiezza de'dilatati confini e per tante miglia disgiunti di paese fra pochi mari e monti con diversità di clima e di regione, uniscono tutti questi contrarii un componimento delle proprie forze, con manifesto eccidio alla propria grandezza; succedendo anche per castigo o per fatalità singolare, che non vi siano soldati di chiaro valore: eppure la Spagna era un seminario d'uomini illustri, i quali mantenevano in altri tempi il concetto, l'ornamento e la gloria de'loro antepassati.

Ma innanzi d'entrare negli interessi de'principi co'quali chiuderei la quarta ed ultima proposizione, mi si conviene far un poco di largo, per dimostrare, non per discorrere la verità di questa necessaria cognizione. Sono dunque dieci le massime de'signori Spagnuoli, che per la loro corona sono gioie che mirabilmente l'adornano, e per la loro vastissima monarchia servono per colonne a sostentare il peso di una sproporzionata potenza; le quali sono: religione, o professata pietà de're; fomento d'intelligenze o mantenimento di corrispondenza colli stati altrui; esser mezzano o arbitro nelle discordie dei principi inferiori, con pretesto tenersi sempre in qualche maniera armato; negoziar con riputazione; particolar zelo in tutte le azioni del cattolicismo; confidenza con la Santa Sede; elezione di vecchi pontefici; pace con Inghilterra, nella quale ritrovano quiete nel settentrione; eserciti composti dalle tre nazioni Spagnuoli, Alemanni ed Italiani; ed unione con l'imperio per mantenimento di casa d'Austria, dalla quale principierò senz'ordini di preminenza, per non interrompere il filo della narrazione, per non stancare l'attenzione, e per dirla, per non confondere e chi scrive e chi legge, e chi ascolta con somma pazienza le mie debolissime imperfezioni. Dirò dunque, Eccellentissimi Signori, che la casa d'Austria è un arbore che distende li suoi rami nella Germania e Spagna, che è un corpo con due braccia, un globo con due poli sopra quali s'estendono gl'interessi di tutto il mondo, e in tutte le parti ha vigore, ha potere, unita dunque nel sangue e nelli stati ha continuato sempre in ottima corrispondenza; ma per l'ultima pace dalla parte di Spagna si sono intiepidite le affettuose dimostrazioni, serrata la mano nelle rimesse del dinaro, andati ritrosi nelle risposte di matrimonio, ed allontanati dalle convenienze di stato; e potrei dire con cognizione che la Germania si sia emancipata dalla sopraintendenza della corona di Spagna.

Con gli arciduchi d'Inspruch, o casa arciducale, si portano come buoni parenti, e come innesto di casa d'Austria piantato da Carlo secondogenito dell' imperator Ferdinando che fu fratello di Carlo V, dalla qual linea pretenderebbero in retaggio quegli stati, per le quali ragioni non hanno voluto mai sottoscrivere alla cessione dell'Alsazia nei trattati di Münster.

La Francia che per natural istinto fa del contrappunto a tutte le deliberazioni della Spagna, colla quale per non unirsi dividono il mondo; una atta ad acquistare, e l' altra a mantenere, si sono poste in competenza per tre principali regni delle loro corone, e sono Navarra, Napoli e Milano, dove per l' acquisto degli ultimi due, vennero i Francesi più volte in Italia, e per tre volte sole li possederono come per altrettante ne furono spogliati.

Li Spagnuoli vi fecero un solo viaggio, col quale si mantengono ancora, e in ogni luogo hanno vinto, e dove hanno vinto hanno abitato; sicchè potrei dire che gli eserciti francesi hanno per lo più sforzate le porte per entrare in Napoli e Milano, e giamai non hanno aspettato d' esserne sforzati per uscire, come lo comprobano chiaramente gli ultimi successi di Castello a Mare col duca di Guisa (1), e quello di Pavia col principe Tommaso (2). Da tanti varii successi n'è uscito un sangue torbido ed un'oscura amicizia; anzi che per conservare la memoria delle antiche e recenti offese non solo le madri alimentano nell'odio li piccioli figliuoli, ma alcuni de' più sagaci e malevoli Spagnuoli registrano tutti li accidenti, all'uso di quel libro che si conservava in Spira dagli Alemanni, nel quale erano scritte tutte le ingiurie fatte per il passato dai

(1) Che appena tentata di nuovo la sua fortuna nel 1654, colla presa di Castellamare, dovette dipartirsene. Vedi Muratori *Annali d'Italia.*

(2) Nel 1655. Vedi Muratori *Antichità Estensi.*

re di Francia all' impero ed alla nazione germana, che poi fu abbruciato per il merito d'aver stipulata la memorabile lega di Cambrai contro la Serenissima Repubblica.

Lascio con Inghilterra gli interessi reali ne' quali si praticarono a vicenda affetto e sdegno, odio e amore, ora che i Spagnuoli furono li primi a riconoscere il parlamento, con titoli e con ambasciate, e pubblicarono aver levata la vergogna a tutti li principi, per negoziar con quello.

Con Portogallo, che per fatalità entra nell' ordine dei re e nella sfera dei principi, libero resta nella quiete ed in una pace tranquilla, ridotto in tanta ricchezza il regno, che le antiche battiture in lui già non si conoscono; studia a tutto potere la buona corrispondenza con li settentrionali, ma anche quando tutte queste mancassero, potrebbe aprire la porta alli re Mori, ed ancorchè fosse più maligno il rimedio, che il male stesso, rinnoverebbe alla Castiglia quell'infermità di che per tanti secoli restò oppressa e languente; aggiungendo li pratici, che se il Portogallo venisse un giorno a stringere confidenza con li Mori d'Africa, darebbe quell' apprensione in ponente, che dà la Francia con l' amicizia del turco in levante, atta a sciogliere questo grande mastino ad ogni richiesta.

Con li regni di Polonia, Svezia e Danimarca procurano gli Spagnuoli indifferentemente la buona corrispondenza, e come che da questi si pratica un ristretto commercio, così mi dispenserò a riferirlo alle EE. VV.

Con li stati delle provincie unite d' Olanda dirò, che per 30 anni sostennero la guerra con li Spagnuoli, e che l' animo severo di Filippo II inclinò più al castigo di due gran teste, che alla riunione di quegli importantissimi stati, mentre quelli sollevati armarono la vendetta, e sacrificarono a quelle due vite più di due milioni d' uomini, facendosi per sepolcro universale d' Europa le campagne e piazze della Fiandra, a segno che tutti confermano, che l'Olanda sia stata la remora alle felicità e progressi della Spagna, causa immediata del spargimento d' infiniti tesori del re più ricco e poderoso, scoglio, dove Spagnuoli ruppero la forza, il consiglio e la loro esperimentata prudenza, e finalmente termine e segno, in che la fortuna del monarca più forte e più sublime restò soggetto agli errori dell' umana debolezza.

Con la casa di Lorena, dirò che questo nome non resta più registrato nel catalogo de' principi sovrani, ma ben guardato il duca Carlo nel castello di Toledo, illaqueato più dagli insussistenti trattati della sua vana liberazione, che dal buon numero dei soldati, che lo custodiscono in una lunga e severa prigione.

Disimbarazzatomi dal peso delle nazioni lontane riferirò con maggior comodo gl' interessi de' principi vicini, dalli quali dipendono pure tutte le corrispondenze delli più segnalati successi; essendo questa provincia la fucina nella quale si fanno le punte all' armi, e non si brandisce uno stocco se prima non gli viene data la tempera ed il filo della vivacità degli ingegni italiani.

Capo di questo venerabile cattolicismo è il sommo pontefice, e come capo della sede apostolica resta venerato e stimato da tutti li potentati maggiori.

Del re di Spagna per tale riguardo non saprei che aggiungere d' avvantaggio, solo che con il pontefice presente vi passano tre aspri e pungenti negozii, i quali sono: che dalla Santità Sua si maneggiasse l' affare della pace con più calore e risoluzione; che non sopportasse con tanta lentezza lo sprezzo e rigore della Francia; e che lasciasse la nomina delle chiese di Portogallo, per le quali potrebbe succedere l'uscita dell'ambasciator cattolico dalla corte di Roma, sebbene i Spagnuoli con l'entrata nella città del fratello e nepoti del papa, con promesse del grandato e pensioni ecclesiastiche, potrebbero ogni amarezza raddolcire.

Riconoscono Savoia come al disotto della mano francese, e come un uomo che sia prigione, che non può far insistenza, che gli venga da' Francesi posta in mano la penna e nell' altra la spada, e che gli venghi detto, se non farai con questa, noi ti caricheremo con quest' altra, ad esempio del trattato di Cherasco (grande esempio miserabile d' un principe), e che per risentimento d'una cosa cattiva gli resti solo la soddisfazione di volersene vendicare.

Col gran duca di Fiorenza non insorge novità di rimarco; bramarebbero li Spagnuoli li 3000 fanti e 1500 cavalli per il feudo di Siena, per maggiormente assistere ed assicurare lo stato di Milano, parendo che in Madrid si sia ad arte lasciato parlare del matrimonio dell' infanta con questo principe.

Con la repubblica di Genova facile è farne il giudizio, perchè lo stato, gli averi ed il commercio tutto dipende dalle vicinanze della corona di Spagna e basterebbe alla felice memoria di VV. EE. accennare le varie pretensioni de' Genovesi sopra il Finale, accomodatisi li ministri spagnuoli a soffrire le ingiurie presenti, con la sola speranza delle vendette future.

Con il duca di Mantova passano tutti gl' interessi per la piazza di Casale. Io alle prime ore dell' ambasciata vidi li stendardi del re cattolico uniti con quelli del duca entrare nella piazza stessa dopo 35 anni che dentro il presidio francese vi si manteneva. Li ministri di Spagna rimproverarono il marchese di Caracena che in un affare di tanta importanza avesse tutto arbitrato a favore del duca, mentre sotto varii accidenti di ragionevole pretesto doveva per lo meno aprire o smantellare il castello.

Il duca di Parma serve di pontual esploratore nelle cose d'Italia di tutto quello si tratta e si negozia tra principi di questa provincia. Lo manifesta in Spagna, sperando con termine di questa molta confidenza guadagnarsi la protezione del re nel riacquisto di Castro.

Abbastanza parlano le operazioni del duca di Modena. Spagnuoli stimano la sua abilità ed attitudine al maneggio dell' armi pronta ad ogni movimento d' armate nella provincia d' Italia; ed aggiungerò bene, Eccellentissimi Signori, che quasi tutti li principi si perdono perchè si giudicano maggiori di quello che sono, avendo rovinato più principi la vergogna del cedere che il desiderio di vendicarsi. Il duca di Modena ha corso a precipitarsi, perchè non ha ritrovato niuno che daddovero lo preghi a non farlo; insomma quello che si contenta col poco e col proprio, vive sicuro, ma quello che aspira al molto ed all' altrui, arrischia di perder tutto.

Con la repubblica di Lucca e religione di Malta s' esercita in ambedue una provecchiosa protezione promettendo loro di quando in quando dichiarazione di maggiori titoli e di migliori trattamenti.

Con li Cantoni Svizzeri, con le leghe Grise e con li Valdesi i quali ancorchè distinti i nomi, formano però un corpo unito e considerabile, gli Spagnuoli in grande maniera si hanno sempre approfittato, e se al presente non godono l'intiera confidenza è per il riguardo di due milioni di debiti che dovrebbero pagare.

Non si potrà dunque parlare de' Turchi se non s' unisce, a loro l' infame generazione de' Corsari e Mori di Barbària, ai quali continuando il desiderio di riabitare la Spagna, come l'hanno comandata per 700 anni, e che vi stanno come una nube o tempesta per scaricarsi sopra, così al giorno d' oggi si sono resi tanto insopportabili a quelle coste, che niuno ardisce negoziare da porto a porto, ritirandosi li più temerari e facinorosi in Algeri, come in asilo di tutta la pirateria, essendo lo stesso Algeri una grande scuola della pazienza umana, con l'imperatore ottomano e con tutta l' universal moltitudine de' Turchi, che senza dubbio è maggiore degli altri principi, ma molto inferiore di tutti insieme. Gli Spagnuoli hanno per dieci e venti volte tentato la loro amicizia; ora non temono le forze del Turco, vedendo le sue armate imbrigliate per tanti anni dal generoso potere della Serenissima Repubblica, ancorchè in quelli regni remoti e in quelle provincie deserte, non arriva l'eco od il rimbombo di così eroiche operazioni.

A questo passo mi pare di francamente entrare negli interessi di questo augustissimo Senato, e siccome in tutte le altre cognizioni de' principi ho dato informazione bastante per non presentarmi innanzi VV. EE. privo delle necessarie notizie, così negl affari della corona cattolica e sue intenzioni verso la Serenità Vostra, avrò bisogno di scegliere fra il buono l' ottimo, per non rendermi contumace nell' occupare tempo così prezioso che non posso più restituire. Ma ardirò forse di dire che non riuscirà infruttuoso alla ben fissa applicazione di VV. EE., che se non applaudiranno al mio buon intendimento, applaudiranno per lo meno alla mia buona volontà. Dirò dunque, prestantissimi Padri, che qualche ministro si sia doluto meco, ancorchè io l' abbi sufficientemente disingannato, che la Serenità Vostra lasciasse l' anno passato andare rinforzi al duca di Modena: dicendomi, che il contribuiire per propria difesa agli amici pare che abbia una tal coperta di pretesto comportabile, ma il contribuire per offesa porta seco conseguenze molto importanti e dichiarazioni rigorose. In altri signori della corte ho potuto con la lunga pratica ricavare che piuttosto per civile gratitudine che per inclinazione d' affetto mostri la Repubblica confidenza con la Spagna, essendo amica per riconciliazione, e nemica per natura, tenendo le repubbliche, e specialmente questa per sfera della sua attività, il proprio e solo interesse, così obbligata dalle occasioni moltiplici de' confini. Dicono che il desiderio di conservare le città attinenti allo stato di Milano invita sempre alle gelosie; oltrechè la Repubblica disturberà ed impedirà l' aumento del dominio spagnuolo negli stati d' Italia. All' incontro però conoscono e confessano che la prima potenza in questa provincia dopo la loro sia la Repubblica, dove il conte duca intendeva per le due corone in Italia, Spagna e Venezia; e come tale ella è stata l'unica a stabilire le regole della sua conservazione, e che le ha ancora pontualmente osservate, pigliando per suo interesse particolare quello dell' Italia in generale, dove studia di continuo più la conservazione che l' acquisto: vive con pensieri moderati e tutt' intenta nel ben difendersi; però prudentemente quel che può sopporta, e quel che deve solo generosamente ribatte. Ora queste rivolte e conosciuti accidenti, la maggior parte de' quali sono terminati, restano alla custodia ed alla prudente direzione dell' eccellentissimo signor ambasciator Zane, il cui sommo valore e prudenza autenticata per tanti anni nelle più gravi ed importanti materie di questo sacrario, non promettono, ma assicurano alle EE. VV. delle più vere corrispondenze di quella corona.

Mi ha pure favorito in quella corte per molti mesi l'illustrissimo signor Martin Vidmann fu Paulo, e nipote del presente signor cardinale di questo nome, alle cui nobilissime condizioni cedono le lodi all' affetto, mentre per non tormentar d' avvantaggio la sua osservabile modestia, potranno l' EE. VV. confermarsi nella sua perfetta riuscita, avendo con profitto veduto il mondo, e negli arcani di varie nazioni bastantemente penetrato.

Ho avuto anco per segretario il circonspetto Giovanni Giacomo Corniani, della di cui pontualità nel servizio, parleranno le scritture nella segreta, e tutti gli altri ministri, che hanno tenuta corrispondenza in quella corte, essendo tutto passato per le sue mani, con quel candore e fedeltà che lodandola, sicuramente si diminuirebbe, dove anco per questo capo meriterà sempre il pubblico graziosissimo riconoscimento.

Della mia persona, come il figliuolo di famiglia, dirò solo: *nudus egressus sum nudus revertor*, spogliato di tutti gli altri affetti, fuorchè di quelli del pubblico servizio, m'allontanai più volte dai comodi della mia casa. Da questa ambasciata dunque non porto altra memoria, che il contento di aver alle commissioni della mia adorata patria ben saputo obbedire: soddisfazione, che veramente resta in me stesso, e che con il fondamento della quale siccome ho sostentato con onore la carica, così posso con verità aggiungere di averle mantenuto e aumentato il posto nelle più cospicue funzioni della corte, contenutomi solo con modesto pontiglio nelle occasioni delle regie cavalcate col favorito, ed ottenutolo con pari osservazione nel prospetto di tutta la città. Negli altri incontri tutti di pubblico decoro, mai sono stato l'ultimo a testimoniare diligenza, generosità e prontezza, ed in questo ho seguito l'uso antico della casa di Vostra Serenità, che per le vie dello splendore e della pontualità si mantiene nel grande rispetto con quella sprezzante e severa nazione. Risentita dunque la mia casa da tanti aggravii frequenti, per non dire incessanti battiture, mentre nel servizio della patria questi sono capitali preziosi, e prerogative insigni, che adornano i cittadini; basterà aver in ricompensa il merito della pubblica gratitudine, che pure col testimonio di tante umanissime lettere ducali conservo degnamente appresso di me.

Con tutto ciò nello stesso tempo presento a' piedi, e supplico con umiltà la Serenità Vostra, che quest' anello di diamanti, che mi fu donato dal re cattolico, mi sia dalla munificenza delle EE. VV. rilasciato in dono, come lo stesso può divotamente implorare il secretario Corniani per la sua collana; mentre altri legami non proviamo più forti che quelli della natural fede verso la nostra benemerita Repubblica, dalle cui grazie, ch' io sono per ricevere, potrà ognuno congetturare il benigno compatimento e dilezione, in che hanno ricevuto il servigio d'una lunga e travagliata ambasciata; mentre, Eccellentissimi Signori, non si batte al presente più preziosa moneta di questa, dal cui pagamento, che corre in una provincia, si fa certo giudizio del merito o demerito altrui; ed offerendo a VV. EE. in disimpegno delle mie proprie obbligazioni li veri effetti di continuata obbedienza e servitù, terminerò col dire che in questa relazione non vi sarà stata riga o carattere che non abbia riverberato ossequio, riverenza, umiltà, dove in luogo di cuore, che di già l'ho consacrato alla patria, risiederà un rispetto infinito ripieno di grata osservanza verso il beneficio ricevuto, di riguardo verso la Serenità Vostra, e di devozione verso questo generosissimo e sapientissimo Senato. Grazie.

RELAZIONE DI SPAGNA

DI

OMENICO ZANE

AMBASCIATORE

A FILIPPO IV

DALL' ANNO 1655 AL 1659.

(*Tratta dall' Archivio del conte Sagredo*).

CENNO BIOGRAFICO

INTORNO A

DOMENICO ZANE CAV.

Riportiamo il seguente brano, tolto alla preziosa opera sulle Iscrizioni Veneziane del cav. Emmanuele Cicogna, vol. III, pag. 440:

« Ricordo qui un posteriore patrizio Domenico Zane, figliuolo di Marino q.m Leonardo. Egli era nato nel 1620 a' 20 di aprile (*Nascimenti nobili, mss.*). Fu più volte savio agli ordini e savio di terraferma, come ha notato il genealogista Cappellari. Nel 1654 agli undici settembre fu eletto ambasciatore alla corte di Spagna, dove da Filippo IV fu creato cavaliere, e donato dell' arma di Castiglia, che è la torre d' oro in campo vermiglio, la quale egli inquartò nella volpe, antica insegna della casa Zane (*Cappellari*). Gli era stato dato per successore il cav. Francesco Giustinian q.m Giovanni, ma premorto vi rimase il Zane fino al 1659 (*Catalogo Gradenigo*) (1). Altri magistrati coperse in città, e venne da ultimo a morte nel 1672 ai 28 di settembre.

« Abbiamo nei nostri archivj la Relazione dell'ambasceria del Zane sostenuta in Ispagna, ed è in data 14 gennaio 1658 (cioè 1659) (2). Relazione lunga anzi che nò, ma scritta con molta eleganza, facendovisi con

(1) Nel Registro del Segretario alle voci mss. nel veneto Archivio generale, trovasi indicato appunto Francesco Giustinian fu Giovanni quale successore a Domenico Zane nell' ambasciata in Spagna. Morto poi il Giustinian prima di assumere il nuovo suo ministero, fu eletto il 10 marzo 1660 Giorgio Corner.

(2) La Relazione del Zane è quella che noi qui pubblichiamo tratta da una copia esistente nell' Archivio del conte A. Sagredo, e confrontata coll' originale che si conserva nel veneto Archivio generale. Notiamo che in quasi tutti gli archivi di Venezia si trovano copie mss. di questa relazione, la quale è fra le più diffuse che conosciamo.

assai precisione la dipintura del re e della corte di quei tempi. Questa Relazione, probabilmente con grandi alterazioni, fu stampata colla data di Cosmopoli del 1672 in 12.° ed ha per titolo *Relazione succinta del governo della famosa corte di Spagna.* Viene registrata in parecchi cataloghi, ma io non la ho finora veduta a stampa, e non la vide nè manco il Foscarini, il quale sulla fede della Biblioteca Imperiale la ricorda. (*Letteratura pag.* 463 *nota* 405) (1).

« Era il Zane senatore riputatissimo, e protettore delle lettere, varii essendovi che lo hanno lodato, o che gli han presentate le loro opere (2). Benedetto Gallici monaco cassinense nel libro *Mercurii Tripoda*, ecc. *Vicentie* 1666, ha inserito un breve elogio al nostro Domenico Zane cavaliere. »

(1) L' illustre Cicogna ha finalmente trovato ed ora tiene la rarissima copia a stampa di questa Relazione.

(2) Seguono i nomi dei suoi ammiratori, e le espressioni di lode tributategli, che noi per brevità pretermettiamo.

SERENISSIMO PRINCIPE (1).

Lodevolissima usanza, non meno che vantaggiosa, ma alla debolezza mia però difficile altrettanto, riesce quella, che mi costituisce l'obbligo del mio passato ministero di dar minuto ragguaglio delle cose più essenziali ed importanti della corte di Spagna, nella quale mi sono trattenuto per tre anni interi in qualità di obbediente ministro di questo Eccellentissimo Senato. Imperciocchè oltre alla stima che acquista il principe nell'essere creduto avvertito degli interessi altrui, il che non è la minima delle circostanze che lo qualifica per prudente nel concetto universale, così il reggimento delle proprie azioni non meglio s'apprende, nè con maggiore utilità s'impara che dall'osservazione di quelle degli altri. La stessa esperienza dà testimonio ben chiaro di questa verità indubitata, ed ognuna delle Vostre Eccellenze sa pienamente per prova, quanti vantaggi nelle loro sapientissime direzioni abbia apportato la notizia delle cose dei principi, e quanto ne abbia ricavato di commendazione e di stima la Serenità Vostra dal procurarla. Ma d'altra parte malagevole impresa è la mia, e superiore alla propria attività di gran lunga, per il capo non solo della materia, di che io devo trattare, per quelli ai quali convengo discorrere, e per le circostanze in somma che hanno ad accompagnare il mio dire. M'inanimo però a questa impresa col godimento di guadagnarmi anche per tal capo il titolo di obbediente, e con la certezza che l'Eccellentissimo Senato, istrutto già abbastanza dalle fresche relazioni di tanti signori, non pretenda da me

(1) Era doge Giovanni Pesaro, eletto l'8 aprile 1658.

altro che il solo obbedire, con che io supplirò certo al difetto della capacità mia, resa sempre più inabile, anche dalle continue infermità che m' afflissero per tutto quel tempo che mi son trattenuto in Ispagna, e che mi rendono degno del perdono non solo, ma anche del benigno compatimento di Vostre Eccellenze. Mi è benissimo noto l'obbligo di usare la sincerità in questa relazione, senza la quale essa riuscirebbe un corpo senza ossatura, anzi senz' anima; ma so ancora che delle azioni dei principi è assai meglio tacere, quando non se ne parla con lode, sebbene la vita ed i costumi di Filippo IV sono così incontaminati ed innocenti, onde potrei dire senza iperbole d'adulazione, aver la bontà eletto questo ottimo principe per formarne in lui stesso il proprio ritratto. Sia dunque questo il primo punto della relazione mia, a cui succederà, come è solito, quello dei ministri più principali del governo, l'ordine poscia di esso, in che abbraccierò le forze della monarchia colla loro disposizione; parlerò in oltre delle dipendenze della corona, dicendo in fine lo stato in che si ritrova al presente, abbattuta pur troppo da tanti disastri, e tralasciando le superfluità (per quanto mi sarà possibile) non mi renderò anche con la lunghezza fastidioso, sapendo io benissimo, che la brevità è l' unica condizione plausibile in chi non sa, nè mai ha ostentata l' arte del ben dire.

A questo oggetto adunque io abbandono la descrizione di Spagna, mentre non mancano nei secoli presenti gli atlanti, non finti, che portano mondi intieri di notizie cosmografiche, a chi tiene curiosità di saperle. Filippo IV adunque re delle Spagne, ora vivente, nacque nella città di Vagliadolid l'anno 1605 agli otto di aprile in venerdì santo, e ben doveva comparire al mondo in tempo di duolo, chi era per viver sempre tra sfortunati successi. Filippo III e donna Margherita d' Austria furono li suoi genitori, l' uno figlio del gran Filippo II, e l' altra del fu arciduca Carlo, ambi originati dall' austriaca serenissima casa. Fu assunto il re vivente alla corona di sedici anni per appunto, mancatogli il padre in età di quarantatre solamente, onde al dì d'oggi ne numera il cinquantesimo terzo del viver suo ed il trigesimo nono del suo dominio poco felice. Volle il padre all' usanza dei re farne presagire i successi futuri dal famosissimo Argoli sin da quel tempo maestro di astrologia in Padova (1), che gli disse liberamente: come le stelle minacciavano tanti disastri a questo nuovo monarca, che certo sarebbe morto in miseria, quando il di lui patrimonio non fosse stato da re di Spagna, ma che tale condizione non lo esentava però da un perverso destino. Il successo pur troppo ne accertò il vaticinio, e lo stato presente della corona dà a conoscere chiaramente, quanto perfida sia l'ostinazione delle stelle, che non può correggersi con altro che con una tolleranza cristiana, di che il re se ne trova molto ben provveduto. Il temperamento è malinconico assai, se ben rassembra sanguigno. Flemmatica la natura, resa tale anco in apparenza da una ostentata gravità, con che si contenta di riuscir alcuna volta tremendo, purchè apparisca venerabile a chi l'osserva; in che non lascia di impiegare ogni artificioso portamento, sebbene la stessa natura lo abbia reso maestoso quanto egli medesimo possa desiderare. Ha statura sopra la mediocre, non però eccedente, robustezza proporzionata, lineamenti delicati e bianchi assai con pelo biondo, e con un labbro sporgente, rado di capellatura, che però non detrae alla venustà. Gode complessione così bilanciata nella proporzione che le rende esente da qualsisia infermità considerabile, e la direzione del suo vivere puntuale e regolato lo assicura di una lunga salute, eccetto però il tremore del capo alcuna volta, e del braccio sinistro sempre, come bene si osserva in qualsivoglia uso di quello, le di cui cause già note minacciano peggioramento, piuttosto per la gioventù della regina, resa ad esso unico oggetto della sua dilezione, e fatta ormai feconda, non ostante la disparità degli anni del marito. Nel resto non si può desiderare continenza maggiore. Se la stessa parchissima quantità dei cibi, la medesima qualità, gli stessi condimenti; il vino escluso in tutto dalla sua mensa, in luogo di che serve l'acqua di cannella bevuta in una sola volta alla metà del pasto, siano oggetto di salute o di altro, non ben si conosce; mentre alle persuasioni dei medici, che con l'avanzar degli anni gli ricordano l'uso di quelli, ripugna una formale pun-

(1) Vedi Colle: *Storia dello Studio di Padova*.

tualissima consuetudine, di che egli ne professa rigorosa osservazione in ogni cosa, che non se ne può dare esempio maggiore; così egli leva l'incomodo a chi deve servirlo, nell' assegnazione del tempo, a ciascheduno, della propria assistenza; mentre qualsiasi funzione non si pretermette neppur di momento. Mangia solo, all' usanza della casa di Borgogna, di cui egli si intitola successore ed erede, tenendo la regina ed ogni infante famiglia separata e divisa. Viene assistito dai suoi gentiluomini della camera, quasi tutti grandi di Spagna oltre il medico e qualche altra persona di giocondo trattenimento. Con tutti però procede il re così riservato e scarso nei discorsi, per tema di non diminuirsi colla famigliarità il rispetto del quale, come dissi, ne è custode tanto geloso, che so di certo passar le settimane intere senza che abbia il re proferita pure una parola, godendo come quell' antico d' essere inteso e servito a cenni, piuttosto con umore stravagante; Veste con garbo molto gentile, onde suol dire un suo famigliare spiritoso: che se bene il re abbia spesso occasione di portare il lutto, mai però per questo i drappi gli piangono addosso. Accompagna l'attillatura con tutto il decoro; così nell'uso delle gioie nei dì solenni, non ne ostenta la pompa eccedente, riservato l'ordine del tosone che solo egli porta, non già il segno delle altre religioni di Spagna, benchè sia la Maestà Sua gran maestro di ognuna di quelle. Gode assai della caccia, della pittura, della musica, tutti divertimenti insinuatigli sino dalla sua gioventù dal conte duca per tenere il re distratto, e ridursi lui solo direttore del governo. Nella prima egli impiega qualche tempo, senza però levarlo alle occupazioni più importanti, ma con eccedente dispendio, calcolandosi che importi ottantamille scudi cadauna delle tre caccie che il re fa infallibilmente ogni anno, come dirò poi al punto della disposizione delle forze della corona. Per la pittura oltre il godimento, ne professa egli qualche intelligenza, e fra l' infinita quantità di quadri preziosi che possede il re di Spagna, alcuno se ne mostra di sua mano; della perfezione dei quali si può dire ingenuamente, che se le opere lodano il maestro, in queste il medesimo maestro è quello che accredita e che qualifica l'istesso lavoro. Della musica poi, la poca perfezione de' suoi cantanti mentisce l'opinione che il re ben s' intenda di quest'arte, tuttavia egli ne tiene cognizione più che ordinaria, bastando nel resto alla Maestà Sua il ben regolato concerto delle proprie passioni che lo qualificano per ottimo fra i principi migliori del secolo corrente. Non v' è chi si ricordi d'aver in lui conosciuto mai segno di sdegno. L'intrepidezza e tolleranza nelle disgrazie è dote sua particolare, così egli corregge il dolore dei mali successi nel godimento di farsi conoscere costante. Egli stesso scrisse alla città la dolorosa morte del principe Baldassare, levando la penna dalla mano del segretario, che istupidito dal dolore dell'infelice successo, non valeva a formare altri caratteri che di pianto; così egli studia in ogni occasione di guadagnarsi concetto di intrepidezza, coll'opprimere gli affetti della natura, che non valse però a raffrenare in altri tempi, essendo fama, benchè non sicura o piuttosto soppressa, che il re sia padre di trentadue figliuoli sin ad ora, tra maschi e femmine fuori di matrimonio, quasi nessun di loro avuti con persone di nobil sangue. A tutti somministra alimenti, come privati; il solo don Giovanni d' Austria resta dichiarato e qualificato con posto come figlio naturale di Sua Maestà, a che si è risolto il re per non scostarsi anco in questo dall' esempio dei suoi maggiori, fra i quali Filippo II ne somministra il più recente.

Fra tutte le doti ammirabili che adornano l' animo del re di Spagna, la pietà è quella che risplende sovra le altre. Volumi vi vorrebbero di non poche carte per descrivere le lodi, le commendazioni e gli esempi, ma come che la sua regia persona, la sua serenissima casa e tutto il mondo confessi, che gli effetti della divina protezione verso questo principe tengono le radici fondate nel cielo, così chiaramente si conosce che Dio non è mai per abbandonare la causa di lui. Già le Eccellenze Vostre sanno il vulgarissimo proverbio dei miracoli di Spagna, coi quali soccorre Dio a quella nazione nell'estremità dei bisogni. Quattro ne osservò ognuno nel brevissimo giro dell' anno corrente: la nascita del principe, l' elezione del re, l' agonia dell' imperatore, la morte di Cromwell e quella del duca di Modena, che sebbene naturali a tutti gli uomini, l' opportunità però del successo fa che riescono miracolosi per gli interessi di Spagna ridotti senza questi agli ultimi estremi. Quei piaceri giovanili e quei divertimenti giocondi che ai tempi del conte duca tenevano il re, per artifizio del duca medesimo, divertito dal governo, ora più fruttuosamente sono tutti cangiati in esercizii di pietà e di religione che non lo distraggono punto, però da un tempo in qua, dai pubblici maneggi, toccando come il sole la terra, senza perdere la sua permanenza nel cielo. Continua tuttavia nel non voler risolvere da sè stesso cosa alcuna nè di governo, nè di politica, nè di altro effetto, sia ciò dall'uso insinuatogli, come dissi, dal conte duca, o dalla poca fede che egli presta alla propria attitudine, capacissima certo della sua qualità quando egli se ne fidasse; non si ritrova perciò chi tenti levargli tale opinione, mentre a chi lo governa non torna conto insinuargli massime differenti; ben si procura colle apparenze dare ad intendere al popolo che il re fa tutto, il che non si estende ad altro che ad impiegare sei ore di tempo ogni giorno, nello scorrere le consulte coll'occhio piuttosto, e segnarle con risoluzione costante e direi quasi con voto di non esaminarle, nè di riprovarle in qualche punto. Se questa è la causa del cattivo stato presente della corona, già si potrebbe ritenerla per rovinata, mentre nella vita del re non si cangierà tal forma di governo in eterno, tenendo la Maestà Sua fissa una massima nella propria opinione: che sia meglio errare per voto dei consiglieri, che colpire per propria disposizione, dalla quale, come dissi, non si allontanerà mai. Dio però supplisce a tutto in ordine alla gran bontà del re, il quale non può essere abbandonato da lui, perchè la sua pietà, la sua religione, la sua retta intenzione e la sua ingenuità, hanno stipulato il contratto della divina assistenza verso di lui e verso li suoi interessi. E questo basta circa la persona del re.

Per la regina già sanno le Eccellenze Vostre, essere ella figlia dell'imperatore defunto e della sorella del medesimo re di Spagna, che le viene per questo ad essere zio e marito unitamente. Era ella destinata in moglie al principe Baldassare, primo figlio della Maestà Sua, nato dalla regina Isabella francese, ma la morte che lo rapì dal mondo, e poco dopo la madre ancora, ruppe il vincolo concertato del matrimonio, che si rannodò poscia immediatamente sostituendo il padre in luogo del figlio già morto. Il marchese di Grana, allora ambasciatore di Cesare in Ispagna, coll'autorità che teneva molto grande in quella corte, seppe e valse a superar tutti gli ostacoli di questo accasamento, e Dio che dispone questi affari nel cielo, sa ritrovare i mezzi perchè restino eseguiti opportunamente sulla terra. Ella è in età di 25 anni per l'appunto. Signora di bontà molta, di religione esemplare, e che fu sempre e adesso più che mai amata dai suoi sudditi, per aver donato un frutto desiderato tanto alla Spagna, come il principe infante ultimamente nato. Non per questo ha preteso la Maestà Sua di rendersi di maggiore autorità nel suo posto, colla nuova benemerenza di essere madre di un re desiderato da tutti, ma compiacendosi della ordinaria esemplarissima modestia niente s'estende fuori dei confini di questa, e gode piuttosto essere amata dal marito come moglie che come regina, sapendo molto bene che la prima di queste qualità è bastante a farla regnare con fondamento più sodo; perciò don Luigi l'ama sommamente perchè non la teme. Ella però sta alienissima da ogni maneggio, anzi da qualsiasi curiosità che si allontani dai suoi preziosi esercizii, impiegando in questi quasi tutte le ore del giorno, senza voler mai neppur presentare al re un memoriale, per non uscire dalla propria abitudine, che è di vivere senza disturbi. Ma l'infante Maria Teresa figlia della Francese, ora in età di venti anni, di forma speciosa, di maniere eccellenti, di vivacissimo brio, naviga per altro vento, come dire si suole. Dopo la morte del principe Baldassare suo fratello, nella mancanza di altri principi maschi, era riverita da ognuno come successore dei regni, come padrona di tutto. Già si udivano le doglianze dei popoli che rimproveravano la regina matrigna, perchè impedisse presso il re il giuramento di fedeltà dovuto alla infante, col solo dubbio di diminuire a sè stessa gli onori, nella certezza che le adorazioni si portano al solo sole che nasce. Già si era eletto l'infante per marito, con proprio desiderio, il suo cugino re di Francia vivente, portata ad amarlo da un naturale istinto, inseritole nel cuore nel tempo della sua puerizia col mezzo di un ritratto di esso re, che ella gode pure di vagheggiar tuttavia, in onta alle perdute speranze di averlo per sposo, poichè con la nascita del nuovo principe fratello, caduta la corona di capo all' infante medesima, i Francesi non più si curano di averla per regina, sebbene anche gli Spagnuoli non si sarebbero disposti di darla allora al Francese, per le patenti contrarietà di non obbedire nè sottomettersi a una nazione con cui vi è stata e vi sarà sempre antipatia naturale fino a che durerà il mondo. Nemmeno nello stato delle cose presenti niuna delle parti concorderebbe a tale accasamento, disingannate queste con più di un esempio, che i matrimonii uniscono gli animi degli sposi, ma non accordano però mai il genio delle nazioni. Nessun frutto ha apportata alla cristianità il matrimonio reciproco delle sorelle di questi re con l' uno e l' altro di loro, e l' esperienza fu maestra di tal verità, mentre la guerra allora restò per brevissimo tempo soppressa, ma non estinta, anzi ella risorse con maggior impeto, quasi fosse per quel breve spazio riposata, per riassumer più crudelmente i suoi sanguinosi furori, perchè infatti si esperimenta pur troppo, che la considerazione dei parentadi è inferiore a quella di stato, e che il debito del sangue, che si stringe fra due persone, niente vale in quei casi nei quali sono interessati i popoli intieri. Escluso il re di Francia per ogni rispetto, nessun altro soggetto si trova adattato per sposo alla infante che l' imperatore vivente, invece del fratello re d' Ungheria, che doveva regnando il padre passare in Ispagna per imbeversi dei costumi spagnuoli come quello che aveva a comandare a questa nazione. Ma la morte del re suddetto e la nascita di questo principe, ha confuso tali disegni ordinati sui fondamenti di quelle antiche massime spagnuole, di unir sempre maggiormente queste due case di Germania e di Spagna, con quegli oggetti vastissimi di dominio, che nè le iterate disgrazie, nè la instabilità degli accidenti, nè la ribellione di tanti stati, mai ha potuto sradicare dallo avidissimo cuore di quei ministri. Ma ora converrà passare in Germania la sposa destinata già in moglie dal genio del padre al nuovo imperatore, in mancanza del morto fratello, rimossa la necessità in Spagna della venuta di altro successore della corona, giacchè Dio ha fatto nascere dal sangue spagnuolo quello che dovrà più legittimamente portarla. L' altra infante Margherita, figliuola pur del re e della regina vivente, trovandosi in età di 7 anni finiti, signora di rare bellezze, di vivacità più che ammirabile che supera certo l'età con il senno, e con il senno qualsiasi aspettazione che si possa formare.

Del principe Prospero ultimamente nato, niente mi resta che dire. Dio lo ha donato al mondo per consolare il mondo stesso con un successo tanto sospirato quanto felice. Quali fossero per essere gli sconvolgimenti e le rovine quando avesse mancato alla Spagna una successione mascolina, già lo sanno le Eccellenze Vostre, perciò mi dispenso dal dirle per accostarmi tanto più presto al fine. Resterebbe a dire per ultimo capo di questo terzo punto, qualche cosa di don Giovanni d'Austria nato da Sua Maestà fuori di matrimonio, e dichiarato unico suo figlio fra tanti; ma come che egli mai si sia trovato alla corte in mio tempo, così non posso saperne oltre le generalità ben note a tutti. La sua età, il suo genio, i suoi impieghi, il posto e le rendite sono assai patenti. Dirò solo che il re lo ama. Che don Luigi lo ama pure, più perchè è amato, che per essere figliuolo della Maestà Sua, la quale godrebbe di veder il figlio alcuna volta, ma prevale su lui il timore del disgusto del favorito, quando lo facesse avanzare alla corte. Tanta è la bontà di Filippo IV: si contenta di scrivergli ogni settimana lunghissime lettere di suo pugno. Ma con questa nuova promozione al governo che egli esercita in Portogallo, non so come potrà scansare che non sia veduto dal padre.

Ora dirò così per passaggio alcune poche cose circa il palazzo reale, che consta di 1000 e più persone certamente, senza le guardie, che la regina e la infante hanno più che trecento femmine al loro servizio, tutte le quali godono razione o salario, sebbene mal pagato, ma cadauna ottiene nel loro maritare doti o regali dalle mani del re, il quale non è alieno dal compiacere alle dame, perchè alcune di loro non gli sogliono essere ingrate. Che ognuno di questi principi tiene la sua famiglia separata. Che qualsivoglia ministero resta moltiplicato nella quantità dei ministri. Che ogni qualità di impiego cammina con ordine regolare e subordinato fra quelli che lo esercitano, onde con titolo di maggiore si qualifica il principale dello esercizio; essendovi fra gli altri lo sfavillatore maggiore di Sua Maestà che porta in segno venerabile del suo uffizio un moccator dorato nella cintura; e sotto di esso altri sfavillatori obbediscono. Il marchese La Fuentes, che fu ultimamente ambasciatore a Venezia, tiene posto e provvisione di somiglier maggiore, a che si aspetta la disposizion delle somme nei viaggi della Maestà Sua. Così tanti e tanti altri uffizii che formano il numero suddetto e che fanno ascendere la somma delle provvisioni aggiunte altre spese del palazzo reale ad un milione di scudi all' anno. Nè sembrerà alle Eccellenze Vostre una iperbole questa quantità di spesa eccedente, mentre consuma la casa reale in cere ogni anno compresa la cappella 60,000 ducati. Così mi sono informato da uno dei maggiordomi di Sua Maestà, al quale si aspetta il governo di tutto il palazzo: signori tutti di nobil qualità, subordinati pur questi al maggiordomo maggiore che sempre suol essere un grande di Spagna, e che ora per la morte del vecchio Castel-Rodrigo resta vacante, nè se ne vedrà presto provveduto il posto godendo chi adesso domina l' arbitrio del re di tenerne ciascun lontano, come che tal impiego porta chi lo sostiene alla confidenza di Sua Maestà troppo vicino. Ma circa a queste immense spese io ne parlerò a luogo più proprio. Vi basti solo per ora sapere come il cherico maggiore del re comperò ultimamente un marchesato nell'Andalusia per 300,000 pezze da otto, onde viene adesso riverito ed onorato da tutti, con quella ammirazione che porta una mutazione di stato tanto diversa: verificandosi in lui, che le ricchezze sono di quella materia che in formarla lorda le mani, e con la medesima poi si lavano le stesse macchie di chi l' ha formata.

Il posto di cavallerizzo maggiore viene occupato adesso da don Luigi D' Haros : è carica superiore ad ogn' altra in palazzo ora che manca il maggiordomo maggiore. Le sue incombenze sono mettere il re a cavallo ed aiutarlo quando egli smonta. Diecimila scudi all' anno importa la sua provvigione con molti altri vantaggi. Ha sotto di sè alcuni cavallerizzi in numero molto abbondante. Il somiglier del corpo ovvero cameriere maggiore è ufficio molto immediato alla persona reale, poichè egli si ritrova nella camera della Maestà Sua a proprio beneplacito; a lui tocca aprir le cortine del letto del re e portargli i vestiti quando leva. Il duca Medina Las Torres occupa adesso questo posto che egli ottenne un tempo dal conte duca di cui fu genero, e si può dir figliuolo in affezione onde lo promosse prima al grandato, poscia al Consiglio di stato, indi a questo importantissimo posto, e lo fece vicerè di Napoli infine, come oggetto unico della sua beneficenza, di cui certo ne era degno per le doti squisite che personalmente risplendono in detto signore, oltre quelle della buona fortuna che lo elesse per scopo de' suoi favori. Di esso parlerò nell'esame che si farà succintamente dei consiglieri di stato. Basti adesso sapere che don Luigi ne vive con gelosia per il posto che gli permette la continua vicinanza al re, il quale lo ascolta volentieri e lui non resta di parlargli liberamente sebbene con poco frutto. Resta l'ultimo carico principale di palazzo quale è il cappellano maggiore, l'arcivescovo di San Giacomo di Campostella in Galizia in assenza del quale sostiene adesso il luogo don Alfonso Perez di Guzman patriarca dell'Indie, fratello del padre della regina di Portogallo, vecchio semplice non manco che buono, con che si conserva, non ostante la contrarietà di tal odiosa congiunzione, in questa gran dignità, e fuori del pericolo di caderne, mentre don Luigi temeria più di ogni altro che avesse più talento del patriarca suddetto. Così la propria bontà lo sostiene assai saldo essendo questo un fondamento che non precipita mai chi fabbrica sopra di esso. Il signor don Luigi D'Haros maritò ultimamente una sua figlia con il marchese Quera, figlio del duca Medina Sidonia, fratello di questo patriarca il qual duca adesso sta in proscrizione per le cause già note di Portogallo, imputato questo anzi convinto di aver cospirato, unito al cognato Braganza (che fu re di quel regno), alla sollevazione di Estremadura. Il popolo e tutti esclamano contro don Luigi per tale accasamento, tassando la stessa principessa di poca fedeltà, quasi che fossero mancati de' primi signori di Spagna per queste nozze, senza eleggersi per genero il figlio di un ribelle. Ma siccome si ha da supponer per cosa indubitata che tutto si abbia operato per comando espresso della Maestà Sua, così il caso presente può servire di freno alla curiosità umana nel disinganno; chè i fini e gli oggetti dei principi sono come le profezie che non si ponno intendere dagli uomini se non solamente dopo il successo. La giurisdizione del patriarca si estende sovra tutti gli esercizii spirituali della regia cappella, egli benedice sempre la mensa di Sua Maestà che gode assai della compagnia di questo buon vecchio volendolo quasi sempre seco. Altri particolari curiosi mi resterebbero a dire circa la regia cappella, ma mi scosterei troppo dalla dovuta brevità s' io volessi riferirli tutti; dirò solo che il re v' interviene ogni festa oltre le domeniche e la quaresima tutti li mercordì e venerdì ancora. A queste sempre assistè il ministro di Vostre Eccellenze in posto onorevole e decoroso appresso il nunzio del pontefice e l' ambasciatore d' Alemagna. I grandi siedono pure ma in luogo ed in posto inferiore. Anco li predicatori regii siedono confusamente fra i cappellani di onore. Pochi erano i predicatori una volta e rari per la bontà, per dottrina e per il sangue, ma adesso è moltiplicato il loro numero in quantità quasi eccedente, e come che il re per propria bontà sempre teme che la verità si perda, per mancanza di chi la propali, così il mal genio moltiplica in chi l' usa temerariamente piuttosto che con prudenza. Già le Eccellenze Vostre furono avvisate da me dei scandalosi accidenti ultimamente successi, per cui io passo avanti, e dirò alla succinta della guardia di Sua Maestà divisa in tre ordini di 100 uomini cadauno.

Il primo si chiama la guardia degli arcieri che è il più nobile, per aver l' onore di stare accanto sempre del re. La seconda è spagnuola, e la terza è di Alemanni. Capitano di questa è don Lucio Ponse di Leon, fratello del duca d' Arcos, il quale fu già destinato ambasciatore in Germania, ma non vi andò perchè fu risolto di inviarvi improvvisamente il marchese di La Fuentes per levar di là tanto più presto Castel Rodrigo, che aveva col solito eccesso della sua vivacità strapazzato il buon conte d' Auespergh, ma anco per rimuover da Venezia lo stesso La Fuentes poco soddisfatti gli Spagnuoli dell' ultima sua insidiosa azione, con che hanno creduto perdesse tutta la grazia, anzi si fosse guadagnato l' odio delle Eccellenze Vostre non solo ma di tutto il popolo ancora. Così mancata al Ponse l'ambasciata di Alemagna, se gli conferì in luogo di essa quella di Roma, dove non si sa quando che sia per portarsi. E questo basti circa la famiglia reale.

Prima di addentrarci ne' discorsi del governo della monarchia è necessario, Serenissimo Principe, parlare di don Luigi d' Haros che ne è per così dire la chiave di quella, come ad ognuno è benissimo noto. Basterà dire di esso che egli è il padrone assoluto del genio e della volontà del re, e che questo dominio deve egli riconoscerlo da una confacevolezza di costumi con quelli della Maestà Sua, con cui ebbe si può dire comune l' educazione, i piaceri, i trattenimenti sin dalle fascie, perciò il re lo ama naturalmente; non lo teme già come faceva il conte duca, dacchè ne seguì il suo precipizio; essendo più che vero che la violenza non può radicare negli animi nobili, nè mai si è ritrovato che questa alberghi insieme con un cuore sincero. Per tal causa correndo nella regola de' contrarii la stessa ragione, può assicurarsi don Luigi della propria sussistenza nella grazia di Filippo IV il quale se non l' ama più che sè stesso posso dire con verità che lo affeziona certamente come la sua persona medesima. Potrei per questo rappresentarlo alle Eccellenze Vostre nella stessa effigie che io nel principio ho formato le qualità del re di Spagna, le quali esprimono certamente al vivo quelle ancora del di lui favorito. Placido, soave, paziente, cortese, flemmatico, indefesso, poco amico delle risoluzioni, causa principale del mal stato presente di quella monarchia; mostra inclinazione alla pace, portatovi dal proprio genio, e perchè sa che egli sussisterebbe (a differenza di altri) anche fuori della guerra, ma quando ha potuto avvicinarsele, non seppe afferrarla, per così dire, forse per alto destino del cielo, che confonde i consigli di chi vuol flagellare con disastri.

Non fu possibile mai al conte duca allontanarlo dalla confidenza del re, poichè la uniformità del genio ve lo teneva sempre vicino. Ho udito anzi dire che questo sia stata una delle persone, che diedero il tracollo al conte duca medesimo; ma che ciò sia vero poco importa adesso a Vostre Eccellenze l' accertarlo, giacchè sin da quel tempo da chi si aspettava avrà questo Eccellentissimo Senato saputo l' intiero di tutto.

Un certo don Giovanni di Gongora cordovese, che fu avvocato e che diceva le cause in Madrid, domina affatto il genio di don Luigi d' Haros. A questo egli in tutto consente non so se per proprio istinto naturale o per esprimersi anche in questo capo non dissimile dal re medesimo, mentre anco le azioni imperfette dei grandi, qualificano quelli che ben sanno imitarli. Quanto alla sua capacità corre universalmente concetto che egli non sia superiore a qualsivoglia mediocre maneggio, sebbene tale opinione può anche nascere dallo stato molto depresso della monarchia, non volendo gli emuli di don Luigi ammetter per difesa del suo poco credito, che la fortuna vuole la parte più principale anche nel governo degli stati. Egli è però verissimo che il conte duca lasciò le cose della monarchia sì sconcertate che a raddrizzarle il solo talento di don Luigi non era certo bastante, e tanto meno quanto la contrarietà della sorte ha fatto contro gli Spagnuoli, e va tuttavia facendo le ultime prove. Onde io medesimo ho più volte udito dire a lui stesso, ciò che soleva bene spesso replicare un principal senatore tra Vostre Eccellenze: esser molto infelice quel piloto cui tocca stare al timone quando si trova naufragante la nave. Gode della lode don Luigi all'estremo, e se la procaccia col raccontare bene spesso quelle azioni con le quali pare a lui di meritarla. Procura di soddisfar tutti colle promesse, nè v'è chi si ricordi che abbia egli negata cosa alcuna; pochi però quelli che possono gloriarsi che molto gli sia stato mantenuto. Così egli si scansa dalle molestie di tanti che lo importunano nelle presenti penurie della corona, senza pensare più avanti: che gli uomini più risentono i mancamenti che le negative, poichè queste tengono spesso le sue giuste cause, che quelli si credono originati dal disprezzo. Non si sa se non conosca o se finga non conoscere il presente patentissimo declivio della monarchia, parlando sempre con molto differenti concetti della verità delle cose, il che per altro io attribuisco allo istinto generale della nazione che fa risonar la millanteria allorquando la miseria maggiormente l'opprime. Egli è però ministro molto discreto, ed il modo di negoziare con lui lo dichiara a tutti per tale. Non è difficile l'aggiustarsi alla sua inclinazione, a chi vorrà usare la destrezza ed i maneggi con che egli stesso accompagna ogni suo negoziato. Vale tuttavia alcuna volta seco la libertà del parlare, circoscritto però dalla maniera senza alcuna alterazione di discorso, aggravandosi più l'eccellenza sua di certe furiose agitazioni che accompagnano il dire, che dei concetti medesimi, benchè acuti, purchè siano espressi con placidezza; perciò mi soleva dire l'astutissimo conte della Rocca: che il negoziare con don Luigi, era giuocar per appunto con una palla di vetro, in cui vi voleva destrezza piuttosto che forza, senza però lasciar di sbalzarla a suo tempo dove che il giuoco ricerca; ed io non mi sono pentito di tale ammaestramento. Usa della sua potenza con ostentazione tanto moderata che certo non si può credere. Le cause della caduta del conte duca gli servono di regola bastante per la propria direzione, onde procura di riuscire in ogni cosa tutto contrario a quello. Abborrisce il titolo di privato, quanto ne gode dell'autorità, mostrando di riconoscerla come prestata, non già naturale al suo merito, e di comandare per obbedir solamente; però egli si serve di questo comando con tanta circospezione, che come dissi non affetta di farselo proprio; ben sapendo che quello quando è violento non dura, e questo per essere delicato si spezza, onde tutte le buone azioni vengono da lui riferite al re, benchè egli stesso ne sia l'autore, così resta la Maestà Sua compiaciuta, ed egli lontano da quello scoglio, in cui sogliono rompere ordinariamente tutt' i privati. Le sue facoltà sono immense aggiuntovi ultimamente quelle della gran casa del Monterey, per il matrimonio di don Domingo suo secondogenito con l'unico erede di quella famiglia. Non ha figliuoli di levatura di spirito, nè gli preme innalzarli, per star lontano dalla invidia non avendo voluto mai rinunziare al primo, uno dei suoi tre prebendati, ma il re ha voluto farlo per forza, col dar anco al minore il posto di suo gentiluomo della camera come pur tiene il padre ed il fratello. Tutta la facoltà della famiglia del Caspio, quella del fu conte duca d'Olivares, quella di Monterey si ritrovano adesso nella sua casa, oltre quelle che apporta l'essere il favorito del re di Spagna. Pensino perciò le Eccellenze Vostre se sta bene raccomandato. Egli è buon economo, però si tratta splendidamente. È quasi coetaneo di S. M. Non molto bene complessionato oltre i danni che apportano alla sua salute le applicazioni del governo. Medina Las Torres, il duca D'Alba e il conte di Ognate formano il suo contrapposto; ma la morte di quest' ultimo ha troncato il nodo di strettissima unione contro di lui. Egli è ben intenzionato verso Vostre Eccellenze, e ne parla con lode del governo della Repubblica particolarmente, in vista di cui per concetto universale dei Spagnuoli, nasce la resistenza di tanti anni contro il Turco, per la quale il nome veneziano si decanta in Ispagna fino alle stelle.

Ho convenuto estendermi alquanto sulla persona di don Luigi d'Haros perchè nell'esame di lui posso dire aver generalmente espresso quanto si può dire del governo di Spagna, essendone egli il capo e direttore, sebbene veramente non è del Consiglio di stato; ma colle Giunte ovvero Consulte private che in sua casa si tengono, egli divertisce qualsiasi negozio spettante a detto Consiglio, ed ivi si maneggia anzi si conclude senza neppur la comunicazione con quello, onde io dirò con verità: che il governo della corona di Spagna è quel medesimo appunto quanto alla formalità che fu costituito dai re antichi di quella nazione, e che da tutti i ministri di Vostre Eccellenze da quel tempo in qua è stato riferito a questo Eccellentissimo Senato. Ma quanto alla sostanza riceve più e meno alterazione secondo l'autorità ed intenzione più e manco moderata di chi possede il genio e la grazia dei re che vivono. Nel tempo del conte duca con quali artifizii insidiosi egli spogliasse i consigli d'ogni autorità, e come li sottomettesse tutti a sè stesso, a me non si aspetta il ridire.

Di quella invenzione di obbligare i consiglieri a dar in biglietto sigillato il proprio parere sopra ogni materia più importante, e così ridurre a lui solo la cognizione e la deliberazione degli affari, parlano chiaramente i libri stampati, con verità tanto certa quanto con abbominevole esempio. Restò però tuttavia l'uso delle Giunte suddette, le quali riducendosi sopra qualsisia negozio che vogli il favorito, si divertiscono dal foro competente le materie più importanti, da che ne segue che i Consigli rimangono colla formalità solamente del loro nome. Quello di stato in particolare, a cui da un tempo in qua si partecipa solo quanto si risolve dalla Giunta sopra gli affari senza curarsi neppure d'intendere il suo parere. Quando monsieur di Geona fu due anni sono in Madrid per l'affare della pace, tutto si maneggiò in casa di don Luigi, con l'assistenza di Pegnoranda e del marchese Spinola, i quali con lo stesso don Luigi d'Haros e don Fernando Contreras segretario del dispaccio, formano la Giunta di stato, senza che mai fosse partecipato al Consiglio medesimo, nello spazio di tre mesi continui che Geona si trattenne in quella corte, non pure la sua venuta nonchè i maneggi. Così anche si risolve la missione in Germania di Pegnoranda suddetto.

La mossa vana tanto che perniciosa delle armi castigliane contro le portoghesi, l'anno passato si stabili segretamente in casa di don Luigi d'Haros senza che mai il Consiglio di stato ne sapesse cosa alcuna, da che ne nasce la poca stima anzi il disprezzo totale dello stesso Consiglio ridotto ormai vacuo d'autorità, di credito, d'impiego anzichè di soggetti.

La propria incombenza di questo sarebbe veramente la consulta sovra tutte le materie appunto di stato, tuttociò che conviene nel corrispondere con principi, nel rispondere ad ambasciatori, nel decretare le guerre, le confederazioni e le paci, nel consultare i soggetti per i governi e per le legazioni le più importanti, ed infine aver pensiero di tutto quello che tocca alla politica della corona. Presidente del Consiglio di stato è il re medesimo, consiglieri esistenti in Madrid non altri vi sono al presente che il duca Medina Las Torres, il marchese di Sesto figlio di quell'uomo insigne Ambrogio Spinola genovese, il duca, il cardinale arcivescovo Sandoval e l'arcivescovo di Velada oltre d'Alva capo della gran casa di Toledo, il marchese di Saragozza. Questi due ecclesiastici obbligati alla residenza delle loro chiese mai intervengono al Consiglio di stato. Degli altri quattro per usare lo stile consueto, non già perchè lo ricerchi il bisogno, avendo rare volte occasione di negoziare con loro i ministri di Vostre Eccellenze, mi sarà condonato di dare un semplice tocco delle inclinazioni e dei talenti di ciascuno di essi.

Del duca Medina Las Torres assai ho discorso nel principio di questa relazione, parlando del suo impiego di cameriere maggiore. In tempo del conte duca suo suocero era per così dire il secondo favorito. Seppe tanto avanzare nella grazia di S. M. che lo stesso conte duca ne ebbe gelosia, perciò lo fece passare, sotto specie di onore, alla vicereggenza di Napoli, dove prese la principessa Stigliana per moglie in seconde nozze, con tutti quei stati di Sabbionetta (1). Per causa sua privata sarà dunque sempre interessato e unito a Vostre Eccellenze. Non dico gli ufficii che mi obbligò passare con questo Eccellentissimo Senato in suo nome nel principio delle mosse di Modena (2), mostrando lui di sperare che VV. EE. gli avriano allontanato la perdita di quella piazza, se avessero voluto; ma ben si poteva accorgere che con questo artifizio intendeva il duca di impegnar la Repubblica nel partito di Spagna. Desidera la pace allo estremo ed incolpa chiaramente don Luigi che per inerzia non abbia saputo concluderla, parlando di lui con forme ignominiose con chichessia, come sogliono quelli che offendono gli altri quando non possono regnare. È signore di molto spirito e di naturali talenti oltre quelli acquistati nei pubblici maneggi, nei quali ha consumati molti anni dell'età sua avanzata assai nel tempo che egli copre con artifizii forse troppo vani. È versato assai negli interessi dei principi italiani e della Serenità Vostra particolarmente, mercè la lettura di certi scritti reconditi che gli furono venduti con poca avvertenza in compagnia di altri libri di senatore prestante di questa patria in occasione della sua morte. Aspira al posto di privato con smoderato desiderio, che non può occultare però benchè lo procuri; nè vi arriverà mai perchè don Luigi è troppo scaltro. Non so qual riuscita farebbe se vi giungesse, guastando una gran superbia il buono delle sue condizioni, e di lui dir si potrebbe, come di quell' antico: che sarà sempre degno del comando, purchè non comandi.

Don Filippo Spinola marchese di Sesto genovese, vecchio versato, per la disciplina avuta sotto il padre, nelle cose militari però solamente. Grande economo conforme all' uso della nazione, che arriva quasi alla sordidezza. La sua politica è rancida assai, mentre degl' interessi dei principi del tempo, è affatto ignaro. È bravo computista e saria più buon commissario di esercito, che consiglier di stato. Sosteneva che era necessario difender le piazze

(1) Presso Mantova nel dominio di Venezia.

(2) Francesco I d'Este, duca di Modena, s'era unito coi Francesi per combattere Fuensaldagna, il quale cercava di far lega con Venezia.

solamente nello stato di Milano, e lasciar libera la campagna a' nemici. Ma i Milanesi si sono opposti, protestando di non concorrere alle spese della guerra, quando i Francesi gli avessero levate le entrate, onde convenne declinare dalla sua stravagante opinione. L'avversione dei Genovesi a questo Eccellentissimo Senato non mi prometteva favorevole quest'uomo nelle occorrenze; io però ebbi seco buoni incontri, nè mancai di cattivarmelo con quelle convenienti maniere che trovai appropriate al mio fine.

Don Antonio di Toledo duca d'Alba di quella gran casa, pronipote del vecchio duca, per le cui violenze perdettero gli Spagnuoli gli stati di Olanda, è pur del Consiglio di stato. Questi porta più decoro che utile al Consiglio, in ordine alla sua nobilissima nascita, più chiara assai che li di lui talenti de' quali poco obbligo egli tiene alla natura e manco a sè stesso. È buon signore, del resto, cortese, generoso, poco custode del segreto che inavvedutamente gli trabocca dal cuore per eccesso di sincerità passiva. Io ricavai dal suddetto molte notizie assai importanti. Bisogna mostrar di stimarlo, e lo invita bene spesso, egli medesimo, con ridicole lodi di sè medesimo. Stima la Serenità Vostra principe più prudente che poderoso. Egli fu quello che ebbe a dirmi una volta: che se quattro Veneziani fossero al governo di Spagna lo rassetterieno ben presto, onde ritornerebbe allo stato felice di prima. Facile sarà mantenerlo affettuoso di VV. EE. delle quali, replico, sempre egli parla bene.

Il marchese di Velada, soggetto di molta capacità e retta intenzione, divertito però dallo smoderato diletto delle buone vivande, dei condimenti delle quali parla sempre pur troppo volontieri, saria in maggior credito della corte se egli applicasse più agli esercizii del suo impiego, benchè la propria integrità lo rende da ognuno sommamente lodato, ritrovandosi mal provvisto di beni di fortuna a differenza di tutti gli altri che furono governatori in Milano. Sfugge le occupazioni a briglia sciolta praticando una sua sentenza bene spesso da lui ripetuta: che bisogna vivere e lasciar vivere gli altri. Don Luigi fa poco conto di lui, è franco nel negozio ed assai disinvolto. Unisce l'ingenuità con la prudenza molto bene, perciò abborrisce l'adulazione tenendo gran capacità di conoscerla. È buonissimo signore, insomma da farne stima per le cose d' Italia, essendo presidente anco di quel Consiglio.

Fra Giovanni Martinez, confessore del re, frate domenicano, è pur egli ancora del Consiglio di stato, come furono tutti li suoi antecessori. Fu promosso a questo posto cospicuo dalla sola fortuna che lo innalzò qual vapore impuro, dal profondo dei suoi bassi natali al posto sublime a cui adesso si ritrova. Lungo sarebbe troppo il dirne il modo sebbene curioso. Ha grande entratura ed autorità con la Maestà Sua, sebbene mostra non voler usarne per non logorarla. È uomo di cupi pensieri, di poche notizie, di vita però esemplare e di molta integrità, benchè abbia raccolti sopra trentamille scudi d' entrata dalla sola generosità del re, come lui stesso va dicendo. Sarà cardinale sempre quando lui voglia, ma la porpora gli impedirebbe di accumulare ricchezze, perciò egli differisce l' ottenerla. Ma la morte con questi tali suol fare dei bei colpi improvvisi. S'ingerisce nelle materie di coscienza piuttosto che nelle politiche, ed il re gode che lui stesso spontaneamente se ne astenghi senza proibirglielo, per non disgustarlo. È presidente del Consiglio di camera, a cui si aspetta la collazione di tutte le dignità ecclesiastiche, oltre li vescovati di Spagna, e questo è certo un posto di provecchio immenso. Coltiva la grazia del favorito, non meno che quella del re, conoscendo molto bene quali sieno li suoi effetti. Del resto non può star lontano dagl' imbarazzi frateschi tra i quali si trova inviluppato. Non bisogna però restar di onorarlo, perchè infine egli è il confessore del re di Spagna.

Del buon cardinale Sandovalle decrepito ormai e lontano, poco posso dire alle EE. VV. perchè poco tempo ho avuto da servirlo. La sua gran pietà ed i chiarissimi natali suoi, risplendono fra l' oscuro in che egli si ritrova di ogni altra cosa. Non ha talento nè petto, e si lascia governare dai suoi ministri, disgustato però del governo per molte ragionevolissime cause. Lo chiamarono a dar l'acqua del battesimo al principe nato per consolarlo e degli v'accorse, ma poi subito partì. Egli insomma è più all'altro mondo che a questo con i pensieri, coll' età e con l' opere, colle quali va allargandosi ogni dì più quell'importante e periglioso cammino.

Anche il conte di Castriglio vicerè di Napoli, ed il conte di Pegnoranda, che adesso va pure vicerè in quel regno, sono del Consiglio di stato, ma come che il primo mai si sia trovato alla corte nel tempo mio e l' altro vi starà per gran tempo lontano, non parlerò di esso, nè meno degli altri Consigli di Spagna dei quali poco importa a VV. EE. il saperne, ed io mi allontanerei troppo da quella brevità alla quale tanto desidero di accostarmi. Dirò solo che questi sono dieci di numero, cioè quello di stato, di guerra, di ordini, di azienda ovvero delle entrate regie, della cruzada, il qual tratta dell' amministrazione di quella bolla, quello delle Indie, quello di Portogallo, il quale è adesso solamente di nome, quello di Fiandra, quello d' Italia ed il Consiglio reale di Castiglia, dei quali due ultimi è necessario per l' interesse delle EE. VV. con breve racconto dare qualche particolare notizia, ommettendo discorrere degli altri per accostarmi al fine tanto più presto.

L'autorità del Consiglio di Castiglia è immensa, riducendosi a lui le appellazioni di tutti i giudizii di Spagna. Sovraintende alle azioni dei tribunali di ogni città, tutto insomma resta devoluto a questo Consiglio, e direi anco le stesse materie di stato, quando i comandi del re, piuttostochè l'autorità dei consiglieri, non proibisce di assumerle. Questo Consiglio è l' unico scoglio che impedisce il corso moderato dell' autorità papale in quei regni; poichè qualsiasi azione, sentenza, o qualsivoglia altro atto giudiziario o giurisdizionale dei nunzii apostolici, può essere intromesso e bene spesso si intromette dal medesimo Consiglio reale, in virtù di un antico decreto di Spagna chiamato *Fuerza* da che l' autorità papale resta pregiudicata all' estremo. I pontefici esclamano sempre contro questa arroganza, così chiamata da loro, che si oppone in tutto all' ecclesiastica immunità, e Clemente VIII la ridusse a qualche moderazione, che però durò poco, onde al presente è ritornata all' eccesso come prima. Ho inteso per cosa certa che quando il morto re d' Inghilterra fu a Madrid per ottenere in isposa l' infanta Maria sorella del re vivente, che morì imperatrice, ebbe a dire: che se Enrico VIII avesse avuto a Londra un Consiglio reale come quello di Castiglia, poteva certo ottenere il suo intento senza separarsi dalla Chiesa romana. Suole però il re in certi casi scriver biglietti al Consiglio medesimo lasciandosi intendere che si deferiva il dovuto rispetto al papa, e con riguardo di riverenza assoluta si maneggiano certi affari delicati; ma come che i consiglieri sieno puramente legisti, non pensano altro che il *summum jus* senza l'uso delle convenienze, da che ne nascono poi quelli scandalosi disordini che danno chiaramente a conoscere che per governare il mondo sono assai migliori gli uomini savi che li saputi. Il presidente suole eleggersi dal re, soggetto più di lettere che di sangue o di aderenze, per non unir tanta forza in una persona sola, che basteria a sconvolger quei regni, quando cadesse in soggetto per sè stesso potente, e che volesse abusarla. Egli si copre e siede alla presenza del re, benchè non sia grande di Spagna. Pretende il luogo da chichessia anche in casa propria, perciò non fu mai da me visitato. Don Diego di Gamba Cariglio occupa adesso questo posto: vecchio di gran senno, di gran petto e di molto sapere, e che ha fatto anche al mio tempo sudar più d'una volta la fronte al nunzio De Massimi passato, come fin d'allora riverentissimo scrissi.

Del Consiglio d'Italia poi, come quello di che appartiene alle EE. VV. saperne qualche cosa di particolare, per la vicinanza dei loro stati a quelli del re cattolico in questa provincia, dirò che egli consta di sei consiglieri, due di Napoli, due di Sicilia, e due di Milano, oltre il presidente spagnuolo (che adesso è il marchese di Veldda, del quale ho discorso fra i consiglieri di stato. Filippo II per giuste cause ordinò questo tribunale in cui si trattassero solamente le materie d'Italia; il conoscimento delle quali prima spettava al Consiglio d'Aragona levando la giurisdizione che aveva sopra Napoli e Sicilia, alle quali vi aggiunse Milano, con che formò il Consiglio d'Italia suddetto. Consulta questo le provvisioni dei ministri per quei stati, le grazie per i soggetti, ed altre cose simili; ma tutto però resta assorbito dalle Giunte che si fanno in casa di don Luigi, delle quali ho parlato abbastanza di sopra trattando dell'autorità del favorito; onde passerò brevemente al quinto punto da me proposto, delle forze cioè della monarchia di Spagna.

Di queste, Eccellentissimi Signori, potrei dire con tramutata similitudine, esser per l'appunto l'opposto di certe figure, che per riuscire bene in dovuta distanza vengono formate dall'autore in sproporzionata grandezza; ma le forze spagnuole per il contrario, appariscono maggiori molto più a chi le considera lontane, che sotto l'occhio dell'esame sincero, perchè tali veramente non sono. E sebbene la diminuzione di queste al giorno d'oggi provenga in gran parte più dalla mala disposizione, che dalla mancanza di esse, ad ogni modo conviensi conchiudere: che quando non vi sia la potenza all'uso delle cose, tanto importa quanto l'esserne senza.

Io mi sono proposto sin dal principio di astenermi dalla descrizione dei regni e di altri stati posseduti da questo gran monarca colle altre circostanze molto curiose, al solo oggetto di compiacere le EE. VV. con la brevità, giacchè non valgo con altro; perciò mi esento anche adesso da questo, benchè pare che l'occasione m'inviti. Dirò solo alla succinta, che il re di Spagna possede al presente undici regni cioè: Castiglia, Aragona, Valenza, Catalogna, Navarra, Sardegna, Napoli, Sicilia, Perù, Messico e molti altri stati, cadauno dei quali separati, potrebbe fare un regno ben grande. Se quelli di Fiandra e di Milano bastino per costituire un regno, lo sanno benissimo le EE. VV., senza parlar degli altri in Ispagna, nelle Indie occidentali, oltre le isole infinite nell'Oceano, nel Mediterraneo, e le fortezze d'Africa; onde è certo cosa incredibile della gran parte del mondo posseduta da quel monarca. Per questo, se dalla quantità di stati argomentar si dovesse la qualità delle forze, non v'ha dubbio che avriasi a conchiudere per infinite ed immense; eppure il fatto dimostra chiaramente il contrario, tutto per causa della mala disposizione e mala amministrazione delle forze medesime, come ad ognuno è benissimo noto. Poichè se nei corpi umani, quando li buoni umori che dovriano impiegarsi dalla natura per nutrire le parti più vitali pel mantenimento del corpo stesso, vengono divertiti ad impiegare ed ingrassare viziosamente i membri ignobili e più remoti, ne segue la distruzione del corpo stesso: così nella monarchia di Spagna per appunto succede, giacchè il più prezioso delle sostanze di essa resta miseramente assorbito dalla rapacità dei ministri, e malamente disperso dalla profusione poco considerata con che il re per risplendere, non cura d' abbruciarsi. Io divido, Eccellentissimi Signori (con la regola generale) le forze di Spagna, in danaro, milizie ed armate marittime o navali. Il danaro che è veramente l' anima delle forze, come le forze sono pur l' anima degli stati, è pur di due sorte, quello cioè che consiste nelle rendite annuali degli stati medesimi e quello che si riserva nei pubblici erarii per sussidio dei bisogni della monarchia; per questo secondo, io ardirei quasi di promettere alle EE. VV. che i Spagnuoli se ne ritrovano adesso molto mal provveduti, se lo stato presente potentissimo di quella corona non mi assolvesse di affaticarmi per darlo ad intendere. Filippo III padre del re vivente, vero genio di pace, che per averla sempre coltivata meritò il titolo di pacifico fra i re di Spagna, lasciò impegnata la monarchia sopra 80 milioni d' oro: così parlano le loro storie medesime. Il re vivente non ne ha certo soddisfatto minima somma onde non correndo in questo caso la regola dei contrarii, si può concludere che molto esausto si ritrovi l' erario di Spagna, anzi in istato peggiore assai dei tempi passati; e 28 anni di guerra continua contro tutto il mondo, consumerebbero un mondo appunto di ricchezze, quando anche quelle del nuovo mondo non bastassero ai Spagnuoli a riempiere una voragine così vasta, così profonda, oltre l' ingordigia dei ministri, che tutto trangugiano, e la prodigalità del re che ogni cosa senza riguardo disperde. Mi perdonino le EE. VV. le supplico, se per sbrigarmi succintamente del punto della disposizione dei danari di Spagna, io ne discorrerò così per incidenza in questo luogo forse improprio, prima che io parli intieramente della qualità e quantità delle forze medesime, il che farò col rappresentare in esempio due soli successi. Morì pochi giorni dopo la mia partenza da Madrid il famoso conte d' Ognate senza figliuoli, e restò devoluto per la sua morte alla regia camera il suo stato, che rende cento e diecimila pezze da otto effettive cadaun anno in contanti. Il re immediatamente, motu proprio, donò questa rendita ad alcuni parenti lontani dello stesso conte d' Ognate, perchè la godessero per sei età susseguenti senza altro contrasto. Due giorni dopo fu aggravato il popolo nel vino a segno, che per i computi, che io feci fare allora per curiosità a'miei famigliari, veniva ad importar il dazio sei dei nostri soldi per ogni bicchiere ordinario. Il secondo caso fu questo. La famiglia del re pretese ultimamente duplicata la razione per il tempo che si trattiene la corte al Ritiro come casa di campagna. È situato questo luogo subito fuori di Madrid, anzi il muro stesso di Madrid serve per parte di recinto del Ritiro medesimo. Vi fu chi ricordò molto bene doversi fare la porta nel muro stesso della città, e serrando quella di fuori, escludere tal pretensione indiscreta di costoro; ma il re non volle altrimenti assentirvi con dire, che saria stato questo un inganno disconveniente troppo alla sua ingenuità, e comandò che in avvenire fossero compiaciuti importando tale accrescimento sopra quarantamille reali ogni volta. Come ne esclamasse il popolo possono benissimo le EE. VV. pensarlo. Il suo predicatore stesso lo rimproverò in pubblico con leggiadria dicendogli: Che anco S. Francesco per aver forate le mani non lasciò altro che la povertà in patrimonio a' suoi figli. Il re applaudì alla vivacità del concetto e si corresse il dì seguente con aggravare il popolo con duplicato peso sopra la carne, e con donar al figliuolo di don Luigi cinquantamille pezze da otto, per avergli disposto bene un balletto da farsi dalle dame di palazzo. Ogni caccia di tori in Madrid importa sopra 60,000 reali, pagandosene duecento per volta ad ognuno dei consiglieri di tutti li sopradetti diciassette Consigli, oltre le spese immense dello stesso spettacolo tragico e crudele. Le solennità celebrate per la nascita del principe importano 800,000 pezze da otto, mentre la prima commedia rappresentata a quest' oggetto nel Ritiro, costò al re 100,000 reali: e tutto fu estratto dal sangue miserabile della gente più mendica, poichè in quel paese fra i benestanti non v' è chi si risenta nelle occorrenze della corona neppur di minima somma, anzi per l'opposto nelle quattro porzioni delle pubbliche gravezze gli esattori ed i ministri ne assorbiscono certo la metà con ingordigia rapace. Gran tempo vi vorrebbe per discorrere l' eccesso di questo disordine in Ispagna, che forse non è la minima delle cause del declivio di quella monarchia; ma come che il male sia troppo invecchiato nella consuetudine, il re stima meno inconveniente lasciar correre dissimulando questo vizio adulto e connaturalizzato nei suoi ministri, che tentar vanamente di rimediarvi, dar a conoscere a tutti ch' egli non è capace di ritrovarvi rimedio. E basti questo circa la disposizione delle forze spagnuole.

Per le rendite annuali del re io dico con sincerissima verità essere impossibile a chichessia il darne intiera notizia, consistendo al presente in soli aggravii straordinarii con che i miseri popoli della Spagna restano sempre più crudelmente oppressi. Nè paia all'EE. VV. ch'io mi allontani dal vero se dico che in quelli solamente le rendite della corona consumano adesso, poichè fin al tempo di Filippo III ne furono alienate gran parte per spazio lungo di tempo ad alcuni partitanti genovesi, ai quali però il re presente leva di quando in quando in un punto con risoluzione di necessità ciò ch' essi rapiscono in più volte con civanzo d' inganno. Io parlo delle rendite della Spagna solamente, mentre quelle degli altri stati del re cattolico, già sanno VV. EE. che non fruttano ad altri che ai ministri solamente. Per Milano è necessario da molto tempo in qua moltiplicare i partiti in Madrid, Napoli, Sicilia, e le altre isole del Mediterraneo non bastavano nei tempi andati a mantenere la guerra nella Fiandra, oltre gli assegnamenti della Cruzada di Spagna: onde le obbligazioni imposte a quei regni di soccorrere lo stato suddetto restano oggi ineseguite dall'impotenza come ben sanno l' EE. VV. La peste di Napoli diede occasione della vendita di alcuni ufficii in quell' opulentissimo regno, con che il conte di Castriglio somministrò qualche aiuto; ma questa cessata, manca anche il modo di più ricavarne altra somma. Medina Las Torres mi confessò di sua bocca di aver cavato da Napoli quarantaquattro milioni in sei anni che governò quel regno, dei quali però pochissima somma ne passò in Ispagna; mentre dalle sole guerre di Fiandra e dalle occorrenze d' Italia restarono quasi tutti assorbiti. A lui successe il conte d' Ognate sotto il quale insorsero le guerre d' Italia e le ribellioni del regno che lo resero affatto distrutto oltre la quantità immensa che procurò a sè stesso il conte medesimo, il di cui segretario solamente portò in Madrid trecentomila pezze da otto: il che però non è riputato indecente dagli Spagnuoli, coonestato dall'uso il disordine che chiamano col titolo di giusto provento, giacchè in esso vi concorre l'assenso del re, il quale par veramente che godi di essere rubato. Dalle Indie Occidentali sette anni sono che niente ne cava la monarchia; mentre gli Olandesi prima e poi gl'Inglesi impediscono il commercio fino alle viste di Cadice come ben sanno VV. EE. Da quel nuovo mondo però il re non ha mai cavato un anno per l'altro più che un milione e mezzo, e questo restava quasi tutto assorto nelle spese di far convogliare le flotte, guarnir di gente i vascelli, mantener soldati e presidii, pagar li ministri, cavar le miniere, comprar l'argento vivo ed altre simili necessarie esigenze, onde si può affermare che sotto la spesa sia insensibile il provento delle Indie a S. M. cattolica: eppur fan tanto rumore nelle orecchie del mondo quei titoli strepitosi con che il re di Spagna s'intitola monarca dell'uno e dell'altro emisfero. Questo inconveniente nasce pure dalle fraudi ordinarie dei ministri, i quali intendendosi coi particolari, lasciano portar fuori di registro tutto l'oro e l'argento senza che il re ne ricavi il suo diritto. Ogni anno però sulla venuta di queste flotte e galeoni che chiamano di tesoro il re cava ad imprestito quasi due milioni assegnando il pagamento alla venuta dei galeoni medesimi, e corrisponde quattordici per cento d'interesse ai particolari; ma con la mancanza del commercio non si trova adesso chi voglia accomodare il re neppur di piccola somma. Il più vivo e il più certo provento che gode al presente il re cattolico è quello ch'egli ricava con la permissione pontificia dagli ecclesiastici tutti di Spagna; questo ascende un anno per l'altro a tre milioni d'oro effettivi, comprendendosi in esso il ritratto della crociata che importa ottocentomila pezze da otto, senza le rendite delli tre maestrati di S. Jago, Alcantara e Calatrava che rilevano certo altrettanto. Già sanno VV. EE. le cause di tal concessione essere state, perchè dal ricavo di esse si mantenessero ottanta galere per scacciare non solo anzi per inseguire i corsari barbareschi fuori di Spagna; ma ora si consuma in altro il danaro, mentre non si numerano che sei galere solamente nell'Oceano del re cattolico. Pio IV di gloriosa memoria concesse pure un'altra imposizione sopra li ecclesiastici chiamando il sussidio *escusado* per accrescere il numero di queste forze contro gl' infedeli, da che ne cava pure il re sopra cinquecentomila reali ogni anno; ma le galere non vi sono al presente, con più dannosissimi scandali per la venuta dei Barbareschi ad ogni momento alle stesse piazze di Spagna, da che nacquero li passati rumori del clero stesso, con le usitate negative del pagamento e con la pronta esibizione di armar loro medesimi a proprie spese i legni suddetti. Il pontefice pareva nel principio favorisse le ragioni del clero, in ordine a che non corsero li soliti Brevi da Roma, ma poi egli declinò improvvisamente come ben sanno VV. EE. e ad istanza di don Mario suo fratello mosso da quell' eloquenza onnipotente che ha forza di persuadere anco tacendo. Oltre le suddette rendite altro non ricava il re della Spagna che le straordinarie imposizioni sopra la Spagna medesima anzi sopra la sola Castiglia, giacchè il resto di quei regni ricusarono intrepidamente da un tempo in qua il pagamento della sovrabbondanza delle indiscrete gravezze; ma come che li Spagnuoli non considerino quello che possino ma piuttosto ciò che devono portare li popoli continuano sempre più a caricarli con aggravii così esorbitanti che certo riesce incredibile che valgano a portarli. Madrid solamente pagò tre milioni l' anno passato. Per l' ultima spedizione di don Luigi in Portogallo se ne estrasse la provvisione da quella villa solamente in pochissimi giorni. L' ambizione che i Castigliani tengono di possedere la presenza del re, gli rende pronti ed obbedienti, in onta della impossibilità a qualsivoglia aggravio esorbitante, quando la continuazione di tanti anni non dasse a conoscere chiaramente che vogliono tollerarlo. E questo basti quanto alle rendite pecuniarie del re di Spagna.

Per l' armata navale già dissi poco fa che in quei mari non vi sono altro che sei galere mal fatte. Quelle di Napoli, di Sicilia e di Sardegna e la squadra del duca di Tursi non sono più che 18 in tutte. Sei ne perirono tra affondate e rapite miseramente dai corsari, nel tempo dei tre anni della mia permanenza in Ispagna, nè mai più si è pensato di rimetterle. Come poi si ritrovino queste ben provvedute ed allestite lo sa Dio, anzi le EE. VV. benissimo lo sanno che io umilmente le avvisai, quando risolsi non ricercarle al re pel Levante per l'incredibile loro inabilità. Filippo II contribuì novanta galere alla lega contro il Turco. La squadra di Napoli anco nel mio tempo numerava più di trenta galere, ed ora Filippo IV ne ha diminuita tanto la quantità che può benissimo il restante essere numerato da chi mai apprese l'arte del numerare. Grandi infelicità dei tempi correnti, che tutto ridonda in danno di VV. EE. Per le navi poi, già si sa come si ritrova il re di Spagna al presente, perduti li porti più principali della Fiandra poco importa perchè non vi era armata da ricoverarsi in essi. I galeoni armati questo anno per le Indie sono di Olandesi quasi tutti. Alla strepitosa mossa della regina di Svezia, l'anno passato che si dubitava assalisse il regno di Napoli con l'armata francese di Tolone (1), non si poteva resistere con altro che con le fregate di Masinbardi, i comandanti delle quali ricusavano anche di passare in Italia, per mancanza delle occorrenze. Il principe di Monte Sarchio offerì di armarne altra squadra, al quale oggetto si sono esborsate in Madrid centomila pezze da otto d'imprestanza effettive, colle quali egli passò in Sicilia senza effettuare cosa alcuna, e senza pensiero immaginabile di più restituire il contante. Di queste forze marittime non dirò altro solo che i Spagnuoli o non conoscono la loro importanza e perciò non la curano, o non sforzano la loro impotenza perchè non lo possono. Chi è padrone del mare lo sarà sempre anco della terra. Questa nazione ha posseduto tanta terra perchè non trascurava la potenza del mare, ed in questo caso non avendo contraria la regola dei contrarii non resta che altro aggiungiamo circa le forze marittime di Spagna.

Per le milizie poi se si considerano nei regni stessi di Spagna per la deficienza dei popoli sono molto scarse, perchè la Spagna in sè stessa è deserta, e le genti per loro medesime sono alienissime dalla guerra. L'espulsione dei Mori, la popolazione delle Indie, hanno ridotta la Spagna tutta quanta disabitata, a segno

(1) Francesco Giustinian, ambasciatore veneto a Parigi, scriveva l'8 gennaio 1658, che Cristina regina di Svezia, negoziava a Fontainebleau con molti banditi napolitani per tentare impresa su Napoli.

che le campagne stesse restano per mancanza dei popoli incolte con orrendo spettacolo di chi le osserva. Le guerre di Catalogna che si fanno con milizie spagnuole solamente, la continua missione di soldati spagnuoli in Italia, le guarnigioni di Lerida, di Tarragona e di Pamplona ne assorbono più di dodicimille. Questa guerra di Portogallo dà l'ultimo crollo alla popolazione di Spagna, perchè in essa periscono le genti dal patimento più che dalle armi. Raccolse è vero don Luigi d'Haros quattordicimila soldati, quando si portò ultimamente egli stesso in campagna; ma gente tutta collettiva appunto senza esperienza, senza disciplina, d'impedimento piuttosto che di vantaggio. Nella guerra stessa fanciulli la maggior parte di loro, da non sperarne insomma frutto alcuno, quando la viltà dei Portoghesi non gli avesse fatti apparir valorosi. Questa guerra di Portogallo intrapresa per capriccio e proseguita adesso per necessità, potrebbe essere forse un veleno da rodere le viscere agli Spagnuoli col tempo, i quali se non avessero altro divertimento che questo, non vi ha dubbio che trionferebbero infine dei Portoghesi medesimi per la disparità delle forze; ma se Francia ed Inghilterra applicassero un giorno con sforzo anche mediocre soccorrere quella parte ridurrebbero le cose di Spagna in gran contingenza, e con un fatto d'armi felice, in cimento, di total perdizione. Dio però non vuole che nè i Francesi nè i Spagnuoli sieno padroni del mondo, perchè gli uni travagliano colla miseria, gli altri colla felicità, onde chi potrà conservarsi asciutto fra questi due gran torrenti non farà certo poco nelle congiunture presenti.

Resta l'ultima parte della relazione mia, consistente nella notizia della buona o mala corrispondenza con principi amici o nemici di questa serenissima casa. Del papa in prima mai si chiameranno gli Spagnuoli pienamente soddisfatti, perchè qualsivoglia favore che da esso gli venga concesso sarà sempre inferiore all'obbligo che pretendono a loro dovuto. Il duca di Terranuova che si ritrovava ambasciatore a Roma nel tempo del conclave del papa regnante, scrisse a Madrid che sarebbe stato il cardinal Ghigi, più spagnuolo di qualsisia nazionale, quando fosse assunto al papato; ed il conte di Pegnoranda che era sin da quel tempo l'oracolo di don Luigi, per le cose fuori di Spagna, lo confermò pienamente pretendendo di aver comperato il suo genio nella colleganza di Münster, dove si trovarono assieme al congresso di pace. Subito si comandò ai cardinali partigianti, nè si risparmiò l'ordinaria profusione spagnuola, perchè il cardinal Ghigi restasse preferito ad ogni altro, ciò che seguì in effetto. L'affare importantissimo di Portogallo, cioè della nomina dei vescovi di quel regno, fu subito messo in campo. Il nuovo pontefice che riluceva allora nei primi splendori di una incontaminata equità andava schermendosi fra i rimorsi della propria coscienza, e le aspre proteste di Terranuova, a segno che trovò bene il papa differire la risoluzione del negozio, come suole chi sta circondato da molte contrarietà negli affari importanti. Di ciò non si contentarono gli Spagnuoli altrimenti, poichè pretendevano che l'ambasciatore portoghese fosse scacciato subito con vilipendio da Roma, e questi furono li primi disgusti con papa Alessandro. Poco dopo successero le mosse di Modena contro lo stato di Milano; anco allora i Spagnuoli restarono malcontenti del papa che pretendevano dover impegnarsi contro lo stesso duca in difesa del loro re, da cui dicono tuttavia aver Alessandro VII in feudo il papato quasi che sia tenuto il pontefice a riconoscer nel re di Spagna l'alto dominio di quello. Ma come che per divina provvidenza tutti li pontefici sempre si scordano la gratitudine verso quelli che hanno più occasione di pretenderla da loro, così riuscirà odiosa in ogni tempo qualsiasi retribuzione che non possa eguagliarsi al debito di aver promosso un soggetto, benchè meritevole, ad un posto tanto sublime. Ed io stesso ho udito dalla bocca di un consigliere di stato, poco amico però di don Luigi, questo concetto: Che la Spagna sempre si troverà male coi papi sin che risolva il re tirarli del proprio partito dopo fatti, piuttosto che prima, come appunto si dice per proverbio delle case per abitarvi. Quanto poi alle altre rotture con Roma per la negativa dei Brevi degli ecclesiastici, per la nomina del nunzio senza la previa partecipazione ai regi ministri, per la esclusione dalla corte per tanto tempo del nunzio Bonelli, e per la strepitosa mossa di tanti disgusti fra Spagna e Roma, tutto svanì improvisamente, perchè così comandò il vero arbitro delle azioni di quei principi che è il solo interesse, non complendo al re di Spagna differir più la esazione di quattro milioni d'oro che senza la permissione pontificia si stentava troppo di raccogliere, nè tornando conto al Papa perdere 300,000 pezze da otto che fruttava ogni anno alla camera apostolica la nunziatura di Spagna.

Con l'Imperatore, la morte che ha rapito il padre del presente dal mondo, ha troncato anche le contrarietà, che impedivano una sincera necessarissima corrispondenza fra queste due case. La prudenza e la forza di quel principe saggio non permettevano che i Spagnuoli regolassero non dispotico dominio anco l'Imperio, conforme avriano preteso, ed in altri tempi loro è anchè sortito di fare; la guerra passata di Mantova per la quale la casa d'Austria di Germania si tirò addosso ad istanza dei Spagnuoli tanta ruina, insegnò allo Imperatore defunto, che i principi prudenti devono dirigere le loro azioni colla regola del proprio interesse, e non con l'oggetto di quello degli altri. Con l'Imperatore passato in somma la corrispondenza dei Spagnuoli teneva prospettiva piuttosto che fondamento, il quale restava pure indebolito dalle improprie procedure di Castel Rodrigo allora ambasciatore per il re cattolico in Alemagna, benchè abbia preteso di aver il merito della calata delle genti Alemanne l'anno passato in difesa dello stato di Milano (1); ma qual fosse veramente l'oggetto dell'Imperatore circa questi ajuti prestati agli Spagnuoli, riverentemente lo avvisai nelle lettere mie di quel tempo, e le Eccellenze Vostre sperimentano adesso, se io accertai l'oggetto di tale risoluzione. Con lo Imperatore regnante, come che sia mutata in tutto la scena delle cose, suppongo, che più stretta sarà la corrispondenza, e benchè io sia partito da Madrid, nei primi momenti del suo nuovo dominio, ad ogni modo posso per probabile congettura persuadermi che l'obbligo di gratitudine verso il Re cattolico, l'oro del quale e la buona condotta di Pegnoranda suo ministro nella elezione di Cesare hanno avuta tanta parte, obbligherà il medesi-

(1) Contro a Francesco duca di Modena, che coll' aiuto delle armi francesi lo minacciava.

mo a corrispondor bene col zio. Il conte di Porcia protesta alla corte di Spagna gran parzialità, e questa resterà sempre più confermata da una pensione, che hanno dato gli Spagnuoli al tempo mio, di quattro mila scudi d'entrata al suo figliuolo, che io lasciai al mio tempo in Madrid in casa del buon conte di Gambergh ambasciatore di Cesare, il quale dopo l'assunzione all'impero del suo padrone, resta assai più ben trattato dai Spagnuoli di quello che usavano, quando rappresentava l'Imperatore defunto; e stabilirà la buona corrispondenza il vicino accasamento della infanta di che ho parlato bastantemente di sopra. Questa signora come donna di grande intendimento favorirà presso il marito gl'interessi del padre, come pur la regina di Spagna che ama il fratello svisceratamente, non resterà certo d'incalorire sempre più l'affezione presso il re, inclinatissimo all'Imperatore di cui egli è zio, suocero e cognato, onde la affezione resta unita con triplicato nodo troppo ristretto. Coi Francesi l'ostilità ben sanguinolenta d'una guerra ormai quasi eterna, mi dispensa dall' aggravar le Eccellenze Vostre con soverchio tedio nel discorso di quanto è palese: basti il dire che sia incarnato nelle vene più interne dei Spagnuoli l'odio contro i Francesi a segno che si rendono quasi irreconciliabili i genii delle due nazioni. E se pure venisse mai tempo che si accordassero una volta, sarà questa unione come quella degli elementi, che concordano fra di loro nell'essere sempre discordi. Così posso dire dei Portoghesi parimenti. La stessa avversione, la stessa antipatia, l'odio medesimo, sarà sempre fra queste due nazioni, onde impossibile riuscirà l'aggiustare le loro differenze ed eterni saranno i loro rancori perchè sono connaturalizzati fra essi. La perfidia di questi verso il principe naturale, obbliga i Castigliani che nel sangue portoghese sommergano la memoria e l'esempio, e la risoluzione dei Portoghesi nel sfoderare la spada contro il loro signore comanda che ne gettino il fodero per sempre.

Colla Inghilterra che è il più fastidioso nemico da cui restino danneggiati gli Spagnuoli, complirebbe comperare la pace a qualsiasi prezzo, che sarebbe certo inferiore al bene consecutivo di questa. Più di 4 milioni tengono i Spagnuoli raccolti nelle Indie e nell'Avana, che non possono far passare in Spagna per il solo impedimento degli Inglesi, che correggono i mari. Con le nuove divulgate rotture di questi, colli stati d'Olanda mancherà anco la speranza di traghettarne con li loro vascelli, neppur qualche parte, obbligati adesso gli Olandesi alla guerra suddetta. Luigi d'Haros mi confessò (sospirando) una volta che avrebbe potuto con 500 mila pezze da otto solamente, divertire nel principio la guerra degli Inglesi, mentre allora con questo poco esborso poteva facilmente spingerli contro la Francia, della quale gli Inglesi erano poco amici, per aver raccolto l' infelice reliquia della casa Stuarda che scacciarono poscia improvvisamente perchè l'interesse di stato prevale in ogni tempo a quello del sangue. Io ardirei quasi di credere che con una gran somma d'oro potrebbero i Spagnuoli comperare la pace cogli Inglesi, ma come quelli si ritrovino al presente molto mal provveduti di questo rimedio, così compie a questi per l'opposto aver divertite le proprie armi, che potrebbero immergersi ostilmente in loro stessi quando trascurassero di tenerle lontane.

Con Toscana passano gli Spagnoli buona corrispondenza, perchè così vuole quel principe prudente, a cui non averiano mancate le occasioni di rompere quando non avesse voluto questo dissimularle. Ma come che sia sempre male il camminare per le rotture, così ha saputo il Granduca, senza infangarsi andar sempre per la strada di mezzo. È riuscito molto bene al di lui ambasciatore in Spagna, salvare il suo padrone senza fargli sborsare un quattrino di tanti che ne pretendevano gli Spagnoli, per le male interpretate convenzioni di Chierasco per la difesa dello stato di Milano. Vorrebbero inoltre che il Duca fosse meno flemmatico cogli Inglesi, ma egli considera nelle sue risoluzioni quello che torni conto a lui e non agli altri. Ha saputo in somma destreggiare molto bene nelle congiunture presenti, perchè è maestro molto pratico di quella dottrina che insegna: esser peggio il rompersi che il piegarsi. Diciotto anni sono che in Madrid si trattiene un vecchio e bravo ministro del Granduca, col quale non passa alcuna corrispondenza quello delle Vostre Eccellenze; nè io l'ho altrimenti introdotta perchè volli riverire l' esempio dei miei eccellentissimi antecessori con l'imitazione, giacchè non valsi in altro. Le cause di questa ritiratezza reciproca io non so dirle. Ben so di certo, che ognuno di Vostre Eccellenze che sono state in Spagna hanno praticato lo stesso. Del Duca di Mantova i Spagnuoli hanno sempre creduto ch'egli tenesse il cuore francese entro di un petto italiano. Quando si dichiarò già del partito imperiale, ebbi occasione di discorrerne con don Luigi, il quale mi ricercò sorridendo se io voleva promettere la fedeltà per il duca medesimo, a che io risposi pur per burla, come la qualità del mio ministero mi disobbligava da questo; quando poi improvvisamente mutò il duca casacca, niente se ne conturbarono i Spagnuoli, perchè mai gli avevano creduto, anzi ringraziavano le di lui risoluzioni con le quali infine aveva disingannato Fuensaldagna che era stato troppo credulo alle sue promesse, anzi aggiungevano alcuni con ironica derisione che più si rendea meritevole il duca di Mantova, con dichiararsi nemico scoperto della corona, che con esserle tale in effetto sotto maschera d'amicizia e di dipendenza mentita. Gli Spagnuoli in somma mostrano di fare poco caso di lui, prendendo in ciò l'esempio da lui stesso, il quale se si fece imperiale quando non era tempo di farsi, si dichiarò poscia neutrale dopo essere stato rovinato dalla Francia. Molto ebbi io a che fare per disimprimere i ministri principali che la Repubblica non avesse altra parte a quel maneggio, oltre a quella solamente a che l'obbligava l'interesse del presidio di Spagna. Restò don Luigi tuttavia assai soddisfatto delle mie ragioni, anzi lui stesso mi disse che non potevano Vostre Eccellenze operare altrimenti del caso. Parma viene formato dagli Spagnuoli, perchè non possa esser spagnuolo, sapendo molto bene quel principe far credere in Spagna, che nell'interno non è egli francese. Sanno che non ha forze per impedire il passo alle genti di Modena, e mostrano di conoscere che lo farebbe quando che far lo potesse. Io credo con fondamento di qualche osservazione che i Spagnuoli d'adesso non conoscano alcuni principi di Italia solamente per nome, poichè parlano di essi in una maniera che ben danno a conoscere di non tenerne cognizione di sorta.

Ma della Serenità Vostra però io posso dire con verità che ben conoscono in vero le massime e la prudenza, perchè la decantano con tanti applausi fra loro, che certo non si può dire di vantaggio; l'intrepidezza con che la Repubblica resiste così lungamente lei sola alla furiosa potenza ottomana, viene stimata in Spagna per effetto di una prudenza propria, da chi può supplire con queste ad una disparità di forze tanto disuguale. Quali e quanti sieno quelle di Vostre Eccellenze i Spagnuoli benissimo lo sanno, onde tengono giusta causa di stimar la Repubblica in questo cimento per la buona direzione della quale loro stessi se ne trovano mancanti. Credono che il divertimento in che la tiene il Turco per tanto tempo le impedisca qualche risoluzione a che potesse invitarla la congiuntura presente; benchè fingano di riconoscere la quiete usata in Italia da Vostre Eccellenze per effetto di quelle smoderatissime massime dei loro maggiori, e che li ministri della Repubblica procurano d'insinuare a più potere nell'opinione di tutti. I comandanti però della corona in questa provincia non restavano di scrivere in Spagna bene spesso concetti molto pungenti, i quali valerebbero a formare delle sinistre impressioni quando non vi fosse stato chi si opponesse con vigore in difesa delle verità e delle ragioni di Vostre Eccellenze. Io non ne ridico le molte occasioni insorte nel tempo del mio ministero passato per non accrescer tedio a questo Eccellentissimo Senato, bastando ciò che ogni cosa riverentissimo avvisai di quanto fu da me operato quando occorse, e con assai buon successo avendo sempre resi paghi quei ministri e pienamente soddisfatta la maestà del re, che certo tiene capacità bastante per conoscere il vero dal falso, e compatimento ben grande alla Repubblica per i pericoli presenti benissimo conosciuti per comuni alla cristianità tutta ed a lui stesso più che agli altri. Ma i nemici della corona impediscono l'effetto delle sue sante intenzioni, che sarebbe generoso e magnanimo certo, ed io lo posso promettere a questo Eccellentissimo Senato con certezza, perchè so che così è veramente. Così pure nel resto possono Vostre Eccellenze a più segni conoscere, quanto sia il buon genio del re di Spagna verso la Repubblica, e dal posto onorevole che concede in quella corte al suo ministro, e dalla prontezza con che egli rende compiaciute quando egli può le istanze di Vostre Eccellenze, felice presagio io ardisco formare a qualsivoglia istanza ragionevole che sarà porta a quella maestà per parte di Vostre Eccellenze, purchè non si stanchi il loro ministro della prolissità di negoziare di quella nazione, colla quale ho sperimentato io stesso in più di un caso che i negozii nella corte di Spagna si conchiudono piuttosto bene che presto. Questa sola generalissima osservazione io mi fo lecito di ricordare colla mia solita riverente modestia ai ministri di Vostre Eccellenze, in quella corte, la quale è di vivere lontani da qualsiasi apparente intrinsichezza con quelli che si sa essere malcontenti del governo, non essendovi cosa di che se ne chiami più disgustato il signor don Luigi e che possa in conseguenza render odioso nel ministero, il ministro non solo ma lo stesso principe ancora, ch'egli rappresenta. Questa avvertenza con ogni altra puntuale osservazione non dubito sarà molto ben praticata dalla fede e molto vigilante diligenza con che il mio segretario messer Girolamo Vignola ha dato saggio delle proprie degne qualità nel servizio della secretaria dell'ambasciata di Spagna, in cui con una pienissima soddisfazione si è meritato il concetto di abilità e sufficienza, da sostenere da se solo le incumbenze pubbliche fra gl'intervalli della assenza mia, sino che arrivò colà l'Eccellentissimio mio successore. Così avendo a tale effetto convenuto erigere nuova casa e adempire le parti del decoro e del lustro, si rende degno dei più abbondanti suffragi della pubblica benigna munificenza. Per il resto, Eccellentissimi Signori, io non posso dir di me stesso, che replicare li medesimi sincerissimi concetti che ho portato nell'Eccellentissimo Collegio il giorno in cui ho deposto questa pesantissima carica colla medesima umiliazione da me praticata quando ad essa mi sottoposi. In questa io non dirò di aver consumato tra infermità incurabili tre anni della mia vita, perchè il tempo che corre in servizio della patria non deve chiamarsi speso, ma avanzato piuttosto al vivere di chi gode la felicità di servirla. Dirò bene con riverentissima ingenuità alle Eccellenze Vostre, che in tutto questo spazio io non ho desiderato altro (oltre una sufficienza superiore alla scarsità dei miei talenti) non ho desiderato altro dico, che saper bene eseguire i comandi dell'Eccellentissimo Senato, e rendermi per quanto mi fosse possibile grato e ben accetto a quel principe presso il quale mi son trattenuto. Per il primo, sebbene il debito me ne levi il merito, ei non mi priva però di quel contento che mi apportò la certezza comprovata dallo stesso effetto di non essere mai uscito da quella formale puntualità, primo elemento necessario per un tanto ministero. Per il secondo, sebbene l'ottenerlo dipenda piuttosto dalla sorte che da altro, ho però esperimentato anco in me stesso che il solo carattere di ministro di Vostre Eccellenze dispone la bontà di quel re ottimo a raccogliere e trattare chi lo sostenta, con dimostrazioni e con segni di onorevolissima benevolenza. Di questa io ho ancora procurato (mi perdoni la modestia) di non rendermi del tutto indegno, e col dar esempio conveniente di me stesso, e col star lontano da quella odiosa e indiscreta pretensione di voler essere più che forestiere in casa d'altri, il che ha certo incontrato tanto nel genio della Maestà Sua, quanto bastò alla generosissima magnanimità di lui, a farmi dono di questi diamanti che io depongo ai piedi della Serenità Vostra, supplicandola come pure cadauna di Vostre Eccellenze a rilasciarmeli come è solita la pubblica munificenza con tutti, onde io possa compensare agli eccedenti incomodi e alle gravissime spese, che per la morte dello Imperatore, per la nascita del re di Spagna, per la elezione di Cesare a re d'Ungheria, ha convenuto soccombere la mia casa, senza alcuna pubblica assistenza, impeditami dalle perniciose congiunture della afflittissima patria.

Con i suddetti mezzi adunque, Eccellentissimi Signori, spero, anzi sono sicuro, di essere arrivato a quei fini che nel principio ho proposti a me stesso e che io dissi alle Eccellenze Vostre, oltre i quali io replico chi aspira ad altro in questo ministerio perde infruttuosamente l'opera col tempo. Il conseguimento di questi adunque mi farà sempre più benedire le fortune impiegate, i patimenti sofferti, i pericoli corsi, gl'incomodi dei viaggi, la perdita della salute, con che io pure mi glorierò di aver comperato il titolo desideratissimo di cittadino obbediente, quando anche questa prerogativa non dovessi pur riconoscere dalla sola munificenza di Vostre Eccellenze, che con avermi comandato, mi diedero il motivo di obbedirle, somministrandomi per così dire il prezzo per comprare tale soddisfazione superiore a qualsivoglia cosa preziosa.

Così dissi alla Serenità Vostra con la mia voce, così ratifico a questo Eccellentissimo Senato col più vivo del cuore, così prometto e darò a conoscere a Vostre Eccellenze con l'opera, sempre che mi si presenterà l'occasione possibile di obbedire ai comandi della patria, al quale oggetto solamente desidero di vivere al mondo.

RELAZIONE

LETTA IN SENATO IL II SETTEMBRE MDCLXI

DA

GIACOMO QUIRINI CAV.

AMBASCIATORE STRAORDINARIO

A FILIPPO IV RE DI SPAGNA

PER CONGRATULARSI DELLA PACE DEI PIRENEI

AVVENUTA TRA LA FRANCIA E LA SPAGNA.

(*Tratta dall' Archivio del conte A. Sagredo Cod. A*).

Il cenno biografico intorno a Giacomo Quirini, è posto a pagina 229 del presente volume innanzi alla Relazione della sua ambasciata ordinaria in Spagna, sostenuta negli anni 1653-1656.

Serenissimo Principe (1).

Aggiustato il mondo cristiano nell'equilibrio delle potenze rivali, mostrò la pietà di questo prudente e sempre glorioso Senato il vero contento che ne teneva per la sospirata e stabilita pace tra le due corone (2). Pubblicandolo alli stessi re con estraordinarie ambasciate, fu imposto a me Giacomo Querini cav. quella di Spagna per somma benignità ed onore dell' EE. VV. dove pur già 10 anni sostenni in quella corte il carattere di ordinario ministro della Serenità Vostra. Giunto dunque con celerità maggiore nella città di Madrid ritrovai, che ancora li due signori Ministri erano alli Pirenei nella casa della Conferenza, fermatosi ivi il cardinale Mazzarini con risoluzione di accordarsi, e trattenutosi il sig. don Luigi d'Haros con deliberazione di contenerlo. Quivi veramente sarebbe luogo e proprio incarco della presente relazione di ridir in epitome li negoziati segreti di monsignor di Lione al Retiro, che colà ebbero effetto non per la divulgata fama ed insussistente voce

(1) Era doge Domenico Contarini, eletto successore a Giovanni Pesaro il giorno 16 ottobre 1659.

(1) Le trattative di pace fra la Francia e la Spagna ebbero luogo nell' isola dei Faggiani, durarono tre mesi, e terminarono il 7 novembre 1659 colla celebre convenzione conosciuta sotto il nome di pace dei Pirenei. Il trattato contiene 124 articoli. I più importanti sono il XXXIII, che stabilisce il matrimonio fra il re di Francia e l'infanta Maria Teresa, ed il XLII che determina i Pirenei per linea di confine fra i due Stati. Questo articolo avendo presentato qualche difficoltà nell' applicazione, una nuova capitolazione esplicativa ebbe luogo il 13 maggio dell'anno seguente. Vedi il *Du Mont*.

dell'aggiustamento del principe di Condé, che poi ne' trattati di Parigi restò escluso, ma perchè il re Cattolico e suo consiglio di Stato non acconsentirono di dare in matrimonio l'Infante di Spagna, mentre in quel tempo restava senza appoggio e senza successione la corona; ed avvenne poi la battaglia in Portogallo, con la total disfatta de' Castigliani, e con tanta sconfitta di quell'esercito che li prigioni con il pianto turbarono l'applauso della vittoria; concorrendovi il pericolo evidente della perdita, e prigionia del sig. don Luigi; il quale sino all'ultimo tentò la fortuna e per la mancanza di aiuti e della cavalleria convenne, violentato, in Bajados ritirarsi, dove le sciagure sue divennero subito pubbliche disavventure. Da questo infelice successo restò il paese e tutta la frontiera di Estremadura costernata; circondate da tutte le parti con rinforzati eserciti di Francesi le provincie di Fiandra, e preso posto nel cuore e nel centro dello Stato di Milano, entrato il Re Cristianissimo in Lione con forma di passarsene a primo tempo in Italia, dopo il divisato, ma interrotto matrimonio con Savoja. Obbligò che dalla corte di Madrid si spedisse in tutta diligenza don Antonio Pimentelli, il quale nelle prime parole tenute col fu cardinale senza intavolar negozio gli donò l'infanta. Questa proposizione che si può dire final concordato a' trattati in tempo che l'armi si mantenevano più nel loro punto, e le penne de' mediatori più appartate dal commercio delle negoziazioni, fece molto da vicino scoprir la pace. A me però non tocca, Eccellentissimi Signori, di formare giudicio se quel vasto ingegno dell'Eminenza abbracciasse con soddisfazione l' invito e la proposta. So bene che lamentava la Spagna le proprie ruine vedendo li suoi abitatori involti nelle guerre crudeli, tanto nelle esterne quanto nelle civili discordie, inondato sempre il suo territorio da bellicose e feroci nazioni quali avevano in pensiero piuttosto di distruggere le provincie, che comandare a' regni.

Riattaccato adunque il filo al maneggio insisteva Pimentelli con premura e calore, quanto più si sosteneva con vantaggiose riserve il cardinale, essendo l'unico oggetto de' Spagnuoli l'impossibilità di più a lungo continuare la guerra con Francia, e suo desiderio ben inteso di riunire alla propria corona l'altra di Portogallo reggendola nell'avvenire non più come di successione, ma di conquista. Gl'interessi della Francia si ristringevano in due soli, ed erano sodi e massicci. L'uno, affetto e costanza della regina madre in ottenere la nipote sposa al re suo figliuolo; l'altro, la prudenza de'ministri in assicurare gli acquisti sopra la Spagna, ed in tal forma fare agli antichi politici ed a'savii moderni conoscere, che la Francia oltre il costume comanda e regna fuori del proprio paese, e che li primi re anticamente vincevano, ma questi trionfano con il possesso attuale delle Alsazie, Rossiglione, e di parte di Fiandra, Lorena e principato di Catalogna. Quello che accadè sopra tale differenza a'Pirenei in faccia di due re lo provarono con sentimento il Cattolico e li suoi consiglieri, che istantemente supplicarono la Maestà Sua a non romper con questo viaggio li stimati confini della terra di Spagna, ma in fine conveniva nell'arbitrio assoluto del cardinale rimettersi, dalla cui mano riceverono quelle severe leggi che abbiano imposto mai vincitori sopra vinti, e regno sopra regno, avendo giurato ed osservato di contribuire in ogni tempo il maggior pregiudizio alla Monarchia di Spagna, perchè visse quando dovea morire, e morì quando dovea vivere. Se questa pace disuguale e sproporzionata sia per continuare sarebbe molto difficile formare discorso, caso che, non ce lo assicurasse la positura della Spagna da tante parti soccombente, vedendo massime la Francia adornata all'intorno di gloria e di trofei che può in ogni tempo prendere partito, essendo ella così libera per intraprendere, quanto è impedita tutta la casa d'Austria, per mantenere e difendersi. E se la cessione di tante piazze cagiona a'Spagnuoli pregiudicii essenziali, riuscirebbero tutta volta di poco momento le perdite, se illeso restasse il rispetto e la riputazione ne'regni e ne'popoli il di cui monarca ostentò sempre potenza e ragione, tenendo il mondo in sospeso. La Francia mirò la sua grandezza; Italia abbracciò le sue azioni; Alemagna implorò il suo aiuto. Il mondo nuovo senza divider con niuno l'acclamò per suo signore. L'Africa lo venerò per il maggior re dei re. E li principi lontani dall'Asia ebbero per fasto e per pompa riverirlo per mezzo dei loro ministri e ambasciatori, sospirando tutti di tenerselo grato, propizio e benevolo.

Ma ora senza passione si convien dire, che il re di Spagna ostenta debolezze, e disinganna il mondo della sua potenza. La Francia trionfante gode della sua decadenza. L'Italia si oppone alle sue operazioni. La Germania s'allontana dal suo consiglio. Il nuovo mondo è ora diviso tra tutte le nazioni settentrionali. L'Africa lo molesta con il moto perpetuo de'suoi legni corsari, ed il Turco non pensa e non cura di conservarselo inimico. Da tutti questi osservabili accidenti, una verissima conseguenza se ne ricava: che gli Spagnuoli accrebbero felicemente la loro monarchia in 50 anni nel tempo di Ferdinando V il Cattolico, ed in meno di 100 altri fu dai re successori miseramente battuta e sconcertata, concorrendovi anco un eccesso di mala fortuna che tratta solamente di sconvolger quello stesso che con tante meraviglie ingrandì. Da questa cognizione di politica ben importante può la Serenità Vostra assicurarsi che fluttuante in se stessa la Spagna, nè per inclinazione del re, nè per genio del favorito, nè per vigore dei consiglieri possano le vecchie massime della monarchia ripigliare quella pace fiorita, quella benedizione del Cielo derivata dalla sua santa mano, e dalla sola onnipotenza del signor Iddio.

Soddisfatto adunque a questa prima parte, se non in quanto ho voluto almeno in quanto ho potuto, per modestamente ravvivare alla memoria felicissima dell'EE. VV. affare di tanta importanza, come quello della pace, nel cui tempo v'hanno per tanti anni concorso e sudato molti degni ministri della Maestà Vostra non solo a ristabilire i primi fondamenti, ma tant'oltre l'opera avanzare che se gl'interessi delle principali potenze parteggiando insieme la dominazione di una tale provincia, come questa d'Italia, arbitrarono di escludere li vicini dalle proprie notizie, e dai loro stessi affari, dove per questi politici riguardi, o per non scemarsi la gloria ed il merito i due primi ministri hanno di comune valore e contento lasciata addietro la mediazione del sommo Pontefice e della Serenissima Repubblica, seguita anco una nominazione, e collocati i loro nomi in un nicchio, che per venerazione dell'uno e stima dell'altra ben si potevano onorare, e dagli altri distinguere, mentre questi due principi ricercati dalle corone abbracciarono per il riposo e la quiete della cristianità un tanto disturbo e laborioso impegno.

Qui veramente mi lascierei da molte considerazioni rapire, ma per non peccare contro il pubblico bene, occupando forse lungamente l'attenzione dell'EE. VV., mi ristringerò a quel solo di preciso che obbliga la legge, che m'impone il comando della Serenità Vostra, e che mi sollecita il dovuto rispetto verso cadauna dell'EE. VV.

Dirò dunque Serenissimo Principe, che Filippo IV re di Spagna si ritrovava in età di 57 anni, ma privo del maggiore bene del corpo, ch'è la sanità, sottoposta ad una caduta di paralisia che gli leva la grazia del movimento di tutta la parte diritta, essendo la sua carne come livida a macchie nere, e con visibil mancanza di calore, a segno che il braccio e la mano con difficoltà e con proprio appoggio li sostenta; si deve adunque formare un giudizio funesto della sua vita, come lo pubblicano sinceramente li gentiluomini della sua camera, restando la Maestà Sua mancante di quel privilegio di natura, ch'imprime rispetto ad una legittima potenza sopra i suoi vassalli. È ben vero però che quanto si conosce più battuto di forza e involto tra le vicissitudini di nojosi pensieri, tanto più rinvigorisce l'animo, dichiarata l'ultima sua volontà innanzi di portarsi alla giornata dei Pirenei, sigillato il testamento con clausola importante qual è che alla reggenza siano solamente il sig. don Luigi, come primo ministro, il presidente di Castiglia e l'Inquisitor maggiore, escludendo li cardinali tutto che uno sia l'arcivescovo di Toledo, non nominando nè consiglieri di Stato, nè altro grande. Novità e risoluzione che potrebbe de' mali effetti e confusioni partorire, mentre questa morte e tal discordia deve moralmente succedere nella minorità del principe Prospero, tuttochè venga da più savii conosciuto che la vita del re è la sola buona fortuna di quei popoli, e l'unica consolatrice che tutta la gente da bene ritrova dentro le pubbliche miserie. Della Maestà della Regina non dirò nè lode, nè encomio proporzionato ch'esprimer possa l'innocenza de' suoi costumi e bontà naturale, dove in una religiosa modestia passa li giorni suoi, umiliandosi a' sacramenti ed altre orazioni tutte le altre feste dell'anno, rimessa intieramente nella obbedienza del re marito, e nell'affetto de' fratelli, mentre a dicembre prossimo s'attendono nuovi frutti della sua felice gravidanza. Del principe, che col nome di Filippo Prospero illustra la Spagna, quattr'anni sarà per terminare il mese di novembre, ed è di delicata complessione, di moto tardo, all'austriaca senza color in faccia, e bocca aperta ; con occhio ceruleo e testa grande, ma con poco vigore ne'ginocchi per non usar quel termine di debole, e fiacco, e che forse alla prudenza di questo Eccellentissimo Senato porterebbe gravi pensieri, se qualche accidente impensato di nuovo sorgesse. In questo stato gode l'Altezza sua di riposarsi continuamente nel seno e nelle braccia di frate Antonio di Castiglia dell'ordine di s. Francesco, già carico di 74 anni, e benchè abbia più volte per l'inesperienza del soggetto corso pericolo, con tutto ciò comanda il principe che non s'allontani, e venerando le loro Maestà con incomparabil zelo e rispetto quel santo abito, sopportano il disordine con osservabile sofferenza.

Per l'infanta Margherita sono già terminati dieci anni, come è terminato e concluso il matrimonio suo con la Maestà dell'Imperatore: è certo che la natura non può unire persona più gentile nè più leggiadra tanto nella bellezza, quanto nell'intendimento; dicendo ognuno, e confermando tutti, che non sarà di casa d'Austria uscita principessa di più alto intendimento, nè di più dolci e più soavi maniere. Prevede la corte però una nuova profusione d'oro nelle spese e nell'accompagnamento all'imbarco sino in Barcellona, come seguì del 31 con la regina d'Ungheria, per la quale contribuì la generosità delle EE. VV. le galere del golfo, anco in lagrimose congiuntre, e come succederà per la via di terra in avvenire, dovendo poi il Dominio della Serenità Vostra certamente transitare.

Al piede di queste regie radici, esce fuori d'ordine un ramo, che in apparenza non viene dall'universale considerato, ma potrebbe forse dall'abbondante fertilità di quel terreno contribuirvi tanta copia d'umore che rendesse un giorno danno notabile alla pianta. Questo è don Giovanni d'Austria, già noto per tante prove all'EE. VV., del cui ardire, e della cui condotta parlano assai chiaro le degne azioni d'Italia, Catalogna e Fiandra. Soldato di cuore e di riputazione, e sebbene in alcune battaglie gli mancò la fortuna, non gli mancò la costanza nell'intraprendere, e seguirle insieme, avendosi obbligato d'esercitare l'armi in età che sostenerle appena poteva, sicchè sopra tal conoscenza e sodo fondamento innalza le sue speranze, ed abbastanza conosce tutto quello può accadere dalla mutazione del tempo, da casi di fortuna, e dalla divisione e inegualità della monarchia: poichè principiando le cose di gran peso a cadere, qualunque impulso assistito dal suo medesimo peso finisce di gettarle a terra e precipitarle. Questo sconvolgimento e minacciata turbolenza succederebbe certo per la morte del re padre, e prevedendo il sig. don Giovanni d'Austria le combustioni vicine, ha stimato minor inconveniente d' inimicarsi il sig. don Luigi, d'incantonarsi ascoso in una provincia di Spagna, pigliando l'armi in mano e volendo con risoluzione e a viva forza il comando dell'esercito contro il Portogallo. Non che sia invaghito di quell' impresa, nè di quell'acquisto, scoprendo di vantaggio che la pertinacia dei ribelli è più fervente che mai nel mantenersi in libertà, e nel difendersi dagl'insulti e danni della guerra, come pure sarà lasciato in assoluto abbandono per l'assistenza e per li mezzi con li quali dovrebbe tirar innanzi l'intrapresa, studiando ogni modo per inferirgli rammarico e mala soddisfazione, a segno ch' egli si ritrova molto prima disgustato e confuso, che generale o comandante; tutta volta ama meglio di sperar bene negli eventi futuri che di scender nelle indolenze presenti, essendo sua massima ferma che succedendo la morte del re, e ritrovandosi lui alla testa dell'armata comanderebbe con assoluto dominio tutta la Spagna incontrando in una reggenza debole e fiacca, che imitando d'ordinario le altre, si sostenterà sempre con interessate aderenze e con umili prieghi. A tutti questi attentati, non vi sarebbe ostacolo, nè opposizione, anzi invito e concorso de' grandi e signori che sospirano novità e mutazioni, abborrendo il presente governo, non per la bontà e dolcezza del re ch'è onorato per volontà, e servito per amore, ma per il di lui favorito, che a sinistro s'interpretano le sue degne azioni, con che la malizia vuole sempre dirizzare li suoi colpi, e ancorchè non ferisca, lascia però sempre offesa la verità.

Con tutto ciò il sig. don Luigi, con la sua prudenza si rende superiore a queste maldicenze, continuando nel titolo, nell'onore e nel rispetto di primo ministro, ma come queste intemperanti lingue, che di continuo esercitano la loro vivacità, sarebbero stimate per arcieri ignobili se non s'avventassero contro il bersaglio più sublime di quella corte; così per la sazietà che reca un governo lungo e per levar le sciagure accadute alla corona sotto alla di lui privanza, succede che queste rendono sempre il favorito odioso a molti come colpevole, e a tutti come infausto e pericoloso. Si è osservato però che dopo il suo ritorno dai Pirenei, e dalle frequenti comunicazioni tenute col fu cardinale abbia alterato il suo natural costume godendo che in niuna maniera si dimostri nelle sue inclinazioni penetrare, valendosi di quella bella sentenza, che chi svela tutto il suo cuore getta il dono che gli ha concesso la natura in collocarglielo imperscrutabile, e far comuni all'avversario tutte le sue armi. Si offende dunque quando resta obbligato a pubblicar le cause: ne' negoziati non si conviene stringerlo, amando dilazioni nel risolvere, mentre un giorno di più, è un nuovo consigliere per meglio deliberare. Intanto non si deve proporre sopra il tappeto, che un affare per volta, studiando di guadagnar terreno a poco a poco all'uso delle grazie che compartisce, che sono limitate, avendo per osservazione di non ridur uno alla felicità, ma vuole più volte che speri e sospiri. Non sopporta che niuno s'obblighi, ma brama che si continui nel rispetto e nella venerazione. Vive in sospetto, infermità naturale della nazione, non prestando gran fede a chi tratta con lui, dove pochi sono suoi confidenti ed amici. Non vantaggiandolo punto i due figliuoli, i quali con misure troppo alte e distinte si allargano dagli altri, sostentando che nelle loro teste vi siano cinque grandati, e conseguentemente onori, ricchezze e riputazione. Anco ne' matrimoni hanno sempre tenuto la mira al sangue, alle case, ma non alla abilità delle persone che vi dimorano dentro per esser inette, e poco adattate al sostenimento delle loro grandezze, cosa che non praticò nè il duca di Lerma, nè il conte duca, mentre ambedue impiegarono nelle cariche più ragguardevoli i loro congiunti. Queste però sono le forme con che si sostiene il sig. don Luigi. Solo don Giovanni di Gongora, presidente del patrimonio reale, uomo di bassi natali e di condizione meno ordinaria, gode l'intiero della sua confidenza, lasciando a lui il maneggio e provvigione di denaro che senza altro riguardo ne ricava, dove se n'è fatto così poderoso che riuscirebbe stravaganza riferirlo anche con moderazione all'EE. VV. Con tale avidità regge quest'avido ministro l'entrate della Monarchia, impegnate sino all'anno 66 e di più si estenderebbero se gli uomini di negozio non ricusassero le obbligazioni non facendo caso di quello si promette in voce e poi si ripiglia effettivamente con l'autorità regia, esaltando che il maggior grado di felicità è il poter ciò che si vuole, ma il maggior segno della grandezza di animo è di voler ciò che si può: mentre delli giri ossiano capitali di zecca prende il re 79 per cento di pro'. Ferma tutti li assegnamenti dati alli partitanti, e riceve la metà delle rendite delle mercedi concesse; sicchè le investite sono fermate, gli appuntamenti trattenuti, e consistono nel solo nome le grazie e le mercedi. Questa macchina di denaro che rileva molti milioni non è bastante di sostenere in una piccola guerra la monarchia di Spagna, perchè tutto consuma e divora la mala amministrazione e non conosciuta economia, dove si conviene ricaricar li sudditi con nuove gravezze non lasciando entrare qualsisia picciola cosa nella città ossia da uso, ossia da vitto, che non paghi rigorosissimo dazio, eccettuato il pane, che per le profezie di Santo Isidoro, si astengono predicando rovina e perdizione alle Spagne quando lo praticassero. Infine, Sig. Eccell., si conosce per esperienza che l'imponere sproporzionati tributi a' popoli sminuisce d'ordinario le rendite a' principi, ed io che per quelli regni delle Spagne ho potuto in sei viaggi internamente scoprir l'inopia e la calamità d'infinite miserie, dirò tra le altre che le Bolle della Crociata che vengono da tutte le ville indifferentemente pigliate con obbligo di pagare in un anno trentadue soldi, questi pure non vengono soddisfatti, tuttochè vi entri lo scandalo e il rimorso della propria coscienza; sicchè per essersi voluto ricevere delle imposizioni improprie ed insolite non si possono al presente ottenere nè anco le consuete; dove di cento mille reali al mese, che spende il re nel mantenimento del solo palazzo, avrebbe bisogno di riforma, come nel stringer la mano nel pagar i ministri, ed allargarla con le milizie, non pagar li Consiglieri, ma sostener il Consiglio, insomma io posso dire che in Spagna non vi è niente di scordato, ma molto di mal governato.

Sopra lo strepitoso nome delle flotte so d'aver detto, ed ora lo rinnovo e replico, che dalla nuova Spagna ricava il re per conto suo mezzo milion di reali, ed altro milion e mezzo dal Perù, che sono due milioni d'effettivo contante, e questo danaro s'attende di momento in momento.

Parerà forse alla prudenza delle EE. VV. che questa condotta d'argento sollevasse in qualche maniera le interne afflizioni di quei regni; ma è ben da sapere che quattro partite cognite sono subito da saldarsi, e la prima è porzione di dote per la regina di Francia 200,000 reali al principe di Condé, 50,000 a' suoi parziali e seguaci, 200,000 a Castizos, più di 50,000 a Pischemont, oltre ad infiniti aggravj che non si manifestano, ma pur rilevano molte migliaja di scudi, e pure si legge e si sa che le miniere generano tutti gli altri metalli prima che l'oro, e per questo si dice che l'oro stesso ha nobil discendenza, perchè nelle vene dell'India tutto il suo sangue è regale. Per riparar dunque a queste mortali esigenze hanno pigliato risoluzione di mutar le monete di rame, che si chiamava viglione grosso fabbricandone altre provinciale di rame leggiero, ma con valor ideale ed eccedente a segno che tutti dicevano ch'era meglio di abbassar li mercanti che non alzar la moneta, avendo fatto 17 volte alterazione nel corso di 14 anni. Ora vale quattro quello che valeva uno, e si è preteso cavar gran tesoro; con tutto ciò risulta il profitto a solo 40 per 100, essendo tante e tali le spese delli operarii che il tutto assorbono, oltre che gettano nel profondo tre milioni d'argento, per doverli sforzatamente mischiare nel rame.

Questo, Eccellentissimi Signori, è il formidabile decantato governo della politica spagnuola, quale in 30 anni ha il regno di Napoli spogliato, distrutto lo stato di Milano, il regno di Sicilia impoverito, smembrata la Fiandra, il regno di Portogallo perduto, ritardate le flotte dell'Indie, le Spagne incadaverite, e popolate le carceri, spolpati i popoli, sì che dove han posto piede hanno da per tutto incontrato disgrazie e mala fortuna.

Da questo disuguale maneggio reso più lagrimevole per

mancanza de' mezzi e strettezza di denaro potrà facilmente comprendere l'immensa virtù dell'EE. VV. in che ordine e disposizione si trovino le forze della monarchia, tanto nell'armata di mare che in quella di terra, non contandosi al presente che 20 galere quasi disarmate. Eppure sono 100 anni oggi che Pio V concesse a Filippo secondo il sussidio che si continua puntualmente a riscuotere, per mantenere 60 galere, obbligatosi poi il re d'accrescerle sino al numero di 100 per impiegarle tutte contro gl'infedeli. Ma se queste sole galere fossero mancanti si potrebbe ancora l'infortunio sofferire, rivolgendosi all'armata grossa per consolarsi, ma di questa similmente non v'è pur un vascello, che con lo stendardo cattolico solchi il mare, tanto in Levante, quanto in Ponente, dicendo di più che li sette vascelli che d'Italia condussero le milizie, parte s'affondarono, e gli altri si sono resi inabili alla navigazione.

Tale perniciosa dimenticanza ed ommissione, nasce non solo da penuria di denaro, quanto per mancamento de' capi non essendovene nè per l'una, nè per l'altra professione, ed aggiugnerò per osservabile inconveniente, che ora non si ritrovano fra grandi, figliuoli de'grandi, o titolati, dieci soggetti che militino per il loro re; eppure non sono 25 anni che in Fiandra più di 300 se ne registravano. Questo nasce che più non s'applicano all'educazione, nè alla virtù, dalle quali escono il valore e la gloria delle nazioni. Mal pronostico dunque si può fare, vedendosi che in luogo delle fatiche, de' sudori e delle ferite resta solo l'emulazione ne' sensi e ne' piaceri pretendendo che le cariche della guerra debbano loro servire per grande provecchio, o per semplice ornamento d'una inconsiderata vanità.

Con tali apparati dunque e con tali debolissime apparenze pretendono gli Spagnuoli di conquistare il regno di Portogallo, ma per esser questo negozio uno de' principali punti della mia relazione, procurerò con esattezza di riferire gl'interessi che corrono, ed insieme aggiugnere che per durissima fatalità ho osservato che il Portogallo fu la prima cagione del grave pregiudicio ricevuto dalla Repubblica per aver ritrovata la navigazione del 1492 al tempo di Emanuele I, che introdusse il traffico di tutte le mercanzie dell' India orientale in ponente, ed ora lo stesso regno taglia, impedisce le valide assistenze che di ragione e di convenienza contribuirebbe il cattolico in Levante alla Serenità Vostra, sicchè i Portoghesi con le loro instabili novità hanno servito per instrumenti funesti a dannificare in ogni tempo questa prudentissima Repubblica.

Sarà dunque 21 anno che la casa di Braganza comanda a quel regno, e con massima ferma ed assoluta che importa non morir vinto purchè si mora incoronato. Tale è il titolo del presente re Alfonso VI ch'è in età d'anni venti, ma difettoso nel corpo e nell' aspetto tiene impedito il braccio e il piede dalla parte dritta, con tuttociò è portato dal genio al sangue, alla guerra, di naturale severo e impetuoso, e quello che negli altri si dimanderebbe collera e bile, in chi comanda usurpa il nome di crudeltà e superbia. V' è poi il fratello D. Pietro che si chiama il principe di Brasile, e l' Infanta Caterina soprannominata la Bella, accoppiata ora in matrimonio col re d' Inghilterra. V' è pure donna Maria, altra sorella naturale, che per testamento del re Giovanni suo padre possede quel tanto che alle sue degne condizioni richiedesi per accasarsi. Resta ancora la madre che per abilità, prudenza e coraggio può chiamarsi regina. Questa è Lucia Maria di Guzman della Casa di Medina Sidonia, in età di 53 anni, che con il consenso unanime assiste a quel miracoloso governo, mentre i Portoghesi amano bene quella casa regnante, ma più stimano le loro convenienze, avendo così tenacemente intrapresa l' inobbedienza, che si sono dal cerchio della corona di Spagna ritirati, tenendo per unica e sola corona la propria libertà. Per prova di questo riuscirono vani i trattati del Sapi, e dell'Andrada, che offrirono a Braganza isole con titolo regio, e provincie in Portogallo con titolo d' Altezza; ma da quelli tenacissimi ministri fu risposto, che il regno di Portogallo darebbe volontario e perpetuo tributo al re di Castiglia, ma che non leverebbero mai la corona al loro re, tenendola al presente sicura tra la mano e la fronte. Fondano questa loro costanza i Portoghesi sopra quello che rappresenterò, ed essendo la materia vertente così supplico a non sdegnare una ristretta informazione, non più ripigliata da 80 anni a questa parte mentre riuscirà di non inutil scorta all'EE. VV. per l'emergenza di Candia. Dico dunque, Serenissimo Principe, che le potenze maggiori stabiliscono le guerre sopra valide e ben conosciute provvigioni di denaro; con questo fu ordinato nelle corti di Lisbona del 1654 di contribuire al pubblico la terza parte più della decima di tutte le rendite particolari, che vuol dire 40 per 100; continuando ancora a riscuotere tutte le vacanti dei beni ecclesiastici che sormontano a 300 mila scudi annui, essendone la maggior parte nel regno, e pochi oltra mare. Vi sono poi tutti i dazii si del Brasile che consistono in 28 mille carte di zecchini, come dell'Indie sopra tutti i generi di droghe; oltre le mercanzie del levante e settentrione che pagano all'entrata 22 per cento, e all'uscita due, le forestiere e le fabbricate nel paese cinque per cento, dove questi dritti rilevano circa un milione all'anno, eccettuate le saline di Setubla e Aveiro. Le capitali de' Stati confinanti con Abrantes, Melo, Castel Rodrigo e Linares tutti entrano nella cassa e in potere di Braganza, dove si calcola che per 3 milioni d'oro abbondantemente dispensi, e certo che i Portoghesi da un gran tempo a questa parte non hanno con niun principe trattato, nè con altre nazioni le corrispondenze stabilite che non gli abbino somme immense di denaro offerte ed eseguite. Diversa considerazione non si può certamente introdurre, quando anche gli effetti disimpegnano le parole, sapendosi che con pronti esborsi si sono guadagnati, e sono per accrescere le aderenze e le amicizie con le potenze maggiori. All'incontro vertono le spese loro nelle provvigioni della guerra che da esteri paesi ivi sono portate, mentre gli ordinarii e particolari dispendii sono con parsimonia praticati, vivendo Braganza con modesta apparenza e con ristretto equipaggio, dispensando alla nobiltà, e rimunerando altri soggetti con gli abiti delli re, ordini de' cavalieri, perchè quello di Cristo possede 400 commende per 800 scudi per una d'entrata; il secondo di S. Giacomo aveva 40 commende di 200 scudi d'entrata, e il terzo, ch'è l'ordine di Avis ch'è il medesimo d'Alcantara in Spagna, tiene 600 commende di mille scudi d'entrata per una, sicchè può beneficar molti senza aggravio ed incomodo, ed accrescere le dipendenze a sua intiera disposizione. A questo gran bene s' aggiugne la fedeltà e vigilanza de' ministri, che nell'amministrazione servono con affetto, ch' è una delle parti principali che può avere un principe in tempo di guerra, perchè distratto in tante emergenze importanti, più gli interni che gli esterni inimici lo battono e divorano. Circa poi il maneggio della guerra fu descritto in Lisbona un battaglione di 40 mila uomini atti all'armi, ma venendosi ad adoperarli si sa con quante difficoltà e contrarii combatte gente nuova, ed inesperta in casa propria, tanto più che il loro studio è posto nelle fortificazioni lungo il fiume Tago, essendovi piantati 35 fortini che fino alla rocca Scrizia giungono al mare. Dalla parte di terra non si ommettono le stesse assidue diligenze in ben assicurarsi, particolarmente nelle provincie più esposte e minacciate da' Spagnuoli, dove si sono fortificati i castelli di qua dal fiume Guadiana, tutti atti e per uso e per industria a trattener l'inimico per 40 giorni. Le altre avanzate al margine della frontiera sono le piazze formidabili di Selves, Germegna, Estremox, Campo Maggiore e Porto Alegre non rappresentando quelle di Calesia perchè con la diversione, e non con gli attentati si difendeva bastantemente il confine. Resta ch' io dica, Serenissimo Principe, Eccellentissimi Signori che i Portoghesi tengono per coprire i posti predetti, o per metter effettivamente in campagna 12 mila fanti e 4 mila cavalli, e possono aver dieci grossi vascelli da 40 sino a 50 cannoni, ed innanzi del mio partire gettarono all' acqua il vascello reale di portata di 70 cannoni, tenendo marinerezza a sufficienza e di buona esperienza. Di più si prevalevano di 14 vascelli della Compagnia del Brasile da 25 sino a 30 cannoni; ma tutti non sono di bronzo, penuriando la nazione di bellici instrumenti; non tengono infine niun corpo di galera, e delle 12 che armava il regno in tempo dei loro re, sono state dai re di Spagna perdute e levate, oltrechè la gente non è atta al remo, nè alla navigazione di quel grande Oceano.

Ma, Serenissimo Principe, siccome ho dato notizia dello stato e difesa non con altro oggetto che per motivar aperture alla disposizione dell' offesa, così la Maestà del re Cattolico seguendo la sua pietà scaturita dagli impulsi d'una legittima causa e pienissima giustizia, procura con esatta prudenza di arrivar con le preghiere a quello che con la forza si mostra pericoloso. Esser tale la ragione dello Stato e delle genti, che il principe accarezzi colui che vuole castigare e batter per il pubblico bene; così lo esprime il marchese di Vellada, esser industria dell' agricoltore abbracciar le spighe prima di tagliarle; con queste avvertenze si è procurato di aprire negozio, e l'intelligenza introduce con diversi amici e parenti del duca d'Aveiro, conoscendo esser la nobiltà i nervi e le colonne che legano e sostentano il corpo, e la macchina d' una degna repubblica: rimossi e indeboliti questi, svolgersi la unione, e rovinarsi il concerto dello Stato. Per lo contrario poco sperarsi dal popolo, e riuscir fallace il modo di placar quegli animi feroci che non si risanano mai dalla ribellione, e che non tengono mai asciutte le mani di sangue e di rapina, mentre con violenza perpetua mascherano di fedeltà la sedizione più scellerata, ricoprono gli atti di fellonia sotto colore di pubblica sicurezza, e si rendono più efferati nel furore d' una dura pertinacia.

In tali difficili contingenze si tenta ad ogni prezzo accumulare denaro, ed unire armata, quello per sostener la guerra, questa per facilitar la conquista; con tutto ciò con tanto strepito di armi non si produce ancora grand' effetto, se bene il sig. D. Luigi si applica incessantemente per aggiugner alle vecchie milizie di Italia e di Fiandra le nuove levate di Spagna e alla guerra terrestre apparecchia in Cadice l' armata marittima, perchè e nelle campagne e nel mare ella riceva in tempo opportuno maggior nutrimento e riputazione, non potendosi onninamente conquistare il regno di Portogallo senza il divieto assoluto de' soccorsi per mare. Per prova di ciò si conosce l' esercito cattolico insufficiente di tentare generosi progressi, tuttochè consista di 8 mila fanti e sei mila cavalli, e che in ogni angolo della città e di regni s' uniscano milizie e si suoni la tromba, quella che chiama pochi alla gloria, ed invita molti al sepolcro, perchè con marcia fastosa, ma con l' ignobile acquisto di Arondices, che serve dei semplice magazzino alla frontiera, hanno depressa l'opinione, azzardata l'impresa e levato il lustro e decoro alle armi spagnuole; lo stesso posso e devo attestare a Vostra Serenità che con quanti capi da guerra ed officiali minori ho parlato, tutti di un parere e di un animo mi assicurarono essere di difficile riuscita l'impresa, vivendo in grande esitazione che in Spagna si riduca eterna la guerra all' uso di Fiandra, sottoponendola a tutti quegli accidenti ed incertezze umane che possono ad ogni momento impensatamente arrivare, non vi essendo cosa più miserabile al mondo di quello che dipende dalla fortuna, e dagli interessi de' principi, perchè se bene hanno questi cessate le inimicizie, non hanno però cessato l'emulazione con la casa d'Austria nelle convenienze di Stato, e che si può dubitar tengano la mira i maggiori potentati d'Europa, anzi, Eccellentissimi Signori, tutte le novità che sono per insorgere, risulteranno a favore ed alla propria sussistenza ed indennità di Braganza, e niuna a sollievo e compiacimento del re cattolico, perchè non vi è principe che si sia (voglio per rispetto e convenienza eccettuare l'Imperatore) che contribuisca aiuti e soccorsi al re di Spagna per la ricupera di Portogallo, come all'incontro ve ne potrebbero essere molti, che unissero le loro assistenze per mantenere in difesa e sicurezza Braganza in opposizione de' Castigliani.

Ma innanzi d'entrare negli arcani di Stato, nelle procedure de' principi, devo alla prudenza dell' EE. VV. rappresentare importanti considerazioni sopra l'Italia, essendo stata sempre in tutti i secoli l'origine delle mutazioni de' Dominii di Europa e di se stessa ancora; sicchè questa materia per esser grande conviene per autorizzarla nominar molti casi seguiti, e nel tempo medesimo formar queste immagini di diversi colori. Sommo riflesso, anzi gran novità riuscì, quando in Madrid s' intese dagli uomini savii e dai più versati nelle politiche cognizioni che i due re si fossero convenuti ed accordati di interponer i loro uffizii di concerto nelle differenze e pretensioni tra principi italiani, mentre gli Spagnuoli senza altra precognizione sono divenuti ad interessare la corona di Francia, scordatisi forse della volontà di Carlo V che come imperatore e re di Spagna impose leggi a questa provincia nei molteplici ed importanti affari di pace e di guerra; non ritrovandosi mai unione o convenzione che permettesse d'introdursi la Francia ne' maneggi e differenze che vertivano tra principi italiani, riservandosi a lui ed a' suoi posteri questo indipendente arbitrio e sovrana autorità. Per comprovar tale discorso riferirò alcuni esempi di questa Serenissima Repubblica nel secolo presente, ommettendo li più lontani, come superflui, e di tedio maggiore alla sofferenza di questo pazientissimo Senato. Qual disgusto e risentimento grave dimostrò Filippo III re di Spagna, quando Enrico IV re di Francia s'interpose per le differenze con papa Paolo V, escluso il conte di Castro ambasciatore cattolico ed abbracciato il cardinale di Gioiosa! Lo stesso seguì con papa Urbano VIII nell'affar de' confini e nella lega per Castro, ricevuti con stima gli uffizii del duca di Crichi e del'' ambasciatore d'Aveaux, ma rigettati gli altri del conte di Monterei vicerè di Napoli e conte della Concha, ambasciatore cattolico, come pure allontanate le considerazioni del marchese della Fuentes, ed aggradite le fatiche del cardinale Bichi. Non rappresenterò le altre degli Uscocchi, della Valtellina e di Chierasco, mentre gli Spagnuoli esclamando protestavano, che mal volentieri si udirebbe il componimento per mezzo di principe che non teneva interesse in questa provincia, non potendo sofferire la scemata e quasi battuta stima della corona di Spagna in Italia. Ma se con questi attentati e con queste eccedenze si è profuso tant'oro e riputazione, pazientati tanti incomodi e disastri per mantenersi in rispetto coi principi italiani, farsi giudice delle loro controversie, introdur l'arbitraggio, e dispensar per grande mercede la regia protezione: perchè ora senza ragione e convenienza, senza motivo o profitto hanno abbandonata ed accusata la prudenza di così generosi progenitori, offesa la memoria conspicua di tanti degni ministri che per altro non sudarono che in tener lontana e non radicata negli interessi di Italia la potenza francese? A tale aggravio e pregiudicio essenziale resta la Serenissima Repubblica sottoposta perchè molti di questi dispareri tra principi, che erano rimessi all' autorità paterna di questo felicissimo Senato, dove con il consiglio e con gli officii si raddolcivano e componevano le amarezze, ora si dovrà per decisivo accordo passare all' oracolo in Francia, le cui risposte saranno preciso comando e li comandi proteste formali a forza d' armi, sicchè tardi s' accorgeranno gli Spagnuoli d' aver dato la mano a'Francesi e condotti loro a passeggiare per tutti li stati de' principi italiani.

Primo a risentirne questo incarico è Alessandro VII sommo pontefice, mentre gli Spagnuoli non avrebbero camminato per favorire i duchi di Parma, ma per mostrarsi uniti alla Francia, e mantenutori della pace, sono concorsi a facilmente porgere disgusti alla Santità Sua. Vero è, che di quella corte sono molto risentiti, perchè parlandone io in più incontri ho ritrovato sempre gli animi de' ministri preoccupati ad una disposta passione e tali replicate diffidenze sono vane senza dubbio per li maneggi di Portogallo, inclinato il Pontefice alle convenienze di Braganza, dove scoperti questi arcani si pubblicano senza riserve concetti odiosi contro la Santità Sua, non stimando l' abilità, sprezzando la confidenza e riuscendo gelose tutte le sue insinuazioni. Insomma si sono sconvolte tutte le massime della corona, perchè il solito detto di Filippo II era *mare* e *Roma ;* or nè all' uno nè all' altra s' applica da un gran tempo a questa parte.

Con l' imperatore e casa arciducale continua l' affetto e buona corrispondenza per quello concerne alle intenzioni sincere dei principi, e se li ministri spagnuoli fossero più disposti al principe di Porcia e meno attaccati all' altro d' Ausperg, certo che il re avrebbe minor pena di contemperare questo mal umore, a segno che la sua volontà potè sola comandare al conte di Pignoranda vicerè di Napoli che con 100 mila reali effettivi si soccorresse l' imperatore nei minacciati travagli della guerra coi Turchi, e se quell' armi cristiane cogli infedeli s' insanguinassero, stimo che l' assegnamento di altri 25 mila reali al mese s' eseguirebbe, ma il di più non si può affermare, per le cause già note ed affari veglianti della corona cattolica.

Con la Francia dirò poco per essersi già detto molto da chi degnamente rappresentò in trionfo le glorie di quel regno ; qualche cosa però mi s' appartiene d' aggiugnere, per quello riguarda alle pratiche di Spagna dopo la morte del fu cardinale Mazarini, il di cui nome è un' eco di fama così distinta che fin sui sepolcri lo decanta immortale, e se il genio suo non avesse perduto il rispetto alla moderazione, al certo che si potrebbe numerarlo tra gli uomini felici del secolo passato e presente. Alla mancanza dunque di tanto ministro ne risentì la Spagna e si conobbero per funebri e dolenti le pubbliche dimostrazioni; ognun fissando l'occhio sopra D. Luigi, scoprirono in lui due contrarii affetti, l'uno di interno godimento per esser uscito di tutela nell'ordine della privanza, non potendo soffrire emulazione nel favore più fortunato del suo. L'altro, il dubbio e timore che con la mutazione del governo in Francia si torbidasse di nuovo la ristabilita pace, nata già da pochi mesi, dove con celere spedizione procurò tra gli altri di escludere ed allontanare dal ministero monsignor di Lione segretario di Stato, conoscendolo per altrettanto capace e ingegnoso nel negozio, quanto di spirito forte e nimico aperto d'Austriaci. Dicendomi più volte il sig. D. Luigi che nella Conferenza non aveva voluto trattar seco, perchè con maggiore soavità si conciliavano le opinioni tra lui ed il cardinale Mazarini. Tuttavolta non vedo, Eccellentissimi Signori, che per ora s'abbi a sturbar la quiete e la pace, e dalla parte di Spagna si praticherà la maggiore osservanza, così obbligandolo la costituzione dei tempi, l'infermità passata, le piaghe aperte che gettano da più parte il sangue vivo, caso che i Francesi non pigliassero pretesa sopra la cessione della regina fatta del Vallon Brabante invalidando qualsisia patto che si fosse concluso, non potendo alienare lei quello che a' suoi legittimi eredi deve pervenire; così disponendo la legge del paese, ed obbligando più testamenti di duchi di Borgogna che si appartengano quelle città al maschio o femmina che nascesse dal primo matrimonio, e in tale ragione trovarsi la regina di Francia, ben conoscendolo gl'informati ministri ancorchè dissimulino e tengano il secreto.

Con l'Inghilterra sono appassionatissimi gli Spagnuoli avendo con evidenza provato che qualunque studio abbiano applicato per raddolcire o guadagnare l'animo degl'Inglesi tutto è riuscito in opposizione de' loro desiderii, perchè le accoglienze, le ratificate capitolazioni, gli onori pubblicati al re Carlo sono riusciti di poco giovamento anzi di sprezzo, perchè il negozio con dejezione mai riuscì d'utile e di provecchio alli gran principi; tanta forza suole avere una inconsiderata paura ne' mortali, che più muove alle volte il male temuto, che non farebbe provato. Con tutto ciò in questo riservato modo di trattare sono obbligati di regolarsi gli

Spagnuoli intenti solo di condurre a salvamento la flotta dal cui tesoro dipende, se non la sicurezza de' regni, almeno la quiete dei popoli, e la facilità dei mezzi per aprirsi cammino, essendo tutte le commissioni impartite al marchese di Caracena di tenersi lontano dal cimento dell' armi, amando più tosto 100 anni di guerra che un giorno di battaglia, e perdere piuttosto Stati che gente, in particolare ne' paesi di Fiandra, remoti da tutto il resto de' loro Dominii e da ogni parte circondati da maggiori nemici ed emuli di quella corona.

Del matrimonio poi dell' Infanta di Portogallo fu il solo artefice d'opera così maravigliosa Eduardo Ayde gran cancelliere che già 20 anni fu ambasciatore in Spagna con poca soddisfazione e poca considerazione in quei tempi: ora passato dalle pratiche della corte a quelle del negozio ha tirato in sè quasi tutto il governo impegnando il re suo principe alla difesa e parentela colla casa di Braganza, regnando in tutti l' appetito del dominare, ed una voglia serve all' altra d' incentivo, nè mai soddisfà o riempie quello che si gode e si possede.

Con Polonia riesce assai sterile la corrispondenza non potendosi coltivarla che per mezzo dell' oro, dove si sono dagl' impegni allontanati tuttochè si trattasse di successore alla corona e di tanto interesse alla casa d' Austria di Germania.

Con Danimarca si desta qualche pensiero di maggior confidenza dopo l' ereditaria successione in quel regno, lasciando con tanta connivenza correr la pretensione del ministro di Danimarca con l' altro di Polonia.

Con Svezia basterebbe rammentare le ultime dichiarazioni della regina Cristina in Roma contra gli Spagnuoli senza internarsi di più negli affari di quel governo tutto dipendente ed attaccato alli nemici di casa d' Austria.

Col Portogallo si è detto abbastanza, caso che non si volesse aggiugner che la città di Lisbona sia la porta per dove entrano ed escono quelli che hanno per la via di mare da godere il mondo, tale esser la sua situazione che non parerà nuovo se da ogni provincia ed imperio ella riceva commercio e navigazione.

Con le Provincie unite degli Stati d'Olanda si è con attenzione procurato d' introdurre amicizia sincera e migliore corrispondenza: con gli ambasciatori straordinarii che in quella corte fecero la prima comparsa si è usato ogni onore e regio trattamento, avendo loro sempre preteso e positivamente richiesto d'essere come li ministri della Serenissima Repubblica ricevuti, a tutto si è assentito con prontezza in riguardo alle speranze e buone ragioni che tenevano gli Spagnuoli per far contrapposto con l'armi dell'Olanda alle impensate risoluzioni d' Inghilterra a favore di Portogallo, ma nulla si è potuto stringere e vantaggiarsi, anzi in quella ambasciata si è piuttosto osservata alienazione che propensione d' animo, ancorchè i ministri spagnuoli con prudente dissimulazione hanno mostrato ottener soddisfazione, benchè nel secreto non restino soddisfatti.

Con Savoia non vi sono nè pratiche, nè negozio; procurò il marchese del Maro attaccare, e l' uno e l' altro introdurre, ma giunto alla pretensione del posto regio, coll' esempio presente di Olanda di subito fu tagliata la strada, e reciso ogni filo alla trattazione, riconoscendo gli Spagnuoli per troppo dipendente il duca alle disposizioni della Francia.

Con Fiorenza si è praticato sempre con buona cortesia, e con quella stima che si conveniva ad un principe che deve conoscere dai re di Spagna tutto il suo bene; ora col nuovo matrimonio con la figlia d' Orleans si scoprono gli animi alterati, per vedere che ogni principe italiano tira nelle sue vene sangue francese; sicchè da' primi ministri ho inteso a dire che tutti i principi piccoli sono nel timor benigni, e dopo il timor ingrati.

Con Lorena non saprei dir altro che maltrattato dagli Spagnuoli fu poi spogliato dai Francesi, reso inabile al beneficare ed offendere; fatalità che suol ridurre in disperazione i privati nonchè i principi.

Coi Genovesi posso con buon fondamento rappresentare che vi è odio e mala disposizione. Vive ancora indecisa la pretensione del Finale, si traffica in Portogallo con libertà, si seguita in Ispagna ad estrarre l'argento di contrabbando, si combattono nei porti del loro dominio le regie squadre delle galere, e si si mantengono sempre neutrali nella guerra tra le due corone, dicendo che nella buona fortuna tacciono, e nella acerba dispongono di unirsi coi nemici della monarchia pretendendo in ogni tempo molto per corrisponder poco, dove all' incontro gli Spagnuoli hanno sempre recesso dal conceder loro il titolo regio.

Con Mantova non vi è obbligazione confederale ma procurano estendere la loro protezione, e vantaggiando nei dispareri vertenti col duca di Savoia, amerebbero un compito aggiustamento di tutte le controversie per sradicare questo fomite che può di tanto in tanto produrre novità in pregiudizio della pubblica quiete. È certo che il sig. don Luigi si è molto affaticato per comporre la differenza, esortando che il duca di Mantova prendesse il denaro effettivo, poichè in altra maniera corre evidente pericolo di perdere gli Stati senza ricompensa; ma soprammodo dubita che da tali nascenti faville insorga un nuovo fuoco in Italia, e che in luogo di estinguerlo si riaccenda di vantaggio col concorso e cogli uffizii fuori di tempo delle corone.

Con Parma si professa particolare e distintissima inclinazione; nell' affare di Castro si sarebbero maggiormente riscaldati quando fosse seguito il matrimonio d'una di quelle principesse col re d'Inghilterra, proposta dal re Cattolico, ed offerta come figliuola ed infanta di Spagna a quella Maestà.

Con Modena vi è riconciliazione, e per meglio dire, in riguardo della grandezza della monarchia concessogli perdono; non vi è però affetto, nè confidenza, nè punto si fidano delle sagaci operazioni del cardinale d' Este, che prima d' ogni altro promulgò nella corte di Roma che gli Spagnuoli si regolerebbero con modestia, se a miglior tempo la guerra di Portogallo differissero.

Cogli Svizzeri, Grisoni e Vallesi continuerà sempre buona corrispondenza e pronto servizio verso la corona quando con maggior puntualità vederanno l'oro di Spagna per saziare le loro ingorde voglie, come praticano indifferentemente con tutti i principi, ancorchè tengano confederazioni e trattati coi re, e come vengano nella pace stessa inclusi e nominati.

Con Lucca e Malta, l'una gode dell' intima protezione, l'altra il sostentamento dell' isola, il mantenimento delle galere con il regno di Sicilia, oltre l'estrazione di tanto denaro dalla Spagna per le commende della religione: infine i gran principi devono favorire e difendere i più deboli, perchè questi altro ricorso, nè tribunali non tengono se non il potere e l'autorità dei più forti e più poderosi.

Per l'ultimo mi resta scrivere quello che passa coi Turchi e Barbareschi. Questi Corsari si sono posti in considerazione dopo l'atroce guerra coi principi cristiani. Possedono al presente sopra il mare sette galere, e più di 40 vascelli armati. Dio però ha permesso che in Levante abbiano dato molti trionfi all'armi gloriose dell'EE. VV., quello non succede in Ponente, che da tante piraterie resta infesto e sconvolto, con ludibrio della religione, con aggravio delle nazioni, con pregiudizio del commercio e con grave risentimento degli Spagnuoli che conoscono d'aver perduto il traffico ed incontrato disturbo anco nell'Oceano, perchè tanti vascelli si sono con insolito ardire portati ed avanzati sino alle isole Canarie.

A questa stravagante intrapresa si è dubitato che i Turchi abbiano prestato fomento per istigazione de' Portoghesi, e gli Spagnuoli per tema d'inconvenienti maggiori, e per impedire le pratiche a Braganza in Costantinopoli, sentito anche che l'ambasciatore inglese vi porgesse la mano, pretesero d'aprire negozio col primo Visir, e fecero più consulte nel tribunale dell'Inquisizione, come ne diedi umilissimo ragguaglio alla suprema sapienza di questo Eccellentissimo Senato.

Giungo in fine agli interessi di questa Serenissima Repubblica con la corona di Spagna, e siccome ho coltivato e ridotto al segno di maturità perfetta una strettissima corrispondenza, così tra principi amici passa un concorde volere nel desiderio della quiete e reciproca tranquillità degli Stati. Sopra questo buon fondamento ho sempre eccitato l'animo generoso del re a riscaldar nelle vene ottomane la sua spada.

Insomma ho procurato più con effetti salutiferi che con parole pompose addurre le sode ragioni della giustizia, abbandonando per ora i motivi dell' utilità. E so con queste forme d'aver destato nel volto del re più volte un rossore di sdegno zelante, ancorchè nell'udienza abbia parlato con quella venerazione debita, che so esser mente di questo prudentissimo Senato, e che merita l'eccelsa superiorità d'un re Cattolico. Coi ministri poi sono stati più liberi i concetti, ho sostenuto sempre che la Serenissima Repubblica fa fronte all'armi turchesche non ostante l'assoluto abbandono in che i principi lasciano una causa che gode privilegio di tanta conseguenza e di tanta importanza. Ponderai pure che i patimenti conosciuti dell'universale verso la repubblica erano mezzi vani alla difesa della guerra, e inutili affatto al mantenimento degli Stati. Infine, ho fatto conoscere quanto sarebbe funesto a tutto il cristianesimo quel giorno nel quale la fortuna che tiene quasi un arbitrio assoluto nelle battaglie, portasse qualche sinistro ed infelice successo all'armi della Repubblica. Furono dai ministri predetti approvate per giuste e sincere le mie espressioni, ed ancorchè per tante guerre e sfortune si ritrovino quei regni esausti di denaro, con tutto ciò superando sè stessi, non nella volontà, ma nella possibilità delle interne mancanze, stimarono di sostenere la Santità Vostra con 100,000 reali di contante effettivo, e con promesse e con impegni di decreti e di lettere che sono nella secreta; ed altri 50,000 conseguarne all'arrivo della flotta che non può a'nostri calcoli ritardar molto.

Quello poi che si potrà in avvenire ricavare dalla Spagna, continuando la guerra di Portogallo, e le distrazioni per l'Inghilterra, dirò esser impossibile che contribuiscano a'soccorsi formali, nè ad unione di leghe sufficienti, caso che non si si volesse soddisfare di preamboli apparenti e di commissioni interrotte delle quali pur troppo saranno in tutte le corti gli ambasciatori cattolici ben provveduti, e se prima non si placa l'ira dai cuori non caderà al sicuro dalla mano la spada, mentre ognuna di quelle nazioni pretende e sospira la vittoria crudele.

Soddisfatto a tutte queste parti che riguardano il pubblico servizio, non devo ommetter cosa che riguarda lo stesso decoro e preziosissimo capitale, mentre in quella corte per più mesi mi hanno favorito ed assistito gli illustrissimi Lorenzo Tiepolo dell'eccellentissimo Marino e Vincenzo Morosini dell'eccellentissimo signor Michele, ambidue soggetti di quelle nobilissime condizioni e di quella angelica bontà che possono l'EE. VV. comprendere, dove le mie lodi e sincere espressioni sono piuttosto per defraudare che aggiugnere ornamento alle loro cospicue virtù, mentre coll' esperienza nelle più gran corti d' Europa si sono al maggior fruttuoso servizio della patria mirabilmente abilitati.

Con me si è ritrovato pure il segretario Gio. Giacomo Corniani, della cui modestia e rimarcabile puntualità io ne restai contentissimo, e certo che nell' applicazione del pubblico si è guadagnato molti gradi di merito, oltrechè nella corte di Spagna viene stimata la sua sperimentata virtù, avendo non meno con lo studio che con l' opera in due lunghi servizii adempito a tutti i numeri di fedele e sviscerato servitore dell' EE. VV. sicchè dalla loro immensa benignità ne può sperar sempre un giusto sollievo.

In qualità poi di coadjutore m' è stato ancora Pietro Giavarina, il quale imitando gli ossequii appresi dal zelo e dal debito della sua casa ne' tanti servizii passati e presenti, si conferma ogni giorno più nell' obbedienza de' pubblici comandi; ora continua nella sua stessa corte di Spagna come segretario, dove seguendo frequentemente i dispendii, meriterà in ogni tempo la pubblica munificenza.

Di me stesso poi conosco, Serenissimo Principe, che dovrei piuttosto ossequentemente umiliarmi che parlare, ma osservando l' uso e l' obbligazione precisa che porta l' ambasciata, dirò che non deve parer all' EE. VV. arroganza o vanità, quello che è pura modestia e sincerissimo rispetto. Erano 60 anni che ambasciatori estraordinarii della Serenissima Repubblica non erano comparsi in Ispagna per causa di negozio, dove con il fondamento delle vecchie amicizie e con una cortese propensione dei Signori ben disposti ed inclinati al nome della Repubblica ho goduto di quelle preminenze che pochi mesi innanzi furono negate a monsignor Visconti nunzio estraordinario del pontefice ed all' ambasciator di Polonia che poi con l' esempio del ministro dell' EE. VV. fu a questi concesso casa distinta e cocchio regio, sicchè con onore e soddisfazione ho ottenuto quello che in altri tempi si praticò con gli ambasciatori estraordinarii dell' imperatore, Francia ed Inghilterra. Ma quando credevo unir questi regii favori alla ben degna colleganza del fu Eccellentissimo ambasciator Giustiniani, ecco un colpo fatale che lo privò in quattro giorni di vita, e rese nelle mie braccia con esemplar pietà l'anima a Dio, sicchè l'EE. VV. hanno perduto un riguardevole figliuolo, un benemerito cittadino che con tanta generosità e virtù sostenne cospicuamente l'ambasciata di Francia. A me poi toccò soccomber ad uno sproporzionato peso per 22 mesi che ivi mi sono trattenuto obbligato di piantare intieramente la casa, e adempire con puntualità e splendore le funzioni tutte della carica. Tutto però ho sofferto con animo e con costanza, anco nel mezzo delle mie più acerbe disavventure, con incomodo delle fortune, con deterioramento della salute, ma in fine confesso e conosco, che la vita e gli averi sono del principe, restando in me stesso consolato di sempre servire con zelo, obbedienza ed applicazione, come gli incontri tutti hanno fatto palesemente constare. Resta che questo gioiello di diamanti che mi fu donato dalla Maestà del re Cattolico, e che di presente io pongo a' piedi della Serenità Vostra mi sia dalla solita sempre generosa grandezza di questo Augustissimo Senato lasciato in dono, non solo per fregio ed onore delle mie lunghe fatiche, ma per riconoscere tutto dalla benefica mano di sì gran principe, e per rassegnare in ogni tempo come sue le sostanze e i respiri della vita medesima all'adoratissima patria. In atto pure di profondissimo ossequio supplica ed implora il segretario Corniani per la sua collana, mentre al sicuro altri vincoli non lo legano che quelli della sommissione e del rispetto verso cadauna dell'EE. VV. Ma io ripigliando i miei doveri terminerò col dire che la grazia di questo Eccellentissimo Senato avrà sommamente qualificata la mia condizione, colmato me stesso d'un onore supragrande, decorato l'impiego, e fatto apparire il pubblico clementissimo aggradimento. Sapendo per prove che insigni riescono le azioni tutte di questa Serenissima Repubblica non essendo prostrata a piedi di Vostra Serenità confidenza che non fosse soccorsa, nè speranza che non venisse dall'EE. VV. protetta e rimediata. Grazie.

RELAZIONE DI SPAGNA

DI

MARINO ZORZI

AMBASCIATORE

A FILIPPO IV

E NELLA MINORITÀ

DI CARLO II

DALL' ANNO 1660 AL 1667.

(Tratta dall' archivio dei Co. Donà dalle Rose Cod. XVI, e confrontata con esemplari del Museo Correr, della Marciana e dell' archivio Wcovich-Lazari).

AVVERTIMENTO.

Non ci fu dato di poter rinvenire la relazione di Spagna dell'ambasciatore Giorgio Cornaro il quale successe a Domenico Zane. I di lui dispacci si conservano nel veneto Archivio generale nelle filze 93 sino a 98, ma anche questi sono così guasti e con frammenti da sconsigliarcene l'esame colla mira di estrarne un compendio. Il primo dispaccio porta la data di Padova 5 aprile 1661, quando il Cornaro intraprese il viaggio per Madrid dove giunse l'8 giugno del medesimo anno. L'ultimo dei dispacci intelligibili è in cifra, e porta la data di Madrid 16 gennaio 1664 (1665), nel quale con istupenda chiarezza narrasi di una udienza avuta col duca di Medina e col nunzio pontificio, intorno all' affare della *disincamerazione* di Castro, ricercato dal re cristianissimo per la pacificazione d'Italia. Essersi per ciò risoluta, egli dice, la spedizione di un corriero al sommo Pontefice ed al Collegio dei Cardinali, con termini di riverenza, ma in effetto con ordini di passare innanzi se si fossero incontrate durezze che non si supponevano. Opporre il Nunzio le dannose conseguenze dell' infranger la bolla di Pio V di tanta considerazione alla Chiesa; meglio essere che i Francesi entrino in Castro colle armi di quello che si confondano le istituzioni della grandezza dello Stato ecclesiastico. Al che Medina replicava: convenire che il papa attendesse a quello che importa al pubblico bene, che è la legge prima della sua dignità; e sulla autorità di santo Agostino elidersi il pregiudizio che non possa restituirsi il tolto, e la necessità essere legge suprema nelle umane cose (1).

Il 12 giugno 1663 Marino Zorzi II, figliuolo di Marino cavaliere, fu eletto ambasciatore a Madrid in sostituzione di Giorgio Cornaro. Vi si fermò per tre anni, e presentò agli 11 di aprile 1667 la relazione che lesse tre giorni dopo. Durante il suo ministero moriva Filippo IV lasciando nei

(1) Dispaccio citato, e Muratori Annali d'Italia anno 1664.

maggiori pericoli la Spagna non solo, ma in agitazione tutta l'Europa; il re di Portogallo trionfante, amici deboli e pochi, le provincie sfornite di soldatesche e i sudditi mancanti di affetto, un successore di soli quattro anni e con poca speranza di vita per la sua debolezza, la reggente regina senza esperienza, i ministri deboli e discordi.

Dopo l' ambasciata di Spagna, passò il Zorzi a quella di Vienna; quindi lo ritroviamo nel ms. del genealogista Cappellari registrato nel 1673 come capitano di Padova.

Serenissimo Principe (1)!

Nel corso del mio ministerio appresso la Maestà Cattolica, si sono rappresentati nel teatro di sì gran corte rilevanti successi, e per la loro distinta cognizione ho procurato di penetrare la radice vera degl' interessi e delle massime di quella corona. Con simile fondamento spero delineare il più vivo ritratto della sua qualità e della sua potenza, e sopra due linee stabilirò le ponderazioni ed i riflessi, una tirata dall' oscurità della morte di Filippo IV, e l' altra dal chiaro della vita di Carlo II regnante.

Questo lasciai nel mio partire da Madrid in teneri anni e nel principio del suo ascendente; quello fu da me ritrovato nel fine dell' età e del regno. Il padre collocato nel sepolcro (2), il figliuolo esaltato sul trono ha prodotte novità nel governo, e quelle alterazioni nell' Europa, che con tragici principii progrediranno in commozioni strepitose. Di questi due principi a guisa di stelle una già passata all' occaso, l' altra comparsa nell' oriente, supplico l' Eccellentissimo Senato osservare brevemente le influenze e gli aspetti.

Tiene la corona di Spagna il suo centro nell' Europa se ben in ogni parte del mondo estende la sfera del suo dilatato impero. Nell' unione di tanti regni, nell' ampiezza di vaste provincie, e nel nervo di poderosissime forze ebbe radicata per molti anni l' autorità e l' opulenza, s' avanzò con rapido corso ad amplissimo gra-

(1) Era doge Domenico Contarini.

(2) Filippo IV morì il 27 settembre 1665 tre mesi dopo l' ultima disfattà del suo esercito nel Portogallo.

do d'ammirazione e di stima, ma col solito fatale destino degli imperii maggiori, invece di progredire o sostenersi, soggiace a declinazioni e cadute. Prova il braccio della fortuna essere appoggio fallace che non conserva sebben innalza.

Filippo II la cimentò molesta ed infausta, invece di conquistare nelle guerre, convenne con paci infelici cedere porzioni di bellissimi stati, e lasciò per questo al successore più spinoso che fiorito lo scettro (1). Essendo ad ogni modo la monarchia una pianta grandissima, ritiene molto decoro, ancorchè indebolito il vigore. Sarebbe tedioso e superfluo al pari descrivere o numerare le provincie, ed i regni: basterà dire in succinto alcuni particolari degni d'ammirazione e di rimarco.

Nella Spagna si osserva il Rossiglione smembrato, e la piaga di Portogallo resa incurabile, colpi entrambi gravissimi. Nell'universale poi non apparisce corrispondente all'ampiezza dei paesi la popolazione e la fertilità: difetti prodotti dall'espulsione degl' infedeli, eseguita più volte dalli rigori dell'inquisizione, dalle guerre passate, dall'espedizioni di Fiandra, e dalla quantità di famiglie che nelle Indie hanno trapiantato l'abitazione. Tali motivi concorrono per privare i terreni di coltura, e le città d'abitanti. Il sito però tra due mari Oceano e Mediterraneo, con bellissimi porti, somministra grande apertura al commercio, con beneficio del re ed ugualmente dei popoli. Cadice al presente è una scala che pienamente fiorisce, emporio dove fanno capo approdando i convogli e le navi di tutta l'Europa.

Le provincie de' Paesi Bassi si custodiscono con non minori dispendii che gelosie a prezzo di sangue e profusione di tesori, ritenute in obbedienza alcune, altre costituite in libertà sovrana, formano un corpo mutilato ed imperfetto. Oltre gli Olandesi rimasti con sì grande porzione, il re cristianissimo gode nell'Artois, Fiandra, Hainault e Lucemburgo piazze di considerazione.

Gli stati d'Italia conservandosi intatti portano splendore e profitto; si raccoglie oltre riguardevole ornamento, abbondante

(1) Prima di morire il re benedicendo al principe afflittissimo disse: « Iddio conceda a te, caro figlio, miglior felicità nel governo di quella che a me è toccata. » *Dispaccio 17 settembre 1665 di Marin Zorzi.*

sostanza, gente, denaro, provvigioni, ed altre occorrenze si contribuiscono da quelle regioni con maniera copiosa, e singolarissimo frutto; riesce solamente di peso ed incomodo la lontananza, venendo divisi da un tratto di mare sì spazioso, ed in tempo di ostilità contesi i passaggi, tagliata la comunicazione, si recide la facilità di dare e ricever soccorsi. In congiuntura che il re è minore, non molto robusto il governo, si agita tra i sospetti di novità e pericolose conseguenze. Dei popoli, sebben dotati di rassegnazione divota e puntuale utilità, facil è la corruzione per i mali consigli e prave suggestioni d'appassionati e mali affetti.

Dall'Europa levando l'occhio si può rivolgere all'imperio d'America vastissimo; serve a cospicua riputazione della corona, ma non porge più quell'ubertoso profitto. Viene vagheggiato ad ogni modo da tutte le nazioni ansiose d'entrar in parte, e che agli Spagnuoli non tocchi solamente gustare la felicità e la ricchezza. Alcuni procurano con artifizii introdurvisi, altri tentano con la forza avanzare i passi e conseguire l'intenzione. Gl'Inglesi sopra l'isola importante di Giammaica hanno steso la mano in quella di Santa Catterina, pur introdotti non ostante che espulsi, danno a conoscere la qualità delle applicazioni e dei fini. Si rimediava a simili inconvenienti nel vigore della corona col far scorrere il mare da ben apprestate navi da guerra che difendevano quelle parti remote, nei sudditi si nutriva la confidenza, e gli stranieri si obbligavano al rispetto; ora mancando la tutela e custodia, non è meraviglia s'accresca qualche disordine, e si possono temere pregiudizii ed aggravii, che non con l'ombra della riputazione ma con la forza si preservano gli Stati.

Nell'Africa rimangono scarse vestigia dall'antica potenza, diverse piazze che si contrappongono alla ferocia di quella barbara gente, sono di continuo insidiate ma sempre difese. Il mantenerle riluce con gloria, sebben si risente l'aggravio ed il peso; ora frequentemente si lasciano fra molte mancanze in contingenze difficili ed azzardose; la piazza di Tangeri in poter degl'Inglesi travaglia gli animi dei ministri spagnuoli, la sua situazione allo stretto, sopra la comunicazione di due mari risulta in rilevante vantaggio, può dunque produrre effetti secondo l'emergenze della maggior conseguenza. Il re britannico per rendere il porto quanto più sicuro tanto più frequentato, procura piantare un fortissimo molo, supplendo alla imperfezione della natura con l'applicazione dell'ingegno e con gli sforzi dell'arte, argomento che singolarmente apprezza quella conquista che senza risparmio migliora. Non mancheranno gli Spagnuoli di valersi dell'opportunità per ricavarla dalle mani loro, senza riguardare a tentativi d'industria ed a prezzo d'oro.

Quanto all'Asia concerne, dopo che il Portogallo cadè, il meglio e più spezioso che riconosceva il re cattolico è parimenti crollato; le sopravanzate reliquie sono memorie lugubri di perdite grandi. Sopra queste basi si appoggia la potenza degli Spagnuoli, non solo di minore robustezza per aver una dall'altra disgiunte, ma coronate da funesti accidenti; nel resistere però a torrenti impetuosi di sinistre disgrazie ricercherà singolar prudenza il valor infiacchito.

Circa al patrimonio od azienda reale conviene fermare i riflessi, che a similitudine di pienissimo sangue opera questo a conservazione de'regni; è dunque sacrificato alle pubbliche urgenze e smoderate mercedi, ai tempi calamitosi s'è unita certa sovrabbondante generosità, ovvero amministrazione poco attenta che facilmente ha reso esausto l'erario, ha obbligato la congiuntura disponere delle vendite, e ridursi a condizione infelice; nell'urgenze più gravi si penuria di denaro, e si manca di mezzi pronti e facili per provvederlo. Le contribuzioni di tanti regni nonostante che siano fonti abbondanti con istupore si disperdono, l'impiego fruttuoso non apparisce, il consumo è certo; alle profusioni inutili non si rimedia, il risparmio tanto necessario non si eseguisce. A 12 milioni ascende la rendita che annualmente s'esige ed anco si spende, anzi si moltiplicano spesso ai popoli con pesanti imposizioni molestissime paghe. Gemono al presente sotto al torchio i tributi infiniti che spremono le sostanze ed il sangue, si carica con eccesso non solo quello che serve al lusso ma alla necessità degli stessi alimenti (1).

(1) Vedi Weiss *L'Espagne*, vol. II, pag. 150.

I vassalli esclamano con altissime indolenze ma non concorre il governo al sollievo, siccome non deve ascriversi a disattenzione requisito sì grande, così bisogna attribuirlo all'indigenze estreme della corona, tanto vessata mai quieta; punto necessario per rimettere se stessa ed ai sudditi conceder respiro.

Le Indie sono pure impoverite, l'opulenza delle flotte decantata molto poco si gode, sciogliendo da Cadice i galeoni per Cartagena, ed altri vascelli per la nuova Spagna, ritornano con ricco carico per 8, od anche 10 milioni.

In questa somma è interessata non solo la nazione spagnuola ma tutta l'Europa. Vengono pubblicamente i convogli dai regni stranieri a levare le porzioni migliori.

Al re di tutta la quantità che da quelle miniere si estrae e che sopra i vascelli si carica, è dovuta la ricognizione di un tanto per cento; gran luogo ha la frode ed alla giustizia non si rende strettamente il suo dritto. Detratte ad ogni modo le spese, il libero di reale ragione ascenderà d'ordinario ad un milione, così la fama d'un immenso tesoro rileva estimazione e concetto, ma l'essenza del beneficio non corrisponde all'opinione, e meno giova in modo equivalente alle urgenze. Per cui scoprendosi i fondamenti dell'azienda reale non si ammirerà la prudenza se poderose non si dispongono le prevenzioni militari.

Quella corona che in altri tempi atterriva con la moltiplicità di considerabili armate, che resisteva a potentissimi nemici, che fioriva di comandanti nella disciplina e nel valore, ora manca di soldati e di capi. Non so veramente se imputar si debba a disgrazia di mala influenza, o riconoscere che nella continuazione dei violenti esercizii sia stancata la virtù ed oppresso il potere.

Contro il Portogallo si travaglia con guerra viva in diverse frontiere, le armate sono ripartite ma deboli. Nell'Estremadura si fa il maggior cimento. Gli anni decorsi si pose in piedi un esercito perfettissimo, apprestato, e da generale di gran nome condotto; si diedero battaglie, si formarono assedii. Imprese però che riuscendo infelicemente, non guadagnarono gloria nel mondo e non recarono vantaggio.

Prevalse certa fatalità sempre sinistra in contendere i disegni e le mosse. Dalle offese dunque è obbligato il governo a cambiare in semplice difesa la guerra, infestare con incursioni, nè aspirare a quei progressi che l'esperienza insegna e fa diffidare riuscibili. Di 6000 cavalli e 7 in 8000 fanti sarà quella armata composta, nella milizia a cavallo superando di molto i nemici, delle genti a piedi sono senza dubbio inferiori. In raccogliere Spagnuoli si prova un'estrema difficoltà; la gente straniera come Svizzeri e Grigioni non piace, al dispendio non equiparandosi il servizio; gli Alemanni non incontrano intiero grandimento nè totale avversione, per questo non licenziati al pari delle altre nazioni restano i reggimenti vecchi senza reclute non essendosi fatte nuove leve che dentro Spagna, e poca soldatesca essendo di Italia comparsa, languiscono le forze e si tralasciano le aggressioni. In Castiglia vecchia con lungo tratto si unisce il confine, non seguono tuttavia che lievissimi incontri; munite le piazze non sopravanzano truppe. In Gallizia scarsi pure si somministrano i rinforzi, ed appena bastano per i presidii i soldati, invece che vi sia modo di affrontar il nemico in campagna. Accorgendosi i Portoghesi della debolezza di quella provincia, vi hanno scaricati spesso i colpi non vanamente, si sono resi padroni della Guarda fortezza di considerazione, e sebbene s'è pensato di tentare in varie occasioni la ricupera, per effettuarla mai v'è stata risoluzione o potenza.

L'Andalusia dell'Algarve, parte di Portogallo, avendo sprovisti i suoi limiti, è condannata ad eguali disgrazie, sfornita di ripari e milizie soggiace ad incursioni ed incendii; alcune volte sono risarciti con altrettanto fervore i patimenti ed i danni, riducendosi li tentativi a devastazione del paese spogliato di terre, ed a desolazione de' villaggi con molta rapacità e poca gloria. Continuando negli apparati militari fiacchezza sì estenuata, non sono da presagirsi avvenimenti cospicui.

Sopra il mare s'incontra sorte poco migliore: 20 navi da guerra appena si uniscono con difficoltà e dispendio; il metterle alla vela si fa con tardanza e poi negli apprestamenti rimangono ancora imperfette. Alcune si prendono di Biscaglia meglio disposte, Altre noleggiate dal Centurione genovese stanno al servizio;

l' oggetto è d' accrescer la squadra, rendersi nell'Oceano poderosi, a' Portoghesi sturbare la navigazione, tentare le flotte dell' Indie con sicurezza, e contrapporsi alle altre nazioni divenute con numerosi vascelli formidabili a tutti. Evita parimenti la separazione de' stati, aver un modo pronto per via del mare di comunicarsi ed unirsi; metodo già dai Spagnuoli praticato con infinito vantaggio gli anni decorsi, trascurato e negletto risentendo il danno, invigilano alla correzione e rimedio.

Le galere servono a' trasporti di munizioni e di gente, sino a Cadice si sono avanzati in congiunture diverse; ora mancando i porti non sarebbe che azzardo inoltrarsi al furore dell' Oceano e dell' onde. I regni di Napoli, Sicilia e Sardegna mantengono a spese proprie le squadre. Altre sotto il nome del duca di Tursi si fermano in Genova, dai cenni della corona dipendendo con puntuale rassegnazione.

Queste galere scorrendo le spiaggie le purgano da' barbareschi, che uniti in numero di 20 mila non sono sprezzabili forze. Anco in Spagna si formano sei galere per ogni rispetto, e se bene nella stima si considerano le principali, nel vigore non sostentano il primo grado. Si è frequentemente studiato d'accrescerne alcuna all' antiche; a Napoli è riuscita felicemente l' impresa, negli altri regni non apparisce speranza; il conservarle non è difficile, formar nuovo armamento è ardua operazione nella pratica.

A questa condizione si riducono le forze terrestri e marittime impiegate nella guerra attuale contro il Portogallo secondo le urgenze; disgiunte ed applicate fuori dell' opportunità sono quasi incapaci di resistere, mentre in un punto stesso accordando le aggressioni in terra, in mare ed a tutte le frontiere, penetrerebbero con offese molto pungenti.

Quanto ai Paesi Bassi concerne, si pretendeva in Madrid avere operato molto: gli effetti scoprono l' inganno e che si doveva operar assai più. Si decantano le diligenze di Castel Rodrigo, le piazze ristaurate, accresciuti li presidii ed assicurata la difesa con la nuova fortezza di Charleroi, pareva aver posto argine insuperabile al torrente impetuoso dei Francesi. Al presente il rimedio è convertito in veleno, e l' arma destinata a difendere, colpisce loro stessi. Così i popoli destituti, perdono il coraggio e lo ardore di resistere senza lesione dell' ubbidienza e della fede. Le conquiste però del Cristianissimo sono arrivate più come parti della felicità che della gloria, mentre con la semplice marcia e comparsa, senza battaglia ed assedii, vince e s'impossessa di città e paesi. È ben vero che sin d'ora nelle piazze di maggior conseguenza non ha cimentato il valore, da quelle raffigurandosi i Spagnuoli che dipenda l'esito propizio o sinistro della campagna. Con simili riflessi ritraggono motivi di consolazione, ma non di salute.

Se nella Fiandra ha ritrovato il re di Francia la resistenza sì debole, in Catalogna che col Rossiglione confina non avrebbe quasi ritrovato ostacolo alcuno. Il medesimo nella Navarra succedeva; se dunque avesse mosse le armi ugualmente per tutto rilevava la corona di Spagna una percossa funesta e fatale, ma volere è del Cielo che le risoluzioni non sieno in ogni parte perfette e che il grado della prudenza non avanzi quello della forza.

A sì moleste disgrazie il giorno che chiuse gli occhi Filippo IV e si aperse l'urna fatale, in fiacchissime disposizioni lasciò gli Stati, nè facilità da supplire all' urgenze quanto comportava il pericolo. Godè egli 60 anni di vita e 40 di regno, fu dotato d'eccellenti virtù e d' ottimo talento, ma questo non coltivò e di quelle poco si calse. Nell' età verdeggiante lo vinse il fervor degli affetti ed in ricreazioni giovanili distrasse la sua mente. Nella religione si diede a conoscere perfettamente zelante, esemplare nella pietà, nelle mercedi generoso e nella giustizia troppo clemente. Non ebbe inclinazione al governo, nè inclinazione all' armi, capace di ogni risoluzione, ma sempre nel risolvere perplesso; innalzando i privati credè a' loro artifizii in dirigere la corona e se stesso. Dopo la morte di D. Luigi d'Haros ripigliò l' autorità con sua gloria; ma colpito dagli anni e dalle indisposizioni, con languore se ben con zelo suppliva, si confidò ad ogni modo sempre meglio nell' opinione de' ministri e de' consiglieri, che ne' suoi sentimenti ancorchè pesati e maturi. In fine ultimate asprissime guerre, stabilita la pace, sperava con quiete e riposo tirar in lungo la vita, ma tormentato dai dolori di fianco, oppresso dalle infermità, stancato dai negozii, afflitto dall' aspetto calamitoso della monarchia, con perfetta rassegnazione ricevè il colpo funesto, inevitabile dell' umana fragilità se ben coronata; lasciò esausto l' erario, il patrimonio aggravato, appoggi debolissimi, emuli poderosi, vittoriosi i ribelli e la tranquillità vacillante.

Frutto del primo letto con Isabella sorella di Luigi XIII già cristianissimo re, è la regina di Francia presente, principessa che avendo servito per istrumento di pace porge motivi di varie pretensioni alla guerra. Le seconde nozze con Maria Anna figlia di Ferdinando III fu imperatore, felicitò il Cielo con la prole di Carlo II regnante e di Margherita imperatrice; per il figlio dunque suo successore non uscito dall' infanzia ordinò nel testamento forma di governo regolato e prudente. Alla regina madre conferì la autorità legittima di tutrice ed assoluto arbitrio nell'indipendenza del comando, una giunta di ministri con voti consultivi assegnò per sua scorta, i nomi loro e qualità si diranno più a basso, nel rimanente non fece novità nell' ordine antico.

Prima si deve rappresentare che Carlo è chiamato II seguendo il catalogo dei re di Spagna, e non degli imperatori, ed è l' ultimo de' molti figli che diedero due regine alla luce. Dalla Provvidenza divina fu concesso nell' età avanzata ed inferma del padre quasi miracolosa radice per succedere ai regni, e conservare quella linea reale. Corre nell' anno sesto con prosperità e salute; si rinfranca nel vigore del corpo ogni giorno avanzando con propizia assistenza del Cielo nella vivezza dello spirito; si decantano meravigliosi progressi di talento sublime, e di altissima capacità il presagio si forma. L'indole è angelica, l' apparenza maestosa, il tratto maturo, nell' occasioni brillante ed ardente di suo naturale; s' incammina all' educazione con riserva delicata e gelosa, così ricerca una tenera pianta destinata a produr frutti preziosi.

Rimasta vedova la regina madre nel fiore di anni 30, edifica coll' esemplarità della vita e dei costumi innocenti, assomigliandosi ad un purissimo specchio; si compiace degli esercizii pietosi e divoti, molte ore volontieri v' impiega, altre nell' udienza destina, e nel dispaccio si occupa a misura dell' occorrenze ogni giorno; così ripartendo il tempo passa, in servizio di Dio, del re suo figlio, e de' vassalli, la vita; soggiacque a qualche indisposizione, dolori di testa di frequente l'assaliscono con incomodo proprio e pregiudizio delle materie correnti, ritardandosi le spedizioni ed i negozii. Nella morte del re riuscì nuova totalmente alla direzione d'affari importanti, ora si va impossessando dei maneggi con molta virtù per ben assistere alle mosse d'una macchina grande.

La giunta fu instituita dal re all'oggetto di stabilire per S. M. consiglieri dotati di maturità, di esperienza e di fede. È composta del cardinale d'Aragona arcivescovo di Toledo, del padre Everando gesuita, confessore di S. M, inquisitor generale, del conte di Castiglia presidente di Castiglia, del vice cancelliere d'Aragona per privilegio decoroso di quel regno, del conte di Pignoranda rappresentante il Consiglio di Stato e del marchese d'Aitona per l'ordine dei grandi; i quattro primi intervengono senza essere nominati dal re particolarmente, gli altri due sono con espressa maniera destinati nel testamento.

Il cardinale di Aragona nel cimento di dignità cospicue esercitate con alti caratteri in Napoli e Roma ha impresso fondato giudizio delle sue virtù ed intenzioni: in Madrid si venera la dignità, s' ammira la rettitudine, si gradisce la cortesia, ma non si concilia distinto concetto d'ingegno profondo e di sapienza sublime. Di niuno avendo bisogno, arrivato al grado ultimo de' suoi desiderii medesimi, si mostra zelante e si professa sincero. Nell' inquisitore generale si riflette le constellazioni più fauste aver conspirato con influenze benigne al suo miracoloso ascendente, nella Stiria ebbe la nascita con disposizione ammirabile e superiore decreto d'esercitar in Spagna ministerii importanti. Si compiacque della milizia nella sua gioventù, poi con vocazione migliore deponendo l'armi si ritirò ai chiostri ed agli uffizii, vestì l'abito della Compagnia di Gesù, profittò negli studii e nelle dottrine, guadagnando applauso nelle cattedre e credito nella bontà.

Da Ferdinando II fu prescelto a dirigere la coscienza della principessa Maria Anna sua figlia, che passando in Spagna seco lo trasse e arrivata all'autorità suprema ha reso celebre il di lui nome con promuoverlo ad insigne fortuna per motivo di gratitudine, di confidenza e di stima. Con la lega di varii ornamenti convertiti in metallo prezioso, ebbe luogo dopo la morte del re nel consiglio di stato, inoltre superato il torrente di opposizioni infinite ottenne l'inquisitorato generale, dignità primiera nella giurisdizione e nell' autorità altro non gli manca per l' adempimento d' un volo veloce ed altissimo che cambiare la nera toga con la porpora sacra: così è passato dalla cella al palazzo e dalla direzione d' una coscienza al governo di una monarchia. Il talento sebbene non è de' più superiori, si cimenta capace, l' intenzione si conosce ottima, l'animo disinteressato; gode d' esser supposto autorevole, esercita però l' autorità con moderazione per modesti riguardi e per naturale freddezza; la condizione di straniero lo rende sospetto di mente all' Alemagna troppo propensa; l'esaltazione improvvisa provoca invidia, e l' avanzamento alla confidenza attrae vapori per denigrare i raggi della sua fama; si formano batterie strepitose e mine secrete per smantellargli la fortuna; dovrà sempre con circospezione ed intrepidezza riparare i colpi, schermir le minaccie, e dileguar i turbini dall' insidie; nella protezione della regina come in àncora forte getta le speranze della sua preservazione e salute; stimerei vantaggio di VV. EE. che non declini dall' autorità, perchè in ogni congiuntura ho scoperto sentimenti aggiustati a sollievo delle pubbliche afflizioni, delle quali parla con rispetto e compatimento; l' intenzione non è da desiderarsi migliore; l' operazione potrebbe però essere più pronta ed efficace.

Il conte di Castiglia presidente di Castiglia, d' età ottuagenario, si mantiene nella disposizione non solo robusta ma d' ingegno e d' intendimento in ogni perfezione vivace. Incanutito ne' scabrosi maneggi, possiede il patrimonio d'esperienza ammirabile. Dal posto ricevendo rispetto, egli con la maturità e prudenza accredita il posto medesimo; riesce indefesso nei negozii, d'applicazione costante, d' ogni cognizione capacissimo; pecca nella severità e s' assoggetta all' ambizione. In vita del re defunto aspirò al ministero assoluto senza conseguirlo; s'avanzò tuttavia a grado di preminenza distinta; ora conserva il credito antico e cresce in estimazione ogni giorno; finge con l' inquisitore generale per i proprii vantaggi unione stretta e corrispondenza sincera; per questo gli fu esibita la maggiordomia maggior di palazzo, ma da diversi motivi fu frastornato il successo; restarono gli animi alterati; abbenchè l'esterno apparisca composto e tranquillo; scoppierà qualche fiamma ben presto; l'uniformità degli interessi non dei genii gli obbliga ad un reciproco legame per sostenersi; deve però l'Inquisitore generale più temer la sua sagacità profonda che confidare nell'amicizia affettata. Con lui i nunzii, nè gli ambasciatori d'Alemagna e Francia passano visite negando in sua casa la mano; Inghilterra ed Olanda si contentano del ripiego di ritrovarlo nel letto; io con le regole dell'esempio de' primi comprese, ho creduto mai da essi appartasmi, come più aggiustato al decoro e dignità della rappresentanza.

Fondata dottrina si riconosce nel vice cancelliere d'Aragona, molto legale, poco politica, rimira il servizio della Corona con passo fisso ed eguale, si rimette all'opinioni di rado facendosi autore di nuovi consigli e mostrando straordinaria costanza in sostenere i propri pareri. Con questo nemmeno s'è introdotta per differenza di titoli visita alcuna.

Le ambasciate ripetute in Alemagna e la vice reggenza di Napoli preconizzavano al mondo le condizioni del co. di Pignoranda; al presente stà rilevato ne' ministeri rilevanti con degnissima fama; professandosi ingenuo, colora la finezza; varia nell'opinione ben spesso con volubilità non interamente aggradita, riporta nel resto approvazione conveniente.

Religiosa pietà adorna il marchese d'Aytona; questa, sperimentata dal già re, prevalse a destinarlo alla giunta. Credette che il fervore verso Dio sia un contrassegno vivo di volontà retta in servire il suo principe, lo preferì dunque ad altri ministri antichi e provetti. Dalla Catalogna traendo l'origine, non piacque a'grandi di Castiglia esser in congiuntura sì grande posposti ad uno straniero; s'esercita con puntualità incontaminata ed attenzione sincera; nel talento è avanzato da molti, nel zelo parmi a tutti eguale certamente.

Questi sono i ministri della giunta poco meno che arbitri del governo; la regina rimette al loro esame ed approvazione le materie d'ogni qualità, lieve o grave, che nascano. Con le consulte loro quasi prescrizioni inalterabili, e certe regole di ordinazioni regie, o alla pluralità de' voti, da S. M. nel decreto s' inclina, notabile a quell' opinione risulta quando l' Inquisitore gentilmente v' aderisce, ed il suo concorso va in conto di ragion concludente.

Succede il consiglio di stato cospicuo ne' tempi passati, or ecclissato per la superiorità che la giunta interpone; è composto da consiglieri antichi e moderni tra' quali ascrivo gl' introdotti dal già re, e nell' ordine di questi entrano ancora i promossi dalla regina.

Li primi sono i duchi di Medina ed Alva, li marchesi di Caracena e Mortara, si comprendono pure il cardinal d' Aragona, ed il presidente di Castiglia, il conte di Pignoranda descritti di sopra, ed il marchese di Castel-Rodrigo, che per esser lontano lascierò nel silenzio.

Nominò la regina i duchi d' Albuquerque e Montalto, don Luigi Ponce governator di Milano, il marchese d' Avila fu vicerè di Sicilia, ed il marchese di Fuentes ambasciatore al Cristianissimo; nella nomina stessa si comprese il confessore. Brevemente dirò d' ogn' uno le circostanze più rimarcabili.

Nel duca di Medina fioriscono molte virtù di facondia ed intendimento. Sono contrapesate da difetti d' applicazione scarsissima, lentezza nell' operare, e da amore soverchio al suo comodo ed a se stesso; è decaduto con la morte del re dall' autorità e dalla grazia; soggiace più a mortificazione che a favori, prevalendo la fazione degli emuli suoi; risentì esser escluso dalla giunta; ha impiegato per introdurvisi; niente giovando, resta con il disgusto e con il discredito; viene protetto dall' imperatore grandemente, ch' è l' unica stella nel torbido delle sue fluttuazioni e tempeste; e nell' animo suo, officina di molte amarezze, si travagliano instrumenti pericolosi alla quiete della minorità e d' un tranquillo governo.

Il duca d'Alva superficialmente attende al consiglio di stato, niente amico essendo de' travagli e cure moleste; studia di vivere senza disturbi e con divertimenti prolungare gli estremi suoi anni; misura i successi del mondo con sentimenti fastosi e della corona parla con frasi elatissime come radicata nell' antica grandezza; più per stimolo de' suoi domestici e parenti, che per proprio genio, ha assunto il titolo di maggiordomo maggiore della regina; alla sua celebre nascita il nicchio fu aggiustato, nè poteva scegliersi soggetto di minore gelosia per collocare in palazzo nelle crisi d' emulazione che corrono; alle metamorfosi della corte stà attento per curiosità, per passione non è fisso.

Si è di Caracena avanzata la fortuna e qualificato il nome tra l' armi; Milano e Fiandra riuscirono teatri famosi della sua gloria; contro Portogallo avendo comandata l' armata con mancamento di felici successi, si disputa sopra gli effetti della sua sfortunata condotta; alcuni scusano le di lui operazioni imputando la fatalità d' una guerra a tutti i generali funesta nella riputazione, se non nella vita (1); da altri si condanna di molti trascorsi la sua direzione. Certo è, che sopra le fatali influenze non predomina la migliore condotta.

Nelle guerre passate avendo travagliato assai, il marchese di Mortara ora riposa; per frutto delle sue fatiche raccolse titoli, onori e ricchezze, congiunte ad infermità lunghe e nojose, frequenta ad ogni modo nelle sedute il consiglio, e nelle materie concernenti i militari apparecchi si riguarda con riputazione il suo voto. In lui finisco le osservazioni de' ministri che in vita del fu re formavano questo corpo. Fra quelli dalla regina dichiarati viene Montalto per primo. Egli col titolo di maggiordomo maggiore s' era reso oltre le condizioni del suo sangue maggiormente cospicuo; desiderò la nomina al cardinalato prima d' entrare nei posti d' estimazione sì alta; or conseguita la porpora è dubbio s'abbia più perduto che avanzato; aspira al fregio di pro-

(1) Dopo la rotta di Ameyxial nel 1663, don Giovanni d' Austria, che comandava le truppe castigliane, scriveva a Filippo IV, essersi tutti portati male, non poter difendere alcuno, ed egli stesso, perchè aveva conservata la vita. Caduto in disgrazia, fu affidato il comando supremo dell' esercito contro Portogallo al marchese di Caracena che non fu più fortunato, e che subì la disfatta di Villaviciosa la quale completando la rovina militare della Spagna assicurò la indipendenza del Portogallo.

tettore della corona, ma quello di comprotezione solamente gli fu impartito; di molte altre pretensioni non reso contento, si fermò in Madrid quando le maggiori urgenze del suo re lo stimolavano al viaggio di Roma; nel resto fa risplendere con generoso trattamento il suo animo grande, possiede ornamenti di erudizioni e di lettere con tratti manierosi e prudenti, pecca alquanto nell' ostentazione e presunzione di se stesso.

Del duca d' Albuquerque che per pochi mesi entrò nel consiglio di stato non ho motivo d' estendermi molto; il servizio di maggiordomo maggiore dell' imperatrice l' ha reso a VV. EE. ed all' Italia tutta assai noto.

Il marchese d'Alva, per la qualità del sangue, per gli anni avanzati e consunti in impieghi diversi, meritò in quel Consiglio l' ingresso.

Scrivere di don Luigi Ponce e marchese di Fuentes lontani dalla corte nel tempo mio non mi dà l' animo; lascio agli eccellentissimi miei successori l' incarico.

I ministri dunque sopranominati sono i principali moventi della monarchia: invece di guidarla per un sentiero meno scabroso con applicazione zelante la trasportano sempre più nelle spine; manca la tranquillità degli animi, la concordia dei sentimenti e l' uniformità de' fini; regnano le fazioni, s' innestano le amarezze, ed ardono ne' cuori le fucine di furiose passioni; da flutti contrarii dibattuto il governo si agita fra incerti principii senza risoluzioni sode e sicure; per questo più s' apprende il precipizio di quello si speri il miglioramento.

Da sì velenose radici di divisioni presero motivo li parziali di don Giovanni d' Austria d' introdurre per la sua venuta alla corte aperture e negozio; Medina e Pignoranda quasi primi elementi composero le novità, Castiglio e l' Inquisitor generale si opposero per distruggerle; s' incatenarono nella Regina gelosie, ombre, terrori coprendo il timore della propria caduta con l' apprensione delle disgrazie reali: tuttavia S. M. se ben resistè con costanza più mesi, in fine avrà cesso alle istanze del principe per riguardo a' desiderii del popolo e d' inconvenienti maggiori.

Rimane egli in gran cimento esposto sopra il nicchio dell' attenzione del mondo; non è dubbio che riluce per le prerogative di sublime virtù e d'universale esperienza. Il cielo con doni naturali l' arricchì con notabilissima dote aumentata dalla sua applicazione allo studio e dagli esercizii con lode singolare; vivendo il padre lo videro Fiandra, Italia, Portogallo comandar armate, governar provincie, sempre coraggioso, non sempre felice. La gloria di gran soldato non gli si può disputare, come il grado di comandante gli viene conteso; ad ogni modo il suo nome riporta applausi, incolpata dei mali successi la sinistra fortuna, non ascritti per temerità o per ommissione a sua colpa; naturalmente sostiene il fasto; ora affetta la cortesia per conciliarsi l' acclamazione, essendo calamita efficace; è però da supporsi che col progresso del tempo arriverà ad avanzarsi nell' autorità e nell' arbitrio; se nel sangue è distinto, non s'acqueterà di rimaner eguale nel posto, anzi a poco a poco dilatterà i pensieri come dalle piante lentamente si profondono le radici e si estendono i rami; sarà per simile causa unica mêta degli emuli suoi con speciose apparenze allontanarlo, ma egli avrà per oggetto stare nel centro della corte vicino al re nella sfera d' una direzione importante, tanto più, che sospetterà il fine essere di perderlo più che di avanzarlo.

Questo è lo stato intimo degli affari di quella corte e corona, non meno pericoloso che difficile, soggetto a contingenze ed accidenti di novità imbarazzate e confuse.

Le massime con principi esteri nelle agitazioni dell' Europa imminenti e nelle vicende della fortuna incostante non si tengono fisse; si teneva per fondamentale principio la conservazione della pace e la migliore corrispondenza con tutti. A sentimenti tanto pii e maturi obbligavano gli anni teneri del re, la regina sfornita d' esperienza, i ministri senza unione, li vassalli raffreddati nel fervore divoto, stanchi dal peso delle imposizioni, e del governo non perfettamente contenti; per ragioni sì vive ognuno stava alieno dal provocare non dirò torbidi grandi, ma piccoli vapori che turbassero la quiete; ad ogni modo se da' marinari si soggiace d' improvviso alle burrasche, i principi vengono assaliti dalle molestie fuori del loro bisogno e servizio. S' avrebbe volentieri con Portogallo abbracciata una composizione decorosa per restituire la corona in ottima quiete, ma la pace pretesa da Braganza col trattamento reale, si rigettò per partito indecente (1), il re minore non dovendosi defraudare almeno sopra i regni di suo legittimo diritto concederlo nei trattati; in simil scoglio si ruppe la negoziazione più volte; fu mediatore il re britannico con molto calore maneggiandosi il co. di Sandwich l'inverno passato; vane riuscirono le fatiche e niuno utile si riportò da'lunghi maneggi, negando gli Spagnuoli di assentire a parola ed impegno, se prima gl'Inglesi non s'obbligavano d'abbandonare il duca cognato; si continua dunque una dispendiosa inutile guerra; assorbe questa voragine sette in otto milioni annui senza speranze d'alcuna rimarcabile impresa; non si desiste per riputazione dell'impegno se ben vi concorre il servizio; altri in contrario riflettevano, che prendendo la misura dal proprio stato nel tempo presente sia rigoroso ogni più sottile riguardo, mentre arrivato il re all'età e cognizione de'suoi proprii interessi, si consiglierà con le forze non con le leggi nell'eseguire le obbligazioni da'suoi governatori concluse; per questo consigliavano necessario curare la piaga, portare alla corona respiro, e conservare li spiriti per occorrenze più moleste e pressanti.

Ma l'opposizione fastosa prevalendo alla moderata e prudente, si previde allora, che in un caso solo potrebbe forse il governo mutare sentimento, cioè se da Francia con maligna combustione venisse in Fiandra ed altre provincie accesa la guerra; si suppone parimenti che Braganza migliorerebbe volentieri i vincoli col Cristianissimo assunti, quando riportasse il grado pieno delle sue soddisfazioni decorose ed ambiziose.

Vero è, che i Portoghesi non andarono immuni da calamità pesantissime; penuriano di viveri e denaro, ed il paese risente desolazioni e rovine; tuttavia per sostenere la libertà indipendente da Castiglia ed il trono in casa cospicua della nazione, con-

(1) Il Consiglio di Castiglia non era ancora rassegnato a subire la legge della necessità, *tragar este bocado tar amargo*, e non trovava conveniente che si trattasse col re di Portogallo da potenza a potenza *hacer par con un tirano de rey a rey*.

tribuiscono a gara le facoltà con le vite. E quel regno è divenuto inviolabile; piazze frequenti; terre ad ogni passo trincerate; valore degli abitanti e prontezza nel prender l'armi ed accorrere alle urgenze. S'aggiungono le assistenze della Francia, nelle ultime alleanze accresciute a pregiudizio d'ogni composizione ed accordo con la Spagna; l'Inghilterra parimenti, mai è per abbandonare il cognato, obbligata conoscendosi per interesse o per decoro.

Con l'imperatore si desidera dalla regina la confidenza viva e meglio che mai confermata; l'inclinazione al fratello, la tenerezza alla figlia gl'instillano affetti parziali. Molti de' ministri non si mostrano come ne' tempi andati a quella corte propensi; poco denaro si rimette, alle soddisfazioni dell'imperatore non molto s'accondiscende. Al presente, la novità degli accidenti introdurrà nuove massime, perchè bisogna confessare, che la salute di quella corona consiste in Cesare potente ed armato. Si sperano benefizii importanti, soccorsa dalle sue milizie la Fiandra, assistita l'Italia, l'Alsazia percossa; ogni novità che lo diverta si rimarca in Madrid per dannosa. Da tali motivi scaturirono gli eccitamenti di pace con i Turchi, e di procurare la quiete in Polonia ed Ungheria. Si portano sempre efficaci persuasioni, e stimo li grandi; si vive però tra' sospetti pungenti delle milizie suedesi in Germania, de' principi confederati del regno e d'altri protestanti torbidi ed inquieti; si scoprono in fine le suggestioni della Francia per occupare l'imperatore nell'impero.

Nel conservare la pace col Cristianissimo hanno gli Spagnuoli conosciuto che consisteva il progresso felice della minorità; non mancavano dalla parte loro dello studio maggiore per coltivare l'animo di quel re, e sgombrare dall'animo suo le intenzioni d'assalirli. Con simile riguardo non piegarono a progetti di lega con gl'Inglesi, nè con Portogallo sollecitarono il buon sigillo a trattati. Ambrum con accortezza sagace li nutrì sempre nella maggiore confidenza, ed in Parigi dal marchese de la Fuentes si riportarono asseveranze pienissime di progredire nella quiete. Consolavano questi discorsi; ma dall'altra parte s'udivano con animo afflitto i poderosi armamenti e le verificazioni delle pretese sopra Paesi Bassi. Tuttavia nè il re in Parigi, nè l' ambasciatore in Madrid ne parlavano; silenzio altrettanto misterioso quanto puntuale, e che in fine dà a conoscere che se della calma più tranquilla non è in mare da fidarsi, fra' principi, quando occorre l' interesse, non è sicura la più perfetta corrispondenza; cadde adunque all' improvviso il fulmine delle dichiarazioni e delle mosse reali.

Veramente, se la ragione che maggiormente convinca a muover l' armi è l' opportunità della conquista, non potevano i Francesi impugnarle meglio che nell' aspetto corrente, re minore, governo debole della regina, discordanti i ministri, la Fiandra poco presidiata e munita, niuna confederazione, incerti i soccorsi della Germania, e nella Spagna stessa un nemico che rode la forza, sebben non usurpi provincie. All' incontro il Cristianissimo cinto da potentissime armate in terra ed in mare, aggiungendosi ogni maggiore requisito per riuscire temuto e glorioso.

Ben è vero che la soverchia potenza e fortuna, concitando invidia e gelosia, come dai splendori nascono l' ombre, potrebbe insorgere sopra la sua posterità qualche ecclissi. Hanno gli Spagnuoli creduto che gl' Inglesi ed Olandesi si sarebbero uniti alla loro difesa, mentre certo è che non si separerebbero col tempo dalle loro disgrazie; fondate pare che sieno le speranze in sufficiente ragione cessando l' ostilità tra quei due potentati; nel mentre resta sopra la Spagna solamente appoggiata la propria difesa sin' ora soggetta agli azzardi ed alle perdite gravi.

Il fondamento e diritto del Cristianissimo è ormai così divulgato alle stampe e notorio al mondo, che mi posso giustamente dispensare di porger tedio all'Eccellentissimo Senato (1). Dirò solo che da' Spagnuoli si nega la devoluzione degli stati alle femmine essendovi un principe successore; questo, se ben l' ultimo nella nascita, esser il primo per privilegio della convenienza e della consuetudine. Si sostiene per legittima la rinuncia della regina di

(1) Il così detto *droit de dévolution*, portato dall' ordine civile al politico da Luigi XIV, in forza del quale pretendeva che Maria Teresa sua moglie, figlia del primo letto di Filippo IV, dovesse escludere Carlo II nato da un secondo matrimonio dalla eredita della Fiandra che riconosceva i diritti di devoluzione.

Francia confermata dal re medesimo con atti solenni nel contratto nuziale, la di lei invalidità convaliderebbe le pretese venendo il caso sopra la successione della monarchia; circa la dote non esborsata si giustifica la tardanza con l'esibizioni fatte più volte quando dal parlamento si fossero confirmati gli atti che seguirono nei Pirenei. Così viene sostenuto essersi concertato in quel tempo ed occasione tanto celebre e cospicua con speranze d'ogni felicità al Cristianissimo; ma un perverso destino eccitando influenze maligne, rinnova le miserie e le calamità prestamente. Le ragioni alla punta delle spade e non alla penna rimesse, resteranno disputate con la violenza del ferro e del fuoco per esser decise nel tribunale della forza e della potenza.

Con il re britannico desiderano gli Spagnuoli pace e corrispondenza; pregiudizii rilevanti è capace d'inferir loro quella corona; dall'armate marittime facilmente si pregiudica il commercio; le Indie resterebbero esposte a dannose invasioni e le flotte soggette ad inevitabili pericoli. Il governo di Madrid arriva a cognizione sì necessaria e si procura di trattare quel re con le blandizie e con gli allettamenti perchè sia, se non favorevole, almeno non contrario. L'unione però col duca di Braganza lo rende sempre sospetto e di tutti i suoi progetti fa concepire apprensione gelosa; certo è, che dalla difesa del cognato mai ha voluto assumer l'impegno di levare la mano; anzi con gran sudore dibattuta la materia, si raccolse che a guisa di pietra durissima resisteva a tutti'i colpi; da ciò nacque principalmente che la negoziazione con l'ambasciatore Landurch incontrò impedimenti gagliardi, s'accrebbero poi anche dalle pretese dell'ambasciator Ambrum, che con accorta maniera faceva che avesse la corona con i nemici del suo re abbracciata unione ed alleanza; ora che cessa un tale riguardo, sarà curioso osservare l'intenzione del re britannico, che forse dal Cristianissimo guadagnata, non avrà più i concetti stessi d'unione con gli Spagnuoli. È però massima fissa e costante che se l'interesse è il primo mobile dell'arbitrio dei principi, non comple agli Inglesi che nè la Francia estenda il dominio divenendo più forte, nè casa d'Austria perda le provincie col rimaner infiacchita.

Negli Olandesi riflettono i ministri di Spagna restar sempre viva quella radice d' inclinazione e genio alla Francia, certa necessità d' obbligarli pure a concorrere nei sentimenti d' un re sì potente e vicino; sperano ad ogni modo che il fulmine dell' apprensione colpendo le provincie a loro vicine e nelle quali entrano a parte, li risvegli a ponderazioni mature sopra il pericolo; si aggiunge, che delle procedure passate di Francia nell' adempiere contra gl' Inglesi le obbligazioni della lega restarono gli Olandesi più mal contenti che sodisfatti; per questo se la congiuntura desse luogo a trattati, non riuscirebbe difficile negli animi di quei popoli aprire una breccia di favorevoli dichiarazioni alla Spagna.

Circa le potenze settentrionali più rimote rilasciano all' imperatore l' incombenza.

Discendendo all' Italia, entra in primo luogo il pontefice Alessandro VII, vedendosi cadente, tutti i voti concorrevano all'esaltazione del cardinal Rospigliosi in quella corte applaudito con sentimenti sinceri. Fu nella lunga nunziatura la Beatitudine sua sempre acclamata per ministro d' altissimo talento e d' ammirabile prudenza, si conobbe però degno di sedere nel trono maestoso ed apostolico a gloria del suo nome e singolar beneficio della religione. Il negozio rimarcabile con Roma riflette la provvisione delle chiese di Portogallo. Mancando i pastori, resta quel gregge esposto da tanto tempo alle insidie e pericoli gravi; tuttavia i temperamenti non essendo facili, si bilancia la materia per rilevante al servizio del Signore Iddio e della Chiesa. Nell'emergenze pure di guerra in questa provincia, stimeranno gli Spagnuoli grazia del cielo avere un zelante pontefice che con santa pietà s' interponga per la riconciliazione delle corone, senza fomentare le alterazioni e molestie per il proprio interesse.

Per quello rimira all' intenzione della Serenissima Repubblica, devo confessar con franchezza avere scoperto perfettamente disposti i ministri. La spedizione delle galere accredita il mio sentimento; si parla con applausi e commendazioni infinite, e si diffonde nel più vivo compatimento. La volontà di prestar soccorsi viene combattuta dall'impotenza dei mezzi ristretti, ed al presente dalla maggior necessità della corona sarà nuovamente impedita.

Nelle novità che turbassero la quiete d'Italia, si considera la prudenza dell'Eccellentissimo Senato aliena dal fomentare rumori, costante nel desiderare il bilancio delle corone, ed applicata con fervore a preservare dalle innondazioni de' mali l' Europa, e sopra tutto questa provincia sostener illesa dalla calamità delle fiamme.

Non si tralascia di coltivar il duca di Savoja con l'apparenza speciale di chiamarlo alla successione dei regni. Fu supposto e preteso di coltivare altamente l' animo suo obbligandolo in moti di guerra a mantenersi almeno neutrale, ma si dubita infruttuoso ogni tentativo, mentre si ritrova troppo dominato dall'arbitrio dei Francesi medesimi. Alcun diritto pretende nei Paesi-Bassi quel principe; deduce la sua ragione dall' eredità dell' infante Isabella fu moglie dell' arciduca Alberto caduta in Caterina moglie di Carlo Emanuele suo avo; in caso, che le femine sieno abilitate, non è sprezzabile il suo fondamento, se da forza vigorosa, più che legale, si fiancheggerà.

È raffreddata assai l' antica corrispondenza con la repubblica di Genova; a questa non piace il corto trattamento praticato coi suoi ministri, nè da' Spagnuoli s' assente d' accrescerlo col preteso decoro.

Diversi altri emergenti concitavano gli animi, ma dalla qualità de' tempi si donò con prudente dissimulazione la rimostranza alle amarezze; meno piace la frequenza de' convogli destinati a levare dalla Spagna il contante in contravvenzione degli editti reali, e pregiudizio dei regni.

La beneficenza del re di Spagna alla casa De' Medici è testimonio dell' ottima volontà verso il gran duca; si stima quel principe e si desidera che con casa d' Austria conformi ne' sentimenti e nelle inclinazioni per le congiunture importanti.

Con la duchessa di Mantova si procura la corrispondenza assai confidente; una causa è l' importante piazza di Casale nelle agitazioni che corrono giustamente gelosa. L' altra è il desiderio che il duca non scelga sposa fuori della sfera de' principi austriaci, moltiplicando con l' unione del sangue quella de' cuori e degl' interessi.

I duchi di Modena e Parma si studierebbe sempre unirli al

partito proprio con impressioni aggiustate; gli esempi delle guerre passate insegnano in Italia le loro dichiarazioni rendersi considerabili molto. Al governator di Milano si rimette la cura di tutti questi principi, pubblicando, che l'ambizione della Francia riesce instrumento per fabbricare le catene, usurpare gli stati e rapire la libertà.

Con simili forme si studia, proponendo l'oggetto del proprio pericolo, divertirli dalle proposizioni di quella corona.

Parmi di aver delineato abbastanza l'immagine della monarchia di Spagna con le riguardevoli circostanze dell'Ecc. Senato (1). Supplico VV. SS., riconoscendo nella fatica presente l'intenzione infervorata di ben servirle, esercitare con benigna bontà un generoso compatimento; per la parte mia respirerò sempre con la consolazione di non aver risparmiato nel ministero nè sudori nè dispendii pel servizio della patria, ed il decoro del carattere preferito a' privati riguardi. Sarà felice riflesso a me stesso, sospiro solamente per fregio delle mie fatice, la pubblica stimatissima grazia.

È piaciuto alla maestà della règina, qualificare per marca di aggradimento e di stima il ministero di VV. EE. col regalo posto ai loro piedi; il permettere che resti nella mia casa rilucerà a gloria dell' Ecc. Senato; sarà memoria ed esempio insieme ai miei posteri dell' umilissimo servizio, e da me sarà rimirato in vero contrassegno di magnanimo aggradimento.

Dal segretario Pietro Giavarina si sono adempiuti intieramente i numeri tutti della maggiore puntualità e diligenza, pronto ed attento all' occorrenza ed ai comandi; si rende però ben meritevole d' esperimentare gli effetti vivi delle grazie di VV. EE. Alla sua ottima abilità è aggiunta l' esperienza d' anni otto in servizio degli ecc. sig. ambasciatori alla corte cattolica; può dunque l' Ecc. Senato dalla sua divozione e sufficienza promettersi ogni degna riuscita, con quella rassegnazione ossequiosa ed obbediente che protestano il zio e li fratelli con lodevole esempio.

(1) I dispacci di Marino Zorzi si conservano nel veneto Archivio generale alle filze 99 e seg.

RELAZIONE DI SPAGNA

DI

CATTERINO BELLEGNO

AMBASCIATORE

NELLA MINORITÀ DI CARLO II

DALL'ANNO 1667 AL 1670.

(Tratta dall'archivio del nob. sig. Weovich Lazzari).

CENNO BIOGRAFICO

INTORNO A

CATTERINO BELLEGNO.

Della antica famiglia dei Bellegno, che il Freschot afferma venisse di Roma a Venezia nell' anno 873, nacque l' 8 aprile 1632 Catterino, da Paolo Bellegno, il quale nel 1649 ottenne, mediante l' esborso di 20 mila ducati, la dignità di Procuratore di S. Marco, e da Chiara Canal di Antonio. Egli cominciò la sua carriera politica in servizio della patria colle cariche di savio agli ordini e di terraferma; fu poi capitano di Vicenza; indi nel 1664 ambasciatore a Torino (1) dove mentre si trovava ricevette la nomina di ambasciatore presso S. M. cattolica, e l' incarico di partire direttamente per Madrid, in seguito al decreto del Senato 17 maggio 1666. Giunse in Ispagna nel mese di marzo 1667 e ripartì ai primi di maggio 1670, « dopo di aver soddisfatto con singolare attenzione e pun- » tualità a tutti gli affari pubblici della carica e privati della persona; ed » accompagnato dalle più gloriose acclamazioni, e servito da numero » grande di amici parziali e devoti al suo nome e a quello della serenis- » sima Repubblica; restando realmente eternato il suo nome in corte di » S. M. cattolica con fregi cospicui di religione, virtù, prudenza e genero- » sità, essendosi guadagnato colle sue degne maniere il cuore di tutti, e » con il lustro il maggior credito e concetto pei veneti ministri (2). »

(1) La relazione di Savoja fu pubblicata dal cav. Cibrario. Torino, Alcani 1828.
(2) Dispaccio 4 maggio 1670 del segretario Tommaso Rudio.

SERENISSIMO PRINCIPE (1).

L'anno 1666, dopo aver prestato un debole servizio alla ambasciata di Savoja, trovò bene la Serenità Vostra di destinar me Catterino Bellegno cav. per suo ambasciatore ordinario appresso il re cattolico D. Carlo II e la regina D. Maria Anna d'Austria primogenita del reggente ultimo imperatore Ferdinando, la qual per rispetto della minorità del re suo figlio ha continuato a reggere come governatore, curatore e tutrice per ordine del re D. Filippo la mole di monarchia così estesa e grande. Il medesimo anno della mia elezione per decreto di Vostra Serenità presi il cammino verso quella corte, e vi arrivai alli 15 del mese di dicembre dove ebbi l'onore di rassegnarmi all'Eccellentissimo sig. cav. Marino Zorzi, che sosteneva la pubblica rappresentanza di V. S. con decorosa e celebrata maniera.

Per ritardo d'alcune mie particolari occorrenze, non potei che nel mese di marzo assumer il peso di quella gran carica, nel qual tempo, come risulta da'miei umilissimi dispacci, venni ammesso dalle persone reali con tutte le più nuove circostanze d'onore e di dignità che osserva il cerimoniale di Spagna con gli altri ambasciatori delle prime corone. Nell'introdurmi al ministero ben conobbi, Serenissimo Principe, molte cose difficili per me, e molte altre pel servizio della patria ardue e insuperabili.

Dal canto mio, in primo capo venni combattuto e agitato nell'animo dalla sinderesi della mia insufficienza, e da quel

(1) Era doge Domenico Contarini.

giusto timore, che nella direzione di maneggi di principi e nel vasto mare degli affari politici, senza una particolare protezion di Dio, il più delle volte causa il naufragio agli spiriti forti, nonchè alli più deboli e incapaci.

In secondo luogo, vidi l'impegno di conservarmi appresso l'EE. VV. quel poco di credito e opinione, che, per sola generosa bontà, s'erano degnate darmi in Piemonte, e sanamente appresi li discapiti che le debolezze andavano ad incontrar nel paragone della rara unità d'un soggetto, che prima di me aveva saputo in quel ministerio prezioso, in tante e varie occasioni raccogliere i frutti della pubblica lode e gli applausi della corte cattolica.

In disavvantaggio della Serenità Vostra militava la costituzione o per dir meglio la sovversion delle cose di Spagna, che andava correndo e quasi precipitando dopo la morte del re D. Filippo, e sotto la reggenza d'una principessa tutta nuova al comando, sottomessa ai consigli dell'Inquisitore gesuita, con distrazione di tanti nuovi e vecchi ministri, che componevano il corpo di già indisposto governo. Questa si può dire essere stata la pietra dello scandalo, il semenzajo delle discordie, il fomite venenoso delle passioni private, che ha estenuata la complessione e alterato quel temperamento che tanto deve esser sano e purgato al mantenimento perfetto delle monarchie e de' principati.

Trovai, Serenissimo Principe, altrettanto stabilito appresso l'autorità della regina il padre gesuita, quanto li suoi mediocri talenti potevano tenerlo appartato e lontano. È vero che due gran motivi prevalevano nel suo real animo, cioè l'inclinazione che per termine di natura non poteva negare a chi era nato sotto il suo cielo, suddito e vassallo della sua augustissima casa. E in secondo luogo, l'assegnazione di 24 anni di confidenza introdotta col mezzo di spirituali esercizii, e maggiormente stabilita, quando per il più degno fu scelto dall'imperatore Ferdinando ad accompagnarla e servirla al marito. I Castigliani nulla di meno sempre avversi a' stranieri, indebitamente volsero far cader due colpe sopra sua maestà, l'una di non essersi intieramente spogliata dell' inclinazione verso gli Alemanni, e vestita degli interessi del re e dei vantaggi della nazione. L' altra di non aver saputo distinguere e separar le convenienze della coscienza da quelle del buon governo, e dall'amore dovuto a'suoi popoli. In tal guisa, sta aperto il sentiero ai sospetti e dai sospetti alla mordacità della corte e successivamente s' andò introducendo il vero mostro della passione nei cuori di illustri e grandi, i quali, benchè discordanti nelle massime, ad ogni modo uniti nei fini di repulsar l' avvenente fortuna dell' Inquisitore, meditarono quegli esperimenti azzardosi, che poi col progresso del tempo, dal credito e animosità di D. Giovanni d' Austria furono intrapresi e perfezionati.

Ma prima d' avanzarmi ad altre narrazioni sopra l' espulsione del gesuita, passo a riferir brevemente a Vostra Serenità i principali negozii che trovai sopra il tempo del mio ingresso in quell' ambasciata, e come gli oggetti e le misure politiche erano indirizzate alla perfezione di due grand' opere, l' una di mantenere e consolidare sempre più la pace col re cristianissimo, l' altra di trovar termine di respiro alla disgraziata e funesta guerra di Portogallo. Così in questa ultima parte, per arrivar alla meta prescritta dalla fatalità e congiuntura de' tempi, si nutriva confidenza col re britannico, e si frequentava le sessioni e le visite tra il co. di Sandewich ambasciatore di Inghilterra e li tre ministri deputati al negozio. Con Francia poi si interponevano officii, e si praticavano sofferenze indecenti in Catalogna e Fiandra, sopra una confidenza fallace che l' ambasciatore Fuentes con la decenza e il credito avrebbe sempre divertita la guerra, e per verità, caduto egli nell' inganno medesimo senza scoprir le insidie sul campo, tanto accreditò le lusinghe di Spagna, che ai 7 di quell' anno, dopo veduti in consiglio li suoi dispacci pieni di confidenze e di sicurezze, lo stesso giorno, l' ambasciatore di Ambrum con intimazion pubblica e positiva toccò in corte la tromba all' armi, e con quelle mani consecrate agli altari, a guisa d' officiale od araldo gentile, avventò l' asta sanguigna nelle campagne cristiane. Così da tal mossa, per soverchia confidenza non mai aspettata o creduta, benchè più volte da Castel Rodrigo avvisata e predetta, ne conseguitò non solo una serie di perdite nei Paesi Bassi; ma ancora il trapasso d'una pace indecente col Portogallo attizzata dal marchese del Caspio in Lisbona, poi stabilita dall'ambasciatore britannico e fermata da quel di Castiglia in casa propria dell'inimico (1). Pace che ha destate le mormorazioni d'Europa, diminuito il decoro della monarchia, lese e infrante le intenzioni del re D. Filippo, scoperte le debolezze della corona, conturbato il sangue de' Castigliani, e che in fine ha prodotto un effetto tutto diverso dall'intenzione di chi poteva in parte giustificarla, perchè nè il risparmio d'otto milioni annui che si impiegavano in quella guerra, nè col disimpegno dell'esercito d'Estremadura, si potè dar di mano alle occorrenze di Fiandra.

Tra' frangenti così spinosi, D. Giovanni d'Austria comparso alla corte senza permissione della regina, cominciò ad incalorir le fazioni e a rinforzare i partiti. L'affabilità, la gentilezza e le rare sue doti unite alla memoria di tante gloriose azioni, gli conciliarono l'applauso de' grandi, la stima e venerazione dei popoli.

Molti principali ministri procurarono farselo scudo contro i colpi del gesuita, e chiamarlo a soccorso dei torti che risentivano dalla sua autorità. Vollero animarlo ad alzare la voce come principe tanto interessato di sangue col re, e in somma disporlo ad opporsi alla violenza per liberar la sua gloriosa nazione dalla servitù d'uno straniero, che per qualche tenue mal applicata mercede tutti i giorni rendeva mille ingiustizie al più illustre e chiaro sangue di Spagna. Ma il gesuita scoperse le mine, e allora non diede tempo a mettergli il fuoco, anzi distruttele con un regio comando, obbligò D. Giovanni alla ritirata noiosa di Ducadullacana; poi non corrispondendo di fortezza dell'animo alla condizione del suo mal naturale, affettò di raddolcir l'acerbità e pensò all'orditura di nuove insidie per separarlo dalle suggestioni degli amici e perderlo intieramente nel

(1) La pace col Portogallo fu conclusa il 13 febbrajo 1668 e pose fine ad una guerra che durò 26 anni. Vedi Mignet *Négotiations relatives à la succession d'Espagne* t. II, pag. 377.

concetto e nel credito. Agitato in questo modo dai proprii pe-
rigli e posto in apprensione della vendetta, interessò la regina a preservarlo e difenderlo, stimò proprio il suo ritorno alla corte e le regie lusinghe in accarezzarlo e blandirlo, fece che sedesse in consiglio, e a titolo di confidenza ed onore spezioso se gli appoggiasse la direzione delle cose pendenti in Fiandra, in quel tempo appunto che il re cristianissimo, con una forza senza contrasto, andava aprendo più città che cuori di popoli, e tormentando quel paese innocente col fuoco vivo e funesto dell'armi. Appresso poco additò a D. Giovanni i più certi pensieri, e per un tempo si valse di scuse e renitenze legittime; ma ponderati i maneggi ridotti in Olanda e la giusta apparenza di una pace vicina, dichiarò prontezza agli ordini di Sua Maestà e si pose senza frapposizione nella campagna in Galizia, coonestato dal ritardo delle milizie e dall'apprestamento dell'equipaggio marittimo. Successe in quel tempo la pace in Aquisgrana, per cui estinto il fulmine che inceneriva la campagna di Fiandra, ritrattò il suo intacco e pretestò il suo ritorno alla corte; ma l'avversario sottratto dal pericolo, lo costrinse con severo comando a ritirarsi come disgraziato a Consuegra. Con questi passi s'avanzavano gli animi ad impegni maggiori; il confessore per opprimere il principe, questo per staccarlo dal regio fianco e appartarlo una volta per sempre dai regni di Spagna. La corte, tutta commossa attendendo l'esito di questo certame, sentì poscia con dispiacere infinito l'ordine rapito del suo arresto, tutto che celeremente avvisato già con pochi cavalli avesse guadagnato cammino, e con celere marcia nel cuore d'inverno si fosse posto in sicuro nel principato di Catalogna. Ben si conobbe dalla serie di tanti impegni, che la falce della vendetta andava ad estirpar la radice abborrita, e i successi avvenire a produr frutti indecenti alla dignità del nome reale. In Catalogna commossero umori, poi in Aragona e Valenza molte scritture e stampe diaboliche giustificavano la ragion delle parti, e denigravano la dignità del governo.

In somma lo sregolamento degli affetti e degli odii precedeva alla giustizia e al decoro. Il Nunzio impiegava officii e preghiere, e con sommo zelo e bontà interponeva il credito e l'autorità del Pontefice, ma ciò non ostante l'audacia soverchia e l'onesta apparenza obbligò a rimedii violenti in faccia della maestà regia con alterazione della corte, con semi di sedizione, e finalmente con la caduta totale di quel soggetto che era stato l'artefice de' proprii mali.

Confesso all'Eccellentissimo Senato, che sarebbe intrapresa altrettanto ardua, quanto lunghissima, il digredire nel racconto dei casi che hanno confuso il retto ordine delle cose di Spagna, e corrotti i fondamenti antichi di quella gran monarchia, e che la mia debole penna, levandoli dalle misure d'una relazione compendiosa, assumerebbe le parti d'una istoria molesta, massime dopo di aver reso di tempo in tempo di tutti i successi accaduti un conto puntuale e distinto, di modo che lasciando D. Giovanni per ora nel suo asilo di sicurezza in Aragona a conciliarsi inclinazioni, e dall'altra parte il gesuita nel discredito e nell'odio del mondo, passerò ad altre considerazioni egualmente degne e importanti.

Le cause dunque, Serenissimo Principe, che opprimono sotto il suo peso la corona cattolica, provengono, per la lunga cognizione che tengo, da casi naturali e da accidenti fuori di natura; li primi insuperabili dei principati e monarchie in congiuntura di minorità dei loro sovrani, come in Francia è accaduto più volte, in Inghilterra e in altri regni del mondo. L'innocenza e la semplicità della regina, la sua diffidenza e riserva, indeboliscono l'autorità, coltivano il mal talento e l'alterazione dei popoli.

In secondo luogo succede una mossa indigesta d'umori e un pestifero seme d'affetti privati, che ha preso possesso e profondata radice nelle viscere principali del governo politico; onde non è stupore se, indebolita la natura e le forze, si sia sparso il morbo nell'interno ed esterno del corpo, e che privo di medicina e cura aggiustata risenta la separazion dei regni vicini e la caduta delle provincie remote, con discapiti e conseguenze non meno per Spagna che per il rimanente d'Europa minacciose e fatali.

Sopra questi vacillanti sostegni tiene oggi i suoi fondamenti l'austriaca monarchia di Spagna; i difetti si sono prodotti nella serie de' tempi passati e nelle dissensioni dell'ultimo re don Filippo. Tutto il corso della sua vita navigò per un mare di scogli; ma condotta la nave da esperti piloti, ruppe gli scogli delle rivolte di Catalogna, prese il vento propizio delle sedizioni di Francia, e finalmente passò fra le tempeste di Fiandra col buon zelo della quiete d'Europa. L'occaso della sua vita fu un astro malefico del cielo di Spagna, benchè questo nel segno di Vergine di difetti e di pensieri, quanto innocente di disciplina e d'arte.

Il testamento del re partorì influenze maligne sopra il radiare di quel sole nascente; la preferenza di nuovi ministri alli più antichi e provetti al governo, turbò l'ordine delle cose, alterò il buon senso di molti, e aperse un cammino lontano dai termini della probità e della prudenza.

Medina e Montalto anteposti in grazia, in vista del re si videro esclusi dopo la morte nella scelta dei grandi del regno; sopra Pignoranda, il confessore e altri cadè l'odio e la colpa, la sola inclusion al Consiglio di Stato gli parve tenue mercede alle loro benemerenze e talenti. Con l'amaro di questi soggetti, si fabbricò il veleno della discordia, e si diffuse conforme gli affetti. Poteva la regina con sani consigli apportarvi equilibrio e temperamento: priva la sua innocenza di lume aggiustato alla vera cognizion delle cose, subordinò le cure e i pensieri al credito d'un oracolo falso e mendace.

Chi vorrà veder la rivolta degli animi, la produzione di tanti difetti e mancanze che tolgono il credito e la forza ai decreti?

Chi potrà dire che una monarchia di tanta massa ed estesa, che abbraccia nel suo recinto infinito numero di provincie e paesi, che arriva all'estremità del mondo e ai limiti della natura, chè il sole nasce sopra di lei e che per lei mai non tramonta, sia ridotta alla declinazione della potenza e all'orizzonte della fortuna?

Le prosperità di Spagna ebbero principio sotto il regno di

Isabella e di Ferdinando il cattolico, furono fondate sopra la pietà, e stabilite sotto lo stendardo della fede e dell' evangelo. Filippo I passato nelle regioni materne in Belgio e Borgogna, favorito da stella felice col matrimonio di donna Giovanna, aggregò nuovi titoli e nuove corone alla sua augustissima casa. Carlo I poi di Spagna entrato al retaggio con guerre giuste e cristiane, ma altrettanto dure e incerte, posta la sua opinione ai gradi sublimi e reso stanco dalla sorte propria, lasciò la posterità in Alemagna e in Spagna nell' apice maggiore di concetto e di gloria. Ora pare che il falso idolo fastoso delle sue glorie vada a ritrattarsi in Carlo II e a togliere all' innocenza ciò che concesse alla giustizia, alla pietà, al valore, alla forza.

Sottò il giogo di sette nazioni e regni occupati e divisi, s'è veduta Spagna più volte cadere e risorgere; ma ridotta sotto l' impero d' un solo, con fondamenti di leggi civili e cristiane e costituti tanto prudenti e politici, pare impossibile la decadenza presente. È vero che al giorno d' oggi resta smembrato da quella mole il Rossiglione e il Portogallo; ma tuttavia nell' ambito de' tre gran mari Mediterraneo, Oceano e Cantabrico tiene unito il restante degli altri membri. Alla sponda sinistra del primo stanno posti li regni di Valenza, Murcia e Granata, e una parte dell'Andalusia. L' altra dritta pende all'Oceano con l' Algarve, Galizia, Asturia, Biscaglia, ecc. Ai piedi de' Pirenei Aragona e Navara, e nel centro del cuore Estremadura e Leone, la vecchia e la nuova Castiglia, dove è Toledo e Madrid ordinaria sede de' re.

I termini dei confini staccati sono posti sopra le coste di Africa, dove gli Spagnuoli hanno piazze importanti e gelose, nel centro del Mediterraneo, con riguardevoli isole e regni; nel più bel seno d' Italia e della bassa Germania, e finalmente all' ultima meta del mondo scoperto. Nel dar mano a questi membri disgiunti dal capo s' impiegano squadre navali, molti dispendii e pericoli.

La navigazione del Messico e della Nuova Spagna vien praticata ogn' anno due volte con viaggi distinti. Le prime scale sono l' Avana, San Domingo e Cartagena dell' Indie. Le flotte andanti e venienti smaltiscono ricche merci d' Europa, e trasportano in Spagna preziosi frutti di quella regione, molte e varie monete d' oro e di plata; ma la più tenue porzione è quella del re, che non ascende a' 3 milioni un anno per l'altro; il rimanente appartiene a' privati, e con supposti nomi; il meglio è asportato dalle nazioni straniere. Inglesi, Olandesi e Francesi sotto titolo di pirati, solcando più mari turbano la navigazione, diminuiscono li traffici.

Gl' Inglesi resi formidabili e forti in Danimarca con 36 legni armati, mantengono, si può dire, l' arbitrio del mare, e in apprensione la navigazione di Spagna; sono rivolti i pensieri di quella nazione a corseggiar nei porti spagnuoli, e in varii tempi e occasioni hanno impiegato le minaccie e il negozio. Sino al mio partire venivano esclusi dal Consiglio dell' Indie, che presiede in Madrid. Ultimamente fu scritto essere accordato questo gran punto. Però s' ha da sospender la fede e aspettar riscontri più certi e fondati.

Il Brasile e le piazze d' Asia sono cadute con la rivolta di Portogallo; non tengono altro gli Spagnuoli che un poco avanzo d' una memoria lugubre. Tutti questi casi e concerti sono storie de' tempi correnti; il presente e l'avvenire darà vasta materia a molti volumi. Ho detto di sopra la disgrazia naturale dei regni condannati a minorità perniciose, e delle monarchie ridotte in repubblica per accidente. In tal guisa è oggi di quella di Spagna, sotto la direzione di pochi corrotti, non perchè aspirino direttamente alla rovina dello stato; ma perchè i consigli escono dalla parte inferiore e la passione e l' interesse prevalgono al decoro; perchè hanno la vista più retta del cuore, e preferiscono i proprii sentimenti alle dimande del regno. Non pensano che il vassallo perisca, che la cristianità corra fortuna; non trovano sicurezze nel naufragio, nè strade da guadagnar cammino. Tutto il buono viene contaminato di gran difetti. Fa più male la sterilità de' consigli, che quella della natura. I popoli avanzati da tante estrazioni per l' Indie, Fiandra e Italia, gemono sotto il torchio di tributi infiniti; provano in pace le sciagure d' una guerra feroce, la carestia, e l'inopia con rimote speranze di compenso e rimedio.

Le forze poi estenuate dalla guerra si riducono a poco momento, il più valido nervo che è in Catalogna, non ascende a nove mila tra fanti e cavalli e non basta a coprire il paese e a guarnire in tempo di pace quella frontiera gelosa ed esposta.

Li reggimenti provinciali, benchè numerosi, nudi di disciplina, soccombono alle fazioni con renitenza e avversione. Le frontiere d' Estramadura, Galizia, e Castiglia, sono più guardate dalla fede de' Portoghesi, che dalle forze della corona. Il simile le coste marittime sprovvedute e aperte; maggior il numero de' generali di quello de' reggimenti e delle bandiere.

Il Paese Basso questi ultimi anni ha consunto il fiore delle truppe spagnuole, e li superstiti, per disperazione, si sono dedicati all' elemosine e alle rapine.

Pure, i legni da guerra marciscono nei costali di Cadice, sette ed otto navi al più sono atte a scorrer l'Oceano; la sola squadra di Giovanni Enriquez si tiene in riputazione e armata; così quelle di Fiandra e di Balacenta e Biscaglia, che volteggiano nei mari del nemico a sicurezza delle flotte del traffico adesso mancato; i legni del Centurione per disgusti di trattenute mercedi, passarono al servizio di Francia.

Le galere, dopo il viaggio dell'imperatore, si sono partite da quelle coste, hanno servito talvolta a' trasporti da S. Maria a S. Zuan di Bacanda suoi porti ordinarii sino a Barcellona. L' altra squadra è più di pompa che di fortezza, e per il viaggio d' Italia riceve dispendii e profusioni infinite.

Quelle di Tunisi servono a traghetti di milizie e ministri, a portare alle provincie di Spagna quelle di Napoli, a mutar li presidii in Toscana; l' altra di Sicilia e Sardegna a comodo di traffichi e talvolta separatamente ai viaggi di vice re; tutte in occorrenze di guerra ricercano apprestamenti abbondanti, come s' è veduto nell' espedizioni di Levante, nell' ultime estremità di Candia.

La pianta degli uomini illustri nelle scienze e nelle armi, che ha germogliato per tanti secoli, è distrutta dall' ozio e dalla lascivia. La gioventù e l'ordine equestre, son poco applicati alla profession di marte e alle fiaccole della virtù.

Tutto il patrimonio del re viene amministrato da un Consiglio di finanza, o di azienda; ma consunto dalle guerre passate, dalle mercedi del lusso e dalle profusioni della corte, non supplisce alle occorrenze ordinarie. Le dogane, le imposizioni e l'oro più purgato delle Indie, cade a beneficio degli aziendisti con interessi maggiori de' capitali; 14 in 15 milioni in plata o argento di ferma rendita, non suppliscono a tante indigenze che soffrono le provincie.

La parola economia è un linguaggio ignoto a' Spagnuoli; passa il disordine a punto di grandezza e di onore. Ho sentito a dire più volte da ministri autorevoli, che Spagna non vuol Colbert, nè introduzioni d'esempii tiranni, che è gloria e virtù sopprimere i stimoli dell'interesse, e cosa indegna di principi grandi il metter gli occhi sopra tali difetti.

La raccolta delle esazioni di Napoli serve alle occorrenze di Milano, e a pochi sussidii destinati a Cesare. Così l'oro d'Italia parte dal proprio centro. Varie sono le obbligazioni e dispendii, molte rendite però sopravanzano, che satollano l'ingordigia de' vice-re e de' ministri spagnuoli. Fra' consiglieri è invalso un concetto, che le ricchezze di Spagna alimentino le profusioni della corte di Vienna, e che il sangue dalle loro vene spremuto serva ad ostentazione di commedie e tornei. La dote numerosa dell'imperatrice e qualche altra porzione di tempo in tempo trasmessa in Germania, ha aggrandito discapiti alla regina. Così l'abborrimento all'imperatore e al nome alemanno s'è convertito in naturale. In corte risuona un eco odiosissimo d'indecenti e sprezzanti concetti verso la persona e la maestà d'un tanto monarca. È censurata la sua riserva e contegno negl'interessi della casa e del sangue. Nell'ultima guerra di Fiandra cadde in abborrimento o disprezzo, e l'ardenza di Pignoranda autorizzollo sopra tutti; non sa prender moderazione dal rispetto e dagli obblighi contratti nella corte di Cesare. Dubiterei presentandosi il caso, se le cose non mutano aspetto, di qualche funesto accidente nella persona del re, che l'imperatore non superasse nè con l' amore nè con la forza quei cuori indurati e avversi.

Ad oggetto più naturale e vicino, benchè spurio e incapace, tenderebbero le lizze delle inclinazioni e de' genii. Tutte le mosse e macchine di don Giovanni ricevono moto da così alta speranza. Per connivenza non s' esclude assolutamente in Spagna la succession de' naturali, come in altre parti e regni d' Europa, in difetto di sangue legittimo. Militerebbe a vantaggio suo l' esempio del re don Enrico II bastardo di d. Alfonso ultimo re di Castiglia. Certo che il principe abbonda di requisiti conspicui, di doti e virtù degne di far gran figura sopra il teatro del mondo. La ragion di natura, che assiste alla regina di Francia, è contrastata dall' ordine del re, e da rispetti molto profondi. Suo padre, anche nell' ora estrema, non ebbe carico di toglier alla coscienza per dare alla politica e ai riguardi di stato. Tuttavia, l' antipatia di così discrepanti nazioni, riceve temperamento dalla stima che gode e sa mantenersi la Cristianissima alla corte di Spagna. Ognuno è persuaso e sicuro, che si conserva tra' Francesi assai buona spagnuola; non vi è casa nobile e grande in Madrid, che non tenga pegni della sua inclinazione e affetto. Porge alla vanità e all' interesse quei sacrificii, che placano gli uomini e li animi. Non passa Spagna per Francia senza gustar frutti di generosità, paga in somma un considerabile e vivo interesse sopra il capitale de' suoi naturali dritti e ragioni.

Ma prima di condurre la penna alla meta di questi periodi animati dall' obbedienza e dall' obbligo, devo delineare la quantità e qualità di ministri che compongono il Consiglio e l' aggiunta di stato, le massime e i fini che corrono con principi esteri nell' agitazion di questo secolo.

Il cardinale di Aragona che tiene il primo luogo in Consiglio, è più accreditato dai posti insigni occupati in Italia, più dalla propria grandezza e sangue cospicuo, che dall' abilità sua ai maneggi del mondo. Il buon culto della corte di Roma lo ha reso umano e soave; s' è fatto piazza con la cortesia, e stabilita con rari costumi l' opinione d' una innocenza e zelo perfetto.

Come arcivescovo di Toledo è appoggiato alla giunta di stato, e fuori delle cose di Napoli, dove è condotto dall'amore fraterno, va sempre dritto ai vantaggi del regno e della corona.

Verso gli interesssi della Vostra Serenità ho trovato sempre questo ministro inclinato e propenso; mi ha favorito di confidenza e grazia parziale con dignità del ministerio.

Al conte di Castiglia, che s'è ritirato alla quiete, successero al tempo mio in presidenti due prelati e un secretario. Il primo in breve giro di giorni venne chiamato dal mondo con molta stima e concetto. Il secondo passò all'impiego maggiore. L'ultimo, conte di Villaombrosa, saranno otto mesi che esercita la carica con soddisfazione e applauso. Non comunica con i regii ministri in riguardo della mano che vuole in sua casa. Non saprei che giudizio formare di questo ministro, mentre al mio partire lo lasciai nuovo al governo. La dignità d'inquisitore generale viene sostenuta dal vescovo di Plasencia, che era avanti presidente di Castiglia. Questo, nell'uno e l'altro Consiglio, è primo per ordine di dignità, non per sufficienza di talenti politici; gli ambasciatori non trattano seco per rispetto di precedenza pretesa in onore e privilegio di primo carattere.

Per requisito spezioso dell'Aragona, il vice re cancelliere anch'esso presiede nella giunta. È soggetto versato nella giurisprudenza, di buon cuore, d'animo forte e sincero.

Il conte di Pignoranda, così celebrato nel mondo, fu prescelto dal re D. Filippo al governo più per fortuna che per talento; le sue massime intorno le perdite in Fiandra sono di sostener sempre due opinioni diverse, di dar gelosia per conservar la pace, e all'incontro di non provvedervi a sufficienza con l'armi. È opinione che si governi con capricci e pensieri volubili, che oggi si dichiari a favor d'un partito, e che dimani si ribelli e rimetta all'altro. E questa incostanza lo rende egualmente odioso e temuto. Molti attribuiscono ciò ad effetto di età caduca, altri lo condannano di sola malizia. Tuttavia, come superior di genio prevale con autorità smoderata; e la regina, più per timore che per amore, lo sostenta e accredita.

La sua inclinazione verso la regina da più esperienze l'ho trovata scarsissima sempre. Non darà stupore all'Ecc. Senato questo riscontro, perchè professa avversione a tutte le nazioni e costumi stranieri.

D'Aytona fu chiamato dal re sopra tanti grandi di Spagna per la direzione del governo e del regno. Dopo la caduta del gesuita, salito al favore, imbarazzò la regina negli impegni del reggimento a scopo di profitto, non di servizio. Tacerò le qualità sue, come quelle d'altri ministri, che sono mancati a mio tempo, non essendo mio fine metter la lingua e la voce sopra il riposo di morti. A questo, per elezione stabilita, dovrà succedere il conte di Castiglia, da me mai conosciuto e trattato.

Il cardinale di Moncada, pieno d'ingegno e di soda virtù, è contaminato da passioni e difetti. Subito promosso alla porpora, pretese la protezione in corte di Roma con grossi assegnamenti e mercedi; ma oppostovisi il confessore, s'assentò con aperto disgusto dal Consiglio e dalla società, e si fece autore di quelle macchine che atterrarono l'alma fortuna di quel buon padre. È certo che non tiene la corona ministro più di questo sufficiente e provetto; ma il peccato de' forestieri, l'emulazione e le gare, lo premono sotto il peso d'un ingiusto discredito. L'almirante di Castiglia, per dritto d'insigne grandezza, ultimamente dalla regina venne ammesso in Consiglio. Nei primi anni si esternò l'unico Achille di don Giovanni. Ma sedotto dal confessore con tenue mercede a mutar casa e bandiera, cadè dall'universale concetto. In sufficienza non eccede una ragione ordinaria e comune. È però adorno di scienze delicate e gentili, più con applauso de' preti che dei politici. Partecipa anco il conte di Stiale della prerogativa di consigliere di stato. In vita del re lo portò la fortuna al governo senza altro apparato di merito di quello del sangue, di Sicilia fuggì per le commozioni della plebe ammutinata, e scontenta del suo governo. Ora da varie indisposizioni afflitto e oppresso, di rado interviene al Consiglio. Io l'ho trovato sempre cortese e disposto per ogni vantaggio della Repubblica. Sopra ogn'altro il marchese di Castel Rodrigo dimostra genio e stima parziale al nome glorioso di VV. EE. Più di tutti ha sostenute le parti del comun servizio, scoperte le tenebre e le cecità dell' abbandono di Candia, sempre ha anche incontrato applauso in tale materia; ma poca la conformità de' mezzi e nei fini. Nel resto, con molto contrasto sostiene il suo credito in corte. Ha emoli poderosi, forti e uniti. La fortuna anco gli assistè al suo ritorno di Fiandra, e riportò la mercede di cavallerizzo maggiore, poi, nella vacanza, di maggiordomo che gli spettava per rito di consuetudine. Il duca dell'Infantado venne preferito al suo merito, nulla di meno rifarà sempre gran strada appresso la regina con la sua professata avversione ai fini di don Giovanni. Non si perderà certamente il suo spirito dai consulti, dalle competenze e dagli odii.

La Fuentes assai noto all' EE. VV. a requisizione del re Cristianissimo ebbe l'onore del Consiglio di stato. Ne' primi giorni della rottura, ritornò in Spagna dopo 32 anni di servizio prestato nelle corti più cospicue d'Europa.

In sua casa però non s' è mantenuto quel credito che si era acquistato in tante occasioni di fuora. Sopra il peso di 66 anni ha voluto prender quello del matrimonio, trovò in dote il discredito e il pentimento, in ordine alla padronanza che tiene delle cose straniere. Viene impiegato dalla regina sovente; ma per altro non fa gran figura, nè s' innalza alla sfera dei primi ministri. La sua professione verso la Repubblica è più affettata che certa e fedele; in tutti i tempi però con molta finezza ha onorato il ministero di VV. EE., ma col titolo di buon veneziano, che tanto ostenta sempre, non ha secondato quel bene, che s' è sforzato persuadermi e darmi ad intendere.

Molti altri, che sono fuori di Spagna, cioè il cardinale conte di Palma, il contestabile, il vice re di Napoli Albuquerque, che stava in Sicilia, e il marchese d'Astorga, hanno la prerogativa del Consiglio di stato. Quanto alle massime con principi esteri, si cammina in universale con pesatezza e riserva.

In primo luogo verso la corte cesarea, oltre i motivi addotti di sopra, si corrisponde con forma severa. È impressa una massima, che l'imperatore, scarso di abilità e perspicacia, sia raggirato dal suo Consiglio secreto, che quei ministri apprendano li impegni e li azzardi e pecchino in poco coraggio e in tepidezza verso le cose di Spagna.

L'esempio passato di Fiandra e la dilazione nell'accostarsi alla *garanzia dell' Aost* ha avvalorato le diffidenze dell'avvenire, e stabilito e fermato il concetto. Si vorrebbe dichiarazioni vive e assolute, armati e pronti e potenti, e l'autorità cesarea interposta nell'impero per frenare i disegni della corona di Francia. All'incontro, i rispetti legittimi dell'imperatore non vengono ammessi, rigettate le scuse e le rimostranze della propria impotenza, se non viene con abbondanti e pronti sostegni assistito e amato; nulla di meno la pietà della garanzia tra Cesare, Treviri, Magonza e Lorena, potrebbe servire di fondamento alla grand'opera che si pretende d'innalzare, anco senza chiamar concorso d'umori in Fiandra e nell'Imperio. L'attenzione più fissa e attenta cade sopra la forza, cupidigia e fortuna del re cristianissimo. Il sopore de' tempi passati è convertito in vigilie e pensieri da una pace piena di spine. È cosa certa che la sorte più dell'industria cooperò alla perfezione dell'ultimo accordo, e che gli Olandesi tratti dal proprio pericolo, preservarono alla monarchia li pochi avanzi della loro ribellione. Oggi in Madrid restò concluso di profondar quest'àncora forte e impiegar tutti i stromenti per sottrar la nave dalle burasche. Continuando questi rispetti, si continuerà sempre più la catena e gli impegni scambievoli tra' Spagnuoli e le potenze aliene. Resterà però, se le breccie non s'aprono in Inghilterra e in Svezia e se la forza dei trattati e dell'oro non sconvolge e ruina una fattura di tanto tempo e dispendio.

Con gli altri principi del settentrione, fuori dell'officiosità e dell'apparenze di stima, non tiene la corona grandi interessi.

In Polonia si è fatta una spedizione al nuovo re, a fine di onore sopra gli sponsali, non di negozio.

Appresso i cantoni d'Elvezia si è impiegato ogni studio e

fatica per condurli almeno alla garanzia di Borgogna. Anco qualche allettamento si è fatto correre tra quella nazione mercenaria; ma la Francia con mezzi più forti ha rinchiodate le aperture e i maneggi.

Volgendosi poi alla parte d'Italia, s'affaccia in primo luogo lo stato pontificio, che per la sua potestà nella Chiesa di Dio, è coltivato nella corona di Spagna con atti profondi d'obbedienza e ossequio. Ma perchè vien permesso dalle scuole politiche di separare i rispetti dell' anima da quelli dello stato, per questo gli Spagnuoli, senza infranger il primo, tengono all' altro rivolti gli oggetti di non lasciar avanzare i papi a potenza maggiore, nè con l' autorità delle bolle, nè con la dilatazione di maggior dominio.

La dataria e tanti privilegi e favori che nel regno cattolico gode la Chiesa è un rispetto aumentato di pietà, ma infatti diretto a mantenere i pontefici col legame d' un grande interesse.

Pochi mesi dopo il mio arrivo, venne assunto all'apostolico grado Clemente IX, di santa memoria, per opera dello Spirito Santo e con un contento de'principi ma di quello di Spagna in particolare. La sua residenza di nove anni nella corte cattolica, l' inclinazione e affetto dimostrato in tante occasioni stabilì un presupposto costante che dovesse risultare a soccorso o vantaggio degl' interessi di Spagna. Tuttavia la prudenza di quel zelante pastore fu sottoposta ad interpretazioni sinistre, condannata di parzialità per la Francia e accrebbe il senso e la pena quando l' ultimo anno per difesa di Candia, piantò uno stendardo di santa Chiesa sopra l' armata del re cristianissimo.

Nei giorni del mio partire erano corsi più mesi di sede vacante, onde non resta a mio carico la relazione di cose non vedute, nè intese.

Con la Serenità Vostra poi ho scoperto una retta intenzione di coltivar corrispondenza e affetto. Con verità posso asserire, che la Repubblica tiene la preminenza nella considerazione del governo ai suoi maturi e prudenti oggetti di bilanciar quegli avvenimenti, che posson turbar la quiete d'Italia e metter in contingenza la sua grandezza e autorità in questa provincia. Dalla costituzione infiacchita della monarchia, non da difetto di volontà, vennero differite le applicazioni alle cose di di Candia. Trentadue memoriali, tutti efficaci e pesati, posti in mano della regina e sotto i riferti de' suoi consigli e ministri, giustificano appresso VV. EE. l'ardente mio desiderio e la passione che m' è restata d' aver scelto un terreno infecondo alle mie fatiche e sudori. Dal canto mio, ho procurato con ogni studio di lasciar persuaso il governo del retto animo della Repubblica verso la prosperità e grandezze maggiori della corona. Più volte ho contraposte giustificazioni e onestà sopra l'amaro concepito per la tarda comparsa degli ecc. ambasciatori di VV. EE. destinati alla corte dopo la morte del re D. Filippo. La memoria de' tempi passati e l'ultimo esempio praticato nella minorità del re cristianissimo han posto in ommissione il ritardo e destato sentimento e timor di parzialità tra l'una e l' altra corona.

Poco capitale fanno gli Spagnuoli della casa di Savoja, tuttochè in questi ultimi anni abbia procurato quel duca di cattivarli e metterli in fede. Le appendici del suo stato sono considerate troppo vicine e congiunte alla Francia, e le linee del Delfinato tirate per sola sciagura d' Italia sino nel cuor del Piemonte; non v' è apparenza che il duca sia per far alcun passo nelle sue pretensioni a titoli e dignità, in primo luogo, perchè non apparisce motivo di convenienza e vantaggio; in secondo luogo per non dispiacere ad altri potentati d' Italia che s' aggraverebbero di tal novità.

Gode la casa de' Medici in Spagna antichi privilegi di stima e d' onore. Il gran principe assunto al ducato si conciliò ne' suoi viaggi l' applauso della corte cattolica; l' amicizia di quella casa è un vincolo necessario per i bisogni di Roma e per render valido e forte in conclave il partito di Spagna.

I Genovesi accreditati dal commercio e dall' opulenza in particolare occupano gran fortuna; ma in pubblico poco favore. In mio tempo molti sconcerti sono accaduti in decoro a quella repubblica e a' ministri poco portati al suo avanzamento e grandezza.

Verso la casa Gonzaga si corrisponde con tratti civili. La certa conservazione di Casale concatena questi rispetti, tuttochè sieno ottenuti gli esborsi delle pensioni obbligate al presidio; la rimembranza delle cose passate milita contro la casa di Modena e l'avversion del cardinale alla Spagna, giustificata in tutti i riscontri.

Nel trattato dei Pirenei si ridusse il duca di Parma sotto il patrocinio delle due corone, per la ricupera del suo stato di Castro. Ma in tempo di papa Alessandro nacquero sospetti di parzialità dagl' impegni della pace di Pisa. È tenuto il duca in opinion di Francia, col discapito del fratello che serve nell' armata del re con scarsa fortuna.

Formar nell' idea un concetto sublime delle cose avvenire sarebbe d'uno spirito angelico proprietà e virtù, talvolta esercitata per sola beneficenza di qualche influsso celeste; ben si può saggiamente dire l' innocenza e la pietà inalzare un alto presagio delle benedizioni riservate a quella corona. Al re la prima appartiene, il quale per miracolo venuto alla luce, dai miracoli appunto è preservato e protetto. La difesa divina che milita per l' innocenza, si lo ha costituito in vigore e bellezza e dotato di lumi e di spirito grande nel nono anno dell' età sua, che trapassa l' uman concetto; vorrà ancora custodir la sua vita, ch' è la prima capitale speranza del mondo, e far che l' ingegno e l' educazione siano i frutti e il raccolto di una pianta tanto preziosa. La seconda poi, che è peculiare della regina, sta fondata in un abito ereditario e costante che la tien ferma nel culto di Dio e nell' osservanza della religione stabilita per la salute dei regni e dei popoli. Requisito così sublime, che somministra ampio esercizio alle lingue ed alle penne fedeli, non potrà andar scompagnato da ricompensa e da grazie, che voltino le vele dell' incostante fortuna e tranquillino i moti d'una navigazione pericolosa. Tutto certamente è devoto al candore di così gran principessa. Sarà tenuta la posterità a farle giustizia sopra la malvagità de' tempi presenti, a far risplender il suo gran zelo, e il vigor che ha procurato di dare alle debolezze introdotte dall'educazione domestica. Dovrà benedire le lagrime e le preghiere sempre impiegate per mantener la calma del mondo e il governo nell'equilibrio della giustizia. In somma, ogni volta che si vorrà cercar esempii di devozione e purità senza macchia, sarà allegata la sua bontà tra le prime, e il suo gran nome sin all'ultimo secolo sarà lodato e onorato da tutte le istorie veridiche.

In ogni occasione ho veduto il suo cuore e il senso incomparabile che teneva di non aver potuto superar l'impossibile per servizio della Repubblica. In mia spezialità, mi ha sempre onorato d'attenzione cortese, favorito di stima, colmato di grazie e di confidenze.

Ha voluto la maestà sua al mio partire con un pegno di gratitudine accreditare il mio ministerio e la sua compiacenza. Lo tengo rassegnato alla divozione di VV. EE., e ai piedi d'un principe non solo assuefatto a suffragar i dispendii e gli incomodi con marchi di generosità illimitata; ma ad estender tesori di grazie sopra le persone e le discendenze.

In questo compendio delle cose di Spagna ho preso per assunto la verità, come nel lungo esercizio di due ambasciate ho procurato di saperne il talento e le forze per accoppiare al servizio i requisiti del lustro e decoro; ma se non fossi arrivato ad un segno compito, confido da VV. EE. sarà ammesso il buon zelo in supplemento di quei difetti provenuti da scarsi doni del Cielo, non da una volontà tutta disposta e innocente.

Al peso e alle fatiche di tanti anni e servizii, ha sempre assistito Tomaso Rudio con puntualità e fede incorrotta. In questa non ha risparmiato nè applicazione, nè studio per istruirsi ne' maneggi del mondo e per meritare la grazia e la protezione di VV. EE. Al mio partire, lo presentai al secretario del dispaccio universale D. Pedro Fernandez del Campo, ai ministri della giunta e del Consiglio di stato e a tutti gli ambasciatori di principi confidenti e amici. Così, nella vacanza incerta d'ambasciator attuale, ha saputo condursi in forma aggiustata e trattare le cose pubbliche con prudenza e zelo lodevoli. Nella continuazione sua in quell'impiego sotto la scorta dell'ecc. Contarini, che mi è andato a succedere, ridurrà a perfezione maggiore il proprio talento, e si conserverà il degno concetto di fedele e ossequioso vassallo. Grazie.

RELAZIONE DI SPAGNA

DI

CARLO CONTARINI

AMBASCIATORE

NELLA MINORITÀ DI CARLO II

DALL'ANNO 1669 AL 1673.

(Tratta dalla Biblioteca Marciana Cl. VII, cod. CCCXCII).

BREVI NOTIZIE

INTORNO

A CARLO CONTARINI.

Carlo Contarini, nato nel 1636 da Federico fu Gasparo e da Cecilia Contarini figlia di Carlo, venne eletto il 15 dicembre 1668 ambasciatore ordinario in Ispagna appresso Carlo II e la reggente Maria Anna.

Partì da Venezia solamente il 6 marzo del 1670, mentre dirigeva la legazione a Madrid, dopo la partenza di Catterino Bellegno, il segretario Tommaso Rudio dal quale ricevette la carica il 19 novembre 1670, a cui la riconsegnò due soli anni dopo il 19 settembre 1672, avendo ottenuto per motivi di salute di essere richiamato in patria. Durante la sua ambasceria, fu dalla regina insignito della dignità equestre. Rimise a nuovo la casa della Repubblica con grandi spese e costose provvigioni (1).

Nella biblioteca municipale di Treviso, fra i libri che appartenevano a Jacopo Capitanio, trovasi un manoscritto inedito intitolato: *Viaggio in Spagna dell' ambasciatore Carlo Contarini, comincia al 15 settembre e termina al 7 novembre* 1672. Dalle date deve ritenersi che si riferisca unicamente al viaggio di ritorno dalla ambasceria. Inoltre si trova la copia delle lettere scritte al Senato durante la legazione, le quali in originale si conservano nel veneto Archivio generale. La prima è da Padova 28 marzo 1670, l' ultima anche da Padova 13 novembre 1672, e sono 103. La Relazione esiste pure nella Biblioteca municipale di Treviso, ma noi la abbiamo tratta dalla Marciana e confrontata con quella che si conserva nel veneto Archivio generale.

Dopo l' ambasciata di Spagna, fu il Contarini podestà a Brescia e

(1) Dispaccio da Baiona 4 ottobre 1672.

conseguì altre onorifiche cariche, ma morì nell' età di 51 anno e fu sepolto nella chiesa della Madonna dell' Orto in Venezia, colla seguente iscrizione fattagli porre dalla moglie Piuchebella Grimani, la quale prima fu vedova di Giovanni Bragadin.

D. O. M.
CAROLO CONTARENO EQUITI
SENATORI OPTIMO
HISPANIENSI LEGATIONE BRIXIENSI PRAETURA
SANCTE ET SAPIENTER PERFUNCTO
ULTIMO SED MAXIMO INCLYTAE DOMUS
ORNAMENTO
VIXIT ANN. LI
OBIIT MDCLXXXVIII V NON. MAII
VIRO DILECTISSIMO
PIUCHEBELLA GRIMANI
UXOR MAESTISSIMA
P.

Serenissimo Principe (1).

Come restava da Dio Signore prefisso il termine alle calamità della patria nella guerra di Candia, gloria del presente e meraviglia dei secoli venturi, così permise che alla mia debolezza infinita appoggiato restasse il grave peso dell'ambasciata di Spagna, affinchè, minorati gli interessi della Serenità Vostra in quella corte, meno sensibile si rendesse il pregiudizio che ai medesimi fosse per inferire.

Decorato adunque dalla pubblica munificenza col carattere cospicuo d'ambasciatore alla corte cattolica, conobbi nello stesso procinto il cimento superiore alle mie forze, e la mente apprese il discapito che mi colpiva del celebrato grido ed applauso, con cui aveva sostenuto quel gran ministerio la virtù del clarissimo ed illustrissimo signor cav. Bellegno di gloriosa memoria.

Da varii domestici gravissimi accidenti afflitto, non potei che in settembre del 1670 riassumer il viaggio alla corte cattolica, e con esso l'obbedienza a' pubblici comandi.

Giunto ad essa e disposte le convenienze al pubblico decoro, restai ammesso alla presenza delle reali persone con tutte le formalità più cospicue che si usano, con quel cerimoniale, con regii ministri, come risulta da' miei riverentissimi dispacci.

Trovai la corte nella positura in cui l'ho lasciata; divisi li ministri fra loro, e solo uniti a tener la minorità lontana da vessazioni e molestie: inchè si ripone la gloria della reggenza,

(1) Era doge Domenico Contarini.

sebbene, dalla forza degli accidenti documentato, alcuno di essi abbia creduto infine più sano mutar consiglio, come accennerò a suo tempo umilmente.

Molte esperienze hanno giustificato questo assunto, e non si ristette da passi indecorosi per non esporre tal nave alle procelle ed ai flutti; l'ultimo attentato del Cristianissimo contro gli Stati d'Olanda, ha posto in più grave cimento la forza di tale massima, che dopo ripetute consultazioni gravissime illibata trionfò di tutte le altre che la combattevano.

I progressi poscia rilevanti di quell'armi vincitrici, superiori a qualunque supposito, eziandio può dirsi dell'autore medesimo, mossero il governo alle più gelose considerazioni per l'azzardo evidente della Fiandra, che non può che cadere in appendice della Olanda, e per la porta che si spalanca a migliori progressi nell'Impero. Tuttavolta, per la deficienza dei mezzi onde resistere alla potenza di Francia, che pare abbia a prezzo d'oro stipendiata la fortuna istessa, non si è saputo dar mano a risoluzioni vigorose e forze necessarie; onde quelli che nel Consiglio di Stato votarono di rompere la guerra apertamente alla Francia, furono redarguiti, con dire che si dovevano prima disporre li mezzi.

Questi, che altre volte supplir potevano a più guerre dispendiose contro di primi potentati d'Europa e si può dire contro l'Enropa tutta, ora si vedono declinare a tale segno, che alla sola potenza di Francia non sa concepirli la politica prudenza uniformi a resistere non che a prevalere.

L'esempio del Portogallo che solo potè per molti anni continui tenersi a fronte la corona di Spagna, accrediterà l'assunto, benchè confessare si debba, che non tanto fosse quella guerra sostenuta dalla forza de' Portoghesi che dalla fraude dei Castigliani, a segno che ebbe a dire il conte di Medellin a Filippo IV, che doveva prima guadagnare Madrid se voleva ricuperare Lisbona. Così, la poca attitudine del suddetto monarca al governo, se produsse nel principio del suo regno quegli infausti successi alla monarchia ed infelici al mondo cristiano, che furono noti, facendoli autenticare l'epiteto di grande dalla vanità del Conte duca, s'investì nelle sciagure e disastri; e niente minori poi li esperimentò nel periodo del medesimo, terminando la vita con lasciar inasprita quella piaga a segno, che alla sopraveniente mossa del Cristianissimo contro la Fiandra fu deciso accordarsi coll'inimico Braganza, con quelle condizioni che scandalizzarono l'universo e fecero conoscer la debolezza de' consigli nel non prevedere li eventi, con il poco vigor del governo nel vincere la corruttela. Onde, preferita veramente la ricupera di Portogallo alla restituzion sicura di tante piazze esibite nella pace dei Pirenei quando a Braganza si lasciasse il pacifico possesso di quel regno, restarono queste sagrificate alla gloria e grandezza di Lodovico XIV re presente di Francia, e quella non trapassò l'idea della propria immaginazione, con eterna nota alla fede spagnuola (1).

Così fra queste disparità di vigore nei consigli dall'un canto e debolezza nel praticarli dall'altro, son andati d'un in altro tanti colpi affliggendo la monarchia, che agli stessi partigiani di forti misure convenne retrocedere per l'evidente impossibilità di eseguirle. Ad esempio ben forte dell'umane vicende varrà l'oppressione recente della Lorena; la procedura di Savoja negli attentati contro Genova; il termine libero di Mantova nelle scorrerie sull'Alessandrino; così che, dove prima la sola ombra degli auspicii della monarchia era scudo sicuro ai di lei clienti, ora conviene tollerare segni di sì poco rispetto per non dire di sprezzo.

Se si voglia investigare le cause di una tale disparità, si dovrà giustamente confessare, che se nell'apice della grandezza fu la Spagna collocata dalla prudenza di Filippo II, dalla vastità delle sue idee, pure si deve conoscer il principio e fondamento della declinazione e debolezza presente, mentre aggravò il re il patrimonio di sopra cento milioni (2) di debito, che consumano buona parte di quell'alimento che dovrebbe nutrire la mole vasta della

(1) La reggente aveva acconsentito alla pace umiliante col Portogallo, per poter opporsi alle pretensioni di Luigi XIV sulla Fiandra.

(2) Di ducati. Gli storici fanno salire quel debito a circa 1156,600,000 franchi della nostra moneta.

monarchia di cui viene spolpata. La pace di Filippo II che dall'averla con particolare studio coltivata fu denominato il Pacifico, sebbene alterata in parte dal favore forse soverchio del duca di Lerma, non produsse alcun sollievo alla corona. Nel regno di Filippo IV, con la guerra d'Olanda e con quella di Mantova susseguitata con parto funesto dalla più grave con Francia, s'aprì l'arca della disgrazia a colpire in tante parti la monarchia, che con la pace del 48 coll'Olanda, con quella del 57 con Francia e del 68 con Portogallo, si rilevarono con le sue spoglie quelle potenze, e potè la Francia impossessarsi del Rossiglione e d'importante porzione delle provincie obbedienti in Fiandra, che sarà d'eterna infelice memoria alla corona cattolica.

La minorità poi in che è caduta dopo la morte di Filippo IV, fu l'astro malefico alla Spagna e la vera sentina delle emergenze presenti che opprimono l'Olanda con la più severa influenza, e si può dire spaventino l'Europa. Ne' suoi principii provò l'Olanda gli attacchi violenti della Francia, contro la fede dei giuramenti solennemente fatti a' Pirenei e le dichiarazioni e proteste dell'arcivescovo d'Ambrum allora ministro in Spagna e le lusinghe e blandizie con le quali s'allettava il marchese La Fuentes in Parigi. Così dunque da quelle sacre mani destinate agli altari vibrata l'asta funesta nelle campagne cattoliche, vidêsi una serie di perdite minacciare le più orride stragi, quando stipulata la triplice lega per opera principalmente degli Olandesi che acerbamente vedevan venire cinti i loro Stati dall'armi di Francia, fu l'iride sacra che fece apparire la pace; ma se poterono redimere la Spagna dalle imminenti sciagure, dovettero poi veder rivolto contro di se quel fulmine che avevano spento nell'altrui casa. La lega stipulata con Spagna, ma più si deve confessare il non aver ben preso le proprie misure, loro fece intraprendere generosamente la guerra contro i Francesi. Fu poi vilmente sostenuta e con quella serie di perdite che fecero la fama stessa stupire ed apparire non meno evidente il carattere di quella nazione venale.

Al suono di tante conquiste tremando l'Impero nel vedere

con li acquisti gelosi sul Reno emancipato quasi il Circolo Vestfalico dal corpo di esso, sanamente appresero più principi le conseguenze infauste che ne derivavano e però corsero progetti per anco fra loro, sebbene sino ad ora il solo Elettor di Brandeburgo li abbia stipulati e conclusi con Sua Maestà Cesarea, come vivamente interessato per li Stati di Cleves, ad oggetto di redimer le spoglie alienate non meno che il denigrato decoro.

Così non credette la Spagna poter a meno di prender parte, abbenchè non mancassero opposizioni e riflessi, e sebbene il conte di Pignoranda si studiasse tener lontani gli impegni. Le pratiche del ministro cesareo, li voti degli altri ministri ed il riguardo della regina agli interessi e soddisfazioni del cattolico imperatore, prevalsero in decretare che si secondassero le di lui mosse nel grado dell'affinità che seco passa, e del posto non meno che tiene la Spagna fra' principi d'Imperio in ragione della Franca Contea. Con termini consimili si espresse il governo col ministro di Francia nel procinto della mia partenza da quella corte, come brevemente rappresentai, e tale era la risoluzione di Spagna, di concorrere cioè con li principi d'Imperio alla preservazione e dignità di quel gran corpo e tenersi lontana non meno da impegni con Francia; abbenchè sarà malagevole forse il contenersi fra queste misure, senz' inoltrarsi in maggiori imbarazzi.

Fra le angustie evidenti dell'erario reale, languirono dunque le risoluzioni della reggenza di Spagna nel corso del mio umilissimo ministero, e benchè si conosca da tutti il detrimento imminente agli interessi della corona per il difetto di si importante requisito che deve considerarsi a guisa del sangue ne' corpi umani, ad ogni modo da tutti pure se ne trascura con egual letargo il riparto ed il provvedimento.

I più periti in tale materia accordano le rendite reali ascendere a 44 milioni, restandone liberi nove in dieci, con i quali convien supplire agli eccessivi dispendii che porta seco la mole vasta della monarchia, onde, precorrendo sempre le occorrenze e il bisogno al comodo di supplirvi, convien farlo con partiti eccessivi, talchè per moderato si reputa l'utile a' partitanti quando non sorpassa il 40 per cento.

Da tale perniciosa pratica niente però documentandosi il tenace fastoso proceder della nazione, si trascura non solo il riparo, ma anzi ad indecenza e viltà s'ascriverebbe il farlo, come l'economia non fosse parte essenziale della politica. A chi volesse curar questa piaga, apparirebbe la necessità di rimovere la massa delle mercedi assegnate alli principali ministri, che, sorpassando qualunque credenza, assorbiscono parte non sprezzabile del real patrimonio, onde dovendo in primo luogo cader sopra di esse il riparo, non si meraviglierà la prudenza, se si trascura e neglige. Certo è però che come l'oro di Spagna è la calamita del ferro e de' soldati di Germania e la lega che ha potuto tener unite le due case vincolando gli interessi; così mancando quello o almeno di molto restringendosi, sarà osservabile e degna del sommo riflesso dell'eccellentissimo Senato la disposizione avvenire; mentre, quanto alla Francia, è cresciuto l'oro ed a somma si estesa, come è noto, si calcola la rendita reale, altrettanto alla Spagna è diminuita, oppure resta vanamente dispersa.

Le forze poi marittime della monarchia, che devon giustamente preceder a quelle di terra, son diminuite a segno, che con gran fatica si potè raggiungere il numero di 20 navi, comprese quelle di Biscaglia, per portarsi a demolire in Africa quel posto che era stato venduto da un figlio di Taffilen agl' Inglesi, i quali alla voce di tale mossa l'abbandonarono.

Le galere son ripartite in più squadre, come è noto, cioè di Napoli, Sicilia e Sardegna, quella di Tunisi e le ordinarie otto di Spagna, che servono al trasporto delle milizie da un porto all' altro.

In Catalogna sarà un corpo di sette in otto mille fanti pagati, gente veterane di esperienza che prima militava alle frontiere di Portogallo.

I reggimenti provinciali stavano pure comandati di correr a quella parte per tenerla maggiormente munita, come la più esposta negli incontri che nascessero.

De' capi militari non si sa numerarne d'estimazione mediocre, non che sceglierne fra la più avanzata, a segno tale, che sopra don Giovanni cade il concetto della maggior abilità, quando non gli venisse conteso il cimento dalle più gelose considerazioni.

De' ministri che reggono al presente la monarchia dovendo fare alcun tocco all'Eccellenze Vostre, li distinguerò in due classi, cioè della Giunta e del Consiglio di Stato.

In quella s'affaccia in primo luogo il signor cardinale di Aragona, come arcivescovo di Toledo. Questo, eminente per la nascita, cospicuo per gli impieghi tenuti in Napoli e Roma, esemplare per la bontà, ritiene un cortesissimo tratto ed una particolare esimazione verso gli interessi della Serenità Vostra. Sempre lo ho ritrovato propenso, e nel mio particolare mai ha lasciato d'esercitare una benignità ben distinta.

Il presidente di Castiglia conte di Villa-Ombrosa, non ammettendo alcuno alla mano per la qualità del posto, si rende in conseguenza invisibile ai ministri. Ho però praticato seco tutte le dimostranze di stima che mi ha permesso il riguardo al decoro della rappresentanza, e non senza profitto, mentre nell'incontro noto degli Aguazili ha parlato in mio favore in Giunta, e potei conseguire un ben pieno riparo alla indennità del carattere nelle soddisfazioni resemi. Nelle materie di stato non ritiene il suo voto. Il maggiore riflesso per esser di professione diversa, come il concetto d'integrità, lo rende molto distinto e venerato dall'universale.

Don Melchior Navaro che occupa il posto di vice-cancelliere di Aragona, con miracoloso ascendente potè salire dall'ufficio di fiscale nel Consiglio d'Italia al supremo in quello d'Aragona ed a sì importante ed elevato nella Giunta. La sua esaltazione fu dall'universale ascritta alla forza di propizia influenza, a cui egli con sagace consiglio seppe disporre aggiustati ripieghi. La prudenza del suo voto ripone nel temporeggiare e protrarre più per supposito vano che ne sia dessa il vero effetto, che per cognizione fondata e precisa che così complisca.

Succede l'inquisitore generale di Sarmiento di Valladares entrato in tal posto dopo la espulsione del padre Everardo gesuita, confessore della regina e ora aggregato al sacro Collegio col nome di cardinal Nitardo. Come creatura sua e sagace ne' suoi dettami, fu scelto dalla regina per riempire posto sì cospicuo nell' esercizio di carica di tanto decoro ed autorità. Questa degnamente sostiene con abilità, ma nelle materie di stato non fa grido il suo voto.

Il contestabile di Castiglia chiamato alla Giunta dal governo di Fiandra per sostenervi l'ordine de' grandi, è più accreditato dalla propria grandezza e sangue cospicuo, che dall' abilità sua ai maneggi del mondo.

Il conte di Pignoranda di consumata esperienza e celebre grido, fa stare in dubbio se più sia decorato dal posto, o se pur egli conferisca decoro al posto medesimo. Con espressa e particolar nomina del re defunto chiamato alla Giunta per rappresentarvi il Consiglio di Stato, non dovendo che al prezzo delle proprie doti la sua esaltazione, si regge con integrità e sincerità ne' consigli. Ama le cautele e riserve fondate nella conoscenza che tiene delle debolezze della monarchia, non meno che nel riflesso alla prospera sorte dell' emula nazione. Il suo voto, posso affermare costantemente all' eccellentissimo Senato, essere stato sempre avverso a qualunque impegno nelle occorrenze presenti d' Olanda, credendo più sano consiglio l' osservare le prosperità della Francia ed attender gli effetti delle umane vicende, che l'entrare a parte nel contendergliene il progresso. Viene però dall'ordine militare detratto per la sua condotta, nel che deve riflettersi che questo affetta per lo più le novità e gode degli impegni, potendo con quelli migliorare la propria condizione. Verso gli interessi della Serenità Vostra, devo sinceramente dire d' averlo trovato molto propenso, e nel mio particolare non poteva certo più favorirmi, avendomi sempre ammesso con intiera prontezza, non ostante le moltiplici occupazioni che tiene, abbondato nell' apparenza d' onore, e con celerità espedito nelle istanze che a lui spettavano.

Fra i consiglieri di Stato si numerano il marchese di Castel Rodrigo, il duca d'Albuquerque, il maresciallo de la Fuentes, l' Almirante di Castiglia, il conte d' Hiala,

Il marchese di Castel Rodrigo sostiene il posto con virtù e credito pari. Al nome della Serenità Vostra si professa molto divoto e nelle materie correnti attentamente viene rimirato il suo voto, dovendosi principalmente al di lui vigor ed eloquenza ascriver il metodo delle risoluzioni presenti, sulle quali quel governo procede.

Il duca d'Albuquerque, noto all'Italia per l'impiego che ebbe di maggiordomo nel passaggio dell'imperatore, ritiene una distintissima memoria della generosità pubblica con cui fu sostenuto quell'incontro dall'eccellentissimo signor cavaliere e procuratore Valier, la di cui condotta nel reggersi e generosità nel trattarsi esalta con pienissimi concetti. Il suo voto vien accolto con stima pari al concetto che se ne tiene.

Il marchese de la Fuentes, noto all'Eccellenze Vostre per il lungo ministero che vi sostenne, ostenta d'essere buon veneziano; sarà non poco però il conseguire che vi corrispondano sempre gli effetti!

L'Almirante di Castiglia, esaltato al Consiglio di Stato per le prerogative cospicue della nascita non meno che per certa propensione sempre nodrita verso il cardinale Nitardo, non fa rilevare il suo nome con grado maggiore. L'applicazione però ha mancato allo spirito tenendosi sempre distratto in conversazioni e piaceri; mentre questo per verità non avrebbe fatto ingiuria alla discendenza reale che vanta benchè in linea difettosa e mancante.

Il conte d'Hiala fu ammesso a tal grado per decorargli il sepolcro col suffragio delle lagrime della moglie stata dama della regina, mentre si credeva la di lui vita spirante per l'infermità gravissima che lo travagliava. Nelle materie politiche non tiene credito il suo voto, secondando per natural consuetudine il numero maggiore, come in quelle di grazia viene da' supplicanti temuto.

Quanto alla disposizione con principi esteri, deve in primo luogo prefiggersi il naturale de' Spagnuoli avverso ad ogni nazione, e che qualunque in conseguenza venghi abborrita in Madrid.

All'Alemagna, sebben la più vicina d'interessi e di sangue, è indicibile quale sia l'avversione. La memoria acerba che si ritiene della pace separata fatta da Ferdinando secondo e dai principi dell'Impero d'oggidì con la Francia, e quella dell'abbandono di questi negli ultimi attacchi del Cristianissimo in Fiandra, mantengono il disgusto : niente meno poi l'avvalora e dilata certo contegno della regina praticato con le dame le più familiari di palazzo, e molto più il concetto che trasmetta copiose somme di contanti al fratello; cosicchè l'oro di Madrid serva al lusso della corte di Vienna. In ogni caso però che Dio per affligger il cristianesimo avesse preordinato l'occaso del re presente senza il germoglio atto a succedergli, sarebbe molto da temere che la Spagna tollerasse il comando di Cesare. S'indurrebbe piuttosto ad esaltar don Giovanni sebben spurio, pretendendo la nazione esser troppa viltà che un estero vi prescriva le leggi; e tanto più che il suddetto principe si trova dall'universale acclamato per le prerogative cospicue che lo adornano, e per certa quale bontà che lo rende al pari stimato che amato. Ebbe ultimamente la conferma del vice-regno d'Aragona, e si desiderava sempre dalla corte, che vi continui per tenerlo lontano.

Alla Francia si rende una sempre pari rimostranza d'estimazione e rispetto, nè si mira a passare per le maggiori indecenze per mantenere la pace. Pure la crisi presente la pone in gran contingenza, non essendo sempre alla mano del perito nocchiere l'evitare i flutti e le procelle. La regina cristianissima, che servì d'istrumento alla pace, poi di motivo alle ultime invasioni in Fiandra, quanto riesce acclamata in Francia per le sue degnissime doti, niente minor applauso si ritiene nella corte cattolica, non passando Spagnuoli per Parigi che non gustin de' frutti della sua generosità e beneficenza.

Con l'Inghilterra s'è impiegato ogni studio per tenerla unita agl'interessi della corona, con le possibili convenienze per il traffico nelle Indie. Il profitto pure essenzialissimo che ne ritrae quel regno nella fabbrica delle pannine con le lane di Spagna, si stabiliva per argine a trattener li passi di quella nazione. Pure il fatto ha deluso l'opinione, per gl'impegni e vincoli contratti con Sua Maestà Cristianissima, e sebben questi, tessuti con l'oro delle medesime contribuzioni, tanto forse saran durevoli quanto la causa che li produsse, niente meno, nell'aspetto delle congiunture presenti, conoscerà la prudenza dell'Eccellentissimo Senato li riguardi che persuaderanno forse il Britannico a più aggiustate misure.

Alla Polonia non si porta altro riflesso che quello porta l'interesse della Casa d'Austria in Germania.

La Svezia, che a prezzo d'oro formando la triplice lega potè redimere la Spagna dall'imminente sciagura, ora si rende gelosa e sospetta per la considerazione medesima, dubitandosi che la Francia con pari potenza saprà spezzar quei legami ed a suo pro convertirli.

Il re di Danimarca si considera per il molto che può contribuire agl'interessi dell'Impero comuni alla Spagna.

Verso il Portogallo avvi reciproca antipatia ed avversione, e con effetto diverso dall'instituto viene più nodrita che moderata dal ministro che quivi risiede, con la pratica dell'abito alla francese, con l'ostentazione che ogni sua azione dimostra e col severo procedere con cui regge. Si deve pure confessare che serve a tener viva ed acerba la piaga di quella sì sensibil perdita, come testimonio visibile delle proprie sciagure, e più a rimprovero della loro condotta. A questo passo mi farò lecito umilmente d'accennare all'Eccellenze Vostre, come il Turini in Lisbona vivamente aspira d'esser decorato dalla Serenità Vostra col posto di console della nazione, e mi ha pregato di replicargli con la mia voce il suo umilissimo ricorso, dovendo pur aggiunger che questo compirebbe molto al traffico che passa tra questa e quella piazza, mentre verrebbe più sostenuto in tal guisa l'interesse de' sudditi nazionali, rimettendomi poi nel resto alli riflessi prudentissimi che vi potessero essere dalla pubblica maturità contribuiti.

Alli cantoni d'Elvezia si applica ogni attenzione per tenerli propensi; all'inviato che risiede in Madrid furono ultimamente esborsate 40,000 pezze da otto a conto delle pensioni, che vanno in resto, nel riflesso che ad ogni invasione dello Stato di Milano sia questa la più pronta difesa che accorrer vi possa.

Passando poi all'Italia, cade in primo luogo il Pontefice, venerato per la religione, applaudito per l'innocenza di costumi e d'integrità professata. Esacerbò veramente la promozione precedente per essersi incluso un francese, benchè sotto altro mantello, e se ne passarono con il nunzio efficaci doglianze. Raddolcì poi l'ultima per esservi incluso il cardinale Nitardo. Per il resto, gli utili ben grandi che ritrae la corte di Roma da quella di Spagna in ragione della dateria, producono che si pretenda praticare da quella un registro molto severo nelle materie ecclesiastiche, e deve sudare il Nunzio in Madrid perchè non precipitino.

Verso la Serenità Vostra ho sempre osservato una retta intenzione; si conoscono comuni gl'interessi, uniformi le massime all'equilibrio dirette, e s'accertano de' voti dell'Eccellentissimo Senato alla quiete fra le corone e sopra tutto in Italia. In qualunque interesse dell'Eccellenze Vostre, che ha dovuto la mia debolezza promovere, ho esperimentato una sempre pari facilità nel portare le instanze, non meno che nel conseguir i decreti; ristretta solo dentro le formalità che ora porta la costituzione del governo. Poco prima del mio partire da quella corte, promovei la redintegrazione nella real grazia del signor cavalier Grimaldi con quelli termini che mi furono dalla Serenità Vostra prescritti; con estimazione maggiore al soggetto riconobbi una pari prontezza ne' reggenti d'Italia e certo la più propensa disposizione nel cardinale d'Aragona e conte di Pignoranda presidente d'Italia, e senza jattanza dirò e con umilissima sincerità che averei sperato buon esito all'affare, se non avesse incagliato nella più precisa necessità di prender informazioni in Sicilia, stante li riguardi indispensabili d'estrarre il di lui processo dalla secretaria di stato, per un decreto prodotto dalla pietà di Filippo quarto, che ordinò vi fossero rimasti sepolti i processi. Corre anzi in alcuni opinione, che siano abbruciati, per non tener in una continuata apprensione quei popoli, e non esser in necessità, con la visione di quei processi, di chiarire nuovi rei, che forse sono li più cospicui soggetti della corte.

Verso la casa di Savoja cade geloso il riflesso, per quello che sia inclinato quel principe a secondare in ogni incontro gl'interessi e le soddisfazioni della Francia.

Al Granduca si professa affezione e sincerità, persuadendosi sempre quella casa uniforme ai sentimenti e fini della corona.

I Genovesi con mezzi potenti danno fianco e vigore alle loro istanze e progetti. Ad ogni modo, nell'incontro presente con Savoia, non si vuole assister l'altra parte e dilatare l'incendio. Si sollecita però con fervidi voti un celere componimento.

La casa Gonzaga viene amata e stimata per gl'interessi che corrono. Il presidio di Casale scarsamente pagato, cadde sotto la regola generale della poca attenzione de' ministri a' quali incombe il soddisfarlo. Quelli con arbitrio a lor voglia reggendosi, trascurano gli ordini, benchè efficaci, ed il servizio della corona si pospone al privato.

Verso la casa di Modena è scarsa la disposizione per la memoria delle cose passate, e per l'avversione dimostrata dal fu Cardinale in tutti i riscontri.

Il duca di Parma è tenuto in opinione di francese e perciò l'impiego del fratello non incontra sorte uguale alla stima, e soltanto dopo più esclusioni da altri posti potè conseguire il governo di Navarra che ora sostiene.

Oggetto principale di questa mia debole fatica animata dall'obbedienza a' comandi dell' EE. VV. dovendo giustamente essere le persone reali, le ho però riservate nell' ultimo. Gli auspicii di re pupillo e vedova regina conciliando a se li più fausti vaticini del mondo, paiono eziandio giusti prenunzi delle benedizioni del cielo. Segno della quiete comune deve ragionevolmente giudicarsi la linea vitale di Carlo II regnante, dato da Dio ad un padre cadente per età, consunto da disordini, dopo la morte di tre fratelli maggiori. L'indole regia, l'aspetto vivace, la pietà naturale della casa, sono gli auspicii accertati di questo monarca; l'educazione potrebbe esser migliore, ma viene ristretta dalla debolezza della natura a cui pare si perdoni, o almeno sotto d'essa si accostano altri fini e motivi. Rimarcabile, essendo, che per questo principe destinato da Dio a funzioni sì grandi nel mondo, si invertiscano gl'instituti e regole di casa d'Austria, che ha praticato sempre assegnare ajo anche a principi non nati al comando, e se ne vede libro impresso di tutti quelli che furono della casa di Spagna. In ordine però al testamento di Filippo IV, che prescrive che al decimo anno debba il re figlio esser instituito nel comando, l'ordinazione ultima della regina stabilisce che debba la Maestà Sua assistere al dispaccio, che ogni sera tiene col segretario don Pedro Fernando del Campo, nel che spicca evidentemente il riguardo avuto dalla regina di scansare l'elezione suddetta di un ajo, mentre se avesse decretato che assistesse a' Consigli di Stato, era precisa e necessaria tal disposizione, dove tutto invece continuerà sotto il governo ed assistenza di donna.

La regina Maria Anna d'Austria, di costumi innocenti e di esemplare pietà, in esercizi divoti impiega molte ore, altre dona con profitto alle cure del governo, con ritrarre da quelli l'assistenza del cielo, per queste le benedizioni de' popoli e per li uni e per le altre le acclamazioni del mondo.

Nel mio partire volle la Maestà Sua accompagnarmi con un pegno di gradimento al ministero, e della sua compiacenza. Sta rassegnato a' piedi della Serenità Vostra, e quando io sia reso degno che mi sia rilasciato, varrà a suffragare i dispendii sofferti, mai anco più gravi dalla più fatale congerie de' sinistri accidenti ai quali tuttavia mi conviene soccombere. Non starò ad esagerare gl' incomodi che ne risento, e gli aggravi pesanti contratti nelle mie ristrette fortune, mentre fortuna maggiore è stata quella di sacrificarle al debito che tengo alla patria ed a me stesso. Dirò questo solo, che per ciò che ha rilevato il decoro del carattere, non risento rimproveri, e soddisfazione sento che prevale nell'animo mio a qualunque incomodo che anche più grave risentissi. Per quello poi s'aspetta alle incumbenze del ministero, non ho risparmiato diligenza nè applicazione nell'esercizio degli scarsi doni che tengo dal Cielo.

Al peso ed alle fatiche mi ha assistito con fede incorrotta il segretario Tommaso Rudio, della cui abilità e talento ricevono le Eccellenze Vostre continuati riscontri, e sarebbe un offender la cognizione infallibile dell'Eccellentissimo Senato nel produrne maggiori espressioni, mentre egli nella nuova presente vacanza di quella ambasciata pienamente conferma la pubblica espettazione, ed aggiunge a se stesso nuovi gradi di benemerenza per rendersi sempre più degno delle dimostrazioni d'aggradimento dell'Eccellentissimo Senato.

Nel mio partire da quella corte, lo presentai alla regina, al segretario del dispaccio universale, alli ministri del governo ed a' principi. Tutti lo accolsero con soddisfazione e memoria precisa del suo contegno e prudenza nel reggersi, ed esibirono d'assisterlo in ogni maneggio che doveva promovere; sin a che si porti a riempir quella piazza l'Eccellentissimo Zeno mio successore, il di cui nome rileva in quella corte quel concetto ben distinto d'estimazione e credito, che è ben giusto prezzo delle sue prestantissime doti, destinate a compensare le infinite mie debolezze.

RELAZIONE DI SPAGNA

DI

GIROLAMO ZENO

AMBASCIATORE

A CARLO II

DALL' ANNO 1678 AL 1678.

(Tratta dall'archivio del nob. sig. Wcovich Lazzari IV, 1, 135, e confrontata al Museo Correr e all'Archivio generale dei Frari).

CENNI INTORNO ALLA AMBASCIATA

DI

GIROLAMO ZENO CAV.

Terminato il periodo della sua ambasceria e richiamato in patria Carlo Contarini, gli fu eletto per successore, col decreto 23 aprile 1672, il cavaliere Girolamo Zeno di Vincenzo, gentiluomo erudito e professore di belle lettere nell' Accademia Delfica. Egli partì da Venezia il 4 luglio del susseguente anno, e spedì da Padova a' 6 di luglio il primo suo dispaccio così concepito:

« Nel dar principio all' incamminamento mio verso la corte di Ma-
» drid, mi consolo in veder adempiute le prime parti di una rassegnata
» obbedienza ai riveriti incarichi della Serenità Vostra, virtù sola che
» pregierà quest' animo fino alle più fredde ceneri, ereditata dai miei
» maggiori. Per non andare io pure agli altri disuguale, dopo logorati i
» più verdi anni nel loro leale servizio, se non ho potuto all' altare della
» patria far oblazione di dovizie di talenti e di eccedenza di fortune, cre-
» derò almeno di aver esibito quanto posso, di aver soddisfatto quanto
» devo. »

Arrivò a Madrid il 30 ottobre 1673, vi si trattenne quasi quattro anni, e nell'udienza 3 settembre 1677 prese congedo dal re, al quale così favellò:

« Nell' augusto teatro di questa sublime corte, ho per lo spazio di
» quasi intiero un quadriennio sostenute le parti di una regia rappresen-
» tanza. Non si è intrapresa da me azione che non abbia ricevuto il moto
» dal vivo fervore di nutrire la più perfetta corrispondenza tra la M. V.
» e la Serenissima Repubblica, e di far sinceramente apparire la interes-
» sata affettuosa osservanza del mio principe verso la cattolica vostra reale
» corona. Nell' invariabile scena dei miei costanti dettami, fu fermamente
» impressa la vera immagine di una rassegnata obbedienza alle sovrane

» regie prescrizioni, ed estese le più attente linee perchè ogni incidentale
» insorgenza terminasse nel concerto di una reciproca concorde armonia.
» Nel fine di sì grande opera, non mi resta che di far risuonare dapper-
» tutto a piene voci infinitamente gli applausi alla religiosissima vostra
» inimitabile reale clemenza; di portar meco in ogni parte radicato il
» contento di aver vissuto per un corso d'anni ammiratore della maestosa
» grandezza della maggior monarchia di cristianità; e di aver incessan-
» temente goduto degli effetti generosi di una sovrana munificenza, i quali
» supplico riverentissimamente degnarsi all' estremo punto di questo de-
» voto mio ministerio impartirmi, a riguardevole ornamento di tutta la
» mia vita ed a pregio che possa trarre sopra ogni altro prezioso sino al
» sepolcro. »

La relazione di questa ambasceria, che qui pubblichiamo, fu spedita da Padova col dispaccio 22 marzo 1678, perchè il Zeno, dopo terminata la ambasciata in Spagna, andò oratore a Roma, senza neppur toccare Venezia. I dispacci si conservano nel veneto Archivio generale, alle filze 114-116 *Senato III secreta.* Ritornato da Roma, fu il Zeno spedito ambasciatore straordinario a Giacomo re d' Inghilterra per congratularsi della sua assunzione al trono. Morì poi a Venezia il 6 aprile 1701 nella età di 70 anni, e fu seppellito nella chiesa di San Paolo.

Serenissimo Principe (1).

Nel tempo che sto in procinto io Gerolamo Zeno cavaliere, ultimamente capitato dalla corte cattolica in questa città di Padova, di incamminarmi all' esercizio del nuovo ministerio appresso il Sommo Pontefice, del quale mi trovo onorato dalla suprema grandezza di Vostra Serenità, non ommetto quelle parti che valgono a qualificare la mia pronta rassegnazione ai pubblici ordini, nel sottoporre un distinto ragguaglio delle occorrenze più rilevanti della monarchia spagnuola che accaddero nel dilatato spazio del mio debole servizio, e posso giudicare opportuno d' assoggettare ai purgatissimi riflessi di questo Eccellentissimo Senato. Se nell' accomplire ad un debito così preciso, io non seguo intieramente lo stile degli Eccellentissimi predecessori miei, nell' estendere a minuto un' individuale relazione delle qualità particolari dei regi ministri, è perchè non traluceno nella maggior parte d' essi prerogative degne di rimarco nè disposizioni molto propense verso il pubblico nome, e perchè mi vedo chiamato a vergare li presenti riverentissimi fogli di succo più essenziale e sostanzioso. Mi farò bensì lecito di andare, fra la dovuta rappresentazione delle riguardevoli doti e inclinazioni peculiari delle persone reali, appositamente frammischiando quelle cause che sono valute a produrre molteplici vicendevolezze di insorgenze così domestiche come forestiere, intorno alle quali, sebbene mi diedi di tempo in tempo l' onore di porgere i miei umilissimi dispacci, crederò ad ogni

(1) Era doge Alvise Contarini, eletto nel 1676.

modo debito di mia incombenza lo aggiungere alcune nozioni che raccolte nel progresso di tempo rimasero in me depositate per inserirle in queste ossequiosissime carte.

Nell' anno 1673 ai 30 ottobre succeduto il mio primo ingresso nella villa reale di Madrid, governava quella corona la tutrice regina madre assistita dalli due Consigli della Giunta e di Stato; dovrei dire che con pacifico possesso dirigesse gli affari di quell'ampio dominio, quando le commissioni di già spedite al conte di Monterei di esercitare atti di ostilità contro la Francia, non fossero valse a sturbare immediatamente la quiete e ad aprire pronto adito ad imminente rottura. Li due Consigli fra loro riscontrati, componevano una pregiudizial dissonanza, mentre li sentimenti dell'uno rimanevano frequentemente disapprovati dai pareri dell'altro (tuttochè nella Giunta intervenissero alcuni di Stato), da che soleva a quegl'interessi risultare una tardanza nociva nelle risoluzioni. Era consueta la regina madre di appoggiare sul fondamento delle loro consulte le proprie deliberazioni. Ora, piegando all'opinione della prima e talvolta del secondo per lo spazio di circa sei mesi furono addrizzate le applicazioni al provvedimento della guerra che si era voluta intraprendere senza alcun previo apparato, e non saprei formalizzarmi se ne prevenissero gli impulsi per riparare dalla sovrastante caduta la repubblica d'Olanda, o per causare con l'unione dell'Imperio e d'altre potenze impressione tale nel Cristianissimo che l'obbligassero a ricercare una pace vantaggiosa per gli Spagnuoli, o se in fine valesse in lui l'avidità di approfittarsi degli anni minori del re per pescare nel torbido, fra' pregiudizii ben noti della pupillare innocenza.

Dal debole numero di soldati che si andava a gran fatica raccogliendo, dalla loro mala condizione, dall'osservar convertite in soccorsi privati le più floride rendite, ben si potevano pronosticare rimarcabili difetti, mentre urgevano le più premurose occorrenze. Si trovavano in quel tempo a Madrid due religiosi cappuccini, che spediti dal Senato di Messina, sostenendo la rappresentanza di quella città, avevano più volte implorato dalla regia clemenza la reintegrazione di alcuni privilegii dei quali si dolevano rimanere spogliati; ma rimessi ad esser sentiti dal conte di Pignoranda allora presidente del Consiglio di Italia, udirono intuonare acerbe e rigide risposte, con trattamento da ribelli, e minaccie di severe punizioni. Dopo che non ebbe loro giovato di valersi della dolcezza per estinguere l'ira del ministro, convenne loro disingannare i Messinesi circa le pretese soddisfazioni, da che derivati i primieri movimenti, finivano dappoi in guerra di aperta ribellione. Il colpo fu amaramente risentito, sebben lentamente riparato. Si mancava di valide forze sul mare, e dirette le poche esistenti da generali inesperti, promettevano scarsa abilità a' tentativi. Fu perciò giudicato necessario di ricorrere ad armi ausiliarie, nè si cessò di praticare indolenze con i ministri di quei principi che ricercati non le somministravano; onde, rinvigoriti poi dai soccorsi della Francia i sediziosi, ne avvennero li successi ben noti e ch' io per debito di brevità mi disobbligherò di riferire (1).

Andavano frattanto germogliando nella corte le discriminazioni, qualmente convenisse instituire la casa alla maestà del re mentre era nell' ingresso vicino degli anni 14 per l' ultima volontà del padre chiamato alla sovrana dominazione de' Stati, e se ben fosse fra ambiguità di parole involta l' ordinazione,

(1) La sollevazione di Messina contro al prepotente dominio spagnuolo incominciava apertamente il 6 di luglio 1674. Disperando i Messinesi di potere da se soli resistere alla potenza di Spagna, si volsero a Luigi XIV, il quale, prima mandò soccorsi col cavaliere di Valbelle ed il marchese di Vallavoire, poi manifestando all' Europa la protezione che intendeva di accordare ai Messinesi, loro spedì per vicerè il duca di Vivonne, il quale ricevette da essi il giuramento di fedeltà (V. Gazette de France 25 mars 1675). Gli Spagnuoli si collegarono allora cogli Olandesi, i quali spedirono colla loro flotta il famoso ammiraglio Ruyter, che fu poi sconfitto e morì di ferite in Siracusa. Ma il re di Francia trovando necessario di riunire tutte le sue forze al nord dell' Europa, spedì a Messina il marchese di Feuillade coll' ordine di levarne la guarnigione e di abbandonare la città. Dopo avere il maresciallo imbarcata la sua gente, col pretesto di voler tentare una impresa contro Palermo, portò la dolorosa nuova al Senato, dichiarando che accorderebbe solo quattro ore di tempo a coloro che volessero imbarcarsi per sottrarsi alle vendette della Spagna. Le quali furono terribili e desolarono l' infelice Messina. Vedi pei particolari la *Relazione* esistente negli archivi della marina a Parigi, pubblicata da Eugenio Sue nell' *Histoire de la Marine*, t. III.

condiscese ad ogni modo prontamente la madre per troncare ogni insorgenza di controversia e comporre speditamente la famiglia al figlio, nè in questo solo scopo s' affisarono le di lei mire, quali s' estesero a cattivarsi gli animi de' principali soggetti, che, collocati da essa ne' più eminenti posti, la dovevano assicurare d' una costante parzialità per il continuato sostentamento del comando. Perchè variamente ne provenissero gli effetti, oltre le cause che saranno ad altro luogo addotte, se ne devono attribuire i motivi alla morte del duca d' Albuquerque maggiordomo maggiore, che in grato riconoscimento della grandezza de' benefizii, aveva sostenute con fervore e con fede le parti di chi gli aveva generosamente impartito gli ozii e lussi nei quali l' Almirante cavallerizzo maggiore mirava solamente di vivere a' suoi divertimenti e di voler star bene con tutti, e, in fine, agli elevati pensieri del Somiglier del Corpo duca Medinaceli, nella cui testa caduti per varie eredità sette grandati, sebben provveduto di corta abilità, oltre attribuire all'esborso del proprio denaro la convenienza del grado, aspirava a conciliarsi il favore del re, a detrimento dell' autorità materna. Questa tuttavia non soggiacque per quell' intiero tempo a volo veruno, quando, nella mattina che si era per celebrare il compleannos di S. M., si udì con universale ammirazione presentare D. Giovanni improvvisamente al re, e dopo non breve conferenza incaricato di diversi ordini che di già estesi e sottoscritti gli furono appoggiati per l' esecuzione. Correva in quei giorni la voce e dappertutto la notizia del di lui incamminamento verso Barcellona, nel cui porto stavano ancorati sei galeoni per trasportarlo in Sicilia a dirigere quegli affari con titolo di vicario generale degli Stati d' Italia e con amplissima autorità. Doveva momentaneamente la maestà sua adempire le solennità di quella prima funzione, onde, praticati infruttuosamente varii tentativi per farlo ammettere all' accoglimento della madre, gli impose di passare per allora all' abitazione del Ritiro. Brevi corsero gl' istanti della di lui dimora in quel luogo attesa la subita mutanza del giovine monarca, per cui rimase quegli obbligato all' immediato ritorno in Aragona. La pronta obbedienza del principe, la maniera modesta di sua partenza per uscio riposto e fuori della villa, scansando le commozioni del popolo che accorso dalla parte interna del re al palazzo nodriva ferventi le brame di acclamare la sua ferma permanenza alla corte, accrebbero l' universal compatimento. Si palesarono in tali congiunture gli artifizii non solo, ma scoprironsi ancora le propensioni degli animi, onde insorse una divisione di dipendenti così dall' una come dall' altra parte. Furono pubblicati per autori della trama il confessore, il maestro ed il co. di Medelin gentiluomo della camera. Onde fu intimato l' esilio ai primi, e la privazione dell' attuale servizio al secondo. Si propose inoltre da alcuni per necessaria la punizione dell' attentato nel principale, ma contrastata con altri, fu ella giudicata inopportuna. Con la sostituzione di nuovi soggetti approssimati alla persona reale, parve che respirasse dalle agitazioni la madre, e nello quietezza fra la quale sembrava temporeggiare don Giovanni ella si promettesse quella calma che sola valeva a mostrarle sicuro il porto di sospirati disegni. Fra questa bonaccia, si gonfiarono le vele de' fastosi pensieri di don Gismondo Valenzuola, il quale confermato più sempre nella grazia della persona, e non più pago di contenersi tra la sfera inferiore e di procurar col suo mezzo le mercedi ed i posti agli altri, pensò di impetrar le dignità più riguardevoli per se medesimo. Delle molte a parte a parte conseguite ne resi puntualmente le EE. VV. consapevoli. Egli aveva questa sorte, che il favore gliele rendeva facili, e concorreva di pari passo la malevolenza alla maggiore di lui esaltazione, ma questo per agevolarne più rovinosa la caduta. Asceso a' gradi ben noti di grande di Spagna e di primo ministro, fu conosciuta pericolosa la di lui altezza, e perchè il magistero discopriva le qualità deboli di chi lo sosteneva, e perchè gli si attribuivano le colpe de' mali successi esterni e di più intimi disordini, e perchè la nobiltà più sollevata resisteva di porgere i suoi soccorsi a chi era considerato di condizione ineguale e di abilità meno capace. Già li segnaci di d. Giovanni si osservavano esclusi dalle cariche più cospicue e dagli ufficii di maggiore provento. Non fu ordita la depressione del Valenzuola perchè terminasse il colpo in lui solo, che mal appoggiato di parentele e privo di quell'alto concetto che facilmente si fabbrica lo splendore dei natali o la eminenza delle virtù, non poteva da sè stesso lungamente sussistere; ma fu contesta la gran macchina per abbattere con tale strumento una torre più elevata che era l'autorità della regina la quale soleva dominare assolutamente gli arbitri del figlio. A questo oggetto, il maggior numero dei grandi mostrarono d'armarsi per prendere le parti di d. Giovanni e con ciò di astringerla ad allontanare il favorito dalla corte. Succedutone l'effetto, convenne che ella con il re acconsentisse di invitare il principe con proprie lettere ad assumere il governo. Ho tuttavia ultimamente conosciuto che fossero queste addrizzate per attrarlo alla gabbia, che poi rinversata avesse a chiederle la libertà; e come l'Almirante partecipe dell'arcano lo palesasse per rimanere ammesso all'assemblea di fazionarii, sebben da essi constantemente ricusato.

Gli indugi frapposti da d. Giovanni al proprio avanzamento verso Madrid, la furtiva segregazione di S. M. dalla madre, la connivenza alla prigionia del Valenzuola, la momentanea marcia del reggimento della Chiamberga, si devono creder frutti di questa semente. Si rendeva frattanto osservabile la lunga dimora di questo nell'Escuriale senza tentar con seguita fuga la propria salvezza, e se ne attribuisce la causa alle intenzioni ferme, che gli erano dal co. di Miranda vicerè di Galizia e da quello di Montico generale delle coste d'Andalusia suggerite, di avvicinarsi con le regie truppe alla assistenza delle persone reali, nel passaggio che si era meditato d'intraprendere verso il castello di Sagonia.

Ma l'Almirante, nel quale s'era collocata la confidenza di una simil direzione, cercava più d'adorare il sole sull'oriente, che quello vicino all'occaso. Appianati così gli ostacoli e dileguate le ombre d'ogni gelosia, rimase facile e libero il campo al quieto e acclamato ingresso di d. Giovanni nella casa di Ritiro, qual fu tuttavia precorso da buon numero di genti che nei giorni antecedenti s'erano alla sfilata introdotte in quella dominante. M'è avvenuto di ricavare una notizia, che mi si aspetta a questo passo di esporre alla Serenità Vostra. Fra li concetti, co' quali condiscese il re ad ammettere il tutto, ebbe forse il principal luogo l'impegno d'un celere matrimonio e vi riportò la più espressa asseveranza. Presentatosi adunque alla real maestà e tenuto seco ristretto abboccamento, passarono unitamente alla chiesa della Madonna d'Atocha, di dove ritornati, si consumarono alcuni giorni nei quali accolse il principe l'officiosità dei ministri stranieri e di quelli della corona. Persisteva in questo mentre la regina a non voler abbandonare il palazzo di corte, contenta bensì che si otturassero le porte dei proprii appartamenti onde le restasse interrotta ogni comunicazione col figlio, protraendo così la risoluzione d'eleggersi quella della città che più le aggradisse entro a'regni delle Spagne. Negò pure di passare all'abitazione del Ritiro per dar luogo al re di rimettersi per comodità de' consiglieri al consueto soggiorno; onde forzata infine da replicate insistenze, piegando alla elezione della città di Toledo, permise il solo tempo alla necessaria ristaurazione di quell'antico Alcazar per trasportarvisi. Così una figlia e sorella d'imperatore, una consorte e madre di due regi, dopo il lungo e assoluto governo d'una monarchia, s'è osservata con il moderato seguito di conveniente famiglia a dover fare sì difforme cambiamento. Non si può ad ogni modo abbastanza descrivere l'imperturbabile costanza del suo eroico animo, e la rassegnazione senza rimostranza veruna d'esterior sentimento ad una tanta mutazione. Ben è però vero che fra gli intimi discorsi con il cardinale frammischiasse esagerate querele di riputarsi la più infelice donna del mondo.

Da queste dilatate e forse troppo noiose premesse sarà facile il dedurre i più fondati motivi della caduta di sì eminente personaggio. Allorchè Maria d'Austria, governatrice dei regni delle Spagne, ne intraprese la amministrazione con oggetto di incontrare la soddisfazione della nobiltà e l'amor dei popoli, pareva che ne avesse a bel principio conseguito l'intento, quando il soverchio favore e l'arrogatasi autorità del Nitardo non fosse invalsa ad alterar gli animi che sofferivano amaramente la direzione d' un gesuita alemanno, onde ne risultò con la venuta di d. Giovanni una sforzata espulsione. Mancò allora la regina di sufficiente virtù per raffrenar la violenza delle passioni, e perciò liberamente passata in isfoghi di abborrimento contro quella nazione, se ne concitò l' odio assai universale. Il Valenzuola, dipendente dal confessore, fu introdotto per il mezzo di una parente alla confidenza della Maestà Sua. Si accasò con una camerista di palazzo, ed ebbe la sorte che li ricorsi portati per di lui mano fossero esauditi. Trascorse ad ogni modo spazio d' anni prima che egli conseguisse li due soli posti di vice-introduttore degli ambasciatori e di primo cavallerizzo. Frattanto si nutrirono certamente da lei i più fermi sentimenti di religiosa pietà, dote ereditaria dell'augustissima casa. L'intiero denaro del Borsiglio fu dispensato in abbondante sovvegno de' più bisognosi, tuttochè soggiacesse per altra maniera all' avidità delle femmine d' accumular doviziose ricchezze. Sarebbe forse stata capace di continuare in quella umanità, perchè dotata d' un mediocre intendimento e resa da una lunga esperienza savia e prudente, se l' innata cupidigia di regnare non fosse invalsa a sconvolgere la solita rettitudine del di lei giustissimo animo, e non avesse, per giungere alla prefissa meta, presa disordinata carriera. Fa niente di meno a questo passo di mestieri ch' io rappresenti con la più sincera verità qualmente dopo abbia la Maestà Sua per lungo spazio profuso le grazie più generose affine di render contenta ogni condizion di persone, senza che ne riportasse alcun testimonio di grato riconoscimento, degenerò la beneficenza in avversione. Sopra un si naturale risentimento, diedero principio quei grandi a tacciarla d' ostinata e pertinace Alemanna, inimica del genio spagnuolo; che contro il parere de' consiglieri tenesse oppresso e nodrisse lontano d' ogni buona educazione il figlio, mentre se l'era proposto di deputargli soggetto di senno in qualità d' ajo, staccatagli specialmente dal fianco l' aja creduta parziale del principe; che riponesse ogni sua confidenza in un uomo spoglio di titolo, di freschi anni, di corta abilità e veruna cognizione;

che si vendessero per via indiretta li posti, nè passasse per la regia cassa il denaro in tempo che languivano gli eserciti e diminuiva l' armata sul mare: onde, e gli avvenimenti sinistri si attribuivano a sua colpa particolare e da benemeriti destituiti di premio si gridava contro l' esaltazione dei danarosi. Li fautori di d. Giovanni, quand' egli ostentava una apparente rassegnazione, spandendo ad ogni lato divulgazioni, come si lasciasse per il rancore della regina fuori di qualunque impiego il ministro più opportuno e meglio intenzionato verso il bene della monarchia, giunsero a far seguire l'accennata unione, contro la quale non ebbe capacità di prender partito veruno con la regina alcuno de' suoi dipendenti; affaticatosi indarno l' ambasciatore di Alemagna per ripararla dal crollo e dall' ultima deposizione. Io posso assicurar Vostra Serenità d' essere stato da lei accolto con maniere umanissime, e d'averla sempre conosciuta propensa ai loro interessi.

Dalla serie d' accidenti de' succeduti avvisi, ne può agevolmente risultare quanto pieghevole sia l'indole e flessibile il genio del novello regnante, mentre facile qual cera a molte impressioni è soggiaciuto perciò a frequenza di cambiamenti. La giovinezza lo poteva ad ogni modo disobbligare dalla fermezza nelle determinazioni, e l'esatta obbedienza ch' era solito prestare alla volontà materna vale ad esimerlo dalla taccia d'incostante. Sopra le altre parti individuali della maestà sua avrò brevemente a rappresentare, che indicando egli alcuni contrassegni di filiazione d'invecchiato genitore, se non si mostra intieramente robusto, si discopre perfettamente sano. Pare, per simil causa, che lo soccorra fredda e tarda la natura in una lenta vegetabilità, onde, pervenuto a capo del decimo sesto anno, non si scorge che si sollevi, come dovrebbe, nella statura. Gli traspare nientedimeno nel sembiante un ben colorito temperamento, che può promettere durabile preservazione. Sebbene nudrito tra le femmine, non s' è in lui osservata inclinazione veruna ai lussi, ma è vero cultore d' una radicata pietà, e professore costante della cattolica religione. Vogliono i più famigliari che soggiaccia ad effetto di natural timore, e che abbia palesato verisimili indizii d'animo crudele. Chiamato dalla tenerezza degli anni ai divertimenti e dagli artifiziosi altrui oggetti fatto occupar nei medesimi, si è allevato lontano dalla applicazione e studio e dall'ingerenza negli affari politici; però, all'esteriore, ha egli eseguite con attenta puntualità tutte le funzioni pubbliche. Ha anche una certa vivacità di spirito, dalla quale è portato a indifferentemente agitarsi fra benevole ricreazioni entro alle pareti domestiche. Ama le villeggiature annuali di Aranjuez e dell'Escuriale, inclinato a maneggiar l'archibugio e sommamente gustoso di quelle abbondanti caccie. Si sono sulla Maestà Sua ammirate due regie ragguardevoli doti della più fina dissimulazione e del più profondo silenzio. Con tali riserve ha saputo più volte ingannar la madre.

Se possa nell'età più adulta ben sostenere nel teatro del mondo le parti di eroico personaggio, corre assai perplessa l'esitanza e il contrasto di pareri discordi. Sentono molti che il terreno sia ferace, ma che lasciato incolto non possa produr frutti di buon sapore, e così lo condannano di natural sterilità. Nella disavventura delle sue armi, nella frequente perdita di Stati, ha palesato non solo costanza d'animo, ma dato saggio delle più cattoliche intenzioni, mentre, disapprovando li progressi che si cercano indebitamente avanzare sopra cristiani, pubblica risoluzioni, stabilita che abbia con bastante prosapia la casa reale, di voler compensare le jatture di Fiandra con il tentativo di estender le conquiste sopra de' barbari nell'Africa. Da quali ondeggiamenti venga agitato il regio cuore, lo ponno dare agevolmente ad intendere le istillazioni dell'aja, la quale lo ha per un canto con fissa applicazione imbevuto di concetti più favorevoli al principe, mentre concorrea per altra parte la madre ad imprimergli sospetti d'ambizione d'impero e che aspiri a levargli con la vita la corona. Quella perplessità che riceve tutt'oggi fomenti dalle di lei aderenze, come non può lasciar quieta la maestà sua nell'animo, rende così in istato vacillante il sostenimento di d. Giovanni nel favore e nell'autorità; mentre confida il re con vicino matrimonio costituirsi assoluto e dispotico.

Sarebbe certamente capace d. Giovanni di far risplendere in elevata maniera la grande rappresentanza che ha intrapresa per le qualità insigni che lo adornano, quando non gli fosse contrastata la miglior direzione da' malevoli, per pregiudicarlo nel concetto e porlo in diffidenza del re. Egli è ministro d'invecchiata esperienza, così nel maneggio di stato, come nella sopraintendenza militare. Estende, oltre il possesso di molte arti liberali, una piena cognizione all' universal delle istorie. L'accompagna un affabilità naturale, con cui sa obbligarsi gli affetti ed attrarre la comune benevolenza. Accoglie con prontezza li ministri di principi ed ha mira con maniere molto discrete di tenerli bene inclinati, mentre era molto difficile il negoziare con li molteplici consiglieri di Stato e della Giunta. È indefessa la di lui applicazione al governo. Impiega tredici ore del giorno sul negozio, fuori di taluna che dona all' assistenza del re, il quale non si conviene totalmente perdere di vista, per non lasciar aperto campo alle suggestioni che gli possono essere soffiate all' orecchie da quelli del partito della madre. È ben vero, che aumentata di buon numero di gentiluomini la camera, s'è assicurato di custodia opportuna a' proprii interessi. Non cade dubbio, che il di lui maneggio non sia purificato, e le fatiche fissamente rivolte al maggior profitto della corona.

La generosità che liberalmente usava nella sua ritiratezza con famigliari, l' ha convertita in economica rassegnazione. La qual misura adottò di pari passo nell' amministrazione dell' azienda reale, onde conseguisce l' intento d' espedire alle molte parti del bisogno somme adequate di denaro. Questa restrizione di mano è valsa ad intiepidire il fervore degli affetti verso la di lui persona, mentre la nobiltà, non solo, ma buon numero della gente più bassa, solita a viver nell' ozio a peso del regio erario, si risentì della mutazione. Ha pubblicate molte riforme sopra tal proposito; si sono però alcune lasciate cadere inadempite, perchè, non ben sicuro della stabilità del re, non gli giova dirigersi con quella risoluzione e vigore che riuscirebbe intieramente profittevole contro gli invalsi pregiudizi, ma troppo forse pericoloso al proprio sostenimento. Ha tuttavia deposto ogni riguardo nell' esiliare l' Almirante, il principe d' Astigliano, il conte d' Aguilar, e ha parimenti rimossi per legittime cause il duca d' Ossuna e il marchese di Monte Alegri dalle presidenze, ancorchè soggetti, l' uno per ragguardevoli aderenze, l' altro per l' autorità e per l' intendimento, de' più considerati. Sostituisce nelle cariche uomini di capace abilità e del miglior concetto. Ama indifferentemente tutte le nazioni, e negli esteri suol riporre maggior confidenza che nelli nazionali, da che si è derivato il recente conferimento al contestabile Colonna del viceregnato d' Aragona, dove in caso di decadenza si prefigge sicuro il rifugio per l' amore non solo universale di quei popoli, ma per essere il più certo asilo di sventurati. Ha voluto perciò, ad onta di tutte le opposizioni, soddisfare a quelle corti col far passare la Maestà Sua a giurare a quei fori e confermarne gli ampii lor privilegi, tuttochè li dispendii di tal funzione fossero dagli altri giudicati mal confacevoli alle angustie dell' erario e alle occorrenze della guerra e si temesse che li partigiani della regina si valessero di simil lontananza a suscitar perniziose insorgenze. Furono queste pur troppo osservate a risultare in un momentaneo aumento degli esorbitanti prezzi dei commestibili, che si è maliziosamente fatto insorgere ad oggetto di scemar l' inclinazione de' sudditi verso del principe, il quale, destituito d' ogni appoggio di parentele, deve fondare la sua più sicura sussistenza sul favore dell' aura popolare, per conservarsi la quale vigilava ultimamente a ridurre la vittuaria ad un moderato degrado. Nelle molteplici incombenze che lo aggravano non cerca respiro, per non ammettere compagnia nel ministero che tutto sostien sopra di sè solo, mentre nutre intiera confidenza e vanagloria nel comunicare e ricevere gli altrui pareri. È però vero che intraprese senza la partecipazione de' consiglieri alcuni maneggi segreti, che avendo incontrato esito infelice, espone al presente sotto la censura della consulta, per ripararsi da' colpi dei quali s' era cominciato a caricarlo. È egli costituito autore del mal successo di Charleroi per aver prestata soverchia fede all' ambasciator d' Inghilterra, il quale ha saputo deluderlo (1). Viene riputato somma-

(1) Vedi Sismondi, *Histoire des Français*, t. XXV.

mente propenso alla pace, ma che posti sul tavoliere per mezzi particolari alcuni negoziati, siano valsi più a discoprire i fini e le intenzioni, che a riportare facilità veruna all' intento. È biasimato di non aver nelle molteplici vacanze intrusi nel Consiglio di Stato i suoi dipendenti, e di non aver posto a lato del re nuovi consiglieri. Si studia d' avvantaggio di penetrar nei di lui sentimenti per poter contrastargli le massime e i dettami, riguardandosi più attentamente allo scopo di far declinare la sua fortuna, che di promuovere gli avvantaggi della corona; nè cade dubbio che abbiano li grandi chiamato D. Giovanni per il desiderio della di lui permanenza nella amministrazione del governo. Essi aspirano di conservarla in seno di loro medesimi, e si sono del di lui accreditato mezzo serviti per deporre la reina e il Valenzuola. Questa è a bella posta dal principe alimentata delle speranze di rimetterla al canto del figlio, con la mira di tener così la maestà sua come gli aderenti sospesi, e non lontano l' animo di Cesare dal concorrere nelle convenienze migliori della monarchia. Se si potesse accordare una sì sconcertata dissonanza, si ricalmerebbe l' ondeggiamento interno e se ne potrebbe reintrodurre la più consonante armonia; ma troppo acerba radice d' amarezza ha da lungo tempo serpeggiato nel più profondo degli animi, e ripercosse le cicatrici s' han rese più dolenti ed insanabili. La diffidenza sarà sempre una gran remora, e quando non rimanga conciliata, ogni componimento riuscirà infruttuoso, se non dovesse dare origine piuttosto a peggiori sconcerti.

Assiste l' Altezza sua con il maggior rispetto alla persona del re, e va talvolta con la più soave desterità imprimendolo delle informazioni opportune per ben dirigere la sovranità; al regio volere cerca di scansare gli ostacoli, tuttochè di rado gli incontri. Con atti di fede nota e di profittevole servizio, studia di sgombrare quelle gelosie che ponno aver preso possesso sul real animo. Ha dato molto che dire agli emuli la negletta occasione di poter investirsi dell'arcivescovato di Toledo, che l'arricchiva di rendite considerabili, l'appoggiava colla dipendenza di tutti gli ecclesiastici e lo poneva in sicuro d' un onorevole ritiro.

Per gli interessi di Vostra Serenità ha palesati sempre meco i sentimenti più propensi, con essersi insieme più volte espresso della molta stima che faceva della prudenza e savia maturità di questo governo. Sembrerebbe che si dovesse in questo nicchio collocare la figura che s'è vista mostruosamente innalzare del Valenzuola, se la vogliamo riguardare in quel tempo che, occupato l'appartamento degli Infanti, conseguì, per facilità de'nuncj, di ricevere le visite degli ambasciatori di teste coronate al letto; quando, degradato per la sventurata catastrofe d'ogni eminenza, non s'avesse egli al presente a considerare per un soggetto del quale ora non rilevasi il parlarne. Perchè devo tuttavia formare alcune righe concernenti lo stato della sua ascendenza, mi farò lecito d'esporle a questo luogo. Originata la di lui elevatezza dagli accidenti prenarrati, suggerì abbondante materia a scrutinarne i più veri motivi ed i fondamenti più solidi. E sebbene la di lui esaltazione deve attribuirsi al semplice favore di cieca fortuna, non ha cessato un invidioso rancore d'ascriverne improprietà di cagioni, con isparlare d'affetti della regina verso il favorito. E devo a questo passo esprimermi, senza nota di mendace, che la di lui inconsiderata vanità lasciò trasportarsi a quel più che valesse a darlo a credere. Aveva ottenuto costui, fra gli altri ufficj, quello di sopra-intendente delle fabbriche di palazzo. A tal ministro era permesso tener le chiavi doppie d'ogni stanza del medesimo, onde gli era da per tutto libera l'entrata ed egualmente l'uscita. Correva qualche tempo che li pretendenti aspiravano di servirsi della di lui proficua interposizione per giungere a'loro intenti. Egli non ammetteva che negli ultimi mesi in propria casa li ricorsi, solito di dare nel passaggio di pubblici corridori alla sfuggita l'udienza. Così ognuno, per la premura d'essere ascoltato, occupava molti posti nelle regie camere dalle quali era solito di sortire intabarrato per schermirsi dal disturbo delle molteplici istanze che gli venivano portate. La lunga dimora con S. M. sin all'ora della più avanzata notte, diede fomento alle lingue malediche di sdrucciolar nelle mormorazioni. Ma, sia stato il genio, ovvero il bisogno di valersi della di lui opera, si vide egli rialzato a quegli onorevoli gradi che non potevano esser meritati dalla puvertà delle sue condizioni. Non mancava ad ogni modo d'una certa risoluta arditezza la qual pubblicò specialmente alla primiera comparsa di don Giovanni, nel sussistere quell'intiero giorno a palazzo, in adoprarsi a farlo sollecitamente absentare dalla Corte, e nel tentare alla notte di rinchiuderlo prigione entro il Ritiro; ha voluto corrêr la sua fortuna sin al precipizio, sebben più savia la moglie gl'insinuasse moderati dettami di contentarsi d'una sorte di sì gran lunga migliorata. Poteva forse con spender denaro raccogliere il frutto di più durabil preservazione perchè non gli sarebbero mancati partigiani tra quella nobiltà povera, quando avesse voluto con liberale profusione guadagnarla; ma peccava di così pertinace avarizia, che per non distribuire poca somma d'oro a chi gli additava sicura la fuga dall'Escuriale, si contentò vedersi ridotto fra le angustie d'un carcere. Nella serie voluminosa dei suoi più ardui raggiri, non si valeva del consiglio che di uomini volgari. Era solito di parlar poco, non per riguardo prudenziale, ma per debito di non palesare la propria insufficienza.

Ora m'avviene di avere, giusta l'accennato da bel principio, a toccare brevemente alcuna cosa nel proposito de' Consiglieri di Stato. Stabilite due premesse universali, passerò ad alcuna loro speziale individualità. Troveranno i ministri di VV. EE. una fredda disposizione verso i loro interessi, quando non abbiano l'incontro d'acquistarsi il favore e l'inclinazione di taluno. Quelli che han sostenute cospicue rappresentanze in questa Provincia, fanno sempre maggiori capitali e formano più alto concetto della Serenità Vostra degli altri, o che non si son giammai scostati dalle pareti domestiche, o che hanno esercitato cariche in paesi remoti e lontani.

Era al mio tempo numeroso il Consiglio di Stato; ma per la vecchiaja mancatane di vita la metà, si sono ridotti a gran diminuzione. Di quelli che avevano goduto delle pubbliche grazie nei loro passaggi per Venezia e ne conservavano una certa grata memoria, ci è rimasto il solo don Giovanni e il marchese di Gichie ora ambasciatore in Roma, e di quelli che hanno governato in Italia, don Pedro d'Aragona, il duca d'Ossuna e il marchese di Astorga. Questo, assegnatomi dopo la morte del conte di Pignoranda per commissario, si è non solamente mostrato parziale verso ogni pubblica convenienza, ma parimenti ha meco praticati a molti incontri le maniere più cortesi ed ingenue. Non è egli soggetto della maggior estimazione; ma si fa ad ogni modo conoscere nelle occorrenze di questa Provincia assai versato, nè va ristretto nelle comunicazioni, nè tratta con molta doppiezza, e se avessi a formare il mio debole giudizio, lo riputerei il più accomodato d'ogni altro per siffatta fondazione. Don Pedro d'Aragona è ministro d'autorità, di maturità e d'esperienza, più disposto a far giustizia che favori. Si scorge nel duca d'Ossuna a misura della sublimità de'natali anco l'elevatezza de'pensieri; nel tempo della tutela riusciva torbido e strepitoso, quanto nei maneggi avido e interessato, cosicchè s'indusse don Giovanni a spogliarlo della sopra motivata presidenza, sebbene lo riconoscesse per uno degli autori della sua restituzione alla Corte. Meco più volte si è espresso d'essere stato nel governo di Milano buon vicino di Vostra Serenità. Ma sostenendo nell'emergenza del discorso con calore le parti del marchese La Fuentes, lo esperimentai totalmente diverso.

Con il presidente del Consiglio d'Italia sogliono offerirsi congiunture frequenti di trattare, e per occasione del negozio marittimo, e per ogni altra de'confini e de'privilegi de'nazionali nel regno di Napoli. L'inclinazione di lui si rende perciò assai necessaria. Dal duca d'Astorga che al presente sostiene l'incombenza, io potevo promettermi ogni facilità ne'maneggi che si fossero rappresentati, perchè in varie aperture s'è dichiarato con sentimenti proclivi verso ogni mia soddisfazione. Nutre la più generosa nobiltà di spirito, che gli ha conciliata l'aura popolare onde quasi solo ne gode l'amore e la stima. S'è mostrato partigiano costante di don Giovanni; è dotato d'acutezza d'ingegno, ma, vissuto per lo spazio intero di sua vita a se medesimo, ha la sola pratica delle materie politiche dopo il di lui recente ingresso al Consiglio di Stato. Il marchese di Monte Alegri, già presidente di Castiglia, uomo togato e perfettamente imbevuto delle massime legali non solo, ma dell'istoria de'regni di Spagna, non estendendo fuori dei medesimi la cognizione, non manca di sagacità e d'accortezza, per le quali ha saputo lungamente mantenersi in quel posto in cui ebbero molti altri breve sussistenza. La moglie è solita d'essere con gli ambasciatori di Venezia liberale delle sue grazie, e per la di lei interposizione si hanno prontamente conseguiti, massime negli accidenti che tal volta succedono della famiglia con Alguazili, o per alcun bisogno criminale. Per gli altri che si riservano fra un ritirato contegno, ho adempito le visite di negozio e di buon costume e, osservata in taluno la sola disposizione di supplire a quanto portavano seco le conferenze, non mi sono inoltrato a più intrinseca confidenza, onde mi sottrarrò di diffondermi in tal proposito più a lungo.

Farò dunque passaggio al punto della maggior rilevanza, qual sembra sia quello dell'accasamento di Sua Maestà, che dibattuto sotto reiterati esami, rimase sino alla mia partenza interminato, sebbene vestisse una mentita apparenza di stabilimento con l'arciduchessa d'Austria primogenita di Cesare. Per istituzione testamentaria del re Filippo IV, viene chiamata non solo all'eredità di proprj Stati (in caso di mancanza di Carlo II) la casa imperiale, ma in ispecialità la discendenza della figlia. Creduta da Leopoldo gravida la seconda moglie con la speranza d'ottenere mascolina prole, meditò le forme colle quali potesse abilitarla alla successione de' regni delle Spagne, e trovato che ciò poteva agevolmente avvenirle per il mezzo delli due matrimonj con il re o cristianissimo o cattolico, ricercò che il governo di questo passasse a qualche determinazione sopra le nozze che venivano dall'ambasciatore d'Alemagna proposte alla regina, con dichiarazione, che, in caso di renitenza, egli intendeva di concludere col Delfino. Sussiste pattuito concerto fra li due monarchi che ha preso anco il titolo di legge d'eguaglianza, per cui, come le femmine di Francia restano per la legge salica escluse dalla successione della corona, abbiano così quelle di Spagna colà accasate a rendersi incapaci in pari maniera dell'eredità de' patrimonj reali. Era mente dell'imperatore che, collocata la figlia nel Delfino, si costituisse inabile alla ragione sopra quei Stati; perchè alla maschia prole, che non è peranco uscita al mondo, si riserbasse la traslazione in sì vasta potenza. Oppure pensava, con unire la principessa al re, di ridurre a sola testa le due, l'una delle quali era bastante con la fecondità a levar da' proprj figli la desiata decadenza di quell'ampia monarchia. La Corte all'incontro sentiva che questi due rampolli potessero più naturalmente fruttare piantati in diverso terreno, e che il più tenero si avesse a custodire per più tarda coltura, sin tanto che fosse fatta esperienza della feracità del più adulto. Era per questo opinione, che avesse l'arciduchessa a protrarre i suoi sponsali, mentre convenisse a quelli della Maestà Sua dare la più pronta mano, perchè, ottenendosi di conseguire la prosapia sospirata, restasse aperto il campo al genitore di provvedere alla figlia in quel modo che gli sembrasse più opportuno. Si sosteneva però nelle consulte, che li sponsali non si potessero stabilire senza gli assensi di quel governo, e quando si risolvesse in contrario alla Corte di Vienna, si contravvenisse al testamento del defunto re. Ma, o fosse il bisogno delle assistenze delle forze d'Alemagna, o che prevalesse l'autorità della madre, che sommamente bramava di vedere a lungo differito l'arrivo di nuova regina in palazzo, s'è per la maggior parte concorso ad abbracciare il progetto e ne furon solennizzati i segni di gioja e di contento. Era fine degli Spagnuoli d'impossessarsi della principessa cogli oggetti di disporre della medesima a misura delle convenienze della corona, e in caso della morte del re, innalzarsi con le nozze d'uno di loro al soglio. Sta per breve tempo colà celato l'arcano; onde al conte d'Aracharn fu difficile lo scoprirlo; resone però a sufficienza Cesare informato, premeva per il più certo stabilimento, stante in particolare la mutazione della reggenza, e di chi nuovamente amministrava gl'interessi della Corona. A queste nuove istanze s'è sentito a colpire da perplessità l'animo e il consiglio di don Giovanni. Era egli per l'addietro divenuto a disapprovazione costante del progetto. Aveva dato al re le più ferme intenzioni di non procrastinare alcun altro matrimonio più vicino. Correva tuttavia divulgazione, non so se veridica, o maligna, che avesse egli a mira di perseverare diversamente nel comando, cangiato il primo parere di modo, che si rispondesse dalla Maestà Sua allo zio, che sebbene egli non inclinasse di contraddire alla volontà sua, doveva però considerare il comune concorso dei sudditi nel desiderarlo brevemente provveduto di consorte, onde abbiano la consolazione di veder ben tosto propagata la casa reale. Essere perciò in obbligo di ricorrere al di lui consiglio prudente, perchè voglia ricordarle i partiti più aggiustati e convenienti, inclinato d'annuire facilmente alle proposizioni.

Mentre fra somiglianti dettami ho lasciato alla mia partenza il maneggio, non devo ommettere la rappresentazione, qualmente fosse dal volgo sopra tutto sospirata per nuova regina la francese, esaltando le generose azioni delle due passate e promettendosi con questo mezzo il bene di un onesto componimento. Rimango io tuttavia persuaso che si miri con occhio più fisso l'infanta di Portogallo: il riunire l'intiera Spagna sotto un dominio e con quel regno le Indie a se soggette; il poter accrescere con simil possesso le forze del mare; l'esimersi da' pericoli di continua ostilità, possono esser gl'impulsi politici; a' quali l'aggiungono li riguardi particolari di quelli, che passati alla devozione del Cattolico, spogliati de' proprj beni, ne aspettano la reintegrazione, o di quegli altri che congiunti in istretto vincolo di parentela con la casa di Braganza, avriano per ambizione di goder del titolo di affine con la maestà del suo re. Il soccorso in diligenza prestato ad Oran invaso dai barbari, il non essersi date giammai orecchie alle instillazioni de' Francesi per romper la guerra, l'ultima spedizione di ministro alla Corte, possono accreditarne il concetto. Il cav. Castiglione propone una figlia del gran duca; qualche insinuazione s'è fatta per la secondogenita di Neubourg; ma hanno ambedue poco incontrato.

È vasto a questo luogo il mare, nel quale mi conviene ingolfarmi della guerra e della pace, sparso d'inevitabili scogli, i quali come sembrano minacciare una continuata rottura, si frappongono così alla vista di quel porto, al qual si dovrebbe navigare d'una sicura quiete. La guerra, mal intrapresa, s'è peggio sostenuta; la prima fu sconsigliata risoluzione, il secondo fu effetto d'inabilità o difetto di poco fedel amministrazione. Infelice quel principe che manca dei mezzi per supplire ai bisogni delle armate, perchè è forzato, fra le impotenze, soccombere alle perdite, e fra' trattati, alle condizioni più pregiudiziali.

La Spagna, manchevole di popolazione, non è stata bastante a mettere in Catalogna un esercito che fosse atto a mantenersi possessore della campagna, e se l'Italia non avesse mandato il maggior numero delle truppe in Sicilia, i reggimenti spagnuoli sarebbero stati di gran lunga inferiori all'impiego necessario dei presidj; onde fu di mestieri per la difesa di Fiandra chiamare soccorso di genti ausiliarie; ma, o che riescano queste per lo più infruttuose a' principati, o si siano ritardati dalla Spagna gli esibiti sussidj, o che infine s'abbia dagli alleati maggiormente mirato al particolare che al comune interesse, s'osservarono invalidi gli ajuti ed inseparabili i colpi che sono stati inferiti dal Cristianissimo, il quale, ponderata la difficoltà d'unire una massa composta di varie nazioni, sa prevenirla con sollecite intraprese, onde consegusce tra lievi ostacoli prosperità di successi. Furono da principio concepite alte speranze de' vicini vantaggi sull'aggregazione d'eserciti sì numerosi, perciò aliene si mostrarono le applicazioni a' trattati di pace; ma osservata con il corso del tempo la piega infelice delli tre assedj di Oudenard, di Maëstricht e di Charleroi, sebbene al principe di Oranges se ne attribuisca la principal colpa, rimasero bastantemente persuasi, come fossero per moltiplicarsi li discapiti che si sono resi annualmente più sensitivi (1). Sotto il governo della regina, il denaro, che si rimetteva a quella parte era un apparente inganno d'abbondante provvedimento, mentre, pervenute al luogo del bisogno, non erano da' corrispondenti accettate le lettere di cambio, onde giacevano tra languori le milizie e ritardavano a muoversi le truppe dei confederati. Anco le squadre navali d'Olanda soggiacquero a simil remora, e le navi rese dal tempo più inabili furono le avanzate verso Sicilia. Al presente si espedisce da don Giovanni copiosa somma di vivo contante. Non è ad ogni modo sufficiente questo solo requisito a distornare li discapiti, lente osservandosi le mosse e li sovvegni al sostentamento delle città invase. Un cumulo di sinistri avvenimenti valse ad instillare disposizioni proclivi alla pace, sebben, preveduta svantaggiosa, s'è addrizzato l'oggetto

(1) Vedi, Weiss *L'Espagne*, vol. II, p. 24.

più fisso nell'unione con l'Inghilterra; stante che, provati indarno iterati tentativi con principi d'Italia, li hanno scoperti immutabili nelle loro massime di neutralità e di quiete. Alla corte di Londra non si è risparmiato l'oro per tener costante al proprio partito la Camera bassa, e li ministri cattolici s'hanno meritato il titolo di sediziosi per conseguire l'ideato intento; mentre, come si rimirava di mal occhio il Britanno per mediatore, così lo si sospira per compagno. Dalle espedizioni molteplici incamminate a quella reggia, ben si può comprendere che si siano per lungo tempo agitati considerabili maneggi, lusingata quella Maestà dalle accorte promesse della Francia di secondare e promovere con le proprie forze le di lei intenzioni di costituirsi in posto d'assoluta autorità e di rimettersi forse nel grembo di santa Chiesa, ha potuto non solo farla scordare dell'abbandono in che rimase la sua armata nel noto combattimento con la nemica d'Olanda, ma renderla ancora cieca alla vista de' più gelosi progressi, quali si andavano alla giornata moltiplicando in paese contiguo che doveva porle impressione per una prevalida vicinanza e per le difficoltà del negozio. Mentre se le insinuavano dagl'inviati della corona simili rimostranze e s'aggiungevano larghe esibizioni per allettarla all'alleanza, l'ambasciatore Godolfino in Madrid spendeva concetti di giuste indolenze del suo re, a nome del quale ricercate le più convenienti soddisfazioni, o gliele negavano, o gli venivano soverchiamente dilatate, nè lasciava di motivare, che quando lo si avesse reso contento potrebbono farne scaturire deliberazioni vantaggiose alla Spagna. Si sono per tali riguardi sorpassate le ordinarie opposizioni e lunghezze, dovendó ad una sollecita rilassazione d'alcuni vascelli e d'altri capitali d'Inglesi, da che rimessa in maggior grado la confidenza diede occasione al suddetto ambasciatore di progettare al governo il rilevante accordo d'una lega tra Francia, Spagna ed Inghilterra a distruzione della repubblica d'Olanda, la conquista delli cui Stati si avesse a ripartire col permettere la sovranità d'alcuni al principe d'Oranges. Non risuonò bene al Consiglio di Stato la novità, nella qual cadeva dubbio che avesse a risultare il solo profitto del Cristianissimo; si rifletteva, che confluirebbe alla total perdita della Fiandra l'ingrandimento delle due Corone, le quali s'avrebbero dato pronta mano con Oranges; che rimarrebbe l'Imperio esposto a più facile invasione; che fossero per rendersi le due nazioni più formidabili sul mare con il comodo degli ampj boschi dei Paesi Bassi. Si credeva di penetrare i profondi secreti del gabinetto di Parigi, quale con aspirare alla monarchia e a far eleggere il Delfino a re di Romani, sapesse deludere con arte lusinghevole il Britannico, per impegnarlo in una lunga intestina guerra, tenace essendosi conosciuta sempre quella di religione; onde snervate, divise e indebolite le forze, non avesse ad apprendere un sì valido ostacolo, qual è nello stato presente capace di fargli vigorosa contrapposizione. Pubblicata la macchina, ha stordita l'Olanda, ha ingelositi gl'Inglesi, ed è stata la causa che abbia quel re, per dileguare anche siffatte voci, convenuto d'aderire all'istanza de'suoi parlamenti, mentre, in piegar specialmente il più attento studio per conseguire un convenevole aggiustamento fra li potentati discordi, non gli avveniva d'incontrare le disposizioni e gli assensi. S'è ad ogni modo appianato recentemente il maggior ostacolo all'avanzamento de' trattati con l'accaduto abbandono di Messina (1), perchè, senza questo, non s'era per far passi dalla corte di Spagna. Le conquiste degli alleati sopra la Svezia saranno un saldo argine, che s'apponerà con vigore allo stabilimento dell'universale concordia, mentre la Francia desidererebbe di veder reintegrato il re amico, la Spagna di poter con quella cessione rimettersi nel possesso di equivalenti piazze in Fiandra, e sostengono per lo contrario i principi d'Imperio con costanza la ritenzione di quanto s'hanno guadagnato con la forza dell'armi, perchè s'è loro specialmente mancato d'assistere con i capitolati assegnamenti. Pende così la bilancia, se puossi promettere una vicina pace o dubitare di lunghezza di una continuata guerra.

L'insorta difficoltà per il vietato passaggio delle milizie imbarcate per il golfo, come ha dato in me molto che fare, così mi somministrerebbe alta materia per scrivere, quando non avessi con puntuali relazioni resene pienamente ragguagliate le EE. VV.

(1) 1678.

onde mi resterà il solo obbligo di ripigliarne alcuni succinti tocchi, a' quali mi prenderò l'ardire di aggiungere quelle considerazioni che mi sembreranno più adattate al pubblico servizio. È certo che il successo commosse altamente gli animi, che rare volte s'è chiamato con polizze alle case il Consiglio di Stato, e che in quella sola occasione, per tutto il tratto di mia residenza, egli si ridusse all'intiero numero. A gran male avrebbe soggiaciuto la Repubblica se alla veemenza di quei primi spiriti avesse corrisposto validità di forze, e se fossero prevalsi i consigli delle teste gonfie ed elate. Sortirono tuttavia diversamente i pareri di ministri più esperimentati, tra i quali il solo Pignoranda superò in avversità di male intenzionati sentimenti. Il conte d'Harrach andava soffiando nell'incendio; ma ne fu rintuzzato l'ardore dalle savie considerazioni del cardinale Marescotti allora nunzio, che lo fece ravvedere del trascorso d'impegnarsi fuori delle commissioni del suo padrone, all'arrivo delle quali cangiò il bollore in tepidezza, anzi si dispose col tempo a praticare con il governo insinuazioni di soavità. Si estese lo sforzo dei miei studj a far ispiccare i giusti motivi dell'operato e in caricar la mano sopra la direzione indiscreta del marchese de la Fuentes; ma quando risembravano assai ricalmati gli animi, valeva a nuovamente agitarli il veleno di due principali ministri di questa Provincia, mentre da Venezia e da Roma si tentava d'imprimer quel governo, qualmente si confidasse da Vostra Serenità una parziale buona corrispondenza con la Francia, e segno che proruppe un consigliere di Stato nel dirmi, come venisse del male assai principalmente da Roma. Fui per lungo tratto persuaso, che il gesuita cardinale spargesse ombre di gelosie per la confidenza che si praticava da esse con l'Eccellentissimo Mocenigo; ma udito replicarmisi sino all'ultimo una simile voce, m'è avvenuto negli estremi periodi di mia permanenza a quella corte di ricavar la radice e la fonte donde scaturiva l'amarezza e il fondamento del dispiacere, quale riconosceva l'origine da' discorsi tenuti fra li due ministri del Cristianissimo e della Ser. Vost. concernenti un'oblazione delle piazze che si erano dalle armi francesi occupate nel regno di Sicilia. Il rapporto, che mi giunse per via confidente, m'indusse alla sola risposta che l'ombre, come facilmente insorgono, così facilmente svaniscono da se medesime ancora. Per tali insussistenti cause non solo, ma pure per altre accidentali emergenze che trae seco la guerra di timori e di speranze, si sono più volte cambiate le disposizioni di dar fine alla vertente controversia. Quando io fui comandato di spendere alcune espressioni per vederla terminata, scandagliatone l'animo del conte d'Harrach, mi sortì di scorgerlo pieghevole al bene; onde animato da questo buon preludio, cercai d'incamminare nella più circospetta maniera l'adempimento delle pubbliche riverite commissioni; ma incontrata scarsa apertura di progredire con il conte di Pignoranda mio commissario, giudicai opportuno il partito d'una contenuta riserva. Era quel tempo mal accomodato a rasserenare questi torbidi, mentre ingombravano gli animi nubi gonfie di confidenza nel riacquisto di Maestrich, e di poter attendere maggiori progressi sul fondamento di varj combattenti, che vantavano campeggiar nelle vicinanze di quella piazza, sebbene si rendesse poi fallace il disegno e si disciogliessero gli eserciti senza rimarcabili operazioni. Dopo che, accrebbe il desiderio di veder unito il congresso, e si spiegarono meco concetti della buona disposizione della Corona verso la Serenissima Repubblica, quali mi furono in particolar forma dalla bocca stessa di don Giovanni confermati, nella rimostranza cortese che volle farmi nella prima visita del bisogno che si teneva della prudente assistenza di Vostra Serenità negli importanti maneggi della pace universale, da don Pietro d'Aragona, quale parimente mi espresse di tener come sopita la difficoltà, e dal conte Aumanes, che si compiacque dichiararsi qualmente non fosse insorta mai alcuna amarezza, e quando pur ella vi fosse stata s'intendeva che più non continuasse. Già l'interposizione del Pontefice s'era adoprata in questo negozio; onde in me non rimaneva che d'accertare li ministri come si conservassero da VV. EE. inalterabili oggetti d'una perfetta corrispondenza, e si professasse un immutabile affettuoso rispetto alla Maestà del re. Dal Nunzio Millini, che mi si palesò interessato a favor de' Spagnuoli, s'è voluto farmi posteriormente credere che fosse l'affare in procinto d'aggiustamento, si è però incessantemente cautelato con alcuna clausola di riserva. Io mi son sempre raffigurato che non sia per ricalmarsi l'agitazione che nelli soli due casi, o di disturbi all'Italia, o di fervente brama di trattare la pace al luogo della conferenza. Osservo per il primo punto allontanata l'occasione. Per il secondo, quando non ne succeda a momento lo stabilimento per il mezzo della sola Inghilterra, potrebbe stringere il bisogno della mediazione di Vostra Serenità; senza urgenza d'impulsi, non sarà facile la definizione della sorgente discrepanza. L'essersene discorso a più corti, è sortito di pregiudizio, e perchè è traspirato qualche barlume delle pubbliche intenzioni e perchè invase il dubbio che non si tratti a quella di Roma con intera sincerità. Una delle due motivate congiunture, con alcun'altra che potrebbe accidentalmente emergere, gioverà sempre ad agevolare il miglior esito alla Corte di Madrid, dove assistite l'EE. VV. da ministro prudente, permetterà loro, a mio debole giudizio, essere arbitri liberi per introdurne la negoziazione con incontri da promettere i successi più favorevoli.

Avrò infastidito questo Eccellentissimo Senato con la ripetizione di quelle notizie, delle quali ho altre volte dovuto renderlo pienamente consapevole. Bramerei di sottrarlo a più lunga noja, quando non credessi di mancare, nell'esimermi dall'incombenza che precisamente mi si aspetta di passare, dal racconto degli avvenimenti particolari, ad una ristretta informazione dello Stato universale di quell'ampia monarchia.

Trascorse quasi un intiero secolo, ch'ella pubblica i suoi languori di lunga e palese declinazione. Le molteplici infermità che valgono ad opprimere un sì vasto corpo, sono il mal temperamento interno, la staccatura delle membra dal capo e una lasca fiacchezza nelle braccia; non v'è nella cristianità regno più dispotico e sovrano di quello delle Spagne; elegge tuttavia di essere il più dipendente da' suoi consiglieri, perchè rare volte si scosta dai loro pareri, onde sembra con verità la monarchia in repubblica, e gli oggetti di quei grandi non s'affissano al ben del suo re, la cui grandezza non si rimira di buon occhio per l'apprensione di rimaner una volta comandati con quella autorità, che esercita sopra loro al presente con la più soave clemenza. Vanta la maggior parte di essi regia discendenza; si mantengono perciò nelle case con famiglia da principi. Le loro rendite sono tuttavia da mal accomodati particolari, onde aspirano di vivere sopra l'azienda reale, assorbendone i più floridi e i più pronti ritratti. Querelandosi un giorno con certo suo ministro delle proprie esaustezze Filippo IV, ne attribuivà la causa alla frequenza delle guerre alle quali conveniva di soggiacere; n'ebbe in risposta che quando la Maestà sua si levasse la guerra di Madrid, potrebbe molto bene sostenere ogni altra, con farli poi spiccare da evidente calcolo come gli costasse annualmente sette milioni quella dominante. Quattordici mila razioni al giorno si esborsano alli servitori di palazzo, eppure, con sì grave dispendio, se ne riporta il più scarso servizio, non trasparendo il dovuto decoro e la corrispondente magnificenza; ogni piazza di quei numerosi consiglieri rende circa quattro mila ducati di viglione all'anno, e quelli che passano dall'una all'altra, come pure a più presidenze, godono insieme tutti gli emolumenti delle cariche anteriori, onde il conte di Pignoranda ritraeva circa ducati ottantamila dai posti conseguiti, ed il duca di Albuquerque vicino ai cento mila. Queste piazze, nel governo della regina, furono, o per favori o per denari, accresciute oltre il consueto, sebbene circa il presente don Giovanni cerchi di riparare al notabile pregiudizio. Sotto i due primi regi austriaci, uscirono esattissime instituzioni intorno all'economia; all'obbligo di qualsivoglia spesa c'era il riscontro del più purgato assegnamento; ma abbondò poi in tal maniera la real generosità in dispensar graziose mercedi, che, situate sopra fondi a maggiori impieghi destinati, valsero a confondere ogni regola e rendere esauste le casse nelle più premurose indigenze. Insino il soldo della Crociata, qual fu da'Pontefici concesso ad oggetto che si sostenessero vigorose armate contro dei barbari, si è convertito in emolumento privato. Le minorità sono state a quella Corona fatali; in questa ultima ha profuso assai la regina per rendere ognuno soddisfatto; in somma si è tanto allargata la mano, che quasi ha disperso il tutto, nè si può negare che si sia cangiato il buon metodo a sconcertato disordine, mentre l'entrata e l'uscita camminano senza registro di misura. Si ricavano tuttavia dalla sterilità deserta della Spagna tredici annui milioni, ma è anche vero che dieci mille ministri vi mangiano sopra. Hanno questi, causa la naturale loro ingordigia, accresciuto a segno tale insoffribile il peso sopra dei rustici, che risolvono bene spesso di cangiare le proprie sedi per impotenza di soddisfare alle contribuzioni. Si trova per cinque anni avvenire impegnato il regio patrimonio, e li partiti che si sogliono presentemente accordare, traggono seco loro fra' censi ed il danno delle usure il discapito almeno del quaranta per cento. Il gran pregiudizio proviene dal disorbitante valore al quale sono accresciute le doppie e le pezze da otto, mentre, adulterato il viglione minuto, ha data causa a sì perniciosa alterazione. Con le flotte delle Indie confluisce maggior copia d'argento e d'oro nei Francesi che nella Spagna, e perciò è ultimamente uscito il decreto che abbiano quelli ad allontanare le loro abitazioni per venti miglia distante dai porti di mare. Novità che ha indotto buon numero di loro a traghettare le loro sostanze e ad asportare la floridezza del negozio altrove. Così, quel traffico concorre a rendere opulenti i nemici (1).

Sebbene si siano tuttavia radunate più volte conferenze per ovviare con previsioni opportune al pregiudiziale inconveniente, o non ben concepita la difficoltà, o non ben digerita la materia, è lasciata nel suo imperfetto embrione. Si ha meditato di offerire quell' intiero commercio a qualche potenza amica per obbligarla con la consecuzione di sì gran vantaggio ad interessarsi nelle inconvenienze della corona, e si avrebbe fissato l' occhio nell' Inghilterra, se non si apprendesse dagli Spagnuoli che potesse ella facilmente passare dal negozio alla conquista di quel nuovo mondo, riputata tanto proclive a prendere stabile piede nella terraferma, quanto gli Olandesi nel solo traffico del mare. Li molti materiali che nascono in quei regni o che vi vengono dalle parti rimote navigati per l' infingardaggine dei naturali, si estraggono

(1) Il pregiudizio degli Spagnuoli contro alla mercatura fu una delle principali cagioni della loro rovina commerciale. Nella città di Madrid, tutto il commercio era nelle mani di Genovesi e Fiamminghi e non vi si trovavano che tre o quattro banchieri spagnuoli. Vedi il ms. *Dell' honore stranaturato di Spagna, et da la lega disciolta degli Olandesi*, citato dal Weiss vol. II, pag. 256.

per essere travagliati dai forestieri, mentre fioriscono là poche arti, nè agevolmente s' abbracciano quelli che aspirano ad introdurne di nuove. Quest' ozio riesce sommamente costoso alla maestà del Re; la metà degli abitanti della villa di Madrid li alimenta di graziose corrisponsioni, ma quanto eccede la profusione del premio, altrettanto si restringe il freno del castigo. Onde restano giornalmente impunite le colpe più gravi. Non si fa render conto dei maneggi più rilevanti, sebbene corra una pubblica fama delle estorsioni e dei tesori accumulati dalle più cospicue rappresentanze; quindi ne nasce il discontento dei sudditi ed i motivi degli avvenuti movimenti. È rilevante il punto delle gran somme di denaro del quale si trova per corso di anni impegnata la monarchia, oltre le grossissime partite di vecchi debiti. Sovra questi faticano tutto giorno per la riscossione li ministri di Savoja, di Firenze e di Mantova, e per le nuove alleanze quelli di Danimarca, di Brandenburgo e di altri principi dell'imperio. Gran numero di *Assentisti* falliti comporrebbero un avanzo di considerabili milioni, quali però s' accomodano con ammetterli fra' titoli di Castiglia, e con assegnar loro per il proprio sostentamento quattromila ducati d' entrata annuali. Il difetto però della popolazione proviene dalla siccità del clima, dalla sottigliezza dell'aria e da un eccedente calore del temperamento degli uomini. Grande infezione li contamina. A' posti marittimi ha fatto ben spesso la peste sentire i suoi flagelli, la frequenza delle guerre molti ne consuma, il passaggio alle Indie assai ne allontana. I presidii, le armate, gli ufficii ne avvocano un ristretto numero. Ebbe ad insinuarci un giorno don Giovanni che se si potessero unire alle Spagne i regni d' Italia, le provincie di Fiandra e le più discoste regioni, non mancherebbe la corona d' una vigorosa contrapposizione alle forze nemiche, a' quali per la propria unione, per il comodo delle guerre vicine, riusciva facile portare prosperità di avvenimenti e agevolezza di conquiste.

Ancora che quella corona si dirigesse con le massime più savie e con le più fisse applicazioni, l'accorrere con adattati provvedimenti al soccorso di Stati così divisi, riuscirebbe arduo e difficile. Supplivano per l' addietro l' entrate di quelli d' Italia per il bisogno della medesima provincia. ma queste, quasi intieramente alienate, si sono rese incapaci al proprio sostenimento. Onde fu di mestieri, in occorrenza di travaglio, somministrarle copioso denaro. In questa ultima guerra di Messina, s'è durata in Napoli e Milano gran fatica per trovar compratori del patrimonio reale; è ad ogni modo da credere, che acquistato con utilità esorbitanti da particolari se ne possa per il mezzo di giusta riduzione a censi convenienti ripetere, col beneficio della pace, somma di molto rilievo, e quando insista don Giovanni nel governo se ne vedranno in breve spazio gli effetti. Li re pietosi e clementi, quai chirurghi che ritardano il taglio e che lo temono, hanno lasciata incancherire la piaga e prender piede alla putredine. È perito l'antico valore degli Spagnuoli, che, marciti nell'ozio, vivono a' loro piaceri, mentre, senza travaglio ed esperienza, conseguiscono li generalati nell'armate così da terra come da mare, onde nasce il proverbio che nascono in ventre di sua madre i generali di quella nazione. De' celebrati studii d'Alcalà e di Salamanca, non s'approfittano che li frati ed altri religiosi, onde cadono in loro le mitre più ricche, trascurandosi la buona educazione della più illustre nobiltà, alla quale, sebbene involta in una crassa ignoranza, ridonda facilità d'ottenere commende proffittevoli, assegnamenti generosi, e le molte accennate piazze di quei ben provveduti Consigli. Ad una invecchiata di tanti mali, ognun vede che ha necessariamente a succedere dilatata convalescenza, quando ancora avvenisse di rimettere la stanchezza con un lungo riposo e si studiasse di vivere con la miglior regola. Confidano i sudditi di riportar sì gran bene dall'abilità e zelo del principe, e sopra queste ragioni lo scusano de'mali successi presenti, con sostenere che non si possa con momentanei rimedii curare l'insalubrità per il corso d'un secolo guasta e corrotta. Pajono smarrite le antiche massime di tenersi ben affetti li principi d'Italia, nè si cerca di cattivarli con le altre volte praticate beneficenze, nè di stabilir seco loro nuove parentele, mentre alla casa imperiale non sarebbe riuscito difficile il conseguirle. Chi non è di cuore affatto spagnuolo, si rimprovera di parzialità intieramente francese. Li ministri colà residenti sentono frequentemente rinfacciarsi simili obbiezioni, ed è a me toccato d' udire qualche puntura, di uniforme tenore, e come l' EE. EE. appresa la grandezza della casa d' Austria abbiano, in altri tempi, operato a favore del re di Francia ed avvantaggiata ne' trattati di pace la Svezia. Conservano viva gelosia che si possa condiscendere alle proposte del Cristianissimo sopra la divisione tra' potentati di questa provincia dello Stato di Milano, e fu prudente risoluzione scansare il recapito degli inviati di quel re che erano destinati a maneggiare il progetto. Ciò ha suggerito a me facilità di contrastare gl' insussistenti concetti, e di riprovare con l' esempio d' altre antiche renitenze la vanità de' sospetti presenti. . . . .

Conosco d'aver dovuto per la soverchia lunghezza rendermi troppo molesto a codesto Ecc. Senato. L' imbarazzante congerie dell' emergenze risultanti nel corso di anni quattro che ho debolmente sostenuto il peso di quel grave ministero, non hanno potuto sottrarmi alla prolissità; onde spero di meritare dalla pubblica grandezza un generoso compatimento che ho pure ad umilmente implorare alli difetti di mia ben nota insufficienza, a risarcimento de' quali, come han studiato di supplire i tributi di una divota infervorata volontà, così mi prometto, sarà per compensare ad ogni mancanza l' elevatezza de' sublimi talenti e delle virtù singolari che in maniera distinta risplendono nell' eccellentissimo sig. Federico Cornaro mio successore, che seguendo le orme generose degli Ecc. zio e fratello, de' quali vivono a quella corte le più acclamate memorie, saprà co' maggiori vantaggi della patria, conciliare a sè stesso marche di merito prezioso. Non devo pure defraudare della lode giustamente dovuta agli illust. signori Orazio Correggio, Sebastiano Fonseca, Gio. Francesco Pasqualigo Basadonna, che, mossi da istinto commendabile di erudire con la osservazione de' più remoti stranieri costumi la nobiltà del proprio spirito, si sono esposti al travaglio di lunga peregrinazione, dando a me l' onore ed il contento insieme di vedere da non breve soggiorno decorata la casa di Vostra Serenità, con profonda rassegnata obbedienza. Son pur io a momenti per sottopormi all' incomodo ed al peso della nuova ambasciata, nella quale, allo splendore della rappresentanza unendo le applicazioni più infervorate al servizio, sarò per sacrificare in olocausto le sostanze e i sudori, per rendermi degno di quel gradimento, ch'è l'unico oggetto a cui aspirano li miei devoti laboriosi impieghi (1).

Sta a' piedi della S. V. il bacile con collana d'oro, consueto regalo che suole dall'introduttore degli ambasciatori essere loro a nome di S. M. nell' ultima partenza presentato. Non lasciò il ministro d'accompagnarlo con sentimenti cortesi dell' affetto del suo re verso la Serenissima Repubblica e del pieno desiderio di ogni felicità nel mio imminente viaggio. Non fui scarso d'espressioni corrispondenti a quanto richiedeva una simile occorrenza. Soggiace egli a disposizione libera di VV. EE., le quali sono da me riverentemente supplicate, per effetto speciale della loro impareggiabile magnificenza, a voler suffragare con la graziosa concessione del medesimo, non meno li trascorsi che li sovrastanti dispendii; onde possa rendermi più abile a far ispiccare il lustro della regia dignità in una corte, dove, aumentato il lustro e la pompa, vi si richiede la ben palese profusione. Grazie.

(1) Ecco il dispaccio da Padova 22 marzo 1678, col quale il cav. Zeno accompagnava al Senato la presente relazione, e dichiarava essere disposto a partire per l'ambasciata di Roma: « Serenissimo Principe:

« Eguali alle pubbliche premesse, versano le attente applicazioni mie in dar » l'ultima mano in quelle necessarie occorrenze che mi aprono la strada all'in» camminamento verso la corte di Roma, dove, aumentando sempre più il lusso e » la pompa, è chiamato il debito di chi ha a sostenere la real rappresentanza di » V. Ser. a far ispiccare fra gli apparati più ricchi e gli addobbi più preziosi il » ministerio e la dignità. Posso accertare le EE. VV. di aver lasciato di vista ogni » mio privato interesse, che nell'assenza di quasi un intiero quinquennio era bi» sognoso di non poco rassetto, perchè abbia luogo la puntuale mia rassegnazione » al servizio di che mi trovo decorato dalla generosa grandezza di questo eccellen» tissimo Senato, e ad oggetto di moltiplicare sempre più i testimonj più devoti » di una cieca obbedienza alle sovrane prescrizioni, che mi vengono dalla pubbli» ca autorità ultimamente impartite. Grazie. »

RELAZIONE DI SPAGNA

DI

FEDERICO CORNARO

AMBASCIATORE

A CARLO II

DALL'ANNO 1678 AL 1681.

(Dal Museo Correr, Codice n. 1219).

BREVI CENNI

INTORNO A

FEDERICO CORNARO.

« Se i sacrifici del sangue e delle fortune rimarcano profuse le be-
» neficenze della mia casa, i documenti del debito hanno avuto forza sopra
» il potere per condurmi ad intraprendere il servizio della patria nel lun-
» go viaggio delle Spagne. Testificherà alla Serenità Vostra, il principio
» dei miei passi, l'ardor devoto del zelo che con le congiunture diffi-
» cili dei tempi cimenta i respiri della vita, e nei maggiori disagi ed
» azzardi avvalora l'ossequio. Cieca rassegnazione non può conoscer con-
» trasti .... »

Questo è il primo dispaccio spedito da Padova il 1 giugno 1677 da Federico Cornaro figliuolo di Andrea, eletto ambasciatore ordinario alla corte di S. M. cattolica con Parte 4 gennaio dello stesso anno. Risplendevano nel nuovo legato veneto in singolar modo le virtù ed i talenti della sua famiglia, e lasciò a Madrid onorata memoria di se come l'aveano lasciata lo zio ed il fratel suo che lo precedettero in quel ministero. Anzi, allorchè Filippo V ascese al trono, fu di nuovo spedito in Ispagna quale ambasciatore straordinario al medesimo per congratularsi del suo felice avvenimento alla corona cattolica.

Nell'anno 1686 Federico Cornaro fu ambasciatore a Vienna; nel 1691 fu eletto Procuratore di San Marco de Citra in luogo di Girolamo suo fratello, morto generale; nel 1707 fu savio del Consiglio e provveditore all'Artiglieria; nel 1708 Savio alla mercanzia, sostenendo la quale ultima carica morì, nella età di 70 anni.

Nella presente sua ambasciata di Spagna, fu dal re Carlo II armato cavaliere di Sant'Jago, colla solita cerimonia del bacio del pomo dello spadone; si trovò presente alle feste del matrimonio del re; potè giudicare della debolezza e della rovina di quella vasta monarchia; decadimento che egli attribuisce particolarmente alla direzione infelice dei ministri, al predominio dei favoriti, alla distrazione ed all' ozio dei re, alla costituzione propria dei regni lontani e divisi.

Ebbe eziandio a lottare il Cornaro per aver restituzione di merci venete apprese nei mari di Sicilia, ed i suoi uffici riuscirono alcuna volta fruttuosi, come apparisce dal seguente biglietto mandatogli dal marchese di Astorga il 27 gennaio 1680.

« *Excelentissimo Sennor. Sobre la ultima instancia que interponia V. E. tocante à la restitucion de las mercaderias que Uevava el navio Postillon, y fue apressadas en los mares de Sicilia el anno de 676; ha sido S. M. servido resolver que se restituya à Venecianos la mercaderia que estubiere en ser, y por la vendida el precio à les interesados, aunque se retenga el vaxel el qual ne consta que fuese suyo; y que en esta conformidad se den las ordenos al Virey de Sicilia.*

De quel aviso à V. E., para que lo tenga entendido etc. »

La relazione fu letta in Pregadi il 24 giugno 1682.

Serenissimo Principe (1).

È incombenza delle carte de' cosmografi dimostrare i paesi e gl' imperii, e tante relazioni avranno rappresentato a questo eccell. Senato la grandezza, l'ordine e la forma con cui si governa la monarchia di Spagna, che stabilita sotto l'imperatore Carlo V e Filippo II ne' suoi più vasti e perfetti incrementi, quando si credeva come l'arbore di Serse dovesse occupare l'antico ambito universo della terra, nell'età seguente sfrondata e lacera nelle sue foglie, intercisi tanti rami di Stati, di fòrze, di credito, di stima, si può dire, non ritenga al presente altro che il nome della propria grandezza; se, come vasto colosso che dalle proprie infermità acquista forze, e vigore la natura del temperamento, non le restasse tuttavia speranza di poter risorgere.

Toccato a me Federigo Cornaro cav. di servire la patria in quella corte, in congiunture de' tempi che l'hanno resa teatro vasto e grande al mondo di curiosità e di osservazione, mi vedo anco ingiunto l'obbligo dai comandi della Serenità Vostra di sottoporre ai pubblici riflessi questa sua relazione; impresa ardua e difficile, dalla quale mi sarei sottratto volentieri, troppo grande essendo l'importanza della materia, troppo debole l'instrumento e la penna, troppo angusto il tempo. Imiterò però i geografi che in poche linee abbracciano grandi paesi ed in pochi numeri rilevano gran somme, e tralasciate le descrizioni varie de' regni e delle provincie noti dalle storie, sarà mio solo oggetto di far comprendere

(1) Era doge Alvise Contarini.

i motivi che l'hanno ridotta dall'auge allo stato suo perturbato e confuso; i successi in guerra, in pace; le alterazioni per la passata minorità del re; le mutazioni di governo; gli effetti dello stabilito matrimonio, e tanti altri accidenti, dai quali a caratteri manifesti si leggerà che solo dalle proprie viscere si sono prodotti i maggiori disordini, i mancamenti e i difetti.

Passerò indi a descrivere le persone reali, le condizioni dei ministri, le massime, le forze, le corrispondenze coi principi, e quel più che stimerò necessario a lume e notizia di questo eccell. Senato.

Iddio, che con imperscrutabile provvidenza libra le forze e stabilisce i limiti agli imperii, pare abbia anco voluto in questi ultimi tempi trasfondere nell'emula potenza della Francia l'antico predominio del mondo affettato dalla Spagna. Con le perdite, con le jatture di questa, s'è innalzata a tanta potenza che signoreggia, se non supera, tutte le altre nazioni del mondo.

L'avversità de'successi della Spagna si deve attribuire particolarmente alla direzione infelice de' proprii ministri, al predominio ascendente con che hanno governato i favoriti, alla distrazione ed all'ozio nel quale sono vissuti i re, alla costituzione dei regni lontani e divisi.

Se il mondo pare sia stato sempre sterile di grandi principi, più d'ogni altro sterile si deve riconoscere il presente secolo, perchè, riducendosi la casa d'Austria nel solo imperatore ed in Carlo II re delle Spagne, quando il Cielo volle donar questo ai voti di tanti popoli, già si trovava la Francia col pegno prezioso d'un re, che nel fiore degli anni respirando solo imprese di gloria, gli riuscì anco facile di dilatarle senza contrasto dalle congiunture dei tempi.

La Spagna non aveva più veduto minorità. Altre volte è rimasta la Francia confusa e distratta in tale disordine, con differente effetto però, perchè se la Francia fu tra le guerre civili resa bersaglio dei più infausti successi che hanno posto in contingenza la vita e la sicurezza dei re; nella Spagna da interne discordie dei ministri e dei grandi agitata, benchè illesa dal fulmine della spada abbia potuto mantenersi lontana, gli effetti però dei suoi sconvolgimenti hanno causato non minori danni e pregiudizii, come lima sorda che rode il più fino acciaio delle proprie mal ordinate tempre.

Retta e governata in questi ultimi anni particolarmente la Spagna da' favoriti, si può dire che passando lo scettro da una mano all'altra, o per ascendente predominio nella bontà dei re, o per il loro natural destino, i popoli si trovino obbligati di servire al favorito in figura di re. Sono noti i pregiudizii che cagionò il Conte Duca con l'alterigia delle massime e dei proprii vasti ed elati pensieri; poi con quali forme governasse don Luigi d'Haro, nel qual tempo sostenne la monarchia tante perdite e sconfitte negli Stati e ne' regni. Quando, dopo la di lui morte, Filippo IV che aveve intrapreso da se solo a reggere la Giunta o Consiglio di stato, fu colto da morte troppo immatura, potè vedere nel chiudere degli occhi il successore al regno involto nella guerra di Portogallo e in una serie di funesti avvenimenti ben conosciuti.

Prima dunque che giungesse Carlo II a reggere da se solo lo scettro, ha dovuto passare per vicissitudine varia di accidenti e successi, perchè, intrapresa dalla regina madre Maria Anna sorella dell'imperatore la direzione del governo, degenerando ben presto dalla stima e dall'autorità, come succede sempre sotto comando di donna, principiò a fabbricarsi quella tela e ad aggrupparsi tanti accidenti che infine terminarono negli sconvolgimenti e confusioni ben note. Sollevato il Valenzuola da non proporzionati natali all'apice della dignità e del favore, appena arrivato il re al quartodecimo anno della sua età, don Giovanni d'Austria richiamato alla corte con segreto dispaccio, vi capitò armato e in forma di dar legge alla direzione del governo, onde fatto prigione il Valenzuola, la madre separata dal figlio, scacciata dalla città, si vide abbandonata da tutti, poco compianta o compatita: esempio grande che anche le clamidi reali assoggettate sono alle vicende della sorte. Arbitro dunque e direttore assoluto della monarchia don Giovanni, si può dire che adorato in figura di re, fondassero i popoli i presagii più certi delle proprie felicità. Ma ben presto apparve che così alta mole abbatte anco le più grandi cervici, e quanto malagevole sia l'impresa di ridurre in armonioso suono le dissonanze di uno sconcertato impero. Prefissosi d'estirpar i mali dalle radici; concitato l'odio invece degli affetti, conviene dire ne intraprendesse la direzione, non come medico che con i lenitivi cura l'infermo, ma che con la violenza dei rimedii gli procura l'eccidio. Non riconoscendosi nella mutazione di governo migliorata la sorte alla Spagna, le voci universali ne rimproveravano i difetti; inferiore ne dicevano all'elatezza della concepita stima ed opinione l'abilità; irresoluto nel comando, implacabile nell'odio e nella vendetta; sotto manto specioso di zelo coperti i sentimenti, gli affetti; la gelosia degli affetti del re verso la regina madre non gli faceva aver considerazione per gli interessi de'principi. In somma mai più avveravasi che il maneggio e gli impieghi sono la pietra di paragone negli uomini; e di questo principe si deve dire che, vicino alla corte, perdette in gran parte quella fama ed estimazione che lontano s'era acquistato. Per opporre però il più forte argine alla propria sussistenza, stabilita ad ogni prezzo la pace, senza riguardo all'abbandono degli alleati, con tanto discredito della riputazione e del decoro, per minorarne a se medesimo gli universali rimproveri, giustificava i motivi coll'oggetto del matrimonio necessario del re. Riconciliavasi tra i popoli aura ed applauso, onde propose la figlia del duca d'Orleans, collo scopo principalmente d'escludere gli sponsali già promessi ed intenzionati d'Alemagna, e con pretesto plausibile di trovarsi tuttavia quella principessa immatura alla pronta fecondità. Non fu però difficile di discernere, tra l'oscuro velo delle intenzioni, che si movesse da più occulti arcani ed oggetti, e che neanche il matrimonio di Francia si desiderava da don Giovanni si conchiudesse, e che mirassero solo i suoi più profondi disegni a protrarre il tempo e col negoziato eludere con apparenti illusioni. Aveva date a Balbases a Parigi commissioni ambigue ed irresolute, intavolando disegni per dote, e restituzione di piazze in Fiandra; ma all'incontro, sapendosi il Cristianissimo prevalere della congiuntura e dell'avvantaggio del negozio, essendo impaziente il re per la conclusione, come che il genio e l'inclinazione lo portava, cooperandovi anche le suggestioni degli emuli, non riuscì a D. Giovanni di non vederlo stabilito con i modi tutti che avea saputo desiderare la Francia. Il che si riconobbe più chiaramente quando, poco dopo, si vide capitar Villars ambasciatore del Cristianissimo a Madrid con istruzioni di abbattere la fortuna di D. Giovanni e fomentare il ritorno della regina madre. Era la Francia a ciò portata da due speciali motivi; l'uno di gratificare la regina Maria Anna, la quale dopo aver esperimentato lungamente vani i propri desiderii che passasse in Spagna la nipote arciduchessa Antonia, aveva mostrato di preferire quella d'Orleans ad ogni altra principessa, anzi, col suo mezzo, nate le secrete comunicazioni con la regina di Francia, ne pullularono i principii dei maneggi, stimando essa in tal modo di vendicarsi delle offese di don Giovanni col conciliarsi favorevole la disposizione di quella corona, e procurando un compenso alle proprie fortune che non aveva mai potuto ottenere da Cesare fratello. Si deve attribuire inoltre la poco favorevole disposizione della Francia verso questo principe alla elatezza dei proprii pensieri, coi quali credendosi superiore alla sfera di ministro, esigeva venerazione ed ossequio come re, non senza opinione che più occulti disegni si meditassero nel di lui animo, onde non era se non per riuscire geloso alla Francia nel posto arbitro e dispositore assoluto della monarchia.

Il chiodo però più pungente col quale potesse esser colpito essendo l'affettata jattanza ed orgoglio, Villars principiò a negare di trattar seco o di visitarlo senza la mano, alla quale gli altri ambasciatori con facilità avevano ceduto, sostenendo egli si può dire in tutte le cose il trattamento eguale agli Infanti. Per tutto ciò, aggruppandosi infinitamente i rancori nel di lui animo, ed accumulandosi tanti altri accidenti che sarebbe troppo lungo riferire, oppresso finalmente dal proprio destino, improvvisamente sorpreso da violenta indisposizione, lasciò incerto il giudizio ed il caso della sua morte, vedutosi nel chiudere gli occhi perduto l'affetto del re, la stima e il concetto universale, ludibrio infelice della sorte. Esempio grande di principe dominante ed il maggiore che possa rappresentarsi, a documento della incertezza nella quale sono per terminare le azioni, il merito, le fatiche umane, che passano facilmente dallo splendore della gloria all'oblio.

Calde intanto ancora le ceneri non interpose il re momenti

per portarsi a Toledo a ricondurre la regina madre a Madrid. Toccò a questa buona regina di vedere il figlio con atti ben diversi del passato, nell'effusione de' proprii affetti accogliendola tra gli amplessi e si può dire testimoniandole pentimento; lontane le cause dell'arbitrio negli accidenti della sua sorte. Se però la di lei partenza ebbe nome di fuga, il ritorno fu trionfo ed un ammaestramento ben raro della giustizia divina.

Celebratesi in questo tempo le solennità dei regii sponsali, riuscirebbe troppo prolisso descriverne la pompa e la magnificenza. Tutto il denaro, che riservato a più profittevoli occasioni, avrebbe potuto redimere la monarchia dalle premurose angustie e bisogni, si impiegava in questa occasione (1). Il dispendio fu infinito. I grandi ed ogni altro ordine di persone impegnavano i proprii stati e le facoltà per mostrarsi in gala ed in ricche comparse. Conviene però dirlo, il fasto di questa nazione e la jattanza che pretende di non poter essere eguagliata da alcun'altra nazione del mondo, disperde molto più inutilmente e senza ordine e misura, di quello che effettivamente ne comparisca.

Avrò abusato della sofferenza di questo eccell. Senato nella serie di tali racconti e successi, i quali, avendo fatto la scena principale del mio soggiorno in quella corte, ho creduto non poter dispensarmi dall'obbligo di un distinto ragguaglio. Passerò però a descrivere le persone reali, le quali come i pianeti superiori in cielo, influiscono ne' successi o buoni o mali del mondo con la propria natura e temperamento.

(1) Come curiosità poniamo qui la seguente:

Nota della spesa fatta dall'ambasciatore veneto nelle luminarie e fuochi per la pubblicatione del matrimonio di S. M. cattolica.

Torzi n. 20. *libbre* 114 a *reali* 12 1/2 *la libbra sono pezze da otto numero* 57. . . . . *reali* 1425.

Luminarie numero 72 *per tre sere a* 24 *la sera sono pezze da otto numero* 14. . . . . *reali* 350

Reali 1775

i quali ridotti in moneta veneziana in ragione di reali 25 *per pezza fanno ducati* 90.

Federico Cornaro Amb.

Si trova Carlo II re delle Spagne entrato nel vigesimo secondo anno della sua età. Ha corpo non molto sollevato, biondo il pelo, fronte larga, mento alto e sollevato, labbro alla austriaca, aria e lineamenti delicati, tratto piuttosto aspro e severo. Le sue azioni spirano maestà, prudenza, venerazione, senza far conoscere genio od inclinazione particolare ad alcuna cosa. Così prezioso pegno donato dal Signore Iddio alle Spagne quando stava inaridito il tralcio di quella casa per la perdita d'altri principi, si può dire che da vecchio padre abbia anche contratti affetti d'invecchiata natura, perchè il genio, lo spirito, mostra di mancare di quel brio, vivezza ed inclinazioni, che sogliono i primi semi del sangue e del calore destare nella gioventù; e temperato in qualunque cosa, senza che, o i vizii ne abbiano mai contaminato l'animo, o le virtù lo sollevino ad elevata figura. Educato dalla regina madre fra le tenerezze, lontano dagli studii, i tesori della natura sono rimasti in qualche modo imperfetti; coltivati, avrebbero potuto produrre frutto maggiore. Caduto poi lo scettro in mano de' favoriti, ha lasciato ad essi reggerlo intieramente, più per dubbio o timore di naturale insufficienza, che per forza ascendente di predominio mai fatto comparire, con ognuno trattando con eguale indifferenza e maniera. Accompagna la Maestà Sua in tutte le cose religiose esemplare pietà, che no'l lascierà mai tollerare niente di contrario alla rettitudine della propria mente. Vorrebbe passionatamente che i disordini della monarchia si rimediassero, porgendone continui eccitamenti e stimoli ai ministri, e certamente con la volontà sarebbe per concorrere ad ogni grande risoluzione che gli fosse suggerita e proposta per toglierne gl' invalsi discapiti. Quale sia per essere il giudizio che si debba formare in avvenire di questo principe, crederei poter dire che gli anni più virili non sieno per diversificare il genio, le inclinazioni presenti, e che continuando la direzione del governo ne' consigli e ne' ministri, soprastieno allo scettro tempi ed avvenimenti sempre più pericolosi e difficili, quando il Cielo, difensore giusto de' regni, non rivolga in benigne influenze il torbido degli aspetti e le lungamente sofferte procelle e tempeste.

Per formare il ritratto della regina sposa, ogni espressione di questo foglio si renderà inferiore alle qualità insigni che la adornano. Sollevata al trono dalla sorte, che decretati in cielo così regii imenei confuse le disposizioni umane nello sciogliere quelli della arciduchessa Antonia in Germania, restò prescelta sopra tutte le principesse del mondo. Ella è grande di statura, ben formata di corpo, vaga e brillante nell'aspetto, possiede tratto e grazia ammirabile; spira nel di lei sembiante una benignità singolare, che senza abbandonare il grave e maestoso fa contegno a se stessa nelle maniere e forme di reggersi differenti da quelle dove è educata, e che in Spagna, soggettando l'arbitrio e la volontà, rende legge indispensabile anche all'istesso monarca. Riposti tutti i suoi pensieri superiori in conciliare gli affetti del re, vive in un cauto ritiro, e scordatasi dei divertimenti e delle maniere fra le quali fu educata, tra le scontentezze dell'animo si riconosce che, se ha fatto passaggio dalla Francia allo scettro, vi ha però lasciato il genio, la libertà e le inclinazioni. Viene dal re teneramente amata, dell'indifferenza peraltro e di un total contegno fatto conoscere sempre con tutte le donne, verso di lei ne compariscono evidenti i testimonii. Non si compiace la Maestà Sua degli usi e delle maniere francesi in alcuna cosa, parendo che le antipatie dei genii non esentino anche le persone reali; all'incontro eguale è l'avversione e la ripugnanza nella regina verso la nazione spagnuola, dalla quale non si concilia il maggior applauso, e non promettendo tuttavia pronta successione al regno, lascia i popoli nelle scontentezze delle deluse proprie speranze. Da ciò dipende il suo stabilimento nell'autorità e nel comando, nutriti particolarmente i pensieri da chi procura, col di lei favore, l'avanzamento delle proprie fortune e vantaggi, il che obbliga a versare in perpetue gelosie il primo ministro, le quali introducendosi bene spesso anche tra le due regine, sono argomento ai raggiri ed osservazioni della corte.

Dovrei anche descrivere la regina madre, ma, note alla Serenità Vostra le sue qualità e le forme con che ha governato per tanti anni la Spagna, mi dispenserà dell'obbligo. Dirò solo che, quanto è stata costante nel soffrire le vicende della sua sorte, altrettanto dopo il suo ritorno conserva il credito, la stima, il rispetto, mostrando in cauto ritiro di non ingerirsi in alcuna cosa del governo. Il che viene attribuito a due rispetti, l'uno della natura varia del re, geloso dell'autorità e del comando, il secondo che esperimentata de' passati successi nutrisca anche una tal qual diffidenza, e non abbia soggetto in cui riporre le proprie confidenze. La pietà nel resto esemplare della vita e de' costumi, conferma il concetto grande che le è dovuto e che la rende immune da ogni censura che il dente mordace della malignità ha alcune volte saputo intentare anche sopra monarchi. Mantiene la sua corte con splendore, separata d'abitazione e di palazzo, mai più essendosi veduto in Ispagna da regina non regnante occupato eguale il posto e la grandezza, mentre sono state solite ritirarsi tra le clausure, e vivere vita lontana dalla corte.

Farò passaggio alla qualità dei ministri, tra i quali primo di tutti mi si rappresenta il signor duca di Medina Coeli che forma figura elevata e non inferiore ad alcun altro favorito che abbia governato la Spagna. Concorrono in lui distinte le condizioni della nascita e delle fortune, mentre, congiunti nella sua persona i titoli di sette Grandati, si trova con opulenti stati, fortune e preminenze. (1). È signore di qualità molto proprie, di nota bontà, integrità e zelo; retto e sincero per il servizio del re. Comparisce al trattato affabile, cortesissimo, senza jattanza e vanità, amico del giusto e della ragione. Se qualche abilità maggiore di talento o cognizione degli interessi del mondo ne sollevasse l'animo, convien dire il vero che nè più aggiustato, nè più proprio ministro potrebbe desiderare la Spagna. Con tutto ciò nella scarsezza dei soggetti, dalle passioni o dagli affetti totalmente involti, è ancora il più confacente ed adattato. Egli è applicato e travaglia indefessamente, tardo però al moto ed alle risoluzioni, sempre in diffidenza di se medesimo. Per questo si regola con le opinioni e sentimenti di molti, ciò che lo rende ancora più confuso nello appigliarsi meglio ad un partito che all'altro. Negli affari de' principi esteri, lascia l'intera direzione al Consiglio di Stato che gode in questo

(1) Il duca di Medina Coeli possedeva una rendita annua di 150,000 ducati, pari a lire italiane 1,239,000.

governo tutta l'autorità. Si trova in età di cinquanta anni con numerosa figliuolanza di femmine delle quali va stabilendo i matrimonii ne' più cospicui soggetti, fatto in ognuno pregio della propria sorte di stringersi al favore per mezzo dei legami del sangue. Due sono i figli maschi, nei quali si rimirano le grandezze e le opulenze del padre.

Si può dire con verità il numero che forma il Consiglio di Stato, essere come il corpo umano ripieno appunto di varietà di umori e di contrarii opposti elementi che lo combattono e dirigono. Tralascierò individualmente il nome di alcuni per non riuscire troppo prolisso.

Il cardinale Porto Carrero, riguardevole per le preminenze della dignità e per il vescovato di Toledo con rendita di 400 mila scudi all'anno, gode concetto più di bontà che di elevati talenti.

Il contestabile di Castiglia è uomo altiero e superbo, di stravagante natura, inclinato più al male che al bene. Il suo voto prevale assai nel Consiglio, stimato in cognizione degli interessi particolarmente dei principi del nord.

L'almirante di Castiglia padre del governatore di Milano presente, sempre stato immerso ne'vizii e ne'difetti, se avesse accompagnato le applicazioni all'abilità, certamente la Spagna non avrebbe avuto alcuno eguale a lui.

Astorga e don Pietro d'Aragona, già consumati negli anni, poco applicano, ed ognuno di essi godendo le opulenze estorte nel regno di Napoli, sono sempre combattuti dalle distrazioni, affetti ed interessi. Con l'uno e l'altro occorrendo bene spesso di trattare al ministro di Vostra Serenità, li ha trovati ben disposti ed infervorati.

In Ossuna la stravaganza della natura l'ha fatto incorrere in varii accidenti, da' quali si è sempre rimesso; è però poco volentieri veduto dal re, gode più aderenze di seguito e di parenti che stima e concetto.

Los-Balbases (1) e il principe Gonzaga sono l'uno e l'altro odiati dalla nazione come esteri. Prevalendo però nella cognizione

(1) Spinol .

degli interessi del mondo, nella stima e concetto appresso il primo ministro, viene coltivato da essi con arte mirabile. Riuscirebbero di grande vantaggio ai ministri dei principi, se i riguardi coi quali procedono, non facesse loro preferire bene spesso di mostrarsi riservati e cauti. Idolatrando il favore, ne procede che si provino piuttosto avversi e contrarii che favorevoli nelle occorrenze che si presentano di questa provincia.

Il marchese Mancerra che conserva viva la memoria e la venerazione del ministero sostenuto appresso Vostra Serenità, gode al presente il posto di maggiordomo maggiore della regina madre; ha provato sotto don Giovanni varie le vicende della fortuna, ed anche al presente viene rimirato con gelosia per la singolarità de' talenti, capace com'è di promuoverli sempre più, quando gli arrida la sorte o la congiuntura.

Il conte d'Oropesa è soggetto di qualità molto lodevoli e distinte, e di bontà, e se agli anni verdi ancora andrà accoppiando qualche maggior esperienza, come non manca d'esatta applicazione, niuno si renderà più capace per sostenere i primi impieghi tanto nel regno come fuori.

Il marchese di Lichè ambasciatore a Roma, non si è trovato al mio tempo in Madrid, però ho avuto occasione di sentirne a parlare molto alla corte per la qualità del suo genio torbido ed inquieto, procurandosi dagli emuli del duca di Medina di imprimerne vantaggiosa l'opinione nel regio animo, quasi fosse il più capace ed il più atto a sostenere il governo della monarchia. Viene per ciò dal duca suddetto tenuto lontano senza annuire alla rimozione dell'ambascieria di Roma tante volte supplicata, col pretesto apparente delle differenze nate col negarsi dalla Santità Sua i privilegii e le franchigie agli ambasciatori nuovi che saranno per capitarvi; ma son più profonde le radici pei rispetti accennati. È figlio di D. Luigi d'Haro fu già favorito, come anco il conte di Monterey suo fratello, soggetto pure di talenti elevati e che egualmente aspirerà d'avanzarsi nel favore e nel posto, quando l'emulazione col fratello o la gelosia del duca di Medina non sieno bastanti a tenerlo lontano.

Villa-Hermosa fu governatore in Fiandra; godè interamente

il favore e la confidenza di don Giovanni. Al presente mal veduto ed incolpata di mal governo la sua condotta, si trattiene lontano dalla corte. Se si riguarda però il coraggio e l'esercizio delle armi, è il più capace ed il miglior soldato che si ritrovi.

Passando alla costituzione del governo di Spagna, si dirige questo per via de' Consigli, ai quali il re tiene interamente trasferita la propria autorità, onde vengono dai medesimi consultate e digerite le materie. Da loro raramente la Maestà Sua s'allontana o si diparte nelle risoluzioni, ciò che è anche causa delle dilazioni e ritardi molesti, in che bene spesso ogni negozio s'involge in quella corte, e languisce nell'esito e nelle spedizioni. Sono molti i Consigli, composti di più soggetti con un presidente, ministri, segretarii ed officiali, ognuno dei quali gode grossissimi assegnamenti. Il Consiglio di Castiglia, dopo quello di Stato, è il principale di autorità, sopraintende al civile ed al criminale di tutti i regni di Spagna. Vi è poi il Consiglio d'Italia, quello d'Aragona, di Fiandra, delle Indie, delle Finanze, della Crociata, dei tre Ordini. — Conviene dire essere il monarca delle Spagne il più assoluto fra i principi, il più potente per ragion di dominio e de' Stati che s'estendono in tante parti e che quasi abbracciano l'uno e l'altro emisfero, se la loro distanza l'uno dall'altro, la divisione in molti membri benchè vasti e spaziosi, non avessero bene spesso fatto conoscere che nell'unione degli spiriti consiste il vigore e la forza del temperamento, e che, a similitudine del corpo umano, anche questo gran corpo nella propria abbondanza alcune volte sterile, patisce per non poter fornire l'alimento necessario a tutte le parti. Non si può però negare che il suo governo non sia dei meglio composti e che potessero mai essere stati ordinati da antichi legislatori, in ordine al possesso di così vasto imperio, se per la corruttela de' tempi e degli accidenti, degenerati gli ottimi ordinamenti in mancanze e difetti, non si scoprissero in molte parti introdotti abusi e disordini; ovvero se il fasto della nazione potesse persuadersi che per la perdita o diminuzione de' Stati e provincie non si può più conservare l'antico splendore, e che ne' regni soggetti a cambiamenti, ciò che una volta era giovevole e medicina, si converte in veleno.

I costumi e le maniere di questa nazione, sebbene in apparenza pare ritengano dell'austero e del superbo, nella pratica però riescono cortesissimi e civili. Il temperamento caldo e secco, concorre con il genio. Gli ingegni perspicacissimi ed acuti, sono atti ad ogni maneggio, architetti di grandi macchine. Si deve però dire mancargli in questo secolo gli uomini d'abilità nelle armi, nelle lettere, nella politica e governo civile. La disapplicazione e l'inesperienza rende sterile ed infecondo il terreno. La nobiltà, perduta ne'vizii e nei comodi, raramente esce fuori di Spagna; vive lontana dalle virtù, non informata degli interessi ed usi esteri. Per la nascita pretendono occupare i primi posti e le cariche; ognuno si stima generale ed atto a governare le armate e gli eserciti. La plebe, piuttosto delle miserie si nutre che soffrir il travaglio e la fatica. Dalla nascita pretendono essere cavalieri, e con la spada al fianco lavorano le campagne.

Grandi scosse e flagelli ha patito in questi ultimi anni la monarchia, perchè la peste ha desolato intere città e provincie, la fame e la sterilità de'raccolti annichilati i popoli, confuso ed alterato il commercio. L'avidità poi delle nazioni estere concorrendo a gara a levarle i tesori, questa le seconda, e ciò che l'ozio trascura si converte in profitto e vantaggio degli altri, onde si può considerarla al presente come uno scheletro, dalle rovine della quale abbiano la Francia, l'Inghilterra e l'Olanda innalzati i proprii vantaggi e profitti.

Si rende sterile la Spagna dalla natura, inaridita dal sole e dai venti per il sito caldo e secco, perchè, oltre l'Andalusia e qualche altra provincia che il mare vicino bagna, nell'estesa ampia de'paesi, per giornate intiere di spazio, non si trovano case o città, e le campagne sono abbandonate ed incolte. Con tutto ciò, si potrebbe dire i difetti di alcune provincie compensarsi dalle altre, se disertate da'popoli non mancasse la gente al lavoro. Quantità di famiglie particolarmente passò nelle Indie, dove, per gli utili grandi che ne ritraggono, si sono intieramente fermate e stabilite. Il terreno peraltro si rende feracissimo e con poca fatica e travaglio lavorano le campagne, e tutto ciò che produce la natura riesce perfetto e singolare. Le lane, i vini, il ferro, la cotoniglia, sono frutti suoi così particolari, che dai medesimi ne ritrae quattro milioni di pezze da otto all'anno. Il quale denaro se viene in parte mandato ne' paesi esteri pelle ricerche del lusso e di ciò che può confluire dalle altre nazioni, nel che questa profonde incredibilmente, tuttavia quel che rimane ogni anno, forma il sostegno di tanti popoli e le ricchezze di tanti regni.

A tredici milioni di reali di viglione, moneta poco differente dal ducato di Vostra Serenità, in circa, si calcola ascendere le regie rendite che si ricavano dalle Spagne. La maggior parte esce dalla Castiglia, Andalusia, Galizia, Estremadura, Granata, perchè l'Aragona, la Navarra, Catalogna, Valenza, Biscaglia, godendo esenzioni e privilegii, non corrispondono se non qualche tributo ed annuo assegnamento. Dalle Indie, benchè le flotte vengano cariche con 50 milioni d'oro per volta, essendo però la maggior parte degli esteri, al re si calcola riservarsi un anno per l'altro un milione e mezzo in circa, che però molto più potrebbe essere, se le fraudi e l'avidità de' vice-re convertendo tutto in proprio profitto non ne trasportassero per se stessi ogni volta ricchissimi tesori.

Dei regni d'Italia si dice ascendere le rendite ad otto milioni, i quali tutti si spendono nel mantenimento dei presidii, dei governi, di milizie, di assegnamenti e mercedi fatte, oltre che, essendo anche la maggior parte delle rendite impegnate, non sono bastanti a supplire ai bisogni, non che a trasmettere alcun danaro in Ispagna, come in altri tempi con facilità si praticava.

Comprenderanno però VV. EE. facilmente, se Stati e provincie così belle e fertili fossero in mano d'altri principi, quanto il buon governo ed applicazione ne saprebbe ritrarre. Riducendosi adunque le regie rendite a quelle sole della Spagna, gran parte delle quali egualmente impegnate, poco resta di libero per il re. Conviene perciò sempre ricorrere a modi e mezzi straordinarii, versandosi in penose angustie di denaro continuamente, e mancando il più necessario, bene spesso, al mantenimento della real famiglia. Principale disordine e causa di tutto è la mala regola ed economia, non potendosi esprimere bastantemente quanto in ciò presuma il fasto della nazione, che reputa grandezza e virtù non abbassare il pensiero ad alcuna cosa che possa ritenersi risparmio o civanzo. È gloria profusione e liberalità, tutto deve essere diretto dalla fede fraudolente dei ministri, onde le cose dei particolari si governano conforme quelle dei re, ed il re, con profusa liberalità, si trova destinato a compatire con avara riserva per se stesso, ciò che per ampiezza di regni e di provincie sarebbe bastante a mantenere l'armata e gli eserciti ed a rendersi il più temuto monarca d'Europa.

Quattro milioni si spendono all'anno in mantenimento delle reali famiglie e salariati; con tutto ciò, non si può credere quanto poco sia lo splendore e la pompa, e come ogni cosa serva a saziare piuttosto la rapina e l'ingordigia di molti, in luogo di osservar regola e modo di ben composta direzione.

Gli stipendii poi a' ministri assorbono gran somme di denaro; non è persona quasi che non viva di quello del re, o che, se mancassero i regii assegnamenti, con le proprie rendite si potesse mantenere, mentre, allettati in corte i principali signori dalle cariche, hanno abbandonato totalmente i proprii Stati, più godendone i nomi e la vanità de'titoli che ne ritraggano corrispondenti utili ed emolumenti. Dalla bontà dei re facili e proclivi a far grazie e dar mercedi, è passato ormai in abito e natura di debito che chi vanta più grandezza e nobiltà di sangue abbia anche ragione di più pretendere, onde, quando a larga mano non gli sono versate le grazie, s'odono libere voci che si riducono in aperte fazioni; insidiando la fortuna del favorito e desiderando novità e mutazione di governo, col mezzo di che confidasi sollevare a migliori speranze le proprie fortune.

Tre milioni sono assegnati ogni anno di sopra-soldi e mercedi fatte dal re, le quali più il favore che il merito ha estorto dal regio erario, i capitali e le sostanze più preziose de' sudditi restando convertite in beneficio de' pochi. Le cariche poi, dentro e fuori, sono infinite, computandosi che il re paghi in tutte le parti dei suoi regni, 56,000 persone stipendiate per tali incombenze. A questo si unisce l'obbligo del mantenimento delle armate, degli eserciti, e tante altre straordinarie occorrenze, che per conseguenza, molto più richiedono di spesa di quello effettivamente si ricavi.

Non v'ha dubbio che per redimere in qualche parte la monarchia, unico fondamento sarebbe moderare le spese e rimettere i regii capitali, non altro anco si intende dalla voce de' ministri e si mostra effettivamente di applicare a ciò più che per il passato, ma sarà sempre però difficile, mentre, godendo i particolari i comodi e i vantaggi coll'aggravio del re, amano meglio continuare il disordine e la corruttela. La debolezza del re, ammaliato dalle arti degli interessati, o trascura, o non è bastante per togliere con la falce dell'autorità e dell'impero il proprio pregiudizio.

Grande disordine aveva introdotto la moneta del viglione, che adulterata dalla fraude e costituita con il tempo di pessimo intrinseco valore, accrescendo per conseguenza eccedentemente i prezzi in tutte le cose, si può dire sia stata de' maggiori motivi della decadenza della Spagna. Dopo la pace, si prese risoluzione improvvisa di proibirla affatto, il che è stato effetto ancora di maggior disordine e confusione, mentre, rimanendo i particolari senza il valor del denaro che in gran somma tenevano, non si può esprimere quanto grande ne sia stata la scossa, essendo imbarazzato il commercio ed il negozio per la mancanza d'altra moneta che prima della regolazione avrebbe dovuto fabbricarsi (1). Ne continuerà perciò il disordine e l'inconveniente sin tanto non sia stabilito e proporzionato il suo valore e qualità, non bastando i divieti a divertire dall'avidità delle nazioni estere il trasporto fuori del regno dell'oro e dell'argento di lega e qualità più perfetta. In così grande sconvolgimento ed alterazione, che da niun'altra nazione forse sarebbe stata sofferta, Iddio, con evidenza quasi di miracolo, estendeva le sue beneficenze e volgeva la sterilità de' raccolti e la penuria di viveri in abbondanti messi in quest'anno a tal segno, che maggiore non potrebbe desiderarsi in alcuna altra parte. Sopra di ciò solo deve fondar la Spagna le speranze di ridarsi a qualche sorte migliore.

Tale è lo stato e la condizione presente di quella monarchia, che ho procurato di raccogliere e delineare. Per non immorare

(1) Vedi i dispacci del marchese di Villars 4 aprile e 31 maggio 1680 nell'Archivio del ministero degli affari esteri in Parigi, citati dal Weiss nel vol. II, p. 200. *L'Espagne etc.*

però in maggiori particolari, passo alle massime, ai sentimenti ed ai consigli dopo la pace.

Fu ben facile di comprendere, nell'istesso punto del suo nascere, che sotto così specioso velo non si desiderava che di ricoprire i fini e le intenzioni contrarie e diverse. La Francia superiore e prepotente, dando legge alle condizioni ed arbitrando con la forza, non mirò se non a disunire le forze e l'unione degli alleati e legittimare i proprii acquisti. All'incontro la Spagna cedè alle proprie debolezze, alla necessità dello stato suo abbattuto ed oppresso. Fatte così gran perdite, si può dire che non le rimanga della Fiandra altro che una lingua di terra e frontiera di paese così ristretta che per sostenerla non sono bastanti tutte le forze della monarchia, mentre, sfiorata di tante piazze e circonvallata dagli eserciti di re prepotente, irreparabili si scorgono le rimanenti sue perdite. Conviene però alla Spagna, per mantenere la guerra lontana, far gli ultimi sforzi per difendere quelle provincie, benchè si procuri che concepiscano i principi vicini l'ombre ed i sospetti di cessione o compenso de' Stati, per invogliarli alla difesa comune e divertire quel fuoco che ardendo la casa propria, lascia per conseguenza quella degli altri esposta ai pericoli ed alle combustioni. Le concepite speranze di assistenza dagli Olandesi, i maneggi con l'Inghilterra, che hanno ritrovato per tanto tempo sorde le voci e che dimostrano in quel re trascurate le antiche massime opposte per il proprio avvantaggio all'ingrandimento della Francia, sono noti alla prudenza di questo eccell. Senato. Di quale conseguenza sia la cessione della Borgogna, provincia di così esteso tratto che chiude totalmente la porta e la comunicazione con l'Italia ed anco con l'Alemagna, quale la perdita della Lorena, spogliato il principe naturale dei giusti e legittimi titoli con non maggior ragione che il pretesto e l'ambizione che cresce sempre più ne' principi, è chiaro altresì. Gli altri riportati successi ed acquisti, che forse maggiori non potrebbero succedere in tempo di guerra, si possono comparare a quella catena, che non riconoscendosi da bastevoli anella formata, va stabilendo il nodo alle sue inesplicabili jatture e rovine. Fu sofferta però sin qui con costanza ogni scossa e procella, preferendosi di lasciar intercisi a parte a parte i rami dell'arbore periclitante della monarchia anzichè avventurare il tronco e le radici ad ulteriori perdite. La mutazione presente di massime, la necessità di dovere far argine ad un torrente che più che si allarga innonda ed allaga ogni cosa, la positura presente degli affari critica e diversa, sarà ben compresa dalla sapienza infinita di questo eccell. Senato, senza ch'io m'esprima di vantaggio. Mi farò solo lecito dire, che con variar di rimedii non si muta la natura del temperamento, e che, combattuto l'infermo dalle esperienze de'medici nella propria salute, superando la violenza del male, non si può se non temere resti finalmente abbattuto ed oppresso, quando dal direttore delle supreme cause, solito sempre ad assistere le giuste, non siano per sconvolgersi i disegni umani, e render deluse le più accorte pratiche.

Si rende interessato il primo ministro a conservare ad ogni prezzo la pace per inclinazione di naturale genio, per la propria sussistenza, per le conseguenze degli infelici successi della guerra che rivolgerebbero le più acute punture contro le sue direzioni. Che ciò sia ben compreso dal signor duca di Medina-Celi darà manifesto argomento la insorta differenza l'anno 1680 con i Portoghesi per l'isola di S. Gabriele nelle Indie occupata da'Castigliani, mentre alle strepitose dichiarazioni di portar le armi fino nelle viscere di Castiglia, rispose mandando Giovenazzo sino a Lisbona, per placare il sentimento ed il rumore insorto, restituendo gli Spagnuoli nuovamente l'isola, non ostante l'importanza delle conseguenze e il naturale fasto della nazione, che fra le infelicità e sventure maggiori del secolo, deve annoverare che un regno così ristretto, separandosi dal proprio corpo, sia stato capace di far ombra alla vastità di tanti regni. Se però, sino dagli incorsi primi rivolgimenti ed alterazioni, godette la maggior parte de' grandi di Spagna di tal diversione che nelle congiunture de'tempi potea servire nell'interno a fomento dei mali umori, il sig. duca con prudente consiglio studiò di rimuoverne al presente i pretesti e le occasioni agli emuli di ricavare dal torbido i proprii meditati vantaggi. Con tali riflessi e considerazioni, stimerei non potessero mai succedere alla Spagna colpi più fatali che se il Cristianissimo spiegasse le armi e le rivolgesse nelle viscere del cuore di quei regni, della Navarra o della Catalogna, abbandonale interamente di forze, di presidii, di munizioni, di assistenze. Eguali sarebbero gli effetti, se scaltro nell'attendere la sorte e la congiuntura, scorrendo la Fiandra quasi come in paese proprio, al dominio ottenuto di quelle provincie riunisse quello delle altre ancora. Senza esporre le armate e gli eserciti in paese sterile e lontano dove riuscirebbe difficile alla nazione di soffrirne i disagi ed i patimenti, col mantenersi armato e prepotente e collo obbligar gli Spagnuoli ad insoffribili dispendii ed aggravii, sarebbe per conseguire gli stessi effetti della guerra, anco in pace distruggendo e consumando totalmente il vigore della Spagna.

Fra le debolezze maggiori di questa monarchia annoverar si deve quella dell'abbandono delle forze di mare, così necessarie per la lontananza degli Stati e che servono quasi di ponti e di traghetti per unirli e congiungerli, e particolarmente pel predominio che la Francia s'usurpa e stabilisce con la forza sul mare. Circa lo stato delle galere che formano le squadre di Napoli, Sicilia, Sardegna e Spagna, basterà dire che da tanto tempo rinchiuse ed abbandonate nei porti, non si cimentano quasi più al mare, e destituite di apprestamenti, poco servizio potrebbero prestare nelle occasioni. De'vascelli, oltre quelli che servono per il trasporto delle flotte delle Indie, è ridotto il numero a 23 pronti ad uscire al mare, parte de'quali furono l'anno passato comperati in Olanda, ed ultimamente anco se ne sono fabbricati diversi in Spagna. Il mancamento però degli apprestamenti necessarii e di marinerezza, quello del denaro, farà sempre che non ne corrispondano eguali il vigore e la stima. Si applica incessantemente per rimettere questo corpo di armata, ma dopo che si sono dispersi gli assegnamenti di settecento mila scudi all'anno, tratti dalla bolla della crociata, e divertiti in varie mercedi ed assegnamenti ai particolari che le godono, resta difficoltato il modo e l'effetto.

Se non riuscisse troppo ardito volo innalzare i pensieri sopra le massime e i disegni avvenire de'principi, mi farei lecito di portare i miei umilissimi sentimenti sopra le risoluzioni presenti prese dai Spagnuoli di spedire Mancezza a Cadice ad oggetto di assicurare la flotta, mentre, essendo uso delle nazioni estere di portarsi con i vascelli ad incontrarla in mare e ricevere anticipatamente la consegna dei loro capitali, non ostante i divieti ai capitani ed in pregiudizio grande dei diritti e dazii regii, si pensa in tal modo d'ovviar alle fraudi e fare che capiti tutto il denaro nei porti di Spagna. Più importante motivo si può credere ancora che inspirasse questa misura, ed è, che venendo tutto l'argento della flotta in verghe, il re pensi di obbligare gli interessati a fonderle in moneta di denaro prima d'estrarlo dalla Spagna, dacchè, oltre ad essere diritto e ragione giustissima dei principi, risulterebbe utile importantissimo al re, e sarebbe l'unico modo certamente per accumular grandi somme di denaro nel quale, siccome nell'anima degli Stati, pare dover la Spagna più d'ogni altro principe fondare la consistenza delle armate e degli eserciti, dipendendo ora dalle assistenze agli alleati le forze, e particolarmente per sostenere le truppe di Cesare, in che versano le maggiori premure. So anche esser massima ed opinione, sbarcata la flotta, d'unire le maggiori forze possibili del mare e mandarle a farsi vedere nel Mediterraneo, il che quando anche potesse ridursi ad effetto per la sola apparenza, servirebbe a far risorgere il decaduto concetto ed opinione delle forze della corona, e si concilierebbe il signor duca di Medina-Coeli applausi e stima alla sua direzione e condotta.

Tiene il monarca di Spagna sopra tutti i principi del mondo modi di dispensare beneficenze ed arricchire i suoi sudditi con impieghi, cariche e posti in tante parti de' suoi regni, oltre la disposizione dei benefizii di chiesa, vescovati, pensioni ed altro. Si aggiungono anche i tre ordini di S. Giacomo, d'Alcantara e di Calatrava, che, distribuiti in quattro mila commende, costituiscono a tanti signori utili ed assegnamenti considerati.

Smisurata è la superbia de' grandi, che, pretendendo di non cedere ai principi sovrani, disprezzano ogni altra schiatta e sangue che stimano non poter eguagliarsi al loro. Si vanta ognuno di trarre origine da re (1). Il più delle case, passando il grandato

(1) I grandi imitavano il lusso della corte, spiegando un fasto incredibile. Allorchè sortivano di casa per fare qualche visita di cerimonia, andavano seguiti da un numeroso corteggio di carrozze. Le donne non si presentavano al pubblico che accompagnate da uno scudiere a cavallo e da tutti i gentiluomini della casa.

per eredità nelle femmine, hanno degradato dagli antichi loro linguaggi e sono perciò i grandi spogliati di quell'autorità che anticamente godevano. Non resta che l'apparenza e si può dire essere un corpo fantastico, un'illusione la loro grandezza che non ha altro che il nome. Servono al re nei servigii più vili, nè possono trattenere mali umori, perchè non v'è forza d'alimentarli, tutti essendo impiegati. Grande cosa è, che se non godessero cariche e posti, appena avrebbero da sostentare il fasto e la stima della propria elata opinione.

Mi resta il punto di più degno riflesso della Serenità Vostra sopra la mancanza della successione del re, già essendo vicino a terminarsi il terzo anno del matrimonio. Pare che si possa dubitare o di sterilità della regina, o di scomposta natura e di debolezza nel re, contratta da vecchio padre. Chi rimira la regina non sa vedere corpo più perfetto e nel quale si riconosca totale salute, consistenza e robustezza. Il re apparisce sano all'esterno, e, sebbene di natura e di lineamenti in qualche modo delicati, con tutto ciò resiste ai disagi della caccia i giorni intieri, così temperato nel vivere che fa legge a se stesso della più esatta puntualità.

I parenti della regina attribuiscono difetto al re; gli Spagnuoli, alla regina, con incertezza effettiva della verità. Sarà facile alla Serenità Vostra di comprendere le conseguenze pel mondo tutto, quando restasse inaridito questo tralcio della casa d'Austria in Spagna. Dirò anche, che la dilazione alla nascita d'un principe produce gli effetti più pregiudiziali, mentre promuove negli spiriti inquieti e torbidi, motivi alle proprie concepite misure e disegni, potendosi con verità dire che da tale successo sopra tutti, dipender debbano ancor prima della morte del re, le felicità maggiori e le sventure della Spagna.

Passerò per ultimo alle corrispondenze coi principi. Pare che ancora in ciò abbiano gli Spagnuoli abbandonato le antiche massime, perchè, nelle proprie debolezze, non stimano essere caduti

In casa erano poi trattate da regine e servite da donzelle in ginocchio. Narrasi che, sotto il regno di Filippo IV, un conte di Villa Medina mise egli stesso il fuoco al suo splendido palazzo per portare sulle braccia e salvare la regina che egli amava con passione.

in disprezzo appresso i principi, non conservano più il sentimento di applicarsi a conciliarsi favorevoli le disposizioni, e non potendo sostenere il preteso dominio negli interessi del mondo, non sanno ancora recedere dalla grande opinione di se stessi, onde guardano con diffidenza ognuno che non è interessato ed unito ne' lor proprii dettami e consigli. Per questo, più volte ho inteso libere voci ed aspri sentimenti, che quando la Spagna si trovava in auge di fortuna tutto il mondo se gli rese inimicò e contribuì a'suoi danni favorendo la Francia con leghe, con unioni, con assistenze, ed al presente che quella corona l'avanza nel dominio universale, trattenersi i principi quasi assopiti nel letargo, lasciarsi opprimere la Spagna, dal che non possono finalmente risultare se non conseguenze di perdite e declinazione, anco agli altri, d'imperio e di Stati.

Col pontefice, il rispetto della religione obbliga a sorpassare molti riguardi e dispareri che bene spesso s'incontrano con quella corte; a che s'uniscono i motivi di reciproco interesse, mentre, ricavando la Spagna grandissimi utili e profitti dalla concessione della Bolla della Crociata e dalla disposizione de'beneficii ecclesiastici, e all'incontro, accordati alla Santa Sede privilegii dell'autorità grandi ed emolumenti della nunziatura, dei spogli de' Vescovi, della Dataria in Roma, il reciproco benefizio ed avvantaggio fa superare ogni altro rispetto e riguardo.

Con l'imperatore, gli accidenti passati della stabilita pace, i mancati sussidii e contribuzioni promesse, il matrimonio stabilito in Francia, avevano fatto prorompere in aperti disgusti e diffidenze. Dopo la morte poi di don Giovanni stimato autore ed architetto di mal misurati consigli e disegni, spedito a Madrid il marchese di Grana, con prudenti maniere ha contribuito grandemente a riunire le massime, i fini, le intenzioni delle due case, indivisibili l'una dall'altra. Particolarmente dalla mancanza di successione alla Spagna pare più obbligato Cesare alla considerazione di quegli interessi, mentre, devolvendosi la successione per giusta ragione nell'arciduchessa Antonia, la quale non può essere contrastata che dalla Francia per l'invalidità che si pretende della rinunzia fatta da quella regina, comple a Cesare procurare di mantenersi conciliata la propensione degli animi e far apparire il proprio interesse con quella corona.

Con la Francia, i legami del matrimonio non sono bastanti a vincere l'antipatia de' genii e degli interessi di così opposte nazioni, onde, e per le cose accennate sin qui e per le gelosie continue in che si versa, si vive come in aperta guerra, e vano riuscirebbe qualunque concetto che tentasse mai persuadere nella costituzione corrente degli interessi del mondo unione fra le due corone. Tenendo le azioni dei principi sempre più occulte le intenzioni e le mire, ogni vantaggio e ingrandimento maggiore della Francia apparirebbe diminuzione della Spagna e bastante ad accelerare le sue jatture e rovine, come si può comprendere.

Resa amica la potenza dell'Inghilterra con la passata lega stabilita difensiva, uniti anco gli Olandesi, si stimava di ricavare grandi vantaggi, ma si è conosciuto sempre essere riuscito quel re, e con gli ufficii e con le mediazioni passate, più di pregiudizio che di vantaggio ai comuni interessi.

Con Portogallo antica è l'antipatia de' Castigliani, come ho già accennato. Il vicino passaggiò però del duca di Savoja a quel regno, si considera per la spina più pungente che possa penetrare nelle viscere della Spagna, mentre, da un principe vicino e che riterrà spiriti bellicosi con fomenti continuati della Francia facili ad avvalorarsi colle pretensioni che pretende la casa di Savoja dalla Spagna per ragione di crediti, non si può se non dubitare sia un giorno per accendersi un fuoco non facile ad estinguersi. Inoltre essendo la casa di Savoja chiamata da Filippo quarto alla successione del regno, se ne nutriranno sempre i disegni e vi avrà gran ragione di pretendere.

Danimarca e Svezia sono considerati per qualche armamento di navi che potrebbero somministrare nelle occasioni.

Quanto a' principi di questa provincia (l'Italia) sarà facile a Vostra Serenità conoscere che non ottengono gli Spagnuoli quell'affettato dominio che sopra di essi hanno sempre preteso, per l'ampiezza degli Stati che vi godono.

Della duchessa di Savoja, si crede che aderisca totalmente ai voleri e consigli della Francia, e che sia per acconsentire ad ogni passo anche pregiudiziale per mantenersi nel comando di quello Stato quando il figlio sia passato a Lisbona. Se ne concepiscono le più vive gelosie, sebbene procuri la signora duchessa di far credere in Spagna di nutrire i migliori sentimenti per il bene d'Italia.

Il gran duca viene considerato per parziale, obbligato a farsi conoscere per tale per gli Stati contigui che gli pongono quasi la briglia ed il freno in molte parti e siti.

Gli altri principi inferiori, Modena e Parma, si crede siano obbligati di seguire la volontà e la legge del più potente.

Del duca di Mantova hanno parlato tanto i passati successi e le incaute misure in che è incorso, che mi dispenserò dall'obbligo di riferirne d'avvantaggio. Dirò solo, che se i Francesi si sono impadroniti di Casale, gli Spagnuoli non ne hanno mai lasciato la mira e l'applicazione, e solo sono trattenuti dalle proprie debolezze e dalle massime di non attrarre sopra i proprii Stati le armi nemiche. Progetto degli Spagnuoli principale è stato sempre la demolizione di quella piazza, nè mai cesseranno di tenerne vivi i disegni, le macchine, quando sia loro permesso dagli incontri e dalle mutazioni degli accidenti. Così grande è la gelosia e l'apprensione che non sia mai per avere sicurezza lo Stato di Milano, finchè i Francesi mantengano il piede in questa provincia.

Circa la Serenità Vostra, io, in tutti gli incontri, ho procurato di insinuare i sentimenti della rettitudine delle massime, dei fini, delle intenzioni della Repubblica, dell'amichevole vicinanza degli Stati e conformità degli interessi, e confido di non essere riuscito inutile per tutto il tempo che mi sono trovato in quella corte, coltivando la più perfetta reciproca corrispondenza. Si considera la Repubblica certamente il principe più potente e più stimato che sia in Italia, e sono impresse nella memoria le azioni insigni di tutti i tempi, e sebbene si creda dall'ultima guerra con il Turco essere rimasta molto indebolita, con tutto ciò col beneficio della pace, con il concetto e regola di prudentissimo governo, con l'opinione generalmente che si ha di questa gran Patria, è opinione che ancora sarà rimesso il vigore e ridotta in istato che in ogni incontro sia per sostenere l'antica fama e decoro in questa provincia. Siccome è stata sempre massima prudentissima bilanciare le forze delle corone, così in occasione che le armi forestiere passassero ad infestare l'Italia, si crede che certamente sarebbe per aderire all'unione colla Spagna. Si si risente però della troppa cautela e riserva di professata neutralità che potrebbe far nascere i pregiudizii, le invasioni, prima di porgervi alcun riparo. Per questo la lega difensiva si è desiderata così pubblicamente a due fini, l'uno di difendere e di preservare i proprii Stati, l'altro di conciliarsi stima e rispetto appresso la Francia con unione de' principi. Vorrebbero concertar ognuno contro la Francia e porre in diffidenza, ed io so che nel mio tempo, alla corte, facevano correre concetto avere la Repubblica stabilita lega con gli Spagnuoli per opporsi ai tentativi minacciati dai Francesi. Ciò obbligò tanto più il ministro di Vostra Serenità a mantenersi cauto e ristretto nei discorsi, onde, bene spesso, incontrò il concetto di genio avverso alla loro nazione, stimando dissidente ognuno che non s'abbandona ai loro sentimenti, consigli e discorsi. Per ciò si versa alcune volte fra scogli ed opposizioni, e si ricerca molta destrezza e maniera in corte, dove il genio della nazione porta che non si faccia stima di alcuno se non a misura del bisogno, e più facilmente procura disgusti e dispiaceri che compiacenze.

Stimerò però sempre che si renda grande servigio a Vostra Serenità coltivando quella corte con attenzione e destrezza, mentre, sebbene lo stato suo presente non possa dare apprensione alcuna ai principi, con tutto ciò, dipende la sorte degli imperii dagli accidenti, e sono questi giornalieri, come tutte le cose umane, e li acerbi sentimenti che fossero sepolti nell'animo, essendo gli Spagnuoli scaltrissimi potrebbero ridestarsi poi nelle occasioni. Inoltre, per la vicinanza de' Stati, per gli interessi tanti che ogni giorno si possono presentare, non potrebbero VV. EE. ricevere maggiori travagli o disturbi che da questa parte, mentre sebbene al presente siano abbattuti di forze e di vigore, non hanno tuttavia perduto alcuna cosa in questa provincia, e ne ritengono amplissimi Stati. Mi farò anco lecito di sottoporre umilissimi riflessi e considerazioni, quanto sia necessario di sostenere in ogni incontro con questa corte unito alla destrezza il vigore, mentre procurando sempre gli Spagnuoli di soprastare agli altri, reputano per conseguenza debole di forze e di consiglio quella ragione che s' abbandona. Presso a' principi, nulla è peggio che decadere di stima e concetto che più poi non si riacquista, e regolandosi sopratutto quella corte con gli esempii, d'ogni cosa fanno grande mistero e pretendono di ricavare ragioni e vantaggi in loro favore.

Ho avuto per segretario il fedelissimo Alvise Marchesini, il quale, dopo essersi in tutto il corso dell'ambasceria coll'eccell. sig. cav. Zeno mio predecessore che ha sostenuto in quella corte con le commendazioni eguali alla singolarità de' suoi cospicui talenti la rappresentanza di Vostra Serenità, ha continuato poi con me con eguali prove di fedeltà, puntualità e bontà di costumi l'adempimento intiero d'ogni parte più desiderabile dell'impiego, onde gli sono dovute non meno le commendazioni più piene, che le retribuzioni giustissime della Serenità Vostra.

Avrò già abusato della sofferenza di questo eccell. Senato. La congerie però dei successi mi ha obbligato a lasciar correre la penna con confidenza del benigno compatimento di Vostra Serenità, come La supplico per quello che possono aver mancato le mie debolezze ed imperfezioni nell'esercizio della carica. Ho sagrificato l'ardore ed i respiri tutti di me stesso nelle applicazioni e nello zelo del pubblico riverito servizio; ho sostenuto il pubblico lustro e decoro; mi sono trovato in quella corte in congiunture de' tempi difficili che non saranno per succedere facilmente ad alcun altro. Il matrimonio del re mi ha obbligato a straordinarii dispendii; so di niente avere risparmiato; e troppo rimprovero risentirei in me medesimo, quando avessi lasciato parte alcuna da offrire delle mie private fortune e sostanze, che saranno sempre i più gloriosi olocausti ai pubblici arbitrii e disposizioni; smisuratamente mi si sono accresciuti i dispendii dalla diminuzione della moneta, dalla penuria degli anni, e da' prezzi dei viveri, accresciuti nel tempo del mio soggiorno a tal segno, che maggiori non ha mai provati la Spagna. L'abbandono totale alla assistenza degli interessi della mia casa per gli impieghi nuovamente intrapresi dal fratello; il deterioramento de' miei più preziosi capitali consunti, e le sventure per tanti sinistri incontri, sono ben degni riflessi del benigno compatimento di questo eccell. Senato.

Il lungo corso quasi d'un lustro, che ha raddoppiato si può dire il periodo della ambascieria per comando della Serenità Vostra (1), mi ha fatto sostenere ogni incontro con costanza, e solo mi sono studiato di non demeritare il pubblico aggradimento ed approvazione, come, a consolazione d'un cuore ossequioso e devoto, mi è riuscito di raccogliere in più mani delle riverite benignissime Ducali.

Agli altri servizii perciò prestati dalla mia casa nella non interrotta continuazione del tempo, al sagrifizio delle vite de' miei maggiori e de' fratelli, de' quali sono ancor calde le ceneri, non si sdegni Vostra Serenità di aggiunger ancora così divoto tributo mio d'affetti, d'ossequio, di debito; e, se non è della vita, dei sudori, dell'applicazione, delle sostanze e di tutto me stesso.

Il regalo con cui la Maestà Sua ha voluto accompagnarmi nella mia partenza, consiste in un bacile d'oro ed in una collana d'oro. Resta depositato a' piedi di questo real trono, e quando si compiacciano di permetterlo in grazioso dono, come supplico divotamente, sarà effetto della pubblica regia munificenza.

(1) L' ultimo dispaccio è del 18 decembre 1681. Tutti si conservano nel veneto Archivio generale, *Senato, III Secreta filze* n. 117 a 118.

RELAZIONE DI SPAGNA

DI

GIOVANNI CORNARO

AMBASCIATORE

A CARLO II.

DALL' ANNO 1681 AL 1682.

(Dall'Archivio veneto generale).

BREVI CENNI

INTORNO

GIOVANNI CORNARO.

A Federico Cornaro successe nell'ambasciata di Spagna Giovanni Cornaro di Nicolò cavaliere e procuratore di S. Marco, e di Elena Pesaro. Era del ramo di quella nobilissima gente, che, pel gran palazzo che possedeva nella parrocchia di S. Maurizio, fu detta *della Cà grande.* Venne eletto nel 28 ottobre 1679 (1), entrò in carica nel 1680, e lesse in Senato la Relazione il 28 luglio 1683.

Giovane ancora, siccome quegli che avea appena 38 anni, il Cornaro si mostra in essa provetto statista. Dove accenna alle cause della decadenza della Monarchia, dichiara far *come il fisico cui rièsce di maggior momento lo investigare ne' corpi infermi la ragione occulta de' morbi, che i morbi stessi*; infatti, oltre le condizioni del governo della Spagna, espone il carattere, le abitudini, lo stato del popolo.

Sul finire della Relazione chiede al Senato di poter conservare la coppa e catena d'oro che i re di Spagna solean donare in segno di gradimento agli ambasciatori veneziani che usciano di carica, e avverte essere la sua fortuna sempre pronta a nuovi sacrifizii sull'altare della patria. Il quale sentimento di solidarietà fra la privata e la pubblica fortuna era profondo e tradizionale in tutte le grandi famiglie patrizie di Venezia. In questa sola del Cornaro di S. Maurizio, per non dire d'altre, Nicolò padre dello ambasciatore, nelle strettezze dell'erario per la guerra di Candia, nel 1645,

(1) Vedi il registro del *Segretario alle Voci* nell'Archivio generale.

avea donato 23 mila ducati; Francesco, fratello dello stesso, ne donava 25 mila nel 1689; Nicolò suo nipote replicò il dono nel 1701, e ciò oltre le ambascerie e le pubbliche rappresentanze, sostenute in gran parte colla privata fortuna. — Mirabili esempii a noi che chiamiamo corrotti quei tempi e quegli uomini!

Serenissimo Principe (1).

Non è peranco scorso il secondo secolo, dacchè la monarchia di Spagna ebbe la sua origine, continuandone tuttavia la permanenza e la durazione.

Giovanna, erede dell'Aragona e della Castiglia, maritatasi in Filippo I, la trasferì in casa d'Austria. Per quel matrimonio si unirono, per eredità paterna, gli Stati di Borgogna e di Fiandra, e per le ragioni della madre i regni tutti di Spagna, di Napoli e di Sicilia con le grandi appendici di un nuovo mondo in Carlo V che pure restò in quel tempo dall'Alemagna eletto a sostenere l'importante corona imperiale, costituendolo così la fortuna per le forze, per il valore e per il dominio, il maggior forse di tutti i Cesari.

Scarso il mondo per lo più di principi grandi, comparve all'opposto in quell'età, più che provvisto, abbondante.

I due maggiori erano Francesco I re di Francia e Solimano signore de'Turchi. All'improvviso nascimento di così vasta potenza si conspirò immediatamente da ognuno ad impedirne i progressi nel rimanente desiderato universo.

L'ingegno e l'industria suggerivano ad ambe le parti straordinarii consigli: al primo per riportarne allori nuovi, agli altri per divertirne l'intento. Onde successero all'osservazione di quel tempo lacrimabili stravaganze, divisioni di popoli, sollevazioni di provincie, novità di religioni, prigionie di pontefi-

(1) Era doge Alvise Contarini.

ci, carcerazioni di regi, adunanze di Concilii, occupazioni di Stati, mutazioni di governi, guerre, stragi, spargimento di sangue, che lo resero non so se più infelice o memorando. Sin che finalmente, o stancatosi Carlo, o disingannato, con esempio forse inaudito, risolse, prima che dalla morte costretto, di deporre le fascie imperiali e il dominio di tanti regni, ritirandosi, con migliore consiglio e con evidenza di miglior esito, in un chiostro, stanco di combattere più la terra, ad espugnare con la penitenza l'acquisto e l'ingresso nel cielo.

Filippo II, disceso il padre dal trono, s'assise a dirigerne il comando, sopra quello di Spagna.

Non variarono dunque le massime nel governo. Senza intervenir nell'armate, combattè forse più lui con la penna nel gabinetto, che l'altro col maneggiar la spada tra le battaglie e nel campo. Aggiunse il Portogallo alla Castiglia. Infelice gli riuscì però la grande spedizione navale contro l'Inghilterra. E in pena poi di quel fuoco che volle ardere nella Francia, gli convenne soffrire d'essere attaccato ne' proprii Stati e veder ardere nella Fiandra fiamme che mai s'estinsero e che continuano sin al giorno d'oggi. Da quell'incendio, come dai Trojani, naquero nuovi imperii; si stabilì ne'Paesi-Bassi l'unione di sette provincie col nome di repubblica Olandese, così potente sul mare e di tanta importanza negli affari d'Europa a' giorni nostri.

Fu principe fortemente politico e celebrato per il Tiberio delle Spagne, i suoi nemici gli diedero titolo di crudele, imputandogli il taglio di ventimila teste. Non risparmiò lo stesso, benchè diversificato, castigo al fratello don Giovanni, al figliuolo principe Carlo erede della monarchia. Il Cielo, in punizione forse di tante morti, fece a lui toccar quella dei due più sanguinarj tiranni, Silla ed Erode.

Filippo III che gli successe, comparve più mite monarca. Mutarono aspetto le forme del governo. I favoriti restarono assunti all'autorità suprema del comando, depostasi dal principe la direzione; la corona principiò da allora a soffrire i suoi deliqui.

Le nazioni straniere poterono osservare e distinguere che

la gran pianta austriaca, dopo aver sparsa tant'ombra, dava evidenti segni di mancarle il vigore e lo spirito per estendersi e diramarsi più oltre.

Non mancarono tuttavia i suoi ministri di far risentire alcuno sforzo del genio della nazione.

Questa Dominante, reggia della libertà o sicurezza dell'Italia, non restò esente dalle insidie. I tesori dell'erario si profusero in beneficenze; i grandi s'arricchirono a conto della corona.

Genova, in queste congiunture, somministrando a gran concambi le sue ricchezze, moltiplicò con lucrose usure i mercantili tesori, e riportando famosi titoli di grandezza e principati col denaro li suoi cittadini, si trovò allacciata, senz'avvedersene, nella dipendenza e quasi soggezione di Spagna.

Fu chiamato dalla fama principe buono, ma non forse dotato di pietà e religione, non di riputazione o di stima, diminuitosi in lui il vigor delle forze della monarchia.

Chiusi gli occhi Filippo III, gli aperse Filippo IV a regnare. Condiscese egli ancora, piuttosto che a reggere, a soffrir di esser retto.

Iddio ch'ha posto lo scettro nelle mani de' regnanti, si risente altamente con la punizione de' regni e del principato, allora che, trascurando di sostenerlo, lo lasciano impugnare da coloro a' quali non aspettano che adorazioni per venerarlo.

Sostenne lungamente la guerra contro la Francia, a costo però sempre di perdere. Con le nozze dell'infanta nel Cristianissimo, pensò di stabilire per lungo corso la pace, ma gl'interessi de' principi non vincolandosi con parentele, non si sopirono le differenze; anzi maggiormente s'aumentarono le pretese ragioni sopra gli Stati cattolici.

Onde, con la continuazione degli odj tra le due nazioni, di tempo in tempo le calamità della guerra fecero provar il discapito costantemente alla Spagna.

Fu principe predominato assai dal senso. Arricchite di propria figliuolanza le donne altrui, fu quasi per non averne nel letto reale. Dio tuttavia, per miracolo, negli ultimi giorni di sua vita, mancati i primi ottenuti, lo consolò con la nascita del presente re Carlo II, lasciatolo in poch'anni d'età sotto tutela e governo della madre quando morì.

A tutti i regni le minorità si rendono fatali. Il comando indebolisce per lo più sotto la direzione femminile. La Francia s'approfittò della congiuntura.

S'abbominava dalla regina la guerra, sospettando pericolose del pari al re fanciullo le vittorie de'proprj capitani che de'nemici.

Avida oltre ciò del comando, s'ingelosiva de'grandi, quasi aspirassero a levarglielo, od almeno ad arrogarsene qualche porzione.

Studiosamente erano dunque tenuti lontani dalla partecipazione del governo e dal palazzo. E la Giunta istessa a ciò instituita, non riteneva appieno l'intiero della sua autorità. Così, nell'urgenze precise di consiglio, incapace a sceglierlo da se sola, si ritrovava astretta riconoscerlo da'più familiari.

Perciò, prima il confessor Nitardo, reverendo gesuita, poi Valenzuola da bassissimo nascimento (dandosi adito alle calunnie del vulgo, dalle quali non si esentano i tetti d'oro) salirono con arbitrio supremo, l'un dopo l'altro, al posto sublime di direttori della monarchia.

Il tempo portava ormai il re ad essere già maturo: la madre non sapeva, non ostante, distaccarsi dal comando. Impazienti i grandi della positura e aspetto delle cose, cospiravano perchè don Giovanni comparisse alla corte.

Con la diversità de'comandi, si aveva egli guadagnato lo applauso de'popoli e l'acclamazione de'regni. Da ognuno, come è solito, figurasi nelle mutazioni ritrovar profitti, e vendicare la condizione sin allora sofferta, disprezzata e negletta.

Reggeva l'Aragona quando fu chiamato a reggere la monarchia. In un momento cangiò scena la reggia. La regina madre fu fatta ritirare in Toledo; il favorito imprigionato; dispersi i suoi fautori; il re posto sul trono; assunto lui alla direzione assoluta del tutto.

Successe però in quest' incontro il maggior pericolo che possa avvenire a'regni ed ai monarchi, quando cioè sotto colore di bene, assumendo licenza e armi i sudditi, s'impadroniscono della persona reale, restando soggetta la maestà dominante alla violenza de' vassalli. Accade poi che gli autori di simili operazioni, dopo il subitaneo splendore della novità, cadono i primi nella punizione de' biasimi, nella detrazione dell' invidia, e lo stesso riportò don Giovanni, il quale ritrovata aggravatissima la corona ed esausto l'erario dalle beneficenze, malamente potè condiscendere alle retribuzioni e alle grazie. Dovendo supplire all' urgenze, convenne ricorrere a' modi risoluti ed all'esigenze violente. Tutti aspiravano a tutto. Pretendendo ogn' uno doverseglielo, se non come primo autore del suo innalzamento, almeno per non essere comparso contrario e disfautore alla congiuntura della sua fortuna.

Non potendo reprimere le pretese, gli convenne soffrirle cangiate in malevoli influssi. Osservò in un momento offuscarsi quella nube, con la quale poco prima aveva intorbidato il sereno anco agli altri.

Stabilite appena le nozze del re con la casa di Francia, ad esclusione delle stipulate con la figliuola di Cesare (per non prestare fomento al partito della regina madre che cavava nell'interno accesissimi ardori di vendetta provando cangiata l'inclinazione in avversione del suo nome), abbandonato dal re e conseguentemente disprezzato dall' universale, è concetto incontrasse quella morte che viene per l' ordinario imputata a' più grandi (1).

Sparito don Giovanni ritornarono a prendere nuova faccia le cose. Così spessi e variati rivolgimenti, non imprimono che gravi scosse agli interessi di ogni gran monarchia. Sconcertato l' ordine interno, non ponno estendersi le linee migliori all' e-

(1) Le riforme incomplete pubblicate da don Giovanni, non rialzarono il pubblico credito, nè accontentarono il popolo: si vide che don Giovanni non era che un ambizioso volgare. Egli perdette ogni popolarità e morì disprezzato nel 1679.

sterna conferenza de' dominii. La regina madre è restituita alla corte, Medina innalzato al grado di favorito. Si richiamano i grandi cacciati in esilio, e fra tante vicende si celebrano le nozze reali. Non molto dopo sì grande funzione, ritrovandosi in questa positura le cose, correndo dopo il decimo sesto secolo l' anno 81, seguì l' arrivo di me Giovanni Cornaro cavaliere all'onore di servire Vostra Serenità in quella corte: mi ritrovo nell' obbligo di continuarne un' esatta narrazione, per obbedire alle leggi che lo prescrivono.

Ristretto però lo spazio del mio risiedere all' impiego, non può riuscirmi di rilevare perfettamente in fabbrica altra maestà o prospetto di racconto di quanto mi è occorso aver tempo per restringerlo in disegno, o raccoglierlo in modello.

Chi soddisfa però con quanto possiede, non è tenuto di più, anco se il debito sormontasse.

È dunque la Spagna un ristretto di molti regni, signoreggia tant' altre provincie e imperi, che costituiscono la monarchia più vasta che forse al giorno d' oggi obbedisca ad altro signore del mondo. Madrid della residenza è la reggia; ha il cielo più benigno; il suolo fertile ed abbondante, ricca in se medesima d' ogni bisogno; vi mancano però le popolazioni. Il paese scarso di genti, comparisce a guisa de' deserti della Libia e delle vaste campagne dell' Africa. Lo scacciamento de' Mori e le genti mandate nell' Indie, producono il difetto; quindi è che, avendo riempito de' nazionali tanti altri vasti paesi, sono rimasti li proprj vuoti e privi di abitatori.

Questo difetto di gente costituisce un' indole assai rozza in quelli che vi rimangono. Sono gli Spagnuoli di genio sospettosi e di prima impressione, amatori dell' ozio, negligenti nella coltura, noncuranti del sapere, disapplicati d' ingegno e di industria. Non si può negare, che i loro costumi non si conformino assai con quelli del confine di là dallo stretto.

Signoreggiati tant' anni dalla barbarie, è forza vi sieno rimaste impressioni de' suoi riti e costumanze. Sono alti estimatori di se medesimi; larghi sprezzatori di tutte le altre nazioni. Non vi capita straniero, o per necessità peregrino, o per affari con grado, che ne riporti marche di molta obbligazione e di stima.

Le misure tutte del punto sono però da loro eccellentemente intese, e se non degenerassero ad alterigia eccessiva, sarebbe commendabile il contegno ed il non accumunarsi, come è praticato in altre parti.

Da ognuno si vanta fregi di nobiltà. L'uomo vile e di mestiero sostenta lo stesso pregio. Questa fantasia li toglie dall'applicazione al lavoro, e, trattenendoli scioperati, ne risente il particolare e il pubblico, i discapiti gravosissimi che corrono dov' è il popolo neghittoso (1).

La religione tiene nell'apparenza in que' regni la sua sede ed il centro. Il culto e la devozione si ammira nelle chiese. I doni preziosi, le lampade accese dalla pietà de' fedeli sono innumerabili.

I chiostri che osservano regole di religiosa disciplina, sorpassano nel numero ogn' altra parte del cristianesimo.

Tutto ciò non toglie che penetrandosi nella midolla, non si discerna essere il credere ne' grandi e ne' principali una mera ipocrisia; negl' idioti e nel volgo una semplice superstizione.

Gli ecclesiastici assorbono grandissime provvisioni del fondo de' regni (2). Non v' è legge salutare che accorra col divieto all' aumento de' loro beni. I pastori non appariscono i più esemplari; moltissimi abusi restano commessi, nè so come tollerati: disordini che costarono tanto cari alla Chiesa cattolica nella Germania a' tempi andati, sebbene la costanza del culto è così radicata nel popolo in Spagna, che, a costo di tutti gli abusi con che viene diretto, non sarebbe capace di assentire a nuovi riti e a miscredenza.

Il re dunque che comanda con poco lieti auspizj presente-

(1) La tendenza alla nobiltà trovava il suo fondamento nella stessa legge che favoriva gli *hidalghi* in confronto dei *pecheras*. Vedi la legge 13 della *Nueve Recopilacion*.

(2) Vedi Sempere. *Grandeur et decadence de la monarchie espagnole.* tom. II.

mente a sì gran parte del mondo cristiano, porta il nome di Carlo II, ritrovandosi nel vigesimo terzo anno di sua età, dopo il quarto del suo matrimonio.

La statura non la tiene oltre il mediocre. La complessione è meno che robusta. S'è difettosa l'indole, pecca nel troppo buono, promosso da temperamento mancante, che non lo lascia discernere e invigilare più oltre. Il suo genio non è compreso a che lo porti. Pare che lo spirito sarebbe riuscito capace a risplendere di qualche virtù, s'avesse avuto coltura.

Si rimprovera alla regina madre, che, per i riguardi di regnare, non lo fece illuminar dal sapere, e lo ha educato fra gli ozj e le disoccupazioni, quasi personaggio volgare. Fra gli argini ch'è cresciuto si mantiene tuttavia, nè sa staccarsi dall'assuefatto cammino. Abborrisce ogni cura di comando, lasciandolo a chiusi occhi intieramente nelle mani del favorito. Le ore più noiose sono per lui assegnate a prestare per formalità l'orecchio al dispaccio (1). Non più gradite gli succedon quelle, nelle quali è astretto a rendersi palese nelle funzioni del principe. Non ritiene la giurisdizione del premio e del castigo, e il ricorso a lui con le instanze, è lo stesso che portarlo alla sua statua. La pietà e la religione adornano però il suo animo, ed è tanto lontano dalla colpa, che vive ancora nel contegno della innocenza. Sì grande bontà non è apprezzata dai sudditi. Corrono apertamente li rimproveri per uno staccamento tanto grande da ogni attenzione al governo. Non gli arrivano però all'orecchio voci che sconcertano l'armonia, ch'è gradita dal favorito. Ama la regina regnante sua moglie con sincero affetto; risente però al vivo il discapito di non tener per anco successione e figliolanza.

Porta la regina regnante, uscita dalla casa di Francia, il nome di Maria Luigia, compiendo l'età di poco più di venti anni, con fregi di bellezza, se non privilegi distinti d'intiera

(1) « Allorchè il duca di Medina Coeli discorreva col re degli interessi dello » stato, S. M. guardava ogni istante al suo orologio, e sollecitava impaziente il » momento di riposarsi. » *Dispaccio del marchese di La Vaugoion 30 settembre* 1680.

salute. Corron sospetti del tutto non fallaci, che venga dalla natura ingiustamente spogliata di poter riportare dagli ufficii di sposa le prerogative di madre. Continua altamente radicata in lei l'inclinazione alla corte ov'è nata e non ha potuto per anco trasferire l'affetto in quella fatta propria dove regna. Il genio è ritenuto proclive verso i costumi dell'educazione. Ed apertamente abborrisce, senza saperlo dissimular o nascondere, tutto l'opposto che le convien sofferire e sostenere in Spagna. Quindi avviene che non ama, e resta tanto poco amata. Non si è guadagnato l'affetto universale de' sudditi, e prova contrario anco il particolare di Medina: discapito, che le fa bene spesso sofferire le male soddisfazioni, e fa conoscere al mondo, che dalle passioni e disturbi non si esentano nè anco i petti reali. Riconosce ormai, e ne stà con timore, non poter rimanere senza effetto tutti i tentativi di aver successione la corona. L'è noto che si contano già gli anni del suo maritaggio. Sa l'opinione invalsa che dalla Francia mai sia stato dato l'erede alla Castiglia. Apprende l'esempio, che nelle discolezze reali vi siano entrate dell'altre regine. Con la regina madre nudrisce buona corrispondenza. Vi sono però i suoi affetti, che non ponno mancare fra due animi reali.

Passa di poco il quarantesimo anno la regina madre, dei quali dieciotto ne ha vissuto nella vedovanza, adornandone dodici dell'autorità suprema di tutta la monarchia. Ebbe Ferdinando III imperatore per padre, ed è sorella di Leopoldo presente Cesare Augusto. Fu moglie al re Filippo IV ed è madre di Carlo II che ora regna. Sostenta sotto l'aspetto di decorosa maestà le riserve di un tenacissimo sussiego. Da' suoi parziali è dichiarata capace di governo, tuttavia non l'è riuscito insignirsi di questo nome, nel lungo spazio che l'ha sostenuto. La Spagna le rimprovera radicate inclinazioni all'Alemagna dond'è uscita, e si stima che più siino i milioni nel tempo di sua reggenza spediti in sovvegno all'imperator suo fratello, che quelli che si sono mandati in soccorso delle provincie, che si aveano a difendere per il suo figliuolo. Con ragione non si può però nè lodarla nè biasimarla: mentre, declinando ai paragoni, si ritroveran, fra gli esempii, donne riuscite molto migliori, altre assai peggiori in congiuntura di dominazione, come tutrici dei re fanciulli. Al presente sostenta evidenze d'intiero staccamento d'ogni sorte d'ingerenza negli affari del regno. È concetto però, che con intrinseco concerto passi qualche secreta corrispondenza col favorito.

È questi il duca di Medina Coeli; trae discendenza di alto lignaggio, privilegiato d'immense ricchezze, ed è riconosciuto per molti titoli e ragioni il primo vassallo della corona. Avrebbe sortito troppo grandi i vantaggi della fortuna, se alla condizione de' natali corrispondesse ancora la sublimità del talento e l'eccellenza del sapere. L'aver lui però saputo condursi con lunga serie di direzione al posto, usate l'arti occulte della corte per arrivarvi, ingannata prima la regina madre, poi Valenzuola e successivamente don Giovanni, è contrassegno di spirito non tanto ristretto. A sovvegno dell'insufficienza, fa accorrere una gagliarda applicazione, e questa tanto assidua ed incessante, che gli ruba anco le ore prefisse al riposo ed alla quiete. Com'è solito dell'inesperto, è sempre diffidente, e non accertandosi degli altri, vorrebbe far tutto da se solo.

Non bastante poi la lena a sostener il peso di tante urgenze, conviene alleggerirsene lasciando addietro numerosi indecisi negozii e molte volte de' più rilevanti, perchè meno intesi, con svantaggio rimarcabile della corona. Nessun altro primo ministro ha signoreggiato con tanto arbitrio gli affetti reali; non ostante i tentativi degli emuli, resta fermo nella grazia, anzi, con disposizione assoluta, sempre più se ne avvantaggia ed impossessa. Le voci correvano però non potesse aver permanenza nel suo comando, ed era concetto, che se non fosse stata l'ambizione della moglie, da se stesso se ne sarebbe assentato.

Discorse le persone reali e quella importante di chi tutto al presente dirige, ricevano Vostre Eccellenze, in un breve tocco, le dimostranze dell'ordine che dà moto al governo.

Lo riceve la monarchia con il mezzo di maturate consulte, prodotte da' pareri di adunati Consigli. Questi con varii titoli, come variano le loro ingerenze, consultano col re negli affari tutti che se gli aspettano. Vedute poi da sua maestà le loro proposizioni, delibera sovra quelle il più conferente al servizio della corona. Alla direzione dell'occorrenze tutte di Castiglia, uno ne sovrasta con il proprio presidente, posto sublime e della maggiore autorità e figura. Alle cose attinenti agli Stati d'Italia, altro pure ne resta istituito. Gli interessi di Fiandra ritengono ancora il suo; lo stesso quelli dell'Indie. Così poi se ne ritrovano alcuni altri con mutazione del nome, conforme variano le occupazioni alle quali furono ordinati. A tutti questi però presiede il più importante e il più autorevole, ch'è il Consiglio di Stato. Sovrasta all'intiero del politico, ponderando gli affari tutti della monarchia. La sua autorità è più illimitata e rilevante, quando non v' è dichiarito primo ministro. Questo, disprezzando per lo più tutto ciò che resta suggerito da quelle consulte, volendo reggere e non esser retto, o delibera all'opposto, o lascia smarrire tutto lo suggerito. Lo costituiscono sempre i vessalli primarii della corona, anzi per il passato, vi restavano ammessi soggetti della stessa casa reale, come il cardinale infante, e principi sovrani d'Italia nella persona del duca di Modena. Ne noterò alcuni di quelli, che al presente lo compongono. Grandezza di talento pari alla gravità delle discussioni in ognuno non si discerne. I voti più pesati non prevalgono a' più autorevoli. Non si oserebbe, per esempio, contraddire la opinione del contestabile, o somigliante. Ha il contestabile, il genio della più eccedente ambizione. Il talento non è il più moderato, se lo seguissero altre parti che ricerca la condizione di gran ministro. Difficile riesce il trattar seco con maturazione dei negozii. Non comparisce molto propenso al favore ed alla grazia, E ricevendo ogni tributo d'onore, nell'idea che gli sia dovuto, lo corrisponde poi con maniere assai sostenute e con regole di strettissima cortesia.

L'Almirante di Castiglia è l'emulo suo in tutti i conti. Gonfio egli ancora per l'altezza de' proprii natali, lo avanza però di molto nella benignità e galanteria. È adornato di letteratura, servendosene a proprio divertimento non in applicazione del miglior servizio del re e della corona. È tenace amatore del suo comodo e dei piaceri. Se non mancheranno anni al suo vivere, è opinione ch' ambisca di coprire la canizie con la porpora.

Il cardinale Portocarrero interviene come arcivescovo di Toledo. Prevale ne' sentimenti di bontà più che nelle sufficienze per gli affari di stato. È ottimo custode delle ricchissime rendite della sua mitra. Professa osservanza a Vostre Eccellenze ed ostenta memorie di ricevuti favori allora che passò per Venezia.

Il duca d'Ossuna resta in forse se ritenga spiriti migliori de' suoi antenati. Riuscirà almeno inferiore il suo talento per maturarli. Innalza pretese di valore egualmente nel politico che nel militare. Dagli altri non gli vien però data questa lode. È amatore egli ancora del suo comodo e delle sue delizie, ed ora, innalzando la più sontuosa fabbrica di Madrid e arricchendola di doviziosi addobbi che costano tesori, fa conoscere di quanto prezzo siano state le spoglie riportate dall'ultima residenza di Milano.

Il duca d'Alba, sebbene tenga sempre viva in se stesso l'immagine de' suoi maggiori, è però affabile cavaliere. È ingenuo ne' discorsi, libero ne' sentimenti, proclive al conveniente ed al giusto. Accoglierà con benevolenza un affare per effetto ch'egli consideri così convenire, non indotto da parzialità.

Don Vincenzo Gonzaga è avanzato nell'età e nell'intendimento d'una vasta esperienza. Ha goduto sin ora il vantaggio di star fisso all'orecchio di Medina. Ultimamente è parso s'eclissasse alquanto il favore di cui godeva, onde rimane più ritirato. Per il carattere che porta dell'ordine patrizio, e per le obbligazioni antiche contratte dalla sua casa con la repubblica, professa gratitudine e propensione; arti però di ministro accorto, mentre per lo più esse si risolvono in abbondanza di parole con istrettissimi fatti.

Il marchese Mancera, passati gli anni giovanili nelle ambasciate per le corti d'Europa, riuscì a guadagnare un tratto più civile, abbandonato in parte quello severo ed austero della nazione. E per ciò buon conoscitore di quello è dovuto, e con prerogative di sufficienza usa tratti di gentile affabilità. Gode ricchezze immense riportate dal Messico ed aspira con ambizione all' onore supremo di coprirle col grandato. Trattiene lunghi discorsi tra racconti di aver servito il suo re nel ministero appresso Vostre Eccellenze, con lode sempre ed ammirazione di questo Governo. Ha voluto poi benignamente ricordarsi d'essere entrato in mia casa a complire col fu ser Provveditor mio padre, quando restò da Vostre Eccellenze destinato in qualità di ambasciatore straordinario a presentarsi alla maestà di Cesare.

Il marchese d' Astorga, se ben carico d' anni, è robusto di vigore e di forze. Conserva spiriti giovanili, trattenendosi in vita gioconda. È idolatra assai del suo ventre, e si può dire che il gusto delle sue vivande occupa gran porzione de' pensieri. Quindi è che negli affari di rimarco si abbandona disoccupato. Io l'ho avuto per mio commissario e l'ho sofferto tardo e negligente. Le ricchezze del suo palazzo fan conoscere aver raccolto egli ancora a mano piena quanto da' suoi predecessori fu lasciato nel governo di Napoli.

Inclinazione parziale ed affetto propenso al nome della Repubblica in nessun di loro mi è stato permesso di rilevare. Contrarii per professione egualmente non li posso asserire.

Affermerò bensì non dover riuscire discara a Vostre Eccellenze la costanza della corrente costituzione, e che le proprie urgenze li obblighino a ricorrere agli altri, piuttosto che si pongano in positura di obbligare a porger loro bisognose premure. Constantemente, se ciò avvenisse, l'Eccellentissimo Senato non ne riporterebbe il minimo profitto.

Da ognuno che ha sostenuto i governi di Milano e di Napoli, vien dichiarato d'aver ben corrisposto con la Repubblica, o prestata ogni attenzione a renderle una distinta parzialità di rispetto e di stima.

Negli affari d' Italia, l' Eccellenze Vostre appresso di loro riportano la maggior riputazione e si ritrovano nella più alta considerazione. Negli universali d'Europa, astenutasi la Repubblica da molto tempo d'ingerirsene, pare non susciti credenza che possa avervi mano e tenervi interessata sovraintendenza.

E perchè poi in questi eminenti soggetti, oltre il grado di consigliere di Stato, si sostenta il carattere di grande di Spagna, titolo e qualità più sublime della corte e che risuona con alto rimbombo sino all'orecchio de' lontani, parmi debito d'addurne racconto, come avvenisse che sia rimasto introdotto.

Tale nome e posto di grandi, tiene l'origine da poco tempo stabilito da Cesare Carlo V. Alla presenza dei re di Castiglia, indifferentemente coprivasi ognuno infeudato di terre e che godesse il possesso dei proprii stati. Si continuò in questo privilegio anco ne' primi passaggi che fecero li regni uniti nel novello austriaco lor signore. Ma siccome non si rassegnavano quietamente ne' primi principj le provincie nel passare in estera giurisdizione, così toccò a Carlo V provarne allora i tumulti, le sollevazioni e i pericoli di restar discacciato dal dominio di Spagna. Vi ha voluto dunque grand'arte e condotta per stabilirsi in possesso, e questa di separare e dividere la nobiltà, fu una delle azioni più importanti e dei modi più proficui all'intento.

Accompagnato in Acquisgrana per l'incoronazione imperiale dalla corte spagnuola, prese Cesare la congiuntura d'insinuarle, con le voci del duca d'Alba, che contenendosi alla di lui presenza a capo scoperto la nobiltà tutta e principi dell'Alemagna, questi non potevan sofferire la differenza che osservano nella spagnuola, onde si contentassero, in quel solo incontro, di accomodarsi all'uso dell'altra nazione, acciò non nascessero disturbi che gli ritardassero o impedissero l'ottenimento di quel grandissimo onore. Così restò eseguito, e ciò che fu ricercato allora per lo spazio di soli momenti, si dilatò nell'universale ad una costante permanenza, e ad uno stabilito uso. A dodici poi de' principali, fu confermato il privilegio di coprirsi, accrescendolo di estimazione con l'aggiunta di questo titolo de' grandi. Queste case particolarizzate di un fregio così sublime dal moderno loro re, gli restarono tenacemente allacciate, nè più corrispondevano col rimanente della nobiltà, verso la quale pretendevano distinzione e superiorità. Tutti gli altri che ne restarono esclusi, invidiando il posto de' primi più graduati, nè potendo con l'impeto o con la forza contrastar al decreto, dovettero con l'obbedienza e con li servigii procurare di ottener anch'essi dalla regia clemenza così alto fregio e guiderdone, come in effetto è avvenuto. Chi si colmò di merito con fedelmente operare ed obbedire, da Carlo medesimo e dai re successori rimase posteriormente rimunerato di questo privilegio. Ora la corte n'è quasi ripiena.

Ora parmi dover condurre il racconto a quanto montano le rendite della corona.

La costituzione de' Stati che compongono la monarchia, permette di calcolare la quantità de' milioni che avrebbero ad entrare tutti gli anni nel regio erario. Venendo a' computi, l'effetto si allontana da tutte le imaginazioni. Quanto si può ricavare di fermo, tutto è da gran tempo o assegnato, o venduto. Per ogni straordinaria occorrenza, è forza ricorrere a straordinarie provvisioni. Fatte correre e disperse le acque delle rendite per infiniti falsi canali, resta esausto ed asciutto totalmente l'alveo più importante e primiero, ch'è quello del re e della corona. Il Messico ed il Perù, che sono due imperi della monarchia nell'America, mandano dai proprii lidi immensità di tributi con tanta profusione nei porti della Spagna, che lo scarico delle gemme, dell'oro e delle preziose merci, potrebbe arricchire un mondo intiero. A venti e più milioni *(di ducati)* si computa il valsente di ogni arrivo di flotta o galeone: eppure, di somma così immensa, la provisione del re è tanto angusta, che alcuna volta rimane assorbita dai computi dei dispendii occorsi nel gran viaggio. Le nazioni forestiere, Olandese, Francese, Italiana ed Inglese, assorbono ed asportano tutto il prezioso del tesoro, lasciando così arida di quel beneficio la Spagna, come se le ricchezze non vi venissero o non avessero ad esser sue.

Le isole Filippine con l'appendice de' paesi orientali, vengono così fedelmente dirette, che riescono di peso, non d'utile alla corona. Da' Paesi-Bassi già si scorge dover esser rimosse le esigenze, nè riceversi che occasioni di gravissimi dispendii. I regni di Napoli e di Sicilia, con il rimanente degli Stati d'Italia, per il passato davano sette milioni di sendita. Questa è di tanto al presente diminuita, che, oltre quello sono tenuti i vice-re a disperdere ne' presidii ed altre occorrenze de' regni, con le provvisioni agli ambasciatori di Roma e di Venezia, tenue resta il denaro a disposizione della corona.

Il circolo dei regni tutti delle Spagne, tenendosi a' più moderati pareri, è notato contribuire tredici milioni di reali.

Per la riscossione di queste gran rendite, paga il re, senza punto di menzogna, sessantamila effettivi officiali, con annua più o meno maggior provvisione ed assegnamento ad ognuno. Basta riflettere a questo punto solamente, per figurarsi l'economia delle cose. Se restasse posta regola a simili discapiti della corona e l'esorbitanze si convertissero in miglior uso, anco al giorno d'oggi potrebbero gli Spagnuoli comparire così formidabili non solo da opporsi alla Francia, ma, con un subito trabocco, riporsi un'altra volta nell'attenzione di tutta Europa. Madrid solamente avrebbe a somministrare ricchezze immense. La frequenza del popolo che lo abita, l'aggravatissimo ingresso delle porte, la quantità delle cose che è forza che alla giornata per il consumo v'entrino, danno a vedere che la porta sola di Toledo avrebbe a rendere di gabella trecento mila pezze al mese. Gli effetti corrono però diversi. Il dovuto non comparisce, l'utile del re non corrisponde agli aggravj, la defraudazione, i contrabandi, gli appaltatori degli stessi dazii consumano la porzione maggiore delle riscossioni. Non vi è famiglia in Spagna che, direttamente o indirettamente, non voglia vivere a costo della corona. Dal popolo con le porzioni più minute, dalla nobiltà con maggiori, da grandi con grossissimi assegnamenti, le sostanze del re restano divorate ed assorbite.

I ministri confessano il disordine, riconoscono apertamente l'abuso.

Il buon ordine e costituzione delle rendite, è in paragone delle regole che si tengono nel far sussistere la potenza e le forze. Armata di mare non s'osserva; eserciti in terra non si discernono; i forti sono aperti; le fortezze smantellate e non munite; i passi e gli ingressi de' regni non guardati; tutto esposto, niente custodito. È incomprensibile come la monarchia sussista, e certamente nella costituzione presente nella quale ella si ritrova, non sarebbe possibile la continuazione e durata sua, se le buone regole dai suoi istitutori nel principio assegnate, non fossero quelle che con il vigor della prima impressione, producono questo miracolo.

In ogni parte dove si tengono soldati, come in Catalogna, in Italia ed in Fiandra, sono di gran lunga inferiori al bisogno e così mal soddisfatti nelle paghe, che il soldato, vivendo miserabile, convien sempre che pensi alla rapina ed alla fuga (1). Intanto, sebben manchino i soldati per il servizio del re, continuano però col nome nei ruoli a provento de' comandanti. Le miserie alle quali soccombe la milizia imprimono negli animi di quelle genti un abborrimento tenace alla guerra ed alle armi. Onde, sebben tutto il giorno si sta battendo il tamburo per levate e per genti, pochissimi si rassegnano alla bandiera, restando le deficienze per supplire a' bisogni degli ordinarj presidii, nonchè si abbia modo bastante per formare numerossimi eserciti.

Capi segnalati per il comando, pochi al giorno d'oggi si celebrano in Ispagna. Disapplicato ognuno, passando gli anni giovanili negli ozj della corte e tra gli ozj delle proprie ricchezze, non vogliono assoggettarsi agl' incomodi della militar disciplina: ond' è astretto il re a dichiarare nell' occorrenza molte volte per generali quelli che non sanno cosa sia l'esser soldato, e che non hanno mai vedute le armate.

Troppo vasta è l'occorrenza de' disordini, e di qual si sia parte si prenda a discorrere non si può ragionare che di discapiti, pregiudizj, debolezze della corona e del governo. Queste tolgono ogni potere per corrispondere poi ai pericoli ed ai bisogni. Per quanto grandi ed urgenti potranno occorrere l'emergenze, non si osserveranno non ostante che languide riso-

(1) Vedi le *Mémoires de Gourville*, e la stupenda opera del Mignet: *Negociations relatives à la succession d'Espagne*.

luzioni e debolissime conferenze. La situazione in che stan disposte le cose vieta partiti di miglior garbo, e la monarchia non può condursi a miglior aspetto certamente a' giorni nostri. Per redimerla, è necessaria dal signor Dio la concessione d'un gran re o d'un gran ministro. Le apparenze non portano a sperar il primo in quest'età e il secondo non ha da essere scelto in Ispagna.

È falsità il concepire che al presente casa d'Austria comandi in quei regni. Imbecille il re e disamato, non presta che il nome all'apparenza della maestà. L'autorità tutta ed il potere stanno ne' grandi, che con reciproci particolari riguardi incatenati l'uno all'altro, con rispetti di parentele e di privati interessi, non si curano della pubblica causa, nè pensano a' riguardi del bene e felicità della corona. Ed è tanto avanzato in loro il potere e diminuito quello del re, che se in lui si destassero pensieri di signoreggiare dispotico ed assoluto con l'arbitrio datogli da Dio e dalle genti, non è facile il concepire se gli riuscirebbe l'intento.

Il principe Baldassare suo fratello, che con le sembianze della più bella indole dava apparenze di riuscire monarca corrispondente a' grand'avi, pervenuto all'età di venti anni fu veduto a perdersi, non mancando sussurri che mormorano del caso.

Io confermo però, non esser molto da lagnarsi, se correndo gl'interni disordini, riesca languida nell'esterno la forza della monarchia. Ella non è altro che un leone febbricitante; risanando dal male de' disordini che la tengono oppressa, risorgerebbe a' suoi furori. Il genio e la volontà sono gli stessi; le memorie sussistono, quanto torbido e pericoloso sia stato reso il decorso secolo. L'Etna ed il Vesuvio, se non ardono nell'interno delle proprie viscere, esalano fiamme e folgori contro le genti e città circonvicine.

Discorso sinora de' particolari, farò nell'universale un ristrettissimo esame dell'aspetto della monarchia.

Sebben l'ampiezza, la moltiplicità, la potenza di tanti regni che compongono un sì gran tutto, abbiano dato sino ai giorni nostri una pomposa insieme e terribile mostra a' riguardanti, e con l'aspetto solo fatte trepidare le potenze straniere, disperate ormai in tanta preponderanza di forze austriache e nello svantaggio della nazione rivale di sostenere più lungamente la propria salute e libertà, costituita nell' equilibrio delle due corone, tuttavia vedesi ora totalmente cangiata la faccia di quel governo, infievolito il vigore della monarchia, che la metamorfosi riesce ad ognuno stupenda e deplorabile. La fama che per l'universo spargeano le glorie del nome spagnuolo ed obbligava le nazioni a venerarne la potenza, pare ora affatto ammutolita. L'applauso o il terrore degli esseri si volge alla corona nemica. I suoi cenni non sono più comandi ed i suoi arbitrii leggi. Pajono spuntate le sue spade, indebolite le sue armi. Il credito e la riputazione militare, che è il più forte e il più vittorioso esercito de' monarchi, si ritrova come arrolato sotto le insegne dell'avversario. I principi più piccoli, ad onta di una immensa disparità di forze, persole il rispetto, non solo ardiscono mirarla in viso, ma ben spesso non dubitano di provocarla con le offese e privarla ne' dominii. I suoi regni sono esausti, i popoli disanimati, gli eserciti, per la scarsezza dello erario, per la penuria de' soldati e per quella de' generali, sono senza vigore, riponendo per lo più nella cautela della difesa il conforto delle loro speranze.

Geme la Spagna fra i pericoli di una frontiera aperta, dopo la grave perdita di Perpignano, del Rossiglione, del passo importante del Pertus, e lo smantellamento di Puicerda espugnata dai Francesi, negli ultimi periodi della passata guerra. La Borgogna, antico patrimonio di quei regnanti, ora smembrata dalla monarchia, concorre con tesori e con le genti, già tanto a lei fedeli, a' suoi pregiudizii. La Fiandra, lacerata in tante parti, rassomiglia ad una pianta, non solo sfrondata, ma priva de' suoi rami, dopo il taglio frescamente fattogli nella pace di Nimega di sì forti piazze, come sono Cambrai, Sant' Omer, Valenciennes, Ipres ed altre, nelle quali, perduto l'argine e l'antimurale, teme come mortali le minime ferite della prima guerra. Ed ora, sperimentando più dannosa della guerra stessa la pace, dissimula con forzata cautela e con poco decorosa timidità gl'insulti, le offese e le perdite di migliaia di villaggi involatigli nuovamente, con tutto quasi il ducato di Lucemburgo, di buona parte della provincia di Namur, sotto nome di riunione alla corona di Francia (1). Provando assieme i tuoni, le folgori ed i fulmini, non osa attestare il proprio dolore, per non urtare maggiormente la fortuna avversa. Ma indarno si persuade di placare colla sofferenza il destino, o di avere saziata col sacrificio di tanti dominii una fame sempre insaziabile, ch'è della natura del fuoco, che l'esca accresce nè mai s'estingue sino a che tutta non la consuma.

L'India occidentale con tante forze e con tanti regni dominata dalla Spagna, pare ormai un magazzino universale delle nazioni, o sospette o nemiche aperte della monarchia. Le sue miniere d'oro e d'argento, le sue perle, ogni suo bene, sono un capitale de'stranieri. Le flotte spagnuole portano nella Europa i suoi tesori, per distribuirli tra i Francesi ed altre genti, che ben sanno valersene a danno di chi sì prodigamente dissimula i loro profitti.

Il Mediterraneo, il possesso delle cui acque si tenea già per massima fondamentale, non meno che il predominio della stima e dell'autorità in Roma, è stato molti anni senza vedere il regio stendardo per il puntiglio del saluto preteso dai Francesi, lasciando libero il campo e il passaggio a' loro legni, esponendo alla discrezione ed agli oltraggi una repubblica (2) minacciata e vacillante, i cui interessi per la vicinanza e per i vincoli di tutte le ragioni di stato, non possono non esserle strettissimamente congiunti.

L'Italia, avvezza a piegar le ginocchia alla fortuna della Spagna, scosso ora ogni timore di quel monarca, solo volge gli occhi e l'attenzione alle forze ormai troppo formidabili della Francia. Tardi si pente di avere contribuito a consegnarle le chiavi e la porta di Pinerolo, ed ora trema al solo figurarsi le

(1) Mignet, tom. IV. p. 661-666.

(2) Genova.

conseguenze che l'acquisto mal creduto di Casale può ad ogni momento arrecare e produrle. Intanto alza Milano nella vicinanza dell'armi nemiche le mani agli aiuti de' confinanti, ed è astretto, con l'accrescimento degli eserciti, a consumare se stesso. La lontananza della Spagna lo ingelosisce della sua attenzione, se ben parte più cara del suo imperio. Gran capitale non può stabilire ne' soccorsi della Sicilia, sì frescamente salassata nella rovinosissima guerra di Messina. Nè sopra quelli di Napoli, obbligato pure alla propria difesa, fino a che l'armi francesi predomineranno nel mare, e per l'esaustezze dopo le rivolte, le pesti ed i sacchi pacifici patiti da' suoi governanti.

Ora, siccome di maggior momento riesce ai fisici l'investigare ne' corpi infermi le ragioni occulte de' morbi che i morbi stessi, e più scientifico è il sapere le cose per le loro cagioni che il palparle per gli effetti, darò un tocco alle cause dello sconcerto presente della monarchia, e de' malori che se ne esperimentano.

Le rimote sono in supremo luogo l'impegno ostinato che fatalmente si prese di ridurre la pervicacia olandese, con la forza dell'armi, alla primiera obbedienza e vassallaggio. Sulle cose della monarchia affilatosi lungamente il ferro ruvido di que' popoli, le ha estratto dalle vene il sangue più vitale. Eternatasi quasi una guerra, la quale contro a' sudditi, o non dee intraprendersi, o dev'essere effimera per non agguerrirli, ha fatto conoscere che anche un piccolo pigmeo può combattere uno smisurato gigante. Secondariamente, la residenza immobile nella sola Spagna di Filippo II, dove con politica adulazione vantavasi di dar moto a due mondi senza lasciarsi mai vedere da' popoli più rimoti, ha insensibilmente adulterata la loro fede, e condottili dal disamore ad un'aperta fellonia. Inoltre, l'odio e la gelosia universale che egli eccitossi fra le genti d'ambire, a costo dell'altrui libertà, l'impero del rimanente d'Europa, la quale per ciò cospirando con l'emula Francia, l'ha ridotta allo stato in cui si vede. S'aggiunge l'essersi trascurata la congiuntura delle guerre civili che spartirono la Francia dalla Francia, di dividere in più teste quella corona, e stabilirvi, come non era impossibile, molti re, i quali poscia, cozzando fra loro, avrebbero lasciata intiera quiete alla Spagna, e insieme il predominio sopra la Francia stessa e sull'Europa. . . . .

Più recenti e più perniciose cagioni della decadenza di Spagna sono, la ribellione del Portogallo, che in un solo colpo e quasi in un sol giorno, l'ha scemata d'un terzo de'proprj Stati. La rivolta della Catalogna, il cui riacquisto costò tanto sangue ed oro; le rivoluzioni di Napoli sì mostruose e sì tragiche in tanti qualificati personaggi; quelle di Palermo, e, per ultimo, quella di Messina, sì funesta ne' principj e sì disastrosa ne'suoi progressi; il genio dei due re Filippo III e IV disapplicati dalla cura del governo e lasciatisi reggere totalmente da' duchi di Lerma, conte d'Olivares, don Luigi Haro, donde sono provenuti grandissimi inconvenienti, gare, emulazioni e scontentezze de' grandi, lamentazioni de'popoli, sollevazioni delle provincie e regni.

Lo scialacquamento poi ancora de'tesori e finanze reali, sì per la generosità de' monarchi, come per l'infedele maneggio de' ministri, ha ridotto tanto i regni all' inopia, che, nelle maggiori urgenze di guerra, astrinse a vendere ed alienare le rendite migliori della corona e gran parte del patrimonio reale, a segno che, cresciute le guerre e le ribellioni, è convenuto aggravare i popoli di straordinarie contribuzioni sin all'eccesso; a segno che non v'è quasi città che non si trovi presentemente fallita in situazione di non poter soddisfare a'debiti che ella ha incontrati. Condizione in vero deplorabile della Spagna, la quale, coi suoi tesori, signoreggiava poc'anzi quasi tutta la Europa, distribuendo in tutte le corti larghissime pensioni, dominando con tale mezzo ne' consigli e ne' gabinetti stessi dei sovrani. Vantaggio che ha saputo molto bene acquistare oggidì il re di Francia, mentre, cogli ordini esatti di Colbert, ritraendo molti tesori da quel medesimo regno che ne' passati ministeri era ridotto all' inopia, può ora, con la forza dell' oro, dar vigore alle armi ed intraprendere, con prosperità di successi, ormai quanto vuole.

Chiudo finalmente, che l' origine massima delle sventure

presenti della monarchia, è stata la lunga minorità del monarca. La tutela della madre fu saggia ed applicata, ma di donna, e straniera, da dove hanno fatto scaturire i grandi, veri arbitri anzi che ministri del governo, tutti gli accidenti nel principio accennati, che producono confusione, discapiti e debolezze ne' meglio ordinati governi.

A riparo però di tante debolezze, pareva ultimamente si fosse adoperato il cielo a suo sollievo, avendo commesso quasi tutti i principi dell' Europa, anco protestanti, a farsi, a proprio rischio, scudo e spada del re Carlo II, a segno che se il circolo della Borgogna, cioè il rimanente della Fiandra, contro la pace di Nimega, resterà attaccata, gli eserciti, in Alemagna, in Olanda ed in altre parti, compariranno a sua difesa: onde è da ponderare se l'ultime conquiste della Francia siano state più dannose o proficue finalmente alla Spagna, mentre, l'apprensione di maggiori jatture ne' principi, ha destato risoluzioni di impiegarsi validamente al suo mantenimento ed al riparo di perdite più essenziali.

Ben è vero che, confermandosi i progressi formidabili dei Turchi nell' Ungheria e si può dire nell' Austria stessa, i principi della Germania saranno astretti a variare le massime, onde può essere che a tutte le parti mutino aspetto le cose, e ritorni il tutto a vantaggio de' Francesi, che stanno costanti in questa aspettazione.

Le cose addotte e rimarcate, sono quelle che riputai degne della pubblica notizia. Potrei aggiungere moltissimi altri successi avvenuti nella corte, al pari curiosi che rilevanti; come la spedizione di Prana in Fiandra; la partenza del principe di Parma da quelle provincie; la morte del segretario di Stato; la rimozione di don Pietro Colonna quando doveva restare maggiormente assunto; il passaggio del marchese di Guiche da Roma a Napoli: cose tutte che hanno avuto importante direzione e pesatissimi fini. Ma, riempitine i miei spacci (1), stimo impor-

(1) Si conservano nel veneto Archivio generale, *Senato III*, *Secrete*, filze 119. 120.

tuna molestia l'incatenarli qui uniti. Il tempo, che è l'erario più prezioso e più sacro de' dominanti, non permette maggiore dilazione, senza pericolo d'intacco.

Coi ministri dei principi, tolto quelli che per loro pretesto e riguardi hanno voluto inoltrarsi negli impegni, ho coltivato la migliore corrispondenza: anzi, da quello d'Olanda ricevei gagliardissimi stimoli per eccitare la Serenità Vostra a ristabilire l'amicizia con li suoi Stati, negli ultimi giorni di mia permanenza, come pienamente accennai. Anzi, al mio partire, m'aggiunse fervorosissime instanze, perchè, noto a lui l'ordinario costume che si umilia dagli ambasciatori ritornati all'Eccellentissimo Senato le righe di queste carte, io replicassi nelle medesime i suoi efficacissimi impulsi, dichiarando prontissima la sua repubblica a corrispondere con l'Eccellenze Vostre, in tutti gli accidenti ed occorrenze d'Italia.

Di me, Principe Serenissimo, non m'è permesso altro di dire, che umiliare la confessione di un ristretto prestato servizio. All'aspetto della sovranità dominante, potrebbe riuscire aumento di reità la confermazion del difetto, quando la regola approvata, che la dimostrazione divota del peccato vale per assoluzione della colpa, non potesse esimermi dal discapito di simile imputazione, e redimermi dallo svantaggio di acerbissima accusa. Certo ancora, che in ciò che aspetta a me solo, non sono rimasti inadempiti appieno tutti i numeri: al di più vi si ricercava aspetto più benigno e più favorevole influenza: l'ottima volontà non è sempre prerogativa bastante a riportarli; nè l'innocenza scudo sufficiente a coprire da' colpi, coi quali gli accidenti e casi inauditi irreparabilmente flagellano. Le nubi si condensano talora a segno, che non ha potere il sole stesso col raggio suo cocentissimo di dileguarle: tuttavia, giacchè finalmente per le leggi del mondo, è deciso che restino le cose tutte considerate dall'esito solamente senza si abbadi all'origine con che sono state prodotte, altro non devo addurre, che lo assenso al giudicio comune, che condanna non il sinistro della sorte, ma l'indesterità della condotta.

L'eccellentissimo signor cavalier Federico Cornaro ha dato a me l'onore di succedergli nell' impiego. Sostenuta da lui la carica in tutti gl'incontri con fregi distinti di generosità, valore e prudenza, valse prima a ravvivare le memorie degli eccellentissimi zio e fratello, ammirati già nello stesso grado in quella corte, ad imprimere in me ancora desiderj fervorosi di poter con l'imitazione riverire, non emulare, le sue grandi opere. L'eccellentissimo signor Sebastiano Foscarini, al quale spetta di riparare i pubblici discapiti nell'impiego, è atteso con la stima maggiore dai grandi e dalla corte. L'applauso della generosità e maniere con che sostenta la legazione di Francia, è arrivato già con il rimbombo per tutta la Spagna. Ho goduto io intanto il contento che l'elezione del successore sia seguita in soggetto di sì rare qualità, ch'abbia a corrispondere in tutte le parti puntualmente al servizio di Vostre Eccellenze.

Al peso dello scrivere m'ha assistito pure con puntualità il segretario Paolo Resio, della cui abilità acquistata ne' primi due servizii prestati agli ambasciatori signori cavaliere procurator Giovanni Sagredo di felice memoria e cavalier Francesco Michieli nelle gloriose loro ambasciate d'Alemagna, ricevono l'Eccellenze Vostre continuati rincontri; mentre egli, nella presente vacanza di quell'ambasciata, pienamente conferma la pubblica aspettazione.

Sta a'piedi ancora del regio trono la coppa e catena d'oro presentatami come solito regalo da Sua Maestà nel partire. Tutto è a libera disposizione dell'Eccellentissimo Senato, quando, con generosa bontà, non si compiaccia di concedermelo in dono. Il qual dono, non posso io supplicare a titolo di riserbatami memoria del prestato servizio, ma a condizione di sovvegno, perchè, convertito in capitale, passi a riparare gl'incomodi che pure mi continuano, per i sofferti dispendii nel sostener il decoro della patria ed a redimere quelle fortune, che resteranno pure soggette ad essere sempre sacrificate negl'incontri tutti che riuscir possano di pubblico servizio.

E per dare quell'ultimo compimento che posso a questo riverentissimo lavoro, auguro a Vostra Serenità ed a Vostre Eccellenze lunghissimi anni di durazione e di vita; acciò da

Essa, con gli auspicii gloriosi sul trono, e da Loro con gl' influssi savii di prudenza e sapere, si perpetuino nel modo più possibile alla Patria le felicità del presente governo, che è ammirazione di stranieri, terrore de' nemici, scudo della Chiesa cattolica, sede della religione ortodossa, mantenimento decoroso della più gloriosa ed anziana repubblica.

RELAZIONE DI SPAGNA

DI

SEBASTIANO FOSCARINI

AMBASCIATORE

A CARLO II

DALL'ANNO 1682 AL 1686.

(Dalla Biblioteca Marciana cl. VII, cod. DCLV).

BREVI CENNI

INTORNO A

SEBASTIANO FOSCARINI

Il cavaliere Sebastiano Foscarini trovavasi ancora ambasciatore presso Luigi XIV, allorchè venne col decreto del Senato 4 marzo 1682 spedito legato ordinario a Carlo II.

Nel suo primo dispaccio da Madrid narra, come « egli avesse sofferte gravi estorsioni nel viaggio, alla dogana di San Lutz; » come in Parigi prima della partenza « la malizia bugiarda ed audace di un miserabile, favorita dalla animosità di gente che egli si era alienata per adempire lodevolmente al proprio debito di ministro della Serenissima Repubblica, ha trionfato nella immunità di un insulto temerariamente inferitogli; » e come finalmente « in Madrid stessa trovasse appena giunto nella propria casa motivi di disgusto e di alterco. »

Si fermò appresso sua Maestà cattolica quattro anni, affetto qausi continuamente da' mali che per due volte lo misero in pericolo di vita. Esacerbato inoltre dal dolore provato per la perdita del nipote che seco teneva, chiese col dispaccio 9 ottobre 1687 di essere richiamato in patria prima che giungesse a Madrid il suo successore. Ottenuta licenza, prese congedo dal re dal quale fu armato cavaliere di sant' Jago, e lasciò l' ufficio al segretario Resio, fino all' arrivo in corte di Giovanni Ruzzini suo successore.

Due anni dopo il ritorno, lesse in Senato il 24 di novembre 1689 la relazione, nella quale con molte particolarità narra le mene della regina in favore della casa d' Austria; analizza le condizioni deplorabili della monarchia, espone le varie previsioni pel temuto caso della morte del re senza successione, e dà pratiche istruzioni agli ambasciatori sul contegno da tenersi alla corte di Spagna.

Quando Alessandro VII fu promosso al trono della Chiesa, Sebastiano Foscarini fu spedito oratore straordinario a Roma, dove tornò poi nel 1700 per simile officio a Clemente XI.

Nel 1690 venne creato procuratore di San Marco *de Supra*, poi provveditore sopra i Lidi, quindi savio del Consiglio, provveditore alle armate, agli ori ed argenti, alle beccherie ed alla Sanità.

Morì nel mese di marzo 1711 nell'età di 62 anni. Fu lodato da Tommaso Cattaneo nella *Oratione a Michele Foscarini savio grande ed istorico della Repubblica Veneziana.*

Serenissimo Principe (1).

Dopo un lungo innocente differimento da varj impedimenti prodotto, soddisfo finalmente io Sebastiano Foscarini cavaliere al debito, che mi corre di render conto alla Serenità Vostra della corte di Spagna, dove ho avuto l'onore di servire quattro anni continui in qualità d'ambasciator ordinario. Non è men arduo l'impegno, nè men giusta l'apprensione di poter aggiustatamente adempirlo, di quello fossero allora, quando in sortendo dall'impiego di Francia convenni pagare all'Eccellentissimo Senato l'istesso tributo. Perchè quantunque sembri più difficile il discorrere sopra un principato felice e predominante, nelle di cui massime, azioni e successi suole venerare il mondo un certo mistero secreto, ed una intelligenza impenetrabile, e paja all'incontro che d'uno Stato afflitto e decadente l'imprudenza dei consigli, e gli errori della condotta si manifestino da lor medesimi a caratteri di disgrazie; tuttavolta riesce così malagevole agli occhi di chi si affissa il misurare i gradi dell'elevazione che quelli del precipizio, ed i calcoli così dell'ammirazione, come quelli del compatimento, sono soggetti a fallacia; anzichè andando per lo più alla prosperità unito il buon ordine, e dalle disgrazie di raro disgiunta la confusione, occorre molto più facile il seguitare il filo dell'uno, che dell'altra disviluppare le ambagi. Comunque si sia procurerò disobbligarmi nel miglior modo possibile. La verità mi terrà luogo d'ornamento, e d'ogni altra grazia, che vale a conciliare l'attenzio-

(1) Era doge Marcantonio Giustiniano eletto nell'anno 1684.

ne, persuaso di non poter far cosa più opportuna a render utile questa mia, per altro imperfetta, fatica, che l'esporre con altrettanta sincerità e schiettezza la costituzione della Spagna con quanta parlai della Francia; mentre succedendo degli Stati, e specialmente di queste due corone, ciò che suole accadere nella economia mirabile delle cose naturali, dove la corruzione d'un essere contribuisce alla generazione dell'altro, non si può meglio conoscerne il predominio o la decadenza, l'incremento o la vertigine, che dall'esame e confronto dell'intrinseca loro situazione. Ma avvicinandomi all'intento dell'opera, dividerolla in due parti.

Conterrà la prima le qualità ed il genio delle persone reali, la tempra, l'interesse e le passioni de' ministri, lo stato dell'azienda e dell'armi.

Nella seconda rappresenterò la corrispondenze, le amicizie coi principi forestieri, spargendo la narrazione nei luoghi, onde verrà più a proposito con il racconto de' principali avvenimenti accaduti nel tempo del mio soggiorno, e di quelli interessi, che giudico capaci a partorire nell'avvenire grandi ed importantissime novità.

Porta la corona delle Spagne, degli altri regni e Stati soggetti, Carlo II in età di circa 29 anni. La candidezza del volto, l'occhio grande e vivo, il pelo biondo, renderebbero questo principe di grato aspetto, se le guancie troppo estese, e le narici prostrate sin quasi al labbro superiore, l'altro rovesciato all'austriaca sopra del mento alto e sollevato, non lo deturpassero. Corporatura mediocre, temperamento delicato, portamento grave, aria severa. Parco nel vitto, e ritenuto in tutto ciò che può pregiudicare alla propria salute, della quale si mostra studiosissimo, è facile che rinvigorendosi col tempo la debolezza contratta dal padre attempato e consunto, abbia a vivere molto oltre alli comuni presagi. Di genio può dirsi anonimo non distinguendosi propensione in lui veemente per alcun piacere o esercizio. Adempisce alle parti di re nell'apparente formalità e funzioni, delle quali è osservantissimo, benchè pure in esse si sforza e si stanca, abborrentissimo della applicazione e della fatica, inquieto in tutto ciò che opera, onde i suoi più intimi soglion dire essere il re nell'istesso tempo in molti luoghi nè mai presente in alcuno. Doppio più che dissimulato, più che alla rigidezza portato alla crudeltà. Alcuni si danno ad intendere, che nel progresso degli anni, debba scuoter la servitù, nella quale lo tengono i favoriti, e riuscire nel governo vigoroso, anzi fiero. Tuttavolta dalle azioni passate e presenti non può argomentarsi che sia la Maestà Sua per risvegliarsi da quell'assopimento ed oscurità, nella quale è stato sepolto dalla natura nel suo nascimento, e ve lo ha abbandonato un'educazione trascurata, e molto meno da sperare che sappia ripetere la propria autorità da' ministri, assuefatto di già ad essere signoreggiato, pieno di timore e d'infingardagine, circondato per il più da fautori e satelliti della privanza, ed incapace a distinguere nell'ingombro di mille voci contrarie il candore dall'artificio, ed il zelo dalla malignità. Amante per altro della zizzania, e prestante facile orecchio a rapporti; sospettoso, timido e volubile, sarebbe soggetta la simmetria della corte e del governo a mutazioni più frequenti se avesse uguale all'incostanza il coraggio per disfarsi di quel soggetto, in cui ha una volta depositato la sua autorità, rispettando in esso i titoli ed il potere di cui lo ha rivestito, quantunque l'inclinazione verso di lui sia già cambiata e svanita, sin tanto che guadagnatali da alcun altro la volontà, disposte da questi le misure per subentrare a comandarlo, gli faccia animo e lo ajuti a rimovere l'attual possessore. Verso la madre regina guardava una stima riverente, ma una molto limitata differenza, contesa allora maggior pienezza d'affetti e di dimostrazione dai sospetti e gelosia della regina sua moglie, e dai riguardi del favorito.

Non sarà discaro alla curiosità dell'Eccellentissimo Senato, anzi si rende necessario al filo dell'opera ed all'intelligenza di varie circostanze, il riferire quali fossero le doti, quali le inclinazioni di quella principessa, e gli affetti del re verso di lei.

Era Maria Luisa di Borbone figlia del duca d'Orleans per la proporzione del corpo, per la vaghezza del volto, e per la bellezza dell'animo, propria veramente ad inspirar dell'amore, e con lei sola ha palesato il re d'esserne suscettibile. Se alla forza del sembiante, ed alla attrattiva di maniere vezzose e lusinghiere avesse voluto o potuto congiungere la compiacenza di accomodarsi agli usi e stili di Spagna, de'quali altrettanto il re è rigido, superstizioso osservatore, quanto ella avvezza alla libertà, ed agli ornamenti di Francia procurava di trasgredirli e di alterarli, si sarebbe resa padrona interamente del di lui spirito. Gli avvantaggi speziosi dell'aspetto, che tanto ponno appresso l'universale, il tratto misto di gravità e di dolcezza, che correggeva il sostenuto della Maestà con una bontà familiare, le avrebbero pur anco conciliato l'amore e la venerazione dei vassalli, se la di lei conosciuta avversione all'abito ed alle maniere di Spagna, ed all'incontro la passione immoderata per le cose di Francia, e la tardanza di farsi gravida, non le avesse anzi alienate le volontà. Quella di molti grandi che erano inclinati, o appoggiati al di lei partito, venne sempre intiepidita dall'aver esperimentata la Maestà Sua incostante così nell'amore, come nell'odio, poco ferma nel sostenimento dei suoi amici ed aderenti, e più portata a fidarsi di persone ordinarie, che di elevato rango e di supposizione. Le istigazioni insistenti di gente di tal fatta, di cui l'interesse suol essere il massimo oggetto, impegnandola con quotidiane pretensioni a favor dell'uno e l'altro, faceva che la frequenza delle dimande togliesse l'efficacia al suo credito, si rendesse grave al privato (1), il quale ben spesso voleva altrimenti disponere, e molestava il re stesso, che s'inquietava tra gli affetti sdegnosi della moglie e la subordinazione al privato. Fosse consiglio di cautele, o distrazione dell'età giovanile, portata solo al piacere, non affettava ingerenza nella direzione del governo, nè cognizione degli affari dello Stato, se pure alcuna volta il ministro di Francia per il di lei mezzo, ma insieme con suo notabilissimo pregiudicio, non procurava di subodorarli. Le speranze troppo prostrate, e sempre deluse della tanto necessaria e sospirata successione la

(1) Cioè il favorito.

fecero credere infeconda, benchè il difetto potesse pur nascere dal re, atto bensì al matrimonio, ma per certa debilità e rilassatezza scopertasegli sino dai primi anni forse non idoneo a procreare. In tale perplessità cadevano sopra la povera principessa le doglianze, e quasi le imprecazioni dei popoli, non avendo lasciato la malizia e la malignità sino di sospettare, che il re cristianissimo suo zio avesse fatto medicarla per renderla sterile, e che ella prendesse a tal effetto appropriati rimedii. Quindi versava in continui timori che le venisse accelerato il suo fato, al qual pericolo opponeva l'uso giornaliero della *Frieva*, preservativo contrario e nocivo al suo adusto temperamento, e troppo inefficace a custodirla. Con la regina madre, per natura e per genio opposta d'affetti e d'interessi, non è mai corsa benevolenza sincera. Guardavano reciprocamente nell'esteriorità la dovuta decenza. In alcuni incontri si credette, che l'evidenza di promovere le proprie comuni convenienze, ed al servizio insieme del re e del regno potesse persuaderle a passare di concerto, ed a ben intendersi, ma sempre le speranze infelicemente abortirono.

Sebbene appartata dal governo, ed aliena da implicarvisi vive la regina madre Maria d'Austria in una savia ritiratezza; ammaestrata abbastanza dalle passate note vicende, conserva non ostante nell'estrinseche dimostrazioni della corte posto di venerazione e di autorità benigna nel serio della Maestà; misurata ne' suoi affetti, religiosissima ne' suoi costumi, ogni sua azione si rende degna di lode. Benchè se le siano diminuite di molto le rendite, sopra le quali le furono stabiliti ricchi assegnamenti, si mantiene tuttavia con isplendore, ed esercita, dove occorre, liberalità veramente reale.

Come nel tempo del suo governo ha potuto molto beneficare, così conserva un partito di creature obbligate e dipendenti, e ad esse presta nelle occasioni il suo patrocinio. Quello che costantemente ha impartito a don Fernando Valenzuola, a cui sebbene rilegato a Marsiglia nelle Filippine, mantiene il posto e gli emolumenti di suo cavallerizzo maggiore, ha valso finalmente a trarlo dall'esilio, e rimetterlo di nuovo si può dire nel mondo, dove è possibile che faccia un giorno nuova figura, vivendo molto applaudita la memoria del suo ministerio, in cui con le più vigorose perquisizioni, l'autorità risoluta di perderlo, non potè mai trovar modo di farlo apparire colpevole.

Nelle tre sole persone del re e delle due regine, consisteva allora, e consiste tuttavia (benchè una si sia mutata) tutta la casa reale di Spagna, non essendovi alcun principe laterale, e restando per anco desiderata la successione del re presente dopo quasi dieci anni di matrimonio.

Le maggiori rivoluzioni che sogliono accadere nel mondo insorgono per il più nella morte de' principi, allora che mancando alcuno di essi senza posterità, l'avidità di dominare sveglia in molti le pretensioni, e per convalidare i titoli e le ragioni del succedere, fassi ricorso al tribunale della forza, ed alla decisione dell'armi, e se dell'occaso di questi primarii pianeti con prosperità è stato detto, che ne durano lungamente gli influssi quantunque sia già sparito l'aspetto, è pur anco verissimo, che eccitano movimenti gagliardi anche innanzi del loro tramontare. Se si sono vedute però mai alterazioni importanti e turbolenze pericolose per mancamento di successione in alcuna casa sovrana, universali e funeste devonsi attendere ogni qual volta (il che Dio rimova) venisse a mancare senza figliuoli Carlo secondo re delle Spagne, per l'ambizione e potenza de' pretendenti, per la moltiplicità de' Stati signoreggiati da quella corona, per le leggi peculiari, e differenti in molti di essi, nell'ordine del succedere, e per la comodità suggerita agl' interessati dalla provvidenza pur troppo probabile del caso di disponere, e preparare opportunamente i mezzi per pervenire ad una tanta eredità e grandezza. Disegni de' quali sebbene non appariscano agli occhi di tutti patentemente le linee, non è niente di meno, che vengano latentemente condotte, e da chi vi presta fissa attenzione, non siano scoperte e conosciute. Anzi può con franchezza asserirsi, che li movimenti presenti del mondo, e le combustioni di guerra sono in gran parte accese, e verranno alimentate dalli secreti riguardi di questo intimo massimo interesse.

Ebbe Filippo IV due figliuole, una procreata colla regina Isabella nata di Enrico IV il grande, re di Francia, l'altra con Maria d'Austria figliuola di Ferdinando terzo imperatore, sorella del regnante, e madre vivente del re Carlo secondo. La prima denominavasi infanta Teresa, e fu moglie di Lodovico XIV, presente re di Francia, dal qual matrimonio è nato il delfino. La seconda fu l'infanta Margherita, che passò alle nozze del zio imperatore, e lasciò del suo letto unica figliuola l'arciduchessa Antonia ultimamente maritata all'elettore di Baviera. Secondo le leggi di Castiglia al difetto della linea Baronale (così chiamano la mascolina) succedono le femmine con la prelazione dell'età, onde in virtù di questa disposizione generale arrivando il caso della morte del re Carlo secondo senza figliuoli, la corona di Castiglia e degli altri Stati soggetti, benchè in molti di questi potrebbero darsi dell'eccezioni rispetto alle loro leggi particolari, apparterrebbe al delfino di Francia, come unico figliuolo dell'infanta Teresa primogenita di Filippo IV. Ma perchè alloraquando fu concepito il progetto di stringere più tenacemente la pace dei Pirenei con il vincolo dell'accasamento tra l'infanta ed il re Lodovico, fece fare Filippo IV all'infanta la rinunzia delle ragioni e titoli che in alcun tempo competer le potessero, sono esse per ciò passate nell'infanta Margherita ed indi nell'arciduchessa Antonia che le rappresenta. Ma come la Francia ha di poi sostenuta invalida e nulla la sopra detta rinuncia per coonestare e giustificare la guerra del 1662, e l'invasione della Fiandra che restò anco smembrata nel trattato di Aquisgrana concluso del 1668 (1), così ha manifestato d'intendere non aver potuto l'infanta Teresa primogenita pregiudicare alle ragioni e titoli del delfino, e con scrupolosissima vigilanza è stato attento il re Lodovico a non lasciar mai correr passo, da cui potesse restare in minima parte lesa l'indennità dei medesimi; perciò quando si è trattato di maritare l'arciduchessa Antonia all'elettore di Baviera, e che penetrò la Maestà Sua, o fosse che in Vienna si sventasse il segreto, o in Spagna,

(1) Il 2 maggio. Vedi Sismondi *Histoire des Français*, tom. XXV.

come fu sospettato, venisse tradito dallo stesso Medina, il quale allora reggeva gli affari, qualmente l'imperatore pensava per assicurar in ogni evento alla linea mascolina la successione delle Spagne, di obbligare la figliuola alla rinunzia, convenendo coll'elettor marito d'una ripartizione e reintegrazione de' Stati, e di metterlo attualmente nel godimento di quelli di Fiandra, di concerto con la corte di Madrid, e come per l'appunto ne avevano goduto altre volte in proprietà il governo gli arciduchi, inviò ambasciatore straordinario in Spagna con la diligenza delle poste il marchese Fequiers, acciò dichiarisse che non soffrirebbe l'esecuzione di un tal progetto, considerandolo offensivo alle ragioni del delfino, del quale sebben segretissimo io diedi contezza molti mesi innanzi all'Eccellentissimo Senato, come ancora del più vero oggetto dell'espedizione sollecita del signor di Fequiers, che tenne lungo tempo in sospetto la curiosità dell'Europa. In questa protesta la qual turbò non poco il Consiglio di Spagna per la risposta che doveva farvisi, dopo lunghe consultazioni, si diede finalmente in brevi ed ambigui termini, ed ommessa quella parte, dove menzionava l'ambasciatore il caso della successione, ed il diritto del delfino riassunto in tutto il resto il tenor dell'ufficio, si disse che riuscivano nuovi li supposti nel memoriale di lui ambasciatore, che stava Sua Maestà in animo d'osservare religiosamente la tregua, accomodandosi al suo vero senso, all'adempimento dei trattati alli quali si riferiva, ed a ciò che in essa includeva, come credeva che fosse pure per osservarla Sua Maestà cristianissima. Cadette così per allora la proposizione, o perchè esplicatosi il re cristianissimo d'impedire l'esecuzione con l'armi si giudicasse opportuno rimetterla a congiuntura più favorevole, o perchè scansatosi dal re cattolico, come vedrassi più abbasso, di prestar assenso alla mentovata rinuncia dell'arciduchessa, o se ne mostrasse lo imperatore meno sollecito, travedesse che alcuni del Consiglio di Spagna con ben differente oggetto entravano nel disegno di ponerla in Fiandra con l'elettore marito, per aver cioè gli eredi presuntivi della corona in parte più accomodata a farla passare in ogni evento in Ispagna per mare. E fu certamente negoziazione altrettanto importante quanto accorta per ambe le parti, e che merita d'essere riferita quella con la quale l'imperatore partecipando al re cattolico il pensiero di maritare l'arciduchessa all'elettore, chiese consiglio ed approvazione non solamente intorno l'accasamento, ma insieme circa la rinuncia. Asseriva di non dovere, nè poter disponer della figliuola, che considerava unitamente infanta di Spagna senza il sentimento e gli arbitrii della Maestà sua. Sopra questa rappresentazione destinossi dal re una giunta di principali soggetti di Stato, e furono il contestabile, l'almirante di Castiglia, il marchese di Astorga, il principe don Vincenzo Gonzaga, il marchese di Mansera. L'almirante e Gonzaga concorsero che si facesse; all'incontro il contestabile Astorga e Mansera acremente sostennero che non si dovesse in modo alcuno aderirvi, ma conservare a questa principessa illibato il suo diritto, mantenersi la ragione e l'ordine del succedere secondo alle leggi e costituzioni di Castiglia. Si valse Medina delle diversità delle opinioni a far trionfare il suo intento, ch'era di niente concludere. Fu perciò concepita la risposta dell'imperatore con concetti d'aggradimento e in termini remissivi, cortese ma inconcludente.

Parve tuttavia a Cesare per quello che confidò al ministro conte di Mansfeld d'aver guadagnato assai restandole luogo da interpretare, esclusa la negativa, l'espressioni remissive, come una deferenza intiera al suo arbitrio, non solamente circa il matrimonio, ma anche circa le condizioni. E qui è degna da sapersi una circostanza ben particolare, che la regina madre, a cui l'imperatore fece confidenza dell'intenzione e desiderio suo, acciò ella cooperasse alla felicità del maneggio con il credito delle sue insinuazioni, preferendo alli riguardi del maggior ingrandimento della casa paterna, la tenerezza di madre nella persona dell'arciduchessa nipote, ne accompagnasse con lacrime l'intavolatura, e l'oppugnasse secretamente piuttosto che la favorisse, come diede chiaro a conoscere l'avere il marchese di Mansera suo maggiordomo e sua creatura votato apertamente per la rinuncia.

Ma come per il più lo spirito delle donne per eminenti che sieno è soggetto a cambiarsi con facilità, parve che in proseguimento mutasse di massima, e sposando l'interesse del fratello si assumesse di proteggerlo e di promoverlo. Non erano ignote tali pratiche al re cristianissimo, anche previamente svegliato in questo grande interesse da un'acre contesa che insorse in Parigi tra il signor di Crequì ed il conte di Mansfeld allora inviato Cesareo appresso la Maestà Cristianissima sopra i titoli che Mansfeld pretendeva doversi nelle lettere dell'arciduchessa Antonia come infanta di Spagna, e presuntiva erede di quella corona, e forse inoltre commosso dal progetto che fu molto avanzato di stabilire alla corte di Spagna l'arciduca secondogenito dell'imperatore con l'aspettativa del gran priorato di Castiglia, e che cadette per la morte di quel tenero principe; onde applicò non meno a contraponere le pubbliche aperte dichiarazioni che occulti potenti ufficii. Nè mancò tra' suoi aderenti ed amici, chi spargesse speciose ragioni e forti motivi per andare imprimendo che meglio converrebbe agli Spagnuoli il prendere per loro re un figlio del delfino, e formare in tal modo tra le due nazioni una lunghissima se non perpetua pace, con incremento del commercio e di tutti quegli altri vantaggi, i quali dalla pace ridondano, in vece d'andarlo a cercare in Germania, sia nella casa d'Austria, o fuori di essa, con certezza d'incontrare un'acerrima guerra, e la serie d'infinite calamità per la costanza e potenza con cui la Corona di Francia difenderebbe il legittimo diritto del delfino nato dall'infanta primogenita, la quale non poteva appoggiarsi alla rinunzia sempre invalida e sempre contesa. Che se pur da alcun valido fondamento, essendo l'unico quello della disuguaglianza, la quale si osserva nei matrimonj di principesse Francesi in Spagna e delle Spagnuole in Francia, mentre dove queste portano seco la facoltà di succedere alla corona, quelle in vigore della legge Salica ne sono totalmente escluse, veniva sanata questa disparità, quantunque volta nascessero discendenti da un figliuolo del delfino, mentre darebbe alle Spagne principi capaci d'ereditar la corona di Francia. Più atta e propria d'ogni altro istrumento alla orditura di sì gran lavoro era veramente la defunta regina, perchè non essendo piaciuto a Dio Signore in molti anni di matrimonio di adornare e stringere l'anello della sua unione col re sposo, con la gioia preziosa della posterità, bensì poteva credere, e pur troppo lo persuadeva la somma sua passione per gli interessi della casa paterna, che non avrebbe mancato di gratitudine, procurando di promoverli in oggetto sì rilevante, e che si sarebbe ingegnato coi mezzi facilitatigli dal suo stato e dall'opportunità del tempo e degli accidenti di andar seminanpo e coltivando con insensibile artificio il momento di conseguirne le maggiori e le ultime disposizioni. Quindi avvenne che il partito contrario rimirasse sempre questa sfortunata principessa con sospetto e con avversione, studiando di screditare la sua condotta ed azioni, e di porla in diffidenza del re consorte. Anzi essendo nata un'invidia concitata fra alcuni francesi di lei domestici, fu talmente fomentata dall'accorto genio del conte di Mansfeld, a cui disse la fama coadiuvasse la regina madre, e dall'occulte insidie del conte d'Oropesa, che per dominare senza gelosia lo spirito del sovrano, e mantenersi senza inquietudine e senza pericolo bramava medesimamente di rovinare il credito della regina, onde proruppero finalmente agli odii, e dagli odii all'accuse, involtovi il signor di Virmont marito della nutrice della Maestà sua, e partecipe d'ogni suo più intimo sentimento, facendo le parti di accusatrice la moglie d'un altro de' prefati domestici, la quale aveva goduto per lo addietro l'affetto e la confidenza della padrona. Le sospensioni introdotte non miravano a meno, che a farli apparire rei di meditati attentati contro la persona del re, ed a somministrar medicamenti alla regina per mantenerla infeconda. Sopra la disseminazione di sì grave emergente, che corse con tanto strepito per l'Europa indotta capziosamente la semplicità della regina a chiedere verificazione delle calunnie introdotte e ad insistere perchè si espurgasse con gli esami la fede incorrotta degl'imputati, s'arrestarono, si esaminarono e con tormenti atroci si tentò in vano di esprimere dalla costanza inflessibile della balia, ciò che la di lei innocenza non poteva dire. Liberò così se medesima da maggiori pericoli, preservò gli altri asserti correi, e sottrasse la regina dall'infamia, che per avventura se le preparava, d'essere interrogata in quell'altrettanto ingiurioso quanto insistente processo. Purgati i sospetti, e smentite le accuse per trarre qualche sorte di beneficio dalla scelleratezza, fu deliberato per via di governo, non per decreto di giustizia, che sortissero di Spagna la balia ed il marito, e si rimandassero tutti gli altri ufficiali francesi della Maestà sua, i quali furono alla frontiera condotti, e con larghe mercedi licenziati, trattane una sola figlia di camera, nipote della sopra detta balia, giovine di poco spirito, la quale cavata di palazzo poche ore dopo fu restituita al servizio per ordine cambiato del re, che non potè sostenere le disperate lagrime della moglie senza in qualche parte asciugarle. Terminò in tal modo la scena di sì strano avvenimento, che ideato con iniqui oggetti di una maliziosa codarda malignità, ventilato con palliata apparenza di giustificate procedure, progredito con contingenze niente meno strepitose e funeste, che di vedere trucidati tutt'i Francesi, un ambasciatore di Francia quasi lapidato nelle pubbliche strade, una regina interrogata sopra enormi delitti, separata, e chi sa repudiata dal consorte, posta a repentaglio di correre lagrimevoli rischi; si volle finalmente più sospeso che consumato, affine di non reintegrare la opinione, nè rischiarare il candore di quella innocenza la quale, se non si potè offuscare con ombre di reità, si tentò di appannare con fiati di diffidenza.

Ammaestrata da tanto infortunio, quantunque procedesse la regina più cauta, trasportata nientedimeno dalla veemente sua inclinazione verso la patria, ed infiammata pur anco da non so quali fatali lusinghe, nelle quali veniva vanamente intrattenuta di poter ritornare un giorno a rivedere e rigodere quel Cielo, non ebbe cuore giammai d'appartarsi del tutto dalla connivenza di pratiche tanto pericolose, non senza colpa degli ambasciatori di Francia, attenti a far contrappunto ai maneggi non mai interrotti dell'ambasciator cesareo, come pure del di lei confessore, imprudente e poco abile benchè gesuita, e d'alcun altro spagnuolo della prima categoria, che per le proprie convenienze affettava di coadiuvare ai disegni della Francia; onde finalmente aggravando la malevolenza di così odiose pratiche con le sue mormorate benchè innocenti maniere di vivere, vi è gran dubbio che si abbia tirata quella fatalità, la quale dopo non molto tempo ella temeva imminente, ch'era stato discorso di sollecitarle, e di cui il repentino caso della di lei morte ha poco meno che verificata la violenza. Risorte dalla di lei mancanza le speranze di successione del re, non resteranno perciò interrotte le direzioni e le pratiche dell'imperatore in questo grande interesse, se (benchè paia molto incongrua la congiuntura) permettendolo il temperamento presente di quella corte, la incapacità sprezzata del re, e la rilevanza della materia, tanto più che le resta il campo libero per la lontananza de' ministri francesi; opportunità la quale mi disse un giorno Mansfeld verrebbe comprata volentieri dall'imperatore con l'impegno d'una guerra, purchè v'involgesse insieme la Spagna, che lasciatavisi condurre, converrà ora secondare le soddisfazioni di Cesare. Al rilievo di questa idea ha teso a mio credere la missione a Madrid del conte di Lobcowitz, sin tanto che quella di Mansfeld, passato in Londra col pretesto di trasportarsi per via d'Olanda a condurre la nuova regina, negoziava con il re Guglielmo un trattato d'alleanza con la condizione premurosissima, e che è stata ultimamente stipulata in un trattato dell'imperatore con gli Olandesi, che abbia il re Guglielmo ad assisterlo a stabilire uno degli arciduchi suoi figliuoli (venendo il caso) nella successione delle Spagne, e viceversa debba l'imperatore, col fare una gagliarda diversione alla Francia, agevolare il modo di confermarsi sopra l'usurpato trono dell'Inghilterra. Che se Dio Signore non benedisse con la sua onnipotente mano il nuovo accasamento del re cattolico con la tanto sospirata e bisognosa prole, vedransi anche immaturamente a prorompere con continuazione di calamità all'Europa gli effetti concitati d'un emulazione che aspira ad un tanto guiderdone.

Parlato sin quì delle persone reali, e toccato brevemente il grave punto della successione, mi occorre fermar la penna sopra la persona del privato che può chiamarsi veramente (secondo da molti anni si sono veduti a dominare i re) compagno piuttosto dell'imperio che partecipe delle cure; con questo vantaggio, che nel ripartimento della sovranità gode la parte migliore e più nobile, la disposizione cioè intrinseca degli affari, e l'esercizio del comando, dove ai re non si lasciano che le esteriori apparenze dell'autorità e le soggezioni materiali del fasto.

Nel tempo del mio soggiorno a questa corte due privati vi ho veduto, don Gio. Francesco della Cerda, Enriquez di Ribera duca di Medina, cavalier del Tosone, somiglier del Corpo, cavallerizzo maggiore, presidente del supremo Consilio dell'Indie e del Consiglio di Stato, signore di quella nobiltà ed opulenza che è nota, insignito di sette Grandati, e che godeva col nome ed intrinsichezza di privato anche l'arbitrio supremo di primo ministro. Le angustie e le jatture della monarchia diedero ansa all'arti de'maligni e degli emuli d'incolpare la di lui direzione d'incapacità, e tal volta di poca fede. La pretensione d'esser veramente (come ne porta il cognome) della casa della Cerda, discendente da un infante di Castiglia, e perciò d'aver ragione a quella corona, fece sospettare in lui alti ambiziosi pensieri, e notarlo di alcuna intelligenza con la Francia, rispetto alle cose della successione; onde, nelle emergenze di Fiandra insorte l'anno 1684, allorchè il re cristianissimo volle assicurarsi il possesso del Lucemburgo chiudendo alla Fiandra la porta ai soccorsi dell'Alemagna, votò il Consiglio di Stato la guerra, e fece deliberarla, quantunque conoscesse che la monarchia illanguidita e consunta non poteva reggerne il peso con oggetto principale d'accreditare coi sinistri successi il concetto dell'insufficienza e connivenza del duca. Supposto malizioso, e forse del tutto falso, ma che acquistò qualche maggior credenza per la fiacca difesa di quella piazza, e per le prevenzioni in certo modo trascurate dal marchese di Grana, quando egli era stato inviato espressamente al governo dei Paesi Bassi, e con esso lui si era mandato il più ricco soccorso che da molti anni si fosse spremuto dalle ristrettezze della corona, acciò con il sacrificio di tutto il restante di quei dominii preservasse Lucemburgo, Ostenda e Namur. Qualunque si fosse la verità, difficile da discernere tra tanti interessi e passioni, certo è, che la privanza di Medina in tal incontro cominciò ad essere più sfacciatamente oppugnata e combattuta, l'averebbe tutta volta anche vacillante confermata, se o troppo confidente, o troppo sprezzante non si fosse condotto indi a poco a supplicare il re (come aveva fatto mentitamente più d'una volta) a volerlo sollevare dal peso e donarle per premio la quiete. Allora il conte d'Oropesa, il quale adonta di Medina era stato nominato presidente di Castiglia, creduto opportuno il tempo di stabilirsi nel comando, consigliò il re ad assentirvi con un viglietto che da lui scritto copiò la Maestà Sua, e gli fu inviato per un soldato della guardia. Conteneva espressioni d'aggradimento e di benignità, gli permetteva di lasciare l'amministrazione degli affari, e gli ordinava di ritirarsi fuori della Corte ad un de'suoi Stati. Gli restarono i posti di somigliere, di cavallerizzo maggiore, di presidente delle Indie, e di consigliere di Stato. Non potè tuttavia nel progresso conservare se non i due ultimi, convenutogli sacrificare gli altri per ottenere l'assenso del suo ritorno in Madrid, al quale Oropesa segretamente sempre si oppose, sin tanto che collo spoglio di essi, gli avesse tolti i mezzi di avvicinarsi di nuovo alla persona reale, e di riguadagnare la primiera confidenza.

Per allontanare il duca di Medina avevano influito con grand'efficacia nell'animo del re, non solo i ministri di Stato come si è riferito, ma anco quello della sua coscienza con secrete insinuazioni non meno che con pubblici rimproveri. I predicatori licenziosamente gridavano dal pergamo che mancava la Maestà Sua a quelle obbligazioni in cui Iddio Signore lo aveva costituito governatore da se stesso, e che averebbe dovuto rendere strettissimo conto di non governare da se stesso, e di confidar ciecamente e trascuratamente al privato questa incombenza inseparabile dalla sua persona; aggiuntevi le lusinghe di maggior amore, il rispetto de'popoli, le lodi di capacità sufficiente a comprendere e digerire gli affari, le asseveranze che la pratica spianerebbe la difficoltà de'principii; i motivi d'interesse e gli stimoli della gloria l'animarono e persuasero finalmente ad appartar da se e dai negozii il duca, ed ardì di sottoporre gli omeri all'intiera vasta mole del governo. Oropesa con accortezza dissimulata fece tutto per rendergliela al maggior segno pesante, acciò tanto più presto se ne stancasse; nè fu differente dall'intenzione il successo. Cominciò ad infastidirsi il re del travaglio, e presto passò la noia all'abborrimento.

Accorse prontamente l'arte del conte ed offerse d'alleggerirlo. Consigliò il respiro di rimetter parte de' dispacci alla consulta de' ministri, ma essendo tanto superiore agli altri il grado di presidente di Castiglia, perchè in niuno meglio che in lui potesse collocarsi questa confidenza, con minore apparenza degl' inconvenienti della privanza, in pochi giorni ritornò il re a gustare il sapore dell'indolenza, e trovando con brevità e chiarezza spediti quei pochi negozii i quali il conte si era fatti rimettere, si persuase la Maestà sua di proveder mirabilmente alla massa del tutto; e supponendosi di sbrigare i memoriali de' sudditi, le consulte dei Tribunali, e le lettere dei ministri con queste due sole parole *al Conte Oropesa*, ricadde presto nella infingardaggine, ed essa constituì virtualmente il conte primo ministro. Come però ha egli sfuggito di assumere il titolo, guardando altrettanto gelosamente quello di presidente di Castiglia, per esser il vero che preserva il re dai scrupoli della privanza, così all'incontro procura di avvalorare il supposto della sua autorità con equivoco di procedere artificiosissimo, onde può dirsi dell'enigma del suo elevamento o privanza, che tanto nel principio, come nel mezzo della sua durazione, è un misto d'implicanze.

Possede don Antonio Gioachino Alvarez conte d'Oropesa, gentiluomo della Camera, presidente del Consiglio supremo di Castiglia, consigliere di Stato, un talento sopra il mediocre, un giudizio maturo, una cognizione assai ampla delle cose universali, equità con la lettura, applicazione ai negozi, agevolezza a comprenderli, facilità nell'esplicarsi, tratto manieroso e soave, serrato nel negozio, di costumi moderati, di esemplare pietà, ma di efficacissima simulazione, di smisurata latente ambizione. L'aggregato di queste doti sufficientissime a far uno squisito cortigiano e un compito cavaliere cristiano, par che dalla opinione universale non siano giudicate bastanti ad un uomo di stato privato e primo ministro d'un re sì grande, e resti da desiderar in lui un'esperienza consumata, un fino singolar conoscimento degli affari de' principi, una scienza civile per le materie di giustizia, ed una prudenza politica produttrice di vivaci e savii ripieghi, per accorrere alla diversa qualità degli accidenti e delle contingenze, in fine franchezza ardita per spedire gli affari, e non lasciar corrompere con le dilazioni le opportunità: chè non sono sempre così le più proprie a collocarsi in siti eminenti le statue lavorate da dotto scarpello, secondo le regole dell'arte con simmetria de' profili e delineamenti, con proporzione e delicatezza; ma quelle piuttosto, le quali formate d'insolita grandezza, e sbozzate da colpi maestri, godono questo eccellente che quanto più è elevato il sito d'onde si piantano altrettanto compariscono più perfette, e sembran fatte appunto per occuparlo. Non giudicando tuttavia Oropesa con bilancia sì rigorosa non si può a meno di confessarlo il migliore comparativamente tra gli altri del rango, d'onde soglion trarsi in Spagna i privati e primi ministri. Uscito da un ramo della casa di Braganza trasportato in Castiglia, ed innestato a quella di Toledo, quando il re di Portogallo mancasse senza figliuoli, e non ne fossero dell'infanta dopo di lei, egli è il più vicino alla successione di quella corona. Per questo riguardo pare che la prudenza insegnasse a non commettere giammai la sorte della monarchia alla di lui condotta, come similmente a tenerne lontano Medina Coeli, per i titoli, che ei vanta sopra quella di Castiglia; e questi due per appunto si sono posti alla testa degli affari. La sua durazione doverebbe esser lunga così per il genio del re radicato verso di lui, come per non scorgersi qual possa essere l'erede che gli succeda. E qui è da notarsi la finezza della sua simulazione, mentre con ambiziosissima modestia vedendo il duca di Medina eguale a lui nella grazia del padrone, gli lasciò volontariamente la mano più tosto che prendersela con rischio, che le fosse in breve dall'altro rubata; eleggendo di essere il secondo per restare solo. Professa indipendenza da ogni partito vantandosi di non riconoscere alcuno per promotore di sua fortuna, nè avere per ciò bisogno di dipendere dal Consiglio o aiuto altrui per conservarsela, volendo errare, o accertare con li mezzi con li quali se l'ha procacciata. La moglie, donna di bellezza e di spirito, ha sopra di lui grandissima autorità; pochissimi sono suoi confidenti, ed ha molti più nemici che parziali. Con la regina madre piuttosto aliena, che propensa, esercita pienissimo ossequio, ma correva scarsa la confidenza; di essa averà gagliardamente a temere, ora che passò alle nozze del re la palatina cognata dell'impertore, quando, legandosi di massime e di fini, pensassero a mettere il governo in mano d'un loro dipendente: mentre è indubitabile, che ogni qual volta cammineranno unite la madre e la regina regnante prevalerà la loro unita forza sopra gli arbitri del re, nè vi sarà in alcuno, valore o credito bastante per resistere e sostenersi.

Dopo il conte d'Oropesa fa la prima figura nel Consiglio di Stato per titoli di anzianità e di grado don Ignazio di Valasco gentiluomo della Camera, contestabile di Castiglia, maggiordomo maggiore di sua Maestà, e duca di Frias. Un contegno grave unito ad una riserva più che circospetta nei discorsi e nel tratto, lo fanno apparire superbo in luogo di misurato, e la cautela passa per alterigia d'un ingegno profondo di lunga esperienza di dettami savii; quando entra a consultare non preoccupato, o perturbato dalla passione accertasi d'ordinare il suo voto nel meglio, e bene spesso trae dietro di se tutti li altri del Consiglio. Il re lo stima più, che lo ami, imbarazzandosi della di lui serietà; se non ha potuto aspirare al favore, lo combatte almeno in quelli che lo godono; contrario quasi sempre ai privati, benchè faccia sovente con essi qualche tregua così richiedendo le sue convenienze. Ad Oropesa si è mostrato però finora inflessibilmente opposto. Negli affari di Vostra Serenità mi è occorso d'esperimentarlo favorentissimo; coadiuvò sempre con il suo voto all'instanze del loro ministro; anzi avrebbe voluto, che il re con dimostrazioni conspicue concorresse a meritar con la sacra lega assistendo la Repubblica, nella guerra presente, e si coltivasse quel buon genio, che ei mostrò di supponere negli animi di Vostre Eccellenze verso la Corona Cattolica rispetto alle congiunture ed alla prudenza dell'Eccellentissimo Senato. La desterità dell'Eccellentissimo successore gioverà molto a confermare le disposizioni parziali di soggetti di tanta importanza, in cui per buona sorte mi è sortito d'infonderle.

Don Gaspare Enriquez di Cabrera duca di Rio Secco, almirante di Castiglia, gentiluomo della Camera di Sua Maestà, secondo per ordine di promozione (al qual mi terrò nell'andare terminandoli) è stato arrichito dalla natura di tutte le doti, che ponno rendere un uomo compitamente perfetto: presenza maestosa, aria grave ed insieme grata, intendimento lucido, facondia esquisita, agilità in tutti gli esercizii cavallereschi, l'avrebbero fatto riuscire certamente uno de' primi soggetti della Spagna, così per gli impieghi civili, come per li militari, se con un ozio infingardo e con smoderata inclinazione ai piaceri ed alle lascivie non avesse corrotto il frutto di vantaggi sì egregi. Seguì sempre l'Almirante il partito della madre regina, e vi si tiene tuttavia attaccato. Si mostra pure ardentissimo per gl'interessi dell'Imperatore; in quelli di Vostra Serenità lo trovai ben inclinato, e palesò tutta la riconoscenza alle distinzioni ricevute in Venezia dal figlio conte di Melgar, il quale al suo ritorno sparse nella corte concetti della maggior stima verso il Governo, e della maggior obbligazione verso la pubblica generosità.

Don Pietro d'Aragona presidente del Consiglio supremo del regno di questo nome, capitano della guardia alemanna, aggravato dagli anni, e perciò poco sufficiente alla applicazione ed alle fatiche, di rado assiste al Consiglio. Più che per l'eccellenza dell'ingegno, per la maturità e per la esperienza viene stimato il suo voto nelle cose d'Italia: è però ben sentito, come di soggetto che v'ha informazione per il vice-regnato lungamente da lui sostenuto di Napoli; è signore di parti soavi, di genio placido, e verso l'E.E. V.V. propenso.

Don Gaspare Giron duca d'Ossuna gentiluomo della Camera, di spirito elevato ma stravagante, dopo avere con un lungo esilio e con la perdita del posto di cavallerizzo maggiore della regina regnante, purgata la pena delle sue inquietudini e contumaci bizzarrie, restituito dal Conte d'Oropesa alla Corte, fissato il suo genio all'accumulamento di grandi facoltà, senza implicarsi in fazioni, si conduceva più saviamente nel Consiglio; fa buona figura, perchè sebbene non molto felice nell'esplicarsi, lo è però nel concepire, e nel ventilare gli affari votando con solidità. Par che eccelli in quelli d'Italia, e perciò gli vengono rimesse frequenti consulte. Se vacasse la presidenza d'Italia, potrebbe egli avervi buona parte. Dai maggiori, infesti sempre alle cose di Vostra Serenità, non può avere ereditato sentimenti favorevoli.

Don Antonio Alvarez di Toledo e di Bomonte, duca d'Alba, contestabile di Navarra, presidente supremo d'Italia, con la vivacità ed acutezza d'ingegno, rende più pungente la libertà del suo parlare: viene ad esser più temuto, che considerato. Nelle disposizioni d'Italia la di lui sentenza e parzialità han tutto il peso. Il suo partito ha avuto sempre gran mano negl'intrighi della corte; preoccupato della grandezza di Spagna, e della potenza della corona, ha povera opinione degli altri Stati, attribuisce il predominio della Francia agli errori de' privati ed alle divisioni intestine della sua corte. Vorrebbe li principi d'Italia dipendenti dalle massime ed interessi della corona, e fuori della Serenissima Repubblica, di cui conosce la prudenza e la forza, ha per gli altri pochissima estimazione. Esagera e teme, che cambiati gli antichi dettami non vogliano conspirare all'abbassamento della Spagna, come fecero altre volte per impedire l'ingrandimento di casa d'Austria. Nel mio privato ho goduto l'amorevolezza distintissima di tutta la casa. Negl'interessi pubblici non l'ho trovato del tutto franco.

Don Paulo Spinola Doria marchese de Los Balbases era cavallerizzo maggiore della regina ad onta dell'opposizione di straniero; con la desterità e con l'oro, che non risparmia quando si tratta di pervenire a'suoi fini, è giunto a posto di credito, e ad avere i più cospicui carichi della corte. Pratico sufficientemente degli affari de' principi, di maturo giudizio, sebben povero d'espressione, l'esperienza e li servizii fuori prestati gli darebbero maggior autorità e confidenza, se li detrimenti sofferti in Fiandra dalla corona per le dubbie esplicazioni, nelle quali lasciò involta l'intelligenza ed interpretazione del trattato fatto da lui in Nimega, non lo rimproverassero d'imperizia o d'inavvertenza; e le grandi ricchezze, che possiede fuori di Spagna, e l'esser mobili la maggior parte di quelle che ha dentro il regno, non lo facessero considerare per uomo di molte viste e pronto a volgersi dove la fortuna più arridesse. Lo ho conosciuto poco inclinato verso Vostra Serenità, ed esperimentato nelle occasioni piuttosto avverso, che favorevole. Se ne lagnano pure gli altri ministri italiani, quasi ch'egli affetti di parer buon Spagnuolo, contrariando gl'interessi dei nazionali.

Don Luigi Emanuel Porto Carrero cardinale arcivescovo di Toledo è signore di affabili maniere, di ottime intenzioni e di animo candidissimo; e, quello che è più, stimabile nella professione ecclesiastica di costumi integerrimi, e distributor zelantissimo della dignità e beneficii della sua ampia opulente diocesi, parti tutte che abbondantemente compensano la mediocrità del talento e la limitata intelligenza degli affari di Stato. Si palesa memore e grato alle grazie che gli fece Vostra Serenità nel suo passaggio per questa città, ed è pien di buon cuore per i vantaggi della patria.

Il conte don Enrico Benavides, è decrepito di età, non serve più quasi che ad occupare un luogo d'onore nel Consiglio, e ad accrescere applauso alle consulte del contestabile suo cugino, di cui segue ciecamente le massime ed i sentimenti.

Don Vincenzo Gonzaga, principe del sacro impero, soggetto d'abilità, di solerzia e di prudenza, ha talmente poi raffinate queste doti con l'esperienza lunghissima degli accidenti del mondo, e con lo esercizio di moltissimi impieghi onde la sua persona meriterebbe il primo luogo d'estimazione se fosse meno conosciuta la sua doppiezza. L'ostacolo insormontabile di forestiero lo rende vie più anche guardingo negli affari massime d'Italia, a segno che i naturali l'hanno per il più esperimentato avverso, e poco propizio i suoi stessi congiunti. Il peso di sopra ottanta anni non ha punto abbattuto il vigor dello spirito, nè intepidito l'ardor dell'ambizione. Spesse volte parlando al ministro di Vostra Serenità in proposito della sregolata condotta del sig. duca di Mantova discopersi, che gli andavan per mente vane lusinghe di poter pervenire alla sovranità di quello Stato. In ordine a questo pensiero mostrava passione per il buon genio della Repubblica, tanto più ch'egli è in opinione, anzi tiene per sicuro, che l'eccellentissimo Senato conoscendo l'importanza gelosa del vicinato di Mantova e pentito d'avervi levato il presidio, vada coltivando segretamente dentro di essa un partito da se dipendente per tutti gli accidenti che potessero emergere.

Non essendosi trovati in mio tempo alla corte don Melchior di Navarra ed il principe di Massa vice re che ritorna nel Perù, nè meno don Gaspare d'Aragona, e Borgia duca di Villermosa cavalier del Tosone e gentiluomo della camera, non posso di loro parlare, se non con il sentimento degli altri. Il duca passa, più che per capace ministro, per buon soldato, e nella professión militare di maggior coraggio, che condotta. Gode laude di puntualità e di disinteresse, e le sue scarse fortune ne parificano il concetto; don Melchior all'incontro uomo di profonda capacità, di rilevata dottrina, di senno maturo, accorto, moderato, costante, par che abbia alquanto ombreggiato l'eminente opinione, che si aveva di lui con l'avarizia imputatagli nel vice regnato del Perù conferitogli dal duca di Medina; affine di allontanarlo, Oropesa studiava di farlo ritornare screditato, temendo ugualmente, che il suo precessore, la guerra, che gli potrebbe fare la supposta di lui grande abilità; creatura della regina madre, e che fu involto, o piuttosto ha seguito fedelmente le vicende della di lei fortuna, ora che questa riprende in gran parte l'antico suo predominio, potrebbe beneficamente influire alla di lui elevazione.

Don Diego di Valiadores e Sarmiente, inquisitor generale di Spagna, a causa di trattamento non è veduto dagli ambasciatori, ma avanzato sopra l'età ottuagenaria poco importa bilanciare le sue qualità che non oltrepassano la mediocrità, fuori che nei studi e nelle dottrine appartenenti al suo posto, beneficato dalla regina madre e di lei dipendente. Don Gioacchino marchese de Los Velles, gentiluomo della Camera e presidente governatore del Consiglio d'India, sopra intendente generale dell'Azienda, è soggetto di ottime intenzioni, amico di far piaceri, di competente sufficienza, amico del travaglio, infaticabile, sia che il zelo, o la vanità lo rinforzi, mentre sempre si rinforza in lui l'ambizione de' posti a misura, che l'interesse del cugino conte d'Oropesa accumula sopra di lui le incombenze e le cariche per tenerle in persona sicura e disporne a sua voglia. Fa grandissimo conto delle cose d'Italia, e mi disse più d'una volta, che li dominii del re in questa provincia erano assai più proficui ed estimabili del vasto imperio dell'Indie. Meco si è mostrato volonteroso di corrispondere alle occasioni, al merito che molto esalta della Repubblica.

Don Antonio di Toledo marchese di Mansera, maggiordomo maggiore della regina madre, sopra quanti compongono il Consiglio di Stato, ha veramente aria e talenti di compito ministro, possede in grado sublime i vantaggi dell'ingegno, dello studio e della esperienza. Versato negli affari stranieri per le ambasciate esercitate, informato nelle occorrenze interne per li governi sostenuti, così in Spagna, che nell'Indie, ed ornato di una nobile erudizione per la cognizione di quasi tutte le lingue, parla con tal amenità di stile, con esempi così opportuni, con termini così propri, e con tanto peso de' dettami, modesto, cortese e soave, onde nei negozii egualmente, che nella conversazione sodisfa, instruisce e diletta. L'applauso de' forastieri, e l'opinione dei disappassionati lo qualificano per il più capace a riempir il posto di primo ministro. Gli emuli e gl'invidiosi lo tacciano d'avarizia e d'irrisolutezza, parti non facevoli allo stato della monarchia, la quale dimanda una mano non timida, ma audace, disinteressata, e non avida; servitor attuale della regina madre, e grande amico dell'ambasciator cesareo, può sperare molto nella nuova simmetria che va a prendere la corte. Vanta l'onore d'aver servito appresso Vostra Serenità, e si fa gloria, che la sua fortuna abbia presi felici auspicii da questo impiego.

Questi sono li soggetti, li quali compongono il Consiglio di Stato, alcuni per la lunga esperienza, altri per singolarità dei talenti, eguali veramente alla rilevanza delle incombenze, nelle quali versa la politica loro inspezione, se sovente agitati da private passioni, non mirassero piuttosto alla utilità de' loro particolari interessi, che a promuovere il bene della corona.

Due segretari di Stato, uno per la parte del Nord e l'altro per quella d'Italia, scrivono le consulte, formano li dispacci, e suppliscono a tutte le altre fatiche di questo Consiglio: don Gonzales Botteglio sostiene quella del Nord, don Alfonso Carnero l'altra d'Italia in vece di don Emanuele di Lira.

Altre due persone sono nel governo di Spagna molto considerabili: il confessore ed il segretario del dispaccio universale. Il primo perchè, oltre alla direzione della coscienza, consulta poi anche al re i soggetti idonei ad occupare le dignità, ed i beneficii ecclesiastici di regia nominazione. L'altro per il frequente accesso al re appresso di cui lungamente solo si trattiene a causa del suo impiego, ad esso appartenendo di portar sott'occhio del re tutte le lettere, consulti, dispacci ed ordini, che occorrono, acciò la Maestà Sua ne corrobori con la firma l'espedizione. La scelta di queste due persone in cui depositano i re gli arcani della coscienza e dello Stato doverebbe essere affatto libera, ed appunto è la più soggetta. Vuole il privato che se li pigli il re dalla sua mano e a sua voglia li muti, negando altrimenti di poter servire con zelo e con petto tra le insidie degli invidi e disgustati, quando non sia sicuro, che abbiano questi due dipendenti a servirgli di scudo, ma a temere piuttosto, che conducano i colpi con certa mano donde possano far più alta impressione. Legge dettata da temeraria sfacciataggine, la quale disonora la riputazione del principe, rovina l'interesse dello Stato, e leva il tribunale supremo delle appellazioni a' vassalli, intercludendo ogni adito per donde possano giungere all'orecchio del sovrano li pregiudizii della mala direzione e le oppressioni de' gravami.

Riempie ora quello di confessore il padre Martiglia religioso Domenicano, uomo di virtù, di dottrina, di azione e di tratto modesto. Si tiene ad Oropesa, e concorre ne' suoi dettami quantunque il conte nell'ultima elezione di confessore, affettando col re indifferenza, l'abbia piuttosto favorito coll' approvarlo, che col proporlo.

È segretario del dispaccio don Emanuele di Lira che lo era innanzi del Consiglio d'Italia, e ne ritiene tuttavia la proprietà. Uomo di gran cuore, d'intendimento finissimo, di spiriti vivaci ed arditi, erudito, grazioso, ma insieme libero, sferzante e quasi insolente. Parla molte lingue, conosce perfettamente gl'interessi de'principi, e particolarmente di quelli del Nord non vi è in Spagna chi abbia maggior cognizione di lui. Delli principi e cose d'Italia ha poco concetto, e disprezza intieramente quelle di Roma, asserendo, che bisogna trattarle con superiorità. Il credito dell'abilità che lo aveva qualificato nelle voci dell'universale per capace di riempire questo nicchio, facilita a'suoi fautori appoggiati dalla defunta regina il porlo in considerazione al re. Oropesa, che non poteva dissentire apertamente, ma temeva un tal uomo vicino al padrone, procurò di discreditarlo, e non potendo contendere l'abilità conosciuta, imputò i difetti della prudenza, la veemenza del temperamento e l'altezza sprezzante del genio, la facilità quasi precipitosa agl'impegni. Convenne tuttavia cedere, non avendo da proponere chi l'uguagliasse. Se egli potrà possedersi a segno di andare con pazienza e modestia guadagnando l'animo del padrone, il suo ardimento è assai audace per aspirare, e portarsi ai voli più alti nell'involucro degli affari correnti, e nella connessione degl'interessi, che si scorge tra la Casa d'Austria e le potenze dell'Inghilterra ed Olanda. Lira si sarà reso e si renderà sempre più necessario, probabile essendo per l'amicizia confidente mantenuta da lui con il principe d'Oranges, e per la pratica grande che tiene degl'interessi delle provincie unite, per la mano che vi ha avuto nel lungo suo ministerio appresso li Signori Stati, che abbia avuto non piccola parte del disegno ordito contro la Francia.

Il Consiglio di guerra a cui incombe d'accudire di proponere e di mandare ad esecuzione tutto ciò che la difesa e la offesa richiedono si unisce alle volte con quello di Stato quando insorgono emergenti d'importanti militari disposizioni, e si agisce di distribuzione di posti. Doverebbe il re ordinariamente in essi intervenire, e perciò non hanno a distinzione degli altri presidente, essendone la Maestà Sua il capo naturale.

Primo tra gli altri Consigli per anzianità di tempo, per lustro di dignità e per altezza di potere, che va furtivamente alla giornata ampliando, è il Reale Supremo di Castiglia, che giudica il civile ed il criminale e consulta li posti tutti delli Stati soggetti alla corona di Castiglia, tanto secolari, quanto ecclesiastici, e ne è presidente, come si è accennato, il Conte d'Oropesa. In questo Consiglio, nel Tribunale chiamato della forza, si esaminano con vigilante avvertenza le procedure della Corte di Roma così nelle materie beneficiarie, come in qualunque altra, che ferir possa li privilegii e prerogative regie, ed anche con maggior scrupolo, riguardo all'Indie ove non si ammette alla curia Romana, che una superficiale ingerenza: quando poi s'incontra alcun atto, o procedura offensiva si dichiara, che fa forza (questo è il termine, con cui s'esplica la resistenza), in ordine alla quale si prendono poi li necessari adattati espedienti. Così non v'è principato per religioso veneratore che sia dell'ecclesiastica potestà, il quale non invigili con attenta cura acciò ella non s'inoltri con irretrattabile usurpazione oltre ai proprî confini.

Succede a quello di Castiglia il Consiglio d'Aragona, da cui dipendono gli Stati, altre volte alla medesima Corona ubbidienti; fuori di Napoli e Sicilia raccomandati col ducato di Milano alla direzione d'un Consiglio particolare nominato d'Italia, di cui è presidente il duca d'Alba, come del primo don Pedro d'Aragona.

Quello dell'Indie ha la sopra intendenza al buon governo di quei vasti dominii, ed ha spezial obbligo di prendere la residenza (così chiamano la formazion dei processi alli vice-re ed a tutti gli altri regii ministri al loro ritorno per rilevare se in tanta distanza hanno abusato della confidenza che in loro ha riposto il sovrano). Lodabile diligenza, ma delusa dalla malizia, mentre di tanti, de'quali si contano l'estorsioni, o ritornano carichi di tesori, mai se ne vede pur uno di condannato, approvecchiandosi a misura di poter comprar i testimoni, i giudici e la connivenza stessa del re, il quale tal volta ordina che si ripongano senza aprire i processi, restando poscia opulentissimi. Di questo Consiglio è presidente il duca di Medina Coeli, e ne esercita il governo il marchese del Los Neles. A quello della Cruciata, che accudisce al buon ordine ed alla disposizione degl' indulti concessi in vari tempi alla corona dalla Sede Apostolica, presiede il patriarca dell'Indie gran cappellano di Sua Maestà.

Si chiama degli ordini quello, al quale è demandata la cura degli ordini militari di s. Giacomo Calatrava, Alcantara e di s. Giovanni, e ne è presidente il conte di Tallara.

In tanto numero di Consigli e di giunte, dividendosi e disperdendosi l'autorità del re, che per altro la gode più assoluta di alcun altro sovrano, può dirsi che la Maestà Sua vien ad essere capo d'una aristocrazia di ministri.

Parlato sin qui dell'armonia del governo, dell'abilità e del temperamento di quelli che reggono la moli di sì gran corpo, occorre d'esaminare in qual constituzione si ritrovi l' intrinseco di lui vigore. Li spiriti vivificanti d'uno Stato sono riputati giustamente le rendite. Il pieno o scarso loro concorso rende languido o robusto il moto delle operazioni. La natura provvida gli ha impartiti abbondantissimi, e proporzionati alla grandezza della monarchia, ma l'eccedente loro consumo ne ha talmente impoverita la miniera, e li rimedii adoperati per rimetterli sono stati così contrari o sì mal applicati, onde cresciuta sempre più l'interna intemperie, si vedon or mai ridotti ad una totale inanizione. L'entrar diffusamente e distintamente a parlare dell'azienda reale, sarebbe un pretendere di ritrovar ordine e numero nella confusione e nel caos; talmente sono sregolate, ed involte in una impenetrabile e forse maliziosa oscurità. Tanti sono li capitali alienati, tanti li depositi eretti, gli assegnamenti, le mercedi, le imprestanze, le bonificazioni, così implicanti le ordinazioni delle riforme, e delle prammatiche uscite secondo la necessità dei tempi e delle occorrenze, onde riesce del tutto impossibile l'averne informazione sicura. Molti credono, che non montino di presente le rendite a venti milioni di scudi, alcuni le portano sino a trenta; ma comunque si sia, conviene ognuno che il re non ne abbia di liberi più di sei da disporre nell'intrattenimento de' presidii, delle armate di mare, e per il dispendio del suo palazzo. Sembra veramente impossibile, che con le fonti doviziose di tanti dominii, le quali confluiscono nel regio erario, sia questo così scarso ed esausto. La inopia è derivata dalla profusione sregolatissima di donare e di eternare poi nelle case quelle mercedi, che largamente avevano premiate le azioni de' benemeriti nelle loro stesse persone. Il moltiplicare gli assegnamenti di quasi tutti li posti contandosi tutti sino a tre soggetti, che attualmente godono quello di cavallerizzo maggiore, le esorbitanti pensioni concesse a primari soggetti, li quali chiamati dai re passati alla corte a fine di disfarli ed impoverirli, perchè ne' proprii Stati vivendo si rendeva la loro grandezza sospetta, ora rovinati dal lusso, dalla trascuraggine e da un superbo dissipamento distruggono chi li aveva distrutti.

Il numero infinito de' ministri d'Azienda, che si calcolano montare sopra quaranta mille, molti de' quali tiran due volte più di stipendio di quello esigono nel distretto a loro assegnato, lo sregolato strabocchevole dispendio delle case reali: di cui serva di picciolo indizio lo spendersi in cera per il solo appartamento del re oltre ottanta mille pezze per anno, e sessanta mille per quello della regina; il trasporto dell'argento e dell'oro, che vien fatto da' forastieri fuori del regno, le regolazioni malintese della moneta, una congerie di sregolatezze e disordini parte volontari, parte sforzosi, e la spopolazione finalmente di quegli ampi regni, nei quali si computa non sorpassare a quattro milioni il numero delle anime, han condotto le cose ad una lacrimabile ruina. Ma non è meno maraviglioso come in onta di tanta penuria, in cui versa l'erario dopo quasi il corso d'un secolo, abbia ritrovato e ritrovi tuttavia mezzi per accorrere e supplire a' giornalieri bisogni, ed alla urgenza d'estraordinarie occasioni. Gli espedienti vengono prodotti dall'intrinseca opulenza e grandezza della monarchia, e certo che se potesse darsi un sol ministro, a cui s'unissero alla intelligenza l'applicazione, ed un zelo fedele di servire fruttuosamente al suo padrone, vedrebbesi presto risorgere a formidabile stato il potere abbattuto di quella corona. Basti il dire, che possiede il vasto impero dell'Indie Occidentali, di dove portano ogn'anno per l'altro vicino a quaranta milioni di pezze da otto in oro e argento, gemme ed altri preziosi generi. Di così doviziosa sorgente non restano però nelli regni di Spagna se non intorno a cinque milioni, asportandosi tutto il rimanente da'forestieri in cambio delle merci, che vi portano sotto il nome de' Spagnuoli; a' quali solamente è permesso di far quel commercio, che fedelissimi a' loro principali pongono ogn'industria per defraudare al re il pagamento delli dovuti diritti. E qui si rende degna di rimarco l'esclusione alli vassalli della corona non meno che alli stranieri di questo traffico: quando interessandoli nell'utilità di esso, e procurando di nodrire nei propri domini secondo la qualità e la natura dei luoghi i generi bisognevoli per alimentarlo, non solo averebbero levato alle nazioni emule e nemiche della Francia, Inghilterra ed Olanda il provento che ne ricavano, ma arricchiti i propri sudditi, interessandoli nell'aumento e conservazione di quella potenza sotto all'imperio della quale godessero sì ubertosi vantaggi. Ma la diffidenza vizio naturale della nazione, e tarlo occultissimo della grandezza Spagnuola, ha guastata l'idea architettonica, la qual solo bene eseguita sarebbe stata più forte di ogni altro mezzo per avanzare e sostenere il disegno della monarchia universale, aumentando con tal intreccio i comodi e le utilità d'un paese con l'altro; onde di molti si facesse un solo interesse, e ad esso fosse indissolubilmente congiunto il predominio della corona.

Dodici milioni ricava il re dai Stati dell'Indie, otto dal Perù e quattro dal Messico; ma, trattone il mantenimento de'presidii e salarii degli officiali di giustizia e di guerra, le mercedi e gli assegnamenti, che per sicurezza maggiore degli assentisti si fanno loro nelle tesorerie d'India, acciò pervenuto il denaro in Spagna, restando altrove distratto, non pericliti il credito, contaminato di già delle giornaliere inadempite promesse: non sopravanza al re di netto un anno per l'altro se non la somma di 400 mille doppie. Di questo denaro, e di quello, che va colando nella cassa che si chiama del *borsiglio*, e si cava dalle infinite espedizioni della segreteria del dispaccio, la somma può ascendere ad un milione e duecento mille scudi, ed è il soldo più puro, e sopra il quale suol farsi il miglior fondamento. È pure soldo liquido quello che contribuisce la bolla della Cruciata, il Sussidio, l'Escusato, e quanto in somma si esige per indulti della corte di Roma. Li dazii delli porti di mare, ch'essi chiamano Almorisfazgo, e delli porti secchi, e sono li luoghi dove s'esigono le gabelle delle mercanzie provenienti dagli altri regni, quando entrano in Castiglia, producono denaro vivo, e ne produrrebbero somme molto maggiori, se l'inganno non ne defraudasse la maggior parte. Li regni di Castiglia, oppressi da mille sorti di gravezze e d' imposte, rendevano altre volte dodici milioni di pezze da otto, ma decaduti in somma miseria per la spopolazione, per mancamento del traffico e per le alterazioni frequenti e pregiudiciali della moneta, è incerto quanto possano attualmente contribuire. Le rendite delli Stati d'Italia diminuite dall'alienazione di molti fondi, secondo che le urgenze hanno richiesto provisioni estraordinarie di soldo, ascenderanno al presente con difficoltà a sette milioni ; somma rilevante, ma che viene assorbita da dispendi parte necessari e parte superflui, onde vi è più sempre, e s'impegnano li capitali, non vi ha avanzo, nè si soccorre alle regie angustie.

Le provincie del Paese Basso, così squarciate ed afflitte, tributano ancora la somma di 4 milioni ed 800 mille di quei fiorini; quantità che ben impiegata computavasi sufficiente, con aggiunta di soli seicento mille scudi all'anno, a mantenere diciotto mille fanti e sei mille cavalli, supplito anche alle ordinarie occorrenze. — L'interesse di chi governa amando che continui la confusione ed il disordine per proprio profitto, non ha lasciato mai prestar la mano a'salutari progetti esibiti dalle medesime provincie, o arricordati da persone intendenti.

Non è meno indebolito il nervo delle forze di quello sia esausto di spiriti l'erario. In tutta la Spagna non vi sarà per dir assai dieci mille fanti di gente pagata e malissimo trattenuta. La cavalleria ben montata, e di lestissima gente ascenderà in circa a 4000 cavalli. In Catalogna, che può chiamarsi la piazza d'armi di Spagna, non esistevano a tempo del mio passaggio 3 mila e 500 fanti e 1600 cavalli. Le piazze sono con le fortificazioni diroccate, con le artiglierie smontate, con li magazzini vuoti di provisioni. Mancano armi, polveri, palle, depositi di grani, quanto in somma si ricerca alla difesa.

La Fiandra non aveva truppe bastanti per ben presidiare le piazze. Il fatto ha autenticato la debolezza, in ch'erano constituite, mentre si è convenuto introdurre gli Olandesi nelle piazze, potendosi asserire con verità, che il solo timore nodrito dagli Olandesi della vicinanza della Francia sia stato il custode di questo argine de'paesi. Ora vogliono, che Castanaga abbia sotto le insegne del re dieci mille fanti e sei mille cavalli. In Italia V.V. E.E. sanno qual sia il polso delle forze, e sebbene lo Stato di Milano pagasse ventiquattro mille razioni di pane al giorno e contribuisse per gran tempo molto oltre l'obbligo, gli eserciti furono sempre di gran lunga inferiori allo strepito della fama. Io non mi dilato in ridire gli abusi che dallo Stato predetto si sono fatti risuonar in Spagna con la voce de'deputati espressamente spediti, sicuro, che l'Eccellentissimo Senato ne avrà avuto dal mio proprio luogo distinto ragguaglio, e sovvenendomi d'averlo rappresentato ne'miei dispacci (1).

Nell'Indie, dove la lontananza cuopre maggiormente gli errori del mal governo, e giunge con minor vigore il comando, si discorre infelicissima la positura della difesa. Ogni uno pensa ad arricchirsi non solamente con li profitti legittimi e famigliari del paese, ma con la frode, alimento più saporito dell'avarizia; e certamente non per altra ragione si conserva la Spagna nel possesso del dilatato imperio, se non perchè non comple alle altre nazioni di levarglielo; proposizione la quale potrebbe passare per un paradosso, se non fosse facile il provarla con fondamento. Mentre qual provento maggiore saprebbero proporsi li Fran-

(1) I dispacci si conservano nel Veneto Archivio generale ai Frari. *Senato III, Secreta*, filze 121 e segg.

cesi, gli Inglesi e gli Olandesi, che lo spaccio dei generi, e manifatture de' loro Stati, e il ritorno sicuro ed avvantaggiato in fino oro ed argento, dividendosi essi all' arrivo così della flotta, come de' galioni ben trenta milioni senza soccomber ai dispendii di sì lunga navigazione, al costo d'assicurare li loro capitali con intrattenimento d'armate, ed a' tanti altri pregiudizii, che ben può numerare il discernimento di V.V. E.E., senza ponderare il prezzo rovinoso della spopolazione de' propri regni, che alla Spagna costa il mantenimento dell' Indie, dove passano ad abitare un anno per l'altro vicino a tre mila persone, distruggendosi in se stesso per tenere vivo quell' estremo dominio? Verità conosciuta e confessata dagli stessi Spagnuoli, li quali convengono, che al ben pubblico del regno sarebbe meglio (se effettuar si potesse un impossibile) trasportar in Europa le genti e le ricchezze di quelle Colonie, distruggerle poi, ed abbatterle, acciò gl'inimici della corona non vi entrassero al possesso a man salva senza quegl'infiniti cimenti travagli e dispendi, con li quali ha pagato Spagna la loro conquista. Le armate di mare non sono in constituzione migliore. La sottile che si compone delle squadre di Spagna, di Napoli, di Sicilia, di Sardegna e di Tarsis, non è più forte di 26 galere (1) e pure

(1) Trovammo inserita alla Relazione la seguente:

Memoria de los navios, piezas de artilleria, y gente del armada española del año de 1686.

Navios	*Piezas*	*Nomb. de gente y capitaines*	
Capitana real	74	800	Conte de Aquilar
Almiranta	64	700	Marques del Aja
Los tres Reies	74	700	Don Juan Alonso
San Diego de Alcalà	72	700	Don Juan Dieo
Nuestra Señora de Atochas	66	600	Don Diego Carillo
Santo Tomas de Villa Nueva	66	600	Don Alonso Valverde
San Bernardo	60	600	Marco Urdiales
San Ignatio	44	400	Aya el Moro
Santa Teresa	36	250	Don Juan Ruiz
San Agustin	36	200	Don Diego Pardo
Piezas	592	5550	» Hombres

corre l'obbligo al re cattolico per la bolla della Cruciata di tenerne armate ottanta contro agl'infedeli.

A Roma però non fanno gran scrupolo di questa inosservanza del patto, dispiacendo forse meno, che non sarebbe il vedere così potente nel Mediterraneo un principe, che lo è tanto per altro in questa Provincia. Si ammettono perciò facilmente le giustificazioni d'impiegarsi dalla corona somme molto maggiori di quelle si traggono dagl'indulti in elemosine a'luoghi santi di Gerusalemme, in riscatto di schiavi, ed in tanti altri dispendiosissimi bisogni nascenti dall'applicazione preziosa di estendere nelle più interne regioni delle Indie il culto della vera fede. L'armata grossa dopo che il duca di Medina il quale si mostrava invaghito di rilevare la potenza marittima, come unico mezzo per proteggere e difendere gli Stati divisi della monar-

Esquadra del Almirante general don Prorato Papachia

San Carlos	piezas	70	700	Xacinto Lopez
San Pedro de Alcantara	»	60	600	Aniau de Vilde
San Geronimo	»	60	600	Baxel de Banter
Don Juan d'Austria	»	52	500	. . . .
San Domingo		52	500	Don Ant. Rodriguez
San Carlos		52	200	Sebastian Lopez
El Sacramento		36	250	Don Jacopo Jasen
		382	3350	

Armada de Flota.

Capitan de Flota	50
Almirante	46
Garai	60
Aguine	50
La Barba	60
Pena	54
La Verna	50
Bilanco.	46
Patache.	34
	450

Navios de guerra 26. Piezas 1424. Hombres de Armada (sin la flota) 8900. Seis navios de fuego, y ochenta barcos licengos con 40 hombres cada una.

chia, la fece navigare con tanto dispendio per il Mediterraneo numerosa di sopra trenta vascelli, giace inutile nei posti, pregiudicati per la maggior parte i vasi delle navi, e dispersi gli attrezzi per difetto de'magazzini e di regola nel custodirli: onde quando la flotta di Francia pose il cordone, e chiuse quasi in assedio il porto di Cadice, a gran fatica, servendosi anche dei galeoni, poterono armarsi venti vascelli per spingerli ad incontrare e scortare la flotta, la quale s'assicurò poi finalmente più con la connivenza promessa per gli effetti de'Francesi, che con il presidio di quelle forze. Così il confuso loro ammassamento riuscì solo d'aggravio considerabile al re ed al commercio (essendo massima solita d'esborsarsi otto intiere paghe alla marinareccia quando non si fermi, che un mese sul mare) e valse a confermarle insieme la nota ed il biasimo al governo, il quale non accorse, o accorre fuori di tempo alle urgenze dei maggiori bisogni: chè pare a tanta debolezza siano ridotte le forze marittime della corona e tanta quindi maggiore la ragione di stupirsi, quanto che gode la Spagna non solo in se stessa una situazione avvantaggiosa, ma negli altri suoi dominii ancora può prevalere ad ogni altro potentato sul mare in quantità infinita di porti, gente idonea alla professione, facilità grande d'unir materiali d'ogni genere per le provisioni; ma la diffidenza, come si è detto, male insanabile, corrompe il frutto di tanti vantaggi, non avendosi mai sofferto, che si fabbrichino armi nell'America e vascelli, e sturbatosi in Fiandra piuttosto che coadiuvato l'aumento del traffico, per timor di quei sudditi: unendosi maggiormente con gli Olandesi nei profitti al negozio, non limitassero anche nelle massime di libertà.

Rappresentato sin qui il genio delle persone reali, la tempra de'ministri, la simmetria del governo, lo stato dell'azienda, il polso delle forze terrestri e marittime, due cose par. che si possano concludere: l'una che ad onta della vantaggiosa sua situazione, dell'innato valor de'popoli e della costanza della nazione, se mai quel regno fosse validamente invaso, gli succederebbe l'esser oppresso prima di riconoscersi, e ponersi in difesa come appunto accadde al tempo de'Romani, che fu la sola provincia la quale facesse maggior violenza per scuotere il giogo, che resistenza a riceverlo: l'altra che tengono gli Spagnuoli intelligenza, industria e mezzi sufficienti per poter rimettere la monarchia, ma non la rimetteranno: potendosi in certa maniera dire di loro, che avendo i mezzi per salvare lo Stato non lo salveranno, perchè non vogliono.

Passo ora ad esaminare le massime ed interessi con principi stranieri riducendomi con brevità al termine di questa pur troppo prolissa fatica. Gl'interessi comuni tra le due case di Spagna e Germania rendono per il più le massime ed i riguardi conformi. Dalli discapiti rilevati dal tempo della pace di Münster a causa della poca armonia con la quale si procedette fra l'imperatore ed il re cattolico, essendo nato il conoscimento della necessità di tanto profittevole unione, s'è in appresso migliorata la corrispondenza, e ne sarebbero apparsi più avvantaggiosi gli effetti, se dalli rispetti particolari de'ministri non fossero stati attraversati. L'interesse importantissimo di conservare nella linea germanica la corona dell'imperio, il riflesso alli Paesi Bassi ed all'Italia, il comodo d'aver soccorsi di gente Alemanna, e gli auspizi della crescente fortunata riputazione di Cesare, consigliano la Spagna a camminar in concerto, e coltivar sempre più la corte di Vienna. All'incontro l'imperatore mirando con occhio avidissimo a far pervenire in uno degli arciduchi suoi figliuoli (come già s'è accennato) la successione delle Spagne in mancamento di quella linea, procura e procurerà a tutto potere di sostenere gli affari della corona, e di palesare un ardentissimo studio per riporla nel primiero splendore. Nel tempo del mio servizio non si ommetteva diligenza, nè industria, che valer potesse a condur il governo ne'trattati ed impegni di reciproca convenienza, anche senza di quelle generose corrisponsioni con le quali in altro tempo la corona di Spagna profondendo in pubblico ed in privato guadagnava la volontà dell'imperatore e de' suoi ministri. Spagnuoli, però, benchè costituiti in bisogno, mal soffrono d'esser retti ove prima reggevano, e conoscendo d'essere molto superiori agli Alemanni per vivacità d'ingegno e per la perspicacità dell'intendimento, perciò con difficoltà, accomodano al presente predominio dell' altra Corte. Correva per parte dell'imperatore un progetto, il qual credo degno della notizia dell'eccellentissimo Senato per li delicati riflessi che può promuovere: ed era che la Spagna esborsasse a Cesare 800,000 scudi all'anno traendone in cambio gli argenti vivi della Stiria e dell'Ungheria, necessari per l'escavazione delle miniere dell'Indie, con patto che l'imperatore impiegherebbe l'emolumento d'un tal capitale, ora quasi infruttifero, a mantenere nelle città forestiere un corpo di otto mille uomini pronto egualmente ad accorrere alle insorgenze dell'alto Reno, come a quelle d'Italia; Mansfeld con pertinace insistenza vi travagliava; quale poi ne sia stata la riuscita, dopo la partenza mia dalla corte, sarebbe difficile poter penetrare.

L'antipatia naturale con la nazione francese, e gl'interessi opposti delle due corone non hanno in alcun tempo dato luogo a lunghe paci, o a perfetta corrispondenza; ma in questi ultimi principalmente avendo quella di Spagna sottoscritto si può dire con tante perdite e cessioni la superiorità dell'emula, vie più furente si è resa l'animosità e l'odio dei popoli. Il governo pieno anch'esso di mal talento, ma detenuto dal timore per il conoscimento della propria debolezza, ha tollerato ingiurie, e poco contrastate le usurpazioni sin a tanto che divenuta la Francia o men forte o più esposta per la unione di tanti nemici dichiariti contro la prepotenza, si è creduta giunta la congiuntura di risorgere a quella speranza di poter ricuperare porzion del perduto, o di poner termine a maggiori iatture; per questo, disprezzata la offerta neutralità, si vede, che ha voluto entrare nell'impegno della guerra mal proporzionata alle sue forze, fuori della distrazione presente della corona francese. Forze delle quali non già per evitare l'impressione ed il danno, bisogna supporre, che il re cristianissimo abbia ricercata la neutralità, ma con riflesso a non lasciar stringere alla Spagna amicizie forestiere, e sopra tutto, perchè non si sommettano maggiormente gl'interessi, e le massime delle due case, mentre a mio tempo si sforzava l'applicazione e l'industria per seminarvi la divisione rispetto all'essenzialissimo menzionato punto della successione. In ordine al quale potei conoscere dalli discorsi e procedure de' ministri francesi così in Parigi come in Madrid, che la massima fosse di render la Spagna sempre più incapace di riaversi, nutrendo la natural trascuraggine con il grato nome di pace, perturbandola tal volta con vessazioni e sospetti che consumassero gli spiriti che avessero potuto rimetterla, per trovarla poi illetarghita e consunta ogni volta nascesse l'incontro di pretendervi e di tentarne la soggezione innanzi che gli altri pretendenti potessero giungere a disputarne l'intento.

Il grande commercio, che fanno gli Inglesi nei porti di Spagna da dove estraggono vini, lane e tanti generi di mercanzie, concilia l'inclinazione e l'affetto d'una nazione con l'altra. Nel regno del defunto re Carlo, e durante quello dello spogliato re Giacomo non è corsa mai intelligenza sincera tra le due corti. Entrambi erano co-alleati della Spagna in virtù d'un trattato di garanzia comune anche all'Olanda, nientedimeno l'esperienza aveva mostrato che l'amicizia segreta con il re cristianissimo, con arcani concerti a forza d'oro intrattenuta, aveva sempre prevalso ad ogni altro impegno; onde attribuendo la Spagna alla loro collisione la serie dei propri discapiti, e l'inviso ingrandimento della Francia, ne andava in conseguenza l'avversione verso quelli, che se ne riputavano gli autori. L'effetto comproba attualmente assai chiaro la verità di questa asserzione, mentre se non hanno gli Spagnuoli conspirato nel disegno dell'Oranges, del che non mancavano però gl'indizi, almeno non sarà riuscita a loro discara la felicità del successo.

Con la corona di Portogallo cessato da un tanto tempo per la fiacchezza de' Castigliani il timore d'insidiosi attentati, dall'altro rinunziatosi alla speranza di poter rimetter quel regno in servitù, si concilia l'intelligenza nella massima del comune interesse di tener lontani i stranieri. Al conte d'Oropesa s'attribuisce principalmente l'aver dato ad intendere a' Portoghesi questa verità, che bisogna difendere Lisbona in Biscaglia ed in Catalogna, e sostener in quelle frontiere la libertà del Portogallo, che pericolerebbe, pericolando Castiglia. In ordine a questo oggetto di andar uniti in difendere, occorrendo, il regno da una irruzione straniera, desideravano i principali signori della Spagna di veder accompagnata la arciduchessa Antonia erede, come si è detto, presuntiva della corona al re di Portogallo, ed in discorsi privati ancora sostengono, che un tal matrimonio sarebbe stato il più conferente alla sicurezza ed al bene del regno, benchè niuno nelle consulte abbia osato motivarlo, nè quel re abbia mai ardito di esporsi a dimandarla. Ora i vincoli della nuova e stretta dipendenza tra il re Cattolico e quello di Portogallo maritati a due sorelle principesse di Neoburgo, potrebbero maggiormente stringere la corrispondenza ed unire le massime.

Con le due corone del nord Svezia e Danimarca non v'è negozio, se non quando le occorrenze dell'Imperio promiscue per il più con quelle della Fiandra, obbligano tal volta a comprarne con grossi sussidi la loro parzialità.

Con il re e repubblica di Polonia la lontananza non lascia prossimità di affari, e se pure la Spagna alcuna volta s'interessa nella elezione dei re, o per qualche altra occorrenza, lo fa quanto comporta alle convenienze della casa germanica. Al re presente per dimostrar stima ed aggradimento alla di lui generosa fortunata risoluzione d'uscir dal suo regno e portarsi personalmente a liberar Vienna dall'assedio, si decretò una pensione di 20,000 scudi per uno dei suoi figliuoli, la quale restava tuttavia da situarsi.

Verso li Stati generali delle Provincie unite dei Paesi Bassi, benchè non sia scancellata ancora la memoria dell'antica loro soggezione, e che nelle recenti occorrenze si siano palesati poco grati alla Spagna per li ajuti prestatigli, nelle contingenze della loro sperante libertà, abbandonando la corona, e disposto del di lei interesse nella pace di Nimega, rifiutando di poi la restituzione stipulata di Maestrich, non soddisfacendo all'obbligo dei trattati nell'occasione dell'assedio di Luxemburgo, e negando finalmente un auspizio di sicurezza alle navi regie biscaine, che si lasciarono combattere, ed asportare da'Francesi in faccia d'una squadra poderosa d'Olanda: niente di meno le giustificazioni addotte della legge indispensabile del loro interno pericolo talora della collusione dell'Inghilterra con la Francia quando anzi doveva esser compagna degl'impegni come lo era dei trattati, l'asserzione sempre costante di entrare daddovero in azione allorchè la Fiandra competentemente munita, ed ognuno volesse fare la parte sua, la confidenza, che si prestava alle promesse dell'Oranges e la considerazione in fine di quella potenza marittima per le possibili emergenze del proprio bisogno, sono stati tutti riflessi, che han consigliato di sorpassare ogni dissapore, a continuare l'amicizia, e via più sempre a confermarla.

Correndo con gli elettori in generale scarsa occasion di negozio e di bisogno, si pratican pure con essi loro gli stessi mezzi, che con le corone del Nord a misura delle congiunture. Fra quelli del regno di Treviri era il ben disposto, si bandiva il di lui genio con moderate assistenze, mentre si rendeva tanto più necessaria la sua connivenza per la comunicazione dei soccorsi di Germania a'Paesi Bassi, quanto più diffidente ed alieno era l'elettore di Colonia, tutto Francese per il predominio, che aveva sopra il di lui spirito il cardinale di Furstembergh, e per le massime comuni con quella corona contro l'Olanda, verso alla quale era acceso esso elettore d'inestinguibile odio.

Magonza s'aveva in sospetto, come inclinato al partito francese, benchè conosca dal patrocinio dell'imperatore in gran parte la sua esaltazione.

Del Palatino si stimava molto l'incanutita esperienza, e si consideravano affettuosamente gl'interessi innestati a quelli dell'imperatore.

L'accasamento con Portogallo fu opera della corte di Madrid, e la dote si pagò a titolo di soddisfare all'elettore il credito di antichi corsi sussidii. Ora ponno dirsi identificati gl'interessi della casa palatina con quella d'Austria, con la scelta di una di quelle principesse in regina di Spagna.

La rappresaglia che in ricompensa de' suoi grossi crediti fece il fu elettore di Brandemburgo del vascello s. Carlo, oltre la di lui manifesta unione con la Francia aveva recisa ogni corrispondenza, anzi gli nudriva odio e risentimento. Procurò l'imperatore molte volte di riconciliare gli animi, e riunire gli interessi, ma o che discordassero gli espedienti per salvare il decoro, o mancassero mezzi per estinguere il debito, l'opera restò sempre imperfetta. Con il presente elettore portato assai più agl'interessi di casa di Austria, se non si è convenuto, sarà facile il convenire.

Con Sassonia, più d'ogn'altro remoto, non vi è motivo di negozio, se non alcuna volta per gli affari dell'imperio.

Dopo che l'elettor di Baviera ha sposato l'arciduchessa Antonia può argomentare l'eccellentissimo Senato dalle cose soprascritte qual connessione d'interessi risulti da tale alleanza. La fama del di lui valore militare, la generosa ambizione del suo genio, la sublimità dell'ingegno han reso gratissimo il suo nome appresso l'universale della nazione, e nell'animo dei grandi han prodotto verso di lui amore e venerazione. Da queste semente è nata nei cuori della maggior parte una propensione ben viva alle ragioni in lui portate dalla moglie arciduchessa alla successione della corona, onde si rendono sempre più applauditi, e possenti a segno che farebbero in ogni evento gran contrasto a quelli d'ogn'altro pretendente. Ma o che all'elettore non siano ben noti i sentimenti dei Spagnuoli, o che come principe savio non voglia inopportunamente ingelosire l'imperatore, o pure che abbia con ripartimento e cambio dei Stati di maggiore sua convenienza alla rinuncia della moglie, procede riservatissimo, e come non curante. Mandò a dar parte del suo accasamento con titolo d'inviato estraordinario il conte di Praising, soggetto di belle maniere, ma di mezzani talenti, il quale pretendendo la mano destra dai ministri di Stati, i quali nè meno la concedono agl'inviati regii, partì senza vederli, non senza loro sommo stupore e scontento, di cui non potè trattenersi di dar sentore lasciandosi sentire col contestabile, tanto per altro circospetto, che il signore elettore perdeva assai negligendo di essere istrutto de'sentimenti che si nudrivano verso di lui. All'incontro Mansfeld ambasciatore cesareo con insistente cortesia volle trattenere Praising in sua casa per poter meglio misurargli i passi; e meco parlando della mal fondata pretensione promossa del trattamento uscì a dirmi, che si sarebbe guardato di distornarlo da un procedere, il quale molto ben compliva all'imperatore suo padrone. In tale inclinazione d'affetti e positura di cose si trovava alla mia partenza dalla corte l'interesse del duca di Baviera.

Verso il pontefice, supremo tra tutti i principi, e primo tra quelli di questa provincia, la professata ed affettata pietà contribuisce, come a capo della chiesa esteriore, pienissime dimostrazioni d'ossequio e di deferenza. Il riflesso dei Stati d'Italia, e particolarmente del regno di Napoli, avvalora il dettame di procurare la parzialità dei pontefici. Il bisogno della confermazione di tempo in tempo delle bolle della crociata, sussidio, escusato ed altri indulti, che portano rilevantissime somme all'erario, lo consiglia pur anco. Tuttavia nelli dispareri, li quali sovente insorgono a causa di giurisdizione e d'immunità, si resiste con maggior contenzione, che per l'addietro; persuasi i direttori presenti del governo, che compla mostrar petto con la corte di Roma, procedere più di fatto che per via di negozio, per tener lontani i pregiudizi, e conseguire gl'intenti che si desiderano. All'incontro a Roma, stante la debolezza della monarchia, s'andava cogliendo l'opportunità d'avanzar passi, e si era introdotto di parlar alto nelle occasioni di controversie. Ognuna delle parti va però guardinga di non portar le cose agli estremi: la corte di Spagna per gli accennati motivi; quella di Roma per li proventi che ritrae da quei regni, dalla Dateria, dallo spoglio de'vescovi, dalle dispense numerosissime e costose de'matrimonii, e dalla nunciatura, che oltre agli emolumenti gode ancora autorità molto estesa.

Il duca di Savoia passa per principe savio e buon Italiano, la propensione del genio è reciproca, sebbene non si trattiene viva la corrispondenza con la missione dei ministri a causa del trattamento regio, che mai si è voluto accordarle. Da Milano si supplisce secondo l'occasione ed il bisogno.

L'avversione la quale suole per ordinario in segreto nudrirsi dall'oppresso verso dell'oppressore, fa credere il duca pieno d'interno odio verso la Francia, sebben finga compiacimento della sua dipendenza, e che secondi violentato gl'interessi di quella corona per trovarsi imbrigliato dalle di lei forze ripartite in Pinarolo e Casale, onde si compatisce e si tirarebbe fuori di tutela qualunque volta si presentasse l' opportunità.

Il gran duca per l'obbligo della investitura di Siena, per la vicinanza del regno di Napoli, per li porti di Toscana per le attinenze utili e decorose della sua casa con quella dell'Austria, si tiene per parziale: ei non ostante savio e circospetto procede con tale temperamento che guardando le proprie misure con la Spagna non si alieni, o si ritiri contro la Francia. Con indifferenza costante si è mantenuto sempre lontano da questi impegni nei quali vantasi di condurlo non meno degli altri principi d'Italia, anzi con tanta maggior insistenza e studio, quanto che correndo in opinione di principe opulentissimo possede e può fornir li mezzi alle occasioni per sostenerli. Si dolsero a Madrid, che avesse appoggiato alla Francia il maneggio del matrimonio della figliuola con Portogallo. Ma, o che egli giudicasse migliore l'opera di quella corona, oppure scorgesse la corte di Spagna intenta a promuoverlo con la principessa di Neoburgo, non si diede mai per inteso, e continuò le sue pratiche; per l'altra parte in quella, che ha tenuta il cardinal suo fratello per conseguire in Roma la protezione di Spagna, non s'ingerì punto il gran duca, ma lasciò, che il cardinal discendente della corona per le ricche provvisioni che gode in Sicilia ed altrove, lo facesse suo particolare negozio. Ora l'esclusione della figliuola dalle nozze sperate ed ambite del re averà senza dubbio amareggiato il di lui animo, non però alterato le prudenti sue massime, le quali nei principi savii prendono proporzione dalle convenienze dello stato, non dai motivi delle passioni.

Il duca di Mantova si mira come abbandonato alla Francia. Non ha egli mancato di voler dare ad intendere d'esser pentito del trattato di Casale, non gli si è però prestata fede alcuna coconoscendosi principe pieno di doppiezze ed inganni, avido delle pensioni prontamente pagategli dal Cristianissimo, colle quali supplisce alle proprie soddisfazioni, e costretto a dipendere da esso riguardo non solo alle rendite, che possede in quel regno, ma molto più per quelle del Monferrato soggette all'arbitrio di chi ha la capitale di quello stato nelle mani. Le negoziazioni che occorresse d'intavolare con questo principe per trattenerlo da passi più perniciosi, o per farlo retrocedere dai già dati nella speranza, che può benissimo insorgere negli Austriaci, di scacciare col beneficio delle congiunture i Francesi d'Italia, sia con le armi e con il negozio, si lasceranno sempre maneggiare dall'imperatore: il quale appresso del duca, coi titoli dell'autorità e della congiunzione riuscirà, se non più accetto, certo più efficace.

Casa di Parma passa per dipendente, avendo avuto quasi per appunto ostaggi di dipendenza, principi cadetti al servizio della corona con feudi nel regno di Napoli a causa de' quali si tiene grossissimi crediti, essendogli stati confiscati sin quando il duca Odoardo si accostò al partito della Francia, e restituiti poscia smembrati, e per essere finalmente il di lei stato inviscerato con il Milanese.

Quella di Modena si considera portata alla Francia, e benchè negli ultimi tempi si abbia lasciato conoscer molto scontenta di quella corona da cui non godeva alcuna prerogativa di emolumento o di decoro, sia in impieghi militari, o in ecclesiastiche dignità come poteva negli anteriori, non ostante si credeva e si crederà sempre più che per l'autorità della regina d'Inghilterra sorella del duca la quale deve la propria fortuna, e riconosce ora il sostentamento del re consorte dalle beneficenze del re cristianissimo, abbia a rimettersi nell'antica dipendenza.

Mi resta solo di rappresentare quali siano li sentimenti, quale la volontà della corte di Spagna verso la Serenissima Repubblica. Nel giro veramente del mio impiego non è risorto alcun di quei massimi incontri, valevoli a discoprire e verificare rettamente il fondo dell'animo. Tuttavia ho osservato nell'occasioni delle vittorie riportate dall'armi trionfanti di Vostra Serenità sopra il nemico comune e delle conquiste della Morea (sito mirato sempre dalli Spagnuoli con avidità e gelosia riguardo alli regni opposti di Napoli, e di Sicilia) ho osservato, dico, accolti gli avvisi con allegrezza, e accompagnati con profuso applauso. Nel bisogno poi che V.V. E.E. hanno avuto di leve e di milizie, la prontezza in conceder quella de' Napolitani, ed il dono volontario che il re vi aggiunse di mille Lombardi e cinquecento dragoni di Milano per la consegna de' quali mi furono anco dati li dispacci diretti al conte di Melgar governatore, e che non ebbe il suo effetto a causa del trattato concluso nel tempo istesso da VV. EE. con il medesimo conte governatore: l'assenso sperato che avessero le suddette truppe a fermarsi in Levante senza obbligo di reclute dopo l'impegno preso dal conte di Fuensalida di chiamarle, e non ostante la commozione, che eccitò la riforma seguita in Levante, e la riduzione in compagnie sciolte delli reggimenti prestati dal re con le proprie insegne: e finalmente l'insinuata esibizione delle galere sempre però declinata col riflesso del miglior pubblico servizio, furono tutti testimoni di parzialità, ed indizi d'animo ben disposto. Alla opinione radicata della prudenza di questo savio governo corrisponde proporzionatamente la stima. L'intraprendimento coraggioso contro l'Ottomana potenza nella lega presente, ha confermato il concetto che l'Eccellentissimo Senato possede mirabilmente l'arte di misurare la fortuna colle congiunture ed ha corretto nel medesimo tempo il supposto che dal lungo travaglio della guerra passata fussero debilitate e consumate le forze, dando ad intendere qualmente i risparmi della pace, la svisceratezza de' cittadini, la condizione felice dei sudditi, e la puntualità illibata della pubblica fede, fornirebbero in ogni urgenza mezzi abbondanti alla profusion de' dispendii. Niuna circospezione sarà però superflua per impedire, che le relazioni dei ministri non rendano fallito un credito tanto avvantaggioso. Dall'aversi trovato sempre sordo l'orecchio agli eccitamenti replicatamente portati per unioni e leghe in ordine alla quiete di questa provincia, si era introdotto senso di non poca amarezza, quasi che la diversa inclinazione verso l'una e l'altra corona producesse disparità di massime, nè concepisse Vostra Serenità la medesima gelosia delle armi e della prepotenza della Francia, come l'aveva altre volte palesata della Spagna con tanto suo detrimento. Nulla di meno con li cenni cauti opportunamente lasciati cadere che le più stabili unioni sono quelle, le quali vengono suggerite e promosse dall'interesse reciproco; che l'Eccellentissimo Senato conosceva quanto giovevole fosse al mantenimento del riposo la simmetria presente della provincia; ch'era dettame suo particolare lo studiare i modi di conservarlo; che ad onta delle apparenze d'un ozio spensierato non aveva negletto le prevenzioni opportune; che in fine distingueva, qual fosse il suo vero interesse, si sono andati lusingando gli animi, si è introdotta maggior confidenza, e divertite moleste insistenze. In mezzo però anche alle dimostrazioni d'amizizia e di benevolenza bisogna procedere con cautela nel fidarsi d'una nazione e governo, che ha connaturale l'arte della dissimulazione, e che depone a tempo la collera ed il risentimento, e si sovvien di riprenderli, quando la sorte e l'occasione arride. In ogni corte giova l'attenzione di ostentarsi di genio portato agl'interessi del principe, appresso il quale si serve; ma in quella di Spagna si rende necessarissima a chi vuol guadagnar la volontà, ed esigere effetti di propensione e di stima. Dalla prima opinione che s'imprime dipende il destino propizio, o avverso del ministero, e da esso la sorte dei maneggi. Se la dolcezza mista alle blandizie val molto ad agevolare l'esito degli affari, la desterità accompagnata da costanza e vigore contribuisce a spianare nientemeno li più ardui. Nello spazio di quattro anni, che ho l'onore di servire a Vostra Serenità non potevo desiderar maggiore felicità di negozio, nè maggior pienezza di trattamento. Dalle persone reali sempre accolto con atti di singolare umanità; dai ministri e dai grandi con li più esquisiti termini di estimazione e di cortesia; l'eccellentissimo successore, colmo di speciosi talenti, saprà accrescere con le sue savie e destre maniere il buon genio alle cose pubbliche, considerazione al carattere, applauso e commendazione al suo nome, certo che appoggiare quell'ambasceria a soggetti ornati di consimili parti di virtù, di maturità e di destrezza, riuscirà sempre più di servizio alla patria, mentre sebben pare, che di presente non vi sia a Madrid gran negozio, essendovi però sparso il seme di grandissimi affari, e porgendosi molto contingente la situazione delle cose d'Europa, ponno in momenti insorgere emergenze rilevantissime, nelle quali la Serenissima Repubblica avesse a prendere una piccola parte così per la relazione che hanno tra loro gl'interessi de' principi, come per la vicinanza degli stati, e per tant'altri gravi riguardi.

La lontananza ed il contegno melanconico di questa corte, che non attrae molto la curiosità dei forestieri, mi fece godere scarso il privilegio d'accogliere nella casa di Vostra Serenità, nobili veneti: solo il nobile uomo Fabio Bonvicini mi onorò e consolò con la sua presenza, mentre tratto dal nobile suo genio, invaghito di pellegrinare, volle conoscere quella corte, e darvi a conoscere le sue degnissime qualità come aveva innanzi fatto nelle più remote d'Europa.

I nobiluomini eccellentissimi Girolamo e Nicolò miei nipoti, dopo essersi trattenuti per lo spazio d'otto anni nel più cospicuo collegio di Parigi a consumare il corso de' loro studi, prodotti in quella corte dall'incomparabile benignità dell'Eccellentissimo sig. ambasciator Cavaliere Venier, ed osservator il più essenziale, passarono poscia all'altra di Spagna applicando ad esercizi più propri a migliorare la loro condizione per renderla degna di servire un giorno non inutilmente alle EE. VV., giacchè cresciuti alla vista de' miei deboli, volenterosi impieghi, non meno che stimolati dagli esempi de' maggiori avran potuto conoscere non esservi, nè più solido vantaggio, nè più bella gloria, che il sacrificare li proprj sudori e fortune alla patria.

Han servito in quella segreteria di lunga mano confusa e mancante due secretarii il nobil uomo Francesco Semenzi con la medesima puntualità e fede esercitata pur anche nell'altra di Francia, con il distinto merito di aver continuato nelle fatiche molto tempo dopo che la sua casa aveva conseguito il patrizio carattere, venne poi a sollevarlo il fedelissimo Giacomo Resio, pieno di buona volontà e di attitudine, l'impiego del quale ha meritato e merita tuttavia l'aggradimento e le retribuzioni graziose dell'Eccellentissimo Senato.

Di me parlerò per supplicar perdono. Alle parti tutte del servizio mi sono affaticato di soddisfare con urgenza di volontà, sebben con fiacchezza di mezzi. Dall'indefessa applicazione di promoverlo non potè distormi nè il cruccio di quasi continui mali, nè la faccia istessa della morte ch'ebbi due volte presente.

Dalli dispendi necessarii al decoro non han saputo trattenermi le recenti rovine di cinque anni di ministerio in Francia, ogni sforzo ogni sacrificio però inferiore di tanto al merito della patria, può essere unicamente supplito dal generoso compatimento che nuovamente imploro da VV. EE. Le umanissime continue espressioni riverite nelle pubbliche ducali mi hanno intrattenuto sempre in questa speranza, ed ora di nuovo supplico a voler favorirmi un testimonio di confermazione nella generosa concessione del regalo del bacile e della collana d'oro con i quali si compiacque S. M. Cattolica nel punto della partenza palesarmi il suo reale aggradimento, e che restan depositati al regio trono di Vostra Serenità a disposizione della munificenza dell'Eccellentissimo Senato. Grazie.

RELAZIONE DI SPAGNA

DI

CARLO RUZZINI

AMBASCIATORE

A CARLO II

DALL'ANNO 1690 AL 1695.

(Tratta dall'Archivio veneto generale ai Frari).

BREVI CENNI

INTORNO A

CARLO RUZZINI.

Se la Repubblica di Venezia avesse contato, nell'ultimo secolo della sua esistenza, molti uomini colle virtù civili e politiche di Carlo Ruzzini, avrebbe forse ritardata la sua fine, o certamente resala meno ingloriosa e più degna del suo splendido passato. Figlio del procuratore Marco, ornamento pure della patrizia famiglia Ruzzini, Carlo ebbe educazione dai padri Somaschi della salute, e fino da giovinetto si occupò con indefesso amore agli studii e si dedicò al servizio della sua patria, che doveva poi onorare colle decorose ambascerie sostenute con accortezza politica e con utilità pubblica, e colle splendide magistrature esercitate con amore e dignità.

La Spagna fu la prima ad accoglierlo ambasciatore nell'età di anni 38. Nel giorno 8 luglio 1690 fu a gran maggioranza di voti eletto successore a Giovanni Pesaro, il quale tenne quell'ambasceria per tre anni dopo Sebastiano Foscarini (1). A Madrid si fermò il Ruzzini quattro anni, facendovi il più sfarzoso ingresso solenne che da tanto tempo si fosse veduto. Dopo aver sostenuto con pubblica utilità il ministero in Ispagna, andò a Vienna ove seppe stringere lega con Pietro il grande; poi fu plenipotenziario al congresso di Carlowitz; quindi nel 1710 andò oratore a

(1) Non abbiamo potuto rinvenire la relazione di Giovanni Pesaro che fu ambasciatore a Madrid per tre anni dopo Sebastiano Foscarini, e prima di Giovanni Pesaro. I dispacci da esso spediti a Venezia si conservano nell'Archivio generale dei Frari: *Senato III Secreta, filze* 126, 127, 128. Il primo ha la data di Padova, mentre era in viaggio per la Spagna, 19 aprile 1688; l'ultimo è del 6 decembre 1691.

Milano presso Filippo V re di Spagna che colà erasi recato; e nel 1703 a Costantinopoli appresso Achmet III.

Conclusa la pace col Turco, a merito principale del Ruzzini, fu egli creato Procuratore di S. Marco; e successivamente gli furono affidate le magistrature, sopra la Provision del denaro, di deputato al commercio, correttore della promissione ducale, riformatore dello Studio di Padova, savio del Consiglio, inquisitore ai governatori delle entrate, savio alle acque, ambasciatore straordinario ai congressi di Utrech e Passarowitz, e finalmente gli fu conferita la prima dignità della Repubblica, mentre contava 89 anni. Modestissimo ed occupato secondo il suo costume negli studii della politica e della letteratura, dei quali ha lasciato anche qualche saggio, dapprincipio rifiutò la corona ducale, accettò poi e fu doge solo tre anni, perchè moriva nel giorno 5 gennaio dell'anno 1735.

SERENISSIMO PRINCIPE (1).

Quando (2) già due secoli estinte quelle sanguinose fiamme, che lungamente arsero nelle viscere non men delle Spagne, che della Francia, si riunirono in ambe le monarchie tutti i membri sotto un sol capo; fu allora che cessate le guerre della necessità s'assicurarono quelle dell'ambizione. Fra le due nazioni perciò svegliossi il funesto genio della discordia, con cui si giudicò, che alternamente s'impegnassero nella grand'opera ora di confondere gli altrui, ora d'avanzar i proprii disegni; e dopo l'imperio romano, come disusato lavoro della monarchia universale, formando intanto nel loro maggiore o minor equilibrio più o meno sicuro il riposo de' principi inferiori, e dando insieme gloriosi impieghi al saggio potere dell'Augusta Patria, per promuovere con il peso delle sue forze l'uguaglianza, e fondar nella medesima non men a se stessa, che agli altri, la libertà. O sia che il Cielo volesse pagare con più che con la prodigiosa conquista de' vasti tesori e paesi di un nuovo mondo, i diluvii di tanto sangue consacrato oltre settecento anni nel combattere l'empietà maomettana trapiantata dall'Africa; o sia che li pubblici esempii dell'austriaca casa avessero meritato di conseguire oltre la esaltazione all'impero, ancora un più sublime meriggio di potenza, certo è che toccò

(1) Era doge Silvestro Valier, eletto il 25 febb. 1693. Morì a' 5 luglio 1700.

(2) Nella Biblioteca Marciana esiste un'interessantissima relazione di Carlo Ruzzini al Senato intorno alla visita che ebbe dal marchese di Villa Garzia ambasciatore spagnuolo a Venezia, prima della sua partenza per Madrid: nella quale, col pubblico consenso dei Savi, si trattarono materie politiche. Questa stupenda relazione pone in evidenza la condizione d'Europa e le aspirazioni dei varii principi in quell' epoca.

prima alla stessa estendere un ben rapido ed alto volo. È però, che nell'ardor di giungere alla più alta cima, le mancò il volo; e spezzata la gran macchina come nel mezzo della sua carriera, in meno di un secolo vide il periodo del suo incremento, e senza aver quasi niuno stato, trovò mischiati negli ultimi sforzi del crescere principii visibili del cadere, e di quella declinazione, che dopo il giro di più d'un altro, non può tuttavia trattenersi, anzi col corso dei tempi e de' casi par che giornalmente si dilati quella massa di disgrazie, sotto il cui peso sempre più patisce e si abbassa il corpo però ancor vasto della monarchia spagnuola.

Se dopo l'arti del cattolico, i tanti viaggi, le altrettante guerre, la fortuna parziale, il valore e lo spirito inquieto di Carlo V elevarono a gran misure la fabbrica; i modi diversi, ma non contrarii di Filippo II cercarono di colmarla coll'ultima grandezza, non solo per l'acquisto ereditato del Portogallo con la preziosa dipendenza delle Indie Orientali; ma per le ardite e radicali imprese di vincere l'Inghilterra, e di aver la Francia in eredità, o dipendenza con il mezzo di quelle intestine discordie. Ma con una picciola remora negò Dio il porto all'ingolfata navigazione; e se essendo concessa anco alle cose più tenui la potestà del male, permise, che un palmo di terra, un pugno di gente, anzi un uomo solo, muniti dal sito, e più dall'ostinazione, rendessero inutili poderosi eserciti, illustri capitani, le più savie massime del rigore; onde consumati dopo i primi e più affluenti tesori delle Indie, anco i gravosi imprestiti tirati dai Genovesi, dovea quel saggio, potente, ma non sin all'ultimo felice re, chiudere la memorabil vita con la pace di Vervins, prima delle svantaggiose, e principio, sebben occulto, alla sfortunata decadenza delle sue tante corone.

Questa sensibilmente, poi, e a vista di tutta Europa spiccò ne' tempi di Filippo III e IV, riusciti impotenti quegli estremi sforzi che ancora si fecero della politica e del vigore; non sortito l'arcano intento di snervar tra gli ozii la virtù militare, seminar zizzanie di religione, e batter con l'invidia il credito dell'Oranges, quando con tali oggetti si diedero le famose tregue agli Olandesi. In Francia non ben raccolti i profitti delle minorità di due re e governi di due donne; dalle fazioni civili non solo tra principi del sangue, ma nella stessa casa reale; vano l'appoggio a quella congiunta di Germania, se non a domar i movimenti della Boemia, e soggettar tutta l'Allemagna; e più vano l'altro oggetto di stringere la libertà dell'Italia con le guerre della Valtellina e di Mantova: se ben le distrazioni della Francia solo applicata contro gli Ugonotti ed Inglesi, lo facilitavano. Furono fatali le ribellioni nello stesso momento seguite del Portogallo e Catalogna; così che per accorrere agl'incendj di questa parte più vicina non si potè opportunamente girare i ripari alle rovine dell'altra; dopo finalmente un ostinato travaglio d'armi di ventiquattro anni si dovè chinar la fronte e la mano alla necessità, firmando la gravosa pace de' Pirenei, col ceder la vagheggiata gioia dell'infanta, in ricompensa della lusinga di togliere al Portogallo i fomenti non men che i soccorsi.

Fu tutto il corso del regno presente una serie non interrotta di jatture: a misura delle guerre sfortunate le paci, e tanto peggiori, quanto che portando in se stesse il veleno, furono sementi feconde e nuove, nè mai serenate turbolenze. Così da quella di Nimega con arbitrio interpretata più che con ambiguità estesa, e con forzoso consenso ratificata nella tregua di Ratisbona; le calamità universali di questa così sanguinosa guerra; se ben fiancheggiata da tant'alleanza succombe più di tutti la Spagna; fatti i di lei paesi teatro principale alle azioni e vittorie del nemico. Perciò dopo che io Carlo Ruzzini cavaliere, seguendo la obbedienza gloriosa de' pubblici comandi, passai nella corte di Madrid a sostener la figura di ambasciatore di Vostre Eccellenze, non intesi che il dolore de' mali successi, aggravati maggiormente quelli della Fiandra dagli altri più sensibili della Catalogna.

Dovea tutto questo aprir gli animi a ricever le insinuazioni della quiete; ma furono escluse dal dubbio se maggiori fossero i pericoli nella continuazione della guerra, o pur quelli nella conclusione della pace; opra che oltre le ordinarie difficoltà di tutti gli altri trattati, viene invalidata da due gran nodi; e forse ancor più dalla non totalmente remota successione delle Spagne, che dalle presenti rivoluzioni dell'Inghilterra.

Se fu sempre una minacciosa cometa ai regni la mancante

successione nella linea de' principi, può dirsi, che in niun caso si sian congiunti così torbidi aspetti, quanto nella presente contingenza per la monarchia spagnuola: la quale per la sua grandezza, per la distanza e diversità delle sue parti, non uguali nelle leggi, nei genii, nei costumi, e nei varii titoli in esse inviscerati e pretesi da varii principi, tiene da gran tempo tutta l'Europa svegliata ed inquieta: chi per partecipar delle spoglie: chi per entrar nel possesso di tutta la corona: e chi per la gelosia di quella potenza, a cui toccasse l'aggregazione di una così vasta e preziosa massa di dominj. Dopo aver girato più volte sopra l'orlo di tale decadenza, sta di nuovo posta la monarchia in faccia del suo scoglio; mentre, se Dio come per miracolo, le diede questo re per conservarla, al medesimo sin ora nega il dono della posterità per più oltre propagarla. Nascono dalle note e varie disposizioni di Filippo IV, le gravi pretese dei tre principi: imperatore, Francia e Baviera, tra' quali si agiterà, con i titoli della ragione armati da quelli migliori della forza, il destino della grande eredità, quando sia scritto nel cielo, che se n'abbia ad aprir la torbida scena. La gravità dell'oggetto, da cui pendono massime conseguenze, e la sorte di tanti stati e di più tempi, potrà forse meritar esteso ed anteriore ad ogni altro il riflesso dell'Eccellentissimo Senato; non potendo riuscir inutile, che si raccolgano in uno e si rendano più visibili quelle linee, le quali nel corso di molti anni, cercò ognuno di condurre in proprio vantaggio alla gran meta; ed insieme discernendo gli umori, genii e massime interne nel governo e nell'universale della corte di Madrid, dedurre non lievi giudizii sopra non men le presenti, che le future più importanti vicende al sistema d'Europa.

Dacchè la Francia fondò i principii del proprio ingrandimento sopra la declinazione dell'emula potenza, come lavorando in quei stessi disegni, che dalla medesima sotto Filippo II non poteron essere perfezionati, meditò sopra i modi di render unite, o almeno dipendenti dalla propria, le corone delle Spagne. I matrimonii, che tra principi rare volte son vincoli d'amicizie, ma per il più seminarii di guerre e di pretese, furono gl'instrumenti preparati alla grand'opera. Così successivamente s'introdussero nella casa di Francia le due infanti dell'austriaca: Anna e Teresa. Per conseguir l'ultima non sono lontane le memorie di quanto di forza e d'ingegno costasse alla Francia ed alla mente di Mazzarino. E se finalmente, dopo calamitose guerre nacque la pace sulle frontiere, si perdonarono le ribellioni de' principi del sangue, si disse di lasciar il Portogallo alle vendette di Castiglia, tutto fu prezzo dell'unico pegno dell'infanta, per i suoi diritti alla successione della paterna monarchia. È vero che la voce e la mano non si ritirò dalla formalità di quelle rinunzie, le quali si inventarono, dopo, che avendo la Francia, in esclusione delle sue femmine, sostenuto con le lunghe guerre contro l'Inghilterra l'osservanza della legge Salica, insegnò alla Spagna la necessità d'introdurre l'uso non avanti stillato della rinuncia; acciò in virtù di questa legge particolare si formasse l'uguaglianza, e non potessero le infanti di Castiglia ereditar la propria corona, se per legge del proprio regno n'eran pure incapaci le principesse francesi della loro. Così un trattato di matrimonio disgiunto, e poi corroborato da quello della pace, con duplicate rinuncie e dei beni patrimoniali e delle ragioni sopra la corona; con giurate ratificazioni del re francese in Tolosa, e dell'infanta alla presenza del padre, si mirò di spianar la strada sin al toccar della metà. Indi altri furono i passi che s'intrapresero; neglettosi dopo il matrimonio di rinnovar le stesse ratificazioni, e di registrar nei parlamenti di Parigi gli atti della rinunzia. Anzi per non lasciar che il tempo, o la connivenza indebolisse le conservate pretese, prima per guadagnarsi il credito di giuste, avanti che quello di felici, comparirono impresse in un libro, dove con settantaquattro ragioni impugnando varie oneste nullità della rinunzia, s'intese di sostenerle, e più furono sostenute dal filo della spada, che si portò contro la Fiandra sotto tali titoli: per quali si disse di numerar nella dote dell'infanta i molti trionfi di quella guerra.

L'età consolidata ed inoltrata del giovine re delle Spagne, obbligò bensì a seppellire, non però ad estinguere i disegni, quali con varie arti di gabinetto ed occulti raggiri si tengono vive e preparate ad uscire al lume di ogni più opportuna occasione. Istigato da' suoi privati interessi D. Giovanni sciolse con ammirazione il matrimonio già stipulato e solennizzato colla figlia del-l'imperatore arciduchessa Antonia: a ciò s'introducesse l'altra del duca d'Orleans Maria Luisa, con l'arcano che se dovesse riuscir l'unione infeconda, il genio veramente sublime di quella principessa si impegnasse o a rapir alcuna improvvisa dichiarazione in favor della casa paterna, o moderando l'antipatia naturale delle nazioni, lusingar almeno gli animi e coltivar partiti allo stesso intento. E se la morte immatura non la lasciò riuscire nel primo oggetto, non si può negare, che non abbia assai utilmente operato per il secondo. Ma perchè la sopradetta arciduchessa poi passata in moglie all'elettor di Baviera, coi patti del suo contratto antecitato, o non indebolisse le ragioni del delfino, o non migliorasse le proprie con l'espedizione sollecitata a Madrid dell'ambasciatore di Feuquiers, si fecero quelle pretese, che servirono a tener il Consiglio di Spagna, e non mal volentieri dentro le riserve e l'indifferenza, contro le massime e desiderj di Vienna.

Quelle della Francia parevano da molti e non mal presi rincontri solo disposte ad osservar le pratiche dei due rivali nella pretensione, imperatore e Baviera, opporre i loro passi se cercassero di avanzarli, e all'incontro tener immobili i proprii, guardar il silenzio, e con esso tener la Spagna confidente e sopita nel proprio ozio ed abbandono, acciò colta repentinamente dal caso, dovesse ricevere la legge, che volesse imporengli una forza potente e maggiore per esser vicina. Fu per tali ragioni che sorpresero, perchè parvero opposte alle vecchie misure, le nuove prodotte coll'ultime proposizioni di pace, che spontaneamente abbracciavano quel grave punto della successione. Si decise l'insinuazione non per una sincera offerta, ma per un ben profondo artificio e velenosa zizzania; non per esibire, sia all'Imperator sia a Baviera quello lor giovasse ricevere: mentre all'uno servivano i regni soli e nudi delle Spagne, spogli delle sue più vaste e ricche appendici, che estendon con il dominio l'autorità della monarchia in fronte di tanti principi; ed all'altro non poteva conferire l'investirsi della Fiandra sola, ora così impoverita e ristretta; quando all'intiero della corona non gli è illecito o impossibile d'aspirare; onde tutto tendeva solo ad incalmar diffidenze fra l'Imperatore e Baviera, l'Imperatore e la Spagna: scuoprendo che non inclina Cesare ad adempire il capitolato nel matrimonio col rilascio dei Paesi Bassi a Baviera, e non è intieramente disposta la corte di Madrid a pensar per la sua successione nei figli dell'Imperatore più che in altri. Come s'irritasse per tali motivi il consiglio di Spagna, ed il re stesso; quali fossero le risolutamente pubblicate risposte; come restassero confuse le allora nascenti propensioni alla pace, nella serie de' miei divoti imperfetti dispacci (1) più volte fu descritto e ponderato. Quello, che può aggiungersi è, che con la lettera vigorosa inviata a tutti i colligati, fra molte altre carte originali in testimonio di stima per il mio mezzo a Vostra Serenità comunicata, si mirò a frenar non solo i pensieri della Francia, che di Vienna, la quale, per quanto si svelò dopo la morte di Stratman, si vide invaghita ed attenta ad assicurarsi quanto prima si possa al grand'oggetto.

Qualunque però sia l'intelligenza ed interesse reciproco delle due case, mal riuscirono molte delle già prese direzioni di quella di Germania. Se si bramò di aver l'infanta Teresa, non si riuscì. Se si segnò il contratto dell'arciduchessa Antonia, si ritrattò; ed errò allora un ben importante colpo, per cui, se doveva perdersi la discendenza della Spagna, nello stesso tempo averebbe cessato anco quella dell'arciduchessa, onde sarebbe entrata nelle di lei ragioni la prole virile dell'imperatore. Convenne perciò meditar altro ripiego; e fu quando sposata la stessa arciduchessa all'elettore, dovè ella perdere con la rinunzia i proprii diritti sopra il tutto della monarchia, riservandosi solo quelli della Fiandra. Fu ed è un tal patto semente di occulte amarezze fra le due case. Spiacque a Madrid, che si arbitrasse sopra il testamento di Filippo IV; ed a Vienna, che la corte di Spagna scansasse l'approvazione di quel contratto. Fu con delicatezza agitato il negozio, e senza parlar della rinunzia, i ministri cesarei studiarono guadagnar da Madrid,

(1) Tutti i dispacci di Carlo Ruzzini si conservano nel veneto Archivio generale: *Senato III Secreto*, filze 129, 130. Il primo porta la data 28 settembre 1791, l'ultimo quella del 14 gennaio 1695.

un assenso generale a quei sponsali. Ma incontrata l'arte con l'arte, si dimandò in Spagna di veder l'estensione precisa del contratto; qual si disse poi da Vienna spedito con un espresso per mare, che mai giunse, e si pubblicò restato preda dei corsari. Così servì di conclusione il silenzio; non però d'intoppo per far abbandonar da'cesarei l'opinione di mantener per legittimo e bastantemente autorizzato quell'atto dell'arciduchessa. Anzi fu preteso di raddoppiarlo, e renderlo ancor più rispettato, quando comparì scritto nello stesso testamento lasciato dall'ultimamente defunta principessa. Con clausole estraordinarie e di misterio al principio di quelle non lunghe disposizioni professò, che per dar maggior forza e valore alla rinuncia fatta nel tempo del suo matrimonio, allora la ripeteva e confermava; aggiungendo che Dio castigherà severamente ogni uomo, o donna che sia, qual ardirà contradire, ed opponer a tal sua disposizione. Servì di molta osservazione che non distinguesse con alcuna memoria la regina madre, che nè men fu nominata, se ben in vita passavano con l'arciduchessa nipote, uscita dal suo sangue e creata dalla infanta sua figlia, secrete ed affettuose corrispondenze.

Tanto è poi lontano, che la casa di Germania non sia per efficacemente aspirare a tutta la monarchia, che nè men sarà per facilmente assentire alla smembrazione della Fiandra in favor di Baviera, quantunque sia tale l'alternativa nei riparti stipulati nel matrimonio. Non potè dissimularsi l'arcano quando si trattò l'importante consiglio di mettere al governo di quei paesi l'elettore. Ebbe l'ambasciator cesareo in Madrid ordini opposti; mentre se co'suoi memoriali non potè non approvar e sollecitare il pensiero di destinarvelo, in voce attraversò, procurando di suscitar obbietti, e dilatar quelli che dalla stessa corte erano qualificati. Che non fosse questo un passo avanzato e dispotico ad una dichiarazione maggiore per tutta la corona: che si pensasse di accostar quel principe alla Spagna, ed al modo di un pronto ed improvviso traghetto, se il destino aprisse la grande congiuntura: che non s'abilitasse lo stesso col merito di un buon servizio a guadagnar il cuore del re e l'applauso dei popoli, furon l'ombre, che mettevan in faccia il pericolo di perder tutto, quando si vorrebbe non lasciar cader nemmeno una sola parte. Più volte meco il medesimo ambasciator di Cesare s'aperse, che occorrendo bisognerebbe risarcir Baviera in alcun modo, acciò quella Baviera così necessaria alla quiete d'Europa non fosse in mano di principe poco potente, che, o non potesse difenderla, o potesse esser guadagnato da contrarii partiti, o almeno tirato nella neutralità; oltre che quel membro, se ben staccato, era di molto uso e benefizio alla Spagna, che per quel canale univa ed appoggiava i suoi interessi con quei dei principi maggiori. Anco però lo stesso gabinetto di Madrid ebbe, se ben diverse, le sue difficoltà; e più voti del Consiglio di stato furono uniformemente contrarii alla risoluzione: che la persona di un tanto principe impegnasse la riputazione a maggiori sforzi, ed a quelli che non potevan eseguirsi: che avesse lui a reggere quasi con autorità indipendente: che non sarebbe poi così facile l'escluderlo, come ora il non ammetterlo: che dopo il governo aspirerebbe al dominio sugli esempii dell'arciduca Alberto. Gl'interessi particolari di veder esclusi i soggetti della corte da un sempre grande impiego, sebben ora spinoso e non ambito, tenevano fisse le opinioni nella negativa. Tutto però in un momento, e contro le più ferme sicurezze date all'ambasciatore casareo, si mutò. Una lettera del duca che si giudicò formata in corte con sensi e pretese modeste, rimettendosi totalmente al regio arbitrio, vinse, e fece cadere il riguardo d'interessar nella difesa di quel principe il paese che vi accorrerebbe colle sue forze, giacchè lo stesso Oranges si era apertamente impegnato nel desiderarlo e promoverlo. La ruota però principale fu occultamente girata dalla regina madre, che sola, si può dire, guidò il re ad abbracciar la risoluzione contro il consiglio di tutto il suo gabinetto. Ella però reggendo con saggia dissimulazione i proprii fini, suole nell'esterno e nelle generali occasioni non isfavorir i rispetti dell'imperator fratello; ma chi da vicino mira, scuopre talvolta, che ne' casi di conseguenza non si può rinunciar al debito ed all'istinto della natura, facendosi spiccar privilegii sopra la casa di Baviera, dov'è trasfuso il sangue ed innestata la propria discendenza. Se però è solita di velar con prudenza i suoi disegni, più vi sta attenta dopo la morte dell'arciduchessa, col riflesso di quanto possan essere fallaci quelle idee che stan attaccate al leggier filo del tenero principe ultimamente nato: o sia che la regina stessa lo inspiri, o che prevalga il titolo della giustizia unito al rispetto delle paterne ordinazioni, e che vi aggiunga alcuna studiata attenzione all'elettore nell'esercitar buone forme di ossequio, il re stesso tal volta dà verso il medesimo segni di genio propenso. Tale pur suole apparire in una parte della corte, particolarmente nella sfera de' grandi, ed anco in quella de' ministri. Il partito della regina madre, che per tant'anni di governo e di beneficenze mantien gran radici, se ben non scopertamente, vi regna e vi influisce; il nome della volontà di Filippo IV stringe al rispetto ed obedienza; ed il riguardo di non soggettarsi all'ingerenza e dominio d'altra nazione concilia ragioni all'intento; se ben però non può negarsi il timore d'aver a ricadere sotto un'infausta minorità ed il governo di più teste e più passioni; quando la monarchia ha necessità di redimersi, non di seppellirsi sempre più fra disordini.

Quello però che molto più dal ministero si teme, è alcun crescente favore verso il nome francese, qual, se par che covi secretamente, non lascia anco in cert'incontro di svaporar con indizii di maggiori conseguenze nell'avvenire. L'arti dell'affabilità e beneficenza accortamente usate dalla regina defunta, la speciosa idea di rimetter la monarchia ne' suoi primi dominii, l'aspetto e le mutazioni della novità sempre plausibile, il desiderio di ritrovar riposo dopo secoli d'infelice travaglio, alcune occasioni di scontento in certe distribuzioni del presente governo; questi sono i motivi animati dal nome della giustizia, che tuttavia da non pochi si presume attaccata alle ragioni della infanta Teresa, per i quali in certa parte viene ammollito il vigore della stessa antipatia, che fondò la natura per argine tra le due nazioni a più sicuramente dividerle. Perciò più di una volta si suscitarono in Madrid, e forse istigate, voci universali, che volevan dir intavolate le offerte di dar alla Spagna un secondogenito del delfino, ma solo e spogliato d'ogni autorità della corte paterna, per esser educato fra i costumi della Spagna; promettendosi in ricompensa larghe restituzioni di ciò che in varii tempi di guerra fu rapito alla corona, ed alcune speranze di restituir alla soggezione i più vicini ribelli, e lusinghe ai grandi di conservarli al possesso non men dei loro privilegi, che della loro abusiva autorità. È veramente da confessarsi che generalmente non si disamava d'accoglier il discorso, entrar nell'esame d'affar tanto grave e delicato, pesar le ragioni, e non condannar quelle stesse della corona più potente e più nemica. Faceva come figura di maggior obbietto il dubbio che non si avessero a puntualmente conservar le promesse se si mutasse l'interesse. Tal gelosia però veniva quasi affidata dal riflesso che l'amor invincibile del mio e tuo, la positura dei Stati confinanti, e per necessità discordi, obbligherebbe a sottrarsi dalle soggezioni, e pensar all'onor della propria corona quel principe, che se ben derivato da sangue francese, non potrebbe sposar altri affetti che quelli di se stesso, e della monarchia in cui si trovasse innestato. Non è perciò totalmente fuor del possibile, che al nascer della congiuntura potessero l'esterne impressioni della forza restar animate maggiormente da alcune interne opinioni dell'universale, il qual sempre nel torbido di tali emergenze suol tener assai di potere per rapir al pubblico arbitrio l'esito degli affari; tanto più se non fosse così pronto e preparato il modo d'imbrigliar i movimenti, per contener i molti, ubbidienti ai consigli dei pochi.

Hanno però nello stesso tempo, e tra tutte le circostanze contrarie il suo dovuto credito e riflesso anco le ragioni della casa d'Austria di Germania, sebben dopo le ultime direzioni della regina madre non è come prima tanto vigoroso il di lei partito. Per batter però l'uno e l'altro de' competitori all'ascesa del gran trono s'insinua che con la Francia v'abbian ad esser sempre coperti e non conosciuti pericoli. Quell'assunto rigoroso de' diritti inalienabili, poter in ogni tempo far reviver controversie, opponendo quella stessa rinuncia, che i Francesi stessi fossero per fare in favor del secondo, ed a pregiudizio del primogenito del delfino. Chi poi vuole la salute della monarchia sostenta che si debba mirar in due oggetti: che il nuovo principe aggiunga con le sue robustezze alle forze della corona, e che la medesima senza smembrazione di alcuno de' suoi dominii, intiera e con la stessa figura si conservi, acciò possa, come fu sempre cura sua, facendo argine alla maggior potenza, custodir il necessario equilibrio d'Europa. Ma come servirebbe al primo fine la non poderosa se ben rifiutata casa di Baviera; e come si provvederebbe al secondo senza levar dalla famiglia imperiale il ramo al nuovo innesto, mentre Cesare non permetterebbe, se non in benefizio de' suoi figli, che restasse alla Spagna il prezioso Stato di Milano; sendo da Carlo V concesso alla sola linea mascolina di Filippo II, e perciò a lui devoluto in estinzione della stessa? Nel mezzo di così varie ispezioni il ministro tanto più s'interna nel meditar il gran caso, quanto che non vorrebbe lasciar alla sola decisione degli accidenti una somma contingenza della pubblica e privata fortuna. Perciò si crede di vincere un primo punto nella volontà del re, sgombrando quel giusto e natural orrore, che primo avea in fissarsi nel funesto di tale materia. Sempre dunque che occorre in particolari giunte avanti lui stesso, si propone e consiglia il grave dubbio, raddolcendolo col dire, che niuno può essere degno d'idear ripieghi sopra tanto pensiero, se non Sua Maestà medesima, sempre che l'amore de'suoi vassalli sia per eccitarlo alla previsione. Quando poi da questi preliminari vogliasi entrar nel più stretto del nodo, può dirsi che ancora non sian determinati i pareri; come si conclude per il peggiore partito, quello di lasciarsi sopraffare dalla fatalità del successo; così qual possa esser il tempo migliore a prevenire varie ragioni tengon pendente da diverse misure il giudizio. Prevale intanto il ripiego naturale alle cose difficili, che è il differire per non amareggiar troppo presto il re con le ultime risoluzioni; per evitare l'occasione di disgusto a quelli degli amici, che non restassero interamente preferiti; e forse meglio per dar al giovine principe di Baviera il tempo di alcuna maggior età, che poi lo abilitasse agli espedienti di fatto, da'quali si rendesse più impegnato ed accreditato il di lui diritto.

Quello che intanto si studia è di aprir gli occhi a tutti i principi per far loro interesse comune il particolare delle Spagne, mettendo in prospetto l'unione delle due corone con lo sbilancio d'Europa. Più volte si tentò di scuoter il Portogallo, e tirarlo in concerti; ma geloso d'irritar il potente, custodisce la neutralità, solo promettendo di tenerla sufficientemente armata. Si fonderan sempre le più forti speranze sopra le potenze dell'Inghilterra ed Olanda, quantunque lontane; credendo non solo che importi alla grandezza, ma alla salute di quelle nazioni, ed alla libertà del loro commercio il difendere ancor più della Fiandra, tanti porti delle Spagne, e maggiormente quello di Cadice e Chiaves, ponti ai traffici di due mondi. È certo ancora, che si mira nella Serenissima Repubblica, e nell'appoggio della prudenza ammirata di quest' Augusto Senato, confidandosi, che per le sue antiche massime, per l' interesse così inviscerato, o sia per il mare, o per la terra con i Stati della monarchia in questa provincia, possa e debba ella tener l' occhio vigilante sopra tanta congiuntura. Perciò dai stessi primarii ministri, quello di Vostre Eccellenze, ebbe testimonii di stima e confidenza con discorsi e ponderazioni non riservate nel più interno di così delicato oggetto; ed io nel contenermi dentro caute misure, cercai di non chiuder la strada ai lumi in affare sempre più grande; che non poteva esser girato per tutt' i suoi individuali riflessi senza il tedio di tale esposizione.

Fra tali fluttuazioni porta avanzato nel 24.mo anno della sua età senza gli appoggi del dominio le non ben ferme corone di più regni Carlo II; una taglia mediocre, dritta e sottile, con faccia e naso ch'eccede nel lungo, occhi grandi e vivi, labbri grossi e particolarmente l'inferiore molto avanzato e sovrapposto all'altro, colore delicato e bianco, capelli biondi e distesi, ed ora ridotti quasi alla calvizie, sono le parti, che gia ritratte dispensan da maggiore diligenza di ritoccarle. All'esterna tessitura del corpo corrisponde l'interno temperamento da non numerarsi tra li più vigorosi, nè men però fra i più fiacchi; nè poteva darsi maggiore da un padre così vecchio e non sano. Le sue indisposizioni nascon particolarmente da alcuna debolezza di stomaco, che facilmente si aggrava, non potendo così bene operare nella digestione de' cibi per esser questi ricevuti non in molta copia; ma con molta celerità ed imperfezione nel mangiarli, o sia per natural uso, o per alcun impedimento nella troppa estensione della parte inferiore della bocca. Dopo tanti anni di duplicati infecondi matrimonii, non lo benedice Dio con la grazia tanto sospirata della posterità; se ne vuole attribuire la causa ad un calore troppo fervido, fluido e pronto, qual confidandosi dagli anni temperato e ridotto a più densa virtù, non isterilisce le speranze, che ancora possa maturarsi, se ben tardo, il prezioso frutto. Risplende con rara perfezione nel di lui animo la viva gioia della pietà, onde con una incontaminata coscienza regge le azioni della vita, e le adorna con la corona di più virtù. Hanno il suo molto prezzo anco le prerogative della mente; e sebbene con educazione tra femmine e favoriti, ministri più di tenebre che di lume, neglesse la coltura, ora il maneggio assunto del governo sempre meglio lo educa, rendendo vivi ed attivi i semi prima sepolti ed oziosi. L'applicazione che per più ore del giorno dona al dispaccio, ripassando le consulte de'consigli, va moderando il primo genio, portato al riposo, ed alieno dal travaglio di stringere il peso dello scettro. Con molto lucido suol comprendere anco il difficile degli affari. Suol godere felicità di memoria superiore alla comune; conoscer e sospettar anco con eccedente sagacità; distinguer la abilità e le passioni de'cortigiani e ministri; dissimulare gli affetti, e cuoprir il dolore, per altro acuto che prova per le disgrazie della monarchia. Ama i suoi vassalli; abbonda nello stimare i grandi, e i loro consigli. Inclina alla clemenza, alla generosità, alla beneficenza.

Alcune però di queste doti tengon, per dir così, nelle loro radici un tarlo, che non lascia crescerle sin al grado perfetto; e ciò è una naturale sconfidenza, perplessità ed irresoluzione per la quale spesso si volge a contrarii sentimenti, formandosi intoppo di ogni riflesso; onde per desiderio di trovar il meglio oltrapassa il bene, con l'incontrar talvolta nel peggio. Indi nasce che il di lui genio venga detto un enigma da non spiegarsi che con paradossi, ed una discolpa, o pretesto ai ministri, che sogliono dolersi di non esser sostenuti, professando per altro che vi sarebbero petti di ferro, se vi fosse un muro di bronzo, dove appoggiarsi. Ma se una vita nodrita fra sì lunghi sfortunati successi; una esperienza del mal servizio reso di tanti ministri, uno studio de'medesimi di tenerlo ingolfato fra notizie mal sicure di varii e non uniformi principii, con la mira poi di chiuder tutte le strade per le quali potesse entrare e svelarsi la verità, hanno introdotto nel regio cuore il sospetto e la diffidenza; non è per questo da disperarsi, che il maggior uso portando frequenti disinganni, non abbia a purgar il lume de' vapori e rendere, come molti lo sperano, la regia mente, come è capace per conoscere, così ferma e risoluta per intraprendere. Gusta della caccia, della musica, della pittura quasi più per dirsi erede anco degli esercizii e modi paterni, de' quali cerca d'essere imitatore, più tosto che per forza della propria inclinazione. Rare volte fissa in alcun oggetto, forse a causa di certo inquieto andamento dello spirito, che si travede e si accompagna anco in quello del corpo quasi sempre in moto sollecito. Esattissimo però senza interruzione nel culto sacro delle chiese, come instrutto ed avvertito sopra ogni altro cerimoniale. È familiare il suo tratto con i domestici; la confidenza maggiore però si dona a' soggetti ordinarii, nè vede volontieri la presenza d'estraordinarii talenti, da' quali scaturisce quella misura di soggezione, che non gli piace. Ama con tenerezza le mogli, ed ama con passione anco la presente.

Marianna, una delle molte e felici principesse della casa palatina, ornando il trono, occupa il fianco ed il cuore del regnante. L'aria composta di soave maestà, e il portamento grave, uno straordinario candore animato dal biondo de' capelli, la circondano con le migliori grazie della venustà. Era però anco più vivo il suo fiore quando passò agli sponsali; nè è da stupirsi, se prima che s'avesse a portar il legame delle indispensabili e strette formalità spagnuole, debba patir un genio nodrito tra le permesse libertà delle estere corti. O sia per questo, o per altro principio, talvolta si trova oppressa da violenti attacchi di quasi improvvisi accidenti, che se ben furono giudicati di peggior qualità, ora si credon prodotti da una straordinaria forza d'affezioni muliebri aggravate dal peso di una naturale melanconia. Non si vuole però che sia colpa di tale sua causa lo impedimento della fecondità della quale ultimamente un pubblicato aborto cercò di accreditarne le speranze; ma le opinioni restaron divise nel crederlo, perchè potevan esservi ragioni di mistero anco per supporlo. Le sue maniere, se fossero men sostenute, sarebbero anco più applaudite; temono ch' ella s' attenga ai consigli della baronessa Berlips dama d' onore seco passata dall' Alemagna, e di don Enrico Visser suo segretario pur tedesco. Per questi indiretti mezzi sta aperta una nuova non real strada ai negozii, nella quale talvolta si introduce con il merito la giustizia, e spesso con lo interesse il favore. Suole perciò la regina farsi ministra del buon esito degli affari, e bene spesso li vince, addestrandosi a prudentemente cogliere in tempo i momenti d'insistere e rapire i regii assensi. E perchè non restino ecclissati gl'influssi della propria autorità da quella che piena suol comparir ne' privati, quanto può, impedisce che si occupi il nicchio vacante. Per la stessa gelosia d'ascendente non conserva sempre la miglior armonia di corrispondenza con la regina madre. Un corso di lunghi anni fra gli esercizii di tutte quelle virtù, che convengono ad ogni situazione di fortuna, ampiamente ha esteso ed illustrato nel mondo la fama di questa real principessa. Immobile fra le disgrazie, moderata fra le grandezze, costante nelle protezioni, fervida nella pietà, generosa nella beneficenza, memore de' servizii, immemore delle offese, parendo ora, che più cerchi di favorir quelli stessi, che più macchinarono nelle sue passate rivoluzioni. Verso il figlio si regge con prudenza e misura; e non perdendo il possesso d' un'affettuosa stima, se ben staccata dal governo, con occulta efficacia sa quando vuole influirvi, e scansando di poner il credito del Consiglio nelle ordinarie occorrenze, lo riserva con profitto a quelle di momento maggiore.

Non è ornata da gran numero di principi, nè direttamente, nè trasversalmente la corte cattolica. Ella è ben popolafa da una copiosa serie, e più che da un' aristocrazia de'ministri, i quali si uniscono a consigliare il governo della dilatata monarchia. La mente di Filippo II organizzò un tal metodo, pretendendo metter insieme le perfezioni di due diversi dominii, accompagnando il maturo consiglio dell' uno alla pronta, sommaria e scorretta volontà dell'altro; mentre passate fra gli esami di tanti soggetti le materie, dovrebbero produrre purgatissimi voti; e questi riveduti nella sola conferenza del re col segretario del dispaccio, dovrebbero terminarsi nel più occulto ed espedito delle deliberazioni. Ma, o che per il più degenerino da' suoi principii gl'istituti, o che nella limitata umanità non possa darsi bene senza mistura del suo contrario; in mezzo del presente vi nasce la sua corruzione, mentre fra tante mani spesso inviluppandosi, non sciogliendosi gli affari, patisce sopra tutto l'esecuzione sempre lenta, consumandosi il migliore fra le contese e prolissità delle consulte. Non è però che non sia di molta utilità, per reggere stati lontani separati e diversi l'aver ne' Consigli che ad essi sopraintendono, soggetti estratti dalli stessi paesi, i quali con certe e particolari notizie de' medesimi s'intese che dovessero meglio informare, render più aggradite le risoluzioni ai vassalli col mostrarle digerite fra quelli che vi sono interessati e compagni; e con il confronto delle loro relazioni e vicine aperture a' reclami, tener li stessi ministri spagnuoli, quando passan ai forestieri governi, in alcun moderato contegno; e così ancor più sarebbe se la consuetudine e l'ingegno non avessero scoperto strade di sorpassar senza pericolo da queste barriere nel più aperto dell' autorità ed arbitrio.

Già note le incombenze e giurisdizioni, basterà rassegnar i soli nomi de' tanti Consigli: del reale di Castiglia, dell'inquisizione, della azienda, della guerra, della crociata, degli ordini militari, d'Aragona, di Fiandra, d'Italia e delle Indie. Quello però che si può dir quasi il primo mobile di tutti gli altri è il Consiglio di Stato; e di questo è sempre obbligato ed utile lo squittinio per distinguer nei soggetti, che lo formano, le abilità, i genii e le massime, coi quali misurano e gl'interessi particolari della corona e gli universali dei principi. Sta in esso da qualche anno vacua la principale e superior mansione, mancandovi la figura di un privato, o primo ministro che l'occupi; ed è insolita la vacanza nella monarchia di Spagna, che più lungamente delle altre, dovè in questo secolo esser retta dagli arbitrii sempre pesanti di più favoriti. Fu l'ultimo il conte di Oropesa, quantunque fosse senza i titoli esteriori, che lo definissero per tale, negando egli di vestirli per maggiormente custodire la sua fortuna. Ma battuto dalla regina madre, che lo ebbe per diffidente; dalla regina che non scordò l'esclusione da lui data a'di lei sponsali; dal confessore per l'impegno preso non men da esso, che da'suoi precessori, d'obbligar il re per coscienza a reggere, ed a non esser più retto; dalla languidezza nel preparar espedienti al vigoroso maneggio di questa guerra, non potè tra tanti impulsi maggiormente fermarsi nel posto invidiato; fu perciò comandato di ritirarsi e dagl' impieghi, e dalla corte, mentre l'ampiezza delle sue studiate notizie non intieramente illustrata dai lumi più chiari dell' esperienza, fece che non sempre sapesse ben discendere dall' alto conoscimento delle cose universali a por piedi sopra il fondo sicuro della pratica. Conservando la proprietà della presidenza d' Italia, vive ora in un luogo di alcune leghe distante da Madrid; onde mancato l' incontro di trattarlo, non ebbi luogo di più esattamente conoscerlo. — Quelle stesse cause che mossero la decadenza di questo ministro, attraversano l'elevazione di ogni altro; e particolarmente il confessore scopertamente vi travaglia col torcer e vincer la regia coscenza fra i stessi suoi scrupoli. Per il buon desiderio di non errare, e per la confidenza di non esser debitore a Dio di quegli errori, che passassero per le altrui mani, fu solito il re di volentieri depositar nelle stesse la forza del scettro e del comando; ma prima il padre Relox, poi il presente confessore si posero nell'impresa di piegar la coscienza ad un' opposta gelosia, assicurando ch' era meglio entrar anco con errori nel governo, purchè s' avvezzasse al medesimo, in cui i regi e non altri son gli assegnati da Dio per regger il mondo, e custodirvi i vassalli. Crescendo poi gli eccitamenti con lodi d' un talento capace di dar gran frutti dopo la coltura, si può in ora far rivivere quella risoluzione, con la quale si pretese rimover non solo il ministro, ma la figura di quel ministero.

È però vero che non potendo senza il particolare e distinto appoggio di alcuno, governarsi il peso di vaste incombenze, stava rivolta la regia confidenza verso il duca di Montalto; ma perchè non è tuttavia radicato il suo credito, e cercando gli emuli di contenderlo, bene spesso occorse, che il re non fidandosi interamente al suo voto, sopra di esso va innestando quello degli altri, col far passar le materie da mano a mano, e sotto lo scandaglio di moltiplici informazioni. La rivoluzione d' un tal corso non lascia d'intorbidar gli affari, corrompendoli con la tardanza, e con un' imperfetta esecuzione: non trovandosi chi dopo aver formato la massima abbia debito d' incalorirla e sostentarla come propria. Il disordine perciò sforzò più volte a seriamente maturar una nuova pianta, e si ponderò se fosse migliore l' istituzione d' una giunta, o una nuova erezione di primo ministro. Il re si sarebbe anco piegato di ricader sotto l' ascendente dell' ultimo, dichiarando per tale il duca di Montalto, se la regina regnante non avesse escluso con sommo vigore il suo nome. Nasce l' obietto dalla di lui superiorità, mentre per entrar nella regia grazia non vuole o non crede conferente accomodarsi di passar per i mezzi indiretti, ma necessarii, della Berlips e di Visser. Contegno, che se gli acquista l' applauso universale, gli fa perder il particolare e più efficace. Par ancora ch' egli nemmeno sia ingolfato nei desiderii d' ambire l' eminenza del grado, vedendo nella carriera mal terminata degli altri, gli avvisi della propria cautela. L'animo regio non lungamente costante, le insidie consuete che circondano il posto, sono incontri pei quali finalmente ognuno dopo non largo giro è forzato cadere dal suo emisfero; e perdendo non solo il lume straordinario, ma anco il naturale col lasciar tutti gl' impieghi, esiliarsi dalla corte, ed ecclissarsi nell' oscuro di vita privata ed oziosa.

Ha il duca disinteresse, giustizia e zelo per il regio servizio; un genio dedicato sempre allo studio, lettura ed osservazione di copiose memorie lasciate dal padre cardinale lo rende bastantemente instrutto nelle materie politiche, quantunque da pochi anni si trovi aggiunto al Consiglio di Stato, mentre prima era senza occupazioni o con quelle sole militari tra le guerre di Fiandra. Cerca il pregio di un giudizio più maturo che vivo. Pesa e non si affretta a stabilir i suoi voti; li accompagna con sodezza e nobiltà di sensi. Non si toglie all' applicazione ed alla fatica; anzi dà a lunghe vigilie il maggior numero delle ore destinate alla quiete. Ha soavità nel tratto e cortesia nelle maniere, usate l' una e l'altra sempre con il ministro di Vostre Eccellenze, che trovò la sua opinione propensa in ogni caso dei pubblici affari. Per le memorie del padre che antecedentemente fu maggiordomo della regina madre, vien creduto come dipendente della stessa, e portato a favorire la casa di Baviera. Le sue più vicine emulazioni per la ragione delle incombenze unite nell'impiego di tenente generale del re, girano tra il contestabile e l' almirante di Castiglia.

Il contestabile, che o mai volse, o da principio non potè alzarsi al rischio della privanza, continua nel suo solito impegno di batter quelli, che vi si incamminano o vi son giunti. È sempre gagliarda e pericolosa la sua opposizione; perchè quantunque sia talvolta efficace nelle parzialità, son peso di maggior forza ed attività le sue avversioni: riuscendo peggiore per inimico, che buono per amico. L'esperienza di lunghi anni e d' alcuni impieghi se ben già molto tempo sostenuti, dà con giustizia a' suoi consigli il credito di profondi e maturi; e sarebbero anco più ricercati e preferiti se attendesse a farli valere, dandosi più volentieri all'occupazione. Il suo posto di maggiordomo maggiore lo avvicina al re, che lo stima e favorisce, se ben non ama il di lui contegno, il qual però trovandosi alla regia presenza, cerca egli di rallentare. Eccede con gli altri nella gravità e nel serio, come nel sobrio e castigato de' suoi discorsi; se ben quando vuole, sa anco raddolcirli con modi di affabilità, tanto più obbliganti, quanto più rari. Posso dire di aver goduto di tale distinzione con profitto di vari negozii, e specialmente di quelli che passaron per la sua direzione; mostrando pur lui di venerare i gloriosi meriti della patria e di questo Eccellentissimo Senato.

L' elevazione del suo spirito e de' suoi disegni porta l'almirante a cercare tutti gli aditi del favore; nè un'antica amicizia col duca di Montalto esclude che con arti occulte e scoperte non si gareggi nel merito del servire, e nel confronto delle opinioni. Stan veramente collocati in questo ministro molti privilegii della natura: veloce nel comprendere e vivace nel penetrare; pronto nel discorso, e non meno nel consiglio acuto e quasi sottile, secreto, e vario negli oggetti; sagace nella direzione; non disattento alle convenienze. Sa accomodar gl' impegni alle congiunture, anco quando mutano; e si serve di maniere profuse nella cortesia, per colorire ed allettare. Come gode la stima, or si ritira dal partito della regina. Brama la privanza; e dopo averlo molto ambito con varii rigiri, ultimamente ascese al decoroso grado di cavallerizzo maggiore. Ha bastanti lumi d' esperienza; ed il governo di Milano particolarmente lo istruisce negli affari d'Italia. Della Serenissima Repubblica parla con somma lode, professando obbligata memoria agli onori resigli in questa dominante. Io lo ebbi per commissario; e perciò ebbi luogo di esattamente trattarlo e conoscerlo ben disposto in quanto mi s' offerse di pubblico e di privato.

A questi tre più adoperati ministri vi si accompagnano due altri: il cardinale ed il signor di Mansera, quando avanti il re si forma una giunta particolare, in cui con maggior riserva sogliono discutersi le più gravi materie, e specialmente quella della pace e della successione.

Il cardinale Portocarrero arcivescovo di Toledo, per i titoli dell' una e dell' altra dignità resta prescelto non men che per il zelo disappassionato delle proprie intenzioni. Nell'amministrazione della propria opulentissima chiesa esercita una eccellentissima puntualità, profuso nell'elemosina, e lodato in tutti gli esercizi, che toccano all'integrità della cura episcopale. Portò l' avvisata forte rimostranza al re. Essa però può dirsi non parto naturale del suo consiglio, ma suggesto dell' interesse di quelli che con mano innocente e rispettata volsero drizzar il colpo sin ora riuscito inefficace.

Mansera è vecchio ed istrutto negl' impieghi interni della corte, dopo aversi adoperato in molti di fuori. È signore ornato dalla nobiltà di molte doti; di soavissima conversazione, di erudito ed eloquente discorso, di massime pesate, che alcuni vogliono dirle troppo caute e poco risolute. È maggiordomo maggiore della regina madre; ed anco per quest'importante circostanza è egli conscio dell' occulto del governo. Rammemora l'ambasciata già occupata appresso Vostra Serenità, e non nega al pubblico nome que' tributi che se gli devono.*

Il conte di Monterey, dopo molt'anni che lo meritava conseguì solo ultimamente, con promozione però distinta del solo suo nome, il Consiglio di Stato. Le vecchie memorie de'suoi impegni contro la regina madre, non men che la gelosia presa da' favoriti del di lui ascendente, servirono a tenerlo fuor di sfera e mal situato nella real opinione. Ancor giovine seppe condur con applauso il governo della Fiandra, ed in occorrenze di guerra, onde sarebbe riuscito con lode negli ufficii militari, se li avesse continuati; come continuando ne' politici, si renderà sempre più delli stessi capace; unito all'applicazione il disinteresse, ed una esattezza nell' economia delle sue cose domestiche non solo, ma delle pubbliche, che gli vengono raccomandate. Ha nel fondo sensi di esattezza, che però non si incaloriscono, se non quando si affacciamo occasioni di competere e sostenersi; per altro usa modi familiari e soavi con nobiltà di tratto, e aria propria di ministro e d' un figlio di D. Luigi D'Haro. — È il marchese di Villafranca d'una rettitudine singolare d'animo e di mente. Misura rigorosamente le sue opinioni, e dalle stesse poi non è facile che s' allontani. Neglige gli applausi ed i partiti, passando sopra d'ogn' uno quando crede interessato il servizio del re e del giusto. Giova che immori con più riflessi ne' negozii, acciò ne conosca tutta la loro faccia. D'ingegno per'altro più savio che aperto e veloce. Lo trattai molto come presidente dell' Italia nell' affare de' privilegi di Napoli; e dopo alcuna fatica, mi sortì di lasciarlo persuaso, inclinato e promotore dell' ordine favorevole, che s' accordò, contro il pregiudizio di tanti anni.

Altrettanto è pronto ed acuto il conte d' Aghilar. Come furono le sue esperienze nel mare, così nelle cose di stato non ha tuttavia il suo voto il maggior peso del credito, quantunque vi sia quello dell' ingegno e di spiritosi riflessi. È uomo di buona milizia; non difficile nè molto riservato nelle conversazioni. Non si riserva dal pubblicar la sua dipendenza dalla regina madre, che sempre con protezione riconobbe i di lui aperti impegni per essa, quando bollivano quei torbidi. Professa con voci sincere grande stima della pubblica prudenza, dicendo che non dissentirebbe di chiamarla per giudice delle più gravi difficoltà della corona. Io lo conobbi anco superiore al proprio interesse, concorrendo nel rilascio del vascello S. Giuseppe, che a lui apparteneva, perchè da esso fermato, quando comandava alla regia armata.

Si credeva che fosse vicino a farsi superiore appunto al proprio interesse il marchese de los Barbares, lasciando la cura degli opulentissimi frutti di una felice economia, per seguir nuova vocazione col ridursi a vita ritirata ed ecclesiastica. Se ben maggiordomo maggiore della regina regnante non godeva il privilegio della di lei grazia, perduta per avér forse apprezzato più della stessa, la riserva del denaro. La qualità di forastiero, la continua ingerenza nel traffico da' Spagnuoli giudicata per non totalmente decente alla nobiltà, ed alcune straordinarie difficoltà nell'esprimersi, gli scemavan quel credito che se gli deve per esperienza di più legazioni. Se ben situati fuor del Consiglio di Stato partecipano non solo; ma efficacemente influiscono nel medesimo i due gran posti di Segretario del dispaccio universale, e del confessore, per esser essi sempre vicini all'orecchio e cuore del Sovrano. È il primo don Alfonso Carnero recentemente promosso, occupando, per quanto lo concedono i principii, l'ufficio con approvazione. Ha sufficienti notizie dell'interno, non men che esterno della monarchia, abilitato da vari impieghi che esercitò. L'ingegno ha lucido e vivace, la risoluzione mediocre, l'applicazione bastante, come la può permettere qualche genio al comodo ed un temperamento non tutto robusto. È delicato nell'apprensione e amante della stima; parti che chiaman negli altri quelle della desterità nel trattarlo e blandirlo. E ciò pure contribuì alla sua improvvisa ed immatura deposizione ultimamente partecipata.

Da molt'anni sa il padre Mariglia Domenicano, a differenza di tutti i suoi precessori, che poco l'occuparono, durar nel possesso del confessionario importante, perchè spesso comunica con lo stesso gabinetto. Naviga egli sin ora felicemente, avendo l'arte di variar le vele a proporzione del vento. Prima ostentatore di rigida indifferenza fra i partiti, col suo zelo di tener il fianco del re libero dall'ombra dei favoriti; ora strettamente unito alle fazioni ed interessi della regina, e'par che ne sia reciproco il benefizio: mentre se per coscienza induce il re a compiacere la moglie, questa poi gli serve di scudo forte contro l'inimicizia aperta del duca di Montalto. Tutte le materie ecclesiastiche, non poche delle stesse politiche, si devolvono al suo voto; e nell'animo sempre pio del regnante, non possono se non assai imprimersi le ragioni anco solamente vestite con le delicate apparenze di religione. L'uomo però non è d'elevata intelligenza, ma di comune talento, avvantaggiato con i bassi modi d'alcun'astuzia, che gli servono, affettando la maschera di modestia e di contegno, quando con tutto lo studio cerca d'entrare e dilatarsi nell'autorità.

Tale è la sfera ed attività de' più adoperati ministri; ma può anco aggiungersi, che universalmente il genio naturale della nazione arricchito di savia vivezza ed acume manterrebbe la stessa nell'antico onore di produr sopra tutte uomini perfezionati nella ragione di stato, ed arti di governo; se ne' tempi presenti vi si accompagnasse una maggior curiosità, applicazione ed esperienza degli affari de' principi. Vi dura però ancora la superbia degl'ingegni, nata non solo dal temperamento, che derivata dal vecchio predominio della monarchia; e da questo principio suol bene spesso sortire la confidenza di alcuni supposti, coi quali figurando a propria soddisfazione i casi, si corrompe il buon senso e la direzione delle massime migliori, se gli animi più si purgassero dagli affetti privati; ma l'emulazione e l'interesse han preso così forti radici, che dove altre volte fu detto la concordia ed il zelo della regia grandezza essere stato il primo istrumento delle prosperità alla monarchia; ora è da confessarsi che si provino effetti molto opposti da un fervore totalmente contrario al passato. Se ben un tal difetto riesce tanto più grave quanto che giunge ad agitare sin le prime sedi del governo; non è per questo che si debba assegnarlo per la prima radice de' mali abituati nella monarchia. Di questo peso riesce oscuro indagare la prima causa mentre, non è se non una massa molteplice ed inviluppata di vari principii quella, che da lungo tempo opprime il vigore di sì gran corpo. Anzi per esser tale egli è più sottoposto alla crisi ed alla fatica di portar lo stesso suo peso; perchè se membri tanto staccati e diversi formano la sua grandezza, viene per la stessa ragione ad unirsi un misto di dominio ampio e ristretto insieme, con le necessarie imperfezioni dell' uno e dell' altro; se per l' ampiezza del tutto facilmente entrano i mali interni, contro il moderato delle sue parti: per l' impedimento di una pronta vicendevole comunicazione, fan forza gli esterni.

Il peggiore tuttavia può dirsi che consista nell'essere i regni particolarmente delle Spagne, dove ne sta il centro ed il cuore, così illanguiditi, che devono risentirsi e patir anco tutte le vaste appendici de' medesimi. Opra più che difficile sarebbe il dar lume e serie ordinata al denso di gran confusione per cavar l' imagine di qual si sia, un disordine tessuto di tante cause che si produssero e tuttavia si propagano l' una dall'altra. Si vuole però, che siano tra le prime e radicali, la mancanza della popolazione, di commercio e di moneta; tutte emanate in parte dalla necessità, ed in parte forse maggiore dagli arbitrii di mal'intesi consigli; che in vece di fecondar impoverirono il numero de' popoli, sradicarono il negozio in luogo d' accrescerlo, e spogliarono i regni della sua ricchezza con una falsa regolazione di monete e di quella specialmente del viglion nel 1680 (1). Ora essendo impossibile di ripetere un tesoro di venticinque milioni uscito per quella strada; oltre l' altro consumato per condur grani a pascer le penurie dell' Andalusia; con universali querele contandosi i gradi della decadenza si

(1) Questa moneta falsa avea corso forzoso, sotto pena di multe. Vedi il dispaccio del marchese di Villars 4 aprile 1680, nell'Archivio del ministero degli affari esteri a Parigi.

asserisce, che in meno di un secolo delle quattro porzioni, tre ne' sian perse e scemate nei popoli e nelle rendite.

Ma se questi son i primi sostegni della potenza, cavandosi dall' uno gli eserciti e dall' altro i tributi, non può essere incerto il conoscimento di qual sia nella corona il posto delle forze ed il nervo del denaro; o perchè giovi al lavoro delle fraudi l'oscurità; o perchè l' oscurità serva alla riputazione, riaprendo l' imagine incadaverita della reale azienda; non sapendosi quasi nemmen da chi la tratta, il suo vero fondo, si lascia viver il concetto che a venti milioni ed a più arrivino le contribuzioni, che da tanti stati e vassalli si danno, o si devono all' erario. Non sarà sottoposto a grand' inganno il considerarvi presentemente un non tenue degrado da quelle somme; mentre fra accreditati registri, formati sin ne' primi anni in questo secolo, vi si trova la stessa stima, unita però alla confessione, che la maggior parte de' capitali fosse sin da allora già disposta ed impegnata. Ciò però che distingue lo stato di quello da questo tempo è, che non ostante le detrazioni del regio patrimonio compariva allora armata e temuta la monarchia, volendo supplir all' angustia de' mezzi l' autorità di non soddisfar quanto si diceva; dove al presente nè si può servir al credito con la prontezza degli esborsi, nè alla potenza cogli apparati e colle forze. A pagar tutt' i juri, o sian pro non basterebbono nemmen tutti gli otto milioni, che dan le due sole Castiglie; non ricavandosi dalla corona di Aragona, che pochi soccorsi di milizie; disobbligata essendo da maggiori aggravii per l'ampiezza de' suoi privilegii. Se ben le riduzioni che si fecero in più tempi levarono agl' interessati la metà, poi anco una terza parte del residuo dei loro crediti; ad ogni modo la necessità dell' espediente ha servito più a caricar di molti danni gli esteri e maggiormente i sudditi, che a portar respiro alla monarchia. Ora una considerabil parte delle regie entrate donata, mal venduta ed autorevolmente usurpata, si può dir che il Consiglio stesso d' Azienda, nel tempo stesso di governarla e raccoglierla, la distrugga e disperda; e ciò non tanto per obbligo di nutrire una massa numerosa ed avida di ministri, quanto per le connivenze, o collusioni con le quali a questi stessi non riesce inutile il coprire gl' inganni di chi tiene e in amministrazione, e in appalto i pubblici capitali.

Quello poi che dopo tanti giri e diversioni può giunger al centro dell'erario, non suol essere risparmiato agli usi maggiori; anzi sparso nei superflui. E pur se non vi è più nobil difetto in un principe della liberalità, non ve n'è nemmeno di più pericoloso, quando una mano misurata non la regola; mentre mai saziandosi i desiderii privati, presto i bisogni pubblici sentono l'esaustezza. Son le mercedi quel male antico, che se ben conosciuto e detestato, non può trovar il rimedio. L'interesse non manca d' ingegno per cercar più nomi, e varii modi, o sia per meritar o cattivar le regie beneficenze, o sia per deluder le riforme, che tanto spesso si trasgrediscono, come si pubblicano. Quando il mare restituisce alla fonti dei fiumi quelle acque che riceve dalle loro bocche, se in se stesso non le trattiene, almeno con egual distribuzione le rende dove le riceve. Ma ciò che più fomenta con lo scontento le mormorazioni, è che si leva l' umore dell' arido della terra per donarlo a' fiumi più ricchi; convertendo in molta parte i tributi di tutti e dei poveri, in beneficio de' pochi e de' più grandi.

Trapassa così ad una meta non prevista il profondo consiglio di Filippo II, che col ridur i grandi dal geloso soggiorno de' loro stati alla corte, intese d'esporli all'occasioni del lusso, e del dispendio; acciò fossero tanto più quieti ed ubbidienti, quanto men ricchi. Non ingannò il supposto, mentre nella sfera delle prime famiglie poche si distinguono, che non siano, se ben con ampii territorii e vassalli, con facoltà estenuate ed oppresse sotto gli aggravii di eccedenti interusurii, e perciò non sufficienti a portare un manteuimento, se ben non splendido, costoso e profuso senza limiti d'economia. Ma che poi tante terre abbandonate dall' occhio de' loro signori dovessero come disertarsi, e che li stessi grandi, privi del proprio, avessero per vestirsi a spogliare del suo patrimonio la corona, non discorse avanti il fatto; nè dopo, senza estremi rimedii, non si può accorrere all' estremità del male tanto impossessato. Il capitale del borsiglio del re, ch'è una cassa distinta dalla comune, se ben accresciuto dalle quattrocento mille pezze prima assegnate, sin ad un milione, e ad ogni maggior somma, che si voglia ed occorra, estratta dal più vivo e certo di tutte le rendite, quantunque sia instituito per le sole mercedi di giustizia in premio de' soldati benemeriti, in gran parte si distribuisce solo in quelle del favore. Tuttavia nemmen esso basta ad esimer ogni altra natura di rendita migliore dall'esser decimata e distratta con tali beneficenze, sopra le quali si vuol che vivano due delle altre parti di tutto Madrid, in cui dura la più interna e rovinosa guerra contro la monarchia. Vi è maggior luogo ad ammirare, che così succeda, quando non vi è alcun principe con fonti più pieni e naturali agli usi di ogni grazia quanto il re di Spagna, per tant' impieghi politici, militari, ecclesiastici nel vasto giro di più parti accresciuti dalle commende dei tre Ordini di s. Giacomo, Calatrava ed Alcantara, i quali poco servendo a pubblico beneficio, nè a fregio e nutrimento della milizia, come fu l' instituto, si donan all' ozio dei cortigiani. Qual poi sia il dispendio dei palazzi reali molto superiore alla moderata magnificenza di sì gran corte; ciò che vagliano i due corsi viaggi quasi di un anno al luogo, per natura non per arte delizioso, di Aranjuez ed a quello di così celebrata religiosa pompa dell' Escuriale come di ogn'altra parte sconcertata del domestico governo, pur necessario ai principi maggiori, non merita tedio di più lungamente parlarne.

Quello che più esige il riflesso, è che, disperso il denaro, non si sa poi trovarlo quand'occorre alle maggiori premure dello stato, ed ai soccorsi di una tanta guerra, come la presente (1). Acuite dal bisogno agiscono le applicazioni; ma le difficoltà vincono le diligenze. La riduzione delle corti per chieder da' popoli servizii, o sia insoliti sussidii, si conosce esclusa dall' intimazione de' medesimi, che in questo secolo tante volte convocati, e concorsi in caricar gli aggravii sopra tutto, e particolarmente sopra il necessario del commestibile anco

(1) La guerra di Fiandra.

alle più strette premure, toglie il coraggio di poter invitarlo a' nuovi pesi. Si diede perciò la mano ai ripieghi non più usati; a tasse individuali; ad esibizioni volontarie; a sospensione de' salarii; ma essendo queste come cisterne, e non fonti, non servono ad un continuo ed indeficiente sovvegno. (1) Le tre grazie ecclesiastiche, che di tempo in tempo si rinnovano dal pontefice, della cruciata, del sussidio ed escusato per il valore di un milione e mezzo, essendo i capitali più puri e disimpegnati (se bene dalle bolle vincolati a' soli armamenti marittimi) dalle urgenze sono tirati in soccorso d' ogni altra provvisione; girandosi sopra quel fondo i partiti, le imprestanze, gli assegnamenti, pei quali già da molt' anni antecipatamente si trovan ipotecate quelle rendite. A ciò aggiungendosi le liberanze delle Indie, gl' indulti e volontarie oblazioni, che frequentemente si cavan dal commercio di Cadice per il pretesto ed occasione delle flotte, si compone da tali partiti il più vivo de' mezzi, coi quali per ordinario si dovrebbe trasmetter cinquantamille pezze al mese in Catalogna, altrettante in Fiandra e nello Stato di Milano, sempre però coll'aggravio esorbitantissimo de' cambii e de' profitti, che vogliono estorquer i vantaggiosi assentisti.

Essendo sempre le forze de' principi dipendenti da quelle dei loro erarii, potrà ora meglio esplicarsi come siano quelle delle Spagne. Se la scarsa popolazione non abilita a numerose raccolte, la varietà del clima e la difficoltà gelosa di alcune massime facilmente non assente che si chiamino le forastiere, ausiliarie o mercenarie che siano. La massa però di quelle milizie per ordinario è solamente spagnuola; ma stando esse nella sua casa così facilmente disertano, come si reclutano; onde la gente sempre nuova e mai istrutta dal tempo e dalla disciplina non è stupore se cede posta a fronte delle occasioni. È da dirsi però che la natura è men avara a' Spagnuoli di quello lo sian a se stessi per il difetto di applicazione, stando nel fondo degli animi radicati semi di sommo valore, portato però più a

(1) Sulla condizione rovinosa delle finanze spagnuole, vedi i dispacci dell'arcivescovo d'Embrun a Luigi XIV: 2 e 16 giugno 1669, pubblicati dal Mignet nella stupenda sua opera: *Negotiations relatives à la succession d' Espagne*, tom. II.

non temer, che a cercare i pericoli; onde nella pertinacia di alcune difensive assai riescono quegl'istinti di sobrietà e generosità, insieme sparsi nello universale di quegli uomini, che però non son più quelli, che seppero contender per duecento anni la propria libertà contro l'istesso impero romano e la presenza di Augusto. Ciò che accresce la declinazione di questi tempi è, che o per l'amor dell'ozio, o per il disuso, o per l'elatezza, sprezzandosi quasi il mestier della guerra, poco senta la nobiltà i stimoli d'aspirare all'onor militare, e se vi aspira, il fasto non vuole che si raccolga da' gradi inferiori l'esperienza per trasportarla al più lodato maneggio dei primi. Con dieci mille uomini solamente, anco tra i pericoli di aperta guerra, era solito di custodirsi l'ampio giro di que' regni; e i quattro terzi provinciali, e gli altri dell'Aragona con quelli delle coste uniti insieme passavano ad opporsi a' nemici. Ma dopo che questi si mostrarono risoluti a maggiori imprese cogli assedii di Roses e Girona, si fece uno sforzo, estraendo con modi misti d'obbligo e di volontà altri dieci mille uomini dalle città e dalle provincie.

Distrutto intieramente un tal corpo, si versa per rinnovarlo; ed il riguardo di non più affliggere i propri paesi con nuove, difficili ed inutili raccolte, fa ceder l'altro antico d'introdur estere genti, che si cercano e si averanno se si avran pronti i mezzi di condurle e di mantenerle. — Quali però elle si siano, non posson esser capaci della maggior resistenza, quando si trovano non solo sprovvedute nella deficienza totale de' magazzini, ma scoperte ancora per la debolezza delle piazze poco munite; onde avanti pure le ultime perdite del porto di Cadaques, sin a Fontarabbia dal Mediterraneo all'Oceano, stava tutt'il corso di quel geloso confine con la Francia fiaccamente custodito, e come con tre breccie aperte nella Catalogna, Navarra e Biscaglia, per dove il nemico, sempre che voglia, può entrar con irruzioni non lungamente disputate.

Non è più sicura l'opposta linea della spiaggia marittima, che fa fronte a quella tanto fatale e sempre temuta dell'Africa; dove il presente re moro fatto potente dalla soggezione di molti barbari paesi, e feroce dal suo genio inclinato alle armi, e non ignaro di tutte le arti di ben trattarle, forma un oggetto di ben gravi pericoli. È barriera veramente avanzata dopo la fossa profonda del mare quella muraglia di varie fortezze nelle coste stesse dell' Africa; ma la perdita ultima delle Arache, le frequenti minaccie sopra di Orano, e più il lungo assedio con cui ora si va stringendo Ceuta, avvicina l'aspetto delle temute contingenze; tanto più che questa piazza per la facilità alle piccole imbarcazioni e furtivi passaggi in quel traghetto ben angusto dello stretto, si nota per la funesta porta alle antiche lacrimevoli rovine delle Spagne.

Il corso poi del lungo margine litorale, non men sopra il Mediterraneo che l' Oceano, rotto da tanti porti, che aprono facili introduzioni nei regni, deve guardarsi con le forze marittime; che con esser le più naturali e facili alla monarchia per i molti suoi stati favoriti dai comodi del mare, sono ancora le più necessarie a correggere l' imperfezione dei medesimi: unendo con tal catena la loro così staccata situazione. Per quest' oggetto non meno, che per l' altro di gettar una gran base anco sopra l' elemento più incerto al vecchio predominio della corona, come fu solita applicazione delle potenze più ambiziose ed attive, ebbe ne' tempi migliori la Spagna nell' Oceano quelle armate, che se ben infelici, meritaron il titolo d' invincibili; e nel Mediterraneo quelle altre che attaccandosi contro il più formidabile vigore Ottomano, militarono per gl'illustri trionfi della patria. Rende un tal confronto più rimarcabile la presente mutazione, quando non si ha che dieci navi, ed il piano non è, che per averne venti; al qual numero gl' infortunii ora del mare, or della guerra, non han permesso che s' arrivi. Che molti disordini tollerati mortifichino le radici per l' accrescimento; che si scarseggi di marinerezza perdendo i mezzi che vi sarebbero di farla abbondare; che con abuso si dian molte paghe anticipate, senza che ben spesso s' agguagli il periodo della servita campagna; che la negletta custodia degli apprestamenti quasi in ogni anno assorba grande dispendio per rinnovarli; che la fabbrica sia imperfetta, non buoni i materiali, e mal governate le miniere dei boschi; che a' popoli di Biscaglia fieri ed inclinati al mare non si permettan gli armamenti per le massime misteriose e non sempre opportune della diffidenza: son punti pei quali il solo cenno serve di lume e notizia.

Pare, che più porti il genio e serva l' applicazione a tener rinforzata l' armata sottile delle galere, che fra le otto di Spagna, sette di Napoli, cinque di Sicilia, due di Sardegna e sette della squadra del duca di Tarsis genovese uniscono il numero di trenta. L' obbligo ripartito sopra più stati, facilita il mantenimento, e l' interesse di varii impieghi, stipendii e generali sopra ognuna di quelle squadre concorre nella cura di conservarle. Di maggior potere sarebbero se tutti gli assegnamenti destinati alle stesse, per le stesse fossero impiegati, e non distratti in beneficio di quelli, che si procuran i titoli di alcun posto, non per esercitare il servizio, ma per ritrarne gli emolumenti. Gl'indulti del sussidio dati da Pio IV a Filippo II, obbligavano ad un estraordinario apprestamento di sessanta galere da chiamarsi l' armata ecclesiastica di Spagna, oltre le cento che s' impegnò di mantenere quel re. Il non veder come in quel secolo poderose sul mare le forze Ottomane, persuade nella corte di Roma la connivenza alla trasgressione; lasciando correr il beneficio concesso quasi in mercede di quelle difese che con i presidii d' Africa pur devono custodirsi contro gli infedeli.

Tal è la pianta dei regni delle Spagne, dai quali, come da radici, deve trasmettersi la vita nei molti rami, che sopra di esse innestati, variamente si spargono in tanti lati dell' Europa. Quello della Fiandra se fu, come si disse, un cauterio, che da principio purgò gli umori grossi delle Indie, passò poi ad esser una piaga per cui si perdono i spiriti migliori della monarchia, con pregiudizio distratti dalle altre parti più sane, e senza profitto consegnati alla cura di quella, che dopo il corso di più di un secolo con varie recessioni che si patirono, è quasi totalmente perduta. Non però si piegò mai ad assentir progetti di cessioni e di concambii, prevalendo la mira di tener la Francia occupata a roder una parte lontana, e dove gl' interessi della corona son fatti interessi vicini delle più poderose del Nord. È vero, che ora più che mai si sente pesante la difesa di quelle afflitte provincie; mentre perse totalmente quelle di Artesia, Cambresi, Lucemburgo ed Amur ancora, a mantener i scemati titoli del dominio servon laceri avanzi di porzioni solamente della Fiandra e del Brabante; onde con le perdite delle piazze forti, rotta la non bastante barriera formata con i trattati di Nimega, dal mare alla Mosa, non restane, che città grandi, popolate, gelose e mal munite, con paese aperto, che allontana il nemico, non con le difficoltà della conquista, ma della custodia. Non son perciò da mettersi in figura, o rendite o forze. Quelle perse con i stati, e chiuse le strade anco alle contribuzioni dal terreno confinante de' nemici, dopo che si cessero S. Omer, Cambray, Lucemburgo. E le altre da un esercito di quarantamille uomini, che nella guerra del 72 rendeva temute le reali insegne, ora declinati a diecimille, se pur v'arrivano, di truppe mercenarie comprate nella maggior parte da' principi di Germania. Sono d'alcuno, se ben non molto, rinforzo, le proprie che v'aggiunge l'elettor di Baviera il qual per supplire agli obblighi presenti, voleva dalla Spagna il sussidio di centomille pezze al mese; ma solo cinquanta mille se gli promisero, che con rimesse tarde e mal sicure soglion effettuarsi; e sempre con eccedenti profitti d'interessi a' partitanti, ch' entrano nell' impegno.

Sono i dominii dell'Italia appendici più preziose della corona; e si potrebbero dir anco intatte, se, come non sentono immediatamente dentro se stesse le rovine della guerra, così fossero esenti dai danni del consenso e concorso, che devon prestar al beneficio di quelle, che sono invase. I lor soccorsi però furono così vivi e continui, che han ridotto eguale all'estenuato temperamento di tutto il corpo, anco quello di quei membri, con l'alienazione delle rendite e capitali del regio patrimonio che si son fatti, e proseguiscono con la durazione dei bisogni. Aveva il regno di Napoli in tempi non remoti un sopravanzo dalle spese di un milione e mezzo; ma per le ribellioni di Messina, ed altre successive occorrenze dilatati gli impegni, appena restan cinquecento mille con alcune stille, de' quali tenuemente si aiuta lo stato di Milano. Anco questo si piega sotto lo stesso peso; mentre le sue rendite, se ben ascendano a cinque milioni, devono computarsi quasi per l'intiero alienate, bilanciate ed inferiori all' esigenze.

Portan veramente quei popoli obbligazioni rilevanti per mantener un esercito sin di venti mille uomini; ma se ben per il stipendio di tanto numero corrono le descrizioni de' ruoli l' effettivo per il servizio non suol passar di quindici mille; e con un undici mille per i patti di alleanza col duca di Savoja s' esce a collegarsi per custodia del Piemonte, argine contiguo e ben importante a cuoprir la sicurezza del Milanese.

Estendendosi l'imperio della monarchia per tutte le vie del sole, sarebbe ragionevole di credere che i profondi tesori di un nuovo mondo, in cui stan sempre aperte le perenni fonti dell'oro e della dovizia, passino in aiuto, ed a migliorar la fortuna dell'altro. Così sarebbe se fosse della Spagna il profitto; come è il dominio di quelle vaste regioni dell'Indie, fatti affluenti emporei di tutte le nazioni d'Europa, che col giro del commercio attraggono a se medesime tutto il prezioso, senza che resti alla Spagna se non il peso della custodia ed il privilegio delle condotte; avendo come suolsi dire gli altri il latte, e rimanendo ad essa la sola quasi infruttuosa cura dell'armento. Affine però di non perder tutto, se per le leggi è vietato a' forestieri il poter passare in que'paesi, si dissimula e mostrasi, che gli Spagnuoli sian depositarii ed amministratori de'ricchi capitali, che in Cadice, opulentissima scala di due mondi, confluiscono da ogni parte i negozianti d'Europa; ed il loro maneggio è di tanta fede, che in più modi prevale all' interesse del principe naturale, quello dell' estere corrispondenze; servendo sotto il nome di teste di ferro ai passaggi, assistendo alle fraudi, e mascherando la qualità de' veri possessori, per tirarli dal danno delle inquisizioni che al giunger delle flotte non trascura la corte di comandare. Son le medesime alla stessa di molto vantaggio, non ricusando il commercio il sagrifizio di grandi esborsi che si chiaman indulti, per salvare il restante. E nel 92 con cinque milioni si comprò lo scarico da 60 galeoni, non ostante l' interesse grande che i nemici in essi vi aveano. Così cessano i viaggi, che alternamente in ogni anno dovrebbero farsi de' galeoni e della flotta. Quelli de' venti grossi vascelli, otto de' quali sono del re, gli altri de' particolari, (1) passano al stretto di Panama, per esitar le

(1) Ecco il carico delle 12 navi private, che arrivarono in Spagna nel gennaio 1690:

Carico generale di sei navi dalle Indie, quattro da la Nuova Spagna, una dall' Avana, ed altra di Caraca.

Plata in pezze da otto, greggia e lavorata - quattro milioni. — Cremesi-nove a dieci mille rubbi. — Indaco Guatemala - due mille quattrocento cassoni. — Radice di jalapa - cento cinquanta balle. — Vainiglie - cento casse. — Tabacco dell'Avana - quattrocento mille libbre. — Zuccaro dell'Avana - trecento casse. — Cuoj dell'Avana e Nuova Spagna - due mille. — Cacao de Caracas - cinquecento mille libbre. — Cuoj col pelo da tutte le parti - sei mille. — Salsapariglia di Nuova Spagna - trecento rubbi. — Tabacco di Varinas - quattrocento ceste.

Prezzi delle robe che vagliono nel Messico.

Roani soprafini cinque reali e mezzo la vara di Plata — detti più ordinarii 5 reali di Plata — detti di Cofre 7 reali di Plata. — Cree 5 reali di Plata — dette ordinarie 2 1/2 reali di Plata. — Platiglia 26 reali di Plata la pezza. — Bretaglia 28 reali di Plata la pezza — dette più grandi 7 reali di Plata la vara. — Bocadigli larghi 9 reali di Plata — detti stretti 8 reali di Plata. — Lenso crudo a reali 4 1/2 la vara — detto più fino reali 5 la vara. — Tele d'Olanda fine a reali 27 la pezza — dette di Parigi a reali 5 la pezza — dette ordinarie a 4 reali la vara. — Stopiglia d' Olanda larga, - 4 pezze e mezza la pezza — dette strette 3 pezze la pezza. — Pizzi di Lorena 27 reali la cassa. — Calzette di Genova otto pezze e mezza la dozzina — dette di Galizia sette pezze la dozzina — dette ordinarie cinque pezze — dette fine venti sei pezze.

Generi di lana.

Panni d' Inghilterra 5 pezze e mezza la vara — detti d' Olanda 3 pezze e mezza — detti di Francia 9 pezze. — Baracani 27 pezze la pezza — detti bianchi 22 pezze la pezza — detti di filo e lana 18 pezze. — Pelli di Camello larghe - 10 pezze — dette d'Armenia - 5 pezze. — Baietta reali 17 la vara. — Laniglia 20 pezze la pezza. — Stamegna 28 pezze la pezza. — Sempiterni 38 pezze la pezza. — Sempiterni più ordinarii 22 pezze. — Calzette di lana prima forte 30 pezze la dozzina — dette di seconda sorte 19 pezze la dozzina — dette di Fornai 11 pezze la dozzina — dette Asnalle 9 pezze la dozzina.

Di tutti i generi.

Carta - 4 sino a 5 pezze la risma. — Filo in mazzette - 7 pezze la libbra — detto di Crema - 5 pezze e mezzo — detto di Salò - 20 e 24 reali — detto di Fiandra n. 30 - 7 pezze — detto di n. 20 - 6 pezze — detto di n. 15 - 5 pezze e mezza — detto di n. 10 - 4 pezze e mezza. — Cannella - 4 pezze, e mezza la libbra. —

merci nella fiera di Porto Velo; dove si raccolgono sin a sessanta milioni, provenienti dai vasti e preziosi regni del Perù. Non è tanto il carico della flotta composta di dodici navi, e tre sole sono le regie, colle quali nella fiera di Vera Cruz nel Messico, si ricavan quasi trenta milioni. Ma di tutti questi tesori non è facile liquidarne le somme perchè ne suol restar una terza parte fuor di registro, ed il registro è non solo la descrizione del pagamento di certo dritto d'uscita, ma l'impronto di un sigillo sopra tutte le verghe, in testimonio che da' possessori delle miniere sia stato rilasciato nelle regie camere il quinto di quanto con il lavoro da esse si è estratto; mentre quelle indeficienti radici della ricchezza non furono nè vendute, nè donate, ma solo come prestate a'particolari, sotto l'obbligo di riconoscer con parte del fondo la sovranità del dominio ed il benefizio della concessione.

In questo tributo dovrebbe dilatarsi un ampio provento alla corona; ma tante fraudi o de'privati che le nascondono, o de' ministri che le consentono, impoveriscono questa vena. Non son nemmen le altre di quel regio patrimonio affluenti come il nome e la supposizione delle Indie lo fa immaginare. E non mal disse chi già squittinando gli stati della monarchia, professò, che le appendici di quei dominii, producevan sì qualche buon effetto, ma non miracoli da raccontarsi con larga bocca in utilità della medesima. Si dice che quattro milioni debba render il Messico, e sei il Perù; ma tanta parte si tollera inesatta, tanta mal amministrata e tanta eccedentemente assorbita da tante spese nella terraferma, nelle isole adiacenti, in quelle all' altro capo del mondo delle Filippine; insensibili perciò, e non degne di conto son le partite che sopravanzano, e si trasportan con le flotte; il di più restando per antecipazioni impe-

Zafferanno 10 pezze. — Pepe - 6 reali la libbra. — Calzette larghe - 26 reali — dette corte - 26 reali. — Felpe negre - 22 o 23 reali la vara. — Seta da cucir di Calabria - pezze 8 la libbra. — Cordelle di Genova - 9 pezze — dette di Napoli - 9 pezze e mezza. — Cera - 22 o 23 pezze la roba. — Merli fini a 20 o 22 reali la vara. — Taffettas di Granada - quattro pezze e mezza — detto di Pisa - tre pezze e mezza. — Fatture di seta in abbondanza. — Vini neri - 40 pezze il barile. — Oglio - 7 pezze la roba. — Aquavite - 65 pezze il barile.

gnato agli assentiti, che sopra quei fondi con vantaggiosi partiti somministran danaro; trovandosi ora per molt'anni disposto ed immaturamente consunto il maggior valore di quelle rendite. A benefizio delle medesime è molto che la corte di Vienna tratta il negozio di vender i suoi argenti vivi della Stiria; ma i motivi, se ben replicati, non penetrano, perchè ribattuti di ragioni non men pubbliche che private.

Il possesso poi di quelle ampie regioni tanto distanti, e dal nostro continente e tra se stesse, si custodisce con apprensione e con regole di una particolar politica. Se i forestieri son esclusi, non è per le gelosie unicamente del negozio; è anco per quelle della riputazione e conservazione insieme: acciò non vengan troppo conosciute le situazioni, le difese del paese, il genio degli abitanti; per isfuggir il pericolo delle insidie e zizzanie in terreno tanto più geloso, quanto più prezioso e lontano: due motivi che se l'uno può tentar la moderazione anco de' propri ministri, difficolta l'altro la prontezza di castigarli, per non poter giunger che assai tardo e languido il calore a membri così staccati. Trascurate inoltre le difese dell'arte per più assicurarsi dall'interne contingenze; per l'esterne si fa il maggior caso di quelle della natura, che con la qualità de'venti, delle spiaggie, dei porti e de'scogli rendendo azzardosa la navigazione del golfo Messicano, leva il coraggio all'accesso di quelli fossero per esser nemici.

Non hanno però bastato a frenar le più dannose infestazioni de' corsari annidati nel centro di que' mari, dopo che l'isola Jamaica è degl'inglesi, e degli Olandesi Curacao, per il trasporto di negri. Queste nazioni unite anco alla Francese sortendo dalle colonie promiscuamente piantate nelle Antille ed altre isole, con piccoli legni e poco numero di genti ardite poterono e predar il mare e saccheggiar la terra; come più volte lo tentarono, e particolarmente in tutto l'istmo e nella città stessa di Panama e Porto Velo. Con nove vascelli della corona, che si chiama l'armata di Barlovento, si cerca, ma inutilmente, di estirparli. Tali irruzioni sono però istigate solamente dalla privata avidità, non macchinate da' disegni di maggior dominio in quelle potenti nazioni, a' quali giova sin ora, che restin nelle Spagne con il titolo gli obblighi della sovranità, purchè per esse sieno i profitti del commercio.

Così possedono li rinomati paesi delle Indie li Spagnuoli; ma non li possedono per se stessi, quando il benefizio non pareggia il grande aggravio di trasfonder il sangue, e rimetter quelle popolazioni col disertar le proprie; ond' è sempre giusto il dubitare se que' stati, con tutto il cumulo de' loro tesori, posti nella bilancia, tolgan o accrescan valore alla corona.

Quantunque siano scoperte ed esaminate le viscere della monarchia, non è però facile il pronostico del suo ulteriore destino; e se abbia ad aggravarsi sempre più la decadenza; o pur a nascer qualche fortunata crisi per la ricupera. Se vien detto, che una gran parte della salute consista nel volerla; tanto più resta perplesso il giudizio sopra tal infermità; mentre non è ben chiaro, se quelli, che potrebbero, sian per voler accingersi al vero metodo della cura. Impediscono ancora le speranze due generi d' opposte supposizioni: una d'alcuni che troppo disperando de' rimedii, non si occupano nel cercarli; e l' altra degli altri, che abituati al vecchio male, troppo si lusingano che con esso non abbia la corona a cadere, se per tanto tempo con esso si è sostenuta. Se ben però pare, che disperi la difficoltà di rompere una catena antica annodata di più cause, ed inviluppata tra le stesse radici, ad ogni modo pur serve ad avvivar le confidenze, l'esempio vicino della Francia, ricuperata anch'essa dalle voragini del suo caso; essendo capace di miracoli il temperamento delle monarchie, nelle quali non è incognito il passaggio appunto dall'ultimo del disordine all'ordine, quando si trovi anco una testa sola prudente e capace d' un cuore fedele e d' una mano ardita. Per la Spagna però pare che il punto decisivo sia rimesso a quel massimo, in cui si maturerà il caso della grande successione, e d'una novità, che può attrarre altre tanto buone, quanto pessime conseguenze (1).

Le conseguenze intanto che presentemente accompagnano l' aspetto declinato della corona sono le situazioni degl' in-

(1) Vedi Mignet. Op. citata.

teressi e corrispondenze de' principi, tra' quali ella mira, ed è mirata; e sarà tal osservazione l'ultimo periodo al giro di questi umilissimi imperfetti fogli, dilatati, a troppo esercitar la generosa pazienza dell'Eccellentissimo Senato, dall'obbligo di discerner l'essere di tante parti, e la faccia si può dir di due mondi. Con le paci radicali di Westfalia e dei Pirenei, fu creduto di fondar basi sicure alla tranquillità universale, fissando l'equilibrio tra le due case emule e dominanti in Europa. Ma con l'aver allora la Francia internato i suoi confini sin dentro a' siti importanti nella Fiandra, al Reno e nella Spagna, potè facilmente entrar per quelle porte, e dilatarsi con i passati e presenti acquisti; onde ricaduta la bilancia nella stessa sproporzione, quantunque piegata all' opposta parte, ne nasce che come prima la gelosia della grandezza suscitava da ogni lato nemici alla Spagna; così mutata la scena, si mutaron le azioni, restando la sola Francia nel suo naturale impegno d'opposizione e d'inimicizia. Fu ragion di stato, non d'amicizia, la neutralità, che nell' ingresso di questa gran guerra fu offerta alla Spagna, e maneggiata sotto il calore della defunta regina, che se non eran prontamente ritrattati, già avea per la stessa estorto i regii assensi. Ed è da spiegarsi, che il re secretamente vinto dalla moglie aveva non solo firmato, ma spedito la risposta ammettendo la neutralità; quando poco dopo palesata la grave deliberazione al segretario del dispaccio, questo sollecitamente espedì a trattener il corriere fermato a poche leghe da Madrid; onde poi restò non solo scoperto, ma distrutto il copertamente ordito disegno. Quantunque si conoscessero non pericolose le forze della corona, e mancar il terreno più opportuno a cogliere i trionfi, quando si conservassero quieti i paesi di Fiandra; ad ogni modo si discorse, che nella congiura di tante potenze, ogni maggior diversione era d'aggravio; che i porti della Spagna facendosi ricovero all'armate nemiche, tagliavano il libero transito delle proprie; e vi s'univano i pensieri sottili della politica nel divertir il modo alla Spagna d'impegnar le presenti alleanze anco per il suo grand'affare della successione; rallentando nello stesso tempo con diffidenze il nodo delle austriache case.

Il nodo delle congiunzioni, rinforzato però da quello dell' interesse, per più fortemente contenere la Francia, rende l'imperatore, fra i principi amici, il primo e più impegnato per la corte cattolica. Non fu facile a sconcertargli la necessaria armonia di tant' unione, quantunque frequentemente non mancassero di frapporsi certe reciproche dissonanze. La separazione nella pace di Münster aperse alcuna breccia, che ancor più si dilatò per i due matrimonii dell' infanta Teresa e dell' arciduchessa Antonia. Indi anco ne nacque alcun' interna, se ben coperta, diffidenza, quando più di quello bisognava, e si pattuì, passò in Italia nell' anno 91 il grande soccorso d'Alemanni a fissar il piede in provincia, e sopra lo stato di Milano. Si vede perciò che le massime della Spagna non sono così puntualmente ratificate in Germania, come quando l' oro di quella corona si promoveva colà l' autorità de' consigli, animando la loro esecuzione. Quello che più presentemente fa forza in Vienna è lo studio di coltivar le propensioni dell'altra corte, per servir agli oggetti meditati della successione. È pur ancor vero, che se il gabinetto di Madrid più non regge, non patisce però nemmeno di esser retto; e quando non vi sia la precisa necessità di discendere, ben spicca la superiorità d' agire con separati dettami. Ora si vanta il merito recente con l' imperatore per la sprezzata neutralità e guerra intrapresa in aiuto suo e dell'Imperio invaso; parendo con ciò bastantemente risarciti quegli osservati ritegni, usati per impotenza, non per riserva, quando, o poco o niente fu soccorso Cesare nell'assedio di Vienna, ed in quelle ultime contingenze.

Si mirò sempre con somma attenzione l' Inghilterra, che divisa solo dal mare, può dirsi confinante alle Spagne, esposte per tutt' il giro delle sue coste al bersaglio delle armate, come al rischio di veder sturbate le vitali navigazioni dell' Indie; onde sino ne' tempi migliori volgarmente si diceva: *Con tutto il mondo guerra, e pace con l' Inghilterra.* (1) Servì anco di gran-

(1) Con todos guerra
Y paz con Ingalaterra.

de riflesso l'istituto ed il potere di quella corona, solita, secondo la divisa non men che le massime d'Enrico VIII, di portar il contrappeso, a vantaggio di quella parte dove s'accostasse. Si può però rimarcare che quantunque sempre importassero agli opulenti commercii del levante le libere ed amiche introduzioni nei porti delle Spagne, ad ogni modo, in niun tempo, come adesso, fu l'Inghilterra così sinceramente unita agl'interessi della casa d'Austria. Se questa, quando fioriva la sua potenza, trovò anco nell'ingegno d'una donna le più forti e sagaci macchine d'opposizione; quando poi declinando la sua grandezza si scemò la gelosia, vide ad entrar in di lei luogo, ed operar li stessi effetti la parzialità, che con matrimonii, raggiri e tutti i mezzi seppe guadagnar la Francia anco nel regno di Carlo I; poi più strettamente negli altri di Carlo e Giacomo II. Fu il suo arcano romper la concordia, tenendo divise, da quelle del regno, le massime della corte, con istigar risoluzioni che spargessero ombre nella religione e nella libertà; onde fossero bisognosi d'estere assistenze i re; e contro i re animati i popoli, ed agitati tra fazioni, acciò implicati in se stessi, non applicassero al di fuori, e non vedessero, o impedissero, che in fronte ed a danno loro si dilatava in terra ed aggrandiva in mare. Fu perciò obbligata la Spagna di gettarsi al fomento dei partiti contrarii ai regii, istigando i zelanti della chiesa anglicana, e le delicatezze de' parlamenti, perchè si frenassero gli arbitrii del gabinetto, e fosse questo forzato, rinunciando agli altri impegni, proteggere i veri interessi della corona. A così operare fu tavolta la corte rapita; ma perchè parve violento l'impulso, non fu durabile, o sia nella triplice lega, o nel Congresso di Nimega, quando si segnaron trattati contro la Francia senza eseguirli, s'entrò nella mediazione senza sinceramente condurla, e s'assunse la garantia senza puntualmente mantenerla.

Non vi ha voluto meno dell'ultima grande sovversione sul trono dell'Inghilterra (1) per far che que'regni passino a risol-

(1) L'assunzione al trono della casa degli Oranges

vere ciò, che da molto tempo inutilmente si sollecitava; ed a portar con le forze e con i tesori una guerra nuova e più temuta di tutte le altre in Francia. Che la Spagna sapesse del disegno dell'Oranges, non mancarono probabili sospetti; e come gli apparati degli Olandesi facilmente si conobbero destinati contro quel regno, così quelle secrete cospirazioni nel medesimo intento, e de' principali per accoglier quel soccorso, il che fu la sola causa dell'esito felice, per cui si lodò l'impresa, ben poterono esser più particolarmente osservate, e forse incalorite dall'ambasciator cattolico D. Pedro Ronchiglio, uomo di raggiro, e che da più anni stando in quel ministero, aveva preso mano tra le fazioni, conoscendo i genii e molcendo gli umori. Dopo il successo non si tardò a spiegarsi l'approvazione; mentre continuarono a risieder appresso la nuova corte i ministri della corona col carattere primo d'ambasciatori; ciò che ancor non si è fatto da alcun de' principi cattolici della lega. Che questa poi stia piantata sopra la base dell'Inghilterra, e pendente dalle massime del re Guglielmo, non è da ammirarsi; mentre non è fuor di ragione, che sia anco il direttor de' consigli chi, con l'essere motor delle azioni, è pure il distributore delle assistenze. Che se ben stanco il braccio di ogni alleato e non felici le loro armi, ad ogni modo bolla dopo lo sfogo di tant'anni, tuttavia vivo e come nascente il fervor degli odii e degl'impegni, è perchè si crede questa la congiuntura decisiva di trovar adesso, o mai, il momento di metter confini alla sempre crescente grandezza della Francia. Che non prenda tutta radice la zizzania di dir ciò, che per esser totalmente vero dovrebbe durar pur troppo lungo tempo, ed è che quel re, vestendo della causa pubblica la sua particolare, alimenti con varii modi il fuoco, sperando di portar più sicuro il diadema tra i lampi della guerra, che sotto il sereno della pace; e perchè pare vada mostrando corpo quella prima idea di rovinar la Francia con la lentezza del tempo, ed opprimerla col peso e collo sforzo delle sue stesse vittorie; onde finalmente per tal insolita strada, esca la necessità di ceder una buona e general pace, che serva di garante a se stessa; quando tanti giuramenti e tutte le altre garanzie non han potuto difendere le passate da ben pronte infrazioni: tali difficoltà generali ancor più delle particolari o di riconoscer un re, o di non assister l'altro, o di consegnar le due chiavi dell'Allemagna e della Francia, Strasburgo e Lucemburgo, son i motivi, che più indurano gli animi con assai pertinace rifiuto degli avanzati progetti. E sebbene par che finalmente pieghi la voce ad aprirsi, ad ogni modo son così distanti i termini, che non può prevedersi il tempo e modo, in cui abbiano a convenirsi; se si frappongono ad imbarazzar la strada del buon progresso tanti interessi, massime e disegni, oggetti vicini e remoti di tanti collegati nella grand' unione; sta perciò nascosto nei giudizii arcani di Dio il giorno, in cui la di lui mano, inspirando i cuori, sia per guidar l'Europa fuor del confuso labirinto di sì intricati impegni. Parve un colpo del cielo incamminato ad alcun fine la morte della regina d'Inghilterra; ma se ben duran partiti, è troppo opposto il nome del re Giacomo; poco sin adesso stimato quello della presuntiva erede principessa d'Inghilterra e del marito; ed assai ferme e nodrite le radici ne' stessi parlamenti dell'autorità, aderenze, credito e necessità del re Guglielmo; perchè nuovamente fluttui quella corona, e con essa si scuotan i più validi fondamenti dell'universale alleanza.

Quanto a quella con la Spagna, l'insolita e grande risoluzione di mettere e fermar la flotta allo Stretto, serve a raddolcire gli animi, e calmar alcune gelosie, che per altro s'andavano alzando, quando si pensava a tante piazze perdute in Fiandra, senza esser soccorse dai poderosi eserciti, che vi stavano vicini. Le direzioni pur sempre oscure e mai per l'intiero comunicate di quel principe, univano al dolore ed alle gelosie le querele, che però s'acquietavano per la stima della mente, e per la fede agli odii implacabili contro la Francia. Accresce la deferenza il beneficio, che si ricava dal non dubitar per di lui merito delle unite provincie; dove conservando le sue gran cariche, ed essendo, come vien detto, quasi re in Olanda e stathoder in Inghilterra, regge quel governo col proprio volere, e lo trattiene, sebbene stanco, sotto la guerra, senza pericolo di veder, come sempre per quella parte e da quell'anello a principiarsi lo scioglimento della catena.

Seguitando la serie non delle dignità, ma degl' interessi, è da dirsi, che l' interesse rendendo gli Olandesi stimati, se ben non amati, s' ami dalla Spagna la loro conservazione; sprezzati perciò gl' inviti che nel 72 si fecero dagl' Inglesi per castigar di concerto quelle antiche ribellioni, ed abolir la faccia del nuovo principato. Ma perchè, mutata la forma, altro sarebbe lo stato di quelle provincie, benemerite per l' argine che presentan alla Francia e per il scudo che prestan con le loro genti a difesa dei paesi spagnuoli, perciò dissimulandosi il dolore di quel membro reciso amichevolmente si corrisponde; anzi se ben con qualch' indignazione, si tollerarono quegli arbitrii, che nella pace di Nimega e nella tregua di Ratisbona usurparono i Stati Generali, trattando senza facoltà, e pattuendo con la Francia degli affari di Spagna, come se fossero propri. Aggiustati i crediti della casa d'Oranges, cade il pretesto di non consegnare Maestrich, e si promette di farlo sempre che la corona sia capace di ben difendere tanta piazza.

Se ben son più recenti, e tuttavia in vista le stesse memorie del Portogallo, ad ogni modo la stessa ragione dell' interesse prescrive la corrispondenza pur con quella corona; che se ben molto potente, molto però si rende considerata per il buon governo, per la disciplina delle sue milizie, per la custodia delle piazze, e sopra tutto per il confine contiguo ed abbracciato col corpo delle Spagne. Si cerca perciò di moverla ed ingelosirla dall' incendio che le arde vicino; ma ella cauta promette solo armata neutralità, non volendo pericoli certi, per la ragion degl' incerti vantaggi. L' universale di quella corte pende al partito austriaco; non tanto il ministero, diviso d' opinioni, e non impenetrabile a' maneggi. Il re già indifferente, dopo il matrimonio, piega in alcune cose verso la casa d'Austria. L' ambasciata straordinaria e prima, dopo quelle rivoluzioni, che va a Vienna, pubblica i nuovi pensieri; e forse anco si mira in una delle arciduchesse per averla in moglie del giovine principe.

La distanza delle corone del Nord, Svezia e Danimarca renderebbe ancora più staccati gl'interessi; se in alcuna indiretta maniera non li unisse la conservazione della Fiandra, ed il giro di quegli affari. Maggiore è l'estimazione della Svezia, e per il maggior suo potere, e per il suo più puro contegno; onde anco per la mediazione della pace il suo nome, se sarà ricevuto dagli altri, non sarà escluso dalla Spagna. — Eccettuati gli elettori di Baviera, Palatino e Colonia, coi quali vi sono le note attinenze di sangue, con gli altri di Brandemburgo, Sassonia, Treveri e Brunsvich, non v'è che la partecipazione dei riguardi della casa di Germania; oltre qualche trattato particolare di truppe per la Fiandra, che talvolte occorre di stipular con alcuno.

Son tutti importanti alla Spagna i riflessi sopra i principi d'Italia; e perchè non bastava l'ampiezza dei dominii per renderli a sufficienza sicuri, si cercò di appoggiarli come in Fiandra, anco in questa provincia, agli avvisi dei confinanti. Perciò quando insorsero le differenze d'Alessandro VII con la Francia, nacque allora l'idea della lega fra i principi d'Italia; dati ordini al governatore di Milano ed all'ambasciator cattolico in Roma, d'introdurne la grave e non riuscita negoziazione; e se questa mai totalmente vien abbandonata, come sovente lo intende questo Eccellentissimo Senato, non è perciò, che interamente, non si prevedan le riserve ed altrui contegno; mentre i ministri stessi nell'intavolar il progetto, conobbero le difficoltà, e scrissero alla corte, ponderando lo stato e le direzioni d'ogn'uno di quei principi ai quali si mirava.

Si mirò principalmente a guadagnar la corte di Roma perchè sotto il suo nome uscissero più coperti ed accreditati i consigli; e pareva assicurasse l'intento quell'autorità e partito, che nella stessa non lasciò la corona di coltivare. Alla sede apostolica professan in universale gli Spagnuoli somma venerazione, così avendo insegnato la pietà, che fu politica ancora del gabinetto, quando in altri tempi, come si disse, sotto il mantello dorato della religione, stavan coperti i disegni maggiori della potenza. Nel presente, tra le due corti vi regnan, se ben minori, non però deboli rispetti del mutuo interesse, della Spagna per il regno contiguo e dipendente di Napoli, e per la necessaria rinnovazione de' tre preziosi indulti; non potutisi tirar gli ecclesiastici in volontarii esborsi, e scuoter la soggezione, quando Innocenzo XI molto differì le ricercate conferme; di Roma per gli utili, ch'estrae la dataria da quei regni ne' spogli de' vescovi, vacanze de' vescovati, numerose dispense de' matrimonii, abbondanti pensioni, mascherate dalle teste di ferro; aggiungendosi a tutto questo la giurisdizione della nunciatura in Madrid. Non trascurandosi però di metter confini alla maggior dilatazione, v' invigila il Consiglio reale, ed in esso il tribunale detto *della Forza* assiste ed ascolta gli aggravati nel foro ecclesiastico. E la scomunica del vescovo di Pamplona contro il primo Consiglio di quella città sostenuta per invalida; il breve delle decime nell' Indie non eseguito, quantunque dovesse render un milione, perchè non passasse in quei paesi l' ingerenza dei nunzii, dove ora non s' estende oltre le Canarie; e la nunciatura chiusa con la sospensione di quei tribunali, per l'affar del Tarsis : pubblicarono quanto sia risoluta e vigilante anco quella prudenza a difender dalle occulte usurpazioni le ragioni del principato.

È nata finalmente congiuntura di tirar negl' interessi della monarchia il duca di Savoja; la di cui amicizia, per essere egli custode delle chiavi d' Italia, e formar coi suoi stati un scudo a quello di Milano, fu sempre dalla Spagna assai riputata, e quando potè coltivata con più maniere; ma con la cessione di Pinarolo persi gli avvantaggi acquistati nella ricupera di Saluzzo, e sottoposto, non men il dominio di quel principe alla forza superiore, che l'interno della sua corte e famiglia al predominio delle voci della Francia, per corso di molt' anni dovè durar la dipendenza, sin che col favore della creduta opportunità, con l' allettamento de' titoli e trattamenti da lungo tempo meditati, il duca presente valse a slegarla, e vestir nuova figura, se ben cinta da grandi pericoli nell' impegno di questa guerra. Quantunque si sappia, che stanco del peso, attenda impaziente il momento di sgravarsene, non si diffida però della sua costanza obbligata non men dalla fede, che dallo interesse. I sussidii promessi, se ben non intieri, s'esborsano. L'unione delle truppe è puntuale. Si vorrebbe men ardito il trasporto; ascritte ad esso le sconfitte di due grandi battaglie.

Così non è sortito nell'aver non solo parziali, ma nemmen perfettamente indifferenti i cantoni dei Svizzeri, mentre non sta eguale la loro bilancia, quando vi si aggiunge il prezzo d'oro. Perciò le miniere di quelle genti furono aperte alla Francia, nè poteron restar chiuse dal rispetto di tanti principi protestanti, nè dalla necessità, con cui gli Spagnuoli pretesero di torcerli, quando furono sospese le estradizioni dei sali dello stato di Milano.

Anco Genova, se ben stimata tanto più forte, quanto più preziosa per quei tanti tesori consegnati ai lunghi bisogni della monarchia, non è sempre eguale nel corrispondere. Sin quando vi sbarcò l'infanta Margherita, diedero apparenze di scarsa attenzione. Gli Spagnuoli li dicono ingrati per non riconoscer dalla Spagna, e dai lucrosi commercii delle Indie, le sorgenti delle loro private ricchezze. Le navigazioni nel corso di questa guerra utili non men a'loro, che ai Francesi; le renitenze alle contribuzioni dell'Italia, ed a concordar un vecchio debito de' sali, iniziarono e mossero il decreto severo di negar la corrispondenza de' loro interusurii.

Con la scorta delle sue massime naturali sta più fitto nella cautela e nella necessità il gran duca di Fiorenza. Le memorie del benefizio di Siena; la protezione delle Spagne, con l'aggregato di tante rendite ecclesiastiche collocate nel cardinal de' Medici, i presidii dei stati vicini, bilanciano altri riguardi, che potesse quel principe tener verso la Francia. Dopo aver col silenzio mantenuto per alcun tempo l'apprensione, s'ammisero le scuse del cannone scaricato sopra la galera di Spagna dalla piazza di Livorno, perchè sotto la medesima avea inseguito legno francese.

È insanabile la diffidenza di tutta la casa d'Austria col duca di Mantova; e ne porta egli sopra i suoi stati impresse e ribattute sempre le marche peggiori. Dalla mano de' Spagnuoli fu spossesato di Guastalla col demolirla; beneficio grande che si pretende reso alla sicurezza d' Italia insidiata dagli oggetti coi quali a poco a poco s' innalzarono quelle fortificazioni. Si vorrebbe pur dalla Spagna veder abbattute le altre di Casale, sotto cui sta esposto un gran fianco del Milanese. A tal fine quell' assedio fu sempre desiderato, ma ora par stabilito. Vive però il dubbio, che oltre gli altri impedimenti ad eseguirlo, non sinceramente vi concorran le volontà di tutti gli alleati. Dicesi ricavato l' assenso de' Cesarei per spianar quelle opre dopo l' acquisto; ma successo, non sarebbero difficili pretesti a ritardarne l' effetto; importando e per il duca di Lorena e per altre conseguenze il conseguimento di quei forti e ben situati recinti. Non passan male intelligenze con i duchi di Parma e Modena. Il cardinal duca presente è giudicato più austriaco del defunto, non soggetto agl' influssi sospetti del principe Cesare, e men attaccato alle memorie dell' antica dipendenza della Francia, di quella casa. Quella di Parma, smarrite le occasioni di più pensare ad esteri appoggi per le sue ricupere di Castro, pareva bastantemente legata dall' onor de' sponsali d' una principessa sorella all' imperatrice; ma anco in essa avendo la morte cambiato le successioni, stanno incerte le massime del giovine duca ora passato al governo. Intanto si volge in Spagna pure il riflesso sopra la costituzione, e di questa e di tante altre famiglie in Italia, le quali prive sin' ora di discendenza, stan sottoposte di movere, con le loro alterazioni, torbide crisi nella provincia. A minor oppressione della medesima si vorrebbe pur che fossero più moderati i pesi de' quartieri alemanni, ma le ragioni della necessità vincono quelle della prudenza e della giustizia.

Con tali esami si squittinano i principi d' Italia; ma con altra bilancia si pesa la figura maggiore della Serenissima Repubblica, che anzi coi suoi savii esempi si conosce esser di norma a tutta la provincia. In giusto onore della medesima vidi sparse opinioni di somma stima; e giudicandosi che per i suoi naturali istituti ella sia non solamente attaccata all' oggetto della neutralità, ma anco a quello dell' equilibrio; si crede che internamente ora favorisca gl'interessi della corona. Ben è vero, che il bisogno mostrando di non intieramente appagarsi con supposizione, esce talvolta in voce di stupore, che non s'osservino le vecchie massime, trascurando di aiutar con positivi impegni il partito de' più deboli e soccombenti, e non ascoltando i motivi in tanti tempi portati per la lega d'Italia. Si ritira però il pensiero quando i così frequenti, o celebri trionfi dell'invitta patria dan a conoscere, come dopo le passate tanto gloriose difese, stia occupato il potere nell' insolita congiuntura di sì gran guerra contro il nemico del cristianesimo. E veramente non solo i popoli e l' universale della corte, ma il ministero stesso applaude con veri sensi alla fama delle pubbliche vittorie; quasi dolendosi, se non sono successivamente moltiplicate. È pur uguale nello stesso ministero l'estimazione verso la prudenza di quest'Augusto Senato, confessandosi, che in niun luogo meglio, che in esso, sian incontaminate da ogni estrinseca industria le massime e lucidi i giudizii non men dei successi presenti, che delle contingenze future. Perciò quegli ufficii che fui comandato di esporre sopra il grave negozio della pace d'Europa, furono con attenzione e gradimento accolti, potendo anzi soggiungere, che da principio quando seguitando le misure de' pubblici comandi era più ritenuta la voce, con certe maniere mi si accennavan inviti per esplicarla; e fu poi corrisposta da quelle confidenti partecipazioni che son note; onde l'usar verso quella corte attenzioni di stima, servirà ad attrarla ed a far fiorir in più modi l'intelligenza migliore.

Così posso riferire dopo aver risieduto nella stessa per il giro di tre anni, nel qual fu partecipe delle applicazioni e de' dispendii ser Antonio primo mio nipote, che non ha lasciato di consolarmi con saggi di buona volontà e d' un desiderio ben attento ad istruirsi nelle regole di un divoto cittadino.

Agli obblighi della secreteria, dopo aver nel primo tempo lodevolmente supplito il circonspetto secretario Giacomo Resio, per tutto il corso poi del ministero vi soddisfece il fedelissimo Enrico Corner; ed avendo adempiuto le sue parti con pieno concorso di fede, puntualità e talento, si rende degno de' testimonii della pubblica grazia ed approvazione.

Di me, Serenissimo Principe, non posso scriver, che con rossore, onde inchinandomi al regio trono, dove ho la sorte di venerar collocato l'illustre merito e nome di Vostra Serenità, tanto acclamato, e conosciuto anco nella corte di Spagna, devo implorare, ed unitamente dall'Eccellentissimo Senato, il perdono alla serie de' miei passati e presenti difetti. Per essi sento al cuore non il rimorso, ma la mortificazione; e se dal primo m'esime la conoscenza di aver contribuito ogni sforzo delle fortune e dell'attenzione, m'espone alla seconda un'altrettanto certa notizia, di non aver potuto ben pareggiare il gran debito che contrae verso la patria chi sta occupato in sì pesanti impieghi. Fu di coraggio il pubblico generoso compatimento, che raccogliendolo dalle ossequiate Ducali, serviva non già di premio, dove era deficiente il merito, ma di stimolo forte ai studii di meritarlo. Con tal fine sta pur preparata l'obbedienza mia a passare nella così grave ambasciata appresso Cesare; per la quale fra tanti contrarii riflessi, un solo vantaggioso sussiste, ed è quello del possesso, in cui ho la gloria di essere, del magnanimo gradimento di cadauna di Vostre Eccellenze, non men verso il zelo della mia divota persona, che della mia umanissima e rassegnata casa a tutte le occasioni, se ben frequenti ed incessanti, del servire.

Nel tempo del partire da Madrid Sua Maestà si degnò d'inviarmi un bacile ed una catena d'oro; e chi la presentò volse farmi rimarcar per insolito l'ornamento d'una medaglia, chè vi stà appesa, con l'effigie d'ambe le regnanti maestà.

Tuttociò s'offerisce depositato ai piedi del real trono, acciò riceva una nuova e miglior impronta, che sarà quella delle supplicate beneficenze di Vostra Serenità e dell'Eccellentissimo Senato nel generosamente ridonarmelo. Grazie.

BREVI CENNI

INTORNO A

PIETRO VENIER.

Di Pietro Venier figliuolo di Francesco, poche e confuse notizie abbiamo potuto raccogliere. Il Cappellari nel non sempre esatto suo *Campidoglio Veneto*, nomina un Girolamo Venier ambasciatore in Ispagna nell' anno 1695, evidentemente errando, mentre non Girolamo ma Pietro è il nome del presente ambasciatore eletto il 10 dicembre 1693, come si rileva dai registri del Segretario alle Voci. Invece quel Girolamo Venier fu spedito appunto colla Parte 1 luglio 1695 insieme a Lorenzo Soranzo, oratore straordinario a Guglielmo III d' Oranges, per congratularsi della assunzione di lui al trono d' Inghilterra.

Pietro Venier di Francesco è pure nominato nel Cappellari, ma non come ambasciatore in Ispagna. Egli fu nell' anno 1687 uno dei nobili dati per assistere il duca di Savoja, venuto a Venezia a passarvi il carnevale; e dodici anni dopo prestò eguale ufficio alla regina di Polonia. Frattanto fu ambasciatore ordinario in Francia per sei anni, dopo i quali senza ritornare a Venezia passò ambasciatore in Ispagna, dove rimase tre anni circa. Le vicende corse durante le due legazioni, racconta diffusamente il Venier nelle sue relazioni: quella di Francia che egli spedì da Madrid il 17 settembre 1695, e quella di Spagna che lesse in Senato il 28 giugno 1698. Questa è notabile per le particolarità narrate del commercio e della industria di Spagna, e per le importanti previsioni e giudizii intorno alla probabilità della morte del re Carlo, senza successione. Nell' anno 1700 fu creato Procuratore di s. Marco, e morì nel 1705, avendo soli 55 anni di età. Fu sepolto in Venezia a *S. Vito*.

memoria di passata gloria, che rimproveran al governo presente la diminuzione nella quale è caduta a grado a grado sotto li successori Filippo III e Filippo IV ed il presente regnante, parte per le interne turbolenze, parte per le guerre forestiere, piombando in perdite e rovine: che per tenersi in tregua d'alcun respiro dopo il getto profuso d'innumerabili tesori, si sono innestate con trattati l'uno con l'altro producendo smembramenti di dilatatissimi Stati, innalzando proprii sudditi a potente sovranità ed accrescendo la forza del suo più emulo; che non li sia dato tempo perchè si rimetta in alcuna consistenza.

Quali siano state pure le cause che hanno confluito a tali calamità, con quali eventi ed in quali tempi, non appartiene al caso, nè all'oggetto della presente, al possibile compendiosa, relazione. Basta il dire che la contraria vicenda della felicità passata si è resa immobile dopo il corso d'un secolo, che il mal destino si è dichiarito anco sotto il re regnante; ma che quando un risoluto e ben ordinato governo soprastasse, tanto s'estende l'ampio e dovizioso dominio, che potrebbe giuocare predominante figura nel mondo, quanto ora sconvolto nel temperamento lo spirito degenera da' primi principii, con i quali fu nutrito; e quasi che bastasse il superbo vanto del passato onore e dell'antico valore, il sangue vivo è passato alla freddezza nel mezzo di tali monumenti, con un cuore illustrato dalla sola memoria d'aver saputo vincere quanto ogn'altro.

Alla congerie de' funesti accidenti promossi sopra tutto dal valore si concatenò il nodo degli eventi successivi nell'ultima guerra. Vi entrò la corte con aria di sprezzo delle perdite, preferì gli impulsi dell'odio al freno prudenziale della esperienza, e stanca di veder rotti dalla Francia li vincoli sacrosanti de' trattati, violati li giuramenti e il rito della fede, stimò che il rischio anco del soccombere, e la faccia del travaglio dovesse posporsi al senso della quiete, anzi rendendolo per meno dubbioso, fosse meglio rifiutare la neutralità offerta, seguir l'occasione suggerita ridente, e la fortuna arridente allo imbrandir l'armi che tanti principi sostenevano.

Si unì in lega dunque con essi, diede indi mano all'inclu-

di agire sopra la corte della Francia, non era stata mai secondata da alcun fruttuoso tentativo. Così o ravveduto di questo supposto infruttuoso dispendio, o impotente al coltivarlo, postosi anco di mezzo il dissapore per il ministro olandese Sconeberg, non mancate reciproche gelosie d'inclinazione alla pace, ed in buona congiuntura passata l'armata francese del Mediterraneo sull'Oceano, cessò per una parte il bisogno dell'assistenza, e dall'altra si accrebbe quello di trattener l'unione delle forze presso dell'Inghilterra; ma sopra ogni parte appariva evidentemente il profitto della guerra in Italia, come la più onerosa diversione al nemico, e perciò si assistè con alcuna prontezza fornendo il piano convenuto con sfilate da Napoli ed altri regni. Leganes aveva demolito Regiolo nel Mantovano che fu per il più fortificato da Fuensalida, e Guastalla che lo fu col denaro de' Francesi: ciò a titolo di poner l'Italia nella sua libertà, ma principalmente per rompere gli impegni, che teneva seco loro il duca. Accarezzava quello di Savoja, lo lusingava con promesse di puntualità ne' mensuali di trenta mille scudi convenuti, e tutto si operava per tener in piedi quell'importante cessione.

Ma le perdite di quel principe essendo state da velocissimo urto rapite ne' principii e nel seguito della guerra, e come un lampo breve di luce alternate dalle poche prosperità dell'accordata demolizione di Casale tanto sensibile a Cesare, e della ricupera di Namur in Fiandra, con che si sarebbe segnalata gloriosa la campagna agli alleati se non fosse stata funestata dal bombardamento ardente di Brusselles, e con il ritiro celebrato di Vademont dalle mani del maresciallo di Villeroy, subentrò ben tosto di nuovo l'aspetto di maggiori calamità.

Per discreditare gli avvantaggi del cristianissimo esageravano gli Spagnuoli, che il tempo averebbe domata la sua ferocia, per la stanchezza di lungo travaglio e per il carico necessario di presidiar tante piazze; ma esso riparando con la prudenza l'inutile impiego si ridusse particolarmente a mantener in Catalogna le principali, abbandonando e demolendo le inferiori.

Ma gli Olandesi che tanto contribuivano all'unione, non

Aveva prima di segnarlo giustificato il duca, con offici misti di ragione e di proteste, la necessità in che era piombato, la perdita seguita de' suoi Stati, le vittime esangui de' suoi sudditi sacrificati agli interessi della lega, l'estremo a che si era ridotto senza lena per continuar il peso, li soccorsi ed esborsi non conformi nè all'impegno del contratto, nè alla contingenza del suo eccidio, la sua capitale minacciata da un assedio, la forza in fine, in che era, di non abbandonare il senso de' sudditi anelanti respiro e sicurezza.

Avveduti gli alleati di questo pregiudizio imminente al comune degli interessi nell'altre parti, s'opposero con tutto potere. L'imperatore per mezzo di Mansfeld, la Spagna di Leganes, l'Inghilterra di lord Gallovay, promettendo forte assistenza in guerra, ed in pace condizioni eguali ma con maggior sicurezza; ma sia che procedesse l'impegno come fu sospettato, e per darne apparente ragione fosse finto l'assedio di Torino per palliar sotto un atto convenuto il terror delle minaccie, o sia veramente, che questo sia stato l'esorcismo della stanchezza e del timore, e l'offerte il prurito dell'ambizione e della quiete, il duca mutò genio e scoprì la maschera, concluse il trattato, entrò nelle convenienze del nuovo amico, con lettera al re Giacomo aprì confidenza, ed in una stessa campagna fu generalissimo alla testa di contrarie armate: di quella degli alleati per difendere la sua capitale, di quella di Francia per attaccare i suoi difensori.

Sconcertato questo ordegno, come suole succedere nelle grandi macchine, si scompose non solo il loro movimento in Italia per gli alleati, ma molto anco fuori di essa; il credito dell'unione s'illanguidì, crebbe il coraggio, il vigore e la riputazione della Francia, onde si diede unitamente all'attacco di Valenza, nello stesso tempo spedì ministro a' principi Italiani armato di minaccie per impedir li quartieri agli Alemanni. Il duca s'offerì mezzano alla corte di Madrid; l'Olanda e l'Inghilterra studiarono con offerte di mesate e grossi soccorsi di divertirlo a Cesare. Parve il re cattolico nei principii altrettanto con essi costante, quanto irritato del duca, sebbene con soverchia dissimulazione.

infesti, di stabilir sì cospicuo matrimonio, d'aver vendicato con premii equivalenti li passati danni, provisto al tempo futuro, e vantato il merito d'aver non solo rimessa la prima tranquillità d'Italia, ma influito per quello anco sull'universale. Quando all'incontro la Francia ha esagerato esserne stata il solo autore con moderazione aliena dal fissare il piede nella provincia, per gli assensi dati alla demolizione di due importanti piazze.

Ma in effetto guadagnata l'amicizia del principe, domato da tanti travagli, ha ottenuto la libertà del commercio, che per la porta sola di Ginevra era debolmente aperto, e dato punto alla perfezione di tanti tesori per più utilmente impiegarli nell'altre parti, e giungere alla meta della desiderata pace. In somma dall'aiuto della vigilanza, introdotta la finezza di questo maneggio, sortì col favor della congiuntura esito sì felice.

Con tal capo d'opera mutata la scena, la Francia si pose subito in qualche elatezza nel generale che correva sperando perfezionarlo con maggior decoro, ed entrò nello stesso tempo negli animi di Cesare e del Brittanico alcuna gelosia, che gli Spagnuoli fossero per dar orecchio alli progetti fatti di neutralità per la Catalogna; ma le loro gagliarde opposizioni portarono quella Corte al rifiuto; da ciò nacque, che i Francesi cominciarono a darsi alle speranze dell'armi e con buona riuscita, perchè acquistarono Ath in Fiandra, Barcellona in Catalogna, e non abbandonando il negozio, nel che non sortì loro di dividere gli alleati con varietà di maneggio ora in un modo, ora in un altro, così intorno al luogo del congresso che alle condizioni lo tenevano assai pendente ed incerto. In fine s'aggiustarono i sostanziali articoli sotto titolo de' preliminari, e che passarono per stipulazione ne' trattati (1). Più principi desiderarono la mediazio-

(1) Il congresso si aprì il 9 maggio 1697, a Riswik in Olanda. Fu conchiuso: I.° Pace tra la Francia e l'Inghilterra: Guglielmo III è riconosciuto legittimo re, e le conquiste sono rese a vicenda. II.° Pace tra la Francia e l'Olanda: reciproca restituzione e trattato di commercio. III.° Pace tra la Francia e la Spagna: restituzione di tutte le conquiste in Catalogna e nei Paesi Bassi. IV.° Pace della Francia coll'impero: la Francia conserva l'Alsazia restituendo tutto quello che aveva conquistato di più; le controversie sull'eredità del Palatinato de-

quando il caso differisse alcun tempo; e se accadesse vicino, le conveniva rompere almeno si possente unione. Anzi la condotta presente autorizza questi oggetti poichè apparisce quanto quel ministero studia, e con quali arti si guida nel guadagnarsi l' affetto del Britannico, ritarda di consegnare le piazze a Cesare, e nella sospensione della general riforma che avea risolta.

Ma sia questo funesto accidente per succedere quando il Signore Iddio lo decreti, è certo che somministrerà materia ad un grand' incendio, mentre la circonferenza della monarchia esce dalla sfera ordinaria dell'altre che la tengono stabilita con certa successione. In tale evento non vi è principe d' Europa, che immediatamente, o mediatamente non v' abbi parte, se cadesse più in uno, che nell' altro de' pretendenti la sostituzione.

Tre ve ne sono che vi concorrono con differenza de' titoli: la Francia li esagera migliori e più fondati, sebben si dicono dalli due competitori Baviera e Cesare, caduti con la rinuncia della regina Teresa madre del Delfino primogenito del primo letto di Filippo IV, e che indi si dichiari col suo testamento esclusa questa controversia, che suscitata sino al tempo della invasione della Fiandra, diede argomento a più stampe, e dall' acume di più penne sostenuta ed opposta sino che cadde in silenzio per il supposto d'un caso remoto, e lusingato da' Spagnuoli forse non succedibile. Ad ogni modo la Francia dall' osservata sterilità delle due regine, la Francese defunta, e la presente regnante, rinforzando l'attenzione, non lascia di tenere nella Corte e molto più nell' aura del popolo di Madrid un grosso partito, che stato alcun tempo secreto pare ora che senza riguardo si vadi scoprendo, e che autorizza con discorsi assai liberi le ragioni del Delfino come le più legittime, e misurando col proprio interesse le speranze di migliorar la sua sorte, va pubblicando, che seguendo l'elevazione del suo secondogenito s'introdurrebbe, se non perpetua, almeno lunga riconciliazione tra queste due potenze, si accomunerebbe la felicità con amichevole consorzio, e regnando un re dell' istessa casa, la volontà di due sarebbe una sola. Ma come il primo diritto apparterrebbe al primo nato duca di Borgogna, viene da altri opposto, che se si propone-

dell' arciduchessa, sebbene il re presente scrisse due segrete lettere all' imperatore con le quali la conferma.

Così la corte di Vienna prevedendo che le ragioni sono deboli per spuntare un giudicio favorevole, che non può decidersi da altro tribunale che dalla forza, convenne negli articoli segreti del trattato 1689 di maggio coll' Olanda, e nel quale entrò l'Inghilterra: che nel caso del decubito del re cattolico senza successione dovessero quelle potenze aiutarlo contro il delfino e quelli che tentassero di contrastargliela, ed in concambio contribuirebbe al re Guglielmo per la consecuzione di quei tre regni; ma non per anco seguito il caso giace oscuro, come ne uscirà, e a questo rilevante oggetto visibilmente ha diretto Cesare di lunga mano li suoi passi. Oppose quanto potè la conclusione della pace d'Italia, per tener le sue armate a cavaliere del Milanese, e per indebolire li principi italiani con quartieri d'inverno, perchè fossero all'occasioni più dipendenti; contribuì alla conclusione de' matrimoni del duca di Parma con la vedova di Neoburgo sorella dell' imperatrice, di quella di Modena coll' Annover, e del principe Gastone di Fiorenza con la vedova di Sassonia Lauemburgo tutte alemanne, e con le quali tiene diversi mezzi per guadagnare per esso quelle cose. Procurò d'introdurre dopo spedito un piccolo corpo, un maggiore di milizie tedesche sotto il principe Langravio d'Assia in Catalogna, lo fece promovere indi vicerè, gli riuscì di far conferire il governo di Milano al principe di Vaudemont tanto attaccato a' suoi interessi, e gli passò per l' idea di far dare il governo di Napoli al principe Giacomo di Polonia.

Nel mezzo e prima di queste procedure ed andamenti, poco mancò che l' ultimo fato non togliesse dal mondo già un anno e mezzo entrambi li regnanti. La regina a causa verificata de' rimedii sforzosi presi, e da essa creduti con inganno atti alla gravidanza, ed il re de' disordini e passioni, poco mancò non rimanesse il trono vuoto. I voti, le lacrime furono universali, i cuori de' sudditi un solo, quando all'incontro si mostravano assai indifferenti della regina per esser poco amata, e poichè risanando il re avevano occasione di sperar fecondità da

maggiore e consiglier di Stato con commissioni di rappresentargli le sue ragioni e ravvivarli l'abilità antica della linea Spagnuola al succeder ne'Stati germanici. Onde oltre titoli propri, la gratitudine dovea chiamarlo ad esaudire le sue istanze, che tendevano, perchè dichiarasse suo figlio senza spiegare il re de'Romani o il duca per successore. Ma appena giunto, conosciuto insormontabile e sterile il terreno a produrre questo frutto, smontò da esso, e s'applicò ad uno sperato più riuscibile: insinuò perciò sempre col mezzo della regina di far passare alla corte di Madrid l'arciduca Carlo, con gli esempi degli arciduchi Alberto e Rodolfo, quando Filippo II regnò col letto sterile, che indi fecondato li fece partire. A queste rimostranze fastidiose il re si palesò ripugnante, appena ascoltava il ministro, e partiva senza risposte. Molte furono le cause, e sopra tutte, la congiuntura perchè non potendo la Francia opporsi a questa negoziazione per la guerra che correva, pose in uso la forza. Attaccò, come si è detto, Barcellona, ed il suo esito intimori per una parte il re per l'altra raffreddò il calore d'Arach. Ma Baviera stimando non esser di suo conto il far pubblica figura, si tiene in silenzio apprendendo egualmente dall'uno che dall'altro de' contrarii partiti, e stette solo in attenzione.

Così Harach parte per il contrattempo della spedizione, parte per la ripugnanza del re senza riuscita del negozio abortito ne' suoi principii, ricevè commissione di congedarsi, nè si mancò da' partigiani francesi discreditarlo, occupandolo nei pensieri d'entrar nel consiglio, d'aver ricovrato il conte di Fuentes per innanzi pubblicato criminale dal re, é d'altre invenzioni che si vuole dall'Almirante e dai di lui partigiani suscitate.

Non fu frattanto tralasciato di dirsi, che si sarebbe potuto contentar tutti con smembrazioni, perchè essendo tanti li Stati della monarchia con differenti titoli divisi ne' regni di Castiglia e Aragona, Stati di Borgogna e Milano, cadauno avrebbe pacificamente potuto prendere una parte. Ma l'apparente è che la Francia non permetterà mai che Cesare passi a si vasta eredità. Servendo io Vostra Serenità nella amba-

do del volto, l'adorno della parrucca gli mitiga alquanto la deformità; e la sua statura piccola non concilia a prima occhiata quella venerazione che sovente l'aspetto solo suol tirare. L'umore suo malinconico lo porta al ritiro, e l'educazione nel mezzo delle donne l'ha imbevuto di timore. Ha abbandonato quasi intieramente il divertimento della caccia, ed il maggiore lo gusta alcune ore del giorno nell'osservare o dipingere assai capace così nel disegno, come nella velocità dell'esecuzione. Ha intelligenza in un negozio a parte, ma per compaginare la massa di più cose sian politiche, di guerra, o di economia, è inferiore. All'espedizion de' dispacci, che si sottoscrivono per il più con stampiglia, accudisce con regola due ore la mattina, ed altrettante la sera. Ad ogni momento anco per piccolo negozio chiama il secretario, ma più per essere informato che per risolvere; e con raro esempio agisce con spontaneo movimento, ma sempre con regola del consiglio di Stato, dove rare volte interviene, e rarissime si dipartisce, se non alcune volte, che la regina o il cardinal Porto Carrero lo portano di sbalzo; questa irresoluzione viene colonestata da' fedeli suoi servitori all'esperienza di tanti casi sinistri, ed alla diffidenza della propria opinione. Per il più mostrasi vario, onde avviene, che uno fa disfare quello che l'altro ha con industria fabbricato, e di ciò tanti si contano gli esempi, che si è conosciuto inoltre che quanta facilità ha per l'amore, l'ha anco per l'abbandono. Il suo naturale è poi ardente e suscettibile de' sospetti. Poco guarda il secreto, e dopo rotto gli displace, per ciò chi si sia si guarda di dirgli quello che veramente è, e poi si lamenta che niuno l'avvertisce di cosa alcuna. Contuttociò li suoi fini non possono essere nè più giusti nè più retti.

Vorrebbe tutto procedesse con perfezione, è disinteressato ma più per elemosine che per opere grandiose, delle quali niuna apparisce. È amico de' vecchi usi, nè ne acconsente l'alterazione. Frequenta le cappelle con esemplarità e devozione, ed è religioso osservante di tutte le ore che sono destinate per questa cultura.

Tra il bilancio di tali parti buone e contrarie, non vi è

la massima di trasmetterle in loco sicuro e di provvedere ad alcun suo sinistro caso. La Baronessa Berlips alemanna, e il confessore cappuccino padre Gabriel sono gli intimi confidenti de' suoi arcani. Questo lo trattiene con nobili stanze nel convento, con quotidiani delicati cibi, con servitù e carrozza, e fuori che l'abito ed il letto, chi si sia non ha di che invidiare la sua condizione. L'altra ha fatto beneficare dal re con dodici mila pezze all'anno sopra l'eredità del principe d'Astigliano in Napoli, e con la collazione al di lei figlio dell' Arcimandrato in Sicilia che ne rende quindicimille sotto colore di ricompensa all'assistenza prestata nella sua infermità. Tuttociò fa mormorare li sudditi e cortigiani; dicono che applica più alle sue convenienze, che a quelle dello Stato; essere compagna del re, non del regno, al quale pregiudica con far conferire li posti a soggetti senza merito per via di denaro e regali, da' quali ne procedono poi rilevanti disordini al regio servizio. Chi la scusa sostiene passare nelle mani della favorita e dell'Almirante, e prima di essi si approfittasse il baron Viser; ma che anzi dando la sua applicazione al bene del regno, il re conosce necessariamente dover esser ella a parte del più interno, nè esservi chi più a lui parla con sincerità e disinteresse. Ad ogni modo essa sprezza li discorsi pungenti, va al suo cammino, regge e comanda, ed esercita la figura piuttosto di re che di regina.

Per usare di questa stessa autorità s'è sempre opposta alla dichiarazione di primo ministro; ed in tal stato trovai la corte senza privati: con quell'effetto, che se in più governi serve di veleno, nel temperamento della monarchia spagnuola si è esperimentato per salutare preservativo.

Perchè comparisca all' Eccellentissimo Senato l'aspetto presente convien volgersi alla radice. Il conte Oropesa fu scacciato per opera del duca Ossuna e del principe d'Astigliano, che fatto credere al conte Mansfeld allora ambasciator cesareo, che per governare a suo modo doveva farlo appartare, lo indussero a cooperarvi. Si servirono del confessore Matilda, che si vuole ponesse scrupoli di coscienza al re, se non gli toglieva la presidenza di Castiglia come incompatibile con quella di

dinale era necessario sacrificare alcuno e si scelse Bagnos. Con tali principii guadagnò la grazia della regina, che fece sostituire per secretario D. Giovanni Larca sua creatura; ma nel seguito del tempo levato ancor esso per la sua scarsa abilità, indi successogli il maresciallo di Villanova, che morì, e finalmente ora D. Antonio Wilgia tutti per gratitudine e per interesse si sono mostrati interamente attaccati. Non contento il cardinale della lontananza di Bagnos insiste perchè si cacciassero li due altri, il baron Viser e la Berlips, esagerando li stessi continuati disordini: ma ella per non privarsi della favorita piegò al ritiro dell'altro, che partì ben regalato con non poco senso del Palatino, che per decoro lo spedì a complimentare il principe di Parma sopra la morte del fratello. Insinuandosi per tal via l'Almirante nel favor della regina, e questa con dominio sopra l'arbitrio del marito, con un segretario dipendente subentrarono due soggetti, che ora sono li mezzani alle suppliche private ed alle regie disposizioni: il confessore padre Gabriel, ed il padre Carpani inviato di Treviri. Il primo riceve le istanze, ed esercita quasi l'officio di primo ministro con anticamera continuamente frequentata da pretendenti: l'Almirante le pondera e l'altro le negozia, passando alcune anco per il canale della Berlips, indi della regnante, si concludono, e il re non fa che approvare. Più volte tentò il cardinale far contrapunto col procurar richiamato Oropesa sinchè per ordine regio si pose in cammino. Ma la regina avvertita gli fece sospendere con corriero l'avanzamento, e fu gran forza della cabala nell'occasione della prima infermità del re, che resosi a baciarli la mano dopo brevi giorni si rivolse al ritiro, nel che si vuole abbi cooperato il padre Matiglia confidente dell'Almirante. Ora nella corrente nuova disposizione antecipatamente questo scacciato, l'altro si richiamò, e le cose interne possono di presente girar faccia. Tale è la sfera di quella corte che sotto influssi varii ed incostanti e con costellazioni erranti rende li suoi giri a chi fatali, a chi propizii. Un ministro, non sicuro di star immobile e fisso; le mutazioni, frequenti; il certo, vacillante; ed un contrario, si pressa di prender luogo sopra l'altro contrario.

relativa alla vasta potenza. Poco grande, pochissimo dilettevole; se la nobiltà di tanti stati concorresse in Madrid sarebbe la più numerosa di tutte quante dell'Europa. Ma i vicerè e governatori partecipano di questa grandezza, e per la distanza del centro la diminuiscono. Li sudditi non vi passano che per negozio e pretese sovente da essi divertite. Li regni della Spagna abbracciano più di tre gradi di nobili, cioè: grandi, titolati e più inferiore nobiltà. Alcuni delli secondi non cedono alli primi per vanto di nascita più antica, loro negano titolo superiore, e si trattano con bassa familiarità; quando all'incontro essi si professano pari ad alcuni de' principi sovrani, denominando anzi le loro terre stati (1); ed infatti alcuno le tiene così grandi, che unite formerebbero una considerabile provincia, ma senza quelle forze, colle quali anticamente sostenevano potenti eserciti. Si contano poche famiglie distinte per ricchezze, la maggior parte impegnate e rovinate da nascosto e da evidente lusso de' domestici, cavallerizzi e da mala economia, che reputano per grandezza. Alcuni si trapiantarono dal regno di Portogallo, quando lo dominava la corona. Li duchi d'Arcos, di Linares, Aurantes, Zuniga ed il marchese di Castel Rodrigo sono del numero, tutti li altri spagnuoli e pochi italiani. Sebbene paiono nell'esteriore di naturale superbo, nel tratto però sono cortesi, ma quando seco loro si puntiglia, elatissimi; stanno li più vicini alla persona reale con studio che chi si sia non passi a famigliare accesso, tenendolo in tal modo in una specie di nobile prigione.

Tre cariche principali soprastano alle inferiori. Il maggiordomo maggiore ora vacante: comanda alla casa reale composta dei maggiordomi, gentiluomini di bocca ed altri inferiori officiali. Il somiglier di corte, ossia cameriere maggiore, è esercitato dal conte di Benavento, che prevale negli onori principali nella stanza, e nella quale servono alternativamente li gentiluomini di camera d'ufficio. Quella di cavallerizzo maggiore, appoggiata all'almirante, presiede fuori di casa a tutta la cavallerizza. Alcuni grandi e titolati partecipano del semplice ingresso a corte

(1) Estados.

l'Eccellentissimo Senato il numero e qualità de'consigli, con li ministri principali che li compongono. Quello di stato è la prima intelligenza del governo, dal quale regolatamente prende il re il parere. Si raccoglie tre giorni alla settimana, e con applicazione digerisce le materie dello stato, e quanto tocca alla guerra, alla pace e ai principi; consulta gli ambasciatori, e la distribuzione de' posti più cospicui e superiori; quando li ministri opinano divisi, il re decide da se, o con il consiglio di chi tiene più in credito; se vi è zelo nel cuore di alcuno, la tepidezza d'altri non seconda, e perciò quanto mature emanano le deliberazioni, altresì degenerano nella tardanza e languidezza: niuno tenendo sopra di se stesso l'esito, si si dirige per lo più senza preveder li casi; ed ho sentito a dire da soggetto accreditato, che non deve recar stupore se li canali non fluiscono caldi, quando la sorgente è fredda e quasi agghiacciata.

D. Luigi Emmanuele Porto Carrero arcivescovo di Toledo usa con stranieri ministri, e generalmente con tutti grande affabilità e cortesia: il zelo suo ed il servizio del re richiederebbero maggior talento, che fuori dell'esagerare i disordini non sa formalizzarsi alli ripieghi. Parla con libertà al re, e più col desiderio che con la risoluzione, contribuisce a regolarli.

D. Alfonso Aghillar, cardinale di Cordova nuovamente promosso al cappello poi al Consiglio, si distingue per la sua vita esemplare e per la perfetta inclinazione. Dal fondo del buon senso non si innalza però la cognizione. Parea destinato a passare a Roma per prender il luogo del cardinal Giudici, che tuttavia differisce a partire.

L'esercizio di tanti governi e lunghe legazioni di don Antonio di Toledo marchese di Mansera, come l'ha colmato di cognizioni dell'interno ed esterno, l'ha pure di credito per invecchiata prudenza, che lo rende superiore a tutti li ministri. La carica di maggiordomo maggiore che teneva dalla regina madre lo esimeva dal frequentare il Consiglio, ma dopo defunta conservando il titolo ed emolumenti v'interviene più assiduamente. Tuttavia per l'età sua settuagenaria, opera con tardanza,

D. Ferdinando di Moncada duca di Montalto, presidente del Consiglio d'Aragona, stà immerso in molte occupazioni proporzionate al di lui genio laborioso, non lasciando momento che non lo dia al servizio del re. Le sue massime sono placide e soavi, e con intelligenza tale quale si può desiderare in ministro che non si pretende di sublime elevazione, accresciuta anco dalla cognizione degli affari di Fiandra; allora quando vi sostenne il generalato della cavalleria mostrò di non aspirare ad alcun incremento, e che l'applauso generale l'inalzava quando il re lo distingueva di confidenza, ma la sincerità con che ha proceduto gli ha fatto perdere la mano guadagnata dall'almirante, irreconciliabile, non saprei dire, se emulo o nemico. Servitosi questo per abbatterlo quando fattoli nascere un punto d'onore, gli fu prima commesso, poi levato l'esame di negozio privato, dal che piccato con sensi liberi si dolse col re in un memoriale, che gli occasionò la sua disgrazia.

Dall'evento di essa prese un alto volo Gio. Tommaso Enriquez Cabrera Almirante di Castiglia, cavallerizzo maggiore, rappresentante sempre nella scena di quella corte il finto personaggio. Dispone a suo modo il più importante, e senza figurare il carattere di primo dichiarito ministro, in sostanza lo esercita, col proceder con tal arte, che fingendo di non voler il più, tutto abbraccia e tutto regge. Con questa misteriosa condotta tende a due fini: l'uno di conservarsi lungamente in tal superiorità, l'altro di schivar l'imputazione de'mali successi, ad ogni modo noto ad ognuno e lacerato da fatiche o mormorazioni, ma egli sprezzandole va al suo cammino, e con l'uso del suo sagacissimo genio dissimulato sopramodo, se non gli riesce d'ingannar tutti, ne inganna molti, o almeno paiono ingannati quelli, che per bisogno della sua autorità lo devono coltivare. È giunto all'orecchio del re lo scontento generale della sua violenza nell'azione, del suo scarso zelo e della sola sua amicizia al suo interesse; ma il puntello della regina l'ha sostenuto sinora, e posto al coperto del contragenio del re; e non fu piccolo aumento della sua real protezione quando gli fu permes-

grandato, ma particolarmente coll'aver seguitato il partito della regina madre nel tempo delle divisioni della corte con don Giovanni. Corse il militare marittimo cammino, nel quale ascese al generalato dell'armata, con che ebbe occasione di segnalarsi; ma l'essersi allora perduta l'Arache senza averla soccorsa, quando si credè in stato di farlo, gli ha attirato non solo declamazione, ma l'odiosità. Non ostante la regina sua protettrice lo risaltò e lo fece anzi promovere al Consiglio di stato, prima del mio partire lo fu pure alla presidenza d'Aragona, per gli ufficii del Langravio d'Assia che interessò la regnante. Il re tuttavia non lo tiene in credito, e dalle più gravi discussioni viene per il più escluso. La sua opinione non è la più seguitata, ed alcune volte prevenuta da passioni; il temperamento suscettibile di consigli feroci e dell'accendersi; di genio intraprendente, d'alacrità nel maneggio; non pondera le conseguenze degli impegni, nè pensa al fine della uscita: ciò perchè è impresso della potenza del re ed appena tinto di quella degli altri. Tiene egli però una vasta mente, s'esprime con termini sentenziosi, ed il suo forte si dilata nella cognizione della marina e del commercio, nel che si dice approvecchiato, quando particolarmente sostenne il governo di Cadice. Per altro civile quanto conviene, e con ostentazione di pietà, procura attemperarsi al genio del suo sovrano, sposò altre volte in amichevole intelligenza l'interesse dell'almirante, poi ripudiato si gettò alli di lui contrarii. Ora agisce con arte, ma diffidente a tutti, non sta bene con uno, nè con altro.

Nell'età decrepita, in che si trova don Enrico Benavides marchese del Vico si trova privo del senno per entrare nel Consiglio, servendogli il posto di gratitudine a'suoi passati servizii prestati con zelo e senza interesse. Anelò di coprirsi (1) per coronare con questa marca il residuo de'suoi giorni, che infine conseguì, non ostante che per alcun tempo gli fosse negato, ed egli con libertà rinfacciasse al re e pubblicasse l'ingratitudine al suo lungo prestato servire.

Descritti li caratteri de'soggetti che compongono il Consi-

(1) Cioè d'esser fatto grande di Spagna.

nerale, ognuno affacciando non meno servizii e benemerenze, che attività di talenti.

Cadauno degli altri Consigli abbraccia più reggenti, o consiglieri di toga, di spada ed ecclesiastici, con li loro secretarii ed assessore, sotto un presidente o governatore: e sono di Castiglia, Guerra, Italia, Aragona, Fiandra, Ordini, Cruzada, Inquisizione ed Indie, oltre le cancellerie ed i Consigli sovrani di Vagliadolid e Granata, che sopraintendono alle cose de'loro dipartimenti nelle materie civili e criminali con inappellabile definizione. Anco il Consiglio della contrattazione in Siviglia sopra il commercio, tutto che tenghi il suo presidio, dipende però da quello delle Indie. Soprasta in dignità sopra gli altri il reale di Castiglia che tiene alla testa don Antonio d'Argueglies in governatore. È composto di molte sale, o camere, nelle quali passano alcune prime instanze ed appellazioni del civile e criminale giudicate dalli correggidori delle città e regni, e dalli alcadi che sopraintendono le cause de' nobili. Invigila il Consiglio alla religiosa manutenzione delle regalie, privilegi della corona, e negli incontri che sopravvengono colla corte di Roma. È mirabile il fine della sua istituzione, ma per la negligenza e la dolcezza corrotta non procede come dovrebbe il criminale: perchè, scarso il rigore, il presidente per scansare la mutazione da' sei anni praticata in tre soggetti, cede e dissimula la protezione di alcuni grandi a gente facinorosa. Un bandito dopo poco tempo ritorna, e con sicurezza cammina col passaggio da un regno all'altro, s'esime dal castigo e l'immunità osservata delle chiese lo garantisce.

L'estensione dell'autorità s'annoverava altre volte nel Consiglio di guerra, ora ristretta quanto l'ha assunta quello di stato. Il re vi presiede ma non vi interviene, e li consiglieri doverebbero col merito e con la cognizione dell'armi esservi promossi, a riserva delli assessori deputati alla giustizia. Ora è sovvertito l'ordine: molti inclusi ignorano intieramente la cognizione, e quelli di stato vi tengono l'ingresso quando si tratta di materia di guerra o distribuzione di certe cariche militari così di terra, che di mare, rimanendo ad esso l'esecuzione.

autorità abusata dalle prime regole, talchè si formò giunta per esaminarla, ed in molti punti si moderò. La dilata tuttavia in tutti i regni delle Spagne con secondi tribunali, e fuori di quel centro non allarga le linee.

Il Consiglio delle Indie si divide in camere composte di soggetti di spada, e composte di quelli di toga e spada. La sua ispezione versa sopra il governo di quelli vasti dominii, riceve le informazioni di tutto ciò che li riguarda, ma per la loro lontananza li vice re dirigono con poca dipendenza. A questo importante Consiglio D. Pedro Nungnes de' Prado esercita il governo.

Egli pure ha l'occhio ad alcune cose dell' Aziénda, benchè diretta da D. Sebastiano Cotes col titolo di governatore, e questò Consiglio è formato di quattro sale con consiglieri togati e di spada. Per supplire alle urgenze viene deputata alcune volte la *giunta de medios* (1), la quale cerca li modi di trovar capitali servienti alle esigenze del più pressante bisogno.

Quando la monarchia è soprafatta, manca di quelle fonti abbondanti, che a prima vista danno a credere la vastità de' stati che possiede e la buona direzione che dovrebbe promettere. Tal difetto deriva parte dalla serie di disgrazie, che hanno causato la vendita e l' impegno delle rendite, parte per la quantità delle mercedi de'ministri, per la mala amministrazione ed inutili distrazioni, e sopratutto per la scarsa applicazione. Anco la poca fede negli appalti difficulta li concorsi, e quanto entra, incontinente esce, anzi prematuramente sta disposto. Da tante cause prodotte le ristrettezze, si provvede con interusurii di otto per cento a ragion d' anno alli partitanti, che li anticipano. Onde per tanti disordini, si forma piaga sopra piaga, senza sperare tanto vicino il respiro. Intorno questa materia, dando prima una corsa alli stati più lontani, dirò che li regni di Napoli, Sicilia, Sardegna, la Fiandra, lo stato di Milano non permettono di salvare dalle loro rendite alcuna natura di denaro. Tutto si consuma in quelle occorrenze dà'ministri, armate

(1) Consiglio delle finanze.

no esenti da nuove imposte per antichi privilegii, che custodiscono con vigilanza. Contribuisce la Castiglia sette in otto milioni, ma di questi tre soli a regia disposizione, il di più nelle occorrenze, parte necessarie, parte superflue. Le gabelle e gravezze generalmente eccedenti si diramano nell' alcavala, che è sopra le terre, moneta, farina, carta sigillata, tabacchi, dogane, ingresso delle merci forestiere nei regni ed uscita da quelli di Spagna; nell' importante della cruciada, mezza annata sopra ogni carica, ed in fine nelli aggravi sopra ogni sorte di commestibili. Li ecclesiastici contribuiscono il sussidio e l' escusado, ma con la rifazione bonificata così alli regolari, che secolari, con giuramento per consumo in certi requisiti necessari al vivere, sta questa rendita esposta ad inganni.

Riguardo alli territorii, ad ogni luogo superiore presiede nell' esazione un corregidor, od amministratore subordinato al Consiglio della azienda, o un partidante. Li comparti si regolano con la proporzione delle terre de' villaggi, ed in queste amministrazioni il numero de' ministri come nell' altre sorpassa l' immaginazione. Si conobbe l' eccesso con disordine gravoso. Si principiò a correggerlo, ma la puntualità dell' esecuzione raffreddatasi col progresso del tempo molti sono stati rimossi. Per supplire alla guerra passata si sono posti in opera più espedienti con accrescimento de' dazii, diminuzione de' salarii, vendite de' titoli, annullazione de' giuri ossia censi. Nello stesso regio palazzo s' estese alcuna economia (1), ma di poco rilievo alla spesa esorbitante, che s' impiega particolarmente con pensioni, che passano nelle mogli e figli, e quasi si perpetuano. Basta dire che vivono in esso più di trecento e cinquanta donne. In tale stato sono le finanze, che impiegati per li bisogni urgenti prima della loro maturità, gli interusurii molto assorbono (2), la sregolatezza continua (3); ed è opinione d' uomini

(1) « Il re impegnò perfino le gioie della corona e i quadri che ornavano il suo palazzo. » MS. nella biblioteca imperiale di Francia. *Supplément français* N. 63.

(2) *Los intereses absorbian el tercio de tas rentas.* Veggasi Saban, *Continuacion de Mariana*, prefazione.

(3) Basti il dire che nell' anno 1683 più di 60 palafrenieri disertarono le reali

per tele, ma di grossezza. In quantità bajette ordinarie particolarmente a Alconcel, Siguenza e Cuenca. Ciò che fiorisce con molta perfezione è la fabbrica de' panni in Segovia, Cuenca e Siguenza, ma pesanti, non sapendosi assottigliare nel filo la finezza delle lane. Dalla scarsezza dunque di varii di questi generi, dalla loro ordinaria qualità, dal genio spagnuolo portato come alcun altro alle fabbriche forestiere più vaghe, le altre nazioni ne introducono prodigiosa quantità. Olandesi ed Inglesi levando le lane (1) le trasportano convertite in bajette e pannine fine, forniscono pesce salato, ogni capo di speciarie fuorchè zaffrano abbondante nella Manica, stagni, piombi, rami, cera greggia di ponente e levante, che si lavora in più città cotoni, ed ogni genere di manifattura. Genovesi forniscono la carta, ed alcun lavoro di seta. Amburghesi e Francesi danno la maggior parte delle tele di Vestfalia e Brettagna, ed ogni altra sorte di lavori che da' Ginevrini, ripartitamente in poca quantità si spedisce, e convien dire con occhio di compassione, scarsamente da questa città poco applicata a commerciare a quella parte. Portoghesi soccorrono con tabacco, zucchero e cose dolci. Ma li Francesi particolarmente trafficano in tempo di pace, ed in quello di guerra dissimulati sotto altrui nome.

Delli stati che tiene la corona in Europa li sudditi di Napoli e Milano approfittano con merli di seta ed oro, quelli di Fiandra con tele fine, tapezzerie, merli bianchi ed altre manifatture. Per il ritorno tutte queste nazioni caricano solo i frutti della terra e del clima, niuno della industria.

Li pregiudizii di questo traffico sarebbero di poca conseguenza se non fossero accompagnati da quelli dell'Indie. Gli Spagnuoli però vi spediscono scarsi effetti, fuorchè vini, da' quali tirano molto lucro, per il rigore che si osserva nel non piantarvi

(1) Nel secolo XVII, come oggidì, la greggia di merinos era numerosissima. Si è calcolato che nella Estremadura passano l'inverno circa 4 milioni di pecore. Questa straordinaria ricchezza, non ha però giovato molto all'industria spagnuola, perchè le lane venivano acquistate e lavorate da forestieri in altri stati, e perchè il *privilegio de la mesta* anzichè favorire riusciva fatale alla agricoltura. Veggasi il *libro de los privilegios y leyes del concejo de la mesta general*. Madrid 1586.

chire gli altri, servendo le flotte di puro canale, quando richiederebbe anzi tutta quella ricca confluenza per rimettersi nella felicità illanguidita per una assopita attività, e massime dopo il degrado delle monete, che la rende, si può dire, arida e sitibonda. Quante insidie abbino tessute i Francesi per attrappare li ricchi convogli è noto. Fu miracolo la loro ultima preservazione, e si vanno gli Spagnuoli disabusando dell'inganno, in che si sono tanto tempo tenuti ostinati: che varcheranno sempre sicure per gl'interessi che vi tengono. Come si conosce il profitto eccedente ne'negoziantì con indulti nelli due viaggi, tira il re ad arbitrio gran quantità di denaro, e per rimedio alla furtiva estrazione della plata s' impose nel 1696 un tre per cento a chi l'avesse dichiarita.

Non meno indebolito giace il nervo delle armate marittime. La divisione dei dominii la rende di forze divise, perche in obbligo di custodire tante frontiere di terra e di mare, fuori e dentro dell'Europa, un'armata non può accorrere prontamente a rinforzo dell'altra. Quando ardea l'ardor della guerra si contavano nel Milanese dodici mille fanti e tre mille cavalli, composti d'Italiani, Svizzeri, Tedeschi e Spagnuoli. Napoli non sostiene che sei mille fanti, due de'quali guardano per presidio nella Toscana le piazze d'Orbitello, Portolongone, Talamone, Port'Ercole e Monte Cristo. Alla Sicilia poco più di due mille, alla Fiandra soprastano cinque mille fanti e due mille cavalli, la maggior parte rinserrati nelle piazze. La poca milizia in campagna è tutta divisa in quarantadue reggimenti, alcuni dei quali ridotti alli soli officiali dello stato maggiore, che assorbono inutilmente il denaro. L'elettore di Baviera spedì il conte Bergich con rappresentanze del disordine, al che con alcuna misura si professò aver data regola, dopo la ricupera di tante piazze restituite, si versò al presidiarle formando un piano di ventiquattromila uomini. L'elettore stesso convenne per diecimila pagandone un terzo. Il palatino offerì due reggimenti, si trattò con Munster, Colonia e Magonza, ed alcuni di essi si assoldarono al servizio.

Per essere la Catalogna la parte più prossima all'occhio,

li vestiti e treni d'artiglieria e vettovaglie, che tutto corre per partitanti. In Africa scarsamente si spedisce. In ognuno dei suddetti stati le milizie spagnuole sono creditrici, chi di più, chi di meno paghe. Si estraggono generalmente li governatori da quella nazione, con alcun scontento della nobiltà di Napoli e Sicilia che non giunge a' superiori gradi, ma quella di Fiandra rimane assai impiegata. I reggimenti mancano di forza pel scarso numero d'officiali, quello de' generali più del bisogno: locchè si reputa necessario, non solo per la divisione degli eserciti, ma per trattenimento di tanti soggetti, e perchè montano per il più al comando senza passar per li gradi inferiori, come se l'esperienza derivasse dalla nascita e non dal corso degli anni e del servizio. Li soggetti che soprasaltano sono in poco numero. Gastanaga visse fuori della corte in asilo di quiete, dopo che se gli levò il comando in Catalogna; Monfort e Pimentel godono grido per la cavalleria; Bedmar in Fiandra sopra di tutti.

Li tre ordini militari di s. Jago, Alcantara e Calatrava, stanno oziosi ne' regni, ed alla occasione commutano l'obbligo personale del servire con esborso pecuniario. Le guardie del re si dividono in tre compagnie, ed ignorano intieramente l'esercizio dell'armi. In ogni parte si manca d'ingegneri sufficienti fuorchè nello stato di Milano, delli pochi stipendiati in Fiandra ed in Catalogna niuno è con credito distinto. Si tiene in piedi in Madrid scuole di matematiche senza che mai passi alcuna distinzione. Generalmente nelle piazze della Spagna l'artiglieria giace in gran parte smontata, scarsi li pezzi e senza depositi. In Fiandra e Milano, s'ha alcuna attenzione per l'esercizio sforzoso di viva guerra. In Siviglia esiste la fabbrica per il getto; ma si trascura a segno, che per spedir due mortari a Ceuta si ebbe pena a ritrovarli. Dalli edificii di polveri si tiene il bisogno, a che l'abbondanza dei salnitri corrisponde, ma ristrettivamente posti in lavoro. Anco le forze marittime sono ambite tra un giro ristretto e quelle dell'armata grossa con molta sregolatezza. La sottile più ordinata, ma inferiore nel numero alli principii della fondazione ed alli

l'armata grossa, ma di pochissima esperienza: quando si perdè il vascello di guerra, si credeva fosse corretto colla perdita della carica, fu anzi ricompensato, dato a credere il merito d'aver salvato il rimanente. D. Pedro Corbetto eccede gli altri di riputazione, ma di presente per la sua avanzata età sta in ozio. Come la flotta di Barlovento naviga sopra li mari lontani dell'Indie, composta solo di otto vascelli, dopo il naufragio di tre, così non cade in altro riflesso per il servizio de' stati d'Europa, che di scortare le flotte in parte del loro viaggio.

Dal ritratto di questa monarchia debolmente rappresentata, ma non abbastanza assomigliante all'originale, comprenderà la sapienza pubblica l'assopimento letale a' proprii interessi, principiato particolarmente dopo che i re di Spagna hanno preteso regolar i loro dominii senza uscir a vederli, e senza comandar eserciti, col disuso della disciplina militare, che cagionò nella maggior parte de' sudditi di seguitar il loro esempio. Ad ogni modo la bontà e la pietà del presente re, è un balsamo alle detrazioni, che si rivolgono tutte contro i ministri. Essi però sono sempre con la faccia serena; e perciò uno disse bene, che si pascevano più di costanza nelle sciagure, che di gloria nelle felicità: maravigliandosi non che si fossero perduti tanti stati, ma che tanti ne rimanessero.

Passerò per sigillo della presente relazione a riferir lo stato delle corrispondenze di quel governo con le potenze estere, il nodo delle quali legandosi o sgruppandosi secondo la sopravenienza degli accidenti e la norma degl'interessi, non si fissano li principi ad uno stabile giudizio di mantenerle inalterate per impulso di sola volontà, o affetto.

Da questi generali riguardi n'è però alquanto esente quella che passa tra le due case d'Austria, poichè succhiando dalla radice d'un istesso tronco la qualità dell'antico umore passato nei due rami disgiunti, s'interessano mutuamente con armonia di consonante sentimento.

La corte cesarea per l'ascendenza e maggiore estensione ha conseguito da alcun tempo di tenersi con predominio delli consigli dell'altra. Soffrì la elatezza spagnuola con sen-

dalla direzione quasi arbitraria di quel re; onde si era reso necessario alla causa comune. Nonostante l'emergenze per il dissapore del ministro Sconembergh, come ne'miei dispacci ho riverentemente ragguagliato (1), sta nell'imputamento, sebbene l'imperatore per sopirlo con temperamento offerì ed impiegò la sua interposizione, che fu accettata dalle parti. Con tutto ciò la Spagna non ha sinora date risposte alle proposte, il negozio giace in silenzio, ed il re britannico ha lasciato di spedire ambasciatore a quella corte dopo la conclusione della pace.

Di questa grand'opera la Svezia fu la mediatrice, se non nell'orditura intiera de' trattati, però nella gloria della loro stipulazione. La Spagna concorse a preferirla a quella d'altre potenze, e più per non separarsi dagli alleati, che per genio, che parea anzi portato per una cattolica. Fuori di questo motivo, non sono passati tra esse negozii, la lontananza de' stati li tiene pure lontani, ed il commercio scarso non dà pure molto riflesso; nè si coltiva per via de' ministri alcuna officiosità, ma per il canale de' Cesari e per lettere si eseguisce all'occasioni. In conformità si dirige colla Danimarca, ed alcun credito tiene seco per sussidii antichi e non pagati. Non si sono nel frattempo del mio impiego passate alcune istanze.

Coltiva il Portogallo la buona corrispondenza colla corte di Madrid nutrita dallo studio delle due regine; e l' antipatia antica che si conserva mutamente tra' popoli sta mitigata dagli interessi dei due cognati: poichè quel re senz'ombre della presente situazione entra nelli accidenti del cattolico con tutto l'affetto, e vi entrò anco con alcun effetto. Contribuì alla difesa di Ceuta con reclute, non ostante certi incidenti che non piacquero alla corte di Madrid. Si separò quel governo nella redenzione de' schiavi portoghesi in Barbaria con propria spedizione. Si pose di fatti al possesso di un sito al confine della Gallizia non per anco determinato; e dopo aver con grossa antecipazione ed annuale esborso contrattato il partito de'negri nell'Indie Occidentali ad esclusion degli Inglesi, che lo tenevano, poco mancò non rimanesse infranto, per essersi

(1) *Senato III Secreta. Arch. veneto generale*; e nella seguente relazione.

ti e per la rarità de' motivi scarso è il particolar del negozio. Tiene tuttavia nella dieta di Ratisbona un ministro, e con il direttorio del circolo di Borgogna, più però per ostentata figura, che sostanziale dell' autorità.

Come la dignità degli elettori ecclesiastici è solo temporanea, così s' incontra alcune volte che quei principi sono stati attaccati ora all' uno, ora all' altro partito nella guerra passata; non ostante si mantennero costanti nella lega senza scuotersi dagli incendii e dalla perdita stessa dei stati.

Dell' elettor di Magonza non ispicca di presente argomento di soverchia confidenza.

Ben si coltiva coll' elettor arcivescovo di Colonia, e per gli stati di quella diocesi e per quelli del vescovato di Liegi che possiede confinanti alla Fiandra tanto opportuni a dar mano alla di loro preservazione. Rende tuttavia alcuna gelosia agli Olandesi il di lui ingrandimento, che in vista d' aumentare col vescovato di Munster diverrebbe un principe poderosissimo.

L' elettor di Treviri ristretto de' stati, de' quali rimase privo nella passata guerra, ha formato da alcuni anni infelice figura; non ostante ha sperato più dalla sorte della lega, che dalle offerte fattegli dalla Francia, e con buon successo: perchè ricuperateli, e la Spagna quello di Lucemburgo, s' unisce maggiormente ora la necessità del ben vicinare e corrispondersi. Tiene un ministro alla corte di Madrid, che frequenta l' istanze per pagamento di cento mille scudi, de' quali è creditore per pensioni decorse.

Poco rimane a descriversi dell' elettor di Baviera, già toccati li di lui fini rilevantissimi in altro luogo. Sacrificò egli le sue truppe e il suo denaro in servizio della Fiandra, con pregiudizio de' suoi stati elettorali, e con molto senso de' proprï sudditi che patiscono della sua lontananza.

Oltre la strettezza del sangue non versa alcuna dimostrazione di blandire i genii tra il regnante ed il palatino, particolarmente dopo l' espulsione di Madrid del baron Viser di lui ministro, dopo la quale altro non fu sostituito, anzi nell' istessa occasione ha trascurato le più necessarie apparenti spedizioni.

gna e con l'Indie, e spedisce più di quaranta vascelli all'anno a Cadice.

Con li cantoni Svizzeri eretici scarseggia il motivo del negozio; come la Francia la previene con l'arte, e con la forza de' più mezzi, senza contrapratiche causate dall'impotenza, rimane il servizio inofficioso, ed è opinione che ponendole in uso si si ponerebbe almeno in parità di profitto. Con li cattolici sussiste la lega sin dal tempo di Filippo secondo, mediante la quale il governatore di Milano loro deve pagare annua pensione per i reggimenti che servono sul Milanese; si è tuttavia in difetto di molte annate, al che di tempo in altro si contrappone alcun esborso. Ordinò la corte a quel governatore la riduzione di due reggimenti in uno, che dopo molti dibattimenti si effettuò. Coi Grisoni e Valesani la necessità di provedersi de' grani in quel stato per la sterilità delle sue rupi, fa che passino con lo stesso governatore con tutta la buona intelligenza.

Rimane, prima d' uscire dall' imperio, il toccare il duca di Lorena, ancorchè fuori di quel corpo, degno però di non passare in silenzio. Altre volte quello stato era opportuno al passaggio di truppe tra la Fiandra e l'Italia, ma dopo la cessione della Franca Contea giace tagliata la comunicazione. Ancorchè nel trattato di lega s'obbligò la Spagna di non dar mano alla pace senza vedere intieramente soddisfatto quel duca, si mancò alla fede, avendo la corte di Madrid comandato a'suoi ministri a Riswich d'appoggiare i di lui interessi enza impegno, ed in modo non si attraversasse il concludere la pace. Quel duca, hanno risuonato, essere stato causa delle scarse condizioni prescritte dalla Francia, e peggiori di quelle del 1670, col darsi per intesi fosse di maggior convenienza, che il principe stasse all' avvenire attaccato con essa, al che non poco può contribuire il matrimonio promesso con la duchessa di Chartres. Con ciò illanguidito il massimo riguardo, altri non versano di presente. Il principe secondogenito però possiede il gran priorato di Castiglia con rendita di sessanta mille scudi, e che a più si estenderebbe se ricuperasse alcuni

tolici, e per non esservi quelli concordati che gode la Francia e la Germania ma solo certi privilegii accordati, e che si rinnovano per bolle pontificie. Fra questi il più rimarcabile è quello del sussidio gravezza sopra gli ecclesiastici, e perchè non si applicava il denaro secondo la sua instituzione, Innocenzo undecimo la negò. Anco quello della cruciada procede coll'istesso ordine. All'incontro l'immunità delle chiese, lo spoglio dopo la morte de'vescovi ed abbati, le vacanze delle chiese e beneficii loro, l'autorità del nunzio in Spagna con attenzione conservata sopra le appellate cause, e sino sopra quelle de' domestici ecclesiastici della casa reale, li ricorsi dei preti regolari, il diritto d'intervenire nella riduzione de'capitoli, sono tali prerogative, che quanto suggeriscono frequenti gl'imbrogli, altrettanto si è in discussione con la corte di Roma (1). Dalle suddette rendite di vacanze e spogli, che si appaltano, dalle bolle e dalle dispense di varia natura, tira la camera apostolica grossa rendita. Tra li vescovati de' dominii spagnuoli appartiene la collazione al Papa di tutti li collocati nel Milanese, alla riserva di Vigevano. Nel regno di Napoli 24 sono solo di collazione regia, come pure quelli di Fiandra, Aragona, Spagna ed Indie oltre quantità di ricche abbazie e beneficii, fuorchè alcuni tenui in Spagna di nomina del nunzio. Pare che li frati vi siano lì più promossi e per il credito loro, e per la scarsa applicazione della nobiltà alla prelatura. Il Papa regnante ancorchè napolitano si crede inclinato a' Francesi. La maggior grazia che conseguì la corte, fu la bolla di due milioni sopra beni ecclesiastici nelle Indie.

Il nunzio pretese, che il ripartimento dell' aggravio corresse per mano di ecclesiastici, ma i Francesi nello stesso tempo esclamarono, che il soccorso avrebbe servito a sostener contro di essi la guerra. Così, parte per la controversia della deputazione, parte per questa opposizione, s' arrenò l' affare con la perduta conseguenza dell' esazione. Il partito de' cardinali è ristretto nel numero di Salassar, Aghise, Portocarrero e Cordova che lo compongono. Giudici napolitano si di-

(1) V. Sempere, t. II.

languide instanze, ma nell'altro si è adoperato con efficacia, e non con altro frutto, che di deboli esborsi.

Il genio prudente e pacato del gran duca lo ha portato alli atti di rispetto all'occasioni verso la corona; il trattamento regio accordato da Savoja lo rende in speranze di conseguirlo eguale, non però tentato nel mio tempo, come l'insinuò e professa d'averlo promosso dalla corte di Vienna. Per altro pochi negozii fuori di quelli del commercio che coltiva in più porti della Spagna ed in Cadice per l'Indie per fecondar sempre più quello di Livorno. Superò già due anni, che quella fortezza non salutasse che la superiore delle squadre delle galere, ancorchè fossero tutte unite, e se li contraponesse l'antica pratica di duplicatamente eseguirlo. A conto di antichi crediti del Monte di Pietà esige dall'assegnamento destinatogli 300./m doppie sopra le saline di Maiorica, con difficoltà e non senza diffalco, e perciò li ricorsi sono frequenti per maggior puntualità.

Anco la Repubblica di Genova sta in credito di 800./m pezze prestate sino dal 1636 per i bisogni delle armate, ed il risarcimento delle rendite particolari, esatte quando seguirono li sequestri a Napoli, Sicilia, e Milano nella vertenza de' sali, che dovè finire con l'esborso di 120./m pretese ingiustamente estorte. Dal commercio che coltiva nelle Spagne e nell'Indie in tutte gli scali tira quantità di plata, che distribuisce indi in più parti dell'Italia.

Con Mantova dopo la demolizione di Guastalla, esercitata dal conte di Fuensalida, e di Casale, come si è detto, si pretendono levate due spine al cuore più che agli occhi de' principi italiani, e rimasto esso senza due fomiti ad innalzar discordie, si dà a credere non sia per dar ombre di novità. Si conosce tuttavia tenere amareggiato l'animo particolarmente con la corte cesarea, per non vedere decise mai le differenze per Guastalla e Reggio vertenti con don Vincenzo; al quale ha offerto in concambio annuale corrisponsione, per la negativa datagli in successione di don Giovanni suo bastardo; onde la corte procura di blandirlo, e per trattenerlo da alcun precipizio, in che si dubitò fosse per cadere di vendita della sua parte di Mon-

drid per la restituzione della sovranità di Sabbioneta al principe, e prima del mio partire non se li era data alcuna risposta. La quiete del principe di Castiglione sta sconvolta da quei popoli ribelli ed inflessibili al rimettersi. Il principe l'andò con tutto il potere rimettendo, ed ha interessate le due corti austriache ad appoggiare le sue ragioni con la forza.

Passo infine a riflettere al genio e sentimenti del ministero spagnuolo verso la Ser.ma Repubblica; e non posso tacere, che la guerra maneggiata per più anni nell'Italia e passata indi alla principiata invasione del Milanese, non abbia fatto sperare in alcun de' ministri, che l'indifferenza pubblica sarebbe stata tentata a sciogliersi, quando si fosse dichiarita la sorte dell'armi a favore della Francia; ma caduto in pochi giorni il motivo a maggiore giudizio, e conosciuto dalli più, che le linee dell'Eccel.mo Senato con impulsi di rette massime ed antichi istituti, sono state sempre portate all'estinguere, e non al frammischiarsi nelle discordie de' principi; e particolarmente per il peso che teneva sopra le braccia d'una feroce guerra contro la Porta, s'è preso per senso di somma prudenza e saviezza la condotta che s'è tenuta di passar ufficii per portarli alla pace. Posso anco dire con franchezza, che quella corte si mostrò inclinatissima al preferirli a quelli degli altri, non solo per la particolare d'Italia, ma e per la generale; e ne sono state sufficienti prove le risposte ricevute e ragguagliate, e che furono tali quali si potevano desiderare da animi pieni di stima e confidenza verso la Repubblica; ma prevenuta la conclusione dell'una da un sollecito impulso della costituzione delle cose, il maneggio de' preliminari dell' altra predominato da superiori genii e sopra tutto non tutti concordi di volontà, essa ha mancato di quelle generali disposizioni, che la dovevano chiamare ad inoltrarsi nel lavoro sublime di così grand'opera.

Anco nel maneggio dell'armi col Turco, ho evidentemente conosciuto tutta la passione e desiderio sincero, che si coronasse con gloriose imprese e con eventi fortunati. Questi sono stati li massimi incontri che mi si sono rappresentati nel tempo dell'impiego per scoprire il presente fondo degli animi di

saltato con la sostituzione mia alla condotta mirabile dell'eccellentissimo sig. cavalier Ruzzini, la di cui prudenza e desterità vive nel regio ed universale animo. Che io tocchi li dispendii che si tolsero il puro della mia casa, gl'impieghi di più cariche, in poco tempo, sarebbe un rinnovare all'Eccellentissimo Senato quella cognizione, con che più volte m'ha testimoniato compatimento. Ora lo spero e lo imploro, con l'effetto del suo generoso dono d'un bacile e collana d'oro, che Sua Maestà, prima della mia partenza, si compiacque in atto di aggradimento a farmi tenere, e che presento a' piedi di Vostra Serenità, dalla quale ne dipende unicamente il godimento.

teresse di parte, ma per istruire del vero stato delle cose la propria patria, hanno lasciato nelle loro relazioni non solo documenti preziosi alla storia, ma insegnamenti politici: avvegnachè gran campo alle loro considerazioni offrì quel regno, che portato al sommo della fortuna e potenza, nel tempo di Filippo II, maturò in se medesimo, le cause irresistibili della propria decadenza. Il principio della reazione cattolica legato da Filippo, la violazione delle franchigie nazionali e municipali, il mal governo dei favoriti e gli intrighi di corte e di palazzo, le guerre sfortunate per principii e per dominii insostenibili pur trascurando l' esercito e la marina, la spopolazione del regno ed il conseguente abbandono dell' agricoltura, dell' industria e del commercio, i sistemi economici falsi, ed i pregiudizi, ridussero il gran retaggio di Carlo V, alla condizione infelice in cui si trovava quando i Borboni ascesero il trono.

Alvise Mocenigo arrivò a Madrid nel gennaio 1698, e fu introdotto solennemente appresso il re a' dì 6 febbraio. Carlo II lo accolse sempre con particolare benignità e distinzione, ed ancorchè aggravato dal male, volle onorarlo col solito cavalierato il 27 di ottobre 1700, quattro giorni prima di morire (1). Si trattenne anche presso il nuovo re Filippo V, al quale però la solita ambasciata di congratulazione per la ottenuta successione a quei regni, fu spedita il 30 aprile 1700 in Milano, dove allor si trovava. Questa era composta di Carlo Ruzzini e di Federico Corner, accompagnati da quaranta nobili veneti e dello stato, e n'era maggiordomo maggiore Venceslao Martinengo.

Il cavaliere Mocenigo si trattenne in corte fino all' arrivo del suo successore Girolamo Duodo, il quale benchè eletto a' dì 29 settembre 1699, non giunse a Madrid che a' 22 decembre 1702, avendo ricevuto, mentre era in viaggio a' 20 di novembre 1700, ordine dal Senato di ritardare, per l' avvenuta morte del re, fino alla definitiva esaltazione del successore. Il Duodo morì poi in carica a' 16 gennaio 1706.

Dopo la legazione di Spagna, Alvise Mocenigo passò a quella ordinaria di Francia, ove fu egualmente insignito della dignità di cavaliere. Uomo di mente vasta e di cuor generoso, eloquente e statista, coprì in patria varj importanti ufficii: di capitano di Brescia, di savio del Consiglio alla mercanzia e di terraferma, di provveditore alle fortezze e alle biade, di sopra provve-

(1) *Dispaccio 28 ottobre 1700.*

NIER cav. inviato a Madrid col decreto 27 agosto 1731. Il ms. originale, colla data 18 novembre 1733 esiste nel veneto archivio generale, ed un apografo nell'archivio dei conti Manin.

1738. 1.° Decembre. Relazione di PIETRO ANDREA CAPPELLO fu GIROLAMO eletto ambasciatore a' dì 8 aprile 1734. Conservasi l'originale nell'archivio generale, e due copie diverse nell'archivio Manin. Allegati all'originale sono sette documenti interessanti; uno specialmente che risguarda la condizione del commercio di Spagna.

1742. 19 Febbraio. Relazione di GIROLAMO CORNER fu GIO. eletto il 21 maggio 1735. L'originale ms. conservasi nell'archivio generale ai Frari.

1747. Letta in Pregadi a' dì 30 novembre. Relazione di FRANCESCO MOROSINI fu MICHELE, nominato a' dì 27 aprile 1743 ambasciatore ordinario. Restò poi anche ambasciatore straordinario per congratularsi della successione di Ferdinando VI, non essendo partito da Venezia Antonio Michiel, che per questo ufficio era stato eletto. Il Michiel non partì, perocchè il nuovo re di Spagna fece dire dal marchese di Villarias al Morosini, che giudicava conveniente egli solo supplisse all'ambasciata, potendo il Michiel, del quale però lodava i meriti e le prerogative, dispensarsi dal lungo e faticoso viaggio: onde il Senato con ducale del 1.° ottobre 1746 commise al Morosini di così fare. Egli entrò solennemente in Madrid il giorno 17 marzo 1747: e fu introdotto alla udienza del re, e nel giorno appresso presentato alla regina ed al cardinale infante. La relazione conservasi ms. nell'archivio generale.

1754. Letta in Pregadi a' dì 20 febbraio. Relazione di ANTONIO RUZZONI il cui originale conservasi nell'archivio generale.

Nello stesso archivio si conserva pure una relazione di ambasciata straordinaria spedita a Milano, quando vi passò l'arciduca Carlo, pretendente al trono di Spagna. Ha la data 5 decembre 1711, e fu letta in Senato a' dì 23 dicembre da ALVISE PISANI che insieme ad ANDREA DA LEZZE costituivano la ambasceria. I loro dispacci e le ducali responsive si conservano in copia nel Museo Correr.

Tutti i dispacci originali da Girolamo Lando che fu il primo ambasciatore di questo secolo alla corte di Madrid, ad Almorò Pisani che fu l'ultimo, si trovano nell'archivio generale *Senato III. Secreta,* insieme ai registri delle deliberazioni del Senato responsive *Senato Corti I. Secreta.*

sì lontani, mentre formerebbero uniti la più vasta potenza, che signoreggiasse in Europa, tuttavia la gran mole d' essi non costituisce la monarchia vigorosa e robusta nè di forze militari, nè di spiriti vitali all'erario.

Scoprirò le direzioni de' ministri nell'interna condotta e maneggi con gli esteri, e riferirò della mutazione del capo che sostiene tante corone.

Quale sia al presente la costituzione della medesima; e desumendo dalle parti più lontane il principio, lascierò a bella posta, amante della più succosa brevità, di riandare l' antico scoprimento del nuovo mondo, sino allora incognito, seguito sotto gli auspicii fortunati di don Fernando d'Aragona e di donna Isabella di Castiglia, che spesso averò occasione di nominare, non meno per l' unione della monarchia, che per la preziosa eredità d' essa, passata ne' successori.

Cristoforo Colombo mostratosi nell' Oceano giunse a prendere posto nell' isola di Cuba; indi alcuni anni dopo Ferdinando Cortez animato dall' esempio e prosperato ne' successi, ebbe la sorte d' impadronirsi del famoso porto nella terra ferma nominato la Vera Croce; e fu come la porta delle rimanenti conquiste dilatate con serie di prosperità prodigiose, e riconosciute a miracolo delle divine assistenze, anche sotto il dominio di Carlo quinto e di Filippo secondo, estese prima nel Messico chiamato la nuova Spagna, indi in varie isole di quel vasto mare, e poscia nel Perù. Altre nazioni, e massime Portoghesi passarono nel progresso de' tempi alla conquista delle più orientali, e dalla linea idealmente formata dal pontefice Alessandro VI fu diviso l'imperio di quel nuovo mondo, composte le differenze e pretese de' conquistatori, per dilatare nell' ampiezza di que' dominii, anche la giurisdizione del vangelo (1).

(1) Alessandro VI, colla bolla 4 maggio 1493 divise tra i sovrani della Spagna e quello del Portogallo tutte le regioni che s' erano scoperte o che scoprir si potessero nei mari di occidente, fissando una linea di delimitamazione, con un meridiano di 100 miglia all' ovest delle isole Azzore. Questa col trattato di Torde-

composta de' mercanti nazionali, tentò con ogni sforzo, che maneggiassero co' stranieri de' regni d'Inghilterra, Francia, Olandesi ed Italiani tutte quelle merci, che potessero fornire le flotte del bisognevole, per il passaggio al porto della Vera Croce, dove poi portate alli mercati principali di varii luoghi ove concorrono gl' Indiani, e per il valsente delle merci d' Europa, corrispondono le polveri de' più preziosi metalli d' argento ed oro in oncie accordate, ovvero permutano quella quantità di perle e gemme o di merci come grane, cacao, legni ed altre droghe preziose, delle quali con singolar dovizia sono que' paesi dalla natura dotati.

Con tutto ciò non fu bastevole lo sforzo di tutte le applicazioni di detta camera, poichè non potendo la Spagna somministrare agli esteri in contanti il prezzo delle loro merci da trasmettersi agli Indiani, convenne provvedersi da' medesimi con interusurii eccedenti il danaro, e non di meno ricevere come in compagnia, benchè con occulti trattati, li mercadanti forastieri, che sotto il nome di nazionale spagnuolo mantenessero e ravvivassero quello per altro debole ed illanguidito commercio.

Nelle scale e porti di mare di que' regni vi è sempre deputato regio, che tiene nota distinta di tutto ciò che le navi ricevon di carico; ed al re s' appartiene il 5 per cento che dei metalli resta consegnato nella stessa natura d' essi, e del rimanente, o siano gioie o merci, si sborsa il contante giusta le stime di esso.

Possiede Sua Maestà per l' alto dominio la terza parte di quello si ricava dalle miniere dell' oro e dell' argento, delle quali abbondano quelle terre per raro dono del cielo, oltre di che gode pure l' ordinario diritto delli 5 per cento di quello in esso si ricava. Ma la spesa enorme degli operai e capi, che negli aliti fumosi delle stesse miniere in pochi anni di travaglio finiscono ben presto di vivere, e la scarsezza degli argenti vivi, necessario requisito per quelle separazioni, che con molto dispendio si provvedono da varie parti d' Europa, e si trasmettono a questo fine nell' America, rende così costoso e dispendioso

vertirli da' pensieri delle invasioni, che per tanto tempo fecero risentire le stragi e la servitù a sì gran parte della Spagna, di quello che per brama di dilatare conquiste. Al presente rimangono in potere de' Spagnuoli le piazze di Ceuta ed Orano ed altre di minor conto; non stendono però territorii, che nel paese s'internino, ma si restringono intorno le piazze a solo tiro di cannone.

Non rammemoro il tentativo dei Maomettani confinanti contro la stessa piazza di Ceuta, tenuta in stretta circonvallazione, invaghiti di quel posto, che servì altre volte di passaggio di qua dallo Stretto per invadere le Spagne.

Aperta non di meno la via di mare ai soccorsi, va deludendosi per lungo spazio li tentativi de' barbari, ma sono impegnate tuttavia le milizie e denaro in molta somma, e li riflessi del Consiglio di Spagna.

Questo regno di vasta circonferenza è circondato in tre parti dal mare Oceano e Mediteraneo, e chiuso dall'altra quasi dalla natura con la barricata de' monti Pirenei, che alquanto s'appianano nella Catalogna ed apronsi al confine della Navarra.

Contiene in se varie molteplici provincie anticamente signoreggiate da molti re, ma unite poi in diversi tempi, pare che li re delle Spagne ultimamente le godessero quasi come diramate da tre sorgenti, poichè: dalla prima di Castiglia fu quello scettro obbedito appunto dalle due Castiglie nuova e vecchia, dal regno di Leone, dall'Asturia, dalla Gallizia, da Murcia, dalla Biscaglia, dalla Navarra; dalla seconda del regno d'Aragona riconosce il possesso dell'istessa Aragona, della Catalogna, di Valenza, delle isole Baleari, Majorica o Minorica, nell' Italia, del regno di Napoli e di Sicilia, di porti e fortezze del mar Tirenno, non meno dell'isola di Sardegna, delle Canarie delle isole Filippine, e di altre porzioni delle Indie, e poi al giungere al trono di Carlo V s'unirono le Fiandre e la Borgogna per retaggio, e lo stato di Milano per conquista di guerra; dalla terza che con la morte di D. Sebastiano di Portogallo nell' Africa, s'unirono al dominio cattolico il Portogallo, porzione dell'Africa esteriore, il Brasile, ed in parte le Indie Orien-

porzione ne passa nell'Inghilterra (1). Anche la gran moltiplicità delle lane prende quel cammino, e se bene si spargano in altre parti, però la maggior estrazione si conosce essere quella per Londra.

Abbenda pure di sete che servono non solo per li pochi lavori delli drappi, che si tessono in quelle varie provincie, ma vengono trasportate anco nella Francia con vantaggio di reciproco commercio.

Per le milizie, come l'inclinazione non meno del popolo che della nobiltà è tutta guerriera, e ne' tempi più antichi diedero documenti di gran valore, e nei meno lontani, massime l'infanteria spagnuola, acquistò gran lode di costanza, disciplina e coraggio, così al presente non riesce punto inferiore alla gloria delle passate azioni; ma allo scarso numero che ne può porre sotto le insegne il monarca, non somministra vigore sufficiente a promettersi armamenti considerabili in campagna, appena bastando per tante piazze e castelli principali, ove per istituto si mantengono sempre li presidii di soldatesche spagnuole; cosa che produce anche la penuria in gran parte della popolazione di Spagna, perchè molti nazionali mancano di viveri in quei presidii, ed accasandosi fuori del regno con le famiglie e posterità, minorano nel suolo nativo la procreazione de' figli.

Presentemente pare che la Spagna sia tanto esausta di propria milizia, che non possa in modo alcuno in qualsiasi caso d'aggressione difendere se medesima senza l'aiuto di truppe forastiere. Paga però il regio erario 13 mille soldati per la difesa del regno, cioè per la Catalogna più esposta, e per lo passato sempre gelosa, non meno che per le interne male disposizioni degli umori, che per li vicini pericoli de' Francesi. Tratteneva nelle piazze d'Alicante, Cartagena, Almeria e costa di Granata mille soldati a piedi, così altri mille divisi tra li presidj di Gibraltar, Cadice e la frontiera di Portogallo; ed il numero d'altri mille si credeva bastevole ripartiti per la

(1) Gli articoli del *Diccionario historico y geografico de Minano*, offrono i più preziosi dati statistici sulla condizione del suolo e della industria spagnuola.

ne comunemente asserite essere molto tenue il numero delle navi: giacchè la segnalata sciagura che afflisse la Spagna con naufragio di quella formidabile armata navale (1) destinata da Filippo II per soggiogare l'Inghilterra, e minacciare catene a tutto l'Oceano, perdettero di sorte i monarchi cattolici le applicazioni ed il coraggio, che non resta considerabile la lore potenza in conto alcuno per poderosi armamenti di mare, ridotti al presente a soli due grossi vascelli, e que' galeoni, che sono formati per il commercio delle Indie, e che piuttosto possono considerarsi come navi di trasporto, che da guerra; eccetto però la capitana padrona e la almirante, che guernite tra 60 in 70 pezzi di buon calibro muniscono il restante di tutto il convoglio di sufficiente custodia; e per la miglior sicurezza di quelle navigazioni non rimane senza l'opportuna difesa, anco l'Oceano delle Indie, perchè sono solcate quell'onde tanto dalla parte del Nord, quanto da quella del Sud da duplicate squadre de' vascelli da guerra, il numero de' quali dovrebbe giungere a 9 legni in una parte e 7 nell'altra; ma di questo ancora se ne risente pur troppo la diminuzione.

Nel Mediterraneo poi, ove ne' tempi passati spingevano i Spagnuoli formidabili armate con molto numero di galere, è ridotta al presente la forza della corona circa al numero di 30, composto delle squadre spagnuole di Napoli, di Sicilia, di Sardegna e del duca di Tursi, con la dimora in varie parti, e destinate in varie incombenze.

Non di meno suggono anche queste in buona parte il vitale umore del regio erario, con assegnamenti che tal volta manchevoli lasciano le medesime destitute di movimento; ed in fatti così vaste ed esorbitanti sono le spese e mercedi che aggravano la cassa reale, che non è stupore, se in tanta ampiezza ed in tale dovizia di stati, esperimenti pur troppo per vero quel detto, che la soverchia abbondanza partorisce la povertà. Se il Cattolico potesse estendere le gravezze, le imposizioni e dazj sopra tutte le provincie, che con nome antico de' regni ora si

(1) *La invencible armada.*

Potrei enumerare ad una ad una le fonti dalle quali scaturisce e filtra il denaro nella regia cassa; ma sono simili agli altri stati e principi, cioè dazj de' commestibili, sopra le mercanzie, diritti reali, ed altre cose che ommetto per non moltiplicare gli incomodi all' Eccellentissimo Senato: riferendo solamente quello, che le più fondate informazioni suggeriscono per accertato, cioè che l'entrata reale essendo intorno a 24 milioni di pezze da otto, e di più altri otto milioni in circa, che ricava da tutti gli altri stati fuori della Spagna; se così bene queste come li primi non fossero di lunga mano assorbiti e consunti dalle eccessive spese, provvigioni, assegnamenti, stipendj e mercedi, oltre le anticipazioni, che con interusurii eccedenti sino a 25 per cento tutto consumano, tutto divorano, tutto ingojano; a segno tale che sempre manca il modo al re medesimo di qual sia non solo opportuno provvedimento, ma ancora di qualsivoglia spesa benchè minuta; perciò non è da stupirsi, se nelle mie umilissime lettere (1) mi diedi l'onore di rassegnare che nella cassa regia non si trovò bastante denaro per le funebri pompe e per li ordinati sagrificj per l'anima del defunto re Carlo secondo.

A quel monarca toccò a me l'onore di presentarmi con lo specioso carattere di regio ambasciatore di Vostra Serenità sul finire dell' anno 1697. Fu questi l'ultimo ramo della prosapia di Carlo quinto; e dopo di lui il 5.° in ordine nel regnare, trasmessa sempre con non interrotta serie dalle tempia de' genitori su la fronte de' figli la reale corona; successe a Filippo IV, che lo generò molto avanzato negli anni, in tenera età, e quasi dalla cuna ascese al trono; succhiò dall' educazione della regina madre austriaca, sorella dell' imperatore presente, li primi alimenti della pietà, e di un ardente zelo e costante rispetto per la religione, palesato in tutto il corso del di lui vivere e del regnare; di debole temperamento, tutto che senza difetto alcuno apparente nell'organizzazione del corpo, crebbe dando saggi di ottima riuscita; pacato e grave nel suo costume, non incapace del peso

(1) Archivio veneto generale, *Senato* III, *Secreta*, filza 135.

per l'esperienza degli anni e per la sagacità dell'ingegno, avvertita di lunga mano degli aborti improvvisi delle gelosie nelle corti, fatti già passare in Amsterdam ed altrove tutti li denari, che dalle beneficenze delle persone reali e da' proprii industriosi raggiri aveva accumulati, prese volontieri le mosse e pose in salvo se stessa e le sue ricchezze, con fortunata prevenzione di poco tempo alla morte del re; seguita la quale sarebbe stata l'oggetto dell'odio, e forse delli sdegni e strapazzi de' popoli; tanto più che, non senza fondamento, pubblicamente si discorreva, che ella fosse quel canale, per cui passando le premure istantissime del conte d'Harrach ambasciatore cesareo all'orecchie ed al cuore della regina, fosse la Berlips l'artefice solamente capace per la grand' opera della successione pretesa dell'arciduca, come fu detto, che guadagnata da somma riguardevole di contanti avesse anteriormente piantata quella del principe di Baviera.

Non di meno scopertasi dallo stesso ambasciatore cesareo alla fine per diffidente, come subornata e guadagnata al partito contrario, furono le sue calde premure uno degl'impulsi più forti, perchè fosse fatta partire dalla corte e regni di Spagna.

Più costante il favore della fortuna arrise al padre Gabriele cappuccino, e potè la regina trattenerlo presso di se in onta alli sospetti del medesimo Harrach, che voleva del pari disgiungerlo dal di lei fianco. Questo padre nativo del Tirolo, e protetto dalla elettrice Palatina, con la stessa Berlips ed altri alemani, passò in Spagna, onorato del posto cospicuo e sempre osservato di confessore della sposa regina; comparve uomo di rette intenzioni, si tenne per immune da ogni venalità: se non in quanto la costruzione d'assai decente chiesa e convento della sua religione nella sua patria riconosce dalle sue assistenze per il posto goduto la fondazione ed il compimento; come suddito arciducale si mantenne con tutta la propensione agl'interessi degli Austriaci suoi principi naturali, e l'accorta Berlips lo rese istrumento delle sue direzioni, come quello, che aveva l'accesso così libero e frequente all'orecchio della Maestà della regina, con la quale si tratteneva più ore ogni giorno, che non

strie de' parenti ed amici superò ed ottenne di mettersi a' piedi di Sua Maestà, ove giustificata la mossa, con lunghi anni di degno servizio, con la morte poc'avanti seguita del benemerito suo genitore, con la necessità d'applicare a' scomposti interessi della sua casa, e di stabilire la successione alla stessa con nuove nozze, godè dalla soave inclinazione del re il rescritto favorevole, e la consecuzione del posto di cavallerizzo maggiore, prima sostenuto dal padre. Alla prima comparsa della principessa elettorale novella sposa di Carlo, come con perspicace abilità la comprese bisognevole d'appoggio, con sagace consiglio ed ottima riuscita intraprese di guadagnarne la grazia. Alla Berlips ed al cappuccino si rendeva precisamente necessaria per li loro fini la di lui assistenza; questi lo insinuarono nel favore della regina, ed egli con la modestia e con li ossequii seppe avanzarsi nella di lei stima; così piantati li fondamenti di un gran potere, estese l'autorità nel beneficare in ogni genere li suoi aderenti, stabilire grande partito, e sostenere infatti le prime parti del ministerio; a segno tale, che come prima uscivano li decreti reali uniformi alli pareri concordi del Consiglio di stato, e quando divisi ne sceglieva il re con l'arbitrio quello stimava più conferente; l'almirante con nuova pratica e raro esempio faceva segnare alla Maestà Sua anco in onta delle opinioni di tutto il Consiglio medesimo quelle deliberazioni e decreti, ch'erano dalla sola sua mente ed intenzione suggeriti. Ma perchè nelle corti non meno che nell'elemento dell'aria non è il sereno sempre durevole, e si torbida da turbini impensati e da improvvise procelle, restò, senza sua colpa, ecclissata la luce della sua fortuna. Ardeva già un'antica emulazione tra esso conte di Melgar ed il conte d'Oropesa, che pretende discendere dalla gran casa di Braganze, a favor della quale tanto si affaticò per la successione, sopra della quale il testamento di Carlo II porge ai curiosi argomento di riflesso. Forte e potente, come si è riferito, l'almirante scacciò dalla corte il competitore, costringendolo a star lontano dalla stessa circa quattro anni; ma cambiando consiglio, credendo col beneficio del richiamarlo al servizio e posti primieri di presidente di Ca-

tuttavia, non oso dire, a se stesso, perchè con qualche confusione di mente e deliquio della ragione, quasi fuor di se stesso. E l'almirante, benchè restituito con la morte del re alla corte, documentato dalle vicende passate con modesto contegno, senza posto d'invidia, si contenta degli ornamenti passati del proprio nome.

Dal tramontare di questi due chiari soggetti, comparve sull'orizzonte politico della corte più luminosa di prima la distinta persona dell'arcivescovo di Toledo cardinale Portocarrero. Il genio veramente di questo cospicuo personaggio a tutte prove si conosce amante della pietà, dell'onesto e del giusto; ha segnalato per tutto il giro degli anni suoi, sino alla presente età (che si avvicina alli 65) il proprio zelo per il reale servizio; nell'abilità e capacità de' grandi affari si può dire di lui quello si legge d'altri, cioè che sia pari non superiore a' medesimi. Fu sempre dichiarato antagonista del conte di Melgar, e tentò quanto potè farsi argine ed ostacolo all'autorità trascendente della regina; quanto il degno concetto acquistatosi nel servire l'aveva promosso alla dignità cardinalizia, alla mitra di Toledo, di ricchissima rendita, e con infinite opulenti collazioni de' beneficii ecclesiastici, anco delli curati nella stessa Madrid, l'avevan munito di stima e degno concetto; onde le di lui osservazioni si ascoltavano volentieri dal re. Tanta è la sua mediocrità nelle scienze, che l'Uraca, creato da lui canonico della sua cattedrale, con cui comunicava li consigli e succhiava i pareri, minorava appresso gli altri ministri non meno della corona che de' principi stranieri quell'alto concetto, che pareva necessario alla figura, che sosteneva. Si valse il cardinale sino da' principii della lontananza dell'almirante e della caduta d'Oropesa, dell' Arcos che altre volte sosteneva la vice presidenza di Castiglia, traendolo dal lungo ritiro, in cui amante della pace visse per più anni, per sostituirlo e valersi di un suo confidente in quel primario posto. Sgombratisi così li propri competitori, s'andò il cardinale di giorno in giorno avanzando nella grazia del suo signore, inoltratosi a gran passi nelli maggiori negoziati e maneggi. Trattava con cortesi maniere con gli altri ministri, che lo scorgevano lontano da ogni biasimo di venalità, e dall'avidità di provveder li proprii congiunti; fu agevole allo stesso lo stringersi in buona unione di colleganza con il marchese di Mansera, già ambasciatore per la maestà cattolica a questo Eccellentissimo Senato, con quello di Villafranca e con il poco dopo defunto marchese dell'Obalbes. Riguardavano con occhio attento gli altri ministri più fissamente le di lui direzioni, non vincolati seco in più che apparente confidenza, e l'osservavano di lontano il conte di Monterey ed il duca di Montalto, che vivevano appartati dal servizio della corona, ma curiosi degli avvenimenti altrui, giacchè poco fortunati ne' proprii; di questi personaggi, essendo stato già con caratteri nelle lettere e relazioni de' miei eccellentissimi precessori formato il più naturale ritratto, credo bene venerarne il nobile contorno, non potendone esibire a Vostra Serenità che una copia imperfetta.

Pochi mesi prima, che il re don Carlo passasse al cielo, surrogò al numero de'consiglieri di stato diversi altri, de' quali mi darò l'onore di descrivere il contegno secondo le azioni, che forniranno di materia il discorso, perchè degli altri, che appena stampano le prime orme, non ha la corte potuto rilevare le loro immagini. Lasciò bene il marchese di Villa Nuova segretario del dispaccio universale un vivo desiderio di se medesimo, non meno nell'animo di Sua Maestà, che di ogni ordine, passato tra' morti nel frattempo del mio soggiorno a Madrid, a cui fu sostituito don Antonio Uneglia, che corrisponde all'espettazione.

Ommetto parimenti il lungo catalogo di quelli, che provedono in numero abbondante gli altri Consigli: cioè di guerra, del Consiglio real di Castiglia, d'Aragona, dell'Azienda, dell'Inquisizione, della Crociata, e quello degli ordini de' cavalierati di san Giacomo, Alcantara e Calatrava; le cariche di presidenti di cadauno di questi Consigli, perchè accompagnate non meno da lucro, che dal decoro, sono considerati tra' premii più distinti, che il re dispensi in ricompensa di moltiplicati servizii: come appunto per solo onore vien conferito il grado di consigliere di stato, ed il fregio stimatissimo della chiave di gentiluomo della camera. Sarebbe un multiplicare quasi fuor di bisogno, se registrassi ad uno ad uno li nomi dei presidenti di que' Consigli, perchè avendo molti di loro l'accesso parimenti a quello di stato sono di già caduti, o caderanno in proseguimento sotto il riflesso e discorso; tanto più che avocando a sè il Consiglio di stato la discussione di tutte le maggiori emergenze, restano gli altri con l'antico nome, ma con minore travaglio.

Credo bene mio preciso dovere esporre alla riverita pubblica conoscenza quali motivi avessero persuasi li ministri medesimi nel Consiglio di stato e come guadagnate le loro inclinazioni, che alcuni di essi aderivano alle pretensioni degli Austriaci, altri de' Francesi, per la grande eredità della monarchia delle Spagne.

Infiacchita la complessione dalla mole pesante del governo ed aggredita la salute da mali ostinati e frequenti, si compiangevano di già vicini li pericoli della vita del re don Carlo II, e li pronostici de' medici li predicevano in poco tempo certi ed inevitabili. In tale stato conosciuto il grand' uopo di provvedere di successore a tante corone, innestate in un sol capo, fissò dunque il re seriamente il riflesso sopra punto di sì alto rimarco, svegliato anche dal padre Matiglia Domenicano suo confessore, e fu creduto per le insinuazioni dell' inviato del duca elettore di Baviera, che con tutte le industrie più occulte ed avvedute, tentava ogni grado per giungere con sicura negoziazione a stabilire così insigne fortuna, per il picciolo principe suo figliuolo. Provveduto esso di rimesse e di spirito, non lasciò via immaginabile, nè trascurò mezzo alcuno, che potesse credere conferente a' suoi fini, con ministri con le più caute riserve in luoghi segreti ed appuntati, sfuggendo le osservazioni, tenne proposito, offerì, promise vice-regnati, governi ed ogni sublime posto e vantaggio in premio dell' opera nel caso di buon successo. Nessuno però avanzò parola all' orecchio del re suo signore; si accostò al conte di Melgar, allora nell' auge dell' autorità, ma trovata la sola prontezza di esibizioni, non provandolo che riservato nel fatto,

Dall'esame di questi gravissimi punti restò anzi confusa ed ingombrata la mente del re, più tosto che determinata a nessuna positiva risoluzione. Intanto alle indefesse attenzioni dell'inviato di Baviera sortì favorevole apertura di far giungere al monarca le sue istanze, accompagnate da vivi ed importanti riflessi, assistiti dal favore dell'Inghilterra ed Olanda. Il confessore Domenicano ed altro religioso colse l'opportunità propria e sospirata, istradando con li motivi della giustizia e della congiunzione del sangue, le ragioni evidenti del picciolo principe elettorale, ed avanzando ne' politici riguardi il discorso, dimostrarono, che la massima più salutare alla Spagna fosse non ingrandire soverchiamente nè la Francia con l'unione di tanti regni, nè la potenza austriaca germanica, perchè restassero in una moderazione e giusto equilibrio le cose d'Europa, nè s'appianasse la via ad una monarchia universale; che poi lasciando all'arbitrio di vicere e governatori, come successe in tempo di Carlo V alla stessa Spagna, ne rimanessero con pregiudizio li popoli, con dispiacere li grandi, e tutto il regno con detrimento. Essere sì vasta la potenza spagnuola, che costituiva da se una delle maggiori monarchie, e non poteva che soffrire discapiti conferita ad un capo cinto d'altra corona. Il collocarla nel principino di Baviera essere un assicurarne la felicità imperturbata; poichè non potendosi mai convenire del punto tra' Francesi ed Austriaci, un terzo possessore sarebbe con quiete lasciato nel godimento e con calma. Questi essere gl'impulsi dell'Inghilterra ed Olanda, non meno per l'equilibrio di tutta l'Europa, che per li riguardi delle navigazioni alle Indie, e molto più per conservare li presidii olandesi nelle piazze spagnuole di Fiandra, che formano la barriera alla loro sicurezza; e non provare alterazioni del capitolato ne' trattati di Münster ed Osnabrück.

V' aggiunsero altri motivi, conglobarono ragioni a ragioni in modo, che persuasa la mente di Carlo II stabilì con suo testamento la grand'eredità della sua monarchia in testa di quel principe, e si formò disegno di farlo quanto prima passare in Ispagna, perchè fosse vicino a ricevere quello scettro dalla

d'affacciarsi ed entrare in questo negozio, vide bene l'Harrach, quanto difficil era per allora superare gl'impedimenti per istradare così non men grave che delicato maneggio. Rivolse l'applicazione (e fu creduto con il parere della corte di Vienna) frattanto ad un savio partito; e fu tentare al possibile d'introdurre ne' più importanti governi li soggetti interessati e parziali alle pretensioni di Cesare; onde colorita la massima col senso d'avvantaggiare ed assicurare le cose della Spagna, ottenne, che il viceregnato di Catalogna fosse conferito al principe di Darmstad stretto congiunto della casa palatina, ed allora comandante di due reggimenti alemanni, che al soldo del cattolico presidiavano Barcellona. Avanzò altra esibizione di far passare nelle Spagne 10m. fanti tedeschi, però a spese della cassa reale; ma ben conobbero gli Spagnuoli ciò promoversi, perchè restassero con valide forze ben appoggiate le ragioni e pretese dell'arciduca, ed in caso di bisogno unirsi ad altri dei nazionali ben affetti al suo nome, formare un buon corpo pronto ad agire, ove e come più ricercasse la congiuntura. Non perdè nello stesso tempo di vista il Milanese, affaticandosi quanto potè, acciò fosse consegnato il governo di quello stato al principe di Vadernot, come seguì, già che appariva in esso la più perfetta inclinazione a' vantaggi dell'arciduca, e rinnovava con le promesse e col pegno dell'unico figlio allo stipendio di Cesare la propria fede. Oppose tutta la possibile resistenza, perchè non restasse spoglio quel ducato delli reggimenti alemanni, che colà si trattenevano, per avere nelle occasioni unite al capo le forze corrispondenti, se non sufficienti alla perfezione dell'opera, almeno capaci di resistenza, sino che dalla Germania filasse più forte esercito; e procurò parimenti, che allo stesso elettore Palatino fratello della regina fossero destinati ambidue li viceregnati di Napoli e Sicilia, con pensiero poscia, che conducesse seco lui parte de' suoi reggimenti veterani ed indi assisterlo con altre milizie d'Alemagna.

Nella Fiandra sperava ritrovar fede candida e genio costante, per mantenerla in ogni evento, e rassegnarla all'obbedienza dell'arciduca; giacchè coll'Inghilterra ed Olanda erano concertate le convenienze, che dicevano doversi al-

dalla casa d'Austria, germanica, che viva nella Spagna. Per ricomporre con questi due gli affari di Cesare suo padrone, e ridurli (se mai fosse stato possibile) in miglior positura, erano tra questi notturne e segrete le conferenze, studiando d'interessarvi coll'intervento più di un soggetto, tra' quali il marchese di Vallero, quello di Palma ed altri di nome e rango inferiore. Versavano tutti li discorsi sopra quello si dovesse tentare o per migliorare il poco buon aspetto degli interessi di casa d'Austria, o per trovarsi in istato di agire (nel caso della morte del re) quello fosse alla medesima più conferente; nè si trovò mezzo più adattato nelle diverse idee dei progetti, che indurre Sua Maestà cattolica a porre sotto le insegne qualche nuovo ammassamento di truppe, delle quali fosse conferito al marchese di Leganes il comando.

Ma come sul bel principio potevano forse agevolmente sortire effetti alle intenzioni conformi; così negli ultimi tempi si rendeva impossibile per la mancanza de' mezzi ogni provvedimento. Ed infatti pareva allora opportuno, poichè pubblicatosi il trattato della ripartizione della monarchia spagnuola (1),

(1) Luigi XIV, deciso d'impedire a qualunque costo la successione di un arciduca, propose all'Inghilterra ed all'Olanda, ambedue interessate a sminuire la potenza marittima della Spagna, un trattato pel quale i vasti regni soggetti a quella corona si sarebbero divisi, mancando il re senza successione, fra i tre principali pretendenti; e le trasse a sottoscrivere all'Aja la convenzione 11 ottobre 1698, che assegnava: al principe elettore di Baviera la Spagna e l'America; a Filippo di Borbone duca d'Anjou i regni di Napoli e di Sicilia, i porti della Toscana e la provincia di Guipuscoa; e all'arciduca Carlo il ducato di Milano.

Morto l'elettore Ferdinando a' dì 6 febbrajo 1699, la Francia rinnovò i negoziati coll'Olanda e la Inghilterra, ed un nuovo trattato fu conchiuso il 3-25 marzo 1700 a Londra pel quale l'arciduca Carlo dovea avere la Spagna, l'America, le provincie della Fiandra; e Filippo i regni di Napoli e di Sicilia, la Sardegna i porti della Toscana, il Finale, la Guispuscoa, inoltre la Lorena, al cui duca Leopoldo sarebbesi dato in compenso il ducato di Milano.

Questi trattati furono partecipati dal ministro spagnuolo in Venezia alla Repubblica, colla dichiarazione che il re riserbavasi di provvedere come crederebbe meglio all'interesse de' suoi stati. Alvise Mocenigo fu incaricato dal Senato di chiedere udienza per ringraziare il re della confidenza fatta intorno al gran punto della successione. *Esposizioni principi*, anno 1699 e 1700, nell'*Archivio generale di Venezia*.

fondamentali de' regni, a' quali appartiene ne' casi funesti delle successioni mancanti, il disporre di se medesimi; donde cumulando esagerazioni, si concitavano tutti gli animi e si scioglievano tutte le lingue contro il medesimo trattato e suoi autori.

Fu detto, che il re di Francia facesse appositamente congedare dalla corte, ed uscire dalla Spagna il marchese d'Harcourt, che sino dall'anno 1697 come ambasciatore suo vi aveva tenuta la residenza; perchè prevedendo l'impressione e l'orrore che poteva partorire lo stesso trattato ne' nazionali, abbia voluto esimere il suo ministro da qualunque impegno, e lasciar libero lo sfogo alle querimonie, ed all'avversione al riparto. Veramente Harcourt ora annumerato tra' duchi di Francia, pertutto il tempo di sua dimora calcò sentiere molto diverso, ed impresse orme tutte differenti da quelle del conte d'Harrach; composto nel tratto, abbondante nella cortesia, soave nella maniera, studiò attentamente imprimere gli animi dei ministri della moderazione del re suo signore, ed in tutti li suoi maneggi fece apparire intenzioni a mantenere la pace, e passione nel coltivarla. Non si espose a parlare del grand'affare della successione se non in que'soli casi, che l'obbligavano i passi d'Harrach. Allora s'esprimeva, che nel pio e religioso animo del re cattolico non poteva già mai allignare sentimento veruno contro la giustizia, che era troppo acerbo ed immaturo il discorso d'un caso che si figurava lontano, e che solo dovea succedere dopo il corso di molto tempo con la perdita del re di Spagna a cui per la sincerità del cuore desiderava molto dilungata la vita. Lasciava però cadere opportunamente alcuni tocchi, con li quali dava a conoscere che il re suo padrone non saprebbe scostarsi dalli pareri di un congresso, in cui esaminassero e giudicassero le sue ragioni, quando però così desiderasse il Cattolico. Non mancò punto d'usare tutta l'arte per guadagnarsi l'affetto de' popoli e sradicare l'antica antipatia della nazione; ora con esibire a' bisogni di Ceuta, ora alle occorrenze dell'Indie le forze marittime del Cristianissimo il quale a proprie spese si obbligava di far a' Mori levar l'assedio di quella piazza. Donava tutta la protezione a' negozianti spagnuoli perchè

rero s'avvicinò al letto del re, giacente tra i sintomi d'un ardente accesso di febbre, e premesse le proteste de' propri ossequii, del dolore e della propria fede, considerò alla maestà sua, che nello stato in cui Dio Signore l'avea condotta, era da riconoscersi il beneficio del cielo, che gli permetteva unirsi collo spirito, e con la rassegnazione alle disposizioni divine; ma valersene ancora per provedere con la dichiarazione del successore alla quiete delle Spagne e dell' Europa. Essere in grande angustia li suoi vassalli e sudditi, ed in aspettazione il mondo tutto per intendere ed ammirare le risoluzioni di un monarca sì giusto, sì religioso e sì pio. Per gli esami passati essere già fuori della giurisdizione d'ogni dubbio, che la rinuncia della regina Maria Teresa sua sorella non poteva ostare alle ragioni de' suoi figliuoli; volutasi dal re Filippo IV per formalità di cautela, non per ingiuria delle leggi del sangue. Aggiunse che in ciò egli cardinale non esercitava altra parte che quella di buon vassallo, nè riconosceva altri impulsi, che quelli della coscienza. Servita la Maestà Sua con fedele obbedienza in vita, non poter abbandonar questa parte de' suoi doveri, con mancamento enorme e censurabile, nell' estremo punto del passaggio alla gloria, ove regnerà senza fine. Commosso il re dal credito e considerazioni del cardinale ascoltò attentamente il discorso, e fu persuaso d'istituire Filippo duca d'Anjou, secondogenito del delfino di Francia, per suo erede universale di tutta la monarchia; nè poterono frastornarlo dall' ordinazione le diligenze della regina per impedirne l'effetto (1); già che l'amore a' sudditi, e l'interna forza delle esaminate ragioni, vinsero in quell' ultimo cimento le tenerezze dell' affetto coniugale; così restò stabilita, corroborata con le solite maniere della regia cancelleria l'ultima volontà di don Carlo II re delle Spagne, e spirò poco dopo con tutti li testimoni ed assistenze della cristiana pietà santamente ed esemplarmente nella mano del re de' regi (2).

(1) « La regina tentò che il re lacerasse il testamento, o con nuova ordinazione lo rendesse nullo. » *Dispaccio in cifra 28 ottobre 1700 di Alvise Mocenigo.*

(2) I particolari della morte e del testamento del re furono immediatamente trasmessi al Senato da Alvise Mocenigo col seguente dispaccio 1.° novembre 1700 da Madrid.

Li soggetti che per la disposizione reale in essa nominati costituivano la giunta di governo, oltre la regina privilegiata d' arbitrio decisivo nel caso di parità di voti, furono il cardinale Portocarrero, l'inquisitore generale, il presidente d' Aragona, il conte di Benevento, che sosteneva la figura per il corpo de' grandi, ed il conte d' Aghilar come del Consiglio di stato. Furono solennizzate secondo il costume le pompe funebri, e data al regio corpo la sepoltura per le spese della quale si trovò in qualche difetto la regia cassa, ed il cardinale Portocarrero assunse l'obbligo perchè fossero celebrati 10 mille sacrifici, incaricandosi degli assegnamenti per soddisfarli giusta la pia ordinazione del re (1).

Veramente restò compianta la perdita del medesimo con

Si unì immediatamente il Consiglio di stato, e li loro pareri furono di ordinarie che si aprisse il testamento e il codicillo, ed alla presenza dei due cardinali e di tutti li consiglieri e dei grandi, e coll'intervento del presidente di Castiglia e del più vecchio del loro Consiglio, e d'uno di quelli d'Aragona fu pubblicata la ordinazione reale.

Questa nelle rassegnate misure chiama all'eredità il duca d' Angiò ed in rifiuto il fratello duca di Berry; e se il cristianissimo non lo concedesse, sostituisce l'arciduca Carlo, beneficando in ultimo luogo la casa di Savoja già chiamata nel testamento di Filippo IV. Si dice beneficata la regina di 3 in 4 cento mille ducati annui, e alla facoltà di eleggersi una città o in Spagna o in Italia o nelle Fiandre, dovendo restare perpetua governatrice della provincia o territorio soggetto alla città.

Li languori di questa sfortunata principessa l'han ridotta tra le maggiori angustie, e di tempo in tempo svenisce non potendosi reggere al dolore che la circonda. Io con tutti gli altri regi ministri consumato tutto il giorno nella reggia, non si lasciò di praticare alla regnante il complimento di condoglianze fattole avanzare per mezzo di una dama d'onore.

Di ciò che anderà emergendo resteranno le EE. VV. ragguagliate con la possibile celerità, nè saranno intermesse le applicazioni dovute. In questa ristrettezza di tempo di poche ore dopo la morte del re non si è potuto prendere altra risoluzione del governo, ed io starò attendendo le direzioni per puntualmente ubbedirle. Domani si vestirà il più rigoroso e stretto lutto da tutta la corte; nè mancherà il ministro di V. S. di comparire con le lugubri insegne ad onorare la memoria di sì degno monarca.

Ho consegnato all'estraordinario per pure spese di viaggio 250 di queste pezze da otto che gli serviranno a portare con celerità queste mie umilissime righe in mano di Vostra Serenità, Grazie.

(1) Il Senato con lettera del 26 novembre incaricò l'ambasciatore Mocenigo

oscure intenzioni dell' avo per quella corona; furono rischiarati li loro cuori dalle piene espressioni del re Luigi, che non meno di riconoscenza, che d'impegno per la felicità del nipote prometteva unito tutto il suo potere alle Spagne, ed il più celere incamminamento dello stesso per impugnare quello scettro (1). Si pose sua Maestà in cammino pel possesso di nuovi regni, e giunse in Spagna servito ed assistito dall'Harcourt, e vi fu ricevuto come l'angelo della pace.

Le rare doti, che la natura e l'educazione somministrarono per ornamento di questo monarca lo rendono oggetto dell' ammirazione e dell' amore di tutti li cuori, nel fior dell'età di poco più di 18 anni, di corpo agile e robusto, non eccedente l'ordinaria statura; di volto in cui campeggia serena la maestà accoppiata con la perfetta simmetria delle parti, sparge dallo sguardo la vivacità interna dello spirito, di cui è arricchito; ed inclinato alla gloria militare, sospira incontri di segnalarsi nell'armi; quanto guardingo e geloso dell' autorità e del comando, tanto al presente si riferisce alle direzioni dell' avo che in ogni cosa influisce e palesa di volerlo imitare nella assoluta disposizione a suo tempo ne' propri stati.

Fu coronato alli 10 di aprile del 1701 e si sarebbe solennizzata la gioja con apparati di pompa assai più maestosa,

(1) Ecco la lettera colla quale la regina partecipò alla Repubblica la esaltazione di Filippo.

« La regina e governatrice di Spagna, delle Due Sicilie, di Gerusalemme ecc.

» Illustrissimo duce di Venezia molto caro e molto amato amico. In conseguenza della notizia che vi ho partecipato in lettera dei 10 del corrente della morte del re don Carlo mio signore che è in gloria e delle disposizioni del suo testamento, è parso d'avvisarvi al presente, essersi adempiuta la sua ultima volontà, essendosi attualmente proclamato il re, ed alzatisi pendoni nel nome del re don Filippo V, nostro signore, acciocchè accompagnate colla vostra esultazione questo successo, come speriamo lo abbiate fatto con dolor per quell' altra pena, in corrispondenza dell' affetto che si professa a codesta Repubblica e di quello con che si riguarderanno sempre li suoi interessi. E sia illustrissimo duce di Venezia molto caro e molto amato amico il nostro Signore in vostra continua guardia.

Da Madrid 22 novembre 1700.

Io la Regina.

Seguono altre sottoscrizioni.

Esposizioni Principi, Senato collegio III, 1700.

nuovo regno, ove subito permise la Maestà Sua restar servita all'uso de're Spagnuoli, a' quali aggiunse il duca di Sessa ed il figlio del marchese di Fresnò, il di cui genitore nutriva da lungo tempo una perfetta inclinazione alla casa di Borbone.

Cambiò le due cariche principali di maggiordomo maggiore, e di cavallerizzo maggiore, la prima sostenuta dal duca di Medina Sidonia, che fu creato cavallerizzo maggiore in luogo del conte di Melgar almirante, ed a quella surrogò il marchese di Villafranca, lasciando il conte di Benevento nel suo ufficio di cameriere maggiore. Vacò pertanto la presidenza d' Italia di rendita considerabile, e fu donato al marchese di Munsera e da lui rinunciato l'eguale emolumento, che prima tuttavia godeva, come stato maggiordomo della regina madre del re defunto.

Inoltrò le riforme a minorar li serventi della bassa famiglia, e della scuderia, avanzandosi anco a restringere il numero dei consiglieri, ed a sospendere varie mercedi, con che (piuttosto che rimettere in qualche parte l' erario) scemò al suo governo nuovo gli affetti e gli applausi.

Caricato l'Harcourt della vasta mole di tutti li pensieri affaticò in modo la mente e stancò la salute, che soggiacque a pericolose lunghe decezioni di continua febbre, la quale per tre volte posto in forse il suo vivere, lo lasciò dopo due mesi così abbattuto, che anco nella ben lunga convalescenza non poteva più reggere a tanto peso; fu dal re Luigi di Francia spedito con diligenza e sollecitudine altro soggetto, e fu il conte di Mersi per sostenere le di lui veci.

Questi nelle istruzioni teneva ordine di non spiegare il carattere d'ambasciatore, se non obbligato dalle indispensabili necessità dello stato d'Harcourt, il quale ottenuta la regia permissione si restituì per godere dal cielo natio qualche respiro a Parigi.

Comparve Mersi alla corte uomo di qualche senno, pieno di risoluzione ne' suoi consigli, e sprezzatore non solo de' piccioli, che de' grandi interessi. Non si accordava alle massime dell'Harcourt, e come nuovo ministro voleva far apparire nuove le misure del presente governo.

trono nell'interno l'affezione per quella che signoreggia in Germania. Questi umori che tuttavia continuano nel corpo dello stato, non quieti, nè composti, potrebbero all' occasione commovere quella temperie che ora si gode. Si figuravano alcuni, che se venisse tentata la costanza del Portogallo, e che fosse la tentazione gagliarda di forze, e valevole per l' armata impressione, non sarebbe per avventura lontano che gli interessi di quel re lo persuadessero a dissimulare qualche sbarco: onde svegliate a quella parte le commozioni minacciassero le più vicine di fatali successi: perchè spogliata quasi intieramente la Spagna con le milizie, che passarono in Napoli e a Milano, rimasero nude le frontiere e con deboli presidii le piazze. L' emergenze d' Italia influivano all' universal de' Spagnuoli un giusto senso di dispiacere, perchè da questi poco lieti successi conoscevano ch' anco le ausiliarie armate, tante volte nella guerra passata vittoriose, potevano essere sconcertate dal valore degli Alemanni. Quelli poi che segretamente nodrivano l' inclinazione a Cesare, amplificavano li successi, e spargendo negli altri maggiori li timori procuravano di far concepire dubbioso il dominio cattolico in questa provincia. Già ognuno conosceva, che perduto il Milanese potevan anco succedere con facilità li sommi discapiti per tutto il restante, imputavasi dubbia la fede de' sudditi italiani, e dalla rivoluzione di Napoli ne desumevan maggiore argomento; deploravasi la costituzione della monarchia incapace da se a difendere que' regni, e non bastare l' aiuto della creduta da loro maggiore potenza; gli altri men appassionati minoravano la fama delli successi, ma ognuno si uniformava nel parere, che le sciagure dell' Italia sarebbero per alterare il presente sistema della Spagna. Il re Filippo doneva tutta l' applicazione, ed impiegava tutto il potere per impedire i danni de' suoi sudditi italiani, ben conoscendo dipendere da ciò la gloria del suo nome e la felicità del suo regno (1).

(1) 24 Gennaio 1701. « Il segretario di Spagna recò un memoriale all' eccellentissimo Collegio, nel quale il re Filippo V, protestando le massime di affetto e le sue propensioni per la felicità d'Italia, propone alla Repubblica, la cui prudente

nio verso la maestà dell' adoratissima patria con la più viva ed accurata attenzione, e stabilire il fermo concetto dell'affettuosa osservanza e perfetta inclinazione alla corona cattolica della più costante neutralità dell' Eccellentissimo Senato nelle presenti combustioni d' Italia (1): facendo la miglior impressione con li concetti, che avendo per tanti anni coltivata la più sincera corrispondenza e ben vicinato con li stati della monarchia, contigui a quelli della Serenità Vostra, poteva ben essere assicurato il nuovo regnante per li riguardi ancora della più distinta stima e considerazione del re di Francia suo avo, che la Repubblica amava e con vivo cuore desiderava lontani li travagli e le mutazioni di dominio nella medesima.

La maestà del re defunto nodriva verso il pubblico nome sensi di vera cordialità e estimazione, e gradiva le mie imperfette esposizioni con sopra grande bontà, a segno, che prima di passar al cielo (essendo io nell' atto di congedarmi) volse ricevere spontaneamente l' incomodo d' armare con la sua mano reale la mia persona dell' ordine di cavalliere conforme al solito, e il re Filippo V per mera sua compiacenza e umanità solennizzarne in pubblico con le convenienti cerimonie la creazione, e beneficare il ministro di Vostra Serenità con il solito regalo che depositato al suo piede rassegno agli arbitri sovrani dell' Eccellentissimo Senato.

Non ho perdonato a fatiche, e posso con verità dire, a dispendii: già che dopo il lutto e allestimento di tutto il mio treno per l'ingresso del nuovo monarca, ho dovuto far comparire il decoro con rinnovare tutte le costose apparenze della pompa dovuta al carattere che sostenevo. Se con l' attenta applicazione mi sarò fatto degno dell' umanissimo reale compatimento di Vostra Serenità, e di cadauna dell'Eccellenze Vostre, averò goduto tutto quel premio, che non solo mi sono prefisso per la più preziosa mercede, ma per consolazione più stimabi-

(1) Nella guerra per la successione di Spagna, le due grandi potenze che combattevano, proposero alla Repubblica di accostarsi ad una di loro. Venezia rifinita dalle guerre coi Turchi, si dichiarò neutrale, e con poche forze difese il proprio territorio che i due potenti nemici non rispettarono punto.